Alexandra von Berckholtz

Malerin und Mäzenin
im 19. Jahrhundert

Natalie Gutgesell

Alexandra von Berckholtz

Malerin und Mäzenin im 19. Jahrhundert

mitteldeutscher verlag

Herausgeber:
Kunstverein Coburg e. V.

Förderer:
Stiftung Frauen in Europa
Gerda-Weiler-Stiftung für feministische Frauenforschung
Niederfüllbacher Stiftung
Stiftung der Baltischen Ritterschaften
Böckler-Mare-Balticum-Stiftung
Karl Ernst von Baer-Stiftung
Berckholtz-Stiftung Karlsruhe
Stadt Karlsruhe
Kulturstiftung der Sparkasse Karlsruhe
Weinbrenner Apotheke Karlsruhe
Kreisstadt Sigmaringen
Sparkasse Offenburg/Ortenau
Kulturstiftung Offenburg
Evangelische Landeskirche in Baden
Historischer Verein für Mittelbaden

Kooperationspartner:
Soroptimist Club Offenburg/Ortenau
Kunstverein Offenburg-Mittelbaden e. V.
Arbeitsgemeinschaft für geschichtliche Landeskunde am
    Oberrhein Karlsruhe
Historischer Verein von Oberbayern

Wir haben uns bemüht, alle Bildrechtsinhaber ausfindig zu machen. In den Fällen, in denen dies nicht gelang, wurde jeweils die Bezugsquelle angegeben.

Gerda-Weiler-Stiftung für
feministische Frauenforschung
D-53894 Mechernich
www.gerda-weiler-stiftung.de

Besonderer Dank gilt den im Folgenden aufgeführten Museen, Institutionen und Privatsammlern, die durch ihre Unterstützung zum Gelingen dieser Publikation beigetragen haben:

Stadtmuseum, Bad Staffelstein
Familienarchiv Herr Hans-Joachim von Berkholz, Brodersdorf
Richard-Wagner-Nationalmuseum und Nationalarchiv der Richard-Wagner-Stiftung, Bayreuth Stadtarchiv, Bayreuth
Gemäldegalerie, Staatliche Museen zu Berlin
Kupferstichkabinett, Staatliche Museen zu Berlin
Erzabtei Beuron
LVR-LandesMuseum, Rheinisches Landesmuseum für Archäologie, Kunst- und Kulturgeschichte, Bonn
Stadtmuseum, Bonn
Sammlung RheinRomantik, Bonn
Herzog Anton Ulrich-Museum, Braunschweig
Muzeul Național de Artă al României, Bukarest
Kunstsammlungen der Veste Coburg
Stiftung der Herzog von Sachsen-Coburg und Gotha'schen Familie, Coburg
Anhaltische Gemäldegalerie, Dessau
Museum für Kunst und Kulturgeschichte, Dortmund
Galerie Alte Meister, Dresden
Sächsische Landesbibliothek – Staats- und Universitätsbibliothek, Dresden
Stadtmuseum, Erlangen
Goethe-Museum, Frankfurt am Main
Augustinermuseum, Freiburg
Archiv der Luftschiffbau Zeppelin GmbH, Friedrichshafen
Musée d'art et d'histoire, Genève
Familienarchiv Prof. Dr. Bernhard von Barsewisch, Groß Pankow
Hamburger Kunsthalle
Roemer- und Pelizaeus-Museum, Hildesheim
Museum Zitadelle, Jülich
Städtische Galerie, Karlsruhe
Staatliche Kunsthalle, Karlsruhe
Archiv der Berckholtz-Stiftung, Karlsruhe
Generallandesarchiv, Karlsruhe
Landeskirchliches Archiv, Karlsruhe
Stadtarchiv, Karlsruhe
Archiv der Ev. Diakonissenanstalt Rüppurr, Karlsruhe
Badische Landesbibliothek, Karlsruhe
Badisches Landesmuseum, Karlsruhe
Museumslandschaft Hessen Kassel
Schloss Konopiště Benešov
Rosgartenmuseum, Konstanz
Städtische Wessenberg-Galerie, Konstanz
Musée cantonal des Beaux-Arts, Lausanne
Museum der bildenden Künste, Leipzig
Royal Collection Trust, London
J. Paul Getty Museum, Los Angeles

Bayerische Staatsgemäldesammlungen Neue Pinakothek, München
Staatliche Graphische Sammlung, München
Stadtmuseum, München
Stadtarchiv, München
Bayerische Staatsbibliothek, München
Museen der Stadt Nürnberg
Museum im Ritterhaus, Offenburg
Stadtarchiv, Offenburg
Kunstsammlung der Gemeinde Ortenberg
Musée du Louvre, Paris
École nationale supérieure des Beaux-arts, Paris
Bibliothèque nationale de France, Paris
Museo Poschiavino Palazzo Mengotti, Poschiavo
Nationalarchiv, Riga
Dokumentationszentrum der Inspektion für Denkmalschutz, Riga
Lettische Nationalbibliothek, Riga
Lenbachmuseum, Schrobenhausen
Sammlungen und Hofbibliothek, Fürst von Hohenzollern, Sigmaringen
Stadtverwaltung, Sigmaringen
Feuerbachhaus, Speyer
Schloss Velké Březno
Châteaux de Versailles et de Trianon
Collection Posthumus-Jamin, Warmond
Sammlung Wolfgang Schuller, Wertheim
Kunsthistorisches Museum, Wien
Österreichische Galerie Belvedere, Wien
Sammlung Bösendorfer, Wien
Museum Wiesbaden
Dr. Ludwig Karl Ruhmann-Stiftung, Trattenmühle/Wildon

und allen privaten Sammlerinnen und Sammlern aus dem In- und Ausland, die nicht genannt werden möchten.

Für meine Großmutter Anna Gutgesell und meine Patentochter Klara Gutgesell

Umschlagabbildung: Alexandra von Berckholtz, Charlotte von Bassus
Frontispiz: Alexandra von Berckholtz, Fotografie
Abb. S. 198/199 – Alexandra von Berckholtz, Schloss, Bleistift auf Papier, 20 × 29,4 cm, links unten *AB cf. 28. Juni 1841.*, Stadtarchiv Offenburg Inv.-Nr. 26/20/019.
Abb. S. 428/429 – Alexandra von Berckholtz, Lampe mit Aufhängung, Bleistift auf Papier, 12,5 × 19,4 cm, Skizzenbuch von 1886, Stadtarchiv Offenburg Inv.-Nr. 26/21/028.

Bibliografische Information der Deutschen Nationalbibliothek
Die Deutsche Nationalbibliothek registriert diese Publikation in der Deutschen Nationalbibliografie; detaillierte bibliografische Daten im Internet unter http://d-nb.de.

Alle Rechte vorbehalten.
Das Werk ist urheberrechtlich geschützt. Jede Verwertung außerhalb der Freigrenzen des Urheberrechts ist ohne Zustimmung des Verlages unzulässig und strafbar. Das gilt insbesondere für Vervielfältigungen, Übersetzungen, Mikroverfilmungen und die Einspeicherung und Verarbeitung in elektronischen Systemen.

2017
© mdv Mitteldeutscher Verlag GmbH, Halle (Saale)
www.mitteldeutscherverlag.de

Gesamtherstellung: Mitteldeutscher Verlag, Halle (Saale)

ISBN 978-3-95462-872-8

Printed in the EU

Inhalt

	Vorwort und Dank	9
1	Rekonstruktion einer Künstlerinnenbiografie	17
2	Die Familie und das Handelshaus von Berckholtz	51
3	Die Berckholtz-Stiftung in Karlsruhe	75
4	Alexandra von Berckholtz im Kontext des Porträts	81
5	Alexandra von Berckholtz im Kontext des Stilllebens	99
6	Skizzenbücher	115
7	Verschollene Werke	135
8	Künstlerische Lehrer	149
	8.1 Franz Xaver Winterhalter	149
	8.2 Richard Lauchert	152
9	Gesellschaftliches Netzwerk	161
	9.1 Adel von Brasilien bis Russland	161
	9.2 Karlsruher Künstlerinnen und Künstler	165
	9.3 Richard Wagner und Malwine Schnorr von Carolsfeld	169
10	Künstlerinnen im 19. Jahrhundert	181
	10.1 Marie Ellenrieder	183
	10.2 Caroline Bardua	187
	10.3 Dora Hitz	189
11	Katalog	199
	Anhang	429
	Alexandra von Berckholtz – Kurzbiografie	430
	Werkverzeichnis	434
	Quellen- und Literaturverzeichnis	441
	Abbildungsnachweis	448
	Personenregister	450
	Zur Autorin	456

Vorwort und Dank

Im 19. Jahrhundert traten zahlreiche Frauen in der bildenden Kunst in Erscheinung, trotz der Tatsache, dass ihnen nach wie vor das Studium an einer Kunstakademie verweigert blieb. Es gelang einigen von ihnen, sich als freie Künstlerinnen in der Gesellschaft zu behaupten und selbständig von ihrem Werk zu leben. Der Großteil von ihnen geriet jedoch in Vergessenheit und stellt heute in der Kunstgeschichte nach wie vor ein Forschungsdesiderat dar.

Ein Grund für das Vergessen ist, dass vielen Künstlerinnen nach ihrer Heirat das Malen verboten wurde, wie z.B. Edma Morisot, der Schwester der Impressionistin Berthe Morisot. Oder man reduzierte die betreffende Frau zunächst auf eine andere Rolle als ihre Kunst, beispielsweise die Porträtmalerin Suzanne Valadon (1865–1938) auf ihre Zeit als Geliebte und Muse des Künstlers Henri Toulouse-Lautrec.

Die Tatsache jenseits der Perspektiven innerhalb der gesellschaftlichen Entwicklung, die die kunsthistorische Forschung erschwert, ist, dass die meisten Nachlässe der Künstlerinnen des 19. Jahrhunderts nicht mehr zusammenhängend vorhanden sind. Von den Nachkommen und Erben verkauft und versteigert, wurden sie in alle Winde verstreut, und die Rekonstruktion ihres Lebens und Werkes kommt einer langen detektivischen Spurensuche gleich.

So verhielt es sich auch mit Alexandra von Berckholtz, die bislang ebenfalls noch keine kunsthistorische Berücksichtigung erfahren hatte. Die deutsch-baltische Künstlerin zählte zu ihrer Zeit zu den gefragtesten Porträtistinnen. Allein in den 1860er Jahren malte sie über 200 Bildnisse.

Von diesen bildeten acht, die sich im Museum im Ritterhaus Offenburg, im Augustinermuseum Freiburg und in der Gemeinde Ortenberg in Baden befinden, den Ausgangspunkt meiner Forschung. Die Anregung hierzu verdanke ich Herrn Hermann Bürkle, dem Heimatpfleger aus Ortenberg, der mich 2014 einlud, die vorhandenen Gemälde zu begutachten und eine Monografie zu verfassen, um Alexandra von Berckholtz vor dem Vergessen zu bewahren. Das Andenken an die Familie von Berckholtz nimmt bis in unsere Tage einen hohen Stellenwert in der Gemeinde Ortenberg ein, in der Gabriel Leonhard von Berckholtz, der Vater der Künstlerin, von 1833 bis 1843 die Ruine des Schlosses wiederaufbauen ließ, die bis heute als Wahrzeichen der Ortenau gilt.

Das Werk der Malerin Alexandra von Berckholtz steht an der Schwelle zur Avantgarde und innerhalb der sich wandelnden Konventionen des Adelsporträts. Neben dem ihres Vaters hängt im Museum im Ritterhaus Offenburg das Bildnis eines weiteren Herrn, bei dem man aufgrund seiner Darstellung vermeint, ebenfalls einen Freiherrn oder auch einen Gelehrten wahrzunehmen. Dargestellt ist auf diesem aber der Diener der Familie von Berckholtz, Johann Heinrich Neese.

Es interessierte mich, mehr über diese Frauen- und Künstlerinnenpersönlichkeit zu erfahren, die derart respektvoll ihren Bediensteten malte. Was erlebte sie in ihrer Zeit? In welchem kunsthistorischen Kontext ist ihr Werk zu verorten?

Zunächst suchte ich nach biografischen Erwähnungen der Malerin Alexandra von Berckholtz und wurde in folgenden Kunstlexika fündig: Thie-

Abb. 1 – Louis Wagner, Alexandra von Berckholtz, Lithografie, 29 × 23 cm, links innerhalb der Darstellung signiert und datiert *L. Wagner 1845*, Stadtarchiv Karlsruhe Inv.-Nr. 8/PBS III 80.

me/Becker, Baltisches Biographisches Lexikon, Friedrich von Boettichers *Malerwerken*, Allgemeine Deutsche Biographie, Allgemeines Künstlerlexikon von 1885, Kleines Lexikon Karlsruher Maler, Allgemeines Künstlerlexikon. Die Bildenden Künstler aller Zeiten und Völker, Lexikon der Künstlerinnen 1700–1900, Deutschbaltisches Biographisches Lexikon 1710–1960, Baltische Maler und Bildhauer des XIX. Jahrhunderts, Almanach der Maler und Bildhauer Deutschlands und Oesterreich-Ungarns 1890, A Dictionary of Universal Biography of All Ages of All Peoples und Dictionary of Women Artists. Daneben fanden sich Artikel über die Künstlerin in Zeitschriften, wie der *Allgemeinen Zeitung*, der *Düna-Zeitung*, *Rigaschen Rundschau*, *Rigaschen Zeitung* und den *Rigaschen Stadtblättern* sowie in Katalogen. 1995 präsentierte man drei ihrer Gemälde in der Ausstellung *Frauen im Aufbruch?: Künstlerinnen im deutschen Südwesten 1800–1945* in Karlsruhe und Villingen-Schwenningen, die ebenfalls der durch Dr. Klaus Weschenfelder 1984 verfasste Bestandskatalog des Museums im Ritterhaus Offenburg aufführt. Aufsätze über Alexandra von Berckholtz veröffentlichten Otto Kähni 1957 und Dr. Gerlinde Brandenburger-Eisele 1992. Eine wertvolle genealogische Quelle bedeuteten die durch Arend Berkholz 1883 publizierten *Gedenkblätter für die Familie Berckholtz auch Berkholz*.

Des Weiteren startete ich nach Alexandra von Berckholtz' Werken eine breit angelegte Suche in Museen, Galerien, Sammlungen, Archiven, Bibliotheken und Auktionshäusern in Deutschland, Österreich, der Schweiz, Russland, Lettland, Estland, Litauen, Tschechien und Großbritannien. Einen glücklichen Zufallsfund stellte die Entdeckung einer beschrifteten Fotografie eines Aquarells aus ihrer Hand im Generallandesarchiv Karlsruhe dar, auf dem die Künstlerin ihre Freundin Melanie von Campenhausen porträtiert hatte. Die Kontaktaufnahme mit der Familie von Campenhausen führte zu weiteren Werken, die alle im Katalog aufgeführt sind, allen voran das Originalaquarell. Mein großer Dank gilt an dieser Stelle Herrn Prof. Dr. Bernhard von Barsewisch, dem Urenkel der Melanie von Campenhausen, dem ich den Einblick in das Familienarchiv und in zahlreiche private Dokumente zu verdanken habe, ganz besonders in die unveröffentlichten Lebenserinnerungen seiner Großmutter Luise von Schkopp, die darin beschreibt, wie sie im Alter von elf Jahren von Alexandra von Berckholtz gemalt wurde.

Meinen herzlichen Dank möchte ich ebenfalls Herrn Dr. Constantin von Brandenstein-Zeppelin aussprechen für seine Unterstützung bei der genauen biografischen Identifizierung von Alexandras Freundin Sophie von Brandenstein und bei der Erfassung genauer Hintergründe hinsichtlich des Porträts der Baronin Charlotte von Bassus, deren Sohn Maximilian von Bassus einer der wesentlichen Mitarbeiter in der Entwicklung und Konstruktion der Luftschiffe des Grafen Ferdinand von Zeppelin war.

Ich danke auch Herrn Peter Zoege von Manteuffel für seine vielfachen Hilfen bei der Bestimmung zweier Töchter eines zunächst namentlich unbekannten Grafen von Manteuffel, aufgrund derer es mir möglich war, den beiden durch Alexandra von Berckholtz porträtierten jungen Damen ihre Identität zurückzugeben.

Jenseits der in Sammlungen aufgefundenen Werke waren ein weiterer Ansatzpunkt die in den Lexikon- und Zeitungsartikeln genannten durch Alexandra von Berckholtz porträtierten Personen. Da es sich hierbei in den meisten Fällen um adelige Damen handelte, gelang es mir, in nahezu allen Fällen, Kontakt zu den Nachkommen aufzunehmen. Manchmal waren die gesuchten Frauen, da sie nicht verheiratet waren und keine Kinder hatten, in den Genealogien zunächst gar nicht auffindbar.

Vor allem durch ein Familienalbum und den Kalender der Künstlerin konnte ich Verbindungen zu weiteren Personen nachzeichnen, mit denen Alexandra von Berckholtz in Kontakt stand, wie z. B. ihrem wesentlichen Lehrer, dem hohenzollernschen Hofmaler Richard Lauchert. Durch ihn ergab sich die Spur zum Haus Hohenzollern-Sigmaringen und zu einem Porträt der Fürstin Katharina in der Erzabtei Beuron. In einem anderen Fall führten die Spuren zu Richard Wagner nach Bayreuth, zu dem Besuch der dortigen Festspiele 1882 durch die Künstlerin und einem Brief der Sängerin Malwine Schnorr von Carolsfeld in Dresden.

Durch Einträge in Alexandra von Berckholtz' Skizzenbüchern und ihre Zeichnungen ließen sich zahlreiche Reisen im Kontext eines Soziogramms des Tourismus im 19. Jahrhundert sowie Beziehungen zu Fürstenhäusern und Persönlichkeiten rekonstruieren, die das Leben und Werk der Malerin auch mit Begebenheiten der Zeit-, Sozial- und Technikgeschichte verflechten, denken wir hier erneut an den Grafen von Zeppelin.

Alexandra von Berckholtz trat neben ihrem künstlerischen Schaffen ebenfalls durch ein großes karitatives Engagement hervor, in der Armenfürsorge des Karlsruher Frauenvereins oder als Mitglied im Münchener Künstlerunterstützungsverein. Sie leistete großzügige finanzielle Spenden, z. B. als 1868 das Dach der auf Initiative ihres Vaters gebauten Evangelischen Stadtkirche Offenburg durch einen Sturm völlig zerstört worden war, bezahlte sie die Reparatur des gesamten Schadens. Ihr Vermächtnis lebt bis heute ebenfalls weiter in der *Berckholtz-Stiftung* Karlsruhe, einem 1909 durch ihren Neffen Wilhelm Offensandt von Berckholtz gegründeten Seniorenwohnheim, dessen Leiter, Herr Andreas Störzinger und Herr Tobias Krevet, dem Forschungsprojekt stets äußerst offen und hilfsbereit gegenüberstanden. Ich danke für die Möglichkeit der Einsichtnahme in das Archiv der Stiftung, wie auch Frau Pfarrerin Ulrike Rau, Oberin der Evangelischen Diakonissenanstalt Rüppurr.

Ein weiterer Anknüpfungspunkt waren die Staats- und Stadtarchive an den Orten, die mit Alexandra von Berckholtz' Biografie in Beziehung stehen, wie Offenburg, Ortenberg, Karlsruhe, Baden-Baden, München, Rostock, Paris, Nizza und vor allem Riga. Die entdeckten Dokumente und Fotografien ermöglichten es mir, das Bild der Familie von Berckholtz in biografischer Hinsicht im Wesentlichen zu erweitern, wie z. B. zu dem durch den Vater und Großvater der Künstlerin in Riga geführten Handelshaus *Jacob Johann Berckholtz & Comp.*

Alexandra von Berckholtz' biografischer Hintergrund und ihre Abstammung aus dem Baltikum bereicherten nicht nur meine Forschung zur Familie von Berckholtz, sondern erschlossen mir persönlich auch einen neuen und interessanten Kulturkreis. Dieser stellte die Basis des interkulturellen Handelns der Malerin dar, z. B. in einem Zirkel deutsch-baltischer Künstler in München. Gerade über die zahlreichen deutsch-baltischen Malerinnen sind die Monografien noch selten. Ein besonderes Verdienst innerhalb der diesbezüglichen Nachlassforschung gebührt Frau Dr. Baiba Vanaga aus Riga, der ich für ihre stetige bereitwillige Unterstützung und ihre Übersetzungen aus dem Lettischen an dieser Stelle ganz herzlich danken möchte.

Besonders ist auch Herrn Andreas Hansen, dem geschäftsführenden Vorsitzenden der Deutsch-Baltischen Gesellschaft Darmstadt, für seine vielfältigen wertvollen Anregungen zu danken, die meine Forschungsarbeit die ganze Zeit über begleiteten. Meinen Dank möchte ich auch Herrn Alfons Avotins von der Deutsch-Baltischen Genealogischen Gesellschaft Darmstadt aussprechen für seine jederzeitige unterstützende Hilfe mit zahlreichen nützlichen Hinweisen zur Geschichte der Familie von Berckholtz. Ich danke ebenso Frau Renate Adolphi, Leiterin des Archivs der Carl-Schirren-Gesellschaft e. V., Deutsch-Baltisches Kulturwerk, und Herrn Peter Heinichen, Landesvorsitzender und Vorsitzender der Bezirksgruppe Karlsruhe-Freiburg des Deutsch-Baltischen Freundeskreises in Baden-Württemberg e. V.

Es gelang mir, Abbildungen und Bilddaten von 27 Gemälden von Alexandra von Berckholtz, sechs Aquarellen, 38 Zeichnungen, 14 Skizzenbüchern, vier grafischen Reproduktionen, zwei Fotografien von Zeichnungen, drei weiteren des von ihr 1880 gestifteten Fensters für die St.-Petri-Kirche Riga in dem vorliegenden Katalog zu vereinen und ein Werkverzeichnis von 144 Nummern zu erstellen.

Dass ich derart viele Werke, Dokumente und Informationen entdecken konnte, ist nur durch die Unterstützung vieler Personen und Institutionen möglich gewesen. Ich danke vor allem dem Nationalarchiv der Richard-Wagner-Stiftung, Bayreuth, Frau Kristina Unger M. A., Frau Tanja Dobrick M. A.; dem Stadtarchiv Bayreuth, Herrn Walter Bartl; dem Landeskirchlichen Archiv Karlsruhe, Prof. Dr. Peter Riede, Herrn Heinrich Löber; dem Generallandesarchiv Karlsruhe, Prof. Dr. Wolfgang Zimmermann, Frau Gabriele Wüst; dem Stadtarchiv Karlsruhe, Dr. Ernst Otto Bräunche, Frau Angelika Sauer; dem Stadtarchiv Offenburg, Frau Regina Brischle M. A.; dem Nationalarchiv Riga, Frau Māra Sprūdža, Frau Rita Bogdanova sowie dem Dokumentationszentrum der Inspektion für Denkmalschutz in Riga, Herrn Krišjānis Jantons.

Des Weiteren unterstützten zahlreiche Kunstsammlungen mein Forschungsprojekt. An erster Stelle gilt mein Dank Ihrer Majestät Königin Elizabeth II. für die große Anzahl an Abbildungen von Werken aus ihrem Besitz, die die vorliegende Monografie bereichern, wie z. B. eine Zeichnung aus der Hand des neunjährigen Prinzen Albert von Sachsen-Coburg und Gotha. In diesem Zusammenhang danke ich auch der Stiftung der Herzog von Sachsen-Coburg und Gotha'schen Familie, S. H. Prinz Hubertus von Sachsen-Coburg und Gotha und Frau Geertrui Devolder.

Für ihre große Unterstützung meiner Forschungsarbeit möchte ich im besonderen folgenden Personen und Museen danken: Dr. Wolfgang M. Gall, Dr. Gerlinde Brandenburger-Eisele, Museum im Ritterhaus Offenburg; Dr. Tilmann von Stockhausen, Dr. Felix Reuße, Marita Mayer, Augustinermuseum Freiburg; Dr. Brigitte Baumstark, Frau Sylvia Bieber M. A., Städtische Galerie Karlsruhe; Dr. Barbara Stark, Städtische Wessenberg-Galerie Konstanz; Dr. Tobias Egelsing, Rosgartenmuseum Konstanz; Herr Călin Stegerean, Frau Malina Contu, Nationales Kunstmuseum von Rumänien Bukarest; M. Jean-Yves Marin, M. Angelo Lui, Musée d'art et d'histoire Genève; Herrn Marcell Perse, Museum Zitadelle Jülich; Prof. Dr. Massimo Lardi, Daniele Papacella, Museo Poschiavino Palazzo Mengotti Poschiavo; Herrn Dainis Pozins, Lettisches Kriegsmuseum Riga; Frau Claudia Freitag-Mair M. A., Lenbachmuseum Schrobenhausen; Frau Mira Hofmann M. A., Feuerbachhaus Speyer; Dr. Peter Forster, Museum Wiesbaden und Dr. Elmar Schneider, Dr. Ludwig Karl Ruhmann-Stiftung Trattenmühle/Wildon.

Viele Auktionshäuser halfen mir bei meiner Suche nach Werken in Privatbesitz. Folgenden sei an dieser Stelle vor allem gedankt: Sotheby's Amsterdam, Frau Evelien Jansen; Sotheby's Deutschland, Herr Stefan Hess M. Sc.; Dorotheum Wien, Frau Mag. Maria Elisabeth Lipp B. A.; VAN HAM Kunstauktionen Köln, Frau Kathrin Steiner, Frau Anne Srikiow; Winterberg-Kunst Heidelberg, Frau Beate Goldberg; Auktionshaus Dannenberg Berlin, Dr. Georg Meurer; Auktionshaus Quentin Berlin, Frau Ulrike Götz M. A.; Auktions-

haus Lauritz Kopenhagen, Herr Zoran Kujundzic; Stockholms Auktionsverk, Herr Henrik Bodin; Auktionshaus Heickmann Chemnitz, Frau Katrin Heise und Kunsthaus Lempertz Köln, Frau Julia Köster.
Herzlichen Dank für ihre vielfältigen Impulse und Hilfen sage ich Herrn Joachim Goslar, Kunstverein Coburg; Frau Clara Brockhaus, Münchner Kunstverein; Frau Brigitte Schubauer, Inventarverwaltung des Wittelsbacher Ausgleichsfonds; Dr. Michael Stephan und Anton Löffelmeier, Stadtarchiv München; Herrn Karl Rußwurm, Richard Wagner Verband München e. V.; Herrn Rüdiger Pohl, Deutsche Richard-Wagner-Gesellschaft e. V. Berlin; Frau Gwyn Pietsch, Akademie der Künste Berlin; Frau Sabine Schmittem, Sammlungen und Hofbibliothek, Fürst von Hohenzollern; Dr. Peter von Seherr-Thoss, L. Bösendorfer Klavierfabrik Wien; Herrn Milos Musil, Schloss Velké Březno; Dr. Christiane Starck, Dr. Ruth Negendanck, Frau Pfarrerin Susanne Labsch, Dr. Albert de Lange, Br. Berthold Duffner OFM, Emerita Gruzde, Dr. Darío Mock, Prof. Dr. Ralf Liedtke, Dr. Grit Jacobs und meiner Großmutter Anna Gutgesell für ihre Hilfe bei der Transkription der Briefe in deutscher Kurrentschrift.

Das Forschungsprojekt wurde von einem Kreis von Förderern getragen, ohne die die vorliegende Monografie nicht diese Form hätte annehmen können. Sie leisteten damit einen wertvollen Beitrag zur kunsthistorischen Nachlassforschung im Allgemeinen und zur Aufarbeitung des Lebens und Werkes der Alexandra von Berckholtz im Besonderen. Für ihre großartige finanzielle Unterstützung und ihr Engagement möchte ich allen Förderern an dieser Stelle ganz herzlich danken. Mein Dank ergeht an die Stiftung Frauen in Europa Berlin und Frau Dr. Birgit Laubach; die Gerda-Weiler-Stiftung für feministische Frauenforschung und Frau Gudrun Nositschka; die Niederfüllbacher Stiftung, den Oberbürgermeister der Stadt Coburg, Herrn Norbert Tessmer, und Frau Sieglinde Vogler; die Stiftung der Baltischen Ritterschaften und Herrn Egbert von Brevern; die Böckler-Mare-Balticum-Stiftung und Frau Dr. Ulrike Nürnberger; die Karl Ernst von Baer-Stiftung und Herrn Wolf P. Wulffius; die Berckholtz-Stiftung Karlsruhe, Herrn Andreas Störzinger und Herrn Tobias Krevet; das Kulturamt der Stadt Karlsruhe, Herrn Ersten Bürgermeister Wolfram Jäger und Frau Ulrike Settelmeyer; die Kulturstiftung der Sparkasse Karlsruhe und Frau Gisela von Renteln; die Weinbrenner Apotheke Karlsruhe und Frau Sofia Tsaberdjis; die Kreisstadt Sigmaringen, Herrn Bürgermeister Thomas Schärer und Frau Beate Fritz; die Sparkasse Offenburg/Ortenau und Herrn Jürgen Riexinger; die Kulturstiftung Offenburg und Frau Dr. Gerlinde Brandenburger-Eisele; die Evangelische Landeskirche in Baden und Herrn Prof. Dr. Peter Riede sowie den Historischen Verein für Mittelbaden e. V. und Herrn Klaus G. Kaufmann.

Verflochten mit dem Werk der Künstlerin Alexandra von Berckholtz und ihrer Biografie als Frau in ihrer Zeit erschlossen sich neben kunsthistorischen Kontexten mannigfaltige historische Bezüge zum Sozialwesen, zum karitativen Engagement der Frauen, zur Musikpflege, zu den Kirchen beider christlichen Konfessionen, zur Salonkultur, Mediengeschichte, Reisetätigkeit, Wirtschaftsgeschichte, zum Adel und zu den Herrscherhäusern, zum Stellenwert der Freundschaft und zum familiären Zusammenhalt.
Es lässt sich in jeder Biografie vieles entdecken, jedoch nur solange die entsprechenden Zeitzeugen und Dokumente vorhanden sind. Wie schnell ist durch das Wegwerfen eines Nachlasses das Werk einer Künstlerin von der Bildfläche verschwunden und das Leben eines Menschen ausgelöscht. Abschließend möchte ich noch ganz besonders all den Adelsfamilien meinen

Dank aussprechen, die durch ihre allzeitige Hilfe und ihre Archive meine Suche auf den Spuren der Alexandra von Berckholtz stets ein Stück weitergebracht haben. An erster Stelle steht Herr Hans-Joachim von Berkholz, der Ur-Ur-Großneffe des Gabriel Leonhard von Berckholtz, der dem Forschungsprojekt von Anfang an offen zur Seite stand.

Archive zu pflegen ist gerade in der heutigen Zeit, die aufgrund ihrer vielen schnelllebigen Facetten virtueller Kommunikation und kurzlebiger Speichermedien auch zur größeren Vergänglichkeit der Erinnerungskultur geführt hat, wichtiger denn je geworden. Möge Alexandra von Berckholtz, deren Leben und Werk aus kleinen Einzelteilen und winzigen Spuren zu einem großen Ganzen rekonstruiert wurde, dazu ermutigen, Nachlässe zu erhalten und somit das Bewusstsein für die eigene Familie weiterzutragen, die durch ihr Handeln auch ein Stück zur Kultur der jeweiligen Zeit beiträgt, in der sie lebt.

Natalie Gutgesell, Bad Staffelstein 2017

1 Rekonstruktion einer Künstlerinnenbiografie

Alexandra von Berckholtz wird am 26. August 1821 in Riga als jüngstes von acht Kindern des Großkaufmanns Gabriel Leonhard von Berckholtz und der Barbara Schröder geboren. Nach dem in Livland gültigen julianischen Kalender ist es der 14. August. Getauft wird sie am 16. (4.) Dezember 1821 im Dom zu Riga (Abb. 3).[1] Zu dem Vornamen der Künstlerin lassen sich in amtlichen Dokumenten[2] und privaten Quellen[3] auch die Varianten Alexandrine, Sascha und Saschinka finden.

1825 wandert Gabriel Leonhard von Berckholtz mit seiner Familie ins Ausland aus, wovon ab dem 7. April 1825 die örtliche Presse mehrmals informiert.[4] Das genaue Datum der Ausreise vermerkt Alexandra in ihrem Kalender: 24. Juni 1825.[5] Als Auslöser für die Emigration des rigaschen Patriziers werden gesundheitliche Gründe genannt.[6] Es folgen Jahre des Reisens durch Europa, insbesondere nach Deutschland, Italien, Frankreich und in die Schweiz.[7] In Frankreich wird sich die Familie wohl längere Zeit in Paris aufgehalten haben, da dorthin der Bruder des Vaters, Jacob Johann von Berckholtz, bereits Anfang der 1820er Jahre verzogen war.[8]

Als nächstes Eckdatum findet sich ein Eintrag im Grundbuch der Stadt Karlsruhe und im Adressbuch von 1833, der den Kauf eines Hauses in der Karlstraße 26 an den „Partikulier von Berkholz" belegt.[9] Das Haus wurde durch den Baumeister und Professor Friedrich Arnold (1786–1854) im Jahre 1826 erbaut, einem Schüler des Karlsruher Stadtarchitekten Friedrich Weinbrenner (1766–1826). Ab 1828 bewohnt das Anwesen der österreichische Gesandte[10] in Baden Karl Ferdinand von Buol-Schauenstein (1797–1865). Gabriel Leonhard von Berckholtz erwirbt in Karlsruhe noch ein zweites Haus, in der Sophienstraße 2 sowie ein Grundstück zwischen der Sophienstraße, dem Karlstor und der Kriegsstraße, in dem er ab 1850 einen großräumigen Park mit Palmenhaus und Springbrunnen anlegen lässt (Abb. 68).

Die Außenansicht des zweistöckigen Gebäudes an der Ecke der Karl- und Sophienstraße hält der Schweizer Maler und Lithograf Caspar Obach (1807–1865) in einem Aquarell (Abb. 4) fest. Dieses führt das imposante Anwesen im Ensemble der Stadthäuser und des regen Treibens auf der Straße in feingliedriger und detailreich gezeichneter Manier in zarten farblichen Abstufungen auf.

Die unterhalb der Darstellung mittig angebrachte Bildunterschrift *Wohnhaus des Herrn Leonh. v. Berckholtz in Carlsruhe* verweist auf den Besitzer sowie den repräsentativen Charakter des Palais, dessen Lithografien bei Lemercier in Paris gedruckt und durch die Kunsthandlung Johann Velten in Karlsruhe und St. Petersburg vertrieben werden. Das Berckholtz-Haus malt Obach im Kontext einer Serie wesentlicher das Stadtbild prägender Gebäude Karlsruhes. In einer vergleichbaren Totalen sowie in analogem Strich und Kolorit präsentiert Obach auch das Großherzogliche Hoftheater mit der Orangerie im Hintergrund.[11] Seine Stadt- und Landschaftsveduten sind von idealisiertem Charakter. Monumente der Industrialisierung fügen sich harmonisch in den Mittelgrund der Szenerie ein, wie z. B. eine Baumwollfabrik in Kuchen,[12] deren Rauch aus dem Schornstein organisch die Bewegung der Bäume im Wind imitiert. Obach ist offizieller Maler des württembergischen Kronprinzen Karl Friedrich Alexander und späteren König Karl I. (1823–1891) und

Abb. 2 – Franz Neumayer, Alexandra von Berckholtz, Fotografie, 10,1 × 5,9 cm, Bayerische Staatsbibliothek München.

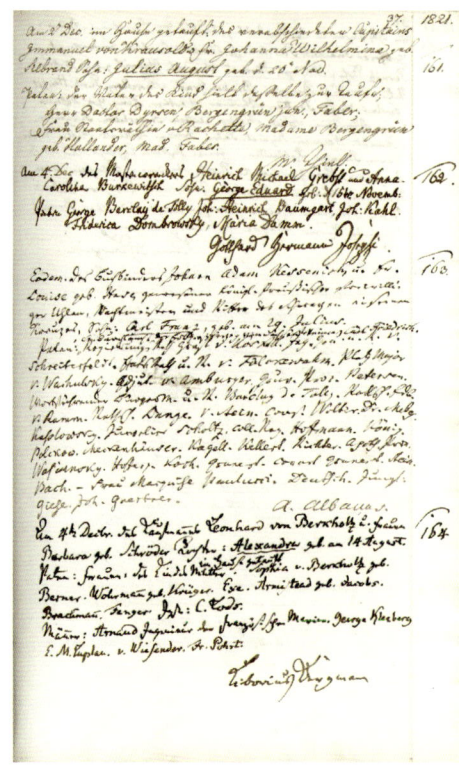

Abb. 3 – Auszug aus dem Taufregister des Doms zu Riga 1821–1833, S. 37, Nr. 164, Nationalarchiv Riga Inv.-Nr. LNA-LVVA 1426/1/299/37.

Abb. 4 – Caspar Obach (pinx.), Carl Schulz (lith.), Das Berckholtz-Palais in der Karlstraße, Farblithografie, 24 × 34 cm, Stadtarchiv Karlsruhe Inv.-Nr. 8/PBS XIVe 260.

dessen Frau Olga Nikolajewna Romanowa (1822–1892), Großfürstin von Russland, für die er von 1848 bis 1853 sieben Interieurbilder aus der Villa Berg in Stuttgart erschafft, wie z. B. das Kabinett der Kronprinzessin Olga in der Orangerie.[13]

Auch Alexandra von Berckholtz stellt ihr Karlsruher Elternhaus auf zwei Zeichnungen bildkünstlerisch dar. Die erste führt das Pförtnerhaus und den Eingang des Gartens (KAT.-NR. 54) auf, dessen Tor geöffnet ist, und in den gerade einige Besucher eintreten. Alexandra zeichnet diese Ansicht 1835 und im Alter von 14 Jahren. Hierbei handelt es sich um das früheste bekannte Werk aus ihrer Hand. Das zweite 1839 entstandene Blatt führt das Familienpalais (KAT.-NR. 55) mit dem abgerundeten Eckpavillon zwischen Karl- und der Sophienstraße wie auf dem Aquarell Obachs auf, jedoch unter Einbeziehung des davorliegenden Karlstores, neben dem gerade zwei Staffagefiguren vorbeiflanieren. Beide Ansichten erfassen mit spitzem Bleistift und feinem Strich architektonische und landschaftliche Details präzise und setzen diese mit wohlüberlegt platzierten Licht- und Schattenpartien dramaturgisch in Szene.

Auch von drei Innenräumen sind Ansichten erhalten. Alexandra von Berckholtz malt den im ersten Stock befindlichen Salon des Hauses (KAT.-NR. 33). Auf einer Reproduktion eines Alexandra von Berckholtz zugeschriebenen Aquarells (Abb. 5) sieht man ein rundes Zimmer mit dunkelblauer Wandverkleidung, die von einer Reihe golden anmutender Palmetten bekrönt wird. Oberhalb dieser befindet sich eine Reihe an Bildwerken mit einem Genius und zwei Porträts im Ausschnitt des Brustbildes. Über den beiden Türen sind

Abb. 6 – Festsaal des Berckholtz-Hauses in Karlsruhe, Fotografie, 9 × 13 cm, Stadtarchiv Karlsruhe Inv.-Nr. 8/BPS o XIV e 1012.

Abb. 5 – Alexandra von Berckholtz (zugeschrieben), Innenansicht des Berckholtz-Hauses in Karlsruhe, Reproduktion eines Aquarells, 9 × 13 cm, Stadtarchiv Karlsruhe Inv.-Nr. 8/BPS o XIV e 1012.

als Supraporten Gemälde mit floralen Motiven angebracht. Eine Verbindung zur Stuckdecke bildet ein Bukranionfries. In einer mit violetten Fliesen verkleideten Nische in der rechten Hälfte des Bildfeldes platziert ist ein naturfarbener Kachelofen. Auf dem Boden liegt ein gemusterter rechteckiger Teppich. Die Enfilade öffnet den Blick in die dahinterliegenden Räume. Im nächsten erblickt man den Festsaal, von dem auch eine Fotografie (Abb. 6) erhalten ist, und in dem sich regelmäßig zahlreiche Gäste und wesentliche Persönlichkeiten der Stadt Karlsruhe einfinden.

Das Berckholtz-Palais entwickelt sich zu einem der gesellschaftlichen Mittelpunkte der Residenzstadt. Der dort stattfindende Kontakt und Austausch mit Künstlern, Literaten, Schauspielern, Wissenschaftlern und Mitgliedern der großherzoglichen Familie beeinflusst Alexandra von Berckholtz bereits in jungen Jahren. Die rege Kulturszene der im Jahr 1830 insgesamt 19.734 Einwohner zählenden Stadt Karlsruhe (Abb. 7) ist wohl einer der Gründe, warum sich der schon in Riga den Künsten äußerst aufgeschlossene Gabriel Leonhard von Berckholtz mit seiner Familie in Baden niederlässt.

1810 wird der Bau des Großherzoglichen Hoftheaters durch Friedrich Weinbrenner vollendet, das 1.800 Zuschauern Platz bietet, und in dem große Stars der Zeit auftreten, wie der Violinenvirtuose Niccolò Paganini (1782–1840) oder die schwedische Sopranistin Jenny Lind (1820–1887).[14] Ab 1836 errichtet Heinrich Hübsch (1795–1863) die Großherzogliche Gemäldegalerie und heutige Staatliche Kunsthalle, in der als einer der ersten im deutschsprachigen Raum eine fürstliche Kunstsammlung der Öffentlichkeit zugänglich ist, mit zunächst 205 Gemälden aus dem 17. und 18. Jahrhundert, vorrangig aus Frankreich sowie den Niederlanden und aus dem Besitz der Markgräfin Karoline Luise von Baden (1723–1783).

Sicherlich besucht Alexandra von Berckholtz bereits in den 1830er und 1840er Jahren die Karlsruher Galerie. „Niemals ermüdete sie aus den neuesten Erscheinungen des Kunstlebens Nutzen zu ziehen, um sich zu fördern und weiter zu bilden. Mit freudigem Eifer durchkostete sie alle Galerien und Ausstellungen."[15] Beweise für Kopien nach in Karlsruhe vorhandenen niederländischen Stillleben finden sich in ihrem Spätwerk (KAT.-NR. 101, 102). Stilistische Einflüsse französischer Künstler zeigen sich bereits früh,

Abb. 7 – Johann Christian Böhme, Karlsruhe um 1830, Kupferstich, 16 × 25 cm, Stadtarchiv Karlsruhe Inv.-Nr. 8/PBS XIIIa 14.

Abb. 8 – Carl Barth, Ansicht von Ortenberg mit Schlossruine, Lithografie, 19 × 32 cm, Stadtarchiv Offenburg (StAO) Inv.-Nr. 26/01/320.

wobei die Gemälde der Karlsruher Galerie durchaus wohl erste Inspirationen für Alexandra von Berckholtz bedeuten. Ein prägnantes Beispiel französischer Porträtmalerei ist das dort vorhandene Bildnis des Marschalls Charles-Auguste de Matignon von Hyacinthe Rigaud (1659–1743), Hofmaler des Königs Ludwig XIV. (1638–1715).[16] Der Protagonist steht aufrecht und im Ausschnitt des Kniestücks in einer Landschaft auf einem Hügel in Distanz zu einem Schlachtfeld. Sein Blick adressiert den Betrachter, der Körper ist leicht nach rechts gedreht. Ein Lichtschein hebt das Gesicht hervor und produziert Glanzpunkte auf der Rüstung, zu der der helle Stoff eines um die Taille gebundenen und im Wind wehenden Tuches korrespondiert. Der rechte ausgestreckte Arm, dessen Hand einen Kommandostab hält, zeigt auf das im Hintergrund tobende Kriegsgeschehen. Die realistische Wiedergabe des Dargestellten und die psychologische Konzentration auf die Physiognomie charakterisieren auch Alexandras Bildnisse.

In ihrem Spätwerk wendet sie sich ebenfalls der Stilllebenmalerei zu, in der hinsichtlich der klar gegliederten Anordnung der lebensecht, meist bis zum Rand des Bildfeldes und vor einem dunklen Hintergrund porträtierten Gegenstände eine Orientierung an der niederländischen und flämischen Malerei auffällt. In der Karlsruher Galerie befindet sich in dieser Hinsicht unter anderem das *Stillleben mit Blumen und Goldpokalen* der achtzehnjährigen Malerin Clara Peeters (1594–nach 1657) mit einer bauchigen Blumenvase und zwei Pokalen auf einem Tisch. In der Oberfläche des rechts befindlichen Buckelpokals spiegelt sich das Porträt der Künstlerin.[17]

Neben der kulturellen Attraktivität der Stadt Karlsruhe spielen wohl auch politisch-diplomatische Gründe eine Rolle für die Wahl des neuen Wohnortes durch Gabriel Leonhard von Berckholtz und die guten Beziehungen zwischen Baden bzw. Württemberg und Russland. Zeitlebens bleibt er als russischer Ehrenbürger dem Zaren verbunden, wie auch seine Tochter Alexandra, die bis zu ihrem Tod russische Untertanin ist.[18] Großfürstin Katharina Pawlowna (1788–1819) ist die Ehefrau des Königs Wilhelm I. von Württemberg (1781–1864) und Tochter des Zaren Paul I. (1754–1801) sowie eine Schwester des Zaren Alexander I. Pawlowitsch Romanow (1777–1825). Schon bald nach dem Regierungsantritt ihres Mannes 1816 zeichnet sich Katharina durch ihr wohltätiges Engagement aus. Sie gründet vor dem Hintergrund der hohen Armut in Württemberg den Zentralen Wohltätigkeitsverein und 1818 das *Königin-Katharinen-Stift* in Stuttgart zur Mädchenbildung.[19] Auch nach ihrem Tod sichert Zar Alexander I. – seinerseits mit Prinzessin Luise von Baden (1779–1826) verheiratet – die territorialen Grenzen Badens zu. Er ist es auch, dem Estland, Livland und Kurland die Aufhebung des Verkaufs von Leibeigenen zu verdanken haben. Sein politischer Nachfolger wird 1825 – in dem Jahr, in dem die Familie von Berckholtz aus dem Baltikum auswandert – sein Bruder Nikolaus I. (1796–1855), da Konstantin Pawlowitsch Romanow (1779–1831) – der zweitgeborene Sohn Pauls I. – bereits 1823 auf die Herrschaft verzichtete.

Ein weiterer Ort, der für die Familie von Berckholtz zum Lebensmittelpunkt wird, ist Ortenberg in Baden (Abb. 8). Von 1833 bis 1843 lässt Gabriel Leonhard von Berckholtz die Schlossruine im neogotischen Stil wiederaufbauen. Mit den Arbeiten am Schloss beauftragt er den Freund der Familie und Architekten Jakob Friedrich Eisenlohr (1805–1854), ebenfalls ein Weinbrenner-Schüler und Assistent Heinrich Hübschs. Von 1826 bis 1828 hält sich Eisenlohr zu Studienzwecken in Italien auf, wo ihn zunächst die romanische Architektur stilistisch beeinflusst. Am Polytechnischen Institut Karlsruhe ist er ab 1832 als Dozent und ab 1839 als Professor für Konstruktionslehre tätig. 1853 ernennt man ihn zum Baurat sowie zum Vorstand der Schule. Sein

Abb. 9 – Friedrich Eisenlohr, Schloss Ortenberg, Lithografie, 23,5 × 25,5 cm, StAO Inv.-Nr. 26/01/349.

Abb. 10 – Alexandra von Berckholtz, Schloss Ortenberg, Bleistift auf Papier, 21,2 × 26,9 cm, links unten datiert *19 Oct. 1864.*, Skizzenbuch von 1860–1861, StAO Inv.-Nr. 26/21/018.

Abb. 11 – Schloss Ortenberg, Fotografie, 2015.

architektonisches Hauptschaffensgebiet liegt in den zahlreichen Bahnhöfen und Wärterhäuschen entlang der ab 1839 angelegten Strecke der Badischen Hauptbahn, wie z. B. 1839 der Bahnhof in Mannheim oder der in Heidelberg 1840.[20] Eine weitere Zusammenarbeit zwischen Alexandras Vater und Friedrich Eisenlohr ist der Bau der Evangelischen Stadtkirche in Offenburg ab 1857, für deren Errichtung von Berckholtz maßgeblich die Initiative ergreift.[21]

Die Originalentwürfe Eisenlohrs verwahrt das Stadtarchiv Offenburg sowie unterschiedliche Zeichnungen des Schlosses Ortenberg, wie eine Aufnahme von der südöstlichen Seite (Abb. 9). Diese veröffentlicht Eisenlohr zusammen mit weiteren unterschiedlichen Ansichten des Schlosses in einem Bildband, den der Verlag J. Verth in Karlsruhe auflegt und vertreibt.

Auch Alexandra von Berckholtz stellt den Ort (KAT.-NR. 80, 81) und das Schloss (KAT.-NR. 56) in seiner auf dem Bergrücken thronenden Position aus mehreren Perspektiven und in Details in unterschiedlichen Phasen ihres Werkes dar, wie z. B. am 19. Oktober 1864 in einer Bleistiftzeichnung (Abb. 10). Daneben finden sich in ihren Skizzenbüchern viele Interieurs und Szenen des Familienlebens sowie in Ortenberg porträtierte Frauen und Männer.

Auf dem Bild nicht zu erkennen ist der „Malerturm" des Schlosses (Abb. 12), in dem Alexandra von Berckholtz bis 1863 ihr Atelier hatte, und in dem sich heute das Trauzimmer des Standesamtes der Gemeinde Ortenberg befindet. Den Innenraum ihres Ateliers zeigt eine beschriftete Ölskizze, auf der man die Malerin vor einer Staffelei sitzen sieht (KAT.-NR. 22), die das Bildfeld zur Linken rahmt. Alexandra von Berckholtz trägt ein langes schwarzes hochgeschlossenes Kleid und ist in Ganzfigur im Dreiviertelprofil nach rechts zu sehen. In Denkerpose und mit auf dem rechten Knie aufgestütztem rechten Arm sowie mit reflektierendem und in sich gekehrtem Gesichtsausdruck scheint sie gerade an einer Idee zu arbeiten.

Welche weiteren Eckpunkte konnten in der Vita Alexandras von Berckholtz entdeckt werden? Im Jahr 1836 unternimmt sie eine Reise in die Schweiz, worüber ein Auktionskatalog von 1928 Auskunft gibt und die Beschriftung eines in Genf entstandenen Aquarells mit der Darstellung der Halbfigur ei-

Abb. 12 – Der Malerturm des Ortenberger Schlosses, Fotografie, 2016.

Abb. 13 – Louis Wagner, Barbara von Berckholtz, Bleistift auf Papier, 21,4 × 15,8 cm, links unten beschriftet *B. v. Berckholtz*, rechts unten signiert *Louis Wagner*, StAO Inv.-Nr. 26/02/329.

Abb. 14 – Anselm Feuerbach, Selbstbildnis als südländischer Fischerknabe, Öl auf Leinwand, 31 × 22,2 cm, 1846, Feuerbachhaus Speyer Inv.-Nr. FH 0016.

nes jungen Mädchens in ländlicher Tracht vor einem landschaftlichen Hintergrund (Werkverzeichnis WV Nr. 4). Dieses Genrebild malte die Künstlerin im Alter von 15 Jahren.

Alexandra von Berckholtz' erster künstlerischer Unterricht ist ab 1841 bekannt, bei Ludwig „Louis" Wagner (um 1780–nach 1853) in Karlsruhe, der in Paris und Mannheim studiert.[22] Wagner zeichnet seine Schülerin im Jahr 1845 vor der Staffelei, als sie gerade an einem Bildnis ihrer Mutter arbeitet, wovon eine Lithografie erhalten ist (Abb. 1).[23] Aus der Vita und dem künstlerischen Werk Wagners ist wenig überliefert. Er ist Großherzoglich Badischer Hofmaler, die Ernennung muss jedoch erst nach 1844 erfolgt sein, denn auf einer aus dem Jahr erhaltenen Liste wird er noch nicht geführt.[24] Ein Stempel auf der Rückseite einiger Porträtfotografien von Mitgliedern der Berckholtz-Familie weist Louis Wagner auch als Fotografen aus, der ein Atelier in der Hirschstraße Nr. 30, später Nr. 36, betreibt.[25] Erhalten ist auch eine Zeichnung aus seiner Hand, die die Mutter der Künstlerin, Barbara von Berckholtz (Abb. 13), in Halbfigur auf einem Stuhl sitzend und im Profil nach rechts aufführt, deren freundliche Gesichtszüge unter der gerüschten Haube und den hervortretenden Stocklocken zu sehen sind.

Durch Tagebuchaufzeichnungen des Malers Anselm Feuerbach (1829–1880) (Abb. 14) vom 11. und 15. Juli 1842 sind Besuche seinerseits bei der Familie von Berckholtz auf dem Schloss in Ortenberg bekannt, das er auch in sein Skizzenbuch zeichnet.[26] Er trifft sich mit Alexandra und ihrer Familie auch im Ortenberger Wirtshaus *Krone*. Die Fahrt ist Feuerbachs erste Reise, die er alleine und ohne seine Eltern unternimmt. Er wohnt bei der Familie Brunner in Offenburg, einer „gebildeten Stadt mit vielen großen Gebäuden".[27]

Ab 1845 studiert Anselm Feuerbach an der Kunstakademie Düsseldorf bei Wilhelm von Schadow (1788–1862), Carl Ferdinand Sohn (1805–1867), Carl Friedrich Lessing (1808–1880) und Johann Wilhelm Schirmer (1807–1863). Nach Stationen in München von 1848 bis 1850, Antwerpen 1850 und Paris 1851 hält sich Feuerbach von Mitte Mai 1854 bis zum 23. Mai 1855 in Karlsruhe auf, wo sich der Künstler und Alexandra von Berckholtz erneut begegnen. Neben seinem umfangreichen einfühlsamen Porträtschaffen, in dem es Anselm Feuerbach versteht, das Wesen und die Psychologie der Dargestellten zu erfassen (Abb. 101), hinterließ der Künstler italienische Genreszenen (Abb. 15) und monumentale Historienbilder, wie z. B. *Das Gastmahl des Plato*.[28]

Der Großteil der Gemälde Feuerbachs manifestiert seine Auffassung der Antike als Ideal der Ästhetik und Harmonie, auch bedingt durch sein Elternhaus und den Vater Joseph Anselm Feuerbach (1798–1851), klassischer Archäologe und Professor in Freiburg. Anselm Feuerbachs idealisierte Figuren verkörpern in ihrem silbern entsättigten Kolorit, ihrer aufrechten Haltung, faltenreichen Gewandung und statuarischen Reihung trotz ihrer Bodenhaftung eine emotionale Dynamik, wie z. B. *Orpheus und Eurydike*.[29] In zwei dominanten Diagonalen angeordnet und in einer linearen Bewegung von rechts nach links im Bildfeld führt der Sänger Orpheus seine verstorbene Frau Eurydike aus der Hölle heraus, wobei beide durch ihre Gewänder miteinander verwachsen scheinen und wie ein gerade bearbeiteter Marmorblock anmuten.

Diese klassizistische Perspektive, die die realistische Bildauffassung ihrer zeitgenössischen Moderne prägt, eine Anhängerschaft Johann Joachim Winckelmanns (1717–1768) und ein Einfluss Feuerbachs auf ihre Kunst sind in Alexandra von Berckholtz' Werk nicht zu beobachten. In ihrem künstlerischen Nachlass ist lediglich ein einziges antikisierendes Blatt enthalten. Der im Profil nach links geneigte bekränzte Frauenkopf (KAT.-NR. 60) einer Bacchantin mit nahezu organisch mit dem Haupthaar verwachsenen Blättern und Blüten gehört zum Inventar eines Zeichenlehrers, der seinen Schülern unterschiedliche antike Köpfe präsentiert, die diese anschließend kopieren. Die Bleistiftzeichnung könnte ab 1855 im Unterricht bei Ludwig Des Coudres in Karlsruhe entstanden sein, der als Zeichenlehrer an der Karlsruher Kunstschule und in seinem privaten Unterricht mit vergleichbaren Vorlagen operiert.

Eine nächste Spur liefern drei mit *Beethoven-Halle Bonn 10ter August 1845* beschriftete und im Skizzenbuch der Künstlerin befindliche Zeichnungen. Auf der ersten (Abb. 16) mit einer Bühne in einem Innenraum und zu beiden Seiten befindlichen Reihen an Rundbogenarkaden und Fenstern darüber, steht in der Mittelachse ein Dirigent mit erhobenem Taktstock im Profil nach rechts. Rechter Hand neben ihm befindet sich eine Dame, wohl eine Solistin. Auf der flüchtigen und aus der Distanz aus dem Zuschauerraum heraus aufgenommenen Skizze sind weder ein Orchester linker Hand noch eine Porträtähnlichkeit der Akteure zu erkennen, wohl aber auf den zwei weiteren unterhalb des Blattes eingeklebten Zeichnungen des Virtuosen Franz Liszt (1811–1886) (Abb. 17) und des Komponisten Louis Spohr (1884–1859) (Abb. 18), beide ebenfalls in der Pose des Dirigenten.

Das erste Beethovenfest in Bonn beginnt am 10. August 1845 um 18 Uhr mit einem Konzert der *Missa solemnis* und der 9. Sinfonie in der eigens dafür neu errichteten und komplett in Holz ausgeführten Beethoven-Halle, die für 2.500 Besucher Platz bietet. Nach seiner Ankunft Ende Juli 1845 stellt Franz Liszt das Fehlen eines geeigneten Saales für die Feierlichkeiten fest und gibt auf eigene Kosten den Neubau in Auftrag, der in nur elf Tagen von 95 Arbeitern unter der Leitung des Kölner Dombaumeisters Ernst Friedrich Zwirner (1802–1861) errichtet wird.[30] Zwei Monate nach den Festlichkeiten reißt man die Halle aus Brandschutzgründen wieder ab. Eine Abbildung des Innenraumes veröffentlicht die *Leipziger Illustrirte Zeitung* am 30. September 1845 (Abb. 19).

Der Grundriss der Beethoven-Halle rezipiert eine dreischiffige romanische Basilika mit zweizonigem Wandaufriss an Rundbogenarkaden und Obergaden. Bekrönt wird der Raum von einem Giebeldach mit offenem Dachstuhl. Das erste Konzert leitet Louis Spohr,[31] der erst auf einen Bittbrief des Bonner Festkomitees vom Kasseler Hof freigestellt wird, und den man als Dirigent Franz Liszt und dem Bonner Musikdirektor Heinrich Carl Breidenstein (1796–1876) vorzieht, da man ihm die Bewältigung der Spätwerke Beethovens eher zutraut. Liszt tritt als Dirigent und Pianist erst am zweiten Festtag, am 12. August, in Erscheinung. An diesem Tag ist wohl auch Alexandra von Berckholtz' Zeichnung des dirigierenden Franz Liszt entstanden. Die Festlichkeiten beginnen an dem Tag mit Beethovens C-Dur-Messe, die Liszt im Dom leitet, nach der an dem Tag auch das Beethovendenkmal enthüllt wird.[32] Neben Alexandra von Berckholtz sind König Friedrich Wilhelm IV. von Preußen (1795–1861), die britische Königin Victoria (1819–1901), der Prinzgemahl Albert von Sachsen-Coburg und Gotha (1819–1861), wie auch Jenny Lind oder die Tänzerin Lola Montez (1821–1861) anwesend. Letztere verursacht beim abschließenden Festbankett einen Eklat, da Liszt bei seinem Toast auf alle am Fest beteiligten Nationen die Franzosen vergaß.[33]

Während des zweiten Konzerts dirigiert Liszt Beethovens 5. Sinfonie, spielt danach unter dem Dirigat Spohrs das Es-Dur Klavierkonzert und leitet selbst anschließend das Finale aus dem *Fidelio*. Weitere Programmpunkte sind die Ouvertüre zu *Coriolan*, Teile aus *Christus am Oelberg* sowie ein Streichquartett. Am Konzert des 13. August um 9 Uhr dirigiert Liszt die Uraufführung seiner Festkantate zur Denkmaleinweihung, die zweimal gespielt wird, da

Abb. 15 – Anselm Feuerbach, Frau mit Tambourin, Öl auf Leinwand, 94×67 cm, 1854/55, Kunstbesitz der Stadt Speyer, als Leihgabe im Feuerbachhaus Speyer Inv.-Nr. FH 0028.

Abb. 16 – Alexandra von Berckholtz, Konzert in der Beethoven-Halle Bonn, 4,6×8,5 cm, Skizzenbuch von 1841–1846, StAO Inv.-Nr. 26/21/015.

Abb. 17 – Alexandra von Berckholtz, Franz Liszt, 8,4×4,7 cm, Skizzenbuch von 1841–1846, StAO Inv.-Nr. 26/21/015.

Abb. 18 – Alexandra von Berckholtz, Louis Spohr, 8,7×4,7 cm, Skizzenbuch von 1841–1846, StAO Inv.-Nr. 26/21/015.

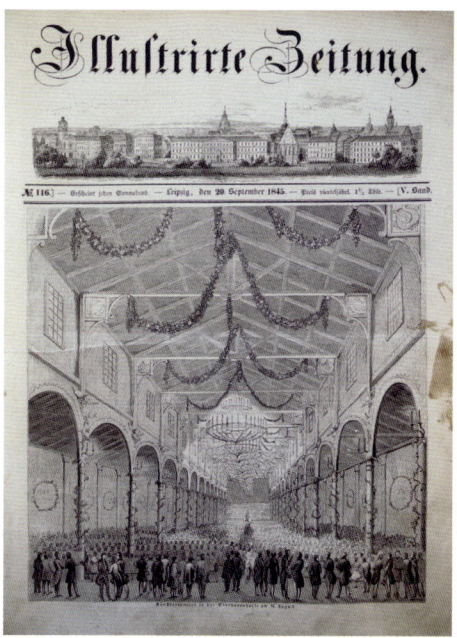

Abb. 19 – Das Innere der ersten Beethovenhalle Bonn, Leipziger Illustrirte Zeitung, 30. September 1845, Stadtmuseum Bonn Inv.-Nr. 2011 009.

die Majestäten zu spät erschienen und Liszt ungeachtet deren Abwesenheit dennoch beginnt.[34]

Einen weiteren biografischen Hinweis liefert das *Inventar des Kirchenfonds Ortenberg*. Der katholischen Pfarrkirche St. Bartholomäus stiftet Alexandra von Berckholtz 1847 ein „Ölgemälde in Goldrahmen" im Wert von 1.200 Gulden.[35] Es ist unter „Zugang bis 1879" und unter der „Nr. 11" erneut aufgelistet als „Tafelgemälde" und „Altargemälde darunter Ölgemälde v. Frl. v. Berckholtz (200)". Der Verbleib des Werkes ist unbekannt, wie auch das Motiv des wohl auf Holz gemalten Tafelbildes und die Tatsache, ob Alexandra von Berckholtz auch selbst die Urheberin des Bildes war. Des Weiteren werden in dem Inventar „Nr. 45 a. Zwei Originale v. der Frl. Ellenrieder" erwähnt. In St. Bartholomäus Ortenberg befinden sich heute zwei Gemälde Marie Ellenrieders: der Heilige Bartholomäus und der Heilige Josef mit dem Jesusknaben.[36] Steht Alexandra von Berckholtz' Schenkung eventuell im Zusammenhang mit diesen? Da keine weiteren offiziellen Dokumente mehr vorhanden sind, muss die Frage an dieser Stelle offen belassen werden. Verzeichnet ist die Stiftung ebenfalls im *Großherzoglich Badischen Regierungsblatt* von 1847: „Fräulein Alexandra von Bergholz in Ortenberg in die Kirche daselbst ein Ölgemälde, taxirt zu 300 Gulden."[37]

Am 21. Oktober 1848 reist Alexandra von Berckholtz von Ortenberg nach Paris ab, wie sie in ihrem Kalender vermerkt.[38] Aus dem Vorjahr datiert bereits ein Aquarell mit einem Motiv aus Paris, das die Pforte von Saint-Denis zeigt. Es wird 1989 im Kunsthaus Lempertz in Köln versteigert und befindet sich aktuell in Privatbesitz. Folgende Informationen zu dem Blatt ergänzt der Auktionskatalog: *Im Vordergrund reiche Staffage. Signiert und datiert unten rechts: A. v. Berckholtz 1847. Aquarell auf Papier (unter Glas gerahmt).*[39] Gitta Ho nimmt zu Recht an, dass dieses Werk ad naturam in Paris entstanden sein könnte. Alexandra von Berckholtz hatte sich dort bereits zu einem früheren Zeitpunkt aufgehalten, wovon ein weiterer Kalendereintrag zeugt: „20. März 1848. Abreise von Paris nach Carlsruhe."

Nach Paris zieht es zwischen 1793 und 1870 mehrere hundert Künstler aus dem deutschsprachigen Raum. Sie besuchen die *École des beaux-arts* oder nehmen Privatunterricht. Die gefragtesten Historienmaler sind Jacques-Louis David (1748–1825), Antoine-Jean Gros (1771–1835) oder Paul Delaroche (1797–1856).[40] Zur Zeit des Paris-Aufenthaltes von Alexandra von Berckholtz zählt das 1847 durch Thomas Couture (1815–1879) begründete Privatatelier zu den wesentlichen Schulen, vor allem auch für deutsche Maler.[41] Unter anderem studiert auch Anselm Feuerbach bei Couture. Paris hat zu dieser Zeit eine halbe Million Einwohner, Stuttgart dagegen weist 48.635 auf. Um die hohen Lebenshaltungskosten in der französischen Hauptstadt zu bestreiten und auch der materiellen Not vorzubeugen, verdienen sich die Künstler in Paris Unterhalt und Ausbildung durch touristische Veduten, gezeichnete Porträts, druckgrafische Reproduktionen oder Kopien von Kunstwerken. Alexandra von Berckholtz lebt während ihrer Pariser Zeit sicherlich bei ihrem Onkel, der in Paris seinen Namen in Jean-Jacques de Berckholtz französiert. Aus den Kopistenlisten des Louvre geht Alexandras Pariser Adresse hervor: Boulevard Poissonnière 24, eine der Prachtstraßen im 9. Arrondissement, mit dem Musée du Louvre in der Nähe.[42] Offizielle Dokumente, die Näheres zu ihrer Zeit in Frankreich bezeugen könnten, wie z. B. ein polizeilicher Meldebogen, fanden sich keine, weder in den *Archives nationales de France*, noch in den *Archives de Paris*, in den *Archives de la préfecture de police de Paris*, der *Bibliothèque nationale de France* oder im *Centre Allemand d'histoire de l'art*, dem Deutschen Forum für Kunstgeschichte Paris. In Paris bleibt Alexandra von Berckholtz bis 1854,[43] mit zwischenzeitlichen heimatlichen

Besuchen, die Einträge in ihrem Skizzenbuch belegen, wie z. B. ein Aufenthalt auf Schloss Aubach bei Lauf in Baden vom 9. bis 14. Juli 1850 (Abb. 20) oder ein weiterer 1853 in Ortenberg (Abb. 21).

Im Jahr 1848 ist ein mehrmonatiger Studienaufenthalt Alexandra von Berckholtz' im Atelier des französischen Historienmalers Joseph-Nicolas Robert-Fleury (1797–1890) (Abb. 22) bekannt,[44] der sich nach seiner Lehrzeit bei Antoine-Jean Gros und Horace Vernet (1789–1863) bis 1824 in Italien aufhält. Ab 1855 ist Robert-Fleury Professor an der 1648 gegründeten *École Nationale Supérieure des Beaux-Arts*, der zweiten bedeutenden Institution der Künstlerausbildung in Paris neben der *Académie des Beaux-Arts*.[45] Auf den Schülerlisten Robert-Fleurys findet sich Alexandra von Berckholtz' Name nicht, denn Frauen sind zum Kunststudium an der Akademie erst ab 1897 zugelassen. Es befindet sich auch weder eine von ihr eingereichte Arbeit oder Mappe im Archiv noch ein Werk in der Sammlung der Schule.[46] 1863 fungiert Robert-Fleury als Direktor der *École des Beaux-Arts* und 1864 als Direktor der *Académie de France* in Rom. Von 1860 an ist er auswärtiges Mitglied der Königlichen Akademie der Künste Berlin;[47] bereits 1857 verleiht man ihm den preußischen Orden *Pour le Mérite* für Wissenschaft und Künste.[48]

Seine Historienbilder führen in guckkastenbühnenartig anmutenden Aktionsräumen geschichtliche Ereignisse auf. Der Zuschauer erblickt in diesen ein zumeist dramatisch bewegtes Geschehen, das eine affektgeladene Momentaufnahme präsentiert, jedoch jenseits übertriebener Theatralik.

Ein Werk in Öl auf Leinwand ist das ein Jahr vor Alexandras Schülerschaft in Paris entstandene *Galileo vor der Inquisition im Vatikan* (Abb. 23). Der Protagonist befindet sich in der Mittelachse, standhaft im Kontrapost, mit der rechten Faust auf dem Herzen und der linken Hand auf seinen auf einem Pult liegenden Schriften. Im Februar 1632 veröffentlicht Galileo Galilei (1564–1641/48) seinen *Dialog über die zwei Weltsysteme*, in dem er ein heliozentrisches Weltbild nach den Thesen des Nikolaus Kopernikus (1473–1543) beschreibt. Im April 1633 wird Galilei zum ersten Mal zur Widerrufung seiner Lehren von der Inquisition vernommen. Nicolas-Joseph Robert-Fleury lässt die Szene in der *Stanza della Segnatura* im Vatikan passieren, vor einer hinter einem länglichen Tisch befindlichen Kommission, deren Anordnung an Abendmahlsdarstellungen erinnert. Im Hintergrund sieht man Raffaels Wandgemälde *Disputa del Sacramento* (1509/10),[49] auf dem Heilige, Apostel, Kirchenväter und Geistliche die göttlichen Dinge diskutieren, gegenüber der *Schule von Athen*, einem Pendant-Fresko Raffaels, das das Wissen allegorisiert.[50]

Eine derartige Inszenierung und Einbettung historischer Inhalte in ikonografische Parameter findet sich in Alexandra von Berckholtz' Werk nicht, wie auch keine geschichtliche Szene. Wohl aber finden sich Robert-Fleurys Stilprinzipien der Historienmalerei in Alexandras Porträts wieder. Die Prinzipien der realistischen Abbildtreue, der exakten Arbeitsweise und technischen Umsetzung vermittelt er Alexandra von Berckholtz, die diese zeitlebens als wesentliches Charakteristikum ihrer Bildmalerei umsetzt. „Das Beherrschen der malerischen Mittel" und des Handwerks rückt in der französischen Kunst in der ersten Hälfte des 19. Jahrhunderts in den Vordergrund, und das „klassische Ideal als Form und Idee wird verdrängt".[51] Dies steht im Gegensatz zur italienischen Kunsttheorie der *Inventio*, der Vervollkommnung des Motivs und der Natur durch den Maler sowie der eigenen künstlerischen Erfindungsgabe.

Ein Künstler unterrichtet meist mehrere Schüler zur gleichen Zeit in einem Raum. Der Kunstkritiker Friedrich Pecht (1814–1903) beschreibt Delaroches

Abb. 20 – Alexandra von Berckholtz, Interieurszene aus Aubach, Bleistift auf Papier, 18,9 × 24,7 cm, rechts unten beschriftet *Aubach. cf. 12. Juli 1850.*, Skizzenbuch von 1847–1853, StAO Inv.-Nr. 26/21/016.

Abb. 21 – Alexandra von Berckholtz, Die Familie von Berckholtz im Garten in Ortenberg, Bleistift auf Papier, 18,9 × 24,7 cm, links unten beschriftet *Ortenberg. 31 Juli 1853*, Skizzenbuch von 1847–1853, StAO Inv.-Nr. 26/21/016.

Abb. 22 – René Dagron, Joseph-Nicolas Robert-Fleury, Fotografie, 1880, Bibliothèque nationale de France Paris.

Abb. 23 – Joseph-Nicolas Robert-Fleury, Galileo vor der Inquisition im Vatikan, Öl auf Leinwand, 196 × 308 cm, 1847, Musée du Louvre Paris Inv.-Nr. RF567.

Atelier 1839 als einen „unglaublich wüsten, von zwei großen Atelierfenstern beleuchteten Raum, unter einem halben Hundert oft noch sehr grünen Jungen, die da in vier Reihen dicht aufeinander gedrängt sitzend im Schweiße ihres Angesichts ein Modell abmalten oder zeichneten".[52] Diese zeichnen zunächst von Blättern mit grafischen Vorlagen ab. In einem weiteren Schritt orientiert man sich an Gipsmodellen und letztendlich am lebenden Modell. Erst nach dieser Genese des Zeichenprozesses erfolgt die malerische Unterweisung in der Handhabung des Pinsels und in der Kolorierung, in der Regel nach eigenen Werken des Meisters oder Gemälden anderer Künstler in Galerien.[53] In Paris sind dies der Louvre, die *Galerie du Luxembourg* oder die *Galeries historiques de Versailles*.

An den Akademien kommt der Kopiertätigkeit im Rahmen der Künstlerausbildung ein hoher Stellenwert zu, so auch bis Ende des 19. Jahrhunderts an der 1648 gegründeten *Académie royale de peinture et de sculpture* Paris und an der seit 1666 bestehenden *Académie de France* in Rom. Die strenge Orientierung am geltenden Kanon der alten Meister sieht man als Schulung der Fertigkeiten – des handwerklichen Umgangs mit Farbe und Werkzeug – des Geschmacks und Inspirationsquelle der angehenden Maler und Bildhauer.[54] Häufiger Usus ist das Kopieren von Gemälden und die theoretische Unterweisung zu diesen durch einen Lehrer in einer Galerie vor dem Original, meist in einer Gruppe von zehn Schülern, die vorher eine Kopiererlaubnis einzuholen haben, die ihnen bei ordentlichem Betragen in der betreffenden Ausstellung häufig auch lebenslang bleibt. Diese wird z. B. entzogen bei eigenmächtigem Abnehmen des Gemäldes von der Wand, Durchpausen auf dem Original, Beschädigungen mit dem Zirkel, Belästigungen von Touristen oder das Mitbringen von Hunden.[55]

Auch Alexandra von Berckholtz kopiert Gemälde anderer Meister. Zeitgenössische Dokumente erwähnen ihre generelle Kopistentätigkeit und auch Künstlernamen: „Götzenberger (Novize), Geyer (Trauung), Jacobs (Hagar), Caravaggio, Guercino, Rubens, viele Raphael Mengs, Piloty, Lenbach u. a."[56] Von diesen können Carl Theodor von Piloty (1826–1886) und Franz von Lenbach (1836–1904) eindeutig ihrer Münchner Zeit ab 1863 zugeordnet werden, während sie nach dem Mannheimer Hofmaler Jakob Götzenberger (1802–1866) wohl eher in ihrem Unterricht in Karlsruhe kopiert. Dieser Zeit entspringt womöglich auch die Kopie von *Hagar und Ismael*, einem um 1845 entstandenen klassizistisch komponierten Gemälde von Paul Emil Jacobs (1802–1866),[57] das bis 2007 als verschollen galt und von Frau Dr. Bärbel Kovalevski in Privatbesitz entdeckt wurde.[58] Bei „Geyer" könnte es sich um den Dresdener Maler, Schauspieler und Schriftsteller Ludwig Heinrich Christian Geyer (1779–1821) und Stiefvater Richard Wagners (1813–1883) handeln. Bei Michelangelo Merisi „Caravaggio" (1571–1610), Giovanni Francesco Barbieri „Guercino" (1591–1666), Peter Paul Rubens (1577–1640) und Anton Raphael Mengs (1728–1779) fällt eine vermutliche Zuordnung zu einem Entstehungsort der Kopien ebenfalls schwer. Vorstellbar ist auch ein eventuelles zeitweiliges „professionelles Kopistentum"[59] während Alexandra von Berckholtz' Zeit in München. Der dort ab 1856 in München ansässige Graf Adolf Friedrich von Schack (1815–1894) verfügt über eine Sammlung an 85 Kopien nach Meisterwerken, von denen einige Anselm Feuerbach oder Franz von Lenbach anfertigen. Eine Kopie fertigt ein Künstler häufig auch als Freundschaftsgabe an. 1821 überreicht Louise Seidler (1786–1866) Großherzog Carl August von Sachsen-Weimar-Eisenach (1757–1828) eine Kopie der *Madonna mit dem Stieglitz* nach Raffael[60] als Gegenleistung der Finanzierung ihres Italien-Stipendiums von 1818 bis 1823. 1823 ernennt sie der Fürst zur Kustodin der Kunstsammlung der Freien Zeichenschule Weimar und 1835 zur Hofmalerin.

Alexandra von Berckholtz' Name findet sich in den Kopistenlisten des Louvre mit einem Eintrag vom 11. Mai 1850.[61] Welches Werk sie an dem Tag kopiert, ist nicht bekannt, auch nicht, ob sie autodidaktisch oder unter Anleitung eines Lehrers arbeitet. Zu dieser Zeit findet sich keine korrespondierende und beschriftete Zeichnung in einem Skizzenbuch, die über Näheres hätte Aufschluss geben können. Üblicherweise signierten Maler ihre Kopien auch nicht.[62] Daher und auch aus Ermangelung offizieller Dokumente waren bisher keine durch Alexandra von Berckholtz angefertigten Kopien auffindbar, auch aus dem Grund, da diese „ihre Handschrift nicht erkennen lassen".[63]

Die meisten ihrer Werke signiert sie auf der Vorder- oder Rückseite bzw. versieht sie mit ihrem Monogramm, wie z. B. die Darstellung eines Mädchens mit einem Gänseblümchen in der Hand (KAT.-NR. 30). Das auf 1848 datierte und in Privatbesitz befindliche Aquarell ist das bisher einzige auffindbare Einzelblatt aus Alexandras Zeit in Frankreich und zeigt eine junge Frau in Ganzfigur und im Dreiviertelprofil nach links vor einer halbhohen Mauer, über der Nuancen in Blau einen Himmel angeben. Das Fehlen eines konkreten landschaftlichen oder architektonischen Hintergrundes erschwert die Lokalisierung. Dieses Genrebild könnte während eines Ausflugs in die Umgegend von Paris entstanden sein. Die deutschen Maler entdecken in Frankreich die Plein-air-Malerei und die Schule von Barbizon, in einem Dorf bei Fontainebleau, wo ab 1830 Künstler Landschaften in freier Natur malen. „Die Umgebung von Paris ist nicht mehr allein Ziel pittoresker Wanderungen, sondern auch Ort malerischer Experimente im Kollektiv. Landstriche, Landleute und Tiere finden Einzug in das Repertoire der jungen Maler."[64]

Abb. 24 – Alexandra von Berckholtz, Gottfried Lahm, Bleistift auf Papier, 25,2 × 19 cm, unterhalb der Darstellung beschriftet *Gottfried Lahm*, rechts unten beschriftet und datiert *Burbach cf. 27. Juli 1848.*, Skizzenbuch von 1847–1853, StAO Inv.-Nr. 26/21/016.

Abb. 25 – Joel Ballin (Stecher), Die Geschwister Berckholtz, Kupferstich, 16,6 × 13,4 cm, StAO Inv.-Nr. 26/02/019.

Eindeutiger fällt die lokale Zuordnung einer mit *Burbach* beschrifteten und auf den *27. Juli 1848* datierten Bleistiftzeichnung eines jungen Mannes (Abb. 24). Im Kniestück, in frontaler Ausrichtung und mit Blick zum Betrachter führt Alexandra von Berckholtz in ihrem Skizzenbuch einen jungen Mann von schätzungsweise Anfang zwanzig auf, den ihre Beschriftung auch namentlich bezeichnet: *Gottfried Lahm*. Sein leicht rundliches Gesicht mit dem zugekniffenen Mund arbeitet sie etwas stärker heraus, während seine Kleidung, vor allem ein kurzes tailliertes Jackett, durch wenige Striche angegeben ist und daher einfach und weniger elegant erscheint. Die Aufnahme entsteht in der französischen Gemeinde Burbach im Elsass. Könnte sie eventuell im Kontext zusammen mit der jungen Dame mit dem Gänseblümchen entstanden sein?

Noch ein weiteres Werk ist durchaus der Pariser Zeit zuzuordnen, ein mit *Die Geschwister Berckholtz* beschrifteter und mit *J. Ballin sculps.* signierter Kupferstich in Alexandras Nachlass im Stadtarchiv Offenburg (Abb. 25), der ein auf einem Stuhl sitzendes Mädchen und einen rechts im Bildfeld neben ihr stehenden Jungen in Uniform und mit umgegürtetem Säbel aufführt: die ungefähr zehn bis elf Jahre alte Elisabeth und der acht- bis neunjährige Jacob von Berckholtz. Ausgehend von den Geburtsjahren der beiden muss die Vorlage für den Stich um 1813/14 entstanden sein, also während der Zeit, als die Familie von Berckholtz noch in Riga lebte. Der Künstler ist unbekannt.

Bei dem Urheber der grafischen Reproduktion handelt es sich um den dänischen Kupferstecher Joel „John" Ballin (1822–1885). Von 1833 bis 1844 studiert er Malerei an der Kunstakademie Kopenhagen. Den grafischen Künsten wendet er sich erstmals von 1846 bis 1848 in einer Ausbildung zum Kupfer- und Stahlstecher in Leipzig zu. Ein Stipendium des dänischen Königs Friedrich VII. Karl Christian (1808–1863) ermöglicht ihm von 1848 bis 1852 einen Studienaufenthalt an der *École des Beaux-Arts* Paris, in dem er sich ausschließlich dem Kupferstich widmet. Danach arbeitet er 18 Jahre lang als freischaffender Kupferstecher in der französischen Hauptstadt, wo er seine Werke regelmäßig im *Salon* ausstellt, die dort 1861 und 1864 jeweils mit einer goldenen Medaille ausgezeichnet werden. Weitere Ausstellungen sind aus Kopenhagen und Charlottenborg (1841–1885), Stockholm (1870–1877) und Wien (Internationale Kunstausstellung 1882) bekannt. Nach Ausbruch des Deutsch-Französischen Krieges 1870 geht Joel Ballin nach London. 1883 kehrt er nach Kopenhagen zurück – bereits seit 1877 ist er Mitglied der dortigen Kunstakademie – und gründet eine Schule für Kupferstecher.[65] Zu Ballins herausragenden Stichen zählt z. B. *Die Taufe* nach Ludwig Knaus (1829–1910)[66], den auch Alexandra von Berckholtz persönlich kennt. Ballins „Blätter sind im Anfang mit Nadel und Grabstichel ausgeführt, später hat er in ‚gemischter Manier' gearbeitet, worin er eine große technische Fertigkeit erreichte".[67]

Dies demonstriert auch sein Stich mit der Darstellung der Berckholtz-Kinder, der vermutlich ab 1848 in Paris entstand, da sich zwischen Joel Ballin und Alexandra von Berckholtz sonst keine weitere biografische und lokale Schnittstelle ergibt. Wohl nach einer Zeichnung oder einem Miniaturbildnis ihrer Geschwister, das die Künstlerin während ihres Paris-Aufenthaltes bei sich geführt haben muss, fertigt er den Kupferstich in präziser Manier an.

1854 ist Alexandra von Berckholtz wieder zurück in Karlsruhe und nimmt ab diesem Jahr privaten Unterricht bei Richard Lauchert.[68] Der 1850 zum hohenzollernschen Hofmaler ernannte Lauchert gehört – wie sein zeitweiliger Lehrer Franz Xaver Winterhalter (1805–1873) – zu den beliebtesten Porträtisten der Zeit und erhält Aufträge für sämtliche Höfe von Madrid bis St. Petersburg.

Ab 1855 nimmt Alexandra von Berckholtz zusätzlich Unterricht bei Ludwig „Louis" Des Coudres (1820–1878) (Abb. 26), der an der Großherzoglich Badischen Kunstschule Karlsruhe unterrichtet, an der Frauen zum Studium noch nicht zugelassen sind.[69] Die Schule wird am 19. Dezember 1854 eröffnet, maßgeblich initiiert durch den Prinzregenten Friedrich (1826–1907), ab 1856 Großherzog Friedrich I. von Baden.[70] Folgendes teilen die Bekanntmachungen zur Auswahl der Schüler sowie zu den Lernzielen mit: „1. Die Kunstschule hat den Zweck, Maler in allen Richtungen vollständig zu bilden; jedoch wird sie vorerst ihre Wirksamkeit als Landschaftsschule mit Genre-, Tier-, Architektur- und Marine-Malerei beginnen. 2. Der Besuch der Anstalt steht den In- und Ausländern, die mit den erforderlichen Vorkenntnissen im Zeichnen nach der Natur und Gyps, im Copieren und landschaftlichen Kompositionen ausgestattet, und hierüber Probearbeiten vorzulegen haben, offen, doch müssen sie sich den Gesetzen und Verordnungen des Instituts unterwerfen."[71] Nach Eröffnung besuchen acht Schüler die – zunächst im zweiten Stock des Hauptgebäudes des ehemaligen Ministeriums der auswärtigen Angelegenheiten untergebrachte – Akademie, von denen lediglich einer aus Karlsruhe, ein weiterer aber aus Riga stammt.[72]

Ludwig Des Coudres unterrichtet ab März 1855 neben Johann Wilhelm Schirmer und zunächst als alleiniger Lehrer in der „Elementar-, Gips- und Malklasse", gibt „ferner wöchentlich abwechselnden Unterricht im Zeichnen nach dem lebenden Modell und in Gewandstudien"[73] sowie Unterweisung „in der Künstlerklasse der Figurenfächer",[74] das bedeutet in der Historien- und Bildnismalerei. Praktischer Unterricht erfolgt an der Kunstschule Karlsruhe zunächst im Zeichnen in der Elementarklasse nach grafischen Vorlagen, in der Antikenklasse nach Statuen oder Büsten und anschließend im Akt nach dem lebenden Modell. Diese Stadien stellen die Vorbereitungen für die zwei Abteilungen der Malklasse dar. Den ergänzenden Kanon der theoretischen Fächer bilden Projektionslehre, Perspektive und Anatomie, die zeitweise auch ein Mediziner unterrichtet.

1836 studiert Ludwig Des Coudres zunächst Architektur am Polytechnikum, ab 1837 Malerei an der Akademie der bildenden Künste seiner Heimatstadt Kassel und ab 1839 an der Akademie München bei Julius Schnorr von Carolsfeld (1794–1872). Des Coudres' Hauptschaffensgebiet ist, wie auch während seines Aufenthaltes in Rom und Neapel von 1843 bis 1845, die Historienmalerei. Die malerische Entwicklung seines Werkes äußert sich stilistisch vielseitig, ausgehend von der nazarenischen Kunst bis hin zu naturalistischen Bildnissen in seinem Spätwerk, in dem er sich in Kolorit und Bildaufbau von der Orientierung an Peter von Cornelius (1783–1867) löst. Sein Hauptschwerpunkt bleibt die religiöse Malerei, wie z.B. *Christus am Kreuz mit Maria Magdalena* (Abb. 27).

In frontaler Ausrichtung und in der Mittelachse erhebt sich das Kreuz, unter dem rechts im Bildfeld Maria Magdalena mit schmerzerfülltem Ausdruck, gefalteten Händen und im Profil nach rechts am Boden kniet. Links im Bildfeld nähert sich im Hintergrund ein älteres Ehepaar. 1863 malt Ludwig Des Coudres für die Nikolaikirche in Hamburg eine dramatischer inszenierte und auf der Weltausstellung in Paris gezeigte Kreuzigung mit dem Titel *Die heiligen Frauen mit Johannes unter dem Kreuze*, die im Zweiten Weltkrieg zerstört wird.[75] Ähnlich konzipiert und umgesetzt ist die seines Schülers Eduard von Gebhardt (1838–1925) von 1866 im Dom von Reval.[76] 1880 stiftet Alexandra von Berckholtz das Glasgemälde *Christus am Kreuz* für die St.-Petri-Kirche ihrer Heimatstadt Riga.[77]

Abb. 26 – Ludwig Des Coudres, Selbstporträt, Öl auf Leinwand, 1854, Verbleib unbekannt.

Abb. 27 – Ludwig Des Coudres, Christus am Kreuz mit Maria Magdalena, Öl af Leinwand, 159 × 108 cm, links unten signiert und datiert *L. Des Coudres Carlsruhe 1875*, Museumslandschaft Hessen Kassel Neue Galerie Inv.-Nr. 1875/1129.

Abb. 28 – Hans Canon, Selbstportrait, Öl auf Leinwand, 70 × 60 cm, rechts unten beschriftet *VON DEINEM BRUDER HANS. 1868*, Österreichische Galerie Belvedere Wien Inv.-Nr 4706.

Mit großen künstlerischen Selbstzweifeln kehrt Ludwig Des Coudres im September 1845 aus Italien zurück. Schirmer empfiehlt ihn der Kunstakademie Düsseldorf, wo er bei Carl Ferdinand Sohn und später bei Wilhelm von Schadow studiert. 1848 ist Des Coudres maßgebliches Gründungsmitglied des künstlerischen Geselligkeitsvereins *Malkasten*, in dem zahlreiche Künstler einkehren, und der zum Vorbild für den Karlsruher Salon um Adolph Schroedter (1805–1875) und Carl Friedrich Lessing wird. In diesem ist auch Schirmer Mitglied, den Des Coudres 1854 auf einem heute nicht mehr auffindbaren Kniestück porträtiert.[78] Schirmer ist es auch, der ihn 1855 als zweiten Professor an die Kunstschule nach Karlsruhe beruft, wo ihn Des Coudres ebenfalls in organisatorischen Fragen unterstützt, sich für Reformen einsetzt und nach Schirmers Tod 1863 als geschäftsführender Leiter der Schule fungiert. Außerhalb dieser engagiert er sich ab 1856 in der *Allgemeinen Deutschen Kunstgenossenschaft* und ab Anfang der 1860er Jahre im *Badischen Kunstverein*, zu dessen Vorstand er von 1866 bis 1869 gewählt wird. Zu Des Coudres' Schülern zählen neben Alexandra von Berckholtz Anton von Werner (1843–1915), Ferdinand Keller (1842–1922) oder Hans Thoma (1839–1924).[79]

Zusätzlich wird, die Karlsruher Zeit Alexandras von Berckholtz betreffend, als ihr Lehrer auch der österreichische Historien-, Porträt- und Genremaler Hans Canon (1829–1885) (Abb. 28) erwähnt,[80] der sich im März 1862 kurz und dann wieder ab dem Herbst 1862 bis 1869 in der Residenzstadt aufhält.[81] Er gehört in diesen Jahren nicht zum Lehrkörper der Kunstschule, unterhält aber dort ein durch viele Schüler frequentiertes Privatatelier, z. B. studieren bei ihm Hans Thoma, Ferdinand Keller oder die badische Hofmalerin Marie Gratz (1839–1900).

Nach seinem Studium von 1845 bis 1848 an der Akademie der bildenden Künste Wien unter anderem bei Ferdinand Georg Waldmüller (1793–1865) arbeitet Canon 1853 für einige Monate im Atelier Carl Rahls (1812–1865). 1858 bis 1860 erfolgt ein Aufenthalt in Paris, wo er bei Horace Vernet studiert und danach eine Reise in den Orient sowie eine in die Walachei unternommen haben soll. Im Frühjahr 1862 hatte es sich in Karlsruhe „im Kreis der Künstler (…) herumgesprochen, es sei ein Wiener Maler eingetroffen, dessen Name vollkommen unbekannt war".[82] Canon fragt bei Johann Wilhelm Schirmer, der ihn überhaupt nicht kennt, direkt an, ob er für ihn Modell sitzen möchte. Dieser stimmt tatsächlich zu, und binnen vier Stunden malt Canon ein überlebensgroßes Porträt des Direktors der Kunstschule, das er am kommenden Sonntag öffentlich ausstellt. Noch am selben Abend veranstaltet der begeisterte Schirmer für Canon eine Gesellschaft.[83]

Alexandra von Berckholtz kopiert Canons Schirmer-Porträt ein Jahr später in einem Aquarell in geringerem Format, aber nahezu identischer Anlage (KAT.-NR. 29). Ihre Schülerschaft bei Hans Canon in Karlsruhe ist zu dieser Zeit durchaus vorstellbar, und das Werk könnte unter seiner Leitung entstanden sein. Es ist nicht unwahrscheinlich, dass er sein aufsehenerregendes Bildnis, das ihm seinen Eintritt in die Karlsruher Künstlerschaft ermöglichte, ebenfalls von seinen Schülern kopieren lässt.

Nach dem Tod seines Freundes Johann Wilhelm Schirmer 1863 erhält Hans Canon erneut keine Anstellung an der Kunstschule Karlsruhe. In Künstlerkreisen polarisiert er: Anton von Werner ist ihm zugetan,[84] in den Künstlerzirkel um Lessing und Schroedter wird er nie eingeladen. Des Coudres besucht die Treffen des Künstlerstammtisches im Café *Zum Grünen Hof* nicht, wenn Canon anwesend ist. Nicht nur als Unterhalter, auch als Maler lehnen ihn viele ab. Der realistisch arbeitenden Karlsruher Künstlerschaft missfallen die großangelegten theatralen Gesten und die idealistische Inszenierung seiner Bilder. Seine Schüler hingegen verehren seine energiegeladene und unkonventionelle Art, und seine adeligen sowie bürgerlichen Auftraggeber schätzen seine Bildnisse. 1869 verlässt er Karlsruhe, zahlreiche seiner Schüler folgen ihm nach Stuttgart, wo er bis 1874 lebt. Dann kehrt er nach Wien zurück, wo er mit seinen Werken vergleichbare Erfolge wie der dort gefeierte Salonmaler Hans Makart (1840–1884) erringt.[85]

Seinen ersten öffentlichen Auftrag erhält Hans Canon bereits Ende Jahres 1863 von der Badischen Staatseisenbahn für den Karlsruher Bahnhof, der von 1842 bis 1845 nach Plänen Friedrich Eisenlohrs errichtet wird.[86] Seine heute nicht mehr erhaltenen Wandbilder für den fürstlichen Wartesaal zeigten sechs Tondi an der Decke mit Kinderköpfen und Eroten sowie zwei querrechteckige Bilder an den Wänden. Die korrespondierenden Ölskizzen mit Darstellungen der Allegorien der Dampfkraft und der Telegraphie (Abb. 29) wurden 1904 in den Bibliotheksräumen der Generaldirektion der Staatseisenbahn wiederentdeckt.[87]

Abb. 29 – Hans Canon, Allegorie der Telegraphie, Öl auf Leinwand, 40,5 × 55 cm, 1863, Staatliche Kunsthalle Karlsruhe Inv.-Nr. 1042.

Seine Personifikation des Fernmeldewesens stellt Canon als Ensemble einer auf einem Felsen thronenden Frauengestalt in Rückenfigur und Halbakt von wegfliegenden Putti begleitet dar. Die antikisierende Dame erscheint – auch durch die dunkle Farbigkeit ihres um die Hüften geschlungenen Tuches – organisch mit ihrem Untergrund verwachsen. Sie flüstert einem Putto etwas ins Ohr, zeigt ihm mit der linken Hand seinen Weg auf, den bereits ein anderer vor ihm nahm. Die Komposition des Bildes, die wellenförmige Dynamik der Interaktion und die malerische Umsetzung der Figuren erinnert an Michelangelos *Erschaffung Adams* in der *Sixtinischen Kapelle* in Rom.[88]

Auch Gabriel Leonhard von Berckholtz gehört zu Canons Karlsruher Auftraggebern, der sich 1863 von dem eigenwilligen Wiener Maler porträtieren lässt (Abb. 30). „Das Bildnis zeigt den greisen Freiherrn kurz vor seinem Tod in dunklem Anzug vor neutralem Hintergrund. Seine ausdrucksstarken Züge mit dem weißen Bart hat Canon in stark kontrastierendem Hell-Dunkel gestaltet."[89] In Anlehnung an das Kolorit und die Inhaltsmodi Rembrandts (1606–1669) setzt der Maler durch ein von links außerhalb des Bildfeldes einfallendes Seitenlicht wesentliche Akzente auf seinem Viertelporträt im Ausschnitt des Brustbildes vor einem dunkel gehaltenen Hintergrund. Würdevoll tritt der Freiherr dem Betrachter entgegen. Er trägt eine Pelzmütze und einen Pelzmantel in dunklen Farbtönen. Diese Kleidung weist seit der Renaissance den im Porträt Dargestellten als wohlhabend aus. Vor der monochromen Hintergrundfolie treten betont die Gesichtszüge des 81-Jährigen und sein mächtiger weißer Bart markant und im Kontrast hervor. Einzig das unten links und oben rechts angebrachte Familienwappen mit einer Birke auf einem blauen Schild, einem Turnierhelm mit Adlerflügeln und einem Birkhuhn verweist auf den repräsentativen Charakter des Bildnisses als Standesporträt, das über dem Schreibtisch Gabriel Leonhard von Berckholtz' auf Schloss Ortenberg seinen Platz fand (Abb. 31).

Im Herbst 1864 unternimmt Alexandra von Berckholtz zusammen mit ihren Schwestern Sophie von Moltke (1810–1878) und Elisabeth Offensandt (1813–1892) sowie deren Tochter Alexandra (1840–1921) eine Reise nach Nizza. Dies geht aus den Lebenserinnerungen der damals elfjährigen Luise von Schkopp (geboren 1853) hervor, die sich zur gleichen Zeit zusammen mit ihrer Pflegemutter Pauline Gans Edle Herrin zu Putlitz, geborene von Wissmann, ebenfalls in Nizza aufhält. Zu beiden stößt später Luise Redern, eine Cousine der 1853 verstorbenen Mutter der Luise von Schkopp, über die sie die Berckholtz-Damen in Nizza kennenlernt. Nach dieser Begegnung während der Kur verbindet sie eine lebenslange Freundschaft mit der Familie. Sie besucht Elisabeth später in Karlsruhe und auch Alexandra „in

Abb. 30 – Hans Canon, Gabriel Leonhard von Berckholtz, Öl auf Leinwand, 79 × 63,2 cm, links unten signiert und datiert *CANON. / 1863*, Städtische Galerie Karlsruhe Inv.-Nr. 60/0159.

Abb. 31 – Schreibzimmer auf Schloss Ortenberg, Fotografie, StAO, Berckholtz-Nachlass.

Abb. 32 – Franz Neumayer, Alexandra von Berckholtz, Fotografie, 10,5 × 6 cm, Familienarchiv Prof. Dr. Bernhard von Barsewisch Groß Pankow.

ihrem wundervollen Hause in München, als ich mit meinen Eltern dort durchkam". Nach Alexandras Tod erhält sie aus dem Nachlass der Künstlerin durch deren Neffen Wilhelm Offensandt (1843–1909) „ein silbervergoldetes Gliederarmband mit Amethyst". Engsten Kontakt pflegt sie mit der Nichte Alexandra: „Die Tochter Offensandt, Sascha Bodman habe ich zu meiner Freude noch oft im Leben wiedergetroffen, so in Bad Driburg, in Baden, in Freiburg, wo sie ihren Wohnsitz hat. Sie ist die einzig Ueberlebende des ganzen, uns so lieben Kreises."

Den Berckholtz-Frauen in ihrer „prachtvollen I Etage an der promenade des Anglais, mit Blick aufs Meer" stattet Luise von Schkopp auch in Nizza häufige Besuche ab, und „Frl. v. Berckholtz, die Malerin (Schülerin von Lauchert) malte mich, da ich durchaus Zeit hatte ihr zu sitzen; Zeit aber keine Geduld". Zum Stillsitzen versucht sie die Künstlerin stets durch neue attraktive Geschenke zu bewegen: „Eine schöne große, blau u. grün schillernde Perlmuttermuschel, ein kleines rotseiden gefüttertes Portemonnaie (…) und einen gemalten Holzfächer, u. wohl noch manches Andere."

Es entsteht während dieser Sitzungen ein Büstenporträt des Mädchens im Dreiviertelprofil (KAT.-NR. 17). Auffallend ist – im Vergleich zur üblichen Monochromie auf Alexandra von Berckholtz' Bildnissen, die sich in der Regel auf die Gesichtszüge konzentrieren – der landschaftliche Hintergrund des Bildes, den die Malerin auf ausdrücklichen Wunsch Luises hinzufügte: „Auf beiden Bildern hatte ich mir ein Stückchen blaues Meer im Hintergrund erbeten." Von dem Porträt existiert noch eine zweite Variante (KAT.-NR. 18), ebenfalls mit landschaftlicher Hintergrundfolie, die hier durch Bäume noch ergänzt wird. Im Vergleich zu dem ersten Bildnis, das jedoch malerischer erscheint, wirkt dieses weniger inszeniert und kühn, sondern kindlicher und natürlicher. Auch auf die Frage, warum Alexandra von Berckholtz zwei Porträts anfertigte, gibt Luise von Schkopps Tagebuch Auskunft: „dann fand sie das nicht aehnlich genug u. malte mich noch mal." Der Künstlerin erschien das erste in Nizza entstandene Porträt nicht lebensecht, was durch den Vergleich mit zeitgenössischen Fotografien (Abb. 282) durchaus bestätigt werden kann. In dieser Entscheidung und Umsetzung manifestiert sich Alexandras französische Bildauffassung, die seit ihrer Lehrzeit bei Joseph-Nicolas Robert-Fleury ihr künstlerisches Schaffen bestimmt: Realismus und Lebenstreue.

Entstanden sind beide Versionen nach dem lebenden Modell 1864 in Nizza, worauf neben Luise von Schkopps Bericht auch die Beschriftung auf der Rückseite des Bildes Aufschluss gibt: *A v B 1864*. 1865 hält sich Luise von Schkopp zusammen mit ihrer Pflegemutter in Baden-Baden auf: „Dort trafen wir auch unser liebes Frl v. Berckholtz aus Nizza wieder." Alexandra schenkt Pauline zu Putlitz eine Fotografie (Abb. 32), deren verso verzeichnetes Datum den Tag des Treffens belegt, das am 17. Juni 1865 stattfand. Die Fotografie wurde im Atelier Franz Neumayers in der Neuen Pferdstraße 2 in München aufgenommen.

Bereits am 29. Oktober 1863 zieht Alexandra von Berckholtz nach München um, wo sie bis zu ihrem Tod in der Gabelsberger Straße 85 (Abb. 33) im zweiten Stock wohnt.[90] Das Haus gehört ihrer Schwester Sophie von Moltke, die sich bereits seit dem 5. Oktober 1855 in München aufhält, und die ab dem 28. Dezember 1869 die Wohnung im ersten Stock des gleichen Hauses bezieht.[91] 1886 leben offiziellen Zahlen zufolge 795 Maler in München. Diese Zahl erhöht sich um die Jahrhundertwende auf annähernd 5.000 Maler bei einer Einwohnerzahl von ungefähr 500.000.[92]

Ein Besuch der Akademie der bildenden Künste ist Alexandra von Berckholtz nicht möglich. Ab 1852 werden Frauen dort nicht mehr zum Studium zugelassen, obwohl dies vorher liberaler gehandhabt wurde. Die erste Kunststudentin Münchens war die mit Alexandra von Berckholtz persönlich bekannte Marie Ellenrieder ab 1813; eine weitere Künstlerin an der Münchner Akademie war Louise Seidler ab 1817. Erst ab dem Wintersemester 1920/21 wird die Akademie wieder für die Frauen geöffnet.

Die Stadt München weist zu der Zeit noch eine weitere kunstpädagogische Institution auf, die aus der 1855 gegründeten Zeichen- und Modellierschule des *Bayerischen Kunstgewerbevereins* hervorging. Initiator dieser Schule ist der seit 1850 bestehende *Verein zur Ausbildung der Gewerke*, dem ab dem 2. November 1852 auch Frauen beitreten betreten dürfen, jedoch weder ein Mitbestimmungs- noch ein Ausstellungsrecht erhalten. 1871 sind unter den 753 Mitgliedern lediglich fünf Frauen zu finden.[93] Am 1. Oktober 1868 erhebt König Ludwig II. (1845–1886) die vereinseigene Zeichenschule in den Status der *Kgl. Kunstgewerbeschule München*, die in der ehemaligen Galerie am Hofgarten den Unterrichtsbetrieb mit sechs Professoren und zwei ergänzenden Lehrkräften unter dem Direktorat des Malers Hermann Dyck (1812–1874) weiterführt. Eine vergleichbare Ausbildung zur Künstlerin oder Zeichenlehrerin wird Frauen an der 1872 eingerichteten *Kgl. Kunstgewerbeschule für Mädchen* ermöglicht. Auch an dieser besteht die Unterrichtspraxis zunächst aus dem zeichnerischen Kopieren eindimensionaler Vorlagen und der anschließenden Orientierung am Modell. Im Verzeichnis der Schülerinnen findet sich Alexandra von Berckholtz' Name nicht, ebenso nicht auf den Listen der weiblichen Studierenden des Zeichenlehrerfachs sowie unter den Lehrerinnen, Assistentinnen, Lehrbeauftragten und Werkstättenleiterinnen.[94]

Jedoch zu einer anderen Schule in München hat Alexandra von Berckholtz Verbindung, zu der sogenannten *Piloty-Schule*.[95] Carl Theodor von Piloty, der zu den bedeutendsten Vertretern der Historienmalerei zählt, ist von 1856 bis 1886 Professor an der Münchner Akademie. Seine Sujets inszeniert er in monumentalen Tableaus, raumgreifenden Aktionen und in der Regel großer Tragik. Sein Kolorit der vorherrschenden dunklen Töne zeigt eine Orientierung an dem flämischen Maler Anthonis van Dyck (1599–1641). Weitere seiner Vorbilder sind Peter Paul Rubens, Paolo Veronese (1528–1588) oder Paul Delaroche. Mit nahezu empirisch genauem Anspruch gibt er dargestellte Personen und vor allem ihre Kostüme wieder, deren Stofflichkeit und die Materialität historischer Gewänder nahezu greifbar erscheint.[96] Erste Anregungen hinsichtlich der realistischen Geschichtsmalerei erhält er während seiner Aufenthalte in Paris ab 1851.[97] Ein Eintrag in das Register des Louvre gibt Auskunft über Kopien nach van Dyck und eine Schülerschaft bei Charles Gleyre, der 1843 Paul Delaroches Atelier übernimmt. Erhalten ist eine undatierte Kopie des Gemäldes *Colloque de Poissy (septembre 1561)*, dessen Original zu dieser Zeit im *Musée du Luxembourg* ausgestellt ist, und das von Joseph-Nicolas Robert-Fleury stammt, bei dem auch Alexandra von Berckholtz studierte.[98]

Ein Beispiel für Pilotys charakteristische Art der Darstellung ist sein Gemälde *Christoph Columbus*, das durch die Präsentation als Ganzfigur und die Kadrierung wie ein Berufsporträt erscheint.[99] An Deck der *Santa Maria* steht der Kapitän aufrecht mit nach rechts gedrehtem Körper und firm in die Ferne gerichtetem Blick, als ob er den Verlauf der Navigation im Geiste voraussähe und gerade die Küste Amerikas erblickt. Columbus' linke Hand ruht auf einer Karte, die eine brennende Laterne – die einzige Lichtquelle an Bord – beschwert, gegenüber derer in der Verlängerung der Diagonalen bereits der neue Morgen graut. Pilotys leichte Untersicht auf die statuarische Gestalt des Seefahrers verstärkt die Verkörperung des Heldenhaften und des Patrons, der selbst in der Nacht über seine Seeleute und den Kurs wacht.

Abb. 33 – Haus Nr. 85 in der Gabelsberger Straße München, Fotografie, um 1900, Stadtarchiv München Inv.-Nr. FS-AB-Stb-0105.

Abb. 34 – Franz Seraph Hanfstaengl, Alexander von Liezen-Mayer, Fotografie, 10,5 × 9,5 cm, Münchner Stadtmuseum, Sammlung Graphik/Plakat/Gemälde Inv.-Nr. GR VId 222.

Abb. 35 – Friedrich von Schiller, Das Lied von der Glocke. Mit 19 Illustrationen nach Original-Gemälden von Alexander von Liezen-Mayer und mit den Ornamenten von Wanda von Debschitz. Nürnberg 1905.

„Die gesuchte Realitätsnähe ist zu einer Bühnenechtheit geworden, die den Schein zur Wirklichkeit erhebt." Piloty versteht es, auf seinen Bildern „Fiktion und Wirklichkeit zu vermischen".[100]

Einer der Piloty-Schüler ist Alexander von Liezen-Mayer (1839–1898) (Abb. 34), Alexandra von Berckholtz' Lehrer in München,[101] bei dem sie vermutlich die bereits erwähnten Kopien nach Piloty anfertigt.[102] Von Liezen-Mayer gehört zu den typischen Vertretern der Piloty-Schule; diese „pflegen im Sinne ihres Meisters das gründerzeitliche Historienbild", auf dem in der Regel „eine dramatisch bewegte Szene aus der Geschichte in Verbindung mit großer historischer Treue, im Detail der Ausstattung" aufgeführt wird.[103] Nach seinem Studium an der Akademie in Wien ab 1855 wechselt von Liezen-Mayer 1856 auf die Kunstakademie München, die er bis 1867 besucht. Ab 1862 studiert er bei Carl Theodor von Piloty, den er zeitlebens als seinen Meister und künstlerisches Vorbild verehrt. Dessen „virtuose Begabung, jedes Thema als Farbenproject zu denken und dann in möglichst dramatisch-wirksamen Effect zu bringen, machte sich Liezen-Mayer schnell zu eigen".[104] Von Piloty vermittelt seinem Schüler auch Aufträge, wie z. B. als Theatermaler an dem 1865 gegründeten Actien-Volkstheater München – dem jetzigen Gärtnerplatztheater – für das er des Weiteren 1867 den Vorhang mit der Allegorie *Die Poesie, von den Musen umgeben* erschafft, der heute als verschollen gilt.

Von 1870 bis 1872 hält sich von Liezen-Mayer wieder in Wien auf – wo er als Porträtmaler arbeitet, z. B. für Kaiser Franz Joseph I. (1830–1916) – dann kehrt er erneut nach München zurück, wo er ein eigenes Atelier begründet, das bald von zahlreichen Kunstschülern besucht wird. Ab 1880 ist von Liezen-Mayer Direktor der Kunstschule Stuttgart und gehört zu den Gründungsmitgliedern des *Vereins zur Förderung der Kunst*. Ab 1883 wird er als Professor für Historienmalerei an die Akademie München berufen.[105] Seine heute bekannten Hauptwerke sind seine Szenenbilder nach literarischen Vorlagen, wie zu Goethes *Faust* oder Schillers *Lied von der Glocke*, die mit Holzschnitten illustriert publiziert werden und durch ihre Verbildlichungen zu einer Verbreitung der literarischen Klassiker bei einem großen Publikum beitragen (Abb. 35). Damit transferiert Alexander von Liezen-Mayer den Modus des monumentalen Historienbildes in das Westentaschenformat, das für jedermann Anschauung bietet, und das darüber hinaus auch für diesen nun erwerbbar sowie erschwinglich wird. Jenseits dieser Demokratisierung des Geschichtsbildes bleibt Alexander von Liezen-Mayer im Sinne Pilotys ein Maler der realistischen und theatralen Darstellung.

Ein weiterer Piloty-Schüler, der Alexandra von Berckholtz während ihrer Münchner Zeit stilistisch wesentlicher beeinflusst, ist Franz von Lenbach (Abb. 36). Persönliche Dokumente von und über Alexandra von Berckholtz, wie z. B. Briefe oder Zeichnungen, sind im Archiv der Städtischen Galerie im Lenbachhaus München sowie im Lenbachmuseum Schrobenhausen nicht erhalten, wohl aber ergeben sich andere deutliche Bezüge.

Nach seinem Besuch der Bayerisch Polytechnischen Schule in Augsburg ab 1852, setzt von Lenbach zu Beginn des Jahres 1854 seine Studien an der Akademie der bildenden Künste in München fort, wo er ab dem 8. November 1857 in von Pilotys Klasse eintritt.[106] Obwohl sich Franz von Lenbach von der seines Lehrers vertretenen Richtung der realistischen Historie, prätentiösen Inszenierung und Praxis der Ateliermalerei offen distanziert, verbindet beide Künstler zeitlebens eine gegenseitige Wertschätzung und Freundschaft.[107] Von Lenbach praktiziert in seinem Frühwerk die Malerei in freier Natur, in der er seine Konzentration auf Motive der Landschaft und auf Genreszenen richtet, wie auch auf der gemeinsam mit von Piloty unternommenen Italienreise 1858, auf der ihn in erster Linie das als besonders empfundene Licht fasziniert, das er im Kolorit seiner Bilder einfängt und in pastosem Farbauftrag umsetzt. Die südliche Natur und die seiner Heimat porträtiert Lenbach jenseits des Modus der heroischen Landschaft,[108] als *paysage intime*, wofür *Dorfstraße von Aresing* ein Beispiel ist.[109] Den gesamten Vordergrund des frühimpressionistisch anmutenden Gemäldes beherrscht die Straße. In der Diagonalen setzt sie sich in der rechten Bildhälfte fort und vermittelt mit dem landschaftlichen Hintergrund. Linker Hand steht ein Gehöft und vor diesem ein Landmann mit seinem Arbeitsgerät über der Schulter. Von Lenbach hält mit dieser Ansicht weder eine italienische Ideallandschaft noch eine archäologische Landschaft mit Blick auf antike Ruinen fest, sondern eine zufällig erscheinende Momentaufnahme von bislang nicht als bildwürdig Geltendem. „Die Abkehr von den idealen Landschaften des 18. Jahrhunderts gründete die neue Landschaftsmalerei der Schule von Barbizon auf der genauen Beobachtung der Natur und der direkten Auseinandersetzung mit der heimischen Umgebung, die nun auch in ihren unspektakulären Aspekten dargestellt wurde."[110]

In ihrer Münchner Zeit beginnt Alexandra von Berckholtz – wohl durch Franz von Lenbach inspiriert – Landschaft künstlerisch zu empfinden. Ihre frühesten Skizzenbücher von 1841 zeigen zwar bereits zahlreiche in freier Natur gezeichnete Einträge, hierbei handelt es aber in erster Linie um Ortsansichten und Architekturen der dokumentarischen Bestandsaufnahme auf Reisen oder der visuellen Fixierung der heimatlichen Umgebung. Aus dem Jahr 1866 ist ein Skizzenbuch erhalten, das sowohl inhaltlich als auch stilistisch differiert. Auf den meisten Blättern ist die Landschaft der zentrale Bildgegenstand, beispielsweise durch ein Gebirge (Abb. 37), Bäume (Abb. 38) und unbebaute Natur jenseits der menschlichen Zivilisation (Abb. 39, 40). Verschiedene Intensitäten der Graustufen – mit unterschiedlich starkem Druck auf den Bleistift umgesetzt – geben Verfärbungen des Himmels sowie Wetterphänomene in atmosphärisch dichten Stimmungen wieder.

Die Künstlerin demonstriert damit eine stärkere Konzentration auf das Wesen der Landschaft. Die Kontur als beobachtbarer Ausgangspunkt und als Gerüst verschwindet, wie auch die zuvor bisweilen beabsichtigte Flüchtigkeit der Aufnahme. In ihrer Ölmalerei wendet sich Alexandra von Berckholtz nie der Landschaft als alleinigem künstlerischem Bildgegenstand zu. Es gelang, ein einziges Genrebild in Privatbesitz zu entdecken, die Darstellung eines Schwarzwaldbauern in Ganzfigur (KAT.-NR. 20) vor einer landschaftlichen Hintergrundfolie, der jedoch vielmehr wie ein Porträt erscheint.

Sind die stilistisch dichten Zeichnungen in Alexandra von Berckholtz' Skizzenbuch etwa im Dachauer Moor oder am Chiemsee entstanden? Die Landschaft um Dachau entdeckt in den 1830er Jahren Johann Georg von Dillis (1759–1841) für die Freilichtmalerei. Zahlreiche Künstler eifern ihm – inspiriert durch die Schule von Barbizon – nach, wie Carl Spitzweg (1808–1885) oder der Piloty-Schüler Wilhelm Leibl (1844–1900), wodurch sich Dachau neben Worpswede zu einer der bedeutendsten Künstlerkolonien in Deutschland entwickelt. Als Entdecker der Landschaft des Chiemsees für die Plein-air-Malerei gilt der Professor und Landschaftsmaler Maximilian Haushofer (1811–1866).[111] Ab 1829 bildet sich eine international bekannte Künstlerkolonie auf der Fraueninsel. Man malt Landschaftsaufnahmen jenseits der symbolischen Überhöhung und des erhabenen Panoramas, in kleineren Formaten mit Konzentration auf das Detailhafte, in freierem Farbauftrag und hellerem Kolorit. Es erscheint angesichts der dargestellten Landschaft nicht unwahrscheinlich, dass Alexandras Zeichnungen entweder in der Umgegend von Dachau oder am Chiemsee entstanden sein könnten. Mitglied ei-

Abb. 36 – Franz von Lenbach, Selbstbildnis mit Kappe, Öl auf Pappe, 54 × 48 cm, Lenbachmuseum Schrobenhausen Inv.-Nr. 284.

Abb. 37 – Alexandra von Berckholtz, Gebirge, Bleistift auf Papier, 13,5 × 10,7 cm, Skizzenbuch von 1866, StAO Inv.-Nr. 26/21/020.

Abb. 38 – Alexandra von Berckholtz, Baumstudie, Bleistift auf Papier, 13,5 × 10,7 cm, Skizzenbuch von 1866, StAO Inv.-Nr. 26/21/020.

Abb. 39 – Alexandra von Berckholtz, Landschaftsstudie, Bleistift auf Papier, 13,5 × 10,7 cm, Skizzenbuch von 1866, StAO Inv.-Nr. 26/21/020.

Abb. 40 – Alexandra von Berckholtz, Baumstudie, Bleistift auf Papier, 13,5 × 10,7 cm, Skizzenbuch von 1866, StAO Inv.-Nr. 26/21/020.

ner der beiden Künstlergruppierungen war sie jedoch nicht. Ihr Name findet sich weder auf den Listen der Künstlerkolonie Dachau noch auf denen der Fraueninsel, auf der 1870 sieben Malerinnen arbeiteten, und deren Zahl erst in den 1890er Jahren ansteigt.[112]

Nach einer Reise nach Paris und Brüssel im Herbst 1859 erfolgt ab dem 1. Oktober 1860 Franz von Lenbachs Berufung an die Kunstschule Weimar,[113] wo er sich weiterhin nahezu ausschließlich der Landschaft widmet, und an der er bis Anfang März 1862 Lehrer für Landschaftsmalerei sowie Leiter der Korrekturklasse ist. Die Stelle vermittelte von Piloty. Mit Lenbach zusammen unterrichten Arnold Böcklin (1827–1901) und Arthur von Ramberg (1819–1875).[114] Den österreichischen Historien- und Genremaler von Ramberg – ab 1866 Professor an der Akademie der bildenden Künste München – lernt Alexandra von Berckholtz durch von Lenbach in München kennen, in dessen Künstlerkreis sie regelmäßig verkehrt,[115] und in dem auch zahlreiche ihrer Bildnisse entstehen. Während Franz von Lenbach namhafte Münchner Persönlichkeiten porträtiert, konzentriert sie sich auf deren Gattinnen oder Töchter. „Mit einem wahren Künstlereifer malte Frln. von Berckholtz viele sorgfältig ausgeführte Portraits, darunter von Damen der höheren Gesellschaft."[116] Eine dieser ist Lili von Ramberg (KAT.-NR. 16), die Tochter aus der zweiten Ehe des Malers mit Emma von Schanzenbach, die er 1857 heiratet. Das in Privatbesitz befindliche Gemälde ist signiert und datiert mit

A v Berckholtz 1876 und verso von fremder Hand bezeichnet mit *Lili Ramberg gemalt v Alexandrine v Berckholtz 1876*. Das in starkem Hell-Dunkel-Kontrast erscheinende Bildnis zeigt die wohl Neunzehnjährige im Dreiviertelprofil nach links und im Ausschnitt des Brustbildes. Einzige Farbakzente außerhalb der hellen Haut des Gesichts mit den ausdrucksstarken braunen Augen sind ein blaues Band, das die braunen Haare hält, und ein gerüschter weißer Kragen. Von Lenbachs Anlage der Auflösung der Form im Bereich ihrer Konturen, die Andeutung deren Verschmelzung mit dem Hintergrund sowie die Anlehnung an das dunkle Kolorit Rembrandts, das von Lenbach durch seine Kopiertätigkeit für Schack auch in seinem eigenen Werk umsetzt, finden sich ebenfalls in diesem Bildnis der Alexandra von Berckholtz wieder.

Durch seine Kopieraufträge für Adolf Graf von Schack von 1864 bis 1866 in Italien und 1867 in Madrid vollzieht sich in Franz von Lenbachs Werk ein stilistischer Wandel hin zu Rubens und Tizian (um 1488/90–1576)[117] und eine malerische Orientierung hin zu dunkelbraunen Tönen, die im Kontrast zu einem klar betonten hellen Gesicht stehen. Nach seiner Rückkehr steigt von Lenbach in München zu einem der ersten Repräsentanten des Kulturlebens und zum gefeierten Malerfürsten auf, der sich nun ausschließlich dem Porträt zuwendet und die Gesellschaft der Stadt konterfeit. Um eines seiner Werke zu erstehen, hätte ein Maschinenschlosser der Lokomotivfabrik Krauss-Maffei in München bei einem Monatsverdienst von 125 Mark im Schnitt vierzig Jahre arbeiten müssen.[118] Franz von Lenbach ist befreundet mit Künstlern wie Eduard Schleich d. Ä. (1812–1874), Literaten wie Paul Heyse (1830–1914) oder Komponisten wie Franz Liszt und Richard Wagner,[119] in dessen Kreis er häufig verkehrt.[120] Auch Alexandra von Berckholtz verehrt – wie ihre Schwester Sophie von Moltke – Richard Wagner, was sogar in Artikeln über die Künstlerin Erwähnung findet: „welche beide in feinsinniger Pflege der Kunst, als Kennerinnen der Musik und begeisterte Freundinnen von Richard Wagners Tondichtungen im edelsten Wetteifer sich überboten."[121]

Helmuth Karl Bernhard Graf von Moltke (1800–1891), der mit dem Ehemann der Berckholtz-Schwester einen gemeinsamen Großvater hat, und einer der bedeutendsten Feldherren der preußischen Geschichte ist, gehört zu den am meisten Porträtierten durch Franz von Lenbach,[122] der ihn z. B. zusammen mit Otto von Bismarck (1815–1898) in einem Bildfeld (Abb. 41) präsentiert.[123] Am 4. Juni 1887 heiratet von Lenbach dessen Nichte Magdalena von Moltke. Auch Alexandra von Berckholtz pflegt zu Helmuth von Moltke sowie zu weiteren Mitgliedern der Familie engen Kontakt.[124]

Als Mitglied und später Präsident der Vereinigung *Allotria*[125] – die bis zum zweiten Weltkrieg aufwändige Künstlerfeste veranstaltet – und als Gründungsmitglied der *Münchener Künstlergenossenschaft* prägt von Lenbach auch das gesellige Kulturleben der Stadt.[126] Er fungiert ab 1896 als Präsident der *Münchener Künstlergenossenschaft königlich privilegiert von 1868*, die sich auch für die Organisation und Durchführung der Kunstausstellungen im Glaspalast München mit verantwortlich zeigt. Nach dem Vorbild des Londoner *Chrystal Place* – 1851 für die dortige Weltausstellung im Hydepark errichtet – entsteht aus Glas und Gusseisen der eine Länge von 234 Metern messende Glaspalast (Abb. 42) für die am 15. Juli 1854 eröffnete *Allgemeine Ausstellung deutscher Industrie- und Gewerbeerzeugnisse* im alten botanischen Garten an der Sophienstraße München. In der Nacht zum 6. Juni 1931 brennt er ab und mit ihm über 3.000 darin ausgestellte Kunstwerke.[127]

Alexandra von Berckholtz beteiligt sich 1869 erstmals an der Internationalen Kunstausstellung München, die am 20. Juli im Glaspalast eröffnet wird, und für die nur persönlich eingeladene Künstlerinnen und Künstler aus nahezu

Abb. 41 – Franz von Lenbach, Helmuth Graf von Moltke und Otto Fürst von Bismarck, Pastell und Kohle auf Pappe, 77,5 × 111 cm, Lenbachmuseum Schrobenhausen Inv.-Nr. 332.

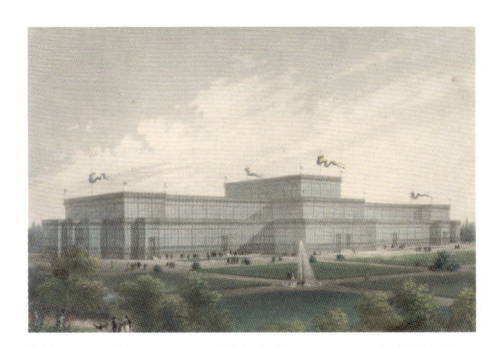

Abb. 42 – August von Voit, Johann Poppel, Süd-West-Ansicht des Glaspalastes mit dem Alten Botanischen Garten im Vordergrund, kolorierter Stahlstich, 30,3 × 38,5 cm, Münchner Stadtmuseum, Sammlung Graphik/Plakate/Gemälde Inv.-Nr. G-32/30.

allen europäischen Ländern zugelassen sind. Über 10.000 Besucher sehen die 3.386 Exponate; an manchen Tagen verzeichnet man sogar 3.500 Gäste.[128] Alexandra von Berckholtz präsentiert ein Bildnis, das der Katalog unter Nr. 981 aufführt: „Berckholtz, Frl. v. Portrait. Privatbesitz (verkäuflich)." Zu der dargestellten Person wird man im Nachruf auf die Künstlerin in der *Düna-Zeitung* fündig: „Ich erinnere mich nur eines einzigen Bildes von ihr, welches auf der internationalen Kunstausstellung 1869 in München zu sehen war. Es war das Portrait der Miß Florence Osborn, welches großes Aufsehen erregte, denn so oft ich mich auch dem Bilde näherte, war es von der Crème der Gesellschaft belagert. Die Kritik fand das Bild flott gemalt. So viel ich mich dessen erinnere, lag im Auge alles. Die realistische Technik Lenbach's hatte aber in ihrer Handschrift etwas viel weiblich Anmuthigeres."[129] Wer könnte diese „fascinierende Miss Osborn" – wie es auch in einem Artikel des Kunsthistorikers Hyacinth Holland zu lesen ist – gewesen sein? In der Ausstellung 1869 ist auch eine Malerin Miss Osborne aus München mit zwei ihrer Werke vertreten: Nr. 761 *Im Gottesacker* und Nr. 1029 „*Eine Hälfte der Welt weiss nicht wie die andere Hälfte lebt*". Handelt es sich in dem Fall um die durch Alexandra von Berckholtz Porträtierte?[130] Oder ist sie eventuell das unbekannte Mädchen auf dem am 28. April 2007 im Auktionshaus Quentin Berlin versteigerten und in Privatbesitz befindlichen Bildnis (KAT.-NR. 19), bei dem ebenfalls „im Auge alles liegt"?

In den Mitgliederlisten des Münchner Lokalvereins der *Allgemeinen deutschen Kunstgenossenschaft* sowie im Verzeichnis der *Münchener Künstler-Genossenschaft* taucht Alexandra von Berckholtz' Name nicht auf.[131] Künstlerinnen konnten zu dieser Zeit beitreten, 1880 jedoch waren lediglich 28 Damen bei 585 männlichen Kollegen Mitglied.[132] Alexandra von Berckholtz ist aber 1890 auf der Liste der *Allgemeinen Deutschen Kunstgenossenschaft*[133] zu finden, der vom Wiener Künstlerhaus aus organisierten Dachvereinigung aller im deutschsprachigen Raum vorhandenen Künstlerverbände. Zusätzlich gehört die Malerin ab 1865 dem Münchner Kunstverein an, in dessen Listen Frauen als „außerordentliche Mitglieder" aufgeführt werden, und in dem sich 1890 66 Künstlerinnen befinden.[134] Auch ihr wichtigster Lehrer tritt dem Münchner Kunstverein bei: *Nr. 1531 Lauchert, Richard, fürstl. hohenzoll. Hofmaler*. In den Ankaufslisten von Werken oder den Verlosungen des Kunstvereins konnte jedoch kein Werk Alexandra von Berckholtz' entdeckt werden.

1823 gründet sich der Münchner Kunstverein als Gegenpol zur Akademie und ihrer hierarchisch strukturierten Ausstellungspraxis sowie als Plattform für die Landschafts- und Genremalerei der Münchner Schule. Am 16. Februar 1831 genehmigt König Maximilian I. Joseph (1756–1825) die Statuten des Vereins, der bereits ab 1824 erste Ausstellungen – meist privat in den Wohnungen der Mitglieder – organisiert.[135]

Des Weiteren tritt Alexandra von Berckholtz in München 1866 dem *Verein zur Unterstützung unverschuldet in Noth gekommener Künstler und deren Relikten* bei. Im Verzeichnis der Damen ist sie unter der Nr. 23 aufgeführt: „Berckholtz, Alexandrine v., Frl." In diesem Jahr hat der Künstlerunterstützungsverein insgesamt 366 Mitglieder.[136] Er wird am 20. März 1857 durch König Maximilian II. Joseph (1811–1864) offiziell ins Leben gerufen, um „durch Alter und Krankheit erwerbsunfähig gewordenen Mitgliedern eine Pension zu sichern". Es kann jeder Münchner Bürger vom 20. bis 49. Lebensjahr nach Vorschlag durch ein Mitglied beitreten; der Jahresbeitrag beträgt sechs Mark sowie eine Mark Verwaltungsgebühr. Ein Anspruch auf Unterstützung kann nach dem dritten Jahr der Mitgliedschaft erhoben werden, und auch den Nachkommen eines verstorbenen Künstlers wird drei Jahre lang eine Pension aus dem Reservefonds in Höhe von 20.000 Mark gewährt.[137] In ihrem

Testament hinterlässt Alexandra von Berckholtz dem Künstlerunterstützungsverein München ein Legat von 4.000 Mark, zu dem sie zusätzlich vermerkt, dass dieses steuerfrei zu übergeben sei, was Unterschrift und Siegel des Großherzoglich Badischen Notars Johann Bender beglaubigen. Zusätzlich bestätigt das Dankesschreiben des Vorsitzenden M. Manuel, Professor und Maler, die steuerfreie Übergabe.[138]

1882 gründet sich mit annähernd 50 Mitgliedern der *Künstlerinnen-Verein München*, der bis 1967 besteht. Hierbei handelt es sich – nach dem *Verein der Künstlerinnen und Kunstfreundinnen zu Berlin* von 1869 – um die zweite weibliche künstlerische Vereinigung in Deutschland, aus der heraus 1884 eine Damenakademie entsteht, deren Unterricht in Landschaftsmalerei meist in Dachau gehalten wird. Der Unterricht orientiert sich am Lehrplan der Akademie der Künste München mit 27 Wochenstunden. Die Gebühren für ein Studienjahr betragen 400 Mark. Prominentester Lehrer der Damenakademie ist Franz Marc (1880–1916) und erste Vorsitzende des Vereins Clementine von Braunmühl (1882–1885). Von 1907 bis 1872 existiert zusätzlich ein *Künstlerinnen-Hilfsverein*, dem zunächst Martha Giese (1907–1924) vorsteht. Alexandra von Berckholtz ist kein Mitglied des Künstlerinnen-Vereins München. Sie befindet sich ebenfalls nicht unter den außerordentlichen Mitgliedern, Kunstfreundinnen, Ehrenmitgliedern und fördernden Mitgliedern sowie auf den Mitgliederlisten der Damenakademie, die in ihren 36 Jahren des Bestehens über 1.750 Studentinnen aufweist.[139]

1892 hat die *Künstlergenossenschaft* insgesamt 955 Mitglieder, in dem Jahr, in dem sich die *Secession* abspaltet, ausgelöst durch Meinungsverschiedenheiten hinsichtlich der gängigen Ausstellungskonventionen massenhaft in einem Raum vorhandener Werke, worunter die künstlerische Qualität zu leiden habe. Angesichts vielfältiger avantgardistischer Strömungen lehnen die Secessionisten sowohl die Praxis des gründerzeitlichen Gemäldes mit seinen vorrangig dunklen Galerietönen als auch den Personenkult um den Malerfürsten Franz von Lenbach ab und wenden sich in ihrer Kunst dem französischen Impressionismus mit seiner leuchtenden hellen Farbigkeit in ihrem eigenen Werk zu. Die Münchner Bewegung ist Vorreiterin für secessionistische Bestrebungen in anderen Städten, wie z. B. 1898 in Berlin. Zu den Münchner Gründungsmitgliedern zählen unter anderem Hans Thoma, Wilhelm Trübner (1851–1917), Max Liebermann (1847–1935) oder Lovis Corinth (1858–1925).[140]

Wie reagiert Franz von Lenbach auf diese Entwicklung in der durch ihn maßgeblich bestimmten Künstlergenossenschaft? Persönlich „stellt er sich eindeutig auf die Seite der als konservativ angefeindeten Mehrheit".[141] Seine Porträts jedoch manifestieren ab dieser Zeit auch avantgardistische und symbolistische Züge. Von Lenbach ist zwar gegen die Moderne, entwickelt aber mit ihr einen neuen Porträtstil der naturalistischen Einfühlung. Seine zweite Frau Charlotte „Lolo" (Abb. 43), Tochter des Komponisten Robert von Hornstein (1833–1890), und ehemalige Schülerin,[142] zeigt von Lenbach in einer spontanen und ungekünstelten Pose im Kniestück, als wäre sie gerade rasch von einer Sitzgelegenheit aufgestanden. Dies rezipiert eine Bewegungsunschärfe, die die Unterarme Lolos nicht genau erkennen lässt. Markant springen dagegen ihr rotes langes Kleid und dessen Stofflichkeit ins Auge, wie auch das tiefe Dekolleté und die lächelnden Gesichtszüge, auf die sich die eigentliche Konzentration des Betrachters richtet.

Auch Alexandra von Berckholtz zeigt mit einigen ihrer Münchener Werke analoge Parameter. So rückt auch sie beispielsweise auf dem bereits erwähnten Porträt der Lili von Ramberg in Anlehnung an diese Tendenzen die Physiognomie der Dargestellten in das Zentrum. Das helltonige Gesicht be-

Abb. 43 – Franz von Lenbach, Charlotte „Lolo" von Hornstein, Öl auf Leinwand, 119 × 86,5 cm, vor 1896, Lenbachmuseum Schrobenhausen Inv.-Nr. 291 S.

Abb. 44 – Alexandra von Berckholtz, Stillleben mit Paprika, Aquarell über Bleistift, 15 × 22,7 cm, links unten beschriftet *Pension Teissoire Nizza. / Nov. 1876.*, Skizzenbuch von 1876/77, StAO Inv.-Nr. 26/21/023.

Abb. 45 – Alexandra von Berckholtz, Porträt Theresia Maria Hegg-de Landerset, 22,7 × 15 cm, unterhalb beschriftet *Clarens 28. Sept 77. Mme Teresa Hegg.*, Skizzenbuch von 1876/77, StAO Inv.-Nr. 26/21/023.

herrscht das Bildfeld, hebt sich vor dem dunklen Hintergrund kontrastreich hervor, scheint aber auch im Bereich der Konturen mit diesem leicht zu verschmelzen. Die Künstlerin bleibt in ihrem Werk im Großen und Ganzen Anhängerin des gründerzeitlichen Porträts und wendet sich jenseits dieser Tendenzen der Andeutung der Auflösung der Form jedoch nicht der frühimpressionistischen Malerei zu.

Inhaltlich wendet sich ihr künstlerisches Interesse ab den 1870er Jahren zusätzlich einem weiteren Thema zu: dem Stillleben. Ab Oktober 1876 hält sich Alexandra von Berckholtz in Nizza auf, wo sie zunächst vier plastisch anmutende Aquarelle unterschiedlicher Früchte in ihr Skizzenbuch malt, wie z. B. eine rote Paprika neben zwei Zweigen (Abb. 44), die in der Pension Teissoire im November des Jahres entsteht, weiterhin zwei Kaktusfeigen (KAT.-NR. 99), vier Feigen neben einer Mandarine (Abb. 343) oder eine Zitrone (KAT.-NR. 100).

Eine künstlerische Zusammenarbeit in Nizza im Bereich der Nature Morte ist aus unterschiedlichen biografischen Artikeln über Alexandra von Berckholtz ab 1877 mit der Schweizer Stilllebenmalerin Theresia Maria Hegg-de Landerset (1829–1911) (Abb. 45) bekannt,[143] die ihre Werke zumeist mit *Teresa Hegg* signiert. Aufgrund stilistischer Übereinstimmungen der im Herbst 1876 in Nizza entstandenen Früchtestillleben mit einigen ihrer Gemälde, wie z. B. einem in Privatbesitz befindlichen *Stillleben mit Pfirsichen*,[144] könnten sich beide Künstlerinnen durchaus bereits 1876 in Nizza kennengelernt und zusammen gemalt haben.

Das Hauptgebiet der Theresia Maria Hegg-de Landerset ist das Blumenstück in Öl und Aquarell, das sie stilistisch vielseitig meist als Bouquet mit oder ohne Vase arrangiert oder als einzelne ebenfalls botanisch exakt wiedergegebene, frei im Raum schwebende und von einem Lichtschein von links außerhalb des Bildfeldes angestrahlte Blütenzweige, wie z. B. auf einem Stillleben mit Alpenrosen (Rhododendron ferrugineum) (Abb. 46).

Von Alexandra von Berckholtz finden sich aus dieser Zeit stilistisch ähnlich komponierte Blumenarrangements, die ebenfalls korrekt nach der Natur erfasste Pflanzen und in ähnlich zartem und detailreichem Pinselstrich aufführen, wie z. B. zwei am 21. Mai 1877 unterschiedliche und plastisch gemalte duftige Rosenblüten (KAT.-NR. 31). Ein analoges Werk de Landersets ist das in Weiß gehöhte Aquarell *Stillleben mit Rosen* (Abb. 295).[145] Alexandra von Berckholtz hält sich zusammen mit der Künstlerin bis September 1877 in Clarens und Luzern auf, bevor sie noch in dem Jahr wieder nach München zurückkehrt.

Dort widmet sie sich weiterhin der Stilllebenmalerei, auch im Ölgemälde. In dieser Hinsicht ist eine Zusammenarbeit mit dem Wiener Ludwig Adam Kunz (1857–1929) bekannt, der sein Studium 1878 bei Franz von Lenbach in München abschließt.[146] In Österreich beginnt Kunz zunächst mit der Bildhauerei, in der ihn der slowakische Künstler Viktor Oscar Tilgner (1844–1896) unterweist, bevor er von 1876 bis 1878 an der Akademie der bildenden Künste Wien Landschafts-, Genre-, Akt- und Stilllebenmalerei studiert. 1885 folgt ein Aufenthalt in Paris, nach dem sich Kunz nahezu ausschließlich der Nature Morte und der Blumendarstellung widmet. Seine Stillleben erschafft er in Orientierung an den Niederländern, wie z. B. das am 3. Februar 2015 in der *Galeria Dom Aukcyjny* Łódź (Polen) versteigerte *Stillleben mit Trauben* (Abb. 47). Adam Kunz ist ab 1896 Professor an der Münchner Akademie

Abb. 46 – Theresia Maria Hegg-de Landerset, Stillleben mit Alpenrosen (Rhododendron ferrugineum), Aquarell, 35,3 × 47,5 cm, innerhalb der Darstellung signiert *Teresa Hegg*, Collection Posthumus-Jamin, Warmond.

Abb. 47 – Adam Kunz, Stillleben mit Trauben, Öl auf Leinwand, 42,5 × 55,5 cm, um 1900, Privatbesitz.

Abb. 48 – Südansicht der St. Petri-Kirche in Riga mit dem durch Alexandra von Berckholtz gestifteten Glasfenster.

und beteiligt sich ab diesem Jahr regelmäßig an den Ausstellungen im Glaspalast.[147]

Ihrer Geburtsstadt Riga stiftet Alexandra von Berckholtz am 6. Mai 1880 das Glasgemälde *Christus am Kreuz* für das fünfte Fenster des südlichen Seitenschiffes der 1209 erstmals urkundlich erwähnten St.-Petri-Kirche (Abb. 48),[148] in der auch ihre Vorfahren beerdigt sind, „unter dem Gange hinter der Kanzel am Pfeiler schrägüber dem Erbbegräbnisse der blauen reitenden Bürger-Compagnie (...) Im Pfeiler über der Berckholtzschen Familiengruft befand sich ein messingscher Armleuchter, verziert mit dem Wappen dieser Familie".[149] Hergestellt wird Alexandra von Berckholtz' Fenster in der *Königlich Bayerischen Hofglasmalerei München* von Franz Xaver Zettler (1841–1916). Zettler beginnt seine künstlerische Laufbahn in der heute in der Seidlstraße 25 befindlichen und 1847 von Joseph Gabriel Mayer (1808–1883) gegründeten *Mayer'schen Anstalt für christliche Kunsterzeugnisse* in München,[150] die König Ludwig II. 1882 in den Rang einer „Hofkunstanstalt" erhebt. Zunächst spezialisiert sich die Manufaktur, die bald annähernd 100 Beschäftige zählt, auf Statuen, die sie auch 1851 auf der Industrieausstellung in London präsentiert. In der englischen Hauptstadt gründet Mayer 1865 eine Filiale des Unternehmens, zu dessen Geschäftsleitung sein Sohn Joseph sowie der Schwiegersohn und Glasmaler Zettler gehören. Letzterer macht sich 1871 mit dem *Institut für kirchliche Glasmalerei* selbstständig, das alsbald ebenfalls zu den königlichen Unternehmen zählt.[151] Für die St.-Petri-Kirche in Riga fertigt Zettler das durch Alexandra von Berckholtz gestiftete Fenster an, das im Zweiten Weltkrieg zerstört wird. „Die Mittel zur Herstellung des Glasgemäldes ‚Christus am Kreuz' (...) sind von Alexandra von Berckholtz gestiftet worden. Die zwei unteren Fenstergläser zeigen der Stifterin gewidmete Malereien – ein Wappen mit der Aufschrift ‚CONSTANTIA ET ZELO' sowie einen Engel, der eine Guirlande hält, auf welcher geschrieben steht: ‚Gestiftet von Alexandra von Berckholtz München 1880', während unter dem Wappen in kleiner Schrift das Signum der Werkstatt zu sehen ist: ‚K. B. HOFGLASMALEREI VON F. X. ZETTLER MÜNCHEN'."[152] Conrad Rücker, Kaufmann und Vorsteher der Petrikirche sowie der Vetter der Künstlerin, lässt für die permanente Ausstellung des Kunstvereins Riga „eine kleine Photographie auf Glas nach dem großen, in Glasmalerei ausgeführten Kirchenfenster, welches von Frl. Alexandra von Berckholtz für unsere Petrikirche gestiftet worden ist" anfertigen.[153] Von den beschriebenen Fenstern sind drei im Jahre 1932 aufgenommene Fotografien (KAT.-NR. 113 A, B, C) im Dokumentationszentrum der Inspektion für Denkmalschutz in Riga erhalten.

Franz Xaver Zettler besitzt auch eine private Kunstsammlung mit insgesamt 420 grafischen Werken, die am 5. März 1921 durch das Antiquariat Emil Hirsch in München versteigert wird. In dieser befinden sich neben Werken namhafter bayerischer, niederländischer, flämischer und französischer Künstler auch vier Porträtzeichnungen von Alexandra von Berckholtz: ein Hüftbild einer jungen Dame (1842), ein Bildnis in Halbfigur von Mathilde von Rottenhof (1852), eine weitere Dame in Halbfigur im Dreiviertelprofil (1853) und ein männliches Brustbild im Profil (1859).[154] Alexandras vier datierte und signierte Blätter entstanden vor ihrer Münchner Zeit und stehen nicht im inhaltlichen Zusammenhang mit ihrer Stiftung für Riga.

1881 hat Alexandra von Berckholtz eine Einzelausstellung im Münchener Kunstverein mit 14 Aquarellen und Pastellzeichnungen von Blumenmotiven. Die verschollenen Originale überreicht die Künstlerin dem Verein als Geschenk.[155] Sie werden anschließend als Radierungen in einer Mappe publiziert, von der bislang kein Exemplar mehr aufgefunden werden konnte.[156] Auch unter den Jahresgaben des Kunstvereins befand sie sich nicht.[157]

Weitere Ausstellungen mit Beteiligung von Alexandra von Berckholtz' Werken sind: die *III. Internationale Kunstausstellung* München 1888 (*Stillleben*),[158] die Münchener Jahresausstellung 1889 (*Rote Anemonen*),[159] 1890 (*Gelbe Rosen*),[160] 1891 (*Blumenstück* und *Bohnen*),[161] 1893 (*Früchtestillleben*)[162] und 1894 (*Granatäpfel*).[163] 1897 nimmt sie an der *Großen Kunstausstellung* in Berlin mit drei Gemälden teil: Nr. 137. *Päonien,* Nr. 138. *Pfirsiche und Trauben* sowie Nr. 139. *Pflaumen*.[164] Letzteres erwirbt Maximilian von Baden (1867–1929) – Sohn des Markgrafen Wilhelm (1829–1897) – dessen Sammlung vom 5. bis 21. Oktober 1995 durch Sotheby's Baden im Neuen Schloss Baden-Baden versteigert wird. Dem Auktionskatalog ließen sich nähere Angaben zu dem Bild entnehmen,[165] wie auch zu zwei weiteren Berckholtz-Werken aus dem ehemaligen Besitz des Hauses Baden, einem *Rosenstillleben* (KAT.-NR. 26) und einem *Blumenstillleben mit Weinglas und Trauben* (KAT.-NR. 24). Die *Große Berliner Kunstausstellung* fand nahezu jährlich von 1893 bis 1969 im *Glaspalast* in der Nähe des Lehrter Bahnhofes statt.

Am 16. März 1899 stirbt Alexandra von Berckholtz um 1 Uhr mittags in ihrer Wohnung in München in der Gabelsbergerstraße 85.[166] Erste Nachrufe erscheinen bereits einen Tag später in der *Rigaschen Rundschau* und in der *Düna-Zeitung*.[167] In ihren letzten Jahren ist die Malerin an Gicht erkrankt,[168] die ihr künstlerisches Wirken hemmt, das sie bis zuletzt jedoch nicht völlig einstellt. Ihr Testament verfasst sie bereits am 24. April 1887 in Karlsruhe, das zusammen mit einer Abschrift des Notars Bender aus Karlsruhe erhalten ist.[169] Als Nachlassverwalter setzt die Künstlerin ihren Neffen Wilhelm Offensandt von Berckholtz ein, Oberschlosshauptmann in Karlsruhe, der den Inhalt und die Anwesenheit der beiden Nichten der Künstlerin durch Unterschrift am 18. März 1899 bestätigt: Gräfin Olga Chotek (1832–1906) und Alexandra von und zu Bodman. Folgende Personen und Legate listet das Testament auf:

1. Meiner lieben Nichte Olga Gräfin Chotek geb. von Moltke in Grosspriesen in Böhmen 100.000 Mark
2. Meinem Vetter Albert Pohrt in Riga 15.000 Mark
3. An Olga von Stromberg in Riga, Tochter meiner verstorbenen Cousine Emilie von Stromberg, geb. Rücker 10.000 Mark
4. An Frau von Förster, geb. von Stromberg, Tochter meiner verstorbenen Cousine Emilie von Stromberg geb. Rücker 10.000 Mark
5. Meiner Freundin Sophie von Brandenstein in Berlin 6.000 Mark
6. Meiner Freundin Baronin Natalie von Steinegg geb. zu Stresow in Wien 6.000 Mark
7. An Alexandra von Schanzenbach, geb. von Brück zu München 6.000 Mark
8. An Alexandra Goeckel geb. Müller in Heidelberg 4.000 Mark
9. An Sophie Gross in Pappenheim (Baiern) 3.000 Mark.

Des Weiteren bedenkt Alexandra von Berckholtz in ihrem Testament all ihre Diener großzügig mit dem Vermerk, dass ihnen die zugedachten Summen steuerfrei zu übergeben seien, was derart auch erfolgte, wie amtliche Dokumente belegen. Den Dienern, die mit ihr in der Gabelsberger Straße 85 lebten, vermacht die Künstlerin insgesamt 21.000 Mark: der Kammerjungfrau Fräulein Mathilde Senft 4.000 Mark, dem Kammerherrn Johann Sommermann 3.000 Mark und dessen Frau Babette Sommermann ebenfalls 3.000 Mark. Ihrem Gärtner Michael Brüggmaier hinterlässt sie 5.000 Mark, dem Stubenmädchen Christine Goller 5.000 Mark sowie Wilhelm Eppelsheimer 1.000 Mark. Die drei Erstgenannten finden sich auch – neben Kaisern, Prinzessinnen, Adeligen, Professoren oder Doktoren – in Alexandras

Geburtstagskalender wieder: Mathilde Senft am 23. April 1846, Johann Sommermann am 18. Dezember 1841 und Babette Sommermann am 18. März 1840.[170]

In ihrem Testament stiftet Alexandra von Berckholtz außerdem insgesamt 18.000 Mark an wohltätige Institutionen: dem Armenfond in Ortenberg 6.000 Mark, dem Frauenverein in Karlsruhe 2.000 Mark, dem Evangelischen Waisenhaus München 2.000 Mark, der Diakonissenanstalt München 2.000 Mark, der Erziehungs- und Rettungsanstalt in Feldkirchen 1.000 Mark, dem Maria Martha Stift München 1.000 Mark und dem Künstlerunterstützungsverein München 4.000 Mark.[171]

Posthum wurden künstlerische Werke aus der Hand der Alexandra von Berckholtz bislang in drei Ausstellungen gezeigt. 1995 präsentierten die Städtische Galerie Villingen-Schwenningen und das Prinz-Max-Palais Karlsruhe in *Frauen im Aufbruch? Künstlerinnen im deutschen Südwesten 1800–1945* die Öl-Porträts der Barbara von Berckholtz (KAT.-NR. 1), des Gabriel Leonhard von Berckholtz (KAT.-NR. 3) und des Heinrich Neese (KAT.-NR. 10). 2014/15 zeigte das ZKM Karlsruhe 2014/15 das Bildnis der Karoline Friedrich (KAT.-NR. 13). Eine Exposition im Schloss Ortenberg stellte im September 2001 unterschiedliche Zeichnungen und Gemälde vor.[172]

Alexandra von Berckholtz, die „Beziehungen zu vielen Angehörigen des bayerischen und badischen Adels"[173] hatte, „verbunden mit dem Kaiserlichen Haus und dem Großherzoglich badischen Hof", war eine Malerin und Mäzenin im 19. Jahrhundert. „Die Erträgnisse ihrer Kunst verwendete sie immer zu charitativen Zwecken und setzte auch einen großen Theil ihrer nicht unbeträchtlichen Mittel daran, verdienten Künstlern unter die Arme zu greifen (...). Die Ausübung dieses ebenso neidenswerthen wie großartigen Mäcenatenthums gehörte zu den stillen Freuden dieser wahrhaft edlen Seele (...). Gleichmäßig cultivirte sie alle Künste, erquickte sich an den Schöpfungen der neuesten Componisten, wie an den Erzeugnissen der jüngsten Dichter, Dramatiker und Tragöden."[174]

„Als tüchtige Künstlerin und zugleich als Förderin künstlerischer Talente hat sich (...) Alexandra von Berckholtz, die 1899 hochbetagt in München starb, hervorgethan."[175]

Anmerkungen

1 Es tauft sie Liborius von Bergmann, Oberpastor des Stadtministeriums, Pastor in St. Peter. Adressbuch Riga, 1810, S 3.

2 Z.B. Ehrenbürgerurkunde Ortenberg. Landeskirchliches Archiv Karlsruhe, Bestand Berckholtz-Stiftung Abt. 163.02, Nr. 5.

3 Z.B. in den Lebenserinnerungen der Charlotte von Schubert. Stadtarchiv Baden-Baden, Bestand E0004, Autographen Nr. 0362, S. 14.

4 Rigasche Zeitung, Nr. 28, 7. April 1825; Nr. 29, 10. April 1825; Nr. 30, 14. April 1825: „Auswanderung ins Ausland: Gabriel Leonhard v. Berckholtz, nebst Familie."

5 Im Lettischen Historischen Staatsarchiv Riga liegen zur Auswanderung der Familie von Berckholtz keine Unterlagen mehr vor.

6 Vollmer, 1988, S. 27.

7 Schmidt-Liebich, 2005, S. 44; Allgemeine Zeitung, Abendblatt, Nr. 76, 17. März 1899; Badische Biographien, Bd. 3, Karlsruhe 1881, S. 21; Karlsruhe, 1995, S. 13–14.

8 Genealogisches Handbuch des Adels. Adelige Häuser B. Band VI, Bd. 32, Bearb. v. Hans Friedrich von Ehrenkrook, Limburg an der Lahn 1964, S. 37–42.

9 Manche Quellen sprechen vom Erwerb des Hauses 1830, wie z. B. Hausenstein, 1933, S. 83 oder Dystelzweig, 1961. Einträge im Karlsruher Adressbuch finden sich erst ab 1833. Adressbuch der Haupt- und Residenz-Stadt Carlsruhe, Carlsruhe 1833, S. 70; Stadtarchiv Karlsruhe Sign. Do 3 Adre, 1833: „Berkholz, von, Partikulier, Karlstraße 26, Hauseigentümer, nach Eintrag im städtischen Grundbuchamt."

10 Jäger, 1841, S. 203–204.

11 Aquarell, 24 × 34 cm, um 1840, Privatbesitz.

12 Aquarell, 41 × 62 cm, 1861, Privatbesitz.

13 Deckfarben und Bleistift auf Papier, 26,5 × 38,1 cm, Blatt 48, links unten signiert *C. Obach*, bezeichnet von Königin Olga rechts

unten *mon cabinet à l'orangerie 1848*, Inv.-Nr.: C 1958/GVL 179,48, Olga-Album: Kassette mit 87 Aquarellen, 37,7 × 50,1 cm, Staatsgalerie Stuttgart Graphische Sammlung Inv.-Nr. C. 1958/GVL 179. Schümann, Carl Wolfgang: „Olga wohnt himmlisch". Studien zur Villa Berg in Stuttgart. In: Jahrbuch der staatlichen Kunstsammlungen in Baden-Württemberg 10, 1973, S. 87, Nr. 51, Abb. 61; Höper, Corinna (Bearb.): Das „Olga-Album". Ansichten von Wohn- und Repräsentationsräumen der königlichen Familie von Württemberg, Ausst.-Kat. Stuttgart/Ostfildern 2009, Nr. 48, Abb. 24.

14 Paganini konzertiert am 10. Dezember 1829, 15. Januar 1831 und 5. Februar 1831, Jenny Lind am 24. und 27. November 1846 sowie 2. Januar 1847 in Karlsruhe. Haass, Günther: Geschichte des Karlsruher Hoftheaters 1806–1852, Bd. I 1806–1822, Karlsruhe 1934; Kern, Amalie: Das Karlsruher Hoftheater von 1719–1900, Karlsruhe 1909.

15 Holland, 1902, S. 368.

16 Öl auf Leinwand, 147 × 113 cm, um 1708, Staatliche Kunsthalle Karlsruhe Inv.-Nr. 2580; Voigt, 2005, S. 77, Abb.

17 Öl auf Eichenholz, 59,5 × 49 cm, 1612, Staatliche Kunsthalle Karlsruhe Inv.-Nr. 2222; Voigt, 2005, 62–63, Abb. S. 63.

18 Nachlass des Gabriel Leonhard von Berckholtz, Generallandesarchiv Karlsruhe Inv.-Nr. GLA 233, No. 26814. 6. Dezember 1859: „daß ich unser Unterzeichneter Gabriel Leonhard von Berckholtz russischer Untertan und Ehrenbürger geboren bin in Riga am 24. August/15. September 1781 (…) Tochter Alexandra von Berckholtz geboren in Riga den 14./26. August 1821 russische Untertanin."

19 Zollner, Hans Leopold: Greif und Zarenadler. Badische Neueste Nachrichten April 1978, Beilage zum Sonntag.

20 Clewing, 1956; Woltmann, Alfred: Eisenlohr, Friedrich. In: ADB, Bd. 5, 1877, S. 767–768.

21 Dystelzweig, 1961.

22 Thieme/Becker, Bd. 25, 1942, S. 43; Nagler, Bd. 23, 1924 (Nachdruck), S. 441; Ho, 2015, S. 9.

23 Zu der Lithografie: Schmidt-Liebich, 2005, S. 44; Brandenburger-Eisele, 1992, S. 258, Abb. 90; Vollmer, 1988, S. 90, Abb. 86; Gutgesell, 2016 (2), S. 104–105, Abb. 3; dies., 2016, S. 7.

24 Stadtarchiv Mannheim, Sign. Ma-ISG, NL Walter, COP 245.

25 Evangelische Diakonissenanstalt Karlsruhe-Rüppurr, Archiv.

26 Lange, 1936, S. 149–160; Vollmer, 1989, S. 77. Die Zeichnung des Schlosses ist in diesem Aufsatz abgebildet; ihr Verbleib ist unbekannt.

27 Lange, 1936, S. 151.

28 Zweite Fassung, Öl auf Leinwand, 400 × 750 cm, 1871–1873, Nationalgalerie Berlin, Staatliche Museen zu Berlin Inv.-Nr. A I 279; Speyer 2002; Wiesbaden/Hamburg 2013; Mülfarth, 1987, S. 155; Oechelhaeuser, Adolf von: Aus Anselm Feuerbachs Jugendjahren. Leipzig 1905; Zimmermann, Werner: Anselm Feuerbach. Gemälde und Zeichnungen. Karlsruhe 1989; Uhde-Bernays, Hermann: Feuerbach. Leipzig 1914.

29 Öl auf Leinwand, 195 × 124 cm, 1869, Kunsthistorisches Museum Wien, Neue Galerie in der Stallburg Inv.-Nr. NG 87.

30 Gut, 2009, S. 127–132.

31 Meyers Konversations-Lexikon, Bd. 15, Leipzig, Wien 1885–1892, S. 172; Schletterer, Hans Michel: Spohr, Louis. In: ADB, Bd. 35, 1893, S. 239–259; Wulfhorst, Martin: Spohr, Louis. In: NDB, Bd. 24, 2010, S. 733–735; Peters, 1987; Zum Symposium in Kassel Tagungsband von Hesse und Weber, 2015.

32 Der Entwurf stammt von Ernst Hähnel (1811–1891), ausgeführt wird es von Jacob Daniel Burgschmiet (1796–1858). Die Gesamtkosten betragen 60.000 Francs.

33 Gut, 2009, S. 132.

34 Knopp, 2013. 1870 erbaut man, aus Anlass des hundertsten Geburtstages des Komponisten, eine neue Beethovenhalle, die am 18. Oktober 1944 durch einen Bombenangriff zerstört wird. Am 8. September 1959 wird die dritte Beethovenhalle eingeweiht, die 1990 in die Denkmalliste der Stadt Bonn Aufnahme findet. Für wesentliche Hinweise danke ich an dieser Stelle Frau Dr. Ingrid Bodsch.

35 Inventar des Kirchenfonds Ortenberg, S. 64, Nr. 45, Pfarrarchiv der Kirche St. Bartholomäus Ortenberg.

36 Jeweils Öl auf Leinwand, 320 × 190 cm und 180 × 112 cm.

37 Großherzoglich Badisches Regierungsblatt, 45. Jg., Nr. I bis LIII. Carlsruhe 1847, S. 272. Auf derselben Seite ist eine weitere Schenkung für die Ortenberger Kirche verzeichnet: „Ein Ungenannter in den Kirchenfond zu Ortenberg eine neue vollständige Kelchbedeckung im Werthe von 6 Gulden" sowie auf Seite 18: „Ein Ungenannter der Kirche in Ortenberg eine rothe Fahne im Werthe von 79 Gulden."

38 StAO, Berckholtz-Nachlass.

39 Das Aquarell (15 × 21 cm) wird in der Auktion am 11. Dezember 1989 unter der Nr. 22 verkauft. Das Blatt findet sich erneut am 27. April 1990 in einer Auktion bei Renaud Paris unter der Los-Nr. 15.

40 Delaroche beendet seine Lehrtätigkeit 1843 nach dem Tod eines Schülers in seinem Atelier, dessen Studenten der Schweizer Maler Charles Gleyre (1806–1874) übernimmt, der für seine Unterweisung keine Bezahlung verlangt. Nerlich/Savoy, Bd. II, 2015, S. VII–VIII; Hackmann, Lisa Sophie: Les élèves allemands de Paul Delaroche. In: Bonnet/Nerlich, 2013, S. 221–235; Winterthur/Zürich 1974.

41 Renard, Margot: Une „école de peinture nationale", l'atelier privé de Thomas Couture. In: Bonnet/Nerlich, 2013, S. 307–318.

42 Ho, 2015, S. 10; Archives des musées nationaux Paris *LL 14 (1850–1853), Registre des Copistes, cartes de permission d'entrée, Nr. 286 (11.5.1850). Dieses Haus beherbergt von 1919 bis 1984 das Kino *Max Linder Panorama* und ab 1921 das *Théâtre des Nouveautés*.

43 Vgl.: Alexandra van Berckholtz, https://rkd.nl/en/explore/artists/213802, 27. Februar 2016; Ho, 2015, S. 9–11; Drewes, 1994, S. 203.

44 Holland, 1902, S. 368; Anders, 1988, S. 15; Ho, 2015, S. 9.

45 État général des fonds des Archives nationales (Paris). Inv.-Nr. AJ/52/456. Législation, présidents annuels, professeurs et secrétaires, personnel d'exécution. 1814–1926.

46 État général des fonds des Archives nationales (Paris). Registres matricules des élèves peintres et sculpteurs. 1807–1894. Inv.-Nr. AJ/52*/234 à 236. Dossiers individuels des élèves peintres: quatre séries alphabétiques et chronologiques. Milieu XIXe s.–1920. Inv.-Nr. AJ/52*/250 à 320.

47 Thieme/Becker, 1934, S. 425; Nagler, Bd. 13, 1924, S. 538.

48 Dossier de Légion d'honneur, Archives Nationales Dossier LH/2351/23.

49 Zur *Disputa*: Paolucci, 2011, S. 14–16, 46–53; Hecht, 2009.

50 In folgenden Museen befinden sich Werke von Robert-Fleury: Städtisches Museum in Amsterdam, Musée des Beaux-arts Angers, Antwerpen, Bayeux, Musée Bonnat Bayonne, MUDO – Musée de l'Oise Beauvais, Musée Robert Dubois-Corneau Brunoy, Musée Condé Chantilly, Château de Compiègne, Musée des Beaux-Arts de Dijon, Musée national Magnin Dijon, Dünkirchen, Uffizien Florenz, Château de Fontainebleau, Wallace Collection London, Lyon, Musée Fabre Montpellier, Musée des beaux-arts Nantes, Neuchâtel, Musée Jean-Calvin Noyon, Musée du Louvre Paris, Tribunal de commerce de Paris, École nationale supérieure des Beaux-arts Paris, Musée des Beaux-Arts de Pau, Périgueux, Musée des Beaux-Arts de Rouen, Sèvres, Musée des Augustins de Toulouse, Musée du Château de Versailles.

51 Nerlich/Savoy, Bd. I, 2013, S. IX.

52 Pecht, 1894, S. 173.

53 Nerlich/Savoy, Bd. I, 2013, S. VII–XII. Zu Definitionen und Formen der Kopie, Replik, Reproduktion, Nachbildung und Fälschung: Voermann, 2011, S. 27.

54 Setzt sich ein Lehrer über diese akademische Praxis eigenmächtig hinweg, erfolgt eine offizielle Maßregelung durch Beamte des Königs, der die Kopien meist für seine Kunstsammlung erhält. Dies bekommt z.B. der zeitweilige Direktor der Akademie in Rom René-Antoine Houasse (1645–1710) zu spüren, der an Stelle des Kopierens mehr schöpferische Eigenleistung von seinen Schülern verlangt.

55 Damit die Künstler ungestört arbeiten können, wird in manchen Galerien ein Kopiersaal eingerichtet, in den das Original gebracht wird. Über einen derartigen Kopiersaal verfügt z.B. die nicht der Öffentlichkeit zugängliche Gemäldegalerie Berlin von 1786 bis 1789. Voermann, 2011, S. 37, 28–100.

56 Falck, 1899.

57 Öl auf Leinwand, 170 × 120 cm.

58 Vortrag von Frau Dr. Bärbel Kovalevski in Gotha 2010, http://blog.familienarchiv-jacobs.de/wp-content/uploads/2015/02/Vortrag_Hagar_und_Ismael.pdf, 29. August 2016.

59 Terminus nach Ilka Voermann.

60 Öl auf Holz, 107 × 77 cm, 1506, Galleria degli Uffizi Florenz. Die Kopie befindet sich in den Kunstsammlungen der Klassik Stiftung Weimar. Öl auf Leinwand, 102 × 72 cm, 1821, Inv.-Nr. G 96.

61 Archives des musées nationaux Paris, *LL 14 (1850–1853), Registre des copistes, cartes de permission d'entrée, No. 286 (11. Mai 1850).

62 Eine Ausnahme bildet hier Anselm Feuerbachs Kopie von Tizians *Assunta* (1516–1518) in der Staatlichen Kunsthalle Karlsruhe, die der Künstler unten mittig mit seinem Monogramm *AF* versieht. Öl auf Leinwand, 367 × 195 cm, Inv.-Nr. 416.

63 Falk, 1899.

64 Nerlich/Savoy, Bd. II, 2015.

65 Werke Joel Ballins befinden sich im Nationalmuseum Kopenhagen sowie im British Museum London. Klunzinger, Karl: Die Künstler aller Zeiten und Völker. 1870. Nachdruck London 2013, S. 16–17; Wessely, Joseph Eduard (Hg.), Andresen, Andreas (Bearb.): Handbuch für Kupferstichsammler: oder Lexicon der Kupferstecher, Maler-Radirer und Formschneider aller Länder u. Schulen nach Massgabe ihrer geschaetztesten Blaetter u. Werke (Ergänzungsheft): Enthaltend die seit 1873 erschienenen hervorragenden Blätter nebst zahlreichen Nachträgen zum Hauptwerke. Leipzig 1885, S. 9; Thieme/Becker, Bd. 2, 1908, S. 418–419.

66 Öl auf Leinwand, 115,5 × 153,6 cm, 1860, Privatbesitz.

67 Thieme/Becker, Bd. 2, 1908, S. 419.

68 Holland, 1902, S. 368; Almanach der Maler und Bildhauer Deutschlands und Oesterreich-Ungarns. Erster Jg. Stuttgart 1890, S. 20.

69 Den Unterricht bei Des Coudres erwähnt z.B. Holland, 1902, S. 368.

70 Mai, 2010, S. 206–243.

71 Generallandesarchiv Karlsruhe Inv.-Nr. GLA 233/10 710.

72 Mai, 2010, S. 207, 210.

73 Oechelhäuser, 1904, S. 19.

74 Ebd., S. 48.

75 Lehmann, 1979, S. 37–38, Abb. 51–53. Hierzu auch die Akte im Staatsarchiv Hamburg: Schenkung des Gemäldes *Christus am Kreuze* von Prof. Ludwig Desoudres (Karlsruhe) durch Otto Westphal. Sign. 512-3 IX 26.

76 Lehmann, 1979, Abb. 47.

77 Des Coudres widmet sich in mehreren Darstellungen auch der Heiligen Magdalena, z.B. Die büßende heilige Magdalena, Bleistift 380 × 275 cm, Bleistift und Feder in Schwarz auf gelblichem Papier, Signatur *L. Des Coudres 51*, im Schadow-Album der Düsseldorfer Akademieschüler, Wallraf-Richartz-Museum Köln Inv.-Nr. Z 1650; Büßende Magdalena, Kohle, 51 × 36 cm, 1877, Kupferstichkabinett Staatliche Kunsthalle Karlsruhe Inv.-Nr. P.K. I 675-7-54; Heilige Magdalena, Öl auf Leinwand, 1852, verschollen (Lebensgroße ganzfigurige Darstellung, in Des Coudres' Lebenserinnerungen erwähnt, ausgestellt 1852 im Kunstverein für die Rheinlande und Westfalen, 1855 in Paris und 1856 in Köln); Heilige Magdalena, Öl auf Leinwand, 165 × 122 cm, 1852, Privatbesitz.

78 Bott, 2009, S. 169.

79 Lehmann, 1979; Mülfarth, 1987, S. 33–34; Bott, 2009, S. 44–45, 169–170; Badische Biographien, 1881, S. 21–23; Des Coudres, 1942, S. 50–58; Boetticher, 1891, S. 218.

80 Z.B. Holland, 1902, S. 368; Drewes, 1994, S. 23; Almanach der Maler und Bildhauer Deutschlands und Oesterreich-Ungarns. Erster Jg. Stuttgart 1890, S. 20; Datenbank

Explore Artists, Nederlands Instituut voor Kunstgeschiedenis, https://rkd.nl/en/explore/artists/213802, 5. März 2016. Canon wird unter dem Namen Johann Baptist Franz de Paula Wenzeslaus Strašiřipka am 15. März 1829 in Wien geboren und stirbt am 12. September 1885 ebenda. Der Künstlername Canon stammt wohl aus seiner Militärzeit als Artillerieoffizier. Das Selbstporträt schickt er aus Karlsruhe an seine Schwester Sofie von Wiedenfeld in Linz.

81 Dort wohnt er in der Hirschstraße 27; 1866 heiratet er in Karlsruhe Katharina Wilma Dorothee Buchhold, geschiedene Maersch. Drewes, 1994, S. 4.

82 Petzold, Leopold von: Vor 40 Jahren, Erinnerungen eines Karlsruher Kunstschülers. Karlsruhe 1903, S. 37.

83 Drewes, Bd. 2, 1994, S. 19, 200–201.

84 Bartmann, 1994. 1877 ist ein Besuch Canons bei Werner in Berlin bekannt.

85 Drewes, 1994, S. 22–27.

86 Generallandesarchiv Karlsruhe Inv.-Nr. GLA 56/1265; Drewes, Bd. 2, 1994, S. 204; Wien, 1966, S. 35; Wagner, 1989, S. 190–195.

87 Alle Öl auf Leinwand: Skizze zur Allegorie der Dampfkraft, 40,5 × 55 cm, Staatliche Kunsthalle Karlsruhe Inv.-Nr. 1041; Skizze zur Allegorie der Telegraphie, Generallandesarchiv Karlsruhe Inv.-Nr. GLA 56/1265; Weitere Skizze zur Allegorie der Telegraphie, 200 × 350 cm, Verbleib unbekannt; Allegorie des Eisenbahnbaus, 155 × 280 cm, Österreichische Galerie Belvedere Wien Inv.-Nr. 1836; Allegorie der Post und Telegraphie, 155 × 283 cm, Verbleib unbekannt. Drewes, 1994, Bd. 2, S. 204, Kat.-Nr. 73 a-2, S. 205, Kat.-Nr. 73 b-1, S. 207, Kat.-Nr. 73 b-3, Kat.-Nr. c-1, S. 208, Kat.-Nr. 74a, Kat.-Nr. 74b. Weiterhin zu Canon: Mülfarth, 1987, S. 30–31; AKL, Bd. 16, 1997, S. 167–168; Schöny, Heinz: Hans Canon. Zu seiner Biographie. In: Wien, 1966, S. 12–24; Boetticher, Bd. 1, 1891, S. 168–170; Wurzbach, Constant von: Biographisches Lexikon des österreichischen Kaisertums, enthaltend die Lebensskizzen der Personen, welche 1750–1850 im Kaiserstaate und seinen Kronländern gelebt haben. Bd. 39. 1879, S. 254; Thieme/Becker, Bd. 5, 1911, S. 511–512.

88 Drewes, Bd. 2, 1994, S. 206, Kat.-Nr. 73 b-2. Die Skizze der Allegorie der Telegraphie wurde 1906 auf der Jahrhundertausstellung in Berlin gezeigt.

89 Ebd., 203, Kat.-Nr. 72.

90 Polizeimeldebogen München Alexandra von Berckholtz, Stadtarchiv München Inv.-Nr. PMB B 207. Auf diesem sind weiterhin die Daten 15. September 1869 und 21. Oktober 1869 neben der Nennung der Adresse eingetragen.

91 Polizeimeldebogen München Sophie von Moltke, Stadtarchiv München Inv.-Nr. PMB B 206.

92 Mosebach, 2014, S. 10.

93 Schmalhofer, 2005, S. 27.

94 Ebd., 2005, S. 23–45, 307–316, 341–550. Die Schule hat von 1878/79 bis 1917/18 insgesamt 5.389 Studierende, 1.700 Frauen und 3.689 Männer.

95 Holland, 1902, S. 368; Rigasche Stadtblätter, 1901, Nr. 51.

96 Muther, Theodor: Piloty, Ferdinand. In: ADB, Bd. 26, 1888, S. 140–148; Fastert, Sabine: Piloty, Carl Theodor von. In: NDB, Bd. 20, 2001, S. 444–445; Holland, Hyacinth. In: Allgemeine Zeitung 1886, Beilage Nr. 262; München, 2003; Regnet, Bd. 2, 1871, S. 77–92; Mosebach, 2014, S. 107–109; Langer, 1992, S. 24–26.

97 Weitere Besuche in Paris erfolgen 1852, 1855, 1861, 1862 und 1867.

98 Öl auf Hartfaserplatte, 30 × 41 cm, Kouvoutsakis Art Institute Athen; Nerlich/Savoy, Bd. II, 2015, S. 308, Tafel VI. Seine heute zum Teil in Privatbesitz befindlichen Reisetagebücher verzeichnen weiterhin Studien in der Manufacture des Meubles et des Tapisseries de la Couronne, im Panthéon, in École Polytechnique, im Jardin du Luxembourg, in der Kirche Val-de-Grâce, in der École Militaire, auf dem Friedhof Père Lachaise sowie in diversen Privatsammlungen. Härtl-Kasulke, 1991, S. 298, 47; Hackmann, Lisa. In: Nerlich/Savoy, Bd. II, 2015, S. 196; Nerlich, 2010, S. 229–233.

99 Öl auf Leinwand, 316 × 229,5 cm, unten rechts signiert *Carl Piloty, 1865*, Neue Pinakothek München Inv.-Nr. 11443, Leihgabe der Schack-Galerie.

100 Mosebach, 2014, S. 108; Rott, 2009, S. 140.

101 Düna-Zeitung, 5. Juni 1899; Schmidt-Liebich, 2005, S. 43; Almanach der Maler und Bildhauer Deutschlands und Oesterreich-Ungarns. Erster Jg. Stuttgart 1890, S. 20.

102 Falk, 1899.

103 Ludwig, Horst: Alexander (Sándor) von Liezen-Mayer. In: Münchner Maler im 19. Jahrhundert. Dritter Band. München 1982, S. 55–57; Thieme/Becker, Bd. 23, 1982, S. 57.

104 Holland, Hyacinth. In: ADB, Bd. 15, 1906, S. 708.

105 Ludwig, 1929, S. 216–217; Wurzbach, Constantin von: Litzenmayer, Alexander. In: Biographisches Lexikon des Kaiserthums Oesterreich. Bd. 15, Wien 1866, S. 299; Holland, ADB, 1906, S. 709–715; Maier, 2000, S. 73–76; Thieme/Becker, Bd. 23, 1929, S. 216–217; Baranow, Sonja von: Liezen-Mayer. In: AKL, Bd. 84, 2015, S. 429. Werke von Liezen-Mayers befinden sich im Budapest Magyar Nationalmuseum, Esztergom Keresztény Múzeum, Xantus J. Múzeum Györim, Joanneum Graz, Lenbachhaus München, Wallraf-Richartz Museum Köln, in der Alten Nationalgalerie Berlin, Staatsgalerie Stuttgart und Albertina Wien.

106 Eines der ersten bei von Piloty entstandenen Werke ist *Landleute vor einer Kapelle auf der Flucht vor einem Gewitter* (Ölstudie auf Zeichenpapier, auf Pappe aufgezogen, 49 × 48 cm, Städtische Galerie im Lenbachhaus München Inv.-Nr. L 178). Nach dem zweiten Weltkrieg galt es als verschollen, bis es 1963 wiederauftauchte. Die 1857 begonnene und 1858 vollendete Studie malte von Lenbach als Bewerbungsbild für den Kunstverein; er erhielt dafür 450 Gulden und ein Staatsstipendium von 500 Gulden. Baranow, 1980, S. 69, Kat.-Nr. 46.

107 Beide bleiben zeitlebens in Kontakt, so besucht von Piloty von Lenbach z. B. 1861 in Weimar, 1873 in Wien oder 1885 in Rom. Horn, 1986, S. 71.

108 Zu von Lenbachs Frühwerk: Pophanken, Andrea: Vom Sonnenfanatist zum Bildnismaler: Franz von Lenbachs Frühwerk. In: Baumstark, 2004, S. 30–53.
109 Öl auf Leinwand, 36,7 × 46,1 cm, unten rechts bezeichnet *1856 F Lenbach Aresing 25*, Neue Pinakothek München Inv.-Nr. 8375.
110 Wendermann, Gerda: Die Weimarer Malerschule im europäischen Umfeld. Eine Einführung in die Ausstellung. In: Weimar, 2010, S. 15; Pese/Negendanck/Hamann, 2004, S. 85–102.
111 Boser, Elisabeth: FreiLichtMalerei. Der Künstlerort Dachau um 1870–1914. Dachau 2001; Ebertshäuser, 1979, S. 83–84, 155–158; Mosebach, 2014, S. 25; Thiemann-Stoedtner/Hanke, 1989, S. 11–28; Borchardt, Stefan: „Herrliche Gegenden, romantische Landschaften, brummendes Hornvieh, Naturmenschen." Motive aus einhundert Jahren Malerei der Münchner Schule. In: Hohenkarpfen/Beuron, 2008, S. 14–17; Negendanck, 2008, S. 5–35.
112 Kennedy, Julie: Der Pleinairist und das „Malweib". Karikaturen zur Münchner Freilichtmalerei 1860–1910. In: Hohenkarpfen/Beuron, 2008, S. 24–37, hier S. 28.
113 Zur Weimarer Kunstschule: Ziegler, 2001; Wendermann. In: Weimar, 2010, S. 11–20.
114 Wurzbach, Constantin von: Ramberg, Arthur von. In: Biographisches Lexikon des Kaiserthums Oesterreich. Bd. 24. Wien 1872, S. 305–307; Holland, Hyacinth: Ramberg, Arthur Freiherr von. In: ADB, Bd. 27, 1888, S. 203–205.
115 Dystelzweig, 1961.
116 Allgemeine Zeitung, Nr. 76, 17. März 1899.
117 Auch Arnold Böcklin kopiert für Schack. Insgesamt fertigt Lenbach 17 Kopien nach Gemälden alter Meister an. Rott, Herbert W.: Alte Meister. Lenbachs Kopien für Adolf Friedrich von Schack. In: Baumstark, 2004, S. 54–75.
118 Distl, Dieter: Franz von Lenbach. In: ders./Englert, S. 17–18; Bielefeld, 2013, S. 192–193; Wangenheim, 1954; Mehl, 1972; dies., 1980; Wichmann, 1973; Distl/Englert, 1986, S. 9–15, 17–59; Baranow, 1980; dies., 1986; dies.: Lenbach, Franz. In: NDB, Bd. 14, 1985, S. 198–200; Baumstark, 2004; Ranke, 1986; AKL, Bd. 84, 2015, S. 90–94; Thieme/Becker, Bd. 23, 1829, S. 43–45; Klössel, Christine. In: Eichenzell, 2014, S. 51–66; Winfried Ranke. In: Gollek und ders., 1987, S. 25–41; 43–62. Werke befinden sich im: Lenbachmuseum Schrobenhausen, Städtische Galerie im Lenbachhaus München, Neue Pinakothek München, Schack-Galerie München, Klassik Stiftung Weimar Kunstsammlungen, Museum Georg Schäfer Schweinfurt, Städtisches Kunstmuseum Bonn, Städel Museum Frankfurt am Main, Kunsthalle Hamburg, Niedersächsisches Landesmuseum Hannover, Museum der Bildenden Künste Leipzig, Hessisches Landesmuseum Darmstadt, Magyar Szépművészeti Múzeum Budapest, Kunsthistorisches Museum Wien, Eremitage St. Petersburg, Rathaus Seattle, Museum der Bildenden Künste Milwaukee, Privatbesitz Familie DuMont.

119 Baranow, 1980, S. 218, Kat.-Nr. 456c; S.157, Kat.-Nr. 308, 309; S. 186, Kat.-Nr. 380; S. 236–238, Kat.-Nr. 526, 527. Muysers, Carola: Franz von Lenbach und die gründerzeitliche Portraitmalerei. In: Baumstark, 2004, S. 92–119.
120 Zit. Horn, Reinhard: Lenbach und seine Schwestern. In: Distl, Englert, 1986, S. 61; Rühl, Anna: Die frühen Bildnisse. Lenbachs Portraits vor 1870. In: Baumstark, 2004, S. 76–91.
121 Rigasche Stadtblätter, Nr. 51, 20. Dezember 1901.
122 Baranow, 1980, S. 200–202, Kat.-Nr. 412–416; Gollek/Ranke, 1987, S. 288–299, S. 319, Kat.-Nr. 12, 123, 135, 157.
123 Baranow, 1986 (2), S. 62. Zu Lenbach und Bismarck: Arnold, Alice Laura: Zwischen Kunst und Kult. Lenbachs Bismarck-Portraits und Repliken. In: Baumstark, 2004, S. 148–177.
124 Dies zeigen Einträge in ihrem Kalender. StAO, Berckholtz-Nachlass.
125 Ab 1876 ist er deren Ehrenmitglied und ab 1879 ihr Präsident auf Lebenszeit. Zur *Allotria*: Haus, Andreas: Gesellschaft, Geselligkeit, Künstlerfest. Franz von Lenbach und die Münchner „Allotria". In: Gollek/Ranke, 1987, S. 99–116; Mosebach, 2014, S. 50–54.
126 Mosebach, 2014, S. 16–20.
127 Ebd., S. 29–30; Grösslein, 1987; Hütsch, 1985.
128 Hansky, 1994, S. 25; Allgemeine Zeitung Nr. 300, 27. Oktober 1869; Mosebach, 2014, S. 46.
129 Falk, 1899.
130 Katalog zur I. internationalen Kunstausstellung im Königlichen Glaspalaste zu München 20. Juli bis 31. Oktober 1869. München 1869, S. 41; Schmidt-Liebich, 2005, S. 44; AKL, 1994, S. 252; Boetticher, 1891, S. 84; Holland, 1902, S. 368; Rigasche Stadtblätter, Nr. 51, 20. Dezember 1901; Düna Zeitung, Nr. 123, 05. Juni 1899; Meyer/Lücke/Tschudi, 1885, S. 586–587; Gutgesell, 2016, S. 7.
131 Mosebach, 2014, S. 36–39, 184–191.
132 Ebd., S. 62.
133 Wladimir Aichelburg, http://www.wladimir-aichelburg.at/kuenstlerhaus/mitglieder/verzeichnisse/allgemeine-deutsche-kunstgenossenschaft/anno1890/, 17. März 2016.
134 Bericht über den Bestand und das Wirken des unter dem Allerhöchsten Protektorate Seiner Königlichen Hoheit des Prinz-Regenten Luitpold von Bayern stehenden Kunstvereines München: während des Jahres / 1865 (1866). München 1866, S. 38, Nr. 3050.
135 Mosebach, 2014, S. 13–14, 41–42.
136 Bericht über den Bestand und das Wirken des Vereins zur Unterstützung Unverschuldet in Noth Gekommener Künstler und deren Relikten im Jahre 1868. München 1868, S. 2.
137 Statuten des Künstler Unterstützungs Vereins (Verein zur Unterstützung unverschuldet in Noth gekommener Künstler und ihrer Relikten) zu München. München 1882. Generallandesarchiv Karlsruhe Inv.-Nr. GLA Nr. 270-5 Karlsruhe IV Nr. 29446.
138 Nachlassakte Alexandra von Berckholtz 1899, Generallandesarchiv Karlsruhe Inv.-Nr. GLA Nr. 270-5 Karlsruhe IV Nr. 29446.

139 Deseyve, 2005, S. 1–76, 115–196; Kennedy, 2008, S. 33.
140 Mosebach, 2014, S. 150–156; Borchardt. In: Hohenkarpfen/Beuron, 2008, S. 22.
141 Bielefeld, 2013, S. 193.
142 Am 5. Oktober 1896 heiratet von Lenbach Charlotte „Lolo" von Hornstein. Gollek/Ranke, 1987, S. 259.
143 Rigasche Stadtblätter, Nr. 51, 20. Dezember 1901; Holland, 1902, S. 368.
144 21,5 × 26,5 cm, Öl auf Leinwand, rechts unten signiert *T. HEGG*.
145 Auktionskatalog Sotheby's Amsterdam, Auktion vom 14. März 2011, Los Nr. 672, S. 159.
146 Katalog der Gemäldesammlung der königlichen Neuen Pinakothek. München 1913, 14. Auflage, S. 83; Holland, 1902, S. 368.
147 Werke befinden sich in der Neuen Pinakothek München, in der Städtischen Galerie München sowie in Privatbesitz. Österreichisches Biographisches Lexikon 1815–1950 (ÖBL). Bd. 4, Wien 1969, S. 356; Offizieller Katalog der Münchener Jahres-Ausstellung 1896 im Kgl. Glaspalast, Verlag der Münchner Künstlergenossenschaft, München 1896.
148 Schmidt-Liebich, 2005, S. 44; Ramm-Weber, 2010; AKL, Bd. 9, 1994, S. 252; Falck, 1899; Rigasche Zeitung, Nr. 91, 19. April 1880; Nr. 131, 7. Juni 1880; Welding/Amburger/Krusenstjern, 1970, S. 58; Ārends, 1944, S. 42; Anders, 1988, S. 15; Lenz, 1970, S. 58; Poelchau, 1901, S. 71; Gutgesell, 2016, S. 9.
149 Berkholz, 1883, S. 5.
150 Mayer, Gabriel (Hg.): Mayer'sche Hofkunstanstalt: Architektur, Glas, Kunst. München 2013.
151 Thieme/Becker, Bd. 37, 1950, S. 469–470.
152 Ārends, 1944, S. 42.
153 Rigasche Zeitung, Nr. 91, 19. April 1880; Nr. 131, 7. Juni 1880; Rigasche Rundschau, Nr. 14, 18. Januar 1936.
154 Hirsch, Emil (Hg.): Handzeichnungen alter und neuer Meister aus dem Nachlasse des Kommerzienrats F. X. Zettler in München, ehem. Hofglasmalereibesitzers, nebst anderen Beiträgen. München 1921, S. 5, Nr. 37–40.
155 Schmidt-Liebich, 2005, S. 44; Düna Zeitung, Nr. 123, 5. Juni 1899; Boetticher, Friedrich von: Malerwerke des 19. Jahrhunderts. Bd. 1, Dresden 1891, S. 84; Meyer/Lücke/Tschudi, 1885, S. 586–587; Gutgesell, 2016, S. 7.
156 Die Recherchen nach den Radierungen und nach einem Katalog des Kunstvereins sowie des Münchner Radirvereins im Zentralinstitut für Kunstgeschichte, in der Bibliothek und im Archiv der Akademie der Bildenden Künste, in der Staatlichen Graphischen Sammlung, im Hauptstaatsarchiv und in der Bayerischen Staatsbibliothek erbrachten kein Ergebnis. Die Veröffentlichungen des Radiervereins wurden ab 1843 durch den Verlag L. A. von Montmorillon herausgegeben. Schmalhofer, 2005, S. 38.
157 Langenstein, 1983, S. 169–300.
158 Mosebach, 2014, S. 74–75; Illustrierter Katalog der III. Internationalen Kunstausstellung (Münchener Jubiläumsausstellung) im Königl. Glaspalaste zu München 1888, München, 1888, S. 9, Nr. 609.
159 Illustrierter Katalog der Münchener Jahresausstellung von Kunstwerken Aller Nationen im königl. Glaspalaste 1889. München, 1889, S. 10, Nr. 77.
160 Illustrierter Katalog der Münchener Jahresausstellung von Kunstwerken Aller Nationen im königl. Glaspalaste 1890, München 1890, S. 4, Nr. 97b.
161 Illustrierter Katalog der Münchener Jahresausstellung von Kunstwerken Aller Nationen im kgl. Glaspalaste 1891. München 1891, S. 8, Nr. 106a, b.
162 Illustrirter Katalog der Münchener Jahresausstellung von Kunstwerken aller Nationen im Kgl. Glaspalaste 1893. München 1893, S. 6, Nr. 100.
163 Illustrirter Katalog der Münchener Jahresausstellung von Kunstwerken Aller Nationen im Kgl. Glaspalaste 1894. München 1894, S. 3, Nr. 64.
164 Große Berliner Kunstausstellung. Katalog. Berlin 1897, S. 8.
165 Die Sammlung der Markgrafen und Großherzöge von Baden im Schloss Baden-Baden 5. bis 21. Oktober 1995. Baden-Baden 1995; Öl auf Papier, 33,5 × 23,5 cm, links unten signiert und datiert *A. v. Berckholtz 1895*, S. 104, Nr. 4305.
166 Todesschein, ausgestellt am 18. März 1899, mit Stempel vom 20. März 1899, K. Amtsgericht München: „Der verlebten Person: Alexandra von Berckholtz 77 Jahre 6 Monate 20 Tage, Rentnerin, ledig, Zeit des Todes: 1899 März, 16ten, 1 Uhr Mittags, Ort, wo die verlebte Person starb: Gabelsbergerstraße 85." Generallandesarchiv Karlsruhe Inv.-Nr. 270-5 Karlsruhe IV Nr. 29446.
167 Rigasche Rundschau, Nr. 62, 17. März 1899; Düna-Zeitung, Nr. 62, 17. März 1899; Rigasche Stadtblätter, 20. Dezember 1901.
168 Holland, 1902, S. 368.
169 Nachlassakte Alexandra von Berckholtz, Generallandesarchiv Karlsruhe Inv.-Nr. 270-5 Karlsruhe IV Nr. 29446.
170 StAO, Berckholtz-Nachlass.
171 Den Postschein zur Quittierung des Erhalts der Summe unterschreibt für den Badischen Frauenverein Geheimrat Sohn, für das Evangelische Waisenhaus in München Pfarrer Lembert, für die Diakonissenanstalt Pfarrer Veit und für die Erziehungsanstalt in Feldkirchen Dr. von Kahr. Außerdem sind zwei Postscheine ohne Angabe einer Summe an Sofie Harder, Stubenmädchen, und Josef Harder, Diener, beide wohnhaft in der Gabelsbergerstr. 88 München, erhalten. Generallandesarchiv Karlsruhe Inv.-Nr. 270-5 Karlsruhe IV Nr. 29446.
172 Mittelbadische Presse, 7. September 2001.
173 Dystelzweig, 1961.
174 Holland, 1902, S. 368.
175 Neumann, 1902, S. 143.

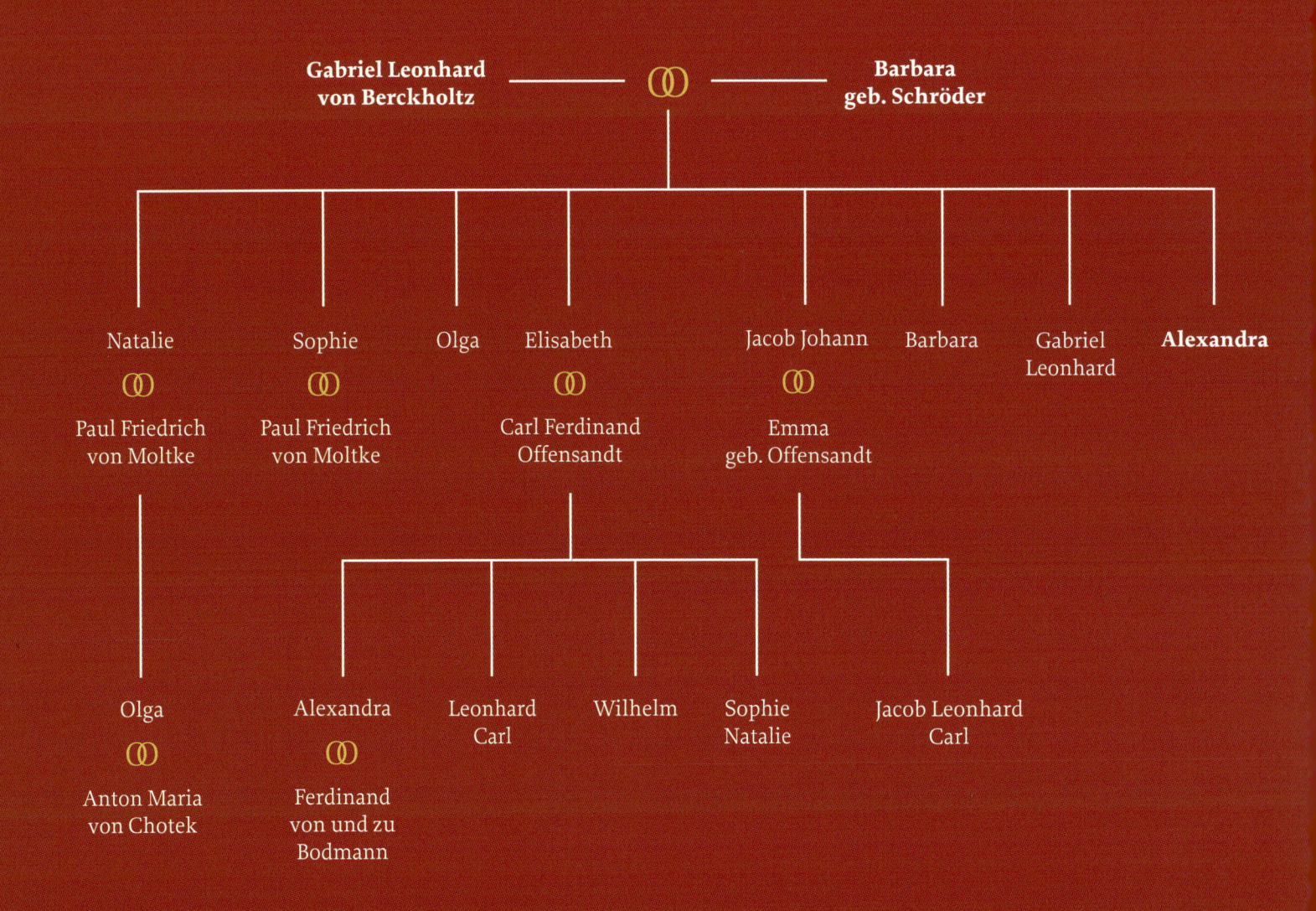

```
                    Gabriel Leonhard ———— ⚭ ———— Barbara
                    von Berckholtz                geb. Schröder
```

- **Gabriel Leonhard von Berckholtz** ⚭ **Barbara geb. Schröder**
  - Natalie ⚭ Paul Friedrich von Moltke
    - Olga ⚭ Anton Maria von Chotek
  - Sophie ⚭ Paul Friedrich von Moltke
  - Olga
  - Elisabeth ⚭ Carl Ferdinand Offensandt
    - Alexandra ⚭ Ferdinand von und zu Bodmann
    - Leonhard Carl
    - Wilhelm
  - Jacob Johann ⚭ Emma geb. Offensandt
    - Sophie Natalie
    - Jacob Leonhard Carl
  - Barbara
  - Gabriel Leonhard
  - **Alexandra**

2 Die Familie und das Handelshaus von Berckholtz

Die Familie Berckholtz stammt ursprünglich aus Rostock. Während des 30-jährigen Krieges fliehen die Vorfahren der Künstlerin Georg Birckholtz (um 1629–1696) und Catharina Wensch (gestorben 1681 Riga) nach Ruhenthal Kurland,¹ wo ihr Sohn Georg Birckholtz 1650 geboren wird und 1696 stirbt.² Ab dem Ende des 17. Jahrhunderts lassen sich – auch mit Variationen der Schreibweise des Familiennamens Birckholtz, Berkholz und Berckholtz – Nachkommen in den Rigaer Kirchenbüchern finden, von denen die Familie der Malerin abstammt.³

Der Großvater der Künstlerin, Jacob Johann von Berckholtz, und Ältester der Kaufmannsvereinigung der Großen Gilde Riga,⁴ wird am 15. Dezember 1750 in Riga geboren und stirbt am 28. April 1812 ebenda.⁵ Am 25. März 1793 erhebt ihn Franz II. (1768–1835) – letzter Kaiser des Heiligen Römischen Reiches Deutscher Nation und ab 1792 erster Kaiser von Österreich – in den Reichsadelsstand.⁶ Das Diplom (Abb. 50) wird ihm zusammen mit dem Familienwappen (Abb. 51) aufgrund seines Geistesadels, seiner anständigen Lebensform sowie seiner Arbeit als tüchtiger Geschäftsmann verliehen und beinhaltet einen Passierschein durch alle Gebiete, über die der Kaiser herrscht. „Jeder Kurfürst, Fürst, geist- und weltlicher Prälat, Graf, Baron und Ritter" hat ihm aufgrund dessen jederzeit freies Geleit zu gewähren.⁷

Jacob Johann Berckholtz beantragt den Adelstitel beim deutschen Kaiser und nicht beim russischen Zaren, denn im Russischen Reich ist der Erwerb des erblichen Adels in den 1770er Jahren lediglich Angehörigen des Militärs und Staatsbeamten möglich sowie Bürgern in der dritten Generation. In den Ländern des Deutschen Bundes hingegen zählt auch der Verdienstadel. Erst ab der Verfassung von 1875 sind Dienst- und Geburtsadel im Russischen Reich rechtlich gleichgestellt.⁸

Den Titel beantragt Berckholtz für „sich samt seinen Nachkommen beiderlei Geschlechts in gerader Linie", was an mehreren Stellen des Adelsbriefes durch den Kaiser bekräftigt wird. Diese emanzipierte Haltung zeigt Berckholtz auch gegenüber seiner Frau Sophie Berner (1750–1825),⁹ die er am 10. Dezember 1780 in Riga heiratet, und die in Riga als eigenständige Geschäftsfrau auftritt.

Jacob Johann von Berckholtz ist ab 1801 auch Herr auf Mahrzen und Alt-Kalzenau (Abb. 52). Die beiden im Wendenschen Kreise sowie in den Berson und Kalzenauschen Kirchspielen gelegenen Güter, „dazu auch sämtliche Inventarien und Appertinentien", erhält er mit „Pfand Contract vom Kaiserlichen Hofgericht" am 29. Januar 1801 von Dorothea Elisabeth von Fromhold, geborene Balemann – der Witwe des Ältesten Hermann von Fromhold – und dem Leutnant Wilhelm und dessen Bruder Johann von Fromhold für 112.000 Taler, die der Familie auf 90 Jahre auszubezahlen sind. Dafür erhält „der Aelteste der Großen Gilde das unwiderrufliche Pfandrecht auf die beiden Güter".¹⁰ Von Berckholtz überschreibt das Pfandrecht auf beide Güter am 30. Mai 1806 für 160.000 Taler dem Reichsmarschall Alexander von Transehe und dem Garderittmeister George Graf von Mengden. Alt-Kalzenau wird 1905 während der Revolution niedergebrannt und danach wiederaufgebaut. Bekannt ist auch, dass Jacob Johann von Berckholtz in Riga ein Familienlegat begründet, zu dem ein Anwesen in der Schwarzhäupterstraße 4 gehört.¹¹

Abb. 49 – Stammbaum der Familie von Berckholtz.

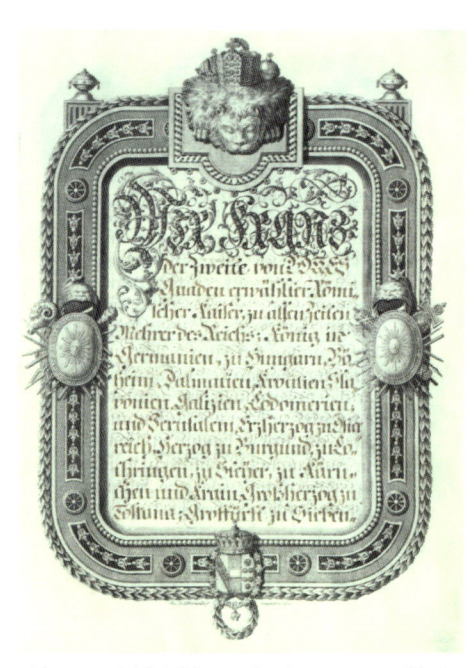

Abb. 50 – Adelsbrief für Jacob Johann von Berckholtz, StAO, Berckholtz-Nachlass.

Abb. 51 – Wappen der Familie von Berckholtz, Generallandesarchiv Karlsruhe Inv.-Nr. GLA 233 No. 27184.

Abb. 52 – Alt-Kalzenau, Fotografie, um 1900, Archiv der Familie von Rennenkampff.

Aus den Jahren 1929/30 ist ein Geschäftsbericht erhalten, der die einzelnen Beträge für Mieten, Steuern und Verwaltungskosten sowie die Zinseinnahmen auflistet, aus denen Alleinstehende eine Jahresrente erhalten konnten. 1929/30 sind dies: Baronin Emilie von der Ropp mit 380, Student Werner Siewert mit 342, Frl. Margarete Siewert mit 114, Frl. Maria Kluge mit 456, Frl. Marie de la Croix mit 650, Frl. Olga von Förster mit 285, Minnie von Förster mit 285, Anna von Brevern mit 380, Gisela von Gilgenheimb mit 250 und Baronin Elisabeth von der Recke mit 150 Lettischen Latu.[12]

Jacob Johann und Sophie von Berckholtz haben sechs Kinder. Jacob Johann (1783–1856)[13] ist ebenfalls Kaufmann und ab 1812 Ältester der Schwarzhäupter in Riga.[14] Er wandert noch vor seinem Bruder Gabriel Leonhard in das Ausland, nach Paris, aus. Es ist anzunehmen, dass dies bereits 1819 geschehen sein könnte, denn im Mai des Jahres verkauft er sein Wohnhaus in der Karlsgasse Nr. 49, Moskauische Vorstadt, „sammt Appertinentien", an Margareta Eck, geb. Schultz, und ihren Sohn Jakob Johann Eck. Jakob Johann Eck ist ab 1825 im Komptoir des Berckholtzschen Handelshauses tätig.[15]

In Paris wohnt Jacob Johann von Berckholtz wohl im 9. Arrondissement im Boulevard Poissonnière 24. Dies ist Alexandra von Berckholtz' Adresse während ihrer Pariser Jahre, in denen anzunehmen ist, dass sie diese bei ihrem Onkel verbringt. Weitere Spuren ließen sich hinsichtlich ihres Onkels nicht finden, weder in den *Archives nationales de France*, noch in den *Archives de Paris* und in den *Archives de la préfecture de police de Paris* in Ermangelung offizieller Dokumente und Akten, wie z. B. eines polizeilichen Meldebogens, einer Urkunde über eine französische Staatsbürgerschaft oder einer Sterbeurkunde. Das gesamte Archiv des Polizeipräsidiums Paris wurde bei einem Brand während des Deutsch-Französischen Krieges 1870 völlig zerstört. In seinem Testament vom 14. Juni 1855 setzt Jean-Jacques de Berckholtz seinen Bruder als Alleinerben ein: „tout le restant de toute ma fortune de tout le surplus de mes biens meubles et immeubles en quoi qu'ils consistent; en quelques lieux qu'ils soient dus et situés."[16] Die an verschiedenen Orten befindlichen und nicht weiter bestimmten Möbel und Immobilien erhält Gabriel Leonhard von Berckholtz nach dem Tod seines Bruders am 28. Juli 1856 zur alleinigen Verfügung außerhalb des Vermögens der ehelichen Gütergemeinschaft.

Seine Schwester Gertrud (1784–1866)[17] heiratet am 6. August 1803 in Riga den Kaufmann Justus Blankenhagen (1776–1861).[18] Die Ehe bleibt kinderlos. Der Bruder Georg Friedrich (1786–1812), kaiserlich russischer Leutnant im kurländischen Dragoner-Regiment, fällt im Russisch-Deutsch-Französischen Krieg in der Schlacht bei Wjasma in Zentralrussland, wozu keine weiteren Dokumente, wie Gefallenenbücher und Vermisstenlisten, weder im Historischen Nationalarchiv Lettlands noch im Lettischen Kriegsmuseum Riga erhalten sind. Der 1787 geborene Christian Heinrich verstirbt im Alter von zwei Jahren. Juliane (1791–1880) heiratet am 18. Oktober 1815 den Kaufmann, Königlich Hannoveranischen Generalkonsul und Ältesten der Großen Gilde Riga Johann Anton Rücker (1785–1861). Ihr 1817 geborener Sohn Conrad Rücker ist Kaufmann sowie Vorsteher der St.-Petri-Kirche und fertigt für den Kunstverein Riga die Fotografie des durch seine Cousine Alexandra gestifteten Glasgemäldes an.[19]

Der Vater der Malerin, Gabriel Leonhard von Berckholtz (Abb. 53), wird am 5. September 1781 in Riga geboren. Er ist 1800 Mitglied der blauen reitenden Bürger-Compagnie und ab 1802 Ältester der Schwarzhäupter sowie ab 1807 Bürger der Großen Gilde.[20]

Da die *Compagnie der Schwarzen Häupter zu Riga* mehrfach im Text genannt wird, soll an dieser Stelle ein kurzer Exkurs erfolgen. Die 1232 erstmals urkundlich erwähnte Vereinigung norddeutscher Kaufleute[21] entsteht im

Abb. 53 – Theodor Schuhmann & Sohn, Gabriel Leonhard von Berckholtz, Fotografie, 10,2 × 6,4 cm, Archiv der Berckholtz-Stiftung, Karlsruhe.

Zuge der Erschließung der baltischen Ostseeküste durch Schiffer aus Bremen, die sich im Livländischen Ordensstaat niederlassen. Die 1201 gegründete Stadt Riga gehört ab 1282 zum norddeutschen Städtebund. Es existieren vier ausländische Handelsknotenpunkte in Novgorod, Bergen, Brügge und London und weitere Orte in Sachsen, Westfalen, Thüringen, im westlichen Holland, in Friesland, in Preußen und auf Gotland.[22] Bedeutend für die Hanse ist im Mittelalter der Russlandhandel mit Gross-Novgorod, wohin ein Netz von Handelsstraßen führt, mit Riga als wichtigstem Punkt für die Seeverbindung.[23] Fahrten der Schwarzhäupter innerhalb des Novgorodhandels sowie im weißrussisch-litauischen Gebiet der Düna werden angenommen, es liegen jedoch keine Dokumente mehr vor, wohl aber Eintragungen in das Schafferbuch über Handelsbeziehungen mit dem hanseatischen Westen und Preußen, z. B. 1414, 1420, 1430 oder 1432 Fahrten nach Lübeck und Danzig oder 1466 sowie 1468 Berichte über Schiffe aus Lübeck und Holland mit Salzladungen.[24]

„Damals wie heute waren Pflege und Förderung der kaufmännischen Ideale sowie Wahrung hanseatischer Traditionen und Weltoffenheit die wesentlichen Ziele der Schwarzen Häupter."[25] Die Compagnie besteht in Riga bis 1939, bis zur Zwangsenteignung und Umsiedlung der Deutschbalten in Folge des Hitler-Stalin-Paktes. 1960 kommt es zur Neugründung in Hamburg durch die Überlebenden aus Deutschland, den Niederlanden, Schweden und Kanada. Seit 1980 befindet sich der Sitz der Compagnie im Schütting in Bremen. Ihr Name geht wohl auf ihren Patron zurück, den Heiligen Mauritius,[26] der sich im Jahr 287 n. Chr. als Anführer einer römischen Legion einem kaiserlichen Befehl widersetzt und seitdem als Schutzherr der Soldaten verehrt wird. Auf Bildwerken sieht man ihn mit Rüstung, Fahne in der Hand und als Mohr dargestellt,[27] wie z. B. im Wappen der Stadt Coburg.

Eine primär wehrhafte Vereinigung ist die *Compagnie der Schwarzen Häupter* nicht. Sie beteiligt sich bisweilen aber an Verteidigungen Rigas, wenn die politische Situation dies erfordert. Zum Beispiel stiftet sie nach der Belagerung durch die Russen ab 1559 im Jahr 1562 eine Kanone, das *Große Schwarze Haupt*, und vier Jahre später eine Falkonette, das *Kleine Schwarze Haupt*.[28] Kämpferische Auseinandersetzungen innerhalb der Schwarzhäupter werden lediglich in Form von Turnierspielen und Lanzenrennen ausgetragen, wie beispielsweise 1413.[29] Aus Zeiten, in denen die Schifffahrt ruht, sind Gesellschaftsspiele bekannt, wie Schach, Kugelbahn, Wurfspiele oder eine Art Billard, die nach festgelegten Regeln ablaufen. So muss z. B. jeder, der so viel Bier vergießt, dass man es mit einem Fuß nicht mehr bedecken kann, drei Mark und bei unsittlichen Reden zwei Mark zahlen.[30]

Ab 1416 versammeln sich die Schwarzhäupter in Riga, denen ein Ältermann vorsteht, zusammen mit der weiteren rigaschen Kaufmannsvereinigung, der Großen Gilde, im Neuen Haus, auch *König-Artus-Hof* genannt, wie es viele entlang der Handelsstraßen nach Osten gibt.[31]

Die Ältesten der *Compagnie der Schwarzen Häupter* sind unverheiratet. Die Verpflichtung zur Ehelosigkeit ist ab 1594 nachgewiesen. Nach der Heirat scheidet man aus, wird Bruder der Großen Gilde, und es ist Brauch, vor der Verheiratung der Compagnie ein Fass Bier und einen guten Schinken durch einen Diener bringen zu lassen.[32]

Neben Umtrunken pflegt man die Tradition der Maigrafen-, Schützen- und Fastnachtsfeste, die mit einem Umzug durch die Stadt und Fastnachtsspielen beginnen.[33] Eine weitere Tradition ist die Unterstützung der Armen[34] und der Kirche durch Stiftungen von Vikarien, Altären, Kronleuchtern und liturgischem Gerät.[35] Die Compagnie unterhält beispielsweise in der St.-Petri-Kirche Riga ab der zweiten Hälfte des 15. Jahrhunderts im südlichen Seitenschiff einen Altar, für den sie auch einen eigenen Priester anstellt. Diese Kapelle erfährt im Laufe der Zeit Erweiterungen durch Stiftungen von Gestühl, Fenstern, Messingleuchtern, Kelchen oder einer in Lübeck geschnitzten Altartafel, wohl ein Triptychon.[36] Die Einführung der Reformation im Livländischen Ordensstaat im Jahre 1521 hat drei Jahre später eine Auflösung des Altars zur Folge. Die Schwarzhäupter sorgen jedoch weiterhin für die Erhaltung des Gestühls und der Fenster in St. Petri.[37]

In diesem Kontext ist auch Alexandra von Berckholtz' Stiftung des Glasgemälde mit Christus am Kreuz für die Südseite der St.-Petri-Kirche 1880 zu sehen, innerhalb der Schwarzhäuptertradition ihres Vaters und der Gesinnung der moralischen Verpflichtung zur Unterstützung der Kirche der Heimatstadt. In der unmittelbaren Nähe zu Alexandras Fenster stiftet 1886 die *Compagnie der Schwarzen Häupter* gegenüber ihrem Gestühl ein weiteres und ebenfalls bei Zettler in München angefertigtes Glasgemälde in analogem Aufbau. Auf diesem befanden sich ebenfalls in separaten Rahmenfeldern unterhalb der Hauptszene zwei Malereien mit dem Wappen der Schwarzhäupter und dem Heiligen Mauritius mit einem Kreuz in der Hand sowie einer auf die Stifter verweisenden Umschrift. Auch dieses Fenster fiel dem Zweiten Weltkrieg zum Opfer.

Ab 1687 übernimmt die Compagnie alleine die Pacht des Neuen Hauses, das fortan den Namen *Schwarzhäupterhaus* (Abb. 54) trägt und auch prominente Gäste empfängt, wie am 21. November 1711 Zar Peter I., 1764 Katharina II. von Russland (die inkognito an einem Maskenball teilnimmt), 1802 Zar Alexander I., 1808 König Friedrich Wilhelm III. von Preußen und Königin Luise oder Zar Alexander II. 1829, 1856 und 1862. Das Haus wird am 28. Juni 1941 durch eine Granate zerstört (Abb. 55) und im Mai 1948 gesprengt. Von 1995 bis 1999 gelang es, das Schwarzhäupterhaus in Riga wiederaufzubauen,[38] das heute zum UNESCO Welterbe der Menschheit zählt.

Abb. 54 – Das Schwarzhäupterhaus, Postkarte, um 1900–1910.

Abb. 55 – Die Ruine des Schwarzhäupterhauses, Fotografie, 1945.

Gabriel Leonhard von Berckholtz heiratet im Dom zu Riga am 21. Juli 1807 Barbara Schröder (1785–1859), die Tochter des Stadtwägers Johann Schröder und der Anna Catharina von Wels (Abb. 56).

Ein weiteres amtliches Dokument zur Familie von Berckholtz in Riga ist aus dem Jahr 1816 erhalten: Eine Zensus-Liste, in der unter der Nr. 339 das Ehepaar und fünf ihrer acht Kinder verzeichnet sind (Abb. 57 a, b). Von diesen acht überleben fünf Töchter und ein Sohn.[39]

Die älteste Tochter ist die am 26. August 1808 in Riga geborene Anna Natalie. Sie heiratet am 18. Mai 1830 in Baden-Baden den Freiherrn Paul Fried-

Abb. 56 – Auszug aus dem Heiratsregister des Doms zu Riga 1702–1839, S. 16, Nationalarchiv Riga Inv.-Nr. LNA-LVVA 1427/1/8/344.

Abb. 57 a, b – Zensus 1816, Nationalarchiv Riga Inv.-Nr. LNA-LVVA 1394/1/1414/10.

rich von Moltke (1786–1846),[40] der mit Generalfeldmarschall Helmuth von Moltke einen gemeinsamen Großvater hat. Ab 1799 im Dienst des Zaren ist der Kaiserlich Russische Wirkliche Staatsrat von 1809 bis 1811 als Diplomat in Königsberg und Berlin, ab 1816 in Turin und ab Mai 1829 als Gesandter in Karlsruhe tätig. Natalie stirbt am 3. April 1836 in Karlsruhe. Das Paar hat eine Tochter, Olga Friederike Leontine (1832–1906).[41]

Am 15. Juli 1851 verheiratet sich diese auf Schloss Ortenberg mit dem in Innsbruck geborenen Grafen Anton Maria Johann Chotek von Chotkow und Wognin (1822–1883), Gesandter Österreich-Ungarns in St. Petersburg. Dadurch wird Olga österreichische Untertanin und k. u. k. Palastdame. Ihr Ehemann ist Herr auf Schloss Velké Březno – Großpriesen in Böhmen, wo Olga bisweilen lebt – auf Zahorzan und über Neuhof in Böhmen. Alexandra von Berckholtz hält sich häufig in Velké Březno auf, wo sie auch unterschiedliche Mitglieder der Familie Chotek porträtiert: Vilemína (1839–1886) (KAT.-NR. 64), ihre Töchter Zdenka (1861–1946) (KAT.-NR. 65) und Maria Pia (1863–1935) (KAT.-NR. 66), ihren Sohn Wolfgang (1860–1926) (Abb. 58) sowie die Töchter ihrer Nichte Olga, Marie (1855–1941) und Olga (1860–1934) (KAT.-NR. 62).

Sophie von Berckholtz, am 6. April 1810 in Riga geboren,[42] heiratet nach dem Tod ihrer Schwester Natalie 1837 ihren verwitweten Schwager und nimmt ihre Nichte Olga von Moltke als Adoptivtochter an. 1846 stirbt Paul Friedrich von Moltke, der neben seiner ersten Frau auf dem Alten Stadtfriedhof in Karlsruhe beigesetzt wird.[43] Ab dem 5. Oktober 1855 lebt Sophie von Moltke in München in der Theatinerstraße 9/II, anschließend in der Ottostraße 6 und Türkenstraße 14 sowie ab 1869 im ersten Stock ihres eigenen Hauses in der Gabelsbergerstraße 85. In den Adressbüchern ist sie als Hausbesitzerin bis 1880 verzeichnet; von 1882 bis 1899 ist Olga Gräfin Chotek Hauseigentümerin.[44] Sophie von Moltke verstirbt am 12. November 1878 in München.

Die dritte Schwester, Olga von Berckholtz, geboren am 5. November 1811 in Riga[45] und gestorben am 21. November 1858 in Ortenberg, bleibt wie Alexandra ledig.

Elisabeth (1813–1892) heiratet am 19. Januar 1839 Carl Ferdinand Offensandt (1803–1857), Kaufmann in Mexiko und Bremen, später Gutsherr auf Watthalden.[46] Im Ehevertrag vom 18. Januar 1839 ist eine Absicherung von Seiten der Eltern Elisabeths mit 35.000 Gulden festgeschrieben, die sie zu ihrer alleinigen Verfügung erhält, falls die Ehe kinderlos bleiben und ihr

Abb. 58 – Alexandra von Berckholtz, Wolfgang Chotek, Bleistift auf Papier, 21,5 × 15,9 cm, unterhalb beschriftet *Wolfgang Chotek.*, Skizzenbuch von 1865–1868, StAO Inv.-Nr. 26/21/019.

Abb. 59 – Alexandras Privatzimmer auf Schloss Ortenberg, Fotografie, 16,4 × 22,9 cm, StAO, Berckholtz-Nachlass.

Abb. 60 – Louis Wagner, Carl Ferdinand Offensandt, Feder in Schwarz über Bleistift auf Papier, 28,5 × 21 cm, rechts neben der Darstellung signiert und datiert *L. Wagner 1846*, Stadtarchiv Karlsruhe Inv.-Nr. 8/PBS III 1115.

Mann vor ihr sterben sollte. Von Ferdinand Offensandt, der ein Vermögen von 75.000 Gulden mitbringt, bekommt sie Gut Watthalten bei Ettlingen (Abb. 318) als Witwenkapital.[47]

Eine Fotografie zeigt einen Innenraum des Schlosses Ortenberg, bei dem es sich wohl um Alexandras Privatzimmer handelt (Abb. 59). Von den an den Wänden hängenden Kunstwerken sind die Dargestellten auf den beiden Bildern in den hochovalen Rahmen als ihre Schwester Elisabeth und deren Mann Carl Ferdinand identifizierbar. Es gelang, letzteres im Original aufzufinden: eine Lithografie aus der Hand von Alexandras Karlsruher Zeichnenlehrer Louis Wagner (Abb. 60).

Die Tochter Elisabeths, Alexandra (1840–1921) (KAT.-NR. 6, Abb. 271), Ehrendame des bayerischen Theresienordens, heiratet am 28. August 1867 in Dresden den Freiherrn Johann Ferdinand von und zu Bodman (1839–1920), königlich preußischer Major a. D., Badischer Staatsminister und Gutsbesitzer auf Lorettohof bei Freiburg.

Elisabeths erster Sohn Leonhard Carl Ferdinand (geboren 1842) verstirbt wenige Wochen nach seiner Geburt und ihre Tochter Sophie Natalie (1846–1848) ebenfalls bereits im Kindesalter.

Ihr zweiter Sohn Wilhelm (1843–1909) (KAT.-NR. 41, Abb. 81, 304), Großherzoglicher Minister der Justiz, des Auswärtigen und des Großherzoglichen Hauses, dann Großherzoglich Badischer Kammerherr und Oberschloßhauptmann in Karlsruhe, bleibt ledig. Er begründet im Namen seiner Mutter die *Berckholtz-Stiftung* für ältere Frauen, die bis heute als Seniorenwohnheim in Karlsruhe besteht. Nach seinem Ableben erhält Wilhelm Offensandt von Berckholtz sogar einen Nachruf in der Rigaschen Zeitung: „Aus Berlin wird dem ‚Rig. Tagebl.' geschrieben: Am 7. (20.) Januar ist auf einem Hofball in Karlsruhe der Oberschloßhauptmann Offensandt von Berckholtz plötzlich am Schlage gestorben, im Alter von 65 Jahren. Seine Mutter Elisabeth von Berckholtz stammte aus Riga und war die Tochter des reichen Kaufmanns Gabriel Leonhard v. Berckholtz (1781–1863), der sich expatriierte und daß Schloß Ortenberg in Baden erwarb. Der Vater des jetzt Verstorbenen hieß Carl Offensandt. Erst dessen jetzt verstorbener Sohn wurde unter dem Namen Offensandt von Berckholtz vom Großherzog Friedrich von Baden geadelt. Er war am Großherzoglichen Hofe in Karlsruhe ein hochangesehener und beliebter Mann."[48]

Mit Wirkung zum 6. Mai 1887 erhält die Witwe Elisabeth Offensandt durch Großherzog Friedrich I. den erblichen Badischen Adelsstand, den sie mit Schreiben vom 20. April 1887 an das Großherzogliche Geheime Kabinett für sich und ihre Nachkommen beantragte. Nach dem Ableben ihres Bruders Jacob Johann von Berckholtz am 15. März 1887 war „die seit mehreren Menschenaltern in unseren Landen angesäßene Familie von Berckholtz im Mannesstamme erloschen".[49]

Wie Alexandra berücksichtigt auch Jacob Johann von Berckholtz in seinem Testament vom 7. Juli 1886 alle seine Angestellten. So erhält sein Sekretär Gustav Kayser 60.000, seine Haushälterin Amalie Brutschy 30.000, die Zimmermädchen Josefine Liegenthaler und Christine Ernst jeweils 5.000 und 3.000, seine Köchin Therese Liebert 5.000, seine Diener Josef Bach und Wilhelm Löffel jeweils 10.000 und 5.000, sein Obergärtner Karl Schräg 8.000 sowie die Gartengehilfen Karl Ulrich und Friedrich Bertsch jeweils 10.000 Mark. Dem Ortenberger Armenfond vermacht er 5.000, dem Elisabethenverein, dem Frauenverein, der Diakonissenanstalt und dem Luisenhaus in Karlsruhe jeweils 2.000, dem Waisenhaus Karlsruhe 3.000, dem Vincentiushaus Karlsruhe 1.000 und dem Armenfonds Karlsruhe 4.000 Mark.

Elisabeths Familie führt ab Mai 1887 den Namen *Offensandt von Berckholtz* und erhält ihr Wappen (Abb. 61) wieder, das bereits Kaiser Franz II. Elisabeths Großvater verliehen hatte. „In blauem Schilde unter rothem, mit drei silbernen Adlern belegten, von silbernem Balken gestütztem Schildeshaupt auf goldenem Dreiberg einen goldenen Birkenbaum, auf dem Schilde eines offenen, rechts mit rothsilberner, links mit blau-goldener Helmdecke umgebenen, mit goldenem Kleinod versehenen goldgekrönten Helm, über welchem zwischen rechts in roth und silber, links in silber und roth getheiltem Adlerfluge ein Birkhuhn erscheint." Elisabeth und ihre Nachkommen beiderlei Geschlechts, dürfen „fortan das beschriebene Wappen führen" und „sich dessen in allen Handlungen, Sachen und Geschäften bedienen, wo solches üblich ist".[50] Mit dem Tod ihres Sohnes Wilhelm 1909 erlischt ihre Linie des Geschlechts von Berckholtz erneut.

Alle fünf Berckholtz-Schwestern zusammen zeigt eine Lithografie von Godefroy Engelmann nach einem 1835 entstandenen und von ihrem Vater in Auftrag gegebenen Gemälde von Gustav Nehrlich (1807–1840) (Abb. 62). Ab 1829 studiert Nehrlich an der Akademie der bildenden Künste in München Miniaturmalerei. Sein Hauptschaffensgebiet ist das Bildnis sowie die Buch- und Zeitschriftenillustration. Auf dem Gruppenporträt der Schwestern sieht man von links nach rechts Olga, Natalie, Elisabeth, Sophie und Alexandra als 14-jährige. Der Verbleib des Originals ist unbekannt; Abzüge der Lithografie befinden sich im Generallandesarchiv und Stadtarchiv Karlsruhe sowie im Dommuseum Riga, auf dem unterhalb der Darstellung zusätzlich folgende Beschriftung in schwarzer Tinte zu lesen ist: *Die Töchter des Rigaschen Kaufmanns / Leonhard von Berckholtz*.[51]

Ihr Bruder Jacob Johann von Berckholtz (KAT.-NR. 8, Abb. 273) wird am 4. Mai 1815 in Riga geboren[52] und stirbt am 15. März 1887 in Karlsruhe.[53] Am 18. Oktober 1849 heiratet er auf Schloss Ortenberg Emma Dorothea Wilhelmine Offensandt (1829–1851), die Tochter seines Schwagers Carl Ferdinand, Ehemann der Schwester Elisabeth, aus dessen erster Ehe mit Luise Mohr in Bremen.[54] Das Paar hat einen Sohn, Jacob Leonhard Carl von Berckholtz (1851–1854), der im Alter von drei Jahren am Todestag seiner Mutter verstirbt.[55] Eine weitere Lithografie nach einem Gemälde von Gustav Nehrlich zeigt Jacob von Berckholtz zusammen mit seinen Eltern (Abb. 63) und im Alter von 20 Jahren. Die lineare Reihe beginnt mit Gabriel Leonhard von Berckholtz, mit locker übereinander geschlagenen Beinen und der linken Hand in der Hosentasche. In selbstbewusster Haltung hat seine Frau ihren rechten Arm auf seiner linken Schulter abgelegt und vermittelt durch ihre Position zwischen Vater und Sohn. Kaufmannsporträts finden sich in der Kunstgeschichte seit der Renaissance, in der Regel als einzelne Bildnisse, selten im Rahmen eines Familienporträts. Eine Ausnahme stellt hier Lorenzo Lottos (um 1480–1556/7) Porträt des venezianischen Handelsmannes Giovanni della Volta mit seiner Familie dar.[56] Hier sitzt der Kaufmann in blauem Gewand, ebenfalls direkt neben seiner Frau, die ein prächtiges rotes Kleid trägt. Beide neigen sich mit ihren Köpfen einander zu. Unterhalb springen ein kleines Mädchen und ein kleiner Junge herum, die nach Kirschen greifen. Diese Kreisbewegung des Lebens und des Jahresablaufes findet vor einem in der Bildmitte geöffneten Fenster mit Blick auf einen landschaftlichen Horizont statt.

1824 unternimmt Gabriel Leonhard von Berckholtz alleine eine ausgedehnte Reise über Memel, Danzig, Berlin, Frankfurt am Main, nach Paris, zurück über die Lombardei, Österreich nach Memel und Riga.[57] 1825 wandert der Ehrenbürger Rigas mit seiner Familie ins Ausland aus. Er ist mit einem dauerhaft gültigen Reisepass durch den Zaren Alexander I. ausge-

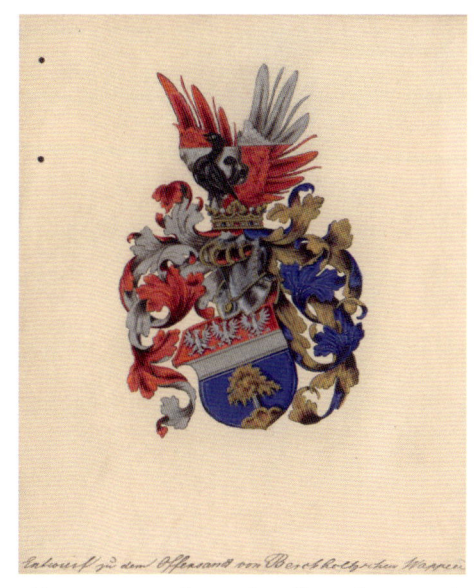

Abb. 61 – Wappen der Familie Offensandt von Berckholtz, Generallandesarchiv Karlsruhe Inv.-Nr. GLA 233 No. 27184.

Abb. 62 – Gustav Nehrlich (Maler), Godefroy Engelmann (Lithograf), Die Töchter des rigaschen Kaufmanns Leonhard von Berckholtz, Kreidelithografie, auf grünem Papier aufgezogen, 34 × 42,6 cm, links unten signiert und datiert *G. Nehrlich 1835*, Stadtarchiv Karlsruhe Inv.-Nr. 8/PBS III 1879.

Abb. 63 – Gustav Nehrlich (Maler), Godefroy Engelmann (Lithograf), Gabriel Leonhard mit Frau Barbara und Sohn Jacob, Lithografie, 28,24 × 36,6 cm, links unten signiert und datiert *G. Nehrlich 1835*, Stadtarchiv Karlsruhe Inv.-Nr. 8/ PBS III 1878.

stattet.[58] Bis zu seinem Tod bleibt von Berckholtz russischer Untertan, wie auch seine Töchter Alexandra und Sophie sowie der Sohn Jacob.[59] Das rigasche Wohnhaus in der Jacobstraße 145, die Wirtschaftsgebäude „mit dem Wagenhaus, dem Hofraum und den zugehörigen Appertinentien" in der Reussischen Straße 810–811, der Garten in der Moskauer Vorstadt Soseweide Nr. 19 in Riga „nebst Wohngebäuden und Appertinentien"[60] und die Geschäftsführung des rigaschen Handelshauses *Jacob Johann Berckholtz & Comp.* überträgt er dem Kaufmann Friedrich Pohrt (geboren 1777),[61] dem Bruder seines Schwagers Georg.[62] Der in Alexandra von Berckholtz' Testament mit 15.000 Mark bedachte Albert Pohrt ist ihr Cousin und eines der vier Kinder des Georg Pohrt und ihrer Tante Elisabeth, Schwester ihrer Mutter Barbara.

Zum weiteren Familienbesitz in Riga gehören bereits 1810 ein Anwesen Am Rothenburgschen Graben Nr. 19, im sechsten Quartier der Vorstadt,[63] ab 1813 zwei Wohnhäuser an der Ecke zwischen der Neu- und Kleinen Kramergasse Nr. 82 und 83,[64] ab 1816 an der Palaisstraße „neben dem Michaelsenschen Hause Nr. 45 das Wohnhaus nebst kleinem Speicher und den übrigen Appertinientien"[65] sowie ab dem 17. Dezember 1821 ein Speicher am Pfannkuchenrundel Nr. 83 „nebst dem dabei befindlichen Platz und Appertinentien" aus der Konkursmasse des Kaufmanns Bernhard Christian Klein.[66]

Zum 13. Februar 1828 löst Gabriel Leonhard von Berckholtz die durch seinen Vater begründete Firma *Jacob Johann Berckholtz & Comp.* auf, deren alleiniger Inhaber er bis zu diesem Zeitpunkt war.[67] In Karlsruhe lebt er fortan und ab seinem 49. Lebensjahr samt seiner gesamten Familie als Privatier. Vierzehn Tage nach seiner Auswanderung stirbt Gabriel Leonhards Mutter Sophie von Berckholtz in Riga. Zu ihrer Beerdigung am 13. Juli 1825 vereinen sich alle ihre Kinder ein letztes Mal zusammen in ihrer Heimat.[68]

Blicken wir an dieser Stelle kurz noch etwas genauer auf das Geschäftshaus *Berckholtz & Comp*. Die Untersuchung von Anzeigen und Zeitungsberichten aus Riga brachte unterschiedlichste Waren zu Tage, mit denen von Berckholtz handelte: Fisch, wie Kabeljau,[69] holländische Heringe[70] oder Dorsch,[71] Weinessig,[72] Salz,[73] Leinwand,[74] Drillich,[75] Zwirn, Wolle,[76] Herrenhemden, Leder,[77] Kutschen,[78] Heu,[79] Holz,[80] Steinkohle,[81] französisches Korkholz und Korken, Sensen, Fliesen,[82] Dachziegel[83] oder Pflaumen.[84] Auch der Erhalt ganzer Schiffsladungen „mit Ballast" ist verzeichnet, z.B. am 15. August 1788 Nr. 473 von J.H. August aus Dieppe, am 20. September 1789 Nr. 489 von Henr. Davids mit Obst aus Rostock, am 26. Mai 1790 Nr. 280 von Reynders, am 17. Juli 1790 Nr. 372 von Hans Matth. Dahl von Ribe, am 2. Mai 1792 Nr. 308 von Hendrik Jans Nobel aus Amsterdam, am 10. Juli 1792 Nr. 560 von Titje Jelles, von St. Martin mit Salz und am 8. August 1792 Nr. Nr. 665 von Jan Vos von Alicante mit Salz.[85]

Die neben Salz am häufigsten gehandelten und oft beworbenen Waren sind Wein, Tabak und Zigarren: „Burgunderwein, weiße und rote Bordeaux-Weine in Oxhoften, Graves, Mallaga-Wein, Château Margaux, Château la Fite, St. Emilion und Palus in Oxhoften und in Kisten von 25 Bouteillen, Champagner, Havanna- und Hamburger Zigarren in halben und ganzen Kisten, Maryland-Tabak in Fässern und Rauchtabak in Kisten, Portorico-Tabak in Rollen, Havanna-Blättertabak."[86] Bei einem Oxhoft handelt es sich um eine Maßangabe für alkoholische Flüssigkeiten, die regional differierte. Vier Oxhoften französischer Weine entsprachen einem Fass.

Zu dem Handelshaus *Jacob Johann Berckholtz & Comp.* gehört bereits Ende des 18. Jahrhunderts eine Brauerei, für die der Ankauf von Bierfässern für den Eiskeller[87] sowie eine Stellenanzeige belegt ist: „Ein gelernter Brauereimeister, der gute Attestate von seinen Brauerei-Kenntnissen aufzuweisen hat, wird von dem Herrn Aeltermann Berckholtz in Dienst verlangt."[88] Des Weiteren vermietet das Unternehmen unterschiedliche Wohnungen, Lagerräume und Keller an andere Geschäftsleute.[89]

Auch Alexandras Großmutter Sophie von Berckholtz ist als aktive Geschäftsfrau an der Firma beteiligt. Sie handelt eigenständig mit unterschiedlichen Waren, inseriert regelmäßig in der Presse und verwaltet Immobilien. Sie vermietet zum Teil in ihrem Haus in der Jacobstraße 145 Zimmer für Reisende, zwei Speicherböden, einen Lagerraum für Kaufleute, eine Wagenremise und „ein Lokal zur Brauerei".[90] Drei Zimmer bietet sie „in der Belle-Etage, an einen Unverheiratheten (mit Heizung und Aufwartung) zur monatlichen oder jährlichen Miethe aus".[91] In der Brauerstraße 45 verkauft sie „Leinen zu Hemden, flämisches und ordinäres Tischzeug, Handtuchdrell, Strickzwirn, Wollgarn",[92] weißes und graues wollenes Garn,[93] Zwirn, Drell, Leinwand,[94] Damenstrümpfe,[95] Braunschweiger Stadthopfen und ausländische Cichorien.⁹⁶ Sie bietet auch einmal einen Fuhrwagen und „ein Regensburger Fortepiano von vorzüglich gutem Ton" an.⁹⁷

Weiterhin lässt sich zur Familie von Berckholtz in Riga finden, dass im Dezember 1801 deren gelb und weiß gefleckter Pudel entlief. Eine detaillierte Beschreibung seines Hundes setzt Jacob Johann von Berckholtz in die Tagespresse sowie eine Aussicht auf eine großzügige Belohnung für den Finder.⁹⁸ Eine weitere Belohnung setzt er im Juni 1803 aus, da von seinem Gut Marzen am 16. Mai ein 25-jähriger Leibeigener Russe namens Bertul verschwand.⁹⁹

Zum 1. Februar 1805 scheidet der Prokurist Johann Friedrich Hielbig aus dem Handelshaus Berckholtz aus; sein Nachfolger ist ab dem 10. Februar Heinrich Christian August Niessen.¹⁰⁰ Mit diesem vereinigt sich Alexandras Großvater 1806 zu einer neuen Firma unter dem bisher geführten Namen *Jacob Johann Berckholtz & Comp.*, „da der Sohn ausgetreten ist. Er wird künftig unter seinem eigenen Namen Geschäfte machen".¹⁰¹ Hiermit ist Gabriel Leonhard von Berckholtz gemeint, der sich drei Jahre lang geschäftlich von seinem Vater trennt und seine eigene Firma hat. Jacob Johanns Unternehmen bezieht am 13. April 1807 in der Neugasse gegenüber dem Dom ein neues Büro.¹⁰² Am 15. April 1809 überschreibt er sein Handelshaus an Gabriel Leonhard „und fordert diejenigen auf, die an erwähnte Handlung seit dem 15. April bis zum 15. Juni etwaige Ansprüche haben, sich binnen 6 Wochen a Dato bei ihm zu melden. Zur Beziehung auf obige Anzeige macht Herr Gabriel Leonhard v. Berckholtz bekannt, daß er die von seinem Vater übertragene Handlung mit Beibehaltung der alten Firma fortsezzen werde, und daß die von ihm bis zum 15. Juni d. J. unter der Firma *Leonhard Berckholtz & Comp.* geführte Handlung aufgehört hat".¹⁰³

Ganz von den Geschäften zurück zieht sich Jacob Johann von Berckholtz 1810.¹⁰⁴ Weiterer Teilhaber ist sein zweiter Sohn Jacob Johann von Berckholtz, der für die Firma zahlreiche Auslandsreisen unternimmt, wie im August und September 1809,¹⁰⁵ dreimal im Mai 1812¹⁰⁶ und dreimal im August 1812.¹⁰⁷ Von Gabriel Leonhard sind drei Reisen bekannt: ab dem 1. Oktober 1812 nach Russland, im November 1812 und im März 1813 nach St. Petersburg „nebst Frau und Kaufmannswittwe v. Berckholtz".¹⁰⁸

Weitere Meldungen in der Presse künden von der Entlassung des Handlungsburschen Manuel de la Torre 1810¹⁰⁹ und am 6. Dezember 1815 von einer weiteren: „Daß wir Jan Jansen Maas jun. verabschiedet haben, zeigen wir hiermit an, und warnen zugleich Jedermann, ihm nichts auf unsern Namen verabfolgen zu lassen, da wir dergleichen nicht mehr anerkennen werden."¹¹⁰

Nach Gabriel Leonhard von Berckholtz' Auswanderung 1825 übernimmt der Bruder seines Schwagers Friedrich Pohrt zusammen mit dem Sekretär Jakob Johann Eck die Geschäfte des Handelshauses *J. J. Berckholtz & Comp.* und die Vermietung der Lagerräume.¹¹¹

In Riga beherbergt die Familie von Berckholtz bis 1825 während des Jahres häufig durchreisende Fremde aus Russland, Livland, Dorpat, Königsberg, Stockholm, Mitau, Schloss Wenden oder Windau. Unter ihnen befinden sich Kaufleute, Landräte, Kommerzienräte, Assessoren, Privatsekretäre, Geheimräte, Hofräte, Kapitäne im russischen Dragonerregiment, Generalmajore, Ritter, Professoren und wichtige Persönlichkeiten des baltischen Adels, wie der Baron von Schoultz, die Grafen und Gräfinnen von Manteuffel, der Graf und die Gräfin von Sievers, der Graf von Ungern-Sternberg oder der Baron von Löwenstern.¹¹²

Auch in Karlsruhe ist das Berckholtz-Haus in der Karlstraße 26 (ab 1875 Nr. 44) einer der Mittelpunkte der Gesellschaft. Gabriel Leonhard von Berckholtz veranstaltet dort regelmäßige Diners und Bälle.¹¹³ Ab 1833 ist er

Abb. 64 – Der Berckholtz-Garten in Karlsruhe, Fotografie, 14 × 18 cm, Stadtarchiv Karlsruhe Inv.-Nr. 8/PBS XIIIc 34.

Abb. 65 – Der Berckholtz-Garten in Karlsruhe, Fotografie auf Karton aufgezogen, 17 × 19,5 cm Landeskirchliches Archiv Karlsruhe Bilder- und Fotosammlung Inv.-Nr. Abt. 154, Nr. 403/1.

als Hauseigentümer „nach Eintrag im städtischen Grundbuchamt" im Adressbuch der Stadt Karlsruhe verzeichnet.[114] Ab 1845 wird auch sein Sohn Jacob ebenfalls als „Partikulier" und Miteigentümer aufgeführt,[115] der 1851 ein weiteres Haus in der Akademiestraße 45 erwirbt, das er auch bewohnt.[116] 1888 erhält das Haus in der Karlstraße 44 seine Schwester Elisabeth Offensandt von Berckholtz; es lebt darin ihr Sohn Wilhelm mit seinem Diener Josef Bach.[117]

Gabriel Leonhard von Berckholtz, der am 20. Juli 1834 zum russischen Ehrenbürger ernannt wird,[118] erwirbt zusätzlich das Grundstück, das gegenüber seinem Haus zwischen der Sophienstraße, dem Karlstor und der Kriegsstraße gelegen ist. In diesem lässt er ab 1850 einen parkähnlichen Garten mit Rasen, Wegen, Bäumen und einem Palmenhaus anlegen (Abb. 64, 65). 1863 erfährt der Park eine derart prächtige Erweiterung um Pavillons, Statuen, Blumenbeete, eine Grotte und einen Teich, so dass er zu dieser Zeit sogar zu den Sehenswürdigkeiten Karlsruhes zählt.[119] „Der Schöpfer der herrlichen Blumen- und Teppichbeete in dem vielbewunderten herrschaftlichen Garten beim Karlstor" und langjähriger Obergärtner der Familie von Berckholtz

Abb. 66 – Max Brückner, Schloss Rosenau: Die Gärten und das Vogelhaus des Erbprinzen und Prinzgemahls Albert von Sachsen-Coburg und Gotha, Aquarell und Deckfarbe, mit Gummiarabicum übergangen, 17,2 × 24,5 cm, rechts unten signiert *Max Brückner, 1863*, im Besitz Ihrer Majestät Königin Elizabeth II., Royal Collection Trust London Inv.-Nr. RCIN 920445.

Abb. 67 – Prinz Albert von Sachsen-Coburg und Gotha, Der Garten der Rosenau, Tuschpinsel in Grau und Tusche über Bleistift, 38,5 × 46,0 cm, links unterhalb der Darstellung bezeichnet *Albert Nov 1828*, im Besitz Ihrer Majestät Königin Elizabeth II., Royal Collection Trust London Inv.-Nr. RCIN 981392.

war der in der Nachbarschaft in der Karlstraße 74 (heute Nr. 106) lebende Herr Hausenstein. Sein Sohn Albert berichtet von zahlreichen interessierten Besuchen Jacob Johann von Berckholtz' in der Gärtnerei seiner Eltern, „wenn er es dem Vater anscheinend auch niemals ganz verzeihen konnte, daß er aus seinen Diensten schied, um sich 1880 selbständig zu machen. Denn der ‚Herr' – so pflegte mein Vater seinen langjährigen Vorgesetzten stets zu nennen – war die Güte in Person. Als mein Vater als badischer Leibgrenadier bei Nuits am 18. Dezember 1870 durch einen französischen, gleichfalls heute noch im Familienbesitz befindlichen Granatsplitter schwer verwundet wurde, hat Herr von Berckholtz z. B. die nicht unbeträchtlichen Kosten seiner Wiederherstellung in den kräftigenden Heilbädern zu Baden-Baden und Wildbad völlig bestritten und auch sonst unserer Familie bis zu seinem Tod manches Gute erwiesen. Vater sprach auch bis zu seinem eigenen Ableben im Februar 1921 immer nur in höchster Achtung von seinem ehemaligen Prinzipal."[120]

Der Berckholtz-Garten in Karlsruhe entsteht innerhalb einer Mode der Fürstengärten der Zeit, die – bedingt durch die Eisen- und Glasbauweise, wie sie für den Chrystal Palace zur Weltausstellung London 1851 angewandt wurde – vermehrt beheizbare Gewächshäuser für exotische Pflanzen in die Konzeption integrieren. Ihre derartigen Parks lassen sich Fürsten auch bildkünstlerisch porträtieren, häufig in Aquarellserien, wie z. B. im Sachsen-Coburg-Gotha-Album der Königin Victoria die Innenansicht eines Palmenhauses in Schloss Friedenstein in Gotha aus den 1850er Jahren von Carl Trost (1811–1884).[121] Dieses, wie auch ein zu gleicher Zeit durch Herzog Ernst II. (1818–1893) angelegtes in Schoss Callenberg, ist heute nicht mehr existent. Im ersten Band des Albums findet sich eine dem Berckholtz-Garten ähnliche Ansicht aus der Hand des Coburger Theatermalers Max Brückner (1836–1919) (Abb. 66). Victoria besucht 1863 Schloss Rosenau – den Geburtsort des Prinzgemahls Albert – und lässt den durch Eindringlinge verwüsteten Garten wiederherstellen, in dem ihr Ehemann mit seinem Bruder als Kind gespielt hatte. Sie trifft zufällig einen Handwerker, der sich an das Aussehen des Gartens mit den Kieswegen, den Blumenbeeten und dem Vogelhaus erinnern kann.[122] Zusätzlich hilft zur Wiederherstellung eine Ansicht Alberts, die er als Neunjähriger dort gezeichnet hatte (Abb. 67).

1870 erhält der Garten der Familie von Berckholtz in Karlsruhe zusätzlich einen an der italienischen Renaissance orientierten Zweischalenbrunnen, von dem aus dem Besitz Albert Hausensteins auch eine Fotografie erhalten ist (Abb. 68). „Man sieht darauf auch den schönen, weißen Springbrunnen mit den an seinem Rand angebrachten spielenden jugendlichen Liebesgöttern."[123] Den Brunnen speist die neue Wasserversorgung der Stadt,[124] denn Jacob von Berckholtz' Haus ist eines der ersten, das an das neue Rohrnetz angeschlossen wird. Den Brunnen zieren Delphine, Wassertiere, Löwenköpfe und Putti. Der Künstler ist unbekannt, die Ausführung wird der Firma Dyckerhoff & Widmann zugeschrieben.[125]

Nach Wilhelm Offensandt von Berckholtz' Tod im Jahre 1909 kauft der *Verein bildender Künstler Karlsruhe* das fortan „Künstlerhaus" genannte Anwesen. Den Garten erwirbt der Architekt Wilhelm Peter, der ihn 1910 einebnet und in sieben Bauplätze aufgeteilt verkauft.[126]

Am 3. Juni 1833 ersteigert Gabriel Leonhard von Berckholtz für 7.700 Reichsmark die Ruine des Schlosses Ortenberg. Die während der Zeit der Regierung des Stauferkaisers Friedrich II. (1194–1250) errichtete Burg wird 1678 durch die Truppen des französischen Königs Ludwig XIV. zerstört und im 18. Jahrhundert als Steinbruch verwendet.[127] Bis 1843 erfolgt der Wiederaufbau, in den Gabriel Leonhard 1,5 Millionen Goldmark investiert. Der offizielle Einzug der Familie von Berckholtz erfolgt am 15. September des Jahres, was aus Alexandras Kalender hervorgeht.[128]

Schloss Ortenberg findet sich – sowohl als Ruine als auch nach seiner Vollendung – häufig als Gegenstand der künstlerischen Bilddarstellung. Der Karlsruher Galeriedirektor und Landschafter Carl Ludwig Frommel (1789–1863) malt 1832 und vor Beginn der Restaurierung zwei Aquarelle: eine Totale mit Blick vom hinteren Berg über die Burgruine Ortenberg zu den Vogesen und mit einer Schnitterin links im Vordergrund, die von zwei Knaben begleitet wird, sowie eine nähere Ansicht mit Blick von Nordosten auf die Burg und einem Jäger als Staffage an gleicher Stelle.[129] Ruinen gehören im 19. Jahrhundert als wesentlicher Bestandteil zum Bildinventar des romantischen Landschaftsmalers. Die von Menschenhand zerstörten ehemals kulturell bedeutungsvollen sakralen und profanen Bauwerke werden von der Natur zurückerobert, überwuchert und in die Landschaft integriert. Im Zuge der Mittelalterbegeisterung und Renaissance der Gotik innerhalb des Historismus sieht man Ruinen auch als Symbole für eine nationale Vergangenheit, die nicht selten aus dem Blickwinkel der Verklärung und Überhöhung gesehen werden.[130] Die für die Landschaftsmalerei des 19. Jahrhunderts künstlerisch signifikanteste Ruine ist die des Heidelberger Schlosses, deren Kanonisierung u. a. mit Goethes *Tagebuch der Schweizer Reise* (1797) beginnt.[131]

Abb. 68 – Der Berckholtz-Garten in Karlsruhe, Stadtarchiv Karlsruhe Inv.-Nr. 8/PBS XIIIc 40.

Nach dem Wiederaufbau entstehen zahlreiche Darstellungen unterschiedlicher Ansichten des Schlosses Ortenberg aus der Hand verschiedenster Künstler, wie z. B. ein Stahlstich mit einer Ansicht des Ensembles aus der leichten Untersicht und von der Bergseite aus gesehen (Abb. 69).[132] Man nimmt das trutzige und einen Hügel im Mittelgrund des Bildfeldes beherrschende Bauwerk als organischen Bestandteil der dieses umgebenden Landschaft wahr, die den Blick des Betrachters auf einen hügeligen Hintergrund und weiten Horizont öffnet. Diagonal durch das Bildfeld zieht sich ein Weg, auf dem sich zwei Frauen mit Körben befinden, kaum erkennbar im Vergleich zu den mächtigen Burgmauern. Unterhalb der Darstellung sind das Berckholtzsche Wappen und folgende Bildunterschrift angebracht: *Schloss Ortenberg in der Ortenau. Herrn Leonhard von Berckholtz*. Das Blatt ist dem Burgherrn gewidmet von Gustav Georg Lange (1812–1843), Verleger und Stahlstecher in Darmstadt. Es entsteht noch vor der kompletten Vollendung des Schlosses und präsentiert somit eine romantische Idealansicht von Ortenberg.

Für das Verdienst des Wiederaufbaus werden Gabriel Leonhard, seine Frau und seine Töchter Olga, Elisabeth und Alexandra bereits am 28. Oktober 1838 zu Ehrenbürgerinnen der Gemeinde Ortenberg ernannt.[133] Ein separates „Attestat" der Ehrenbürgerschaft erhält der Bruder Jacob am selben Tag, von dem vom 7. und 31. März 1840 Abschriften erhalten sind.[134] Er ist zu dieser Zeit Leutnant im 2. Württembergischen Reiterregiment in Ulm,[135] auch Ulanenregiment König Wilhelm I. genannt. Sein Kommandant ist Wilhelm von Moltke – der Onkel des preußischen Generalstabschefs Helmuth von Moltke – der Jacob von Berckholtz am 18. April 1840 das Kommando über das 2. Reiterregiment überträgt.[136] 1863 erhält Jacob von Berckholtz nach dem Tod seines Vaters Schloss Ortenberg, das er am 17. Mai 1872 an Gustav Baron von Bussièrre aus Paris verkauft.[137]

Abb. 69 – Gustav Adolph Müller (pinx.), Johann Gabriel Friedrich Poppel (sculp.), Schloss Ortenberg, Stahlstich, 10,2 × 14,9 cm, Archiv der Berckholtz-Stiftung, Karlsruhe.

Die Familie von Berckholtz besitzt in Baden noch ein zweites Schloss. 1843 kauft Gabriel Leonhard zusammen mit seinem Sohn das 1746 erbaute Schloss Aubach in der Gemeinde Lauf in der nördlichen Ortenau, das 31 Kilometer von Ortenberg entfernt liegt. Zwei ihrer Aufenthalte in Au-

Abb. 70 – Alexandra von Berckholtz, Schloss Aubach, Bleistift auf Papier, 18,2 × 25 cm, links unten beschriftet *Aubach cf. 20ter Juli 1845*, Skizzenbuch von 1841–1846, StAO Inv.-Nr. 26/21/015.

Abb. 71 – Alexandra von Berckholtz, Schloss Aubach, Bleistift auf Papier, 18,9 × 24,7 cm, links unten beschriftet *Aubach cf. 13ter Juli 1850.*, Skizzenbuch von 1847–1853, StAO Inv.-Nr. 26/21/016.

Abb. 72 – Alexandra von Berckholtz, Jacob von Berckholtz blickt durch ein Fernrohr, Bleistift auf Papier, 18,9 × 24,7 cm, rechts unten beschriftet *Aubach. 9. Juli 1850.*, Skizzenbuch von 1847–1853, StAO Inv.-Nr. 26/21/016.

bach dokumentiert Alexandra von Berckholtz in ihren Skizzenbüchern. Am 20. Juli 1845 zeichnet sie eine Ansicht des zweigeschossigen und über 31 Zimmer verfügenden Barockschlosses (Abb. 70) sowie eine weitere Totale am 13. Juli 1850 (Abb. 71).

1847 beherbergt die Familie von Berckholtz Erbgroßherzog Ludwig – von 1852 bis 1856 Ludwig II. Großherzog von Baden (1824–1858) – der aufgrund eines Gemütsleidens seinen jüngeren Bruder Friedrich als Großherzog Friedrich I. an seiner Stelle die Regierungsgeschäfte führen lässt. Aufgrund der Ruhe und Abgeschiedenheit verbringt Ludwig 1847 eine Zeitlang in Aubach, begleitet von zwei Ärzten – Dr. Roller, Direktor der Heilanstalt Illenau, und Dr. Hergt – und dem Oberst Franz Wilhelm August Goeler von Ravensburg (1809–1862), der während der Zeit auch ein Aquarell von Schloss Aubach malt, das er durch die Staffagefiguren arbeitender Schnitter im Vordergrund ergänzt[138] und aus vergleichbarer Distanz wie Alexandras Zeichnung vom 13. Juli 1850 aufnimmt. Das Skizzenbuch der Künstlerin von 1850 beinhaltet auch einige Interieurs des Schlosses mit Familienszenen (Abb. 20), architektonische Details oder den Blick – wohl den ihres Bruders – in die Landschaft durch ein Fernrohr (Abb. 72).

Die Familie von Berckholtz verkauft Schloss Aubach 1850 an Auguste Hecht, geborene Fink, aus Straßburg, die es bis 1855 besitzt. 1988 erwirbt es Raynhild Heckscher, wo sie bis 2009 mit ihrem Mann, dem Fernsehmoderator Dieter Thomas Heck, lebt.[139]

Stets zeigt die Familie an den Orten, an denen sie lebt, ein vielfältiges wohltätiges Engagement. In Ortenberg bedenkt Gabriel Leonhard von Berckholtz den Armenfonds 1839 und 1849 mit jeweils 50 Gulden. Er stiftet für die evangelische Kirchengemeinde Offenburg, deren Gottesdienste im Rathaussaal durch den Pfarrer aus dem benachbarten Diersburg gehalten werden, 1848 einen Abendmahlkelch (Abb. 73) im Wert von 70 Gulden und weitere 50 Gulden für den dortigen Kirchenfonds.[140] Der goldene Kelch trägt die Inschrift „Gestiftet für die evang. prot. Kirchengemeinde zu Offenburg von Freiherrn von Berckholtz in Ortenberg 1848" und lässt – auch stilistisch – an die Tradition der Anfertigung von Stangenbechern und Tafelgeschirr innerhalb der *Compagnie der Schwarzen Häupter zu Riga* denken.[141] Jeder neu aufgenommene Älteste ließ für die Gemeinschaft ein derartiges Teil anfertigen, das anlässlich besonderer Feste Verwendung findet, und von denen sich Erhaltenes im sogenannten „Schwarzhäupterschatz" im Roselius-Haus Bremen befindet.[142] Stücke dieser ab dem 16. Jahrhundert bestehenden Sammlung an Gold- und Silberschmiedekunst konnten im Zweiten Weltkrieg gerettet werden[143] und sind heute als „nationales Kulturgut der Bundesrepublik Deutschland" eingetragen.[144]

Außerdem zeichnet sich Gabriel Leonhard von Berckholtz maßgeblich verantwortlich für den Bau der Evanglischen Stadtkirche Offenburg (Abb. 74) im neogotischen Stil[145] von 1857 bis 1864 nach den Plänen Friedrich Eisenlohrs, für die von Berckholtz auch die Orgel stiftet.[146] 1846 leben unter den 4.000 Einwohnern Offenburgs 348 Protestanten. Gabriel Leonhard von Berckholtz bezieht zahlreiche Unterstützer mit ein, wie z. B. die Gustav-Adolf-Stiftung oder den Hofkunsthändler Johann Velten aus Karlsruhe, der der Kirche ein Bild spendet. Aus den umliegenden Gemeinden wird Material aus den Steinbrüchen und Holz aus dem Schwarzwald von den jeweiligen Besitzern zur Verfügung gestellt. Die Spendenliste für die Errichtung des Gotteshauses wird maßgeblich von Berckholtz initiiert, der auch selbst regelmäßige Beiträge leistet wie andere Prominente, Verwandte und auch Freunde Alexandras aus dem In- und Ausland, wie z. B. aus Frankreich, der Schweiz, England und Amerika.

Die Künstlerin spendet 1852 aus ihrem Vermögen 30 Gulden und nach einer von ihr initiierten Sammlung 750 Gulden.[147] Weitere erfolgen 1854, 1855, 1856 und 1857, die 107, 100, 156 und 100 Gulden einbringen. 1853 kommen von Großherzog Friedrich von Baden 500 Gulden, von Alexandras Tante aus Riga, Gertrud Blankenhagen, 30 Silberrubel und 5 Kopeken, von Friedrich Pohrt ein Silberrubel, aus dem Ertrag einer homerischen Vorlesung in Kiel 87 Gulden und 30 Kreuzer, von einem Katholiken 4 Gulden, von der Familie de Bussièrre in Paris – den späteren Besitzern des Ortenberger Schlosses – 105 Francs und von Max Barclay de Tolly 43 Gulden und 45 Kreuzer. Letzterer – Ernest Magnus „Max" August (Ernest Michaelovich) Barclay de Tolly – ist der Sohn des russischen Generalfeldmarschalls und Kriegsministers Michael Andreas Barclay de Tolly (1761–1818) und ab 1825 in Karlsruhe mit Leocadie von Campenhausen (1807–1852) verheiratet, der Schwester von Alexandras Freundin Melanie von Campenhausen.

1854 spenden die Prinzen Wilhelm und Karl von Baden jeweils 500 Gulden, die Rappenwirtin aus Lahr zwei Gulden, der Frauenverein Coburg 85 Gulden und 30 Kreuzer oder der Gustav-Adolf-Verein Bremen 143 Gulden. Auch 1855 treten zahlreiche Gustav-Adolf-Vereine als Spender auf, z. B. der aus Braunschweig mit 591 Gulden und 30 Kreuzern. Die katholische Gemeinde Offenburg zeichnet sich für den Guss und die Schenkung der ersten Glocke verantwortlich.[148] 1856 spendet Herr von Berckholtz 466 Gulden und 40 Kreuzer im Namen seines verstorbenen Bruders Jacob Johann. 1857 gibt Gabriel Leonhard aus seinem Vermögen 200 und 1862 weitere 200 Gulden und nach einem Spendenaufruf 50 Gulden.[149] Die Grundsteinlegung erfolgt am 9. Juli 1857 und am 25. August 1864 die Einweihung.

Ein Orkan richtet am 8. März 1868 an der Offenburger Stadtkirche am Außenbau und im Innenraum großen Schaden an. Zerstört werden zwei Fialen, ein Gewölbefeld des Langhauses und das gesamte Gestühl. Alexandra von Berckholtz erreicht diese Nachricht in München, aufgrund derer sie sich sofort bereit erklärt, die gesamten Kosten der Restaurierung von 1.800 Gulden zu übernehmen. Sie überweist der Stadt Offenburg dafür letztendlich 3.000 Gulden.[150]

Noch ein weiteres Gotteshaus wird durch die Familie von Berckholtz unterstützt, die im Jahre 1900 eingeweihte und nach dem Entwurf der Architekten

Abb. 73 – Der Berckholtzkelch für die Evangelische Kirchengemeinde Offenburg, Fotografie, 2014.

Abb. 74 – Evangelische Stadtkirche Offenburg, Fotografie, 2016.

Abb. 75 – Der von Wilhelm Offensandt von Berckholtz gestiftete Kronleuchter in der Christuskirche Karlsruhe, Fotografie.

Abb. 76 – Der heutige Leuchter der Christuskirche Karlsruhe, Fotografie, 2016.

Robert Curjel und Karl Moser erbaute Christuskirche in Karlsruhe. Für den Zentralbau mit rechteckigem Hauptschiff und gleichbreitem Querschiff stiftet Wilhelm Offensandt von Berckholtz den mächtigen Kronleuchter in der Vierung (Abb. 75), woran bis heute eine Gedenktafel am Portal erinnert.[151] Großherzog Friedrich I. stiftet das Grundstück für den Bau, die Kammerfrau der Königin von England Frl. Ris den Orgelprospekt, der Brauereibesitzer Albert Printz die große Fensterrose oder Großherzogin Luise von Baden die Decken für den Altar.
Im Zweiten Weltkrieg wird die Christuskirche durch zehn Bombenangriffe zwischen dem 5. August 1941 und dem 4. Dezember 1944 fast nahezu zerstört. Ein Erdbeben 1948 bedeutet erneute Schäden. Nach intensiven Bauarbeiten gelingt es, die Kirche am ersten Advent, am 28. November des Jahres, wieder zu eröffnen. Am Ostersonntag 1953 erklingen vier neue Glocken und 1966 erstmals eine neue Orgel. Der 1981 angebrachte Leuchter bildet den endgültigen Abschluss der Restaurierung der Christuskirche und wird dem durch Wilhelm Offensandt von Berckholtz gestifteten nachempfunden (Abb. 76).[152]
Auch von seiner Schwester Alexandra von und zu Bodman ist ein mildtätiges Engagement bekannt. Nach ihrem Tod hinterlässt sie der Gemeinde Ortenberg 20.000 Mark zur Gründung einer Stiftung für Mittellose, die „über die gesetzliche Armenpflege hinausgehende Unterstützung Hilfsbedürftiger" leistet. Diese sollte den Namen ihrer Initiatorin tragen. Sie existiert heute nicht mehr. Ob sie jemals existierte, konnte nicht nachgewiesen werden. Ein kurzer Eintrag in der Gemeindechronik ist bislang der einzige Hinweis auf diese Stiftung.[153]
Am 1. August 1863 stirbt Gabriel Leonhard von Berckholtz an einem Lungenschlag in Ortenberg im Alter von 81 Jahren, 10 Monaten und 25 Tagen. Beerdigt wird er in der Familiengruft auf dem Bühlwegfriedhof (Abb. 77). In seinem Testament vom 18. April 1862 hinterlässt er große Summen für wohltätige Zwecke. Die Stadt Riga erhält für die Stadtkämmerei 600, für das Waisenhaus 400, für die Stadtkirchen 300 und für die Armenhäuser 2.000 Gulden. In Karlsruhe bekommen die Wohltätigkeitsanstalten 1.000, die hilfsbedürftigen Armen zur Verteilung 500 und das Stadtwaisenhaus am Karlstor 300 Gulden. Den Armen in Ortenberg werden 700 Gulden zugeschrieben und dem neuen lutherischen Kirchenbaufond in Offenburg 500 Gulden.

Abb. 77 – Möller (Zeichner), Fr. Gutsch (Lithograf), Bühlwegfriedhof mit dem Berckholtzschen Grabmonument, Farblithografie, 18 × 15 cm, StAO Inv.-Nr. 26/01/386.

Sein Sohn Jacob Johann erhält die Karlsruher Häuser in der Karlstraße und ein weiteres in der Neuthorstraße 2, den Garten, das Schloss Ortenberg, 150.000 sowie weitere 14.700 Gulden, damit er den noch in Karlsruhe und Ortenberg in Dienst stehenden Hausleuten im Namen seines Vaters „ein Geschenk oder milde Gabe verabfolgen" kann.
Seinen Kindern Jacob, Sophie, Elisabeth und Alexandra hinterlässt er jeweils 35.000 Gulden. An Stelle der bereits verstorbenen Natalie erhält ihre Tochter Olga diese Summe. Die Enkel Alexandra und Wilhelm bekommen jeweils 30.000 Gulden sowie seine Verwandten in Riga insgesamt 24.000 Gulden.[154]
Die Mildtätigkeit der Familie von Berckholtz, besonders die des Vaters Gabriel Leonhard, ebenfalls seine Gastfreundlichkeit, sein stets für Fremde offenes Haus, die Pflege seines Familienlebens und seine Toleranz rühmen auch die Grabreden an seiner Beerdigung am 4. August 1863, die K. Doll, Großherzoglicher-Oberkirchenrats-Assessor in Karlsruhe, letzter Beichtvater des Verstorbenen, sowie der Hofprediger Müller aus Donaueschingen halten.[155]
Mit Jacob Johann von Berckholtz und letztendlich mit dem Tod Wilhelms Offensandt von Berckholtz 1909 ist die Linie der Familie der Alexandra von Berckholtz im Mannesstamm erloschen. Bis zum heutigen Tag Bestand hat die zweite Linie der Familie von Berckholtz, deren Begründer Arend von Berckholtz (1733–1808) war, der Bruder des Georg (Jürgen) von Berckholtz (1717–1762) und Urgroßvater der Künstlerin.[156] 1876 wird die Familie in den russischen erblichen Adelsstand erhoben und 1877 in das Adelsgeschlechtsbuch des Gouvernements Livland sowie 1927 in das sächsische Adelsbuch eingetragen.[157] Ihre Nachkommen leben heute in Deutschland. In Riga führen bis heute Orte und Gebäude immer noch auf die Familie zurück, wie die 1905 durch Arend (1863–1937) und Warinka von Berkholz (1871–1959)[158] errichtete dreistöckige Villa Wasa im Villenviertel Kaiserwald am Stintsee (Abb. 78), die bereits 1905 über einen Telefonanschluss verfügt.[159] Bis 1990 wird sie von der Sowjetarmee als Sanatorium genutzt.
In der Stadt Riga baut das Ehepaar 1912 ein zu seiner Zeit modernstes Miethaus an der Ecke der Nikolai- und Elisabethstraße auf einem Grundstück der Familie.[160] Arend und Warinka von Berkholz wohnen dort in der Belétage, von deren Salon eine Fotografie (Abb. 79) erhalten ist. Das Porträt an der gegenüberliegenden Wand zeigt Arends Vater Arend von Berkholz (1808–1888), Bürgermeister von Riga. Das Bild linker Hand könnte dessen Vater

Abb. 78 – Villa Wasa, Postkarte, Lettische Nationalbibliothek Riga.

67

Abb. 79 – Salon der Wohnung von Arend und Warinka von Berkholz Riga, Fotografie, 1912.

Martin Balthasar von Berckholtz (1775–1844), Pastor an St. Gertrud in Riga, darstellen,[161] den Sohn des Arend und des Begründers der zweiten Linie. Das Haus ist heute vollständig erhalten; es befindet sich darin das Kriegsministerium Lettlands.[162]

Nach Alexandra von Berckholtz' Familie wurden im Jahr 2000 eine Schule und eine Straße in Ortenberg benannt. Erhalten haben sich bis heute neben zahlreichen schriftlichen Dokumenten vor allem ihre Gemälde und Zeichnungen, auf denen sie ihre Familienmitglieder porträtierte.

Bilder halten die Memoria lebendig, sie unterstützen das Gedächtnis und das Gedenken an einst Lebende. Alexandra von Berckholtz' Bilder zeichnen sich nicht nur durch eine dokumentarische Bedeutung sowie einen bildkünstlerischen und sozialgeschichtlichen Kontext ihrer Zeit aus, sondern sorgen darüber hinaus durch ihren emotionalen Zeugniswert für den Fortbestand einer Familiengeschichte.

Anmerkungen

1 Informationen zu ihren Vorfahren vor dem 30-jährigen Krieg fanden sich weder in den Rostocker Bürgerbüchern, noch im Rostocker Grundregister, noch in der Vicke Schorler Chronik.
2 Archiv Verein für die Geschichte der Stadt Rostock e.V., vormals Verein für Rostocks Altertümer und Archiv der Hansestadt Rostock, Inv.-Nr. AHR, 1.1.22. Nr. 110: Berkholz. Hierzu auch: Genealogisches Handbuch des Adels. Adelige Häuser B, Bd. VI, Bd. 32, Bearb. v. Hans Friedrich von Ehrenkrook. Limburg an der Lahn 1964, S. 37–38; Berkholz, 1883, S. 3–7.
3 St.-Petri-Gemeinde Riga, Petri-Leichenbuch, Register Band I. 1657–1811; Rigasche Stadtblätter Nr. 42, 23. Oktober 1875: „(…) daß die ältere kaufmännische Linie, zuletzt repräsentirt in Riga und dann in Deutschland durch Gabriel Leonhard von Berckholtz und dessen Nachkommen, in Riga durch die verwittwete Frau Consulin und Aeltestin Julie Rücker, schon seit ihrem Vater (…) die Rechtschreibung ‚Berckholtz' gewählt hat. (…) Die jüngere Linie, zu welcher außer dem Herrn Ober-Pastor, Consistorialrath und Consistorialassessor Dr. Chr. Aug. B., dessen Bruder, der Senior des Raths-Collegiums, Assessor des General-Consistoriums, Staatsr. u. Ritter Arend, – so wie die Vater-Bruder-Söhne, Stadtbibliothekar Georg, Raths und Oberkämmerherr, auch seit längerer Zeit Inspektor der Kirche zu St. Gertrud, August Nikolai Gebrüder B. gehören, bedient sich seit ungefähr 30 Jahren der Orthographie: Berkholz."
4 Rigasches Adressbuch, Riga 1810, S. 193.
5 Rigasche Stadtblätter, Nr. 18, 30. April 1812. Begrabene Petri und Dom: Der Aelteste der Großen Gilde Jacob Johann v. Berckholtz, 62 Jahre.
6 Zum Russischen Reich als Land der Aufklärung und Verleihung des Dienstadels ab Peter dem Großen: Elias, Otto-Heinrich: Aufklärung, Revolution, Nation – Wegmarken baltischer Geschichte. In: ders., 2007, S. 11–43.
7 Generallandesarchiv Karlsruhe Inv.-Nr. GLA 233, No. 26814.

8 Scharf, Claus: Innere Politik und staatliche Reformen seit 1762. In: Handbuch der Geschichte Russlands. Bd. 2, II: Vom Randstaat zur Hegemonialmacht. Hg. v. Klaus Zernack. Stuttgart 2002, S. 676–803. Rigasche Stadtblätter, Nr. 52, 31. Dezember 1894. Angabe von Rigensern, denen von römisch-deutschen Kaisern der Adel verliehen wurde. Berckholtz, Jacob Johann 1793.
9 Sophie Berner wird am 6. Januar 1750 in Riga geboren und stirbt am 7. Juli 1825 ebenda. Sie ist die Tochter des Ältermanns Gabriel Leonhard Berner und der Catharina Elisabeth Wiecken.
10 Rigasche Anzeigen, Nr. 9, 4. März 1801. Rennenkampff, Lutz von: Genealogie derer von Rennenkampff mit Stammfolge und Häusern II. Linie, 3. Ast. Die Häuser Kalzenau und Laimjall. Bd. 7, S. 9–10; Hagemeister, Heinrich von: Materialien zu einer Geschichte der Landgüter Livlands. Erster Theil. Riga 1836, S. 218; Sivers, 1863. Kalzenau ist ab 1455 im Besitz der Familie von Tiesenhausen und ab 1760 im Besitz der Familie von Rennenkampff, die Neu-Kalzenau abteilt. Paul Reinhold Edler von Rennenkampff verkauft Alt-Kalzenau am 8. Juli 1788 an von Fromhold für 65.000 Reichstaler.
11 Rigasches Adressbuch, Mitau 1910, S. 475.
12 StAO, Berckholtz-Nachlass.
13 Geboren am 12. März 1783 in Riga, gestorben am 23. Juli 1856 in Paris.
14 Thielemann, 1970, S. 29; Spliet, 1934, S. 371.
15 Rigasche Anzeigen, Nr. 19, 12. Mai 1819. Den Hinweis verdanke ich Herrn Alfons Avotins.
16 Zit. im Testament des Gabriel Leonhard von Berckholtz. Archiv der Berckholtz-Stiftung, Karlsruhe.
17 Rigasche Stadtblätter Nr. 42, 23. Oktober 1875: „(…) die am 12. Septbr. 1866 im 82. Lebensjahre verstorbene Wittwe des ehemaligen Kaufmanns Justus Blankenhagen, mit welchem sie am 15. Dec. 1853 das Fest der goldenen Hochzeit beging, Gertrud geb.

v. Berckholtz." Rigasche Stadtblätter, Nr. 39, 2. September 1866. Begraben, Petri-K: Gertrud Blankenhagen, geb. Berckholtz, im 82. Jahr.
18 Geboren am 28. November 1876 in Riga, gestorben am 13. April 1861 ebenda.
19 Anton Rücker wird am 20. Juli 1785 in Hamburg geboren und stirbt am 10. März 1861 in Riga. Rigasche Stadtblätter, Nr. 31, 31. Juli 1880. Begraben, Petrikirche, Frau Consul Julie Rücker, geb. Berckholtz, im 89. Jahr. Ihre Kinder sind der belgische Konsul Daniel Heinrich (geboren am 21. Februar 1816), der hannoversche, lübeckische und hamburgsche Konsul Conrad (geboren am 3. Juni 1817, 1844 Heirat mit Emilie Wöhrmann, geboren am 4. Oktober 1822), Sophie (geboren 22. September 1820, heiratet 1848 den Senator A. de la Croix) und Emilie (geboren am 28. März 1823 in Riga, gestorben am 25. März 1875 in Wiesbaden, Heirat am 08. Januar 1844 mit Otto August Woldemar von Stromberg (31. Oktober 1816 Riga – 19. Januar 1858 Meran). Berkholz, 1883, S. 7–10.
20 Berkholz, 1883, S. 7–8; Poelchau, 1901, S. 71; Thielemann, 1970, S. 23; Spliet, 1934, S. 370 (Verzeichnis der Mitglieder von 1658 bis 1831); Archiv Ev. Diakonissenanstalt Karlsruhe-Rüppurr, Nr. 561, Ap. 1, Mappe 3.
21 Ihr erster Schragen (Statuten) datiert von 1354; der früheste erhaltene stammt aus dem Jahr 1416. Thomson, 1974, S. 7; Thielemann, 1970, S. 2, 15–17.
22 Die Compagnien, die innerhalb der Hanse entstehen, unterscheiden sich von fahrenden Kaufleuten und „Vereinigungen ortsansässiger Dienstmannen", den sogenannten „Stallbrüdern". Die Schwarzhaupter betreiben Kommissions- und Gesellschaftshandel bis nach Novgorod, wohin sie häufige Handelsreisen führen, z.B. Novgorod–Narva–Reval–Hapsal–Dorpat–Pernau–Riga und in den Westen. In Novgorod existieren zwei Höfe, der Gotenhof St. Olai und der St. Peterhof, wo auswärtige und livländische Kaufleute den Passierhandel bestimmen. Spliet, 1934, S. 1–7; Goetz, 1922, S. 1–93.
23 Wisby (auf Gotland) ist zunächst der Oberhof, der die Novgoroder deutschen Höfe verwaltet, dann Lübeck und ab dem 14. Jahrhundert die livländischen Städte Riga, Reval und Dorpat. Spliet, 1934, S. 26; Rörig, 1928, S. 157–173, 217–242.
24 Spliet, 1934, S. 60–64, 83–84; Daenell, 1905, S. 448–450.
25 Thomson, 1974, S. 7.
26 Ārends, 1943, S. 5. Eine weitere Begründung des Namens liegt in den schwarzen Sturmhauben, im Gegensatz zu den „Weißen und Grauen Häuptern", den Ältesten der Großen Gilde. Spliet, 1934, S. 63.
27 Giorgi, Rosa: Die Heiligen. Geschichte und Legende. Mailand 2002. Nachdruck Berlin 2003, S. 264–265.
28 Weitere sind z.B. zwei Viertelschlangengeschütze 1576 und eine Feldschlange 1579 sowie wiederholter Kauf von Kugeln und Pulver. Thomson, 1974, S. 15; Ārends, 1943, S. 8; Spliet, 1934, S. 176–179.
29 Spliet, 1934, S. 43, 46; Ārends, 1943, S. 8.
30 Aus der Schafferordnung von 1640 ist bekannt, dass diejenigen, die sich aufgrund zu hohen Alkoholkonsums im Haus oder auf der Treppe übergeben, 30 Mark zu zahlen haben. Beim Eintritt in das Haus muss der Degen bei dem Diener abgegeben werden. Handwerker, unehelich Geborene und Soldaten sind ausgeschlossen, Offizieren ist bis zum Fähnrich der Zutritt gewährt. Thomson, 1974, S. 16–17; Thielemann, 1970, S. 7–9.
31 Ārends, 1943, S. 6; Spliet, 1934, S. 28–4, 60–64.
32 Spliet, 1934, S. 59.
33 Thomson, 1974, S. 9–10; Spliet, 1934, S. 19–26, 55–59, 239–281; Thielemann, 1970, S. 22.
34 Jedes Mitglied bezahlt z.B. pro Umtrunk sechs Pfennige, die für die Armen gespendet werden, was in den Schragen ab 1354 festgelegt ist. 1776 gründet der Domschullehrer Zacharias Bartels eine Stiftung für Witwen und 1783 gründen der Ältermann Eberhard Johanningk und der Älteste Samuel Strauch eine Unterstützungskasse. 1803 stiftet der Ältermann Math. Wilhelm Fischer Geld für die Kirchen und Armen Rigas; sein Wohnhaus bestimmt er zur Einrichtung einer Mädchenschule. Thomson, 1974, S. 21; Thielemann, 1970, S. 7, 21.
35 1421 gründen die Schwarzhäupter in der St.-Katharinen-Kirche in Riga eine Vikarie und stiften für diese einen Altar, ein in Gold und Silber besticktes Antependium, ein Kruzifix, einen Kronleuchter für sieben Kerzen, vier Lichterbäume, weiteres silbernes Gerät und ein Gestühl mit zwölf Docken. Ihre Kapelle befindet sich an der Südseite der Kirche. Thomson, 1974, S. 12; Ārends, 1943, S. 6.
36 Die Altartafel wird zwischen 1497 und 1500 bestellt und kostet 300 Mark. Spliet, 1934, S. 137, 139–141.
37 Spliet, 1934, S. 142–157; Arbusow, Leonid: Die Einführung der Reformation in Liv-, Est- und Kurland. Leipzig 1921, S. 21, 310, 311, 81. Weitere Stiftungen in Riga erfolgen für die St.-Jakobi-Kirche, die St.-Johannis-Kirche, die 1688 in der Moskauer Vorstadt errichtete Jesuskirche sowie die St.-Gertruden-Kirche in der St. Petersburger Vorstadt. Thomson, 1974, S. 12–14.
38 Als ihr Besitz ist das Haus ab 1793 im Grundbuch der Stadt Riga eingetragen. Von 1658 bis 1831 zählt man 544 Mitglieder: 353 in Riga geborene und 191 „Übrige" (50 aus baltischen Landen, 72 aus deutschen Landen (aus Lübeck, Flensburg, Hamburg, Königsberg, Bremen, Stralsund, Wismar, Rostock, Braunschweig, Altona, Hessen, Westfalen, Preußen, Holstein, Danzig, Gera, Hannover, Leipzig, Osnabrück, Ratzeburg, Stade, Stettin, Tilsit), 49 aus England und Schottland, sechs aus Schweden, vier aus Holland, vier aus Russland (St. Petersburg), zwei aus Dänemark, einer aus Frankreich, einer aus der Schweiz und zwei unbekannte. Das Verzeichnis von 1832 bis 1970 führt 151 Mitglieder auf, davon sind 118 aus Riga. Thomson, 1974, S. 17–23; Ārends, 1943, S. 10–39, 50.
39 Die am 17. April 1817 in Riga geborene Tochter Barbara verstirbt am 29. März 1820 ebenda, und der am 20. Februar 1819 geborene Sohn Gabriel Leonhard stirbt am 7. August 1821. „Vom 28. März bis 4. April Begrabene.

Petri- und Dom-K: Barbara v. Berckholtz, 2 Jahre, 11 Monate, 9 Tage", Rigasche Stadtblätter, Nr. 14, 6. April 1820; „Getaufte 13. bis 20. Juli. Petri- und Dom-K: Gabriel Leonhard v. Berckholtz", Rigasche Stadtblätter, Nr. 29, 22. Juli 1819, „Begrabene 7. bis 14. August. Petri-Kirche und Dom: Gabriel Leonard v. Berckholtz, 2 Jahre", Rigasche Stadtblätter, Nr. 33, 16. August 1821.

40 Geboren am 23. August 1786 in Ludwigslust/Mecklenburg, gestorben am 11. Februar 1846 in Karlsruhe.

41 Geboren am 25. Mai 1832 in Karlsruhe, gestorben am 15. August 1906 in Graz.

42 „Vom 15. bis 21. Mai Getaufte. Petri- und Dom-K: Sophie von Berckholtz", Rigasche Stadtblätter, Nr. 21, 24. Mai 1810.

43 Die Grabstätte ist seit 1891 nicht mehr vorhanden.

44 Polizeimeldebogen München Sophie von Moltke, Stadtarchiv München Inv.-Nr. PMB M 206.

45 „Getaufte 11. bis 17. Februar. Petri und Dom: Olga von Berckholtz", Rigasche Stadtblätter, Nr. 8, 20. Februar 1812.

46 Geboren am 30. August 1803 in Bremen, gestorben am 23. März 1857 in Baden-Baden. Emigration Bremer Bürger, Staatsarchiv Bremen Sign. 2-P.8.A.10.c.4. Bd.1. Elisabeth beantragt 1887 die badische Staatsbürgerschaft. Aufnahmsurkunde vom 18. April 1887. Landeskirchliches Archiv Karlsruhe Bestand Berckholtz-Stiftung Abt. 163.02 Nr. 4/1–9.

47 Abschrift des Heiratsvertrages zwischen Carl Ferdinand Offensandt und Elisabeth von Berckholtz, Landeskirchliches Archiv Karlsruhe Bestand Berkcholtz-Stiftung Abt. 163.02, Nr. 4, 9/5.

48 Rigasche Zeitung, Nr. 8, 12. Januar 1909.

49 Akte des Staatsministeriums zur Familie Offensandt von Berckholtz, 1887, Generallandesarchiv Karlsruhe Inv.-Nr. GLA 233 No. 27184; Adelsdiplom Elisabeth Offensandt von Berckholtz, Landeskirchliches Archiv, Urkundensammlung, Abt. 300, Nr. 1, Bestand Berckholtz-Stiftung Abt. 163.02 Nr. 4/1–9.

50 Generallandesarchiv Inv.-Nr. GLA 233 No. 27184.

51 Dommuseum Riga Inv.-Nr. B.A. IV; Vollmer, 1988, S. 89, Abb. 84; Kähni, 1957, S. 49, Abb.; Falck, 1899; Meyer/Lücke/Tschudi, 1885, S. 586–587; Archiv Ev. Diakonissenanstalt Karlsruhe-Rüppurr, Nr. 561, Ap. 1, Mappe 3.

52 „Vom 26. Julius bis 1. August Getaufte. Petri- u. Dom-K.: Jakob Johann v. Berckholtz", Rigasche Zeitung, Nr. 31, 3. August 1815.

53 Seine Schwester Elisabeth setzt er als Alleinerbin ein. Landeskirchliches Archiv Karlsruhe Bestand Berckholtz-Stiftung Abt. 163.02 Nr. 4/1–9.

54 Emigration Bremer Bürger, Bremer Staatsarchiv Sign. 2-P.8.A.10.c.4. Bd.1.

55 Geburtsurkunde, Beurkundung über das Ableben. Generallandesarchiv Karlsruhe Inv.-Nr. GLA 233 No. 27184. Genealogisches Handbuch des Adels. Adelige Häuser B, Bd. VI, Bd. 32, Bearb. v. Hans Friedrich von Ehrenkrook. Limburg an der Lahn 1964, S. 37–42; Berkholz, Hans-Joachim von: Baltische Ahnen- und Stammtafeln. Jg. 45. Hamburg 2003.

56 Öl auf Leinwand, 104,5 × 138 cm, um 1538–47, The National Gallery London.

57 Vollmer, 1988, S 26.

58 Der Verbleib der Originale ist unbekannt. Das Dokument und das deutsche Pendant sind abgebildet bei: Vollmer, 1988, S. 27, Abb. 15, 16.

59 Akte vom 6. Dezember 1859, Ministerium des Großherzoglichen Hauses und der auswärtigen Angelegenheiten. Generallandesarchiv Karlsruhe Inv.-Nr. GLA 233, No. 26814. (Ministerium)

60 Zu Beginn des Jahres 1814 war dies alles Gabriel Leonhard von Berckholtz überschrieben worden. Rigische Anzeigen, Nr. 8, 23. Februar 1814.

61 Den Garten und die Häuser schreibt Pohrt 1827 zum Verkauf aus. Rigische Anzeigen, Nr. 5, 31. Januar 1827; Nr. 9, 28. Februar 1827. Gabriel Leonhard von Berckholtz setzt Pohrt zunächst bis zum 31. Dezember 1826 als Prokuristen ein. Vollmer, 1988, S. 26.

62 Die Schwester von Barbara Berckholtz, Elisabeth Pohrt, geb. Schröder, heiratet den Kaufmann Georg Pohrt (geboren am 15. Juli 1765). Dessen Bruder ist Friedrich Pohrt (geboren am 21. Juli 1777). Elisabeth und Georg haben vier Kinder: den Wettgerichtssekretär Carl, den Assessor Albert, Emma (gestorben 1876) und Caroline Pohrt. Berkholz, 1883, S. 12–13.

63 Rigasches Adressbuch, Mitau 1810, S. 180.

64 „Zwischen dem Timmschen Speicher und dem Schiermacherschen Hause sub Nr. 82 und 83 gelegenen Rübenschen Wohnhäuser nebst allen Appertinentien." Gabriel Leonhard erwirbt sie von dem Kaufmann Heinrich Samuel Mende für 24.266 2/3 Rubel. Rigische Anzeigen, Nr. 48, 1. Dezember 1813.

65 Es befindet sich gegenüber der Kreis- und Navigationsschule. Der Kaufmann Johann Friedrich Berent erhält dafür 7.500 Rubel Silbermünze. Rigische Anzeigen, Nr. 49, 4. Dezember 1816.

66 Rigische Anzeigen, Nr. 14, 4. April 1821.

67 Rigische Anzeigen, Nr. 34, 22. August 1827; Nr. 35, 29. August 1827.

68 „Am 7, dieses Nachmittags um 5 Uhr, starb unsere geliebte Mutter und Schwiegermutter Frau Sophia von Berckholtz, geb. Berner, an einem Lungenschlag nach einem siebenwöchentlichen Krankenlager, in einem Alter von 66 Jahren. Diese Anzeige unsern geehrten Verwandten und Freunden widmend, halten wir uns deren Teilnahme an unserem schmerzlichen Verlust überzeugt, und werden die Entseelte Montags, d. 13. des Nachmittags um 4 Uhr, aus ihrer Wohnung zur Ruhe geleiten, wozu hier ergebenst einladen die sämmtlichen Kinder und Schwiegerkinder der Verstorbenen. Riga, den 8. Juli 1825.", Rigasche Zeitung, Nr. 55, 10. Juli 1825.

69 Rigische Anzeigen, Nr. 49, 5. Dezember 1799; Nr. 7, 14. Februar 1816; Nr. 9, 28. Februar 1816.

70 Rigische Anzeigen, Nr. 10, 11. März 1807; Nr. 11, 18. März 1807; Nr. 28, 15. Juli 1807; Nr. 7, 14. Februar 1816; „frische holländische Heringe in 1/1, 1/4, 1/8 und 1/16 Tonnen": Nr. 9, 28. Februar 1816; Nr. 30, 25. Juli 1821.

71 Rigische Anzeigen, Nr. 44, 2. November 1803.

72 Rigische Anzeigen, Nr. 10, 11. März 1807; Nr. 11, 18. März 1807.
73 Rigische Anzeigen, Nr. 43, 28. Oktober 1807 („schwedischer Alaun").
74 Rigische Anzeigen, Nr. 44, 30. Oktober 1805; Nr. 47, 19. November 1806; Nr. 10, 7. März 1810; Nr. 12, 21. März 1810.
75 Rigische Anzeigen, Nr. 44, 30. Oktober 1805.
76 Rigische Anzeigen, Nr. 47, 19. November 1806.
77 Rigische Anzeigen, Nr. 10, 7. März 1810; Nr. 12, 21. März 1810.
78 „Eine zweisitzige Kutsche, ein leichter Halbwagen und ein berliner Stuhlwagen mit Verdek sind für billige Preise zu Kauf zu haben." Rigische Anzeigen, Nr. 10, 7. März 1810; Nr. 12, 21. März 1810.
79 Auf Groß-Dammenhoff. Rigische Anzeigen, Nr. 31, 5. August 1801; Nr. 40, 1. Oktober 1806.
80 „Büchene Planken": Rigische Anzeigen, Nr. 44, 2. November 1803; Bretter in Eiche und Fichte: Nr. 10, 7. März 1810.
81 Rigische Anzeigen, Nr. 24, 10. Juni 1812.
82 Rigische Anzeigen, Nr. 51, 21. Dezember 1814; Nr. 52, 28. Dezember 1814; Nr. 4, 25. Januar 1815; Nr. 6, 7. Februar 1816.
83 „Holländische Dachpfannen": Rigische Anzeigen, Nr 51, 21. Dezember 1814; Nr. 52, 28. Dezember 1814; Nr. 4, 25. Januar 1815; Nr. 6, 7. Februar 1816; Nr. 7, 14. Februar 1816; Nr. 9, 28. Februar 1816; „Emder Dachpfannen": Nr. 30, 25. Juli 1821; Nr. 23, 5. Juni 1822; Nr. 31, 1. August 1821; Rigasche Zeitung, Nr. 41, 24. Mai 1822.
84 „Französische Pflaumen in Kisten und getrocknete ausländische Pflaumen in Fässern": Rigische Anzeigen, Nr. 7, 14. Februar 1816; Nr. 9, 28. Februar 1816.
85 Rigische Anzeigen, Nr. 42, 16. Oktober 1788; Nr. 49, 3. Dezember 1789; Nr. 26, 1. Juli 1790; Nr. 32, 12. August 1790; Nr. 27, 5. Juli 1792; Nr. 40, 4. Oktober 1792.
86 Rigische Anzeigen, Nr. 44, 2. November 1803; Nr. 51, 21. Dezember 1814; Nr. 52, 28. Dezember 1814; Nr. 4, 25. Januar 1815; Nr. 6, 7. Februar 1816; Nr. 7, 14. Februar 1816; Nr. 9, 28. Februar 1816; Nr. 8, 21. Februar 1816; Nr. 14, 3. April 1816.
87 Rigische Anzeigen, Nr. 49, 5. Dezember 1799.
88 Rigische Anzeigen, Nr. 36, 9. September 1807.
89 „Im Speicher nahe dem Jacobstor ein Boden zur Miethe." Rigische Anzeigen, Nr. 47, 19. November 1806; Nr. 18, 6. Mai 1807; „Zwei Keller für Salz und Getreide, eine Bude mit heizbarer Kammer und eine Wohnung mit drei Zimmern, einer Küche, Keller und Boden." Rigische Anzeigen, Nr. 19, 11. Mai 1808.
90 Rigische Anzeigen, Nr. 13, 30. März 1808; Nr. 2, 11. Januar 1809; Nr. 21, 24. Mai 1809; Nr. 34, 25. August 1813; Nr. 33, 18. August 1813; Nr. 43, 27. Oktober 1813; Nr. 17, 27. April 1814.
91 Rigische Anzeigen, Nr. 35, 30. August 1809; Nr. 40, 4. Oktober 1809. 1812 wohnt bei ihr der praktische Arzt W. von Zoeckell zur Untermiete. Rigasche Anzeigen, Nr. 30, 22. Juli 1812.
92 Rigische Anzeigen, Nr. 32, 9. August 1809.
93 Rigische Anzeigen, Nr. 40, 2. Oktober 1811.
94 Rigische Anzeigen, Nr. 33, 17. August 1808.
95 Rigische Anzeigen, Nr. 21, 24. Mai 1815; Nr. 40, 2. Oktober 1811.
96 Rigische Anzeigen, Nr. 13, 31. März 1813.
97 Rigische Anzeigen, Nr. 33, 17. August 1808; Nr. 6, 10. Februar 1813.
98 Rigische Anzeigen, Nr. 49, 9. Dezember 1801.
99 Rigische Anzeigen, Nr. 25, 22. Juni 1803. Die Rubrik „Läuflinge", in der verschwundene Leibeigene angezeigt wurden, findet sich häufig in den Zeitungen. Jacob Johann von Berckholtz veröffentlicht noch einen ähnlichen Fall: „Aus dem Hause des Aeltermanns Berckholtz ist den 20. Mai ein zum Gute Alt-Ortendorf gehöriger Erbkerl, namens Libbert, heimlicher Weise entwichen. Selbiger ist ungefähr 25 Jahre alt, von langem und starkem Körperbau, hat ein rundes, volles, glattes Gesicht, braune Haare, blaue Augen und ein etwas auswärts gebogenes schiefes Bein. Er trug bei seiner Entweichung ein dunkelblaues Kamisol, lange gestreifte leinene Hosen, Stiefel und einen runden Hut. Wer den Aufenthalt dieses Menschen angezeigt, hat eine Belohnung zu gegenwärtigen." Rigische Anzeigen, Nr. 24, 11. Juni 1806.
100 Rigische Anzeigen, Nr. 9, 27. Februar 1805; Nr. 17, 24. April 1805; Nr. 18, 1. Mai 1805.
101 Rigische Anzeigen, Nr. 18, 6. Mai 1807; Nr. 19, 13. Mai 1807.
102 Rigische Anzeigen, Nr. 16, 22. April 1807. „Herr Leonhard von Berckholtz wiederholt hiermit die Bitte: Niemandem etwas auf seinen Namen ohne seine eigenhändige Unterschrift verabfolgen zu lassen, indem er zugleich anzeigt, daß er dem gemäß auch nur für solche allein verantwortlich ist, die wirtlich gegründet sind."
103 Rigische Anzeigen, Nr. 30, 26. April 1809; Nr. 25, 21. Juni 1809; Nr. 26, 28. Juni 1809; Nr. 31, 2. August 1809. Der Prokurist und Kaufmann gründet seine eigene Firma *H. C. A. Nissen & Komp.*
104 Rigische Anzeigen, Nr. 48, 28. November 1810.
105 Rigische Anzeigen, Nr. 32, 9. August 1809; Rigasche Zeitung, Nr. 69, 28. August 1809; Nr. 70, 1. September 1809.
106 Rigasche Zeitung, Nr. 36, 1. Mai 1812, „mit zwei Personen"; Nr. 37, 4. Mai 1812, „mit einer Person"; Nr. 38, 8. Mai 1812.
107 Rigasche Zeitung, Nr. 68, 21. August 1812, „mit zwei weiteren Personen"; Nr. 69, 24. August 1812, „mit einer Person"; Nr. 70, 28. August 1812.
108 Rigasche Zeitung, Nr. 80, 1. Oktober 1812; Nr. 96, 26. November 1812; Nr. 21, 12. März 1813. Am 11. Dezember 1818 logiert ein Herr von Berckholtz in Frankfurt am Main zusammen mit einem Baron von Klebeck. A. Rigasche Zeitung, Nr. 100, 14. Dezember 1818.
109 Rigasche Zeitung, Nr. 67, 20. August 1810; Rigische Anzeigen, Nr. 34, 22. August 1810.

110 Rigische Anzeigen, Nr. 52, 27. Dezember 1815.
111 Rigische Anzeigen, Nr. 50, 14. Dezember 1825; Nr. 52, 28. Dezember 1825; Nr. 7, 18. Februar 1829; Nr. 29, 22. Juli 1829; Nr. 31, 5. August 1829 „In der Schwimmgasse ist ein Speicher zu vermieten"; Nr. 43, 26. Oktober 1831 „Das in der Schmiedegasse zwischen der Webergasse und dem Rathsstall unter der Polizei, Nr. 218 gelegene Haus ist aus der Hand zu verkaufen. Nähere Auskunft im Komptoir des Herrn v. Berckholtz"; Nr. 30, 25. Juli 1832 „Ein Speicher mit Böden, nebst Platz, ist zur Miethe zu haben. Das Nähere im Komptoir des Herrn Berckholtz."
112 Rigasche Zeitung, Nr. 16, 25. Februar 1805, 21.2. Oberst Baron v. Schoultz, und Baron v. Schoultz aus Livland; Nr. 1, 2. Januar 1807, 29.12. Hofrat Graf v. Sievers und Graf v. Manteuffel kommend aus Livland; Nr. 100, 14. Dezember 1807, 11.12. Graf und Gräfin v. Sievers kommend von Wenden; Nr. 47, 11. Juni 1813, 8.6. Hofgerichts Assessor Graf von Ungern-Sternberg kommend aus Livland (bei Frau von Berckholtz); Nr. 50, 21. Juni 1813, 18.6. Landrat v. Wolff und Assessor v. Wolff kommend aus Livland (bei Frau von Berckholtz); Nr. 34, 28. April 1815, 25.4. Geheimrat von Löwenstern aus Livland (bei Frau von Berckholtz).
113 Hausenstein, 1838, S. 83. Ganz im Gegensatz zu seinem Schwiegersohn Paul Friedrich von Moltke, der lediglich „hin und wieder eine magere Soirée" gibt.
114 Adressbuch der Haupt- und Residenz-Stadt Carlsruhe. Karlsruhe 1833, S. 70.
115 Adressbuch für die Großherzoglich badische Residenzstadt Karlsruhe. Karlsruhe 1845, S. 28.
116 Adressbuch für die Großherzoglich badische Residenzstadt Karlsruhe. Karlsruhe 1852, S. 18.
117 Adressbuch für die Großherzoglich badische Residenzstadt Karlsruhe. Karlsruhe 1888, S. 278. Bauakte Karlstraße 44. Bauliche Veränderung des Stallgebäudes und Erweiterung des Hintergebäudes mit Instandsetzung der Fassade. Stadtarchiv Karlsruhe Sign. 1/BOA 1011, Laufzeit 1865–1911. Das Haus wurde im Zweiten Weltkrieg zerstört und danach nicht mehr aufgebaut.
118 Litausches Wochenblatt, Nr. 62, 4. August 1834. St. Petersburg, 20. Juli. „Vom Dirigierenden Senat zum erblichen Ehrenbürger ernannt: der Rigasche Kaufmann zweiter Gilde Gabriel Berckholtz."
119 Brandenburger, 1987, S. 285.
120 Hausenstein, 1933, S. 83–84.
121 Band III, Aquarell, mit Gummiarabikum überzogen, 33,8 × 44,9 cm, rechts unten signiert *C. Trost.*, im Besitz Ihrer Majestät Königin Elizabeth II., Royal Collection Trust London Inv.-Nr. RCIN 920518; Coburg, 1998, S. 146, Nr. 48.
122 Coburg, 1998, S. 114, Nr. 35.
123 Hausenstein, 1933, S. 83–84.
124 Gerwig, R.: Die Anlage einer neuen Wasserleitung für die Residenzstadt Karlsruhe. In: Karlsruhe im Jahr 1870. Baugeschichtliche und ingenieurwissenschaftliche Mitteilungen. Teil 6.

125 Zu Dyckerhoff & Widmann: Stegmann, 2014.
126 Brandenburger, 1987, S. 285–286.
127 Vollmer, 1988, S. 21.
128 StAO, Berckholtz-Nachlass; Vollmer, 1988; ders., 1955, S. 142–151; ders.: Das Schloß Ortenberg. In: Die Ortenau, Bd. 64, 1984, S. 381–391.
129 54,5 × 39,5 cm, Kupferstichkabinett Staatliche Kunsthalle Karlsruhe Inv.-Nr. PKI 533/1a; 54,5 × 39,5 cm, Kupferstichkabinett Staatliche Kunsthalle Karlsruhe Inv.-Nr. PKI 533/1b.
130 Erb, 1993; Hartmann, 1981; Gutgesell, Bd. 1, 2014, S. 109–110.
131 Heckmann, Uwe: Romantik. Schloß Heidelberg im Zeitalter der Romantik. Regensburg 1999.
132 Vollmer, 1988, S. 75; Freiburg, 1994, S. 127, Nr. 67.
133 Ehrenbürgerurkunde Ortenberg für Freifrau Barbara, Fräulein Olga, Fräulein Elisabeth und Fräulein Alexandrine von Berckholtz, Landeskirchliches Archiv Karlsruhe, Bestand Berckholtz-Stiftung Abt. 163.02, Nr. 5.
134 StAO, Berckholtz-Nachlass; Gemeindearchiv Ortenberg.
135 Vollmer, 1988, S. 96. Die Tatsache, dass Jakob von Berckholtz mit seinem Regiment nach Amerika ging, konnte bislang nicht nachgewiesen werden.
136 StAO, Berckholtz-Nachlass.
137 Kalender Alexandra von Berckholtz, StAO, Berckholtz-Nachlass; Grundbuch Ortenberg, Bd. 16, S. 321–333; Vollmer, 1988, S. 97.
138 Der heutige Verbleib des Aquarells ist unbekannt.
139 Badische Zeitung, 11. März 2009; Vollmer, 1988, S. 96; Schneider, H.: Das Schloß Aubach. In: Burgen und Schlösser in Mittelbaden, Die Ortenau, Bd. 64, 1984, S. 172.
140 Großherzoglich Badisches Regierungsblatt, Badische Landesbibliothek Karlsruhe. 1847 erhält Gabriel Leonhard von Berckholtz das *Ritterkreuz vom Zähringer Löwen*. Ruch, 2007, S. 73–74.
141 Vgl. Thomson, 1974, S. 81, Nr. 16. Die ähnlich umlaufende Inschrift verweist auf eine Widmung durch den Ältesten H. Laurentz.
142 Bremen, 1997; Ärends, 1943, S. 40–49.
143 Teile davon befinden sich heute in Russland und neun Stücke im Dommuseum in Riga.
144 Thomson, 1974, S. 7.
145 Friedmann, M.: Die Offenburger Innenstadt. Ein historischer Rundgang. Offenburg 1979, S. 90.
146 Kähni, 1957, S. 45. Nach dem Tod Eisenlohrs im Jahre 1855 übernimmt der Heidelberger Architekt Eduard Hermann die Planung und nach dessen Tod 1860 Ludwig Arnold aus Emmendingen. Die Kosten betragen insgesamt 175.000 Mark.
147 In dieser spenden z.B. ihr Onkel Jacob aus Paris zehn, ihr Bruder fünf, ihr Vater acht, ihre Schwester Olga zwei, ihre Schwester Sophie 50, ihre Nichte Olga von Chotek 17 Gulden 30 Kreuzer, der Architekt Friedrich Eisenlohr 2 Gulden 42 Kreuzer, Prinz Peter von

Oldenburg 5 Gulden 37 oder neun österreichische Offiziere 1 Gulden 42.

148 Ruch, 2007, S. 73–74.

149 Großherzoglich Badisches Regierungsblatt, Badische Landesbibliothek Karlsruhe.

150 Bericht über die Geschichte der Kirche zu Offenburg von Pfarrer Bähr, 17. Oktober 1894. StAO, Berckholtz-Nachlass. Der Sturm passiert an einem Sonntag, an dem ausnahmsweise kein Gottesdienst stattfindet, da der Offenburger Pfarrer an dem Tag als Aushilfe nach Diersburg abgeordnet ist.

151 100 Jahre Christuskirche Karlsruhe 1900–2000. Karlsruhe 2000, S. 11–18.

152 Ebd., S. 122–128, 47–50.

153 Sieferle, Mathias: Chronik der Gemeinde Ortenberg. Ortenberg 1933–1946, S. 103; Eintrag vom 2. April 1921.

154 Seine beiden Neffen Heinrich und Conrad Rücker erhalten jeweils 10.000 Gulden, Albert Pohrt (Neffe seiner Frau Barbara) 2.000 Gulden und Emma Pohrt (Nichte Barbaras) 2.000 Gulden. Des Weiteren erhalten: In Karlsruhe der Diener Johann Neese 6.000, in Karlsruhe das Frl. Natalie Stolz 5.000, in Wolfenweier das Frl. Mathilde Stolz 1.000, in Karlsruhe die Witwe Elisabeth Dengler, geb. Weber 1.000, in Karlsruhe die Frau Wilhelmine Heilig, geb. Dengler 1.000, in Karlsruhe das Frl. Emilie Dengler 1.000 Gulden. Archiv der Berckholtz-Stiftung, Karlsruhe.

155 Trauer- und Trostworte bei der feierlichen Beisetzung des Herrn Gabriel Leonhard von Berckholtz. StAO, Berckholtz-Nachlass.

156 Deren gemeinsamer Vorfahre ist Martin von Berckholtz, am 6. Juli 1680 in Riga geboren und am 28. Januar 1750 ebenda gestorben. Georg von Berckholtz wird am 8. Juli 1717 in Riga geboren und stirbt am 27. Dezember 1762 ebenda. Arend von Berckholtz wird am 22. Juni 1733 in Riga geboren und stirbt ebenda am 14. März 1808.

157 Genealogisches Handbuch des Adels. Adelige Häuser B. Bd. VI, Bd. 32, Bearb. v. Hans Friedrich von Ehrenkrook. Limburg an der Lahn 1964, S. 37–42.

158 Der Urenkel des Begründers der II. Linie, Arend Woldemar Eugen August von Berkholz, wird am 22. Juni 1863 in Riga geboren, er stirbt am 13. November 1937; Warinka Bornhaupt ist am 29. Mai 1871 geboren, sie stirbt am 28. Dezember 1959 in Bornhöved/Holstein.

159 Rigasches Adressbuch, Mitau 1910, S. 889, Telefonnummer 4884.

160 Heute K. Valdemara ielea / Elizabetes iela.

161 Arend Berkholz ist geboren am 8. November 1808 in Riga und stirbt am 11. August 1888 in Jūrmala. Er ist verheiratet mit Alexandra Götz (geboren am 26. Dezember 1822). Sein Vater Martin Balthasar wird am 18. September 1775 in Riga geboren; er stirbt am 25 November 1844. Verheiratet ist er mit Christiane Elisabeth von Bretschneider (21. Mai 1786–30. Mai 1849).

162 Familienarchiv Herr Hans-Joachim von Berkholz.

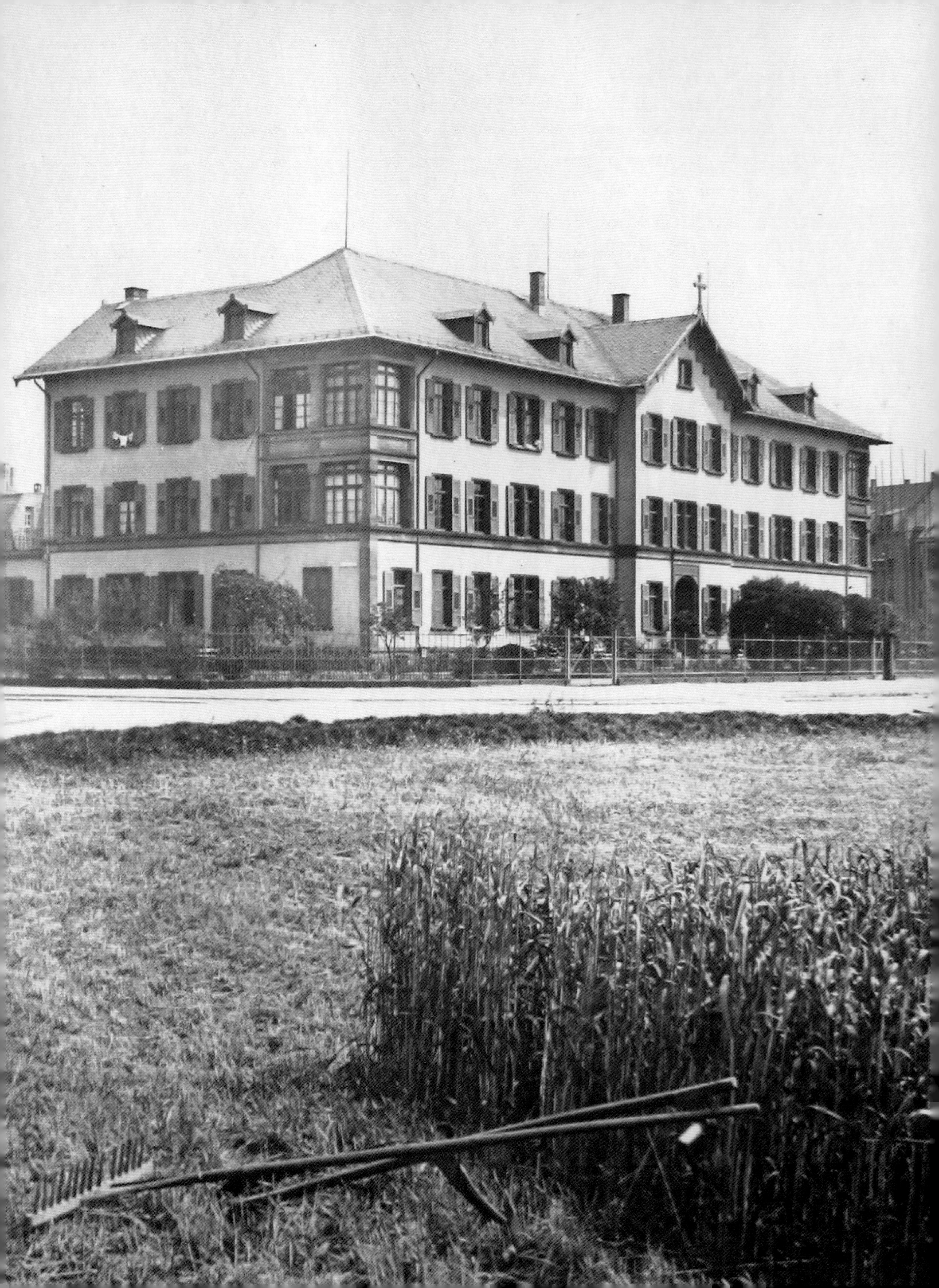

3 Die Berckholtz-Stiftung in Karlsruhe

Das Vermächtnis der Familie lebt zusätzlich auch an anderer Stelle weiter: in der *Berckholtz-Stiftung* in Karlsruhe. In seinem Testament vom 16. August 1908 hinterlässt Wilhelm Offensandt von Berckholtz (Abb. 81) der Diakonissenanstalt Karlsruhe ein Vermächtnis von 700.000 Mark „mit der Auflage und der ausdrücklichen Bedingung, in Karlsruhe eine Anstalt zu erbauen, in der bedürftige und gebrechliche Frauen und Jungfrauen evangelischen Glaubens ständig Aufnahme finden". Sie soll im Andenken an seine Mutter ihren Namen führen.[1]

Vermehrt setzen im 19. Jahrhundert Adelige ihr Vermögen zur Gründung unterschiedlicher Stiftungen ein und treten durch ihr soziales Engagement als Wohltäter auf. In Karlsruhe versteigert beispielsweise Ludwig Wilhelm August Graf von Langenstein (1820–1872) am 18. April 1845 seinen 15.300 Quadratmeter messenden Garten, dessen „käufliche Erwerbung einem menschenfreundlichen Zweck dienen soll". Auf dem Grundstück entsteht das Waisenhaus am Karlstor, dessen feierliche Einweihung am 29. August 1849 stattfindet.[2] Ein anderes Kinderheim, das von einer Berühmtheit ihrer Zeit unterstützt wird, ist das *Foundling Hospital* in London, dessen großzügigster Förderer und Gründungsmitglied Georg Friedrich Händel (1685–1759) ist. 1750 stiftet der Komponist auch die Orgel für die Kapelle der Findlingsanstalt, in der seitdem alljährlich sein Oratorium *Der Messias* zugunsten des Hospitals aufgeführt wird. Händel hinterließ dem Hospital eine Reinschrift der Partitur und das vollständige Stimmenmaterial.

Nach dem Tod des Stifters Wilhelm Offensandt von Berckholtz am 20. Januar 1909 entspricht Großherzog Friedrich II. (1857–1928) seinem letzten Willen bereits am 1. Februar 1909, und am 2. August 1909 erteilt er die landesherrliche Genehmigung zur Errichtung des Altenheims.[3] Für dieses sahen Wilhelm und seine Schwester Alexandra auch ein Grundstück aus beider Besitz an der Vorholzstraße Nr. 3548 vor. Ihren Anteil von jeweils 29.000 Mark stellten sie der Stiftung zusätzlich zur Verfügung und räumten das Veräußerungsrecht für den Kauf eines geeigneteren Bauplatzes ein.[4]

Der Verwaltungsrat der Diakonissenanstalt verkauft dieses zu einem Erlös von 86.000 Mark und erwirbt 1910 von der Stadt Karlsruhe ein Grundstück in der Weinbrennerstraße 60 mit 6.764 Quadratmetern zum Preis von 101.460 Mark. Im Frühjahr 1911 erfolgt unter Aufsicht des Architekten Jakob Maier der erste Spatenstich. Sieben Monate später ist der Rohbau des dreistöckigen Gebäudes mit 47 Zimmern fertiggestellt. Im zweiten und dritten Stock befindet sich jeweils eine Veranda mit Dach als Aufenthaltsräume für die Bewohner und an der Rückseite des Gebäudes ein großer Garten. Insgesamt kostet der Bau 300.000 Mark. Der Rest des Offensandt von Berckholtzschen Legats beträgt zu dem Zeitpunkt einschließlich seiner Zinserträge 434.000 Mark, der den laufenden Betrieb des Seniorenheimes decken kann.

Am 1. Oktober 1912 wird das Haus in Betrieb genommen (Abb. 82) und am 20. November 1912 um 15 Uhr mit einem Festakt im Speisesaal feierlich eingeweiht, dem zahlreiche Prominente beiwohnen, wie z. B. der Minister von Bodman, der Minister a. D. von Marschall, der Oberbürgermeister Siegrist, die Vertreterin des badischen Frauenvereins Frau Oberbürgermeister

Abb. 80 – Die Berckholtz-Stiftung Karlsruhe, Fotografie, 1912, Ev. Diakonissenanstalt Karlsruhe-Rüppurr Archiv Nr. 561, Ap. 1 Eli.

Abb. 81 – Alexandra von Berckholtz, Wilhelm Offensandt von Berckholtz, Bleistift auf Papier, 18,9 × 12 cm, links unten datiert *18 Aug. 1875.*, unterhalb beschriftet *Wilhelm Offensandt v. Berckholtz*, Skizzenbuch von 1875, StAO Inv.-Nr. 26/21/021.

Abb. 82 – Die Berckholtz-Stiftung in Karlsruhe, Postkarte, 1912, Ev. Diakonissenanstalt Karlsruhe-Rüppurr, Archiv, Nr. 561, Ap. 1, Eli.

Abb. 83 – Luise Schnürer und Sofie Hochwart, in der Festschrift *Das Altersheim Elisabeth von Offensandt-Berckholtz-Stiftung Karlsruhe 1909–1955*.

Lauter und der Oberhofmarschall Freiherr von Freystedt. Auch die Großherzogin Luise von Baden ist anwesend, deren Ankunft Johann Sebastian Bachs (1685–1750) Choralkantate *Lobet den Herrn* von einem Mädchenchor begleitet. Nach einer Ansprache durch Pfarrer Katz und dem Kanon *Danket dem Herrn* des Schwesternchores gibt der Verwaltungsvorstand Prof. Dr. Baumeister einen Einblick in die Geschichte des Hauses und die Stiftung durch Wilhelm Offensandt von Berckholtz.[5]

Das Haus erhält den Namen *Altersheim Elisabeth von Offensandt-Berckholtz-Stiftung*. Die Leitung hat ab 1912 die Diakonissenschwester Luise Schnürer inne, Küchenschwester ist Sofie Hochwart (Abb. 83). Die Seelsorge liegt in den Händen von Pfarrer Sitzler, später in denen des Missionars Pfarrer Ruf. Den Stiftungsvorstand teilen sich Pfarrer Katz und der Geheime Oberbaurat Dr. Baumeister. Die ärztliche Betreuung haben Dr. Steiner und später Dr. Turban. Außerdem sind drei weitere Diakonissinnen, eine Geschäftsschwester, vier Dienstmädchen und ein Gärtner angestellt. Ab 1955 leitet die Diakonissin Emilie Stulz das Haus, Küchenschwester ist Ida Jenne.

Im Treppenhaus sieht man über einem wasserspeienden Löwenkopf eine schwarze Marmorgedenktafel angebracht: „Diese Anstalt wurde gestiftet zu Ehren und zum treuen Andenken an seine teuere, innig geliebte Mutter Elisabeth von Offensandt-Berckholtz von dem Oberschloßhauptmann Wilhelm von Offensandt-Berckholtz."

Die *Berckholtz-Stiftung* ist bereits 1912 ein Bau nach neuestem technischen Standard mit Zentralheizung und elektrischem Licht in allen Räumen. Die Leiterin Luise Schnürer zeichnet sich durch einen modernen Führungsstil aus. Wichtig ist ihr eine regelmäßige und ausgewogene Ernährung der Bewohner, die jeden Mittag ein Menü erhalten: „Verpflegung. Morgens: Eine

Tasse Kaffee mit Zucker und zwei Dreipfennigwecken. Mittags: Suppe und eine Fleischspeise mit Gemüse oder einer sonstigen Zuspeise, oder entsprechendem Ersatz. Abends: Suppe oder Tee und ein Gang kalter oder warmer Küche. Außerdem um 4 Uhr eine Tasse Kaffee und ein Dreipfennigweck." Trotz Befürwortung der Ernährungsreform im Zuge der Lebensreformbewegung werden auch Luxusartikel verzehrt, wie zwei tägliche Tassen Kaffee. Wert gelegt wird ebenfalls auf regelmäßige Bewegung und körperliche wie sportliche Betätigung. Neben Spaziergängen und Übungen wird auch die Mitarbeit bei der Pflanzung und Instandhaltung des Gartens empfohlen, durch die man sich nicht nur körperlich fit erhält, sondern auch einen eigenen Beitrag für das Gemeinwohl und die Gemeinschaft leistet. Hierzu gehört auch die eigenverantwortliche Reinigung der Zimmer und die Achtung hygienischer Maßnahmen. In diesem Zusammenhang nehmen die Frauen regelmäßig ein Bad und erhalten saubere Wäsche, was zu dieser Zeit noch nicht selbstverständlich ist. „Pro Person wird jede Woche gewaschen: zwei Hemden, zwei Paar Strümpfe, ein Paar Hosen, drei Taschentücher, ein Halstuch, eine Schlafhaube, ein Handtuch und eine Nachtjacke. Nach je zwei Wochen: ein Unterrock, eine Schürze, ein Staubtuch, ein Küchentuch. Nach vier Wochen: das Weißzeug für ein Bett. Zweimal im Jahr: Fenstervorhänge und Bettspreen."[6] In der Hausordnung ist auch zu lesen, dass jedes Jahr am 20. Januar dem Stifter gedacht und sein Andenken geehrt wird.

Den ersten Weltkrieg übersteht das Haus unbeschadet, obwohl am 23. Juni 1916 im Garten eine Bombe einschlägt, die kurz darauf entschärft werden kann (Abb. 84).

Abb. 84 – Der Garten der Berckholtz-Stiftung, nachdem die Bombe entschärft wurde, Fotografie, 1916, Ev. Diakonissenanstalt Karlsruhe-Rüppurr, Archiv, Nr. 561, Ap. 1, 3 Eli.

1922 erhält das Altenheim eine Zuwendung von Hermann Mühe in Höhe von 50.000 Mark.[7] Während des Börsen-Crashs 1929 verliert die Stiftung ihr gesamtes Aktienvermögen, was bedeutet, dass sich seitdem die *Berckholtz-Stiftung* selbst finanziert.

Zum 25-jährigen Bestehen veranstaltet man 1937 einen Festakt, nach dem das Haus fortan *Berckholtz-Stift* genannt wird. Bei diesem ist aus der Familie Olga von Förster (1873–vor 1956) aus Heidelberg anwesend, die Urgroßnichte des Gabriel Leonhard von Berckholtz.[8]

Während des Zweiten Weltkrieges werden im September 1939 sämtliche Bewohner aus Furcht vor Angriffen nach Sinsheim, Öhringen, in das Kinderheim Jagstfeld oder nach Simbach am Inn gebracht, die aber im Januar 1940 alle wieder nach Karlsruhe zurückkehren. Im April 1942 zerstören

Abb. 85 – Die Berckholtz-Stiftung in den 1950er Jahren, Fotografie, Ev. Diakonissenanstalt Karlsruhe-Rüppurr, Archiv, Nr. 561, Ap. 1.

Abb. 86 – Die Berckholtz-Stiftung Karlsruhe, Fotografie, 2015.

Brandbomben das Dach des Waschküchenhauses. Emil Ringe, dem einzigen männlichen Angestellten, ist eine schnelle Löschung des Brandes zu verdanken, so dass sich das Feuer im Haus nicht weiter ausbreiten kann. 1943 evakuiert man einige der Bewohner erneut, nach Münster im Elsass und nach Fußbach in Baden. Am 4. Dezember 1944 zerstört eine Sprengbombe 17 Zimmer, das Dach des Ostflügels sowie den Speisesaal. Danach bringt man die letzten Bewohner des Hauses mit der Bahn im Viehwagen ohne Sitzgelegenheit nach Wertheim und Rauenberg. Im April 1945 richten zwei Granattreffer in die Fundamente schwere Schäden an.

Nach dem Krieg bemüht sich Pfarrer Wenz um den Wiederaufbau des *Berckholtz-Stifts*, für den die Firma Husser-Hochstetten das Holz stiftet und der Architekt Heidt unentgeltliches Engagement zeigt, so dass der Rohbau 1948 noch vor der Währungsumstellung fertiggestellt werden kann. Die Verköstigung der Bauarbeiter übernehmen die Diakonissenschwestern. Die Kosten des Innenausbaus werden aus laufenden Mitteln mit der neuen Währung gedeckt.[9]

Daran erinnert ein Festakt 1955 sowie an die Leistungen aller Beteiligten beim Wiederaufbau des Heimes (Abb. 85), an das in den 1960er Jahren ein Anbau hinzukommt.

Zum 20. Dezember 1978 wird das Haus in eine kirchliche Stiftung umgewandelt und erhält eine neue Satzung, die besagt, dass das evangelische Alters- und Pflegeheim nun „auch Männern, Ehepaaren und Andersgläubigen offen steht".[10] Ein weiterer Anbau kommt 2001 hinzu, so dass die *Berckholtz-Stiftung* heute über 140 Pflegeplätze sowie 112 Einzel- und 14 Doppelzimmer verfügt.[11]

Die Stiftung leistet bis heute (Abb. 86) einen wertvollen Beitrag innerhalb der Stadt Karlsruhe, indem sie dem Menschen als ganzheitlichem Wesen im Alter eine persönliche Pflege nach seinen Bedürfnissen entgegenbringt, in Kooperation mit Institutionen von außen, mit beispielsweise den Kirchen und Vereinen, und auch innerhalb der Gemeinschaft.

Heute wie damals steht die *Berckholtz-Stiftung* für die Ideale im Sinne ihres Gründers Wilhelm Offensandt von Berckholtz, indem „Bedürftige und Gebrechliche eine ständige Aufnahme finden".

Anmerkungen

1 Ev. Diakonissenanstalt Karlsruhe-Rüppurr, Archiv, Nr. 561, Ap. 1, 3 Eli.
2 Förster, 2004, S. 23–35, zit. S. 23.
3 Ev. Diakonissenanstalt Karlsruhe-Rüppurr, Archiv, Nr. 561, Ap. 1.
4 Landeskirchliches Archiv Karlsruhe, Bestand Berckholtz-Stiftung Abt. 163.02 Nr. 2/1–7. Auslieferung eines Vermächtnisses und Schenkungsvertrag vom 25. November 1909: Alexandra Bodmann gibt das Grundstück an der Vorholzstraße Lgb. Nr. 3548 von 23 Ar und 97 qm in das Eigentum der Stiftung. Ev. Diakonissenanstalt Karlsruhe-Rüppurr, Archiv, Nr. 561, Ap.1; Erlass vom Großherzoglichen Verwaltungshof Akte Nr. 62689 vom 10. August 1909.
5 Landeskirchliches Archiv Karlsruhe, Bestand Berckholtz-Stiftung Abt. 163.02 Nr. 2/1–7. Die Einweihung des Altersheims. Karlsruher Tagblatt, 21. November 1912. Archiv Berckholtz-Stiftung, Karlsruhe.
6 Aus der Hausordnung von Februar 1912. Ev. Diakonissenanstalt Karlsruhe-Rüppurr, Archiv, Nr. 561, Ap. 1, 4 Eli.
7 Genehmigung des Ministeriums des Innern vom 28. Juni 1822, Akte Nr. 44964. Archiv der Berckholtz-Stiftung, Karlsruhe.
8 Evangelischer Gemeindebote für die Stadt Karlsruhe, 25. Dezember 1937, Nr. 52, S. 420. Archiv der Berckholtz-Stiftung, Karlsruhe.
9 Bericht 1955 von Senatspräsident Dr. Kiefer (Vorsitzender der Stiftung) und Pfarrer Hamann (Stellvertretender Vorsitzender). Archiv der Berckholtz-Stiftung, Karlsruhe.
10 Satzung vom 2. Dezember 1978, Aktenzeichen 12-21/9537. Archiv der Berckholtz-Stiftung, Karlsruhe.
11 Festschrift. Berckholtz-Stiftung 100 Jahre. Karlsruhe 2012.

Altenburg d. 21ᵗᵉⁿ Juli 1847.

4 Alexandra von Berckholtz im Kontext des Porträts

Das Hauptschaffensgebiet Alexandra von Berckholtz' ist die Porträtmalerei. Allein in den 1860er Jahren sind über 200 Bildnisse aus ihrer Hand bekannt.[1] Für den Katalog gelang es, 22 Öl-Porträts in unterschiedlichen Beständen zu entdecken sowie zahlreiche weitere Konterfeis auf ihren Zeichnungen und in ihren Skizzenbüchern.

Werfen wir zunächst einen kurzen Blick auf den Kontext ihrer Zeit und auf die Ausprägungen dieser Gattung, bei der es sich in der Regel – wie es der Kunsthistoriker Jacob Burckhardt formulierte – um die „Verewigung des Einzelmenschen"[2] handelt. Zweck des Porträts ist es, das Antlitz einer bestimmten Person im Bild zu fixieren und dadurch lebendig zu erhalten, im Andenken an einen Lebenden oder als Memoria eines Toten. „Die spezifische Bedeutung eines Porträts besteht in der Aufgabe, einem das Aussehen einer ganz bestimmten Person vor Augen zu führen. Darüber hinaus ist es offensichtlich Aufgabe eines Porträts, die äußere Erscheinung eines Individuums zu dessen Gedächtnis zu bewahren."[3]

Das Porträt bewegt sich ab dem Ende des 18. Jahrhunderts, von den Konventionen des Rokoko ausgehend, hin zur Avantgarde, die wiederum gegen Ende des 19. Jahrhunderts mit neuen malerischen Mitteln traditionelle Darstellungsmodi des Herrscherporträts aufgreift. Diese sind beispielsweise die Ganzfigur, die Betonung der Kleidung, die leicht erhöhte Position oder der stolze Gesichtsausdruck der Porträtierten, wie auf dem Bildnis der Marie von Brocken (Abb. 88) aus der Hand der Mitbegründerin der Berliner Secession, Dora Hitz (1856–1924). Modern erscheinen neben dem Pinselstich die Körperdrehung und Haltung sowie die Wahl des schmalen langgezogenen Formates, das die Figur der Freundin der Malerin besonders betont.[4]

Im Barock bedient das Porträt die Repräsentation der Macht der Herrscher und der Stellung der Adeligen. Künstler bedienen sich hierbei eines kanonisierten ikonografischen Zeichenapparates. Ein Paradebeispiel ist das Bildnis König Ludwigs XIV. von Hycinthe Rigaud von 1701 mit dem Sonnenkönig in Ganzfigur und im Krönungsornat vor einem roten Vorhang und einer Säulenarchitektur im Hintergrund.[5] Derartige Gebäudeteile, der Kothurn und die hohe Stirn des Monarchen, die die Alexanderpanegyrik rezipiert, verweisen auf das Würdemotiv in Anlehnung an den Idealstatus der Antike.

Politische und gesellschaftliche Veränderungen, die die Französische Revolution und die Aufklärung hervorrufen, führen auch zu einer Umdeutung des Porträts und einer Umwertung der traditionellen Ikonografie. Der Dargestellte präsentiert sich nicht mehr aus der Untersicht, in statuarischer Pose, mit den Insignien der Macht und mit erhabenem ernstem Gesichtsausdruck distanziert entrückt. Im Ausschnitt des Brustbildes rückt er nun mehr in die Nähe des Betrachters. Das Augenmerk des Künstlers konzentriert sich auf die Wiedergabe der Gesichtszüge und der Individualität; die Mimik des Porträtierten erscheint nun weniger angespannt und dadurch menschlicher. Herrscher bevorzugen an Stelle der opulenten Robe und Allegorisierung ihre Uniform, wie es z. B. auf dem in Privatbesitz befindlichen Schulterstück des *Großherzogs Leopold von Baden 1790–1852 Vater des Friedrich* aus der Hand des Karlsruher Bildnismalers Franz Epple (1791–1856) – einem der wenigen namentlich bekannten Schüler der Marie Ellenrieder – umgesetzt ist.[6] Ade-

Abb. 87 – Alexandra von Berckholtz, Olga von Berckholtz, Bleistift auf Papier, 24,7 × 18,9 cm, rechts unterhalb bezeichnet und datiert *Ortenberg cf. 21 t Juli 1847.*, Skizzenbuch von 1847–1853, StAO Inv.-Nr. 26/21/016.

Abb. 88 – Dora Hitz, Bildnis der Malerin Marie von Brocken (oder: Dame in Rot), Öl auf Leinwand, 217 × 93 cm, 1891, Museen der Stadt Nürnberg, Kunstsammlungen Inv.-Nr. Gm 0592.

lige zeigen sich vermehrt auf Bildnissen auch im dunklen Anzug, wie Jacob Johann von Berckholtz auf dem aus der Hand seiner Schwester Alexandra (KAT.-NR. 8).

Diese Modalitäten demonstrieren eine Annäherung des Adelsporträts an das Bürgertum, das nicht nur durch die Ideen der Aufklärung – jeder Mensch ist ein mündiges Individuum mit Verstand, unabhängig von Geburt und Status – auch durch Handel, Wirtschaft und Industrialisierung als Stand und Schicht zu vermehrter gesellschaftlicher Bedeutung gelangt. Neue Auftraggeber finden die Künstler unter Kaufleuten, Bürgermeistern, Fabrikbesitzern, Professoren und Handwerkern, die sich ebenfalls im Halb- oder Brustbild und im Berufsporträt mit oder ohne ihre Attribute abbilden lassen.

Als einer der Begründer der bürgerlichen Malerei gilt Anton Graff (1736–1813). Ein Beispiel ist sein Bildnis Friedrichs des Großen (1712–1786), das 1781 entstand, auf dem sich der Künstler in – verglichen mit Rigauds Porträt Ludwigs XIV. – kleinem Format und im Brustbild äußert und seine Konzentration auf das Gesicht des Philosophenkönigs richtet. Der Herrscher erscheint nahezu wie ein Privatmann, auf seine militärischen Erfolge verweist der Bruststern des Schwarzen Adlers. „Seine individuellen Verdienste führen gerade im Zeitalter des Geniekults zur Heroisierung des Herrschers, die zu seiner sozialen Integration beiträgt und charakteristisch für das ‚bürgerliche Zeitalter' ist."[7] Zur Popularisierung Friedrichs II. trägt außerdem das durch Franz Theodor Kugler (1808–1858) verfasste und durch Adolph Menzel (1851–1905) illustrierte Buch *Geschichte Friedrichs des Großen* bei.

Nahezu analog erscheint Graffs Porträt des Friedrich Ludolf Hansen (1738–1803) mit verschränkten Armen und nach links gedrehtem Oberkörper vor einem neutralen Hintergrund.[8] Der Künstler charakterisiert Hansen allein durch seinen wachen und aufmerksamen Blick. Nichts im Bildfeld verweist auf seine Tätigkeit als Kaufmann und Baumeister in Leipzig sowie auf sein Ehrenamt als Vorsteher des Waisenhauses.

Neben diesen individuellen Strömungen existiert nach wie vor weiterhin das traditionelle und inszenierte Herrscher- und Adelsporträt in repräsentativer Haltung und Ganzfigur. Franz Xaver Winterhalter, der gefragteste Porträtist an den Höfen von Madrid bis St. Petersburg und offizieller Maler der britischen Königin Victoria, der einer der Lehrer Alexandra von Berckholtz' gewesen sein soll, bedient beide Modalitäten und Lesarten. Neben z. B. dem verlorenen Profil der französischen Kaiserin Eugénie (1826–1920) malt er ihren Mann Kaiser Napoleon III. (1808–1873) in Anlehnung an den Stil Rigauds in einem Innenraum vor einem roten Vorhang stehend, mit der *Main de la Justice* in der rechten auf Krone und Zepter aufgestützten Hand. Er trägt einen Hermelinmantel und darunter die Uniform eines Generalmajors mit der Kette der Ehrenlegion. In distanzierter Frontalität und erhabenem Gesichtsausdruck steht er dem Betrachter unbewegt gegenüber.[9]

Wesentlich gelöster wirkt im Vergleich dazu die Mimik der Kronprinzessin Stephanie (1864–1945) auf Hans Canons Porträt (Abb. 89), die der Künstler ebenfalls als lebensgroße Ganzfigur vor einer Säule in einem Innenraum mit Blick auf eine Landschaft außerhalb aufführt. Erzherzogin Stephanie, eine Tochter des belgischen Königs Leopold II. (1835–1909), heiratet im Mai 1881 den österreichischen Kronprinzen Rudolf von Habsburg (1858–1889), mit dem Canon persönlich befreundet ist und häufig zusammen auf die Jagd geht.[10]

In einem undatierten und stilistisch vermutlich aus Alexandra von Berckholtz' Frühwerk stammenden Skizzenbuch befindet sich eine Zeichnung einer Dame in Ganzfigur (Abb. 90) und in einem taillierten langen Kleid, die stilistisch eindimensional und der Fläche verhaftet anmutet und inhaltlich

Abb. 89 – Hans Canon, Kronprinzessin Stephanie, Öl auf Leinwand, 219 × 121 cm, links unten signiert und datiert *CANON. 1881.*, Kunsthistorisches Museum der Stadt Wien Inv.-Nr. 9561.

in keiner Weise den späteren Porträts der Künstlerin entspricht. Die Hand der Frau ruht auf der Lehne eines rechts neben ihr befindlichen Stuhls, der perspektivisch nicht ganz korrekt erfasst ist. Die Positur der Dame und auch ihre Mimik wirken steif und unbeweglich. Realisiert wurde die Zeichnung mit weichem Bleistift und in breiten Linien. Das Fehlen eindeutiger Vergleichsbeispiele erschwert die Zuschreibung zu einem künstlerischen Unterricht, in dem dieses Bildnis eventuell entstand.

Innerhalb des allgemein herrschenden Trends der Demokratisierung des Porträts entstehen Einzelbildnisse, Gruppen- sowie Doppelporträts und Pendants. Eine Neubewertung der Kindheit und Privatsphäre führt vor allem im Biedermeier zu einer Interpretation der Familie als Refugium gegenüber Öffentlichkeit, Politik und Arbeitsleben. Aus dieser Perspektive der Menschlichkeit entstehen Kinder-, Familien- und Ehepaarporträts, die bereits in der niederländischen Tradition des 17. Jahrhunderts ihre Verankerung haben, nämlich in der Tatsache, dass in jedem Haushalt ein Bildnis des Hausherrn und der Hausherrin nebeneinander hängen sollte.[11]

Diese Pflege des gegenseitigen Verständnisses und des Stellenwerts der Liebe als Grundlage einer Partnerschaft spiegeln Pendantdarstellungen bürgerlicher und adliger Paare wider, in der Regel mit Blick zum Betrachter, wie z. B. die beiden Kniestücke des Grafen (Abb. 91) und der Gräfin Mons (Abb. 92) von Ludwig Knaus oder die des Herzogs Ernst II. (1818–1893) (Abb. 215) und der Herzogin Alexandrine von Sachsen-Coburg und Gotha (1820–1904) in Jägertracht (Abb. 214) aus der Hand Richard Laucherts. Mit Herzogin Alexandrine, einer geborenen Prinzessin von Baden, ist Alexandra von Berckholtz persönlich befreundet. Die Pendants sind sowohl innerhalb des Empfindsamkeitsideals des 19. Jahrhunderts – gefühlsbetonte Menschlichkeit und Respekt der Individualität des Partners – als auch innerhalb der Tradition der Ahnengalerie zu verstehen.

Dies trifft auch auf die Bildnisse der einzelnen Mitglieder ihrer Familie zu, die Alexandra von Berckholtz von ihren Eltern (KAT.-NR. 1, 2, 3) sowie ihrem Bruder Jacob und dessen Frau Emma (KAT.-NR. 8, 9) malte. Bei diesen Gemälden handelt es sich ebenfalls um jeweils zwei Pendants zweier durch ihre Körperhaltung und Kopfneigung gegenseitig zugewandter Ehepaare.

Im Allgemeinen entsteht bereits im 18. Jahrhundert das Bedürfnis, einen geliebten Menschen auch im Abbild stets bei sich zu haben, im Freundschaftsbildnis, dem sich auch Alexandra von Berckholtz widmet. Innerhalb der Salonkultur des 19. Jahrhunderts und bei regelmäßigen Treffen im Freundeskreis, an denen bildende Künstler zeichnen, Musiker neueste Kompositionen vortragen, Literaten aus ihren Werken lesen, Schauspieler rezitieren oder Gelehrte wissenschaftliche Erkenntnisse diskutieren, tauscht man gegenseitig auch Bilder der eigenen Person aus, die im Laufe der industriellen Entwicklung vermehrt ebenfalls druckgrafisch hergestellt werden. Im Nachlass der Alexandra von Berckholtz befindet sich ein Album mit hunderten an eingeklebten Lithografien und Stichen, die Adelige, hochrangige politische und kirchliche Würdenträger, Komponisten oder Schauspielerinnen aufführen, mit denen die Familie Kontakt pflegte.

Das Freundschaftsbild ist das „Medium der emotionalen Kommunikation",[12] das zusätzlich zur regen Briefkultur in Zeiten der Abwesenheit der geschätzten Person an diese erinnert – diese verkörpert und repräsentiert – und somit den Status eines Kultobjekts einnimmt. Unterschiedliche Künstler – unter anderem auch Anton Graff oder Caroline Bardua (1781–1864) – malen für den Dichter und Kunstsammler Johann Wilhelm Ludwig Gleim (1719–1803) insgesamt 118 Brustbilder seiner Freunde in frontaler Haltung oder im Profil, auf denen die Konzentration auf der Physiognomie liegt. Die heu-

Abb. 90 – Alexandra von Berckholtz, Porträt einer unbekannten Dame, Bleistift auf Papier, 13,5 × 21,7 cm, Skizzenbuch, StAO Inv.-Nr. 26/21/025.

Abb. 91 – Ludwig Knaus, Porträt von Louis Bruno Graf Mons, Öl auf Leinwand, 132 × 93 cm, rechts unten signiert und datiert *L. Knaus 1853*, Museum Wiesbaden Inv.-Nr. M 401.

Abb. 92 – Ludwig Knaus, Porträt der Gräfin Mons, Öl auf Leinwand, 131 × 92 cm, rechts unten signiert und datiert *L. Knaus 1853*, Museum Wiesbaden Inv.-Nr. M 402.

te im Gleimhaus Halberstadt befindliche Bildnissammlung berühmter Persönlichkeiten des 18. Jahrhunderts ist die größte zusammenhängende ihrer Zeit.[13] Von der Malerin Angelika Kauffmann (1741–1807) ist bekannt, dass sie für sich einige ihrer wichtigsten Weggefährten im Bildnis festhielt und diese Gemälde in ihrem Wohnzimmer aufstellte[14] oder von Friedrich II. von Preußen, dass er eine von Johann David und Johann Lorenz Wilhelm Räntz gefertigte Plastik mit einer Sitzfigur seiner Lieblingsschwester Markgräfin Wilhelmine von Bayreuth (1709–1758) besaß.[15]

Ein wesentlich handlicheres und transportableres Medium der Zeit ist der Scherenschnitt, von dem Alexandra von Berckholtz auch eine Reihe nach dem Schattenriss ihrer Geschwister in Profilansicht anfertigt, wie z. B. von ihrer Schwester Elisabeth (Abb. 93). Scherenschnitte finden Verbreitung innerhalb bürgerlicher Salons und auch innerhalb der Netzwerkkultur studentischer Verbindungen.

In der zweiten Hälfte des 19. Jahrhunderts tritt innerhalb der Mediengeschichte die Fotografie als neue Möglichkeit der Bildproduktion auf. An Stelle von Zeichnungen oder druckgrafischen Blättern verschenkt man vermehrt Porträtfotografien oder legt diese Briefen bei. Im Nachlass der Luise von Schkopp ist eine Fotografie aus dem Jahr 1877 erhalten, die Alexandra von Berckholtz im Alter von 56 Jahren, im Ausschnitt des Büstenporträts und mit Blick rechts am Betrachter vorbei zeigt (Abb. 94). Handschriftlich ist mit Bleistift auf der Vorderseite vermerkt: *Sascha Berckholtz Malerin*. Das Bild wurde aufgenommen von den königlich bayerischen Hoffotografen Lechleitner & Küster, die das Atelier von M. Pössenbacher in der Amalienstraße 6 in München übernommen hatten.

Viele Bildnismaler spezialisieren sich gleichzeitig, um am medialen Puls der Zeit zu bleiben, ebenfalls auf die Fotografie, wie z.B. Alexandras Karlsruher Lehrer Louis Wagner. Ein weiterer ist der Ansbacher Porträtist Johann Georg Heintz (1823–1886), der nach seinem Studium an der Akademie München seinen Kunden eine technische Bandbreite an Bildnismöglichkeiten anbietet und 1876 sogar zum Hoffotografen des deutschen Kronprinzen ernannt wird.[16]

Die Fotografie hat das Potential der Abbildtreue, wohingegen sich das gemalte Porträt stets im Spannungsverhältnis zwischen Idealisierung und Wirklichkeit bewegt, eine Diskussion, die auf kunsttheoretischer Ebene bereits seit der Renaissance geführt wird. Das Porträt hat sowohl den Dargestellten abzubilden und ihm ähnlich zu sehen, *imitare*, als auch die vorgefundene Natur zu verändern und vervollkommnen, *ritarre*.[17] Der Maler konzentriert seine Personendarstellung auf einen Einzelaspekt der Persönlichkeit und eine Momentaufnahme, die von Zweck und Verwendung des Bildes sowie Zielgruppenorientierung und Imageproduktion abhängt.

Ab Beginn des 19. Jahrhunderts verlangen Herrscher, Adelige und Bürger vermehrt nach getreuen Bildnissen jenseits der Veränderung des Antlitzes und Aufladung mit Attributen sowie mit ikonographischen Lesarten. Betont tritt in der Regel im Brustbild ausschließlich die Physiognomie des Dargestellten hervor, bei der sich die Konzentration des Künstlers auf eine präzise und psychologische Erfassung des individuellen Charakters richtet: „Portraitkunst als Seelenmalerei."[18]

Derart malt auch Alexandra von Berckholtz ihre Porträts. Blickt man manch einen Abgebildeten an, ohne seinen Namen zunächst zu kennen, fällt eine eindeutige Zuschreibung zum Adel oder Bürgertum nicht leicht. Ihren Diener Johann Heinrich Neese (1796–1885) (KAT.-NR. 10) stellt sie in würdevoller Haltung, gravitätischer Miene und bürgerlicher Kleidung vergleichbar wie ihren Vater Gabriel Leonhard von Berckholtz (KAT.-NR. 3) in einem Ölgemälde dar. Man vermeint, das Porträt eines Gelehrten vor sich zu haben und nicht das eines Dienstboten.

Die Epoche der Aufklärung bringt zusätzlich zu diesem Respekt vor der allgemeinen Menschlichkeit auch ein gesteigertes Interesse des Bürgertums an Musik, Theater, Literatur und Kunst mit sich, das durch die Öffnung der Gemäldegalerien vieler Fürsten für die Allgemeinheit befördert wird. Musiker treten vermehrt nicht mehr nur bei Hofe auf. Sie werden durch eine breite Öffentlichkeit verehrt, die ihren Konzerten beiwohnt. Einer dieser Stars der Zeit ist beispielsweise Franz Liszt, dessen Konterfei – das er auch auf Tabaksdosen und Bonbonpapieren verbreitet – den Kult um seine Person noch katalysiert. Alexandra von Berckholtz erlebt ihn in Bonn 1845 und zwei Jahre zuvor in einem Konzert in Karlsruhe, wo der Klaviervirtuose zwischen dem 27. November und 4. Dezember 1843 viermal auftritt.[19] Es ist nicht bekannt, an welchem der Konzerte Alexandra von Berckholtz teilnahm, oder ob sie gar mehrere besuchte. Bekannt ist jedoch eine mit *Carlsruhe* beschriftete und in einem Skizzenbuch befindliche Zeichnung, auf der sie Franz Liszt am Flügel sitzend und musizierend darstellt (KAT.-NR. 84), und die sie wohl während einem seiner Auftritte nach dem Leben aufnahm.

Abb. 93 – Alexandra von Berckholtz, Elisabeth von Berckholtz, Scherenschnitt, 5,5 × 4,8 cm, Archiv der Berckholtz-Stiftung, Karlsruhe.

Abb. 94 – Lechleitner & Küster, Alexandra von Berckholtz, Fotografie, 10,5 × 6 cm, 1877, Familienarchiv Prof. Dr. Bernhard von Barsewisch Groß Pankow.

Abb. 95 – James Scott, nach Louise von Meyern-Hohenberg, Prinz Albert von Sachsen-Coburg und Gotha, Schabkunst, 32,4 × 24,6 cm, 1840, Kunstsammlungen der Veste Coburg Inv.-Nr. XI,263,4a.

Abb. 96 – Caroline Bardua, Bildnis des Geigenvirtuosen Niccolò Paganini, Öl auf Leinwand, 64 × 49 cm, 1829, Anhaltische Gemäldegalerie Dessau Inv.-Nr. 446.

Es wird Usus, nicht nur von seinen Verwandten und Freunden, auch von beliebten Künstlern Bilder zu besitzen, sei es in Form eines Ölgemäldes, einer Lithografie oder einer Fotografie, die gerahmt auf der Kommode aufgestellt wird. Porträts unterstützen und betreiben als frühe Merchandisingartikel den entstehenden Geniekult um Musiker, Sänger und Komponisten. Die britische Königin Victoria ist von der schwedischen Sopranistin Jenny Lind derart begeistert, dass sie 1847 zusammen mit dem Prinzgemahl Albert von Sachsen-Coburg und Gotha alle ihre 16 Konzerte in London besucht. Für eines dieser Konzerte unterbrechen sie sogar ein Dinner mit dem Premierminister Lord John Russell im Buckingham Palace. Im Nachlass der Königin befindet sich eine Fotografie, die die Sängerin neben einem Klavier stehend zeigt.[20]

Neben Fotografien werden auch weiterhin druckgrafische Blätter zum Einkleben in Alben weitergegeben. Nach dem Bildnis des Prinzen Albert (Abb. 95) aus der Hand der Coburger Porträtmalerin Louise von Meyern-Hohenberg (1815–1865) fertigt James Scott eine Reproduktion an. Das Porträt zeichnet die Künstlerin nach dem Leben in Coburg, wo sich Albert nach seiner Rückkehr aus Italien von Juni bis November 1839 aufhält.[21]

Eine weitere Berühmtheit der Zeit, von der unterschiedlich umgesetzte

Abb. 98 – Anna Rosina de Gasc, Selbstbildnis, Öl auf Leinwand, 107 × 84 cm, signiert unter der Doublierung *Rosine Lisiewska / Veuvé Matthieu, mariée de Gasc / née à Berlin L'Anée 1717. / peint par elle-même à Bronsvic 1767.*, Herzog Anton-Ulrich Museum Braunschweig Inv.-Nr. 725.

Abb. 97 – Joseph Nicolas Robert-Fleury, Paul Delaroche, Öl auf Leinwand, 133,5 × 105 cm, École nationale supérieure des Beaux-arts Paris Inv.-Nr. MU1515.

Bildnisse erhalten sind, ist der Virtuose Niccolò Paganini (Abb. 96). Caroline Bardua stellt ihn nach einem zusammen mit ihrer Schwester Wilhelmine am 13. März 1829 besuchten Konzert in Berlin während seiner Deutschlandtournee dar. Weitere Darstellungen des Musikers sind aus der Hand von Georg Friedrich Kersting (1785–1847), Karl Begas (1794–1854) oder Franz Krüger (1797–1857) bekannt, die Paganini in der Regel auf der Violine spielend aufführen. „Caroline Barduas Portrait zeigt nichts von seiner dämonischen Ausstrahlungskraft, sie spürt dem Menschen nach."[22] Sie zeigt den Geiger mit kontemplativem Blick links am Betrachter vorbei auf eine steinerne Sphinx aufgestützt vor einem geöffneten Fenster mit Blick auf den rauchenden Vesuv. Vor einem roten Vorhang links im Hintergrund des Bildfeldes liegt die Violine auf einem Notenblatt. Beides ruht auf einem Säulenstumpf vor einem mit Lorbeer bekrönten Relief eines von einem Engel begleiteten Jungen, der auf einer Violine spielt. Derartige ikonografische Muster finden sich auf Alexandra von Berckholtz' Personendarstellungen nicht, wie auch generell keine Äußerung hinsichtlich des Teufelsgeigers.

Teil des Star- und Freundschaftskultes sind außerdem die bildenden Künstler, die sich gegenseitig porträtieren. So stellt z. B. Alexandras Pariser Lehrer Joseph Nicolas Robert-Fleury seinen Freund Paul Delaroche in einem Bildnis im Kniestück und in leicht nach vorne geneigter Haltung dar (Abb. 97). Delaroche unterrichtet Robert-Fleurys Sohn Tony (1837–1911), der ebenfalls als Historienmaler tätig ist. Auch aus Alexandra von Berckholtz' Hand sind Darstellungen einiger Künstlerfreunde bekannt, wie z. B. von dem badischen Hofmaler August Vischer (1821–1898) (Abb. 189) oder dem russischen Schlachtenmaler Alexander von Kotzebue (1815–1889) (Abb. 200), deren Verbleib unbekannt ist. Aufgefunden werden konnte das in Privatbesitz befindliche Bildnis des badischen Kriegsmalers Feodor Dietz (1813–1870) (KAT.-NR. 12). Eine Zeichnung in einem Skizzenbuch zeigt ein Porträt des Malers Ludwig Knaus (KAT.-NR. 67).

Besondere Hervorhebung verdient das Selbstporträt, das ab dem 15. Jahrhundert mit beispielsweise Albrecht Dürers (1471–1528) Selbstinszenierung in unterschiedlichen Ausprägungen umgesetzt wird, sei es unter Einbeziehung der Werkzeuge oder durch Verzicht auf Attribute des Künstlers. Anna Rosina de Gasc (1713–1783) – Schwester der Rokokomalerin Anna Dorothea Therbusch (1721–1782) – zeigt sich auf ihrem Selbstporträt (Abb. 98) in Denkerpose mit Palette und Pinseln und einem auf einem Tisch neben einem Zeichenstift liegenden Buch, mit dem rechten Ellenbogen abgestützt. Die hier zitierten Werkzeuge verweisen auf den *Disegno*, die Zeichen- und Erfindungsgabe, und die *Pittura*, das Kolorieren der künstlerischen Ideen. Rechts im Hintergrund bewegen sich zwei seifenblasende Putti in Anspielung auf den *Homo bulla*, einem seit Erasmus von Rotterdam (um 1466–1536) verbreiteten Motiv des Verweises auf die Vergänglichkeit des Menschen. Die Tochter des polnischen am preußischen Hof tätigen Porträt- und Miniaturmalers Georg Lisiewski (1674–1750) war ab 1777 Hofmalerin in Braunschweig und mit Gotthold Ephraim Lessing befreundet (1729–1781).[23]

Nicht als Künstler identifizierbar ist dagegen Johann Baptist Hofner (1832–1913) auf seinem Selbstporträt im Brustbild und Viertelprofil (Abb. 99). Sein Gesicht und grauer Bart treten betont – wie auf Canons Berckholtz-Bildnis – gegenüber dem dunklen Hintergrund und der dunklen Anzugjacke hervor. Die Darstellung spart sowohl die Hände als auch attributives Beiwerk des Tier- und Landschaftsmalers aus. Hofner war mit Franz von Lenbach befreundet, mit dem er während der Sommermonate häufig zusammen in seinem Heimatort Aresing in freier Natur malte.

Dies leitet über zu einem Grenzbereich, den es kurz noch zu erwähnen gilt, und aus dem manche Darstellungen auch dem Porträt zugeordnet werden können, wenn die Konzentration des Bildes nicht auf der Landschaft, dem Interieur oder dem Tierstück, sondern auf der menschlichen Figur liegt. Die Genremalerei präsentiert nicht nur „naturalistisch anmutende, genaue Landschaftsstudien", ein „ideales Wunschbild einer realistischen Landschaft" und ruralen Kultur, eine „Ästhetisierung wilder Natur" oder eine „Sehnsucht nach dem Einfachen und Ursprünglichen"[24] im Zuge der Ausbreitung der Technisierung und Industrialisierung. Werke der Genremalerei stellen den Alltagsmenschen in den Mittelpunkt, den Bauern, den Sämann, den Marktbesucher oder den Waldarbeiter. Mit seinem Porträt eines *Jägers aus Ischl*[25] bedient Hans Canon diesen *Sous-bois-Effekt*[26] einer mit ihrer landschaftlichen Umgebung organisch verwachsenen Person unter präziser Schilderung der lokalen Tracht. Ein bekannter bayerischer Genremaler ist – neben Carl Spitzweg – Eduard von Grützner (1846–1925), der z. B. einen Mönch neben einem mächtigen Fass und mit erhobenem Weinglas in der rechten Hand bei einer *Weinprobe im Keller* zeigt.[27]

Im Laufe des 18. Jahrhunderts entwickelt sich der Terminus *Genremalerei* in Frankreich als eigener Gattungsbegriff für eine „Figurenmalerei von Alltagsszenen".[28] In den Niederlanden existiert eine derartige Malerei jenseits

Abb. 99 – Johann Baptist Hofner, Selbstporträt, Öl auf Leinwand, 66,5 × 53,5 cm, Lenbachmuseum Schrobenhausen Inv.-Nr. 455.

Abb. 100 – Adolph Schroedter, Slowakenfamilie, Öl auf Holz, 16 × 18,7 cm, 1838, LVR-Landesmuseum Bonn, Rheinisches Landesmuseum für Archäologie, Kunst und Kulturgeschichte Inv.-Nr. 86.0053.

der heroischen Szenen und der Historienmalerei bereits im 17. Jahrhundert, häufig auch gepaart mit Nuancen der Komik und Karikatur.

Die Menschen sind auf den Genrebildern des 19. Jahrhunderts meist idealschön, in sauberer Kleidung und ohne Spuren der Arbeit dargestellt. Naturalistische Tendenzen, die dem Betrachter die Mühen der körperlichen Arbeit vor Augen führen, wie z. B. die *Steineklopfer*[29] von Gustave Courbet (1819–1877) sind in der Regel selten. Auch Alexandra von Berckholtz inszeniert einen gepflegt aussehenden jungen Mann, einen Schwarzwaldbauern (KAT.-NR. 20) im Sonntagsanzug und mit Hut auf dem Kopf auf einem Felsvorsprung sitzend in frontaler Haltung. Auf seinen Knien hat er einen mit Trauben gefüllten Korb abgestellt, der darauf schließen lässt, dass es sich bei dem Dargestellten um einen Weinbauern handeln könnte. Lediglich der Titel liefert einen Hinweis auf die Gattung des Genrebildes, das durchaus auch als Porträt eines unbekannten jungen Mannes gesehen werden kann.

Dagegen ist Adolph Schroedters Slowakenfamilie (Abb. 100)[30] zu den Genrebildern und nicht zu den Gruppenporträts zu zählen, da die Konzentration nicht – wie bei Alexandras Schwarzwaldbauern – auf dem Antlitz der Abgebildeten liegt, bei den zwei in der horizontalen Mittelachse auf einem Felsen in einer Gebirgslandschaft sitzenden Erwachsenen und drei Kindern. Drei der Gesichter sind dem Betrachter zugewandt, jedoch lediglich angedeutet, was der breite und flotte Pinselstrich noch verstärkt. Wesentlicher Bildgegenstand ist die slowakische Landschaft, wie man sich im 19. Jahrhundert, ohne diese bereist zu haben, die Hohe Tatra vorstellt. Auf die Musikkultur verweist eine Bandura, eine Lautenzither, die gezupft gespielt wird, zu den slawischen Volksinstrumenten zählt und ihren Ursprung in der Ukraine hat.

Anselm Feuerbachs Abbild einer unbekannten alten Frau (Abb. 101) im Ausschnitt des Büstenporträts hingegen konzentriert sich auf die vom Leben gezeichneten faltigen Gesichtszüge und spart jeglichen landschaftlichen Hintergrund sowie Beiwerk und Requisite aus. Ihr grauer Haaransatz mit Mittelscheitel tritt unter einem Kopftuch und über der hohen Stirn hervor. Sie wendet sich dem Betrachter zu, der unmittelbar hinter ihr steht, ohne

Abb. 101 – Anselm Feuerbach, Porträt einer älteren Frau, Öl auf Leinwand, 35 × 28 cm, 1864, Feuerbachhaus Speyer Inv.-Nr. FH 0046.

89

Abb. 102 – Alexandra von Berckholtz, Porträt einer älteren Frau, Bleistift auf Papier, 21,7 × 13,5 cm, Skizzenbuch, StAO Inv.-Nr. 26/21/025.

Abb. 103 – Alexandra von Berckholtz, Bildnis eines jungen Mannes, Bleistift auf Papier, 22,7 × 15 cm, Skizzenbuch von 1876–1877, StAO Inv.-Nr. 26/21/023.

ihn anzublicken. Durch diese Bewegung nimmt er sie im Dreiviertelprofil von hinten und in ihrer ganzen Menschenwürde wahr.

Alexandra von Berckholtz zeigt in einem undatierten Skizzenbuch das Porträt einer älteren Frau (Abb. 102) in Sitzfigur, deren Haube eine Zuordnung der Dargestellten nicht zum Bauernstand, sondern zum Adel oder gehobenen Bürgertum erlaubt. Die Hände hält sie in unbeweglich anmutender Haltung verschränkt in ihrem Schoß. Die Gesichtszüge, das Oberteil des Kleides und das Schultertuch sind mit einer Binnenzeichnung ausgefüllt, der Rock ist lediglich durch eine Kontur angedeutet.

Bleiben wir an dieser Stelle bei Alexandra von Berckholtz' Skizzenbüchern und den darin enthaltenen zahlreichen unterschiedlichen Bildnissen. Diese sind meist Einzelporträts von Familienmitgliedern, Freunden, Frauen und

Abb. 105 – Alexandra von Berckholtz, Mary Williams, Bleistift auf Papier, 18,9 × 12 cm, links unterhalb beschriftet *Mary Williams / Clarens Sept. 1876*, Skizzenbuch von 1875, StAO Inv.-Nr. 26/21/021.

Abb. 104 – Alexandra von Berckholtz, Porträt eines Mannes in Uniform, Bleistift auf Papier, 21,7 × 13,5 cm, Skizzenbuch, StAO Inv.-Nr. 26/21/025.

Männern, auf die sie auf ihren Reisen trifft oder anderen, die nicht genauer zugeordnet werden können. Abschließend folgt eine Auswahl aus dieser Galerie der Bekannten und Unbekannten.

Die Frontalansicht en face, auf der der Oberkörper nahezu parallel zum Betrachter ausgerichtet ist, findet sich als Ausschnitt auf Alexandras Porträts verhältnismäßig selten. In der Regel lockert sie diese Frontalität durch eine leichte Körperdrehung oder Bewegung auf, wie z. B. im Falle des Brustbildes eines jungen Mannes in Anzugjacke und Halsbinde (Abb. 103), das die Künstlerin während einer Schweizreise 1876 aufnimmt, und das in Vevey oder Clarens entstanden sein könnte.

Diesen Ausschnitt erweitert sie auf dem Porträt eines Mannes in Uniform (Abb. 104), der zwischen Brustbild und Halbfigur rangiert. Der Herr trägt

Abb. 106 – Alexandra von Berckholtz, Damenporträt, Mlle Diez (?) Bleistift auf Papier, 23,5 × 16,9 cm, links unterhalb beschriftet *Clarens. 29. Sept. 77. Mlle Diez (?)*, Skizzenbuch von 1876–1877, StAO Inv.-Nr. 26/21/023.

Abb. 107 – Alexandra von Berckholtz, Auguste Knorre, Bleistift auf Papier, 21 × 13,3 cm, unterhalb beschriftet *cf. 8. Sept. 1859 Auguste Knorre*, Skizzenbuch von 1859/60, StAO Inv.-Nr. 26/21/017.

eine Brille, einen Oberlippenbart und zwei nicht näher bestimmbare Bruststerne an seiner Uniformjacke.

Im Viertelprofil stellt die Künstlerin eine junge Frau (Abb. 105) vor, deren Bildnis sie unterhalb bezeichnet und datiert: *Mary Williams / Clarens Sept. 1876*. Ihre Schultern sind diagonal zum Betrachter angeordnet; ihr Kopf ist leicht nach links gewandt. Die Zeichnung befindet sich im Skizzenbuch auf dem Folgeblatt gleich hinter dem bereits vorgestellten jungen Mann (Abb. 103), was darauf schließen lässt, dass dieses Porträt im gleichen Kontext entstanden sein könnte. Womöglich ist er der Lebensgefährte oder ein Familienangehöriger der Mary Williams? Halten sich beide aus England oder Amerika Stammende zur gleichen Zeit wie Alexandra von Berckholtz zur Kur in der Schweiz auf?

Ein Damenporträt (Abb. 106) in vergleichbarem Ausschnitt findet sich in einem Skizzenbuch ein Jahr später. Es entsteht am 29. September 1877 eben-

Abb. 108 – Alexandra von Berckholtz, Porträt eines Mannes, Bleistift auf Papier, 26,9 × 21,2 cm, links unten datiert *7. Feb. 1865*, Skizzenbuch von 1860/61, StAO Inv.-Nr. 26/21/018.

Abb. 109 – Alexandra von Berckholtz, Damenporträt, Bleistift auf Papier, 25 × 18,3 cm, rechts unten beschriftet und datiert *Vevay. cf. 5. August. 1842.*, Skizzenbuch von 1841–1846, StAO Inv.-Nr. 26/21/015.

falls in Clarens. Der Name der Dargestellten – Mademoiselle Diez? – ist nicht eindeutig lesbar.

In stärkerer Drehung des Kopfes, aber noch nicht im strengen Profil, sondern im Dreiviertelprofil, zeigt Alexandra von Berckholtz eine ältere Frau (Abb. 107), die mit *Auguste Knorre* auch namentlich benannt ist, und einen unbekannten Herrn mit Vollbart (Abb. 108). Der Betrachter nimmt in der von ihm abgewandten Seite des Gesichts ansatzweise das zweite Auge wahr. Der Blick der Dargestellten richtet sich in die Ferne.

Das Profil ist – seit der Antike und den Münzbildnissen römischer Kaiser über die würdevolle Präsentation einer Person in der Renaissance – die klassische Porträteinstellung. Der Dargestellte dreht den Kopf nach links oder rechts und wendet dem Betrachter eine einzige Seite seines Gesichts zu. In Alexandra von Berckholtz' Skizzenbüchern findet sich die Profilansicht nach rechts am häufigsten, wie z.B. auf einem 1842 in Vevey ge-

Abb. 110 – Alexandra von Berckholtz, Damenporträt, Bleistift auf Papier, 25 × 18,3 cm, rechts unten beschriftet und datiert *Ortenberg cf. 29. Aug. 1842.*, Skizzenbuch von 1841–1846, StAO Inv.-Nr. 26/21/015.

Abb. 111 – Alexandra von Berckholtz, Porträt eines Mannes, Bleistift auf Papier, 24,7 × 18,9 cm, rechts unten beschriftet und datiert *Ortenberg cf. 12 Sept. 1844.*, Skizzenbuch von 1847–1853, StAO Inv.-Nr. 26/21/016.

zeichneten Damenporträt (Abb. 109), einem Bildnis einer jungen Frau aus Ortenberg (Abb. 110), einer 1844 in Ortenberg angefertigten Darstellung eines Mannes mit Backenbart (Abb. 111) oder im Falle der im Oktober 1859 porträtierten Emma von Mollenbeck (Abb. 112). Emma von Mollenbeck heiratet 1866 den Porträtmaler Wilhelm Füssli (1830–1916) aus Zürich, der von 1846 bis 1849 am Städelschen Kunstinstitut in Frankfurt bei Jakob Becker und 1850 bis 1855 bei Thomas Couture in Paris seine Ausbildung erlangte.[31]

Als ein in Alexandras Werk äußerst seltenes Beispiel eines verlorenen Profils, mit dem Blick über die Schulter der Dargestellten, die dem Betrachter ihre linke Gesichtshälfte präsentiert, sei ein Damenporträt (Abb. 113) in Halbfigur mit Focus auf der Ausarbeitung des Kopfes und der Frisur aufge-

Abb. 113 – Alexandra von Berckholtz, Damenporträt, Bleistift auf Papier, 26,9 × 21,2 cm, Skizzenbuch von 1860–1861, StAO Inv.-Nr. 26/21/018.

Abb. 112 – Alexandra von Berckholtz, Emma von Mollenbeck, Bleistift auf Papier, 21 × 13,3 cm, unterhalb datiert und beschriftet *Oct. 1859. Emma von Mollenbec*, Skizzenbuch von 1859/60, StAO Inv.-Nr. 26/21/017.

führt. In ihrer Hand hält sie ein skizzenhaft angedeutetes Blatt. Eventuell könnte es sich hier um eine Sängerin kurz vor ihrem Auftritt handeln?
Alexandra von Berckholtz porträtierte überwiegend Frauen, häufig Damen ihres Alters, die sie damit vor dem Vergessen bewahrt. Unter diesen befinden sich auch zahlreiche unverheiratete Frauen, die durch Alexandras Bilder weiterleben, wie z. B. ihre Schwester Olga (KAT.-NR. 7), von der aus der Familiengeschichte nichts bekannt ist, im Gegensatz zu ihren Schwestern Natalie und Sophie, deren Vita sich ausschließlich im Kontext der Verdienste ihres bedeutenden Mannes und der Familienkonstellation bewegt. Von Natalie existiert kein Porträt, das von Sophie ist verschollen.
Einige der Herren, die Alexandra von Berckholtz darstellte, zeigt sie zusammen mit ihren Frauen, wie z. B. August Vischer, Alexander von Kotzebue

und Feodor Dietz. Von dem Historienmaler Carl Friedrich Lessing malt sie die Tochter Bertha (1836–1899) (KAT.-NR. 11) und von dem Dichter Joseph Victor von Scheffel (1826–1886) die Schwester Marie (1829–1857) (KAT.-NR. 111).

Alexandra von Berckholtz' Ölporträts zeichnen sich aus durch ihren eigenen Stil, ausdrucksstark wiedergegebene Augen, eine psychologische Charakterisierung der Individualität sowie eine besondere subtile Behandlung der Textilien, der Stoffe und Spitzenkrägen an der Kleidung.

Besonders ihre frühen Zeichnungen zeigten traditionelle Porträtausschnitte und eine Inszenierung der unbewegten Person, vergleichbar mit dem Empireporträt, das Modi der Rokokomalerei einbezieht und umdeutet hin zu einer bürgerlichen Bildniskunst, in der die Präsentation und die Ausschnitte der Dargestellten einer Veränderung unterzogen werden. Dies geschieht wiederum in Wechselwirkung mit dem Adelsporträt. Innerhalb dieser Entwicklung stellt Alexandra von Berckholtz ihre Porträtierten dar: den Freiherrn als Bürger und den Diener als Edelmann.

Anmerkungen

1 Falck, 1899.

2 Burckhardt, Jacob: Das Porträt. In: Gesamtausgabe. Bd. 12. Hg. v. Heinrich Wölfflin. Stuttgart, Berlin, Leipzig 1930, S. 141–292. Schiedermair, Joachim: (V)erklärte Gesichter. Der Porträtdiskurs in der Literatur des dänisch-norwegischen Idealismus. Würzburg 2009, S. 28.

3 Tesan, Harald: Kleine Geschichte des Porträts. Zu Problemen von Form, Funktion und Fortgang der Bildgattung. In: Erlangen, 2008, S. 12.

4 Ein weiteres Bildnis ihrer Malerfreundin befindet sich im Museum für Kunst und Kulturgeschichte Lübeck, Öl auf Leinwand, 94,2 × 55,2 cm, um 1882; Bröhan, Margrit. In: Berlin, 1992, S. 56, Abb. 31.

5 Öl auf Leinwand, 277 × 194 cm, 1701, Sammlung von Ludwig XIV., Musée du Louvre Paris Inv.-Nr. 7492.

6 Gutgesell, Bd. 1, 2014, S. 56, Abb. 39; Oelwein, Cornelia: Adels- und Bürgerportraits im 18. und 19. Jahrhundert. In: Erlangen, 2008, S. 40–51.

7 Kluxen, 1989, S. 109.

8 Öl auf Leinwand, 1781/82, 62 × 51 cm, 1781/82, Stiftung Preußische Schlösser und Gärten Berlin-Brandenburg (Replik des Originals, eine weitere Fassung befindet sich in Privatbesitz); Öl auf Leinwand, 69 × 54,5 cm, verso bezeichnet *A. Graff pinxit. / Leipzig 1795*, Staatliche Museen zu Berlin, Gemäldegalerie; Börsch-Supan, Helmut: Die deutsche Porträtmalerei in der Zeit Anton Graffs. In: Winterthur, 2013, S. 90–102.; Kluxen, 1989, S. 127–133; Winterthur/Berlin, 2013, S. 128–129, 154–155, Kat.-Nr. 41, Abb. S. 129, Kat.-Nr. 54, Abb. S. 155.

9 Öl auf Leinwand, 56,5 × 46 cm, um 1861, Musée Napoléon Arenenberg Inv.-Nr. 8864; Kopie nach dem Original von 1853, Öl auf Leinwand, 241 × 159 cm, Musées nationaux du Palais de Compiègne, Compiègne Inv.-Nr. (1894A) C. 967C; Houston/Freiburg/Compiègne, 2015, S. 200–201, 148–151, Kat.-Nr. 73, Abb. S. 201, Kat.-Nr. 45, Abb. S. 150.

10 Canon malte noch ein weiteres Bildnis: Ausschnitt aus dem Porträt der Kronprinzessin Stephanie, Öl auf Leinwand, 71 × 58 cm, Kunsthistorisches Museum der Stadt Wien Inv.-Nr. 9562; Drewes, 1994, S. 307–309, Nr. 197 a, Nr. 197 b. Briefe des Rudolf von Habsburg an Canon: Stadtbibliothek Wien, Handschriftensammlung Inv.-Nr. 162574.

11 Drewes, 1994, S. 80; Kluxen, 1989, S. 168–169; Börsch-Supan. In: Halberstadt, 2000, S. 21–22.

12 Kanz, Roland: Dichter und Denker im Porträt. Spurengänge zur deutschen Portraitkultur des 18. Jahrhunderts. München 1993, S. 14.

13 Hierzu: Lacher, Reinmar F.: Freundschaftskult und Porträtkult. In: Halberstadt, 2000, S. 41–54.

14 Hierzu: Baumgärtel, Bettina: Die Portraitmalerei. Zwischen Routine und Freundschaftsgabe – Wahlverwandtschaften. Die Freundschaftsbilder. In: Angelika Kauffmann. Hg. v. Bettina Baumgärtel, Ausst.-Kat. Düsseldorf/Ostfildern-Ruit 1998, S. 320–321.

15 Lacher, 2000, S. 52.

16 Heunoske, Werner: Portraitmaler in Erlangen im 18. und 19. Jahrhundert. In: Erlangen, 2008, S. 29–36.

17 Danti, Vincenzo: Il primo libro del trattato delle perfette proporzioni di tutte le cose che imitare e ritrarre si possano con l'arte del disegno. Florenz 1567.

18 Hiller von Gaertringen, Rudolf: „Die Seele selbst, sichtbar gemacht". Anton Graffs Bildnisse von Dichtern, Denkern, Künstlern und Musikern. In: Winterthur/Berlin, 2013, S. 210–218, zit. S. 213.

19 Saffle, 1994, S. 163, 269–270.

20 Kharibian, 2010, S. 100, Abb.; William Edward Kilburn (1818–1891), Jenny Lind steht am Klavier, 1848, Daguerrotypie, 11,5 × 9,1 cm, im Besitz Ihrer Majestät Königin Elizabeth II., Royal Collection Trust Inv.-Nr. 2932510.

21 Schmidt-Liebich, 2005, S. 319–320; Thieme/Becker, Bd. 24, 1930, S. 499–500. Die durch Albert unterschriebene Zeichnung ist seit 1966 im Besitz der Royal Society of Arts. Sie war ein Geschenk von Sir Hilary Blood, von 1963 bis 1964 Chairman des Councils und später Vice President. Davies, John R. (Hg.): Prinz Albert – Ein Wettiner in Großbritannien. München 2004, S. 20, Abb. 1.
22 Gotha/Konstanz, 1999, S. 106, C 4.
23 Ebd., 1999, S. 86, 258, Nr. A 7, Tafel 74, Abb. S. 259.
24 Drewes, 1994, S. 59.
25 Öl auf Leinwand, 71 × 58 cm, signiert und datiert *CANON 1883*, Privatbesitz; Drewes, 1994, S. 321, Nr. 210 a.
26 Negendanck, 2008, S. 52–53.
27 Öl auf Leinwand, 63,7 × 48,5 cm, links unten signiert und datiert *Eduard Grützner 1874*, Museum Georg Schäfer Schweinfurt Inv.-Nr. MGS 351; Schweinfurt, 2013, S. 118–119, Kat.-Nr. 45, Abb. S. 119.
28 Gaehtgens, Barbara: Die Theorie der französischen Genremalerei im europäischen Kontext. In: Bailey/Conisbee/Gaehtgens, 2004, S. 40.
29 Öl auf Leinwand, 165 × 257 cm, 1849, Galerie der neuen Meister Dresden, 1945 verbrannt.
30 Karlsruhe, 2010, Kat.-Nr. 32.
31 Meyer von Knonau. In: ADB, Bd. 8, 1878, S. 266–267.

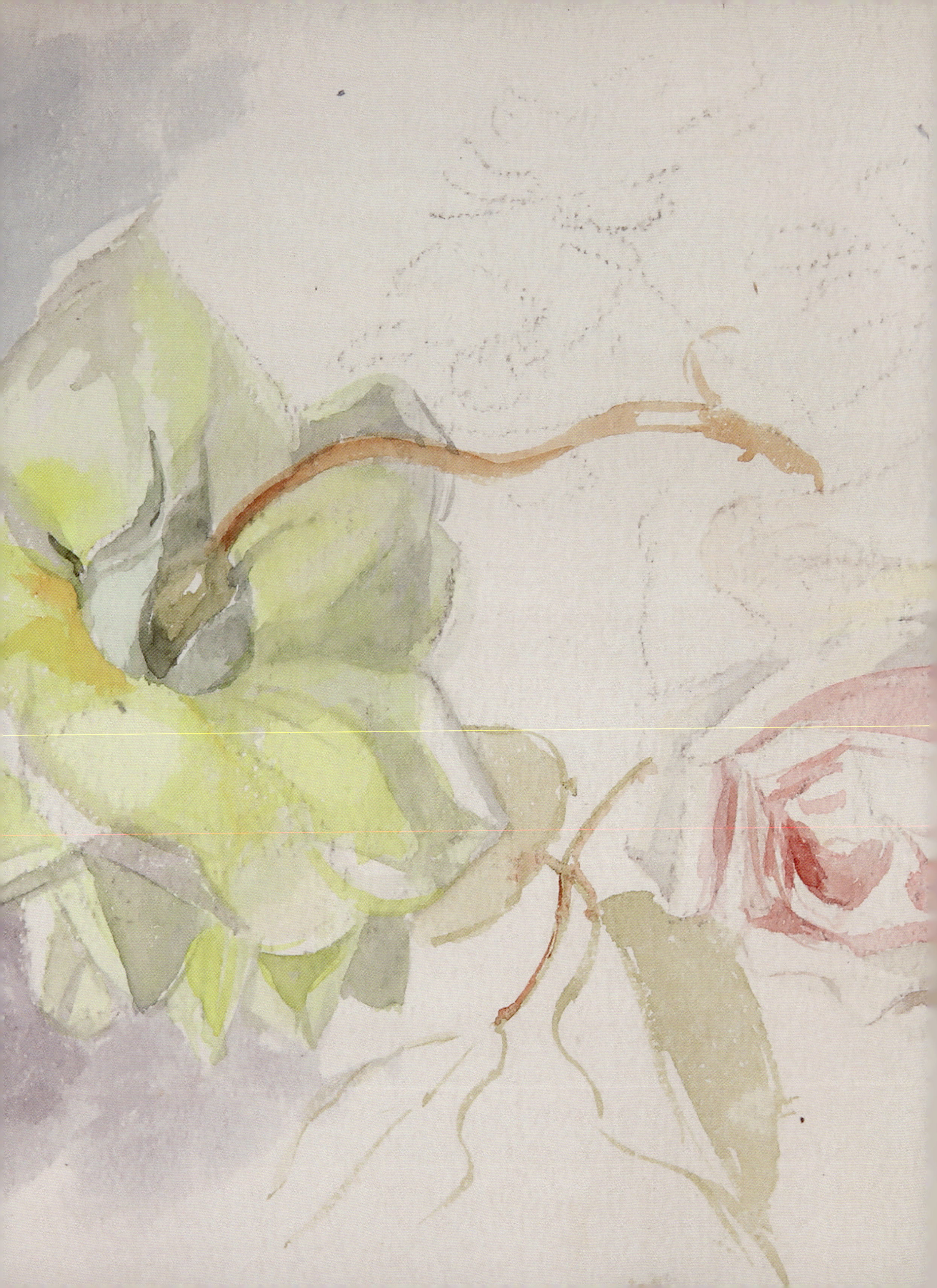

5 Alexandra von Berckholtz im Kontext des Stilllebens

Ab der zweiten Hälfte der 1870er Jahre widmet sich Alexandra von Berckholtz ebenfalls dem Stillleben, genauer gesagt dem Blumenstück. Sie verbringt ein Jahr in Nizza, Luzern und Clarens, zusammen mit der Schweizer Blumenmalerin Theresia Maria Hegg-de Landerset, die sie mit ihrem filigranen Pinselstrich und der genauen botanischen Durchbildung der schwebend im Raum dargestellten Pflanzen stilistisch beeinflusst, ähnlich dem ihres Aquarells *Stillleben mit wilden Rosen* (Abb. 115).

Theresia Maria de Landerset wird am 8. Mai 1829 in Freiburg im Üechtland als Tochter des Majors und Richters Jean-Baptiste Philippe Nicolas (1795–1849) und der Ursule de Banderet geboren. Ein Verwandter ist ebenfalls Künstler, der in der niederländischen Tradition stehende Militär-, Landschafts- und Tiermaler Joseph de Landerset (1753–1824), ab 1785 Leutnant und ab 1792 Kommandeur des Regiments Vigier-Steinbrugg der Compagnie von Freiburg.

Die überwiegende Mehrheit der Bevölkerung der Hauptstadt des Kantons Freiburg ist französischsprachig, daher findet sich auch Marie-Thérèse als Variante ihres Vornamens. Ihre Gemälde signiert sie zumeist mit *Teresa Hegg*. Am 9. Juli 1849 heiratet sie den Konditor Marce Frédéric Hegg aus Münchenbuchsee und Nyon. Nach einem Studium der Malerei in Lyon und Genf lebt die Künstlerin von 1867 bis 1875 in Vevey und danach in Avignon. Die Zeit ab Ende des Jahres 1876 bis 1877 verbringt sie zusammen mit Alexandra von Berckholtz in Nizza, Luzern und Clarens, worauf Einträge in Alexandras Skizzenbuch von Oktober 1876 bis Ende September 1877 verweisen. Danach lebt die Malerin in Avignon und 1908 in Cannes. An allen Orten, an denen sie wohnt, unterhält sie ein Atelier, in dem sie auch jeweils Schülerinnen unterrichtet. Des Weiteren ist ein Aufenthalt in London bekannt, wo sie in das *Royal Institut of Painters in Water-Colours* aufgenommen wird. Auf zahlreichen Ausstellungen in der Schweiz präsentiert sie vor allem Aquarelle, wie z. B. auf der Schweizerischen Nationalausstellung 1896 in Genf.[1] Anlässlich dieser Ausstellung hält die Schweizer Frauenbewegung vom 8. bis 12. September ihren Kongress für die Interessen der Frau ab, mit dem sie zum ersten Mal an die Öffentlichkeit tritt, und an dem zahlreiche Frauenvereine teilnehmen.

Sowohl in ihrer Aquarell- als auch in ihrer Ölmalerei zeichnet sich Hegg-de Landerset durch unterschiedliche und vielseitige stilistische Nuancen aus. Die meisten ihrer Werke befinden sich heute in Privatbesitz. Ein Ölgemälde gelangte in ein Museum, in das *Musée cantonal des Beaux-Arts* Lausanne: *Die Opfergabe an die Madonna* (Abb. 116).

Vor einem grauen Hintergrund, in dem Bossen einer Mauer angedeutet sind, hängt ein von einem Dächlein überfangenes ebenfalls aus Holz geschnitztes Andachtsbild einer stehenden Marienfigur mit dem Christuskind. Um dieses herum sind einzelne Blumenarrangements angebracht, wie z. B. ein Kranz aus Vergissmeinnicht linker oder ein Wiesenblumenstrauß aus Mohn, Kornblumen und Margeriten rechter Hand. Diese betont das von links einfallende Licht, das im Bildfeld farblich nahezu eine Diagonale erzeugt, oberhalb derer die Partien im Schatten liegen.

Abb. 114 – Alexandra von Berckholtz, Rosen, Aquarell über Bleistift auf Papier, 15 × 22,7 cm, links unten beschriftet *Luzern Sept. 77*, Skizzenbuch von 1876/77, StAO Inv.-Nr. 26/21/023 (Ausschnitt).

Abb. 115 – Theresia Maria Hegg-de Landerset, Stillleben mit wilden Rosen, Aquarell, 28,5 × 39,5 cm, Collection Posthumus-Jamin, Warmond.

Abb. 116 – Theresia Maria Hegg-de Landerset, Die Opfergabe an die Madonna, Öl auf Leinwand, 95 × 78,5 cm, vor 1866, Musée cantonal des Beaux-Arts de Lausanne Inv.-Nr. 107.

Abb. 117 – Rachel Ruysch, Blumenstillleben am Waldboden, Öl auf Holz, 93 × 74 cm, um 1690, Museumslandschaft Hessen Kassel Gemäldegalerie Alte Meister Inv.-Nr. GK 450.

Mit Blumen geschmückte Marienbilder erinnern einerseits an die Tradition der Maiandacht zur Verehrung der Gottesmutter und der Freude an der nach dem Winter wiedererwachenden Natur, die auch Gegenstand unterschiedlicher Marienlieder ist, die an den Andachten gesungen werden. Andererseits handelt es sich bei der Blumenkartusche um eine Ausprägung des geistlichen Stilllebens, die sich in der flämischen Malerei zu Beginn des 17. Jahrhunderts um Jan Brueghel (getauft 1601–1678)[2] oder Daniel Seghers (1590–1671)[3] entwickelt. In der Regel um eine Madonnen- oder Passionsdarstellung werden meist mit einer symbolischen Bedeutung versehene Blumen oder Früchte angeordnet. Die Lilie repräsentiert die Reinheit Mariens, der Granatapfel die göttliche Liebe der Caritas oder die Distel das Leid, was dem betreffenden Andachtsbild eine doppelte Bedeutung verleiht.[4]

Diese Ausprägung des Blumenstilllebens und der Kontext der Marienverehrung finden sich im Werk der protestantischen Künstlerin Alexandra von Berckholtz nicht. Jedoch findet sich auf Alexandras Ölgemälden eine Annäherung an ein dunkleres Kolorit ihrer Freundin und eine Einbettung der Blumenbouquets in einen räumlichen Zusammenhang, vergleichbar mit einem in Privatbesitz befindlichen Werk Hegg-de Landersets,[5] das einige Analogien aufweist zu den Waldbodenstillleben der niederländischen Barockmalerin Rachel Ruysch (getauft 1664–1750) (Abb. 117), die seit 1708 Hofmalerin des Kurfürsten Johann Wilhelm von der Pfalz (1658–1716) und Schülerin von Jan Davidsz. de Heem (1606–1683/84) war, „der das Genre zu großer Blüte brachte".[6]

Ein Sonnenstrahl erhellt eine Stelle des Waldbodens links im Bildvordergrund, auf dem zwischen Steinen und Holz Frösche, Schlangen und Schnecken herumkriechen. Wie die Schnecken (KAT.-NR. 32) bezieht auch Alexandra von Berckholtz in ihre Stillleben umherfliegende Schmetterlinge mit ein (KAT.-NR. 27, Abb. 291), die zwischen Himmel und Erde vermitteln, und in ihren Werken rein dekorative Bedeutung haben. Ruyschs exakt gezeichneter und plastisch durchgebildeter Blumenstrauß aus Rosen, Lilien oder Winden wächst aus dem morsch anmutenden Holz heraus, ein versteckter Hinweis auf die Vergänglichkeit der Schönheit der Blüten.[7]

Das Vanitas-Stillleben entsteht als eigene Gattung in der flämischen Malerei bereits im 15. Jahrhundert und gelangt in Holland im 17. Jahrhundert zu größerer Bedeutung. Zentrales Symbol ist der Totenkopf, der im 16. Jahrhundert auch häufig – als Mahner an die eigene Eitelkeit des Dargestellten – auf Rückseiten von Porträts abgebildet ist. Für die irdische Vergänglichkeit stehen neben dem Schädel auch das Stundenglas, die Kerze, zerrissene Bücher oder Schreibfeder und Tintenfass.[8]

In einem Blumenstück verkörpern Raupen und Schmetterlinge die Kontrapunkte der Vanitas und Erlösung bzw. Vernichtung und Jungfräulichkeit oder Auferstehung. Diesen Tieren widmet sich Alexandra von Berckholtz in Einzelstudien in ihren Skizzenbüchern. Teilweise lokalisiert sie ihre Raupen zwischen weiblichen und männlichen Porträtskizzen (Abb. 118). Die reine Darstellung der Vanitas findet sich in ihrem Werk nicht.

Ein weiterer Typus ist das Prunkstillleben, den Alexandra von Berckholtz in Ansätzen aufgreift, wie z. B. mit ihrem Blumenstillleben mit Weinglas und Trauben (KAT.-NR. 24), und in dessen Kontext bereits die Malerin Clara Peeters und ihr in der Karlsruher Galerie vorhandenes Werk genannt wurden sowie ihre „Rücknahme der lokalen Farbigkeit und eine Abdämpfung der Farben hin zu einem vereinheitlichenden Gesamtton (…) Der Lichtreflex ist ihr wichtigstes formgebendes, formbeschreibendes Element",[9] durch den die Darstellungsgegenstände plastisch und haptisch anmuten. Das Prunkstillleben präsentiert Tafelgeschirr, Pokale, Schalen, Gläser, goldene Ketten oder

Münzen in inszenierter Komposition meist auf einer Tischplatte oder einem Mauervorsprung. Auch auf diesen befinden sich, im Glanze des Wohlstandes – oft erst auf den zweiten Blick erkennbar – z. B. am Rand befindliche Heuschrecken, die zu den sieben Plagen Ägyptens gehören. Diese stehen für Zerstörung, eine Maus für die Erbsünde oder eine Fliege für das Böse und den Satan. Manchmal versteckt sich zusätzlich eine Zahlensymbolik mit Verweis auf die vier Elemente, die vier Jahreszeiten oder die fünf menschlichen Sinne. Der aus der Distanz präsentierte und zur Schau gestellte Reichtum ist nur täuschender Schein.[10]

Zu den bedeutendsten Stilllebenmalern des niederländischen 17. Jahrhunderts gehört der in Antwerpen geborene und in Haarlem gestorbene Pieter Claesz (1597/98–1660/61).[11] Auf einem Tisch steht vor einem rechts im Hintergrund befindlichen dunklen Vorhang ein hoher goldener Pokal (Abb. 119). In der linken hinteren Bildhälfte öffnet sich dieser und gibt den Blick frei auf eine Architektur, in deren Türöffnung sich ein Liebespaar umarmt. Auf der Tischplatte unterhalb des Pokals befinden sich verschiedene Muscheln, eine Taschenuhr und ein an die Wand gelehntes minimal aufgeklapptes Buch, schräg hinter dem man zwei Gläser sieht; eines davon ist umgekippt. Die weiße und rote Nelke symbolisieren den Gegensatz zwischen Leben und Leid, von denen eine weitere rote noch nicht aufgeblüht ist. Das Buch der Lebensgeschichte des Paares im Hintergrund ist bereits geöffnet, die Lebenszeit rinnt davon.

Prunkstillleben im großen und Kabinettbilder im kleinen Format sind „als imaginäre Sammlung" auch im Kontext der Wunderkammer zu sehen, der Anhäufung von Objekten aus unterschiedlichen Bereichen im Zusammenhang mit der Empirie und der Erfassung der Welt. Ab dem 16. Jahrhundert sind Kunstkammern in Europa weit verbreitet. Sie vereinen in enzyklopädischer Weise unterschiedlichste Dinge: Naturalia, Artificialia und Scientifica, Gegenstände der Natur, Kunst und Wissenschaft, was auf engstem Raum den Kosmos der göttlichen Schöpfung veranschaulichen soll. So findet man in den Weimarer Sammlungen, die auf die Kunstkammer des Herzogs Wilhelm IV. von Sachsen-Weimar (1598–1662) zurückgehen, einen Wurststein neben einem ägyptischen Obelisken, einem Bergwerk in einer Glasflasche mit Drehmechanismus, einem monströsen Hühnerei, einem Deckelkrug oder marmornen Büsten. „Das Stillleben verdankt seine Entstehung einem naturwissenschaftlichen Interesse."[12] Einen Blick in eine derartige Sammlung – die Kunstkammer des Grafen Johann Sept. Jörger – offeriert der Künstler Michael Herr auf einem Aquarell mit Darstellung eines von einem Tonnengewölbe überfangenen Raum, angefüllt mit Pokalen, Münzen, Schmuck, Skulpturen, Hirschgeweihen oder Schnecken.[13]

Eine wesentliche Stillleben-Malerin des 18. Jahrhunderts ist die 1780 von Marie-Antoinette zur Malerin der Königin ernannte Anne Vallayer-Coster (1744–1818), Tochter eines Goldschmieds in der königlichen Gobelin-Manufaktur Paris. Im Alter von 26 Jahren wird sie Mitglied der Königlichen Kunstakademie und beteiligt sich mit ihren Werken regelmäßig an den Ausstellungen des Salon de Paris. Auf einem teilweise mit einer weißen Decke versehenen Gesims sieht der Betrachter auf einem silbernen Teller und zusammen mit einem Lorbeerzweig, einer Wasser- und Weinflasche sowie einem Bund Radieschen einen saftigen Schinken, in dem ein Messer steckt (Abb. 120).

Der gedeckte Tisch gehört ebenfalls zu den charakteristischen Stilllebengattungen, in Antwerpen auch *banketje* genannt. Es werden Delikatessen aufgetischt, an denen man sich vor der Fastenzeit noch einmal sattessen kann, in der man anschließend einen maßvolleren Lebensstil praktiziert.

Abb. 118 – Alexandra von Berckholtz, Studienblatt mit Raupe, Aquarell und Bleistift, 13,3 × 21 cm, Skizzenbuch von 1859/60, StAO Inv.-Nr. 26/21/017.

Abb. 119 – Pieter Claesz, Stillleben mit hohem goldenen Pokal, Öl auf Eichenholz, 65 × 55,5 cm, 1624, Galerie Alte Meister Dresden Inv.-Nr. 1370.

Abb. 120 – Anne Vallayer-Coster, Stillleben mit Schinken, Flaschen und Radieschen, Öl auf Leinwand, 46×45,6 cm, 1767, Gemäldegalerie Staatliche Museen zu Berlin, Preußischer Kulturbesitz Inv.-Nr. 2011.

Abb. 121 – Der „Himmelsgarten" in St. Michael Bamberg, Fotografie, 2014.

Auch hier folgen die Darstellungsgegenstände einer gewissen Symbolik. Brot und Wein verweisen auf das letzte Abendmahl oder der Inhalt einer Nuss auf die Göttlichkeit Christi. Diese Bilder hängen meist zweckbestimmt in den Räumen des Hauses, in denen gegessen oder gekocht wird. Von dem lutherischen Prediger Rudolphus Heggerus (um 1592–1665) ist bekannt, dass die Wände seiner Küche zwei Stillleben zierten; diese zeigten gekochtes Fleisch und Schinken.[14]

Ganz generell gesehen, handelt es sich bei einem Stillleben um die „Isolierung von Gegenständen aus ihrem Lebenszusammenhang und ihre Neuordnung nach ihrer Bedeutung".[15] Aus dem Alltag und Leben entnommene Gegenstände werden in einem neuen Zusammenhang miteinander montiert. In diesem Kontext empfiehlt Karel van Mander 1604 jungen Künstlern außerhalb der Historien- und Figurenmalerei auch Landschaften, Früchte, Blumen oder Tiere genaustens zu studieren. „Die Anfänge der Stilllebenmalerei bildeten sich aus verschiedenen Typen der Naturnachahmung, die von darauf spezialisierten Künstlern ausgeführt wurden."[16] Die Objekte werden in ihren Oberflächen und Beschaffenheiten so präsentiert, dass sie in ihrer Plastizität und Ausformung durchaus für real gehalten werden: Illusionismus und Trompe l'oeil.

Häufig sind auch die Grenzen zwischen dem Stillleben, der Historie, dem Genre- oder Landschaftsbild nicht eindeutig zu ziehen, wie z.B. auf dem Marktstillleben von Pieter Aertsen *Speisekammer mit Maria, Almosen verteilend*.[17] Im Vordergrund hängen Würste, Tierhälften und erlegte Tiere in einer Marktbude. Zwischen zwei flankierenden Elementen – einer Schweinehälfte und einem Schweinekopf – öffnet sich wie durch einen Vorhang der Blick des Betrachters auf den Hintergrund, wo eine Menschenschlange steht. An deren Spitze befindet sich Maria mit dem Christuskind auf dem Arm, die dem Ersten gerade eine Gabe reicht.

Nach 1600 erscheinen in der flämischen Malerei Blumen als alleiniger Darstellungsgegenstand und bildwürdiges Motiv, auch im großen Format und in der Regel als Bouquet in einer Vase. Das Interesse an der Wiedergabe botanischer Inhalte wird zusätzlich auf wissenschaftlicher Ebene durch Florilegien und Herbarien befördert, Bücher mit Tafeln und Stichen, die Pflanzen naturgetreu abzubilden intendieren, wie z.B. das von Emanuel Sweerts (1612), von Adriaen Collaert (1590) oder von dem niederländischen Arzt und Botaniker Matthias de l'Obel (1581), nach dem wohl 1617 das Deckengemälde in St. Michael Bamberg – der „Himmelsgarten" – mit seinen 578 Abbildungen einheimischer und exotischer Pflanzen entstand (Abb. 121).

Wichtige aus Flandern stammende Meister des Blumenstücks sind: Jacob de Gheyn, Ambrosius Bosschaert d. Ä., Jan Brueghel d. Ä. und Roelant Savery. In der Sammlung des Fürsten von Liechtenstein sieht man vor einem dunklen Hintergrund einen üppigen bunten Strauß aus unterschiedlichen Blumen in einer Vase, die derart und gleichzeitig nie hätten komponiert werden können, da die betreffenden Pflanzen in der Natur in verschiedenen Jahreszeiten blühen. Auf der darunter befindlichen Tischplatte sitzen in einer linearen Reihe eine Hummel, eine Eidechse, eine Maus und eine Heuschrecke, die die vier Elemente verkörpern sowie Ascensus und Descensus bzw. den Aufstieg zum Himmel und den Abstieg zur Hölle.[18]

Das Stillleben, dessen niederländische und flämische Wurzeln hier exemplarisch und aufgrund der stilistischen Orientierung Alexandra von Berckholtz' besonders berücksichtigt wurden, entwickelt sich ab dem 16. Jahrhundert als vielseitiges und ausdifferenziertes Genre. Im 19. Jahrhundert konzentriert sich die Darstellung der Stilllebenkünstler nahezu ausschließlich auf das Blumenstück, das zu dieser Zeit rein ästhetischen Gesichtspunkten und weniger einem Kanon ikonografischer Muster folgt. Schmetterlinge symbolisieren nicht mehr beispielsweise Wandlung, Auferstehung und Himmelfahrt; sie sind nun reines schmückendes Beiwerk.[19]

Im Folgenden sollen drei Künstlerinnen des Blumenstücks des 19. Jahrhunderts genannt sein. Alexandra von Berckholtz ist in Karlsruhe mit Alwine Schroedter, geborene Heuser (1820–1892), persönlich befreundet und verkehrt regelmäßig im Salon der Familien Schroedter und Lessing. Alwine gehört zu den bekanntesten Blumenmalerinnen ihrer Zeit, außerdem ist sie in Karlsruhe als Zeichenlehrerin tätig. Jenny Fikentscher, geborene Nottebohm (1869–1959), zählt zu ihren Schülerinnen oder ab 1859 die Großherzogin Luise von Baden (1838–1923) „u. alle Prinzessinnen, selbst die Fremden, welche in Baden wohnen".[20] Alwine Schroedter illustriert ab 1860 die sieben Hefte deutscher Volkslieder von Johannes Brahms (1833–1897) oder gibt eigene Mappen mit teilweise auch mit Sinnsprüchen versehenen Blumenaquarellen heraus, wie z.B. 1881 *Blumensprache*,[21] die auch als Farblithografien bei Moritz Schauenburg in Lahr druckgrafisch vervielfältigt werden. Diese zeichnen sich durch ein lichtes Kolorit, eine zarte Farbigkeit und eine genaustens nach der Natur studierte botanische Wiedergabe der Pflanzen aus, wie bereits das mit einem Gebinde aus Gerste, Rosen und Lilien gestaltete Titelblatt (Abb. 122). Das Blumenarrangement ist von dem Werktitel überfangen, darunter steht in einer wie ein Spitzentuch gestalteten Fläche folgender Spruch: „Worte aus des Herzens Fülle / Sind wie Duft aus Blumenhülle, / Blumen müssens oft bezeugen / Was die Herzen still verschweigen. / M. Wilmer." Die gesamte Darstellung rahmt eine hochrechteckige Kartusche aus Flechtbandornamentik.

Bei einem erst kürzlich in einer Coburger Privatsammlung entdeckten Blumengemälde in Öl handelt es sich um einen glücklichen Zufallsfund. Es ist rechts unten mit *Martha Brückner* signiert, von der ein künstlerisches Schaffen bislang unbekannt war. Martha Brückner ist die Tochter des Theatermalers Gotthold Brückner (1844–1892), der nach seinem Studium in Weimar bei Friedrich Preller d. Ä. (1804–1878) und einem Aufenthalt in Wien ab 1872 im Atelier seines Bruders Max Brückner mitarbeitet. An Weihnachten 1884 wird Gotthold von Herzog Ernst II. von Sachsen-Coburg und Gotha zum Professor ernannt. Bis 1911 erstellt das Atelier Bühnenbilder für die Bayreuther Festspiele und liefert diese nach Köln, Wiesbaden, Darmstadt, Mannheim, Karlsruhe, Meiningen, Gotha, Nürnberg, Hamburg, Weimar, Berlin, Wien, St. Petersburg und New York. In Amerika leben Sofie Hoffmann, die Mutter von Gottholds Frau Ida, sowie Idas Bruder, die die Geschäftskontakte in Übersee herstellen, hauptsächlich wohl für die Metropolitan Opera New York, die sich nach Bayreuth zu der zweiten Hochburg der Wagner-Oper in der Welt entwickelt. In diesem kosmopolitischen Umfeld wächst Martha Brückner auf – ihr Bruder Oswald (1880–1964) wird Opernsänger[22] – und widmet sich, inspiriert durch ihren Vater, ihren Onkel und ihren Großvater Heinrich (1805–1892) – der von 1827–1833 auch in Karlsruhe als Dekorationsmaler tätig war[23] – selbst der Kunst.

Auf ihrem Stillleben führt sie in der vertikalen Mittelachse Blumen durchsetzt mit grünen und schwarzen Trauben (Abb. 123) auf. Diese sind durch eine imaginäre Diagonale klar voneinander getrennt, vergleichbar den Licht- und Schattenpartien auf dem Andachtsbild der Gottesmutter von Theresia Maria Hegg-de Landerset. Rotbraune Akzente setzt in Richtung dreier Ecken des Bildfeldes platziertes Weinlaub, wobei der linke obere Bereich einen Hintergrund der vom Grün ins Braun changierenden Töne freigibt, die die Farben der dargestellten Flora rezipieren.

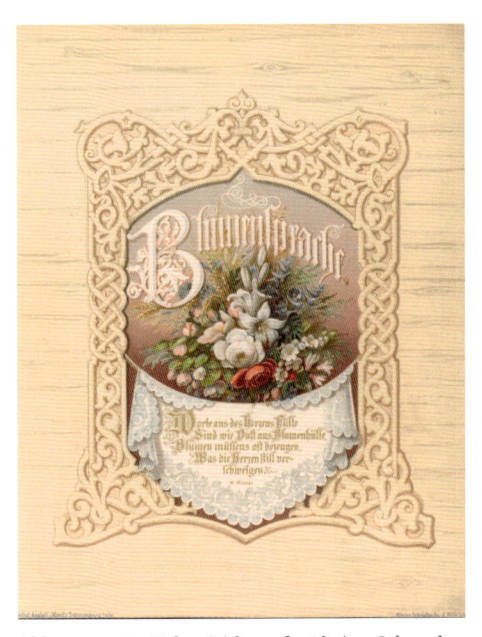

Abb. 122 – A. Holm (Lithograf), Alwine Schroedter (Aquarell), Blumensprache, Farblithografie, 28 × 23 cm, um 1900, Privatbesitz.

Abb. 123 – Martha Brückner, Blumenstillleben, Öl auf Leinwand, 60 × 45 cm, rechts unten signiert *Martha Brückner*, Privatbesitz Coburg.

103

Abb. 124 – Dora Hitz, Strauß aus Schlüssel- und Butterblumen, Öl auf Leinwand, 67 × 52 cm, links unten beschriftet *D. Hitz. / 1881 / Sinaia*, Muzeul Național de Artă al României Bukarest Inv.-Nr. 8889/923.

Abb. 125 – Dora Hitz, Sommerblumenstrauß, Öl auf Leinwand, 70 × 100 cm, Sammlung Wolfgang Schuller, Wertheim.

Abb. 126 – Alexandra von Berckholtz, Hibiscus, Aquarell auf Papier, 21 × 13,3 cm, links unten datiert *10. Aug. 1859.*, rechts unten beschriftet *Hybiscus palustris*, Skizzenbuch von 1859/60, StAO Inv.-Nr. 26/21/017.

Ein arrangiertes Bouquet aus Schlüssel- und Butterblumen (Abb. 124), in dem sich das Gelb der Blüten kontrastreich vor dem dunklen Hintergrund hervorhebt, malt Dora Hitz 1882 auf Schloss Peleș in Sinaia in den Karpaten für Königin Elisabeth von Rumänien (1843–1916), auch bekannt unter ihrem Dichterpseudonym Carmen Sylva. 1876 beteiligt sich Dora Hitz an der Kunst- und Industrieausstellung München mit einem Rosenstillleben, das die davon begeisterte Elisabeth zu Wied – ab 1866 Fürstin und ab 1881 Königin von Rumänien – ersteht und Hitz ab 1876 zur rumänischen Hofmalerin ernennt. Für die kunstliebende und karitative Monarchin erschafft sie bis 1882 Gemälde und Märchenillustrationen. Mit ihr verbindet sie auch über ihre Zeit in Rumänien hinaus eine persönliche Freundschaft, wie auch mit ihrem Ehemann Carol I., Karl Eitel Friedrich von Hohenzollern-Sigmaringen

(1839–1914), den auch Alexandra von Berckholtz' Lehrer Richard Lauchert persönlich kennt und porträtiert.

Durch ihre symbolistischen und impressionistischen Frauenporträts sowie durch ihr kunstpolitisches Engagement für die Rechte der Künstlerinnen erlangt Dora Hitz Bekanntheit. In ihrem Werk entstehen daneben auch zahlreiche stilistisch unterschiedliche Blumenstücke, wie der bereits aufgeführte, realistisch porträtierte und frontal dargestellte Schlüsselblumenstrauß im Vergleich zu einem wohl später entstandenen undatierten und aus leichter Aufsicht gezeigten Sommerblumenstrauß (Abb. 125)[24] in helleren Farben, bei denen das Grün und Rot dominieren, und zwischen denen weiß-rosa Blüten vermitteln, deren Kolorit die Fläche, auf der die Vase steht, sowie der Hintergrund reflektieren.

Stillleben und Blumendarstellungen finden sich in Alexandra von Berckholtz' Werk vor der Begegnung mit Theresia Hegg-de Landerset bereits vereinzelt, auf Ölgemälden, wie z. B. dem 1846 entstandenen mit *Nelken in einer Vase* (KAT.-NR. 23) oder einem am 10. August 1859 im Kontext Ortenberger Exteriurs gemalten Aquarell einer rosafarbenen Hibiscusblüte (Abb. 126). Zusammen mit Hegg-de Landerset entsteht eine Naturstudie eines belaubten und teilweise in Grün- und Brauntönen aquarellierten Zweiges, die sich zwischen zwei am 8. September und 20. Oktober 1877 in Clarens entstandenen Porträts in Alexandras Skizzenbuch befindet (Abb. 127).

Jenseits des Blumenstücks finden sich im gleichen Skizzenbuch auch Bleistiftzeichnungen zweier Kannenstilllleben, die von einem hochrechteckigen Rahmen umfangen sind (Abb. 128). Linker Hand steht eine lange hohe Kanne mit Deckel neben einem Weinrömer inmitten von skizzenhaft angedeuteten Früchten und einem runden Teller auf einem Tisch. Rechter Hand

Abb. 127 – Alexandra von Berckholtz, Studie eines belaubten Zweiges, Aquarell über Bleistift auf Papier, 15 × 22,7 cm, Skizzenbuch von 1876/77, StAO Inv.-Nr. 26/21/023.

Abb. 128 – Alexandra von Berckholtz, Skizzen von Stillleben mit Kannen, Bleistift auf Papier, 14 × 21,6 cm, Skizzenbuch von 1875/76, StAO Inv.-Nr. 26/21/022.

Abb. 129 – Alexandra von Berckholtz, Skizze Blumengewinde nach Nicolaes van Veerendael, Bleistift auf Papier, 16,9 × 23,5 cm, unterhalb beschriftet *Nr. 217. 24. Mai (...)*, Skizzenbuch von 1891, StAO Inv.-Nr. 26/21/024.

sieht man eine bauchige Buckelkanne ebenfalls mit Henkel und Deckel neben einem Stangenbecher und einem geöffneten Buch. Die Zeichnung ist mit *Wiesbaden. Ekhardts Hotel neben Eisenbahn (...)* beschriftet. Im Museum Wiesbaden ist jedoch kein vergleichbares Stillleben vorhanden, das Alexandra von Berckholtz kopiert haben könnte.[25]

Auffindbar waren dagegen drei Vorlagen anderer Kopien. Ein in Alexandras Skizzenbuch von 1891 befindliches aquarelliertes Blumenstück (KAT.-NR. 102) beschriftet sie mit *D. Heem Nr. 361* und datiert es auf den *23. Mai*. Die folgende schematische Bleistiftskizze eines weiteren Stilllebenarrangements mit einem Weinkelch versieht sie mit der Beschriftung *Nr. 362 Dav. de Heem. Granatapfel. Crabben (...)* (KAT.-NR. 101). Diese beiden Pendants *Girlande von Blumen und Früchten* und *Früchtestillleben mit gefülltem Weinglas* kopierte Alexandra in der Karlsruher Galerie nach zwei Werken von Jan Davidsz. de Heem (Abb. 345, 344). Die Zuordnung erlaubten die beiden auf den Skizzen vermerkten Inventarnummern. Ebenfalls zuordnen ließ sich zu dem Bestand der Staatlichen Kunsthalle Karlsruhe durch die angegebene Nummer eine abstrakte Bleistiftskizze (Abb. 129) zu dem Gemälde *Blumengewinde* von Nicolaes van Veerendael (vor 1640–vor 1691).[26]

Die Künstlerin zeichnete in ihr Skizzenbuch auch Einzelstudien von Pflanzen in Bleistift: eine Flamingoblume (Abb. 130), ein Stiefmütterchen (Abb. 131) oder eine Erdbeerpflanze (Abb. 132). Diese erinnern, auch durch die Beschriftungen mit ihren botanischen Namen, an die Herbarien der Renaissance.

Auffallend ist in Alexandra von Berckholtz' Spätwerk ein künstlerisches Interesse für die Ornamentik der Renaissance, des Barock und Rokoko, wovon drei Skizzenbücher aus der Zeit von 1886 bis 1892 zeugen. In ihr Bandelwerk, ihre Kartuschen und Rocaillen fügt sie bisweilen auch florale Elemente ein – meist unterschiedliche Blatt- und Rosenformen – die sich in Metamorphosen zum Ornamentalen wandeln. Manche Beschriftungen verweisen darauf, dass sie einige ihrer Zeichnungen nach Exponaten im Bayerischen Nationalmuseum anfertigte. Ausgehend von Naturstudien, wie z. B. einem Eichenblatt (Abb. 133) und Blüten (Abb. 134), entwickelt Alexandra von Berckholtz bewegt anmutende Blattwerkornamente mit rosettenartigem Abschluss (Abb. 135), in die die Porträtmalerin gelegentlich auch Physiognomien integriert (Abb. 136).

Parallelismen zwischen dem menschlichen Körper und dem Wuchs der Pflanzen zeigen auch flämische Stilllebenmaler ab dem 16. Jahrhundert, wie Jan Brueghel d. Ä., aufgrund seiner Spezialisierung auch „Blumen-Brueghel" genannt, auf seinem *Großen Blumenbouquet in einer Steinvase*. Die reiche Ansammlung an Blumen präsentiert er wie in einer Enzyklopädie und in den Kartuschenfeldern der Terrakottavase ihre römischen Schutzgöttinnen, z. B. Amphitrite als Personifikation des Wassers oder Ceres als Personifikation der Erde, die darüber hinaus auch die vier Elemente repräsentieren.[27]

Ornamente zeichnet Alexandra von Berckholtz auch im Innenraum von Architekturen in öffentlichen profanen und sakralen Bauten, wie z. B. ein Bandelwerk in St. Stephan in Augsburg (Abb. 137), auf das die Beschriftung des Blattes hinweist. Ähnliche Skizzen nimmt sie in Regensburg, Frankfurt am Main, Säckingen, St. Odilienberg im Elsass oder in Strassburg auf.

Auch den architektonischen Außenbau berücksichtigt Alexandra von Berckholtz in Zeichnungen, die Produkte des Kunsthandwerks wiedergeben: schmiedeeiserne Gitter, wie z. B. am Münchner Rathaus, Treppengeländer (KAT.-NR. 105), Tore (KAT.-NR. 107), Lampenaufhängungen (Abb. 138) und Türschlösser (Abb. 139). Auch finden sich zahlreiche Skizzen von Friedhofskreuzen (Abb. 140), die in ihrer Struktur an die Blumenkränze am eingangs genannten Marienbild der Theresia Hegg-de Landerset erinnern, und den Bereich der Verzierungen mit dem Memento-Mori-Gedanken der Vanitas verbinden.

In ihrem Spätwerk widmet sich Alexandra von Berckholtz auf ihren Ölgemälden häufiger als dem Porträt dem Stillleben in Konzentration auf das im 19. Jahrhundert in diesem Genre allgemein praktizierte Blumenstück. In diesem demonstriert ihr Werk zwei stilistische Nuancen. In zarter Farbigkeit setzt sie in Anlehnung an die Malweise der Theresia Maria Hegg-de Landerset ihre Aquarelle in feinem Strich um. Die dargestellten Pflanzen führt sie schwebend in der Bildmitte und ohne Angabe eines Raumes auf. Die empirisch exakte Wiedergabe und wissenschaftliche sowie botanische Genauigkeit mutet grafisch an, analog zu einzelnen Tafeln eines Herbariums, hergestellt mit Demonstrationsfunktion zur Bestimmbarkeit der Flora für Experten und Interessierte im Kontext der enzyklopädischen Erfassung der Welt und des *Kosmos* Alexander von Humboldts (1769–1859).

Ihre Ölgemälde differieren malerisch. Vor einem meist dunklen Hintergrund arrangiert sie ihre Blumenbouquets in Vasen und in der Regel auf einer Tischplatte, stets jenseits der ikonografischen Aufladung und Bedeu-

Abb. 130 – Alexandra von Berckholtz, Flamingoblume, 23,5 × 16,9 cm, links unten beschriftet *Anturium*, Skizzenbuch von 1891, StAO Inv.-Nr. 26/21/024.

Abb. 131 – Alexandra von Berckholtz, Stiefmütterchen, 23,5 × 16,9 cm, Skizzenbuch von 1891, StAO Inv.-Nr. 26/21/024.

Abb. 132 – Alexandra von Berckholtz, Erdbeerpflanze, 33,2 × 12,1 cm, Skizzenbuch von 1886–1889, StAO Inv.-Nr. 26/21/027.

Abb. 133 – Alexandra von Berckholtz, Eichenblatt, Bleistift auf Papier, 21,5 × 13,8 cm, Skizzenbuch von 1891/92, StAO Inv.-Nr. 26/21/029.

Abb. 134 – Alexandra von Berckholtz, Blüten, Bleistift auf Papier, 12,5 × 38,8 cm, Skizzenbuch von 1886, StAO Inv.-Nr. 26/21/028.

Abb. 135 – Alexandra von Berckholtz, Blattwerk, Bleistift auf Papier, 12,1 × 33,2 cm, oberhalb beschriftet *National-Museum*, Skizzenbuch von 1886–1889, StAO Inv.-Nr. 26/21/027.

Abb. 136 – Alexandra von Berckholtz, Blattwerk mit menschlichem Gesicht, Bleistift auf Papier, 21,5 × 13,8 cm, Skizzenbuch von 1891/92, StAO Inv.-Nr. 26/21/029.

Abb. 137 – Alexandra von Berckholtz, Bandelwerk in der St. Stephanskirche Augsburg, Bleistift auf Papier, 12,1 × 33,2 cm, oberhalb beschriftet *St. Stephanskirche Augsbg.*, Skizzenbuch von 1886–1889, StAO Inv.-Nr. 26/21/027.

Abb. 138 – Alexandra von Berckholtz, Lampe, Bleistift auf Papier, 16,6 × 12,1 cm, Skizzenbuch von 1886–1889, StAO Inv.-Nr. 26/21/027.

Abb. 139 – Alexandra von Berckholtz, Türschloss, Bleistift auf Papier, 16,6 × 12,1 cm, rechts unterhalb beschriftet *Altes Bronzeschloss 1889*, Skizzenbuch von 1886–1889, StAO Inv.-Nr. 26/21/027.

Abb. 140 – Alexandra von Berckholtz, Friedhofskreuze, Bleistift auf Papier, 16,6 × 24,2 cm, Skizzenbuch von 1886–1889, StAO Inv.-Nr. 26/21/027.

tungsattribuierung unter der Oberfläche. Sie folgen dem kontrastreichen Kolorit, der malerischen Oberflächenillusion – wie lebensecht anmutenden Spiegelungen auf dargestellten Gläsern – und der Komposition in klaren Linien des flämisch-niederländischen Stilllebens.

Neben diesen beiden Tendenzen des Blumenstücks entstehen in Alexandra von Berckholtz' Werk zusätzlich zahlreiche Zeichnungen, die eine Verschmelzung floraler Formen, wie Blätter und Blumen, mit Ornamenten der Bauzier demonstrieren, ein wesentliches Merkmal des gegen Ende des 19. Jahrhunderts entstehenden Jugendstils. Ob Alexandra von Berckholtz persönlich eine Anhängerin des Jugendstils war, ist nicht bekannt. Ihre ornamentalen Formen experimentieren mit Ideen der Art Nouveau und zeigen dahingehende Tendenzen, auch wenn sie innerhalb ihrer Stilllebenmalerei in erster Linie der flämischen Tradition des 17. Jahrhunderts verbunden bleibt.

Anmerkungen

1 Schmidt-Liebich, 2005, S. 186; de Landerset. In: Genealogique et Heraldique du Canton de Fribourg, www.diesbach.com/sghcf/l/landerset.html, 25. April 2016.

2 Zusammen mit Giulio Cesare Procaccini, Blumenkranz mit Jungfrau, Kind und zwei Engeln, Öl auf Kupfer, 48 × 36 cm, links unten beschriftet *1297* und *955*, Museo Nacional del Prado Madrid Inv.-Nr. 1417; Wien, 2002, Kat.-Nr. 112, S. 326, Abb. S. 327.

3 Zusammen mit Simon de Vos, Madonna mit Kind und Heiliger Anna im Blumenkranz, Öl auf Holz, 82,5 × 54,5 cm, 1644, Kunsthistorisches Museum Wien, Inv.-Nr. 553; Wien, 2002, Kat.-Nr. 116, S. 334, Abb. S. 335.

4 Blumenkartuschen finden sich auch im Herrscherbildnis, z.B. Jan Davidsz. de Heem, Blumen- und Früchtekartusche mit Porträt des Prinzen Wilhelm II. von Oranien, Öl auf Leinwand, 132 × 108 cm, um 1670, unten in der Mitte der Plinthe signiert *J.D. De Heem f.*, Musée de Beaux-Arts de Lyon Inv.-Nr. A85; Wien, 2002, Kat. – Nr. 6, S. 44, Abb. S. 45.

5 Stillleben mit Blumen, Öl auf Leinwand, 85 × 72 cm, 1875, Privatbesitz, versteigert im Auktionshaus Galerie Koller Zürich am 12. September 2007, Los Nr. 3259.

6 Utrecht/Braunschweig, 1991, S. 15.

7 Ein vergleichbares Waldbodenstillleben befindet sich in der Gemäldegalerie Alte Meister Dresden. Blumen und Tiere, Öl auf Leinwand, 71,5 × 56,5 cm, um 1685/87, links unten signiert *Rachel Ruysch*, Inv.-Nr. 1694. Gemäldegalerie Alte Meister Dresden. Band 1. Die ausgestellten Werke. Köln 2006, S. 471, Abb. S. 472.

8 Renger, Konrad: Vanitas-Stillleben. In: Wien, 2002, S. 140–145; Klemm, Christian: Weltdeutung – Allegorien und Symbole in Stilleben. In: Münster/Baden-Baden, 1980, S. 140–218.

9 Ertz, Klaus. In: Wien, 2002, S. 36.

10 Klemm, Christian. In: Münster/Baden-Baden, 1980, S. 212–216.

11 Gemäldegalerie Alte Meister Dresden. Band 1. Die ausgestellten Werke. Köln 2006, S. 358, Abb.

12 Langemeyer, Gerhard: Die Nähe und die Ferne. In: Münster/Baden-Baden, 1980, S. 20–45, zit. S. 24, 30; Luther, Gisela: Stilleben als Bilder der Sammelleidenschaft. In: Münster/Baden-Baden, 1980, S. 88–128.

13 Pinsel und Tusche über Bleistift, 17,1 × 22,3 cm, beschriftet *Michael Herr fecit*, Graphische Sammlung der Universität Erlangen-Nürnberg Inv.-Nr. B 610a.

14 Wien, 2002, S. 226–227. Hierzu auch: Lammers, Joseph: Fasten und Genuß. Die angerichtete Tafel als Thema des Stillebens. In: Münster/Baden-Baden, 1980, S. 402–429.

15 Klemm, Christian: Weltdeutung-Allegorien und Symbole in Stilleben. In: Münster/Baden-Baden, 1980, S. 172.

16 Wien, 2002, S. 33.

17 Öl auf Holz, 115,5 × 169 cm, rechts oben auf einem Pfosten datiert *1551 / 10 / martius*, North Carolina Museum of Art Raleigh Inv.-Nr. 93.2.

18 Öl auf Holz, 49,5 × 34,5 cm, links unten signiert und datiert *R. SAVERY.1612.*, Sammlung des Fürsten von Liechtenstein Schloss Vaduz Inv.-Nr. G 789; Wien, 2002, Kat.-Nr. 22, S. 84, Abb. S. 85.

19 Ertz, Klaus: Blumenstillleben. In: Wien, 2002, S. 278–285; Pieper, Paul: Das Blumenbukett. In: Münster/Baden-Baden, 1980, S. 314–350.

20 Brief Adolph Schroedters am 21. November 1865 an Wilhelm Nerenz. In: Bieber, Sylvia: Die Blumenmalerin Alwine Schroedter. In: Karlsruhe, 2009, S. 115.

21 Bieber. In: Karlsruhe, 2009, S. 115–116; Pataky, Sophie (Hg.): Lexikon deutscher Frauen der Feder. Bd. 2. Berlin 1898, S. 275; Weech, Friedrich von und Krieger, Albert: Badische Biographien. V. Teil (1891–1901). Heidelberg 1906, S. 710–714.

22 Kern, 2010, S. 39–40, 56–58; ders., 2002, S. 142; Hamacher, 1989, S. 4–15; Walter, Louis: Gotthold Brückner, ein Coburger Künstler. In: Aus der Heimat. Streifzüge durch die Geschichte und Kultur des Coburger Landes. Wochenbeilage zu den Heimatglocken. Nr. 5. 1931; Hamacher, 1989, S. 10–11.

23 Brief von Heinrich Brückner, Staatsarchiv Coburg, Theater 747 und Bauamt Nr. 133, fol. 2F; Kern, 2010, S. 23.

24 Bröhan, Margrit: „... ihre Arbeiten sind stets mit dem Maßstab gemessen worden, den man an Männerwerke zu legen gewohnt ist.": Dora Hitz. In: Wertheim, 2012, S. 43 Abb. 34.

25 Für seine Unterstützung bei der Suche nach den Originalen danke ich Herrn Dr. Peter Forster.

26 Öl auf Leinwand, 49,2 × 69,2 cm, Staatliche Kunsthalle Karlsruhe Inv.-Nr. 217.

27 Öl auf Holz, 162 × 132 cm, Muzeul Muzeul Național de Artă al României Bukarest Inv.-Nr. 8210/244; Schütz, Karl: Die Geschichte des Stilllebens. In: Wien, 2002, S. 28; Wien, 2002, S. 38, Abb. S. 39, Kat.-Nr. 3.

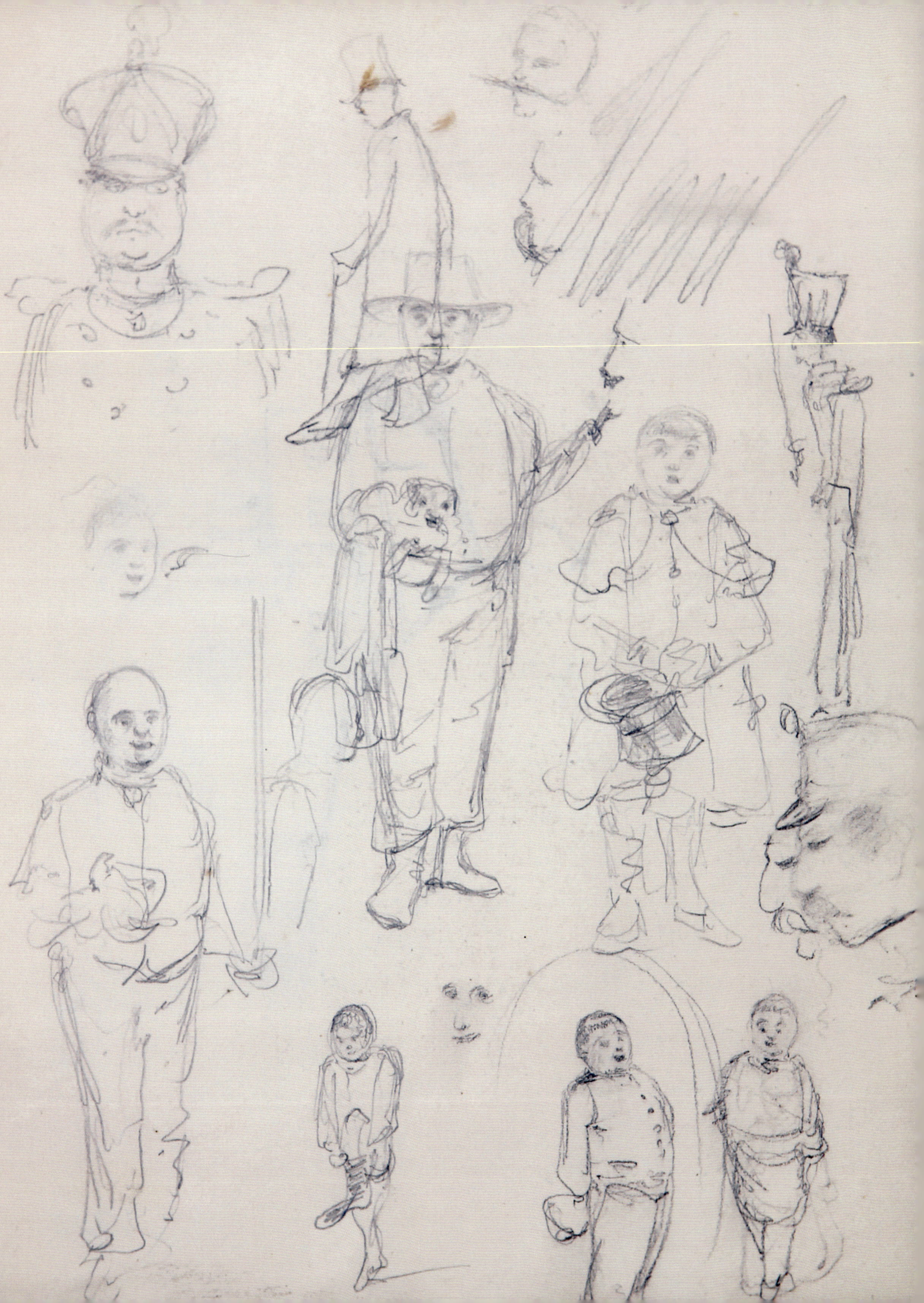

6 Skizzenbücher

Aus Alexandra von Berckholtz' Werk sind aus unterschiedlichen Schaffensphasen 14 Skizzenbücher erhalten. Das früheste datierte beinhaltet Einträge aus der Zeit von 1841 bis 1846, die anderen führen Zeichnungen in Bleistift und Pinsel aus den Jahren 1847 bis 1853, 1859 bis 1861, 1865 bis 1868, 1875 bis 1877, 1886 bis 1889 und 1891 bis 1892 auf. Eines ist undatiert; in ihm fallen im Vergleich zu dem ab 1841 entstandenen deutliche stilistische und technische Unterschiede auf, die darauf schließen lassen, dass manche Zeichnungen in Alexandra von Berckholtz' Frühwerk entstanden sein könnten. Parameter sind der zaghafte Bleistiftstrich, der stellenweise wie von einer Lernenden ausgeführt anmutet, leichte ungenaue perspektivische Verschiebungen, eine Eindimensionalität der dargestellten Personen sowie mehrere Ansammlungen an Übungsskizzen auf einem Blatt, die eine Progression ausgehend vom Gesicht und der Figur im Kontur hin zur Ausarbeitung unterschiedlicher Mimik und zur Binnenzeichnung demonstrieren (Abb. 142, 143).

Andererseits beinhaltet dieses Skizzenbuch zahlreiche kleinteilig ausgearbeitete und souverän gezeichnete Szenen, die wiederum gegen ein Anfangsstadium aller darin befindlichen Blätter sprechen und auf einen späteren Entstehungszeitpunkt schließen lassen, wie z. B. im Falle eines Porträts einer unbekannten Dame – wohl eine Braut – nahezu im Profil nach rechts (Abb. 144) und mit der Feder gezeichnet, eine Technik, die sich in Alexandra von Berckholtz' Werk selten findet.

Übungsstudien finden sich in unterschiedlicher stilistischer Manier und Ausführung in sämtlichen Skizzenbüchern der Künstlerin, z. B. mit Gesichtspartien und Ohren (Abb. 145), Figurenskizzen (Abb. 141) sowie menschlichen Köpfen (Abb. 146), mit Ausstreichungen und Korrekturen versehen und von gelegentlicher ausdrucksstarker Expressivität, die an die Charakterköpfe des Franz-Xaver Messerschmidt (1736–1783) erinnert. Manche Zeichnung mutet häufig auch karikaturistisch überzogen an, was aus Alexandras Porträtschaffen derart überhaupt nicht bekannt ist. Während einer Schweizreise im August 1842 nimmt sie z. B. ein Touristenpaar mit recht mürrischem Gesichtsausdruck (Abb. 147) auf oder einen Wanderer mit starr geradeaus gerichtetem Blick auf der Suche nach überdimensionierten Pilzen (Abb. 148). Dieses Bild erinnert spontan an das später entstandene Gedicht *Der Waldgänger* von Eugen Roth (1895–1976), eine Parodie auf Goethes Poem *Gefunden*: „Ein Mensch im Wald ging für sich hin / Und nichts zu suchen, war sein Sinn. / Doch welch ein Glück! Ein Steinpilz stand, / Ein Prachtstück, dicht am Wegesrand. / Der Mensch, nun schon voll Sucherdrang, / Trug ihn in Händen, stundenlang." 1862 malt der mit Alexandra von Berckholtz befreundete Adolph Schroedter das großformatige Aquarell *Die Pilze* nach einem Gedicht von Ludwig Uhland (1787–1862), das 1868 in den *Deutschen Bilderbogen* als Chromolithografie publiziert wird.[1]

Weiterhin entdeckt man in den Skizzenbüchern Übungsstudien zu Tieren, wie Katzen (Abb. 149), Hunden und Schafen (Abb. 150), die – worauf Bildkommentare zu den Entstehungsorten verweisen – weniger einem Zeichenunterricht als vielmehr persönlichen Beobachtungen im Umfeld der Künstlerin entsprungen sind, wie z. B. ein 1842 in Ortenberg gezeichneter und neben einer Schafherde schlafender Hund.

Alexandra von Berckholtz widmet sich auch dem Pferd, seinem Körperbau

Abb. 141 – Alexandra von Berckholtz, Personenskizzen, Bleistift auf Papier, 24,7 × 18,9 cm, Skizzenbuch von 1847–1853, StAO Inv.-Nr. 26/21/016.

Abb. 142 – Alexandra von Berckholtz, Gesichts- und Figurenskizzen, Bleistift auf Papier, 21,7 × 13,5 cm, Skizzenbuch, StAO Inv.-Nr. 26/21/025.

Abb. 144 – Alexandra von Berckholtz, Damenporträt, Bleistift auf Papier, 21,7 × 13,5 cm, Skizzenbuch, StAO Inv.-Nr. 26/21/025.

Abb. 145 – Alexandra von Berckholtz, Skizzen von Gesichtspartien und Ohren, Bleistift und Rötel auf Papier, 21,5 × 15,9 cm, Skizzenbuch von 1865–1868, StAO Inv.-Nr. 26/21/019.

Abb. 143 – Alexandra von Berckholtz, Gesichts- und Figurenskizzen, Bleistift auf Papier, 21,7 × 13,5 cm, Skizzenbuch, StAO Inv.-Nr. 26/21/025.

Abb. 148 – Alexandra von Berckholtz, Pilzesammler, Bleistift auf Papier, 13,3 × 21 cm, Skizzenbuch von 1859/60, StAO Inv.-Nr. 26/21/017.

Abb. 146 – Alexandra von Berckholtz, Skizzen von Köpfen, Bleistift und Rötel auf Papier, 21,5 × 15,9 cm, Skizzenbuch von 1865–1868, StAO Inv.-Nr. 26/21/019.

Abb. 147 – Alexandra von Berckholtz, Personenskizzen, Bleistift auf Papier, 18,3 × 25 cm, links unterhalb beschriftet *Vevay*, Skizzenbuch von 1841–1846, StAO Inv.-Nr. 26/21/015.

Abb. 149 – Alexandra von Berckholtz, Katzen und Pferd, Bleistift auf Papier, 21,7 × 13,5 cm, Skizzenbuch, StAO Inv.-Nr. 26/21/025.

Abb. 150 – Alexandra von Berckholtz, Hund und Schafe, Bleistift auf Papier, 18,3 × 25 cm, links unten beschriftet *Ortenberg. Juli 1842.*, Skizzenbuch von 1841–1846, StAO Inv.-Nr. 26/21/015.

in Übungsskizzen (Abb. 151) oder in Bewegungsstudien (Abb. 152), die die Künstlerin wohl in einem Zirkus während der Vorstellung aufnahm. Das Pferd springt gerade durch einen von einem Dompteur gehaltenen Reifen, im Hintergrund ist ein Manegengeländer angedeutet. Auch unter ihren Genrebildern finden sich Darstellungen des Pferdes, die dieses – ganz im Gegensatz zu den künstlerischen Konventionen der Zeit – nicht heroisierend präsentieren. Alexandra zeigt auf einem Blatt ein ausgemergeltes und mitleiderregendes Pferd (Abb. 153) verlassen in der Bildmitte ohne Andeutung einer Umgebung. Die Pferdemaler des 19. Jahrhunderts dagegen porträtieren stolze Rosse beispielsweise nach erfolgreichen Rennen, deren Besitzer die Wände ihrer Salons mit Bildserien aus dem eigenen Stall dekorieren, vergleichbar einer menschlichen Ahnengalerie. Zu den berühmtesten Pferdemalern der Zeit zählen Franz Krüger in Berlin und der mit Alexandra von Berckholtz persönlich bekannte Rudolph Kuntz (1798–1848) aus Karlsruhe, der zu Recherchezwecken auch andere Länder bereist und ab 1827 zusammen mit Texten des Bonner Professors Edouard d'Alton anatomisch korrekt gezeichnete Pferde in den Bänden *Abbildungen saemmtlicher Pferde-Raçen nach dem Leben gezeichnet* bei Johann Velten in Karlsruhe publiziert.

Auch Besitzer und Reiter lassen sich gerne im Bildnis mit festhalten, wie z. B. im Doppelportrait *Georg Heinrich Krieg von Hochfelden und seine Gemahlin zu Pferde*, auf dem Kuntz die Tiere malte und Marie Ellenrieder das Damen- und Herrenporträt einfügte. „Eine männliche und eine weibliche Figur zu Pferd, von Rudolph Kuntz und Fräulein Ellenrieder. Ein sehr schönes Gemälde, das wohl ein Portrait ist, denn die Aehnlichkeit des Cavaliers und der Dame sind so sprechend, daß Jeder, der sie nur einmal gesehen hat, sie wiedererkennen muß. Die schönen und ausdrucksvollen Gesichtszüge sind mit großer Sicherheit und Kraft von Fräulein Ellenrieder dargestellt. Ebenso sicher und kühn sind die Gewänder gemalt, daß man dieselbe Künstlerin, welche so zarte Madonnen malt, fast nicht mehr erkennen sollte. Die Pferde sind von Herrn R Kuntz mit seiner bekannten Meisterschaft gezeichnet, und mit einer Wahrheit gemalt, wie man sie in neuerer Zeit nur selten auf seinen Bildern bemerkt. Besonders tritt der Schimmel, welchen die Dame reitet, aus dem Bilde hervor. Auf dem Hintergrunde des Bildes erblickt man das Beiertheimer Thor in Carlsruhe; dasselbe ist, wiewohl nur untergeordnet, mit land-

Abb. 151 – Alexandra von Berckholtz, Übungsskizzen zu Pferden, Bleistift auf Papier, 15,9 × 21,5 cm, Skizzenbuch von 1865–1868, StAO Inv.-Nr. 26/21/019.

Abb. 152 – Alexandra von Berckholtz, Springendes Pferd, Bleistift auf Papier, 15,9 × 21,5 cm, Skizzenbuch von 1865–1868, StAO Inv.-Nr. 26/21/019.

Abb. 153 – Alexandra von Berckholtz, Pferd, Bleistift auf Papier, 13,3 × 21 cm, Skizzenbuch von 1859/60, StAO Inv.-Nr. 26/21/017.

Abb. 154 – Louise von Meyern-Hohenberg, Heiliger Georg, Bleistift auf Papier, 54 × 40,8 cm, Staatliche Graphische Sammlung München, Wittelsbacher Ausgleichsfonds München Inv.-Nr. KLA 167.

Abb. 155 – Alexandra von Berckholtz, Wilhelm Molitor, Bleistift auf Papier, 25 × 18,3 cm, rechts unten beschriftet *Ortenberg cf. 11t Sept. 1846*, Skizzenbuch von 1841–1846, StAO Inv.-Nr. 26/21/015.

schaftlichem Talente behandelt, so daß das Gemälde in jeder Hinsicht ein vollendetes Ganzes bildet."[2]

Die ebenfalls mit Alexandra von Berckholtz bekannte Marie Ellenrieder erlangt ihre Bekanntheit durch Porträts, Madonnen- und Heiligendarstellungen, in denen auch das Pferd nach wie vor seine attributive Bedeutung innehat, wie z. B. in der Inszenierung des Heiligen Georg im Kampf mit dem Drachen. Derart dynamisch und gleichzeitig statuarisch für den Betrachter platziert, führt ihn Louise von Meyern-Hohenberg auf ihrer präzisen und kleinteiligen Bleistiftzeichnung aus dem König-Ludwig-Album auf (Abb. 154). Hierbei handelt es sich übrigens um die einzige bekannte Darstellung eines Heiligen aus der Hand der Künstlerin, die in der Gesellschaft bevorzugt in Männerkleidung auftritt und rauchend auch aus dem einen oder anderen Herrenclub verwiesen wird. Dramatisch erheben sich auf ihrer Zeichnung Reiter und Pferd über den Lindwurm, der auf dem Adamsschädel sitzt. Besonderes Augenmerk legt die Künstlerin hier auf das Reittier des Heiligen, das sie mit ganz besonderer Sorgfalt ausführt. Zeitlebens verband sie selbst eine emotionale Bindung zu ihrem eigenen Reitpferd, dessen weitere Pflege nach ihrem Tod sie sogar in ihrem Testament regelte.[3]

Alexandra von Berckholtz zeigt in ihren Skizzenbüchern in erster Linie Porträts unterschiedlicher namentlich benannter und unbekannter Personen, die sie in Karlsruhe, Ortenberg, Aubach oder auf ihren Reisen zeichnete. Bei einigen fällt eine Analogie zu Louis Wagners Stil (Abb. 155) vergleichbar der Lithografie ihres Schwagers Carl Ferdinand Offensandt (Abb. 60) auf. Die Köpfe zeichnet Wagner stets komplett durch, die dadurch gegenüber der übrigen Figur betont, plastisch und nahezu fotorealistisch hervortreten. Bei der Zeichnung der Kleidung dominiert die Kontur, die meist durch Parallelschraffuren breiter und weit auseinanderliegender diagonaler Linien ausgefüllt ist. Der Hintergrund ist mit weniger Druck auf den Bleistift und lediglich in Umrisslinien angedeutet. Derartig stilistisch umgesetzt sind auch 19 Lithografien und Stahlstiche nach Wagners Zeichnungen im Album der Familie von Berckholtz.

Bei dem in Ortenberg aufgenommenen Porträt eines jungen Mannes (Abb. 155) aus dem Skizzenbuch von 1841 bis 1846, das sich in ähnlicher Ausführung auch im Skizzenbuch von 1847 bis 1853[4] befindet, handelt es sich um Wilhelm Molitor (1819–1880), Jurist, Schriftsteller, ab 1851 Priester in Speyer und späterer bayerischer Landtagsabgeordneter.[5]

Der Betrachter trifft auch auf Szenenbilder von Orten, an denen die Künstlerin lebte. Beispielsweise entsteht am 13. September 1841 eine vom Schloss aus aufgenommene Totale Ortenbergs, in dessen Mitte der Turm der Kirche St. Bartholomäus herausragt (Abb. 156). Die Dächer sind durch unterschiedliche Schraffuren und Schattierungen der Graustufen des Bleistifts charakterisiert. Jedes Anwesen grenzt ein Holzzaun ein. Im Vordergrund sieht man Schnitter bei der Arbeit. Das Motiv ist in einem filigranen Strich detailreich gezeichnet. Des Weiteren zeichnet Alexandra von Berckholtz eine Ansicht des Schlosses aus der extremen Untersicht (KAT.-NR. 80) oder das Anwesen Burgweg 11 (KAT.-NR. 81). In zahlreichen Studien widmet sich die Künstlerin auch der akribischen Beobachtung architektonischer Details, wie einem Mauerfragment neben einer Bank (Abb. 157) bzw. Türmen und Treppen (Abb. 158) auf Schloss Ortenberg in einem Aquarell.

Dort gewährt die Künstlerin auch Einblick in das Familienleben, das der Betrachter wie durch ein Schlüsselloch wahrnimmt, durch das er beispielsweise zwei Frauen – wohl ihre Schwestern – neben einem Fenster in einem Innenraum (Abb. 159), Elisabeth von Berckholtz bei der Handarbeit (Abb. 300), eine weibliche Rückenfigur auf einer Bank in einem Laubengang in Aubach

Abb. 156 – Alexandra von Berckholtz, Ansicht von Ortenberg, Bleistift auf Papier, 18,3 × 25 cm, Skizzenbuch von 1841–1846, StAO Inv.-Nr. 26/21/015.

Abb. 157 – Alexandra von Berckholtz, Mauerstudie, Bleistift auf Papier, 18,3 × 25 cm, rechts unten beschriftet *Ortenberg. cf. 16. Sept. 1843.*, Skizzenbuch von 1841–1846, StAO Inv.-Nr. 26/21/015.

Abb. 158 – Alexandra von Berckholtz, Turm und Treppe, Aquarell, 13,3 × 21 cm, links unten datiert *30 Juli 1859*, Skizzenbuch von 1859/60, StAO Inv.-Nr. 26/21/017.

Abb. 159 – Alexandra von Berckholtz, Zwei Damen vor einem Fenster, Bleistift auf Papier, 25 × 18,3 cm, rechts unten beschriftet *Ortenberg cf. 15 Sept 1843.*, Skizzenbuch von 1841–1846, StAO Inv.-Nr. 26/21/015.

Abb. 160 – Alexandra von Berckholtz, Laubengang in Aubach, Bleistift auf Papier, 18,9 × 24,7 cm, rechts unten beschriftet *Aubach. cf. 13 Juli 1850.*, Skizzenbuch von 1847–1853, StAO Inv.-Nr. 26/21/016.

Abb. 161 – Alexandra von Berckholtz, Schlafende, Bleistift auf Papier, 24,7 × 18,9 cm, Skizzenbuch von 1847–1853, StAO Inv.-Nr. 26/21/016.

Abb. 162 – Alexandra von Berckholtz, Gabriel Leonhard von Berckholtz Zeitung lesend, Bleistift auf Papier, 21 × 13,3 cm, Skizzenbuch von 1859/60, StAO Inv.-Nr. 26/21/017.

(Abb. 160), eine Schlafende (Abb. 161) oder ihren Vater im Lehnstuhl bei der Zeitungslektüre (Abb. 162) erblickt.

Ein wesentliches Merkmal der häuslichen Kultur stellt die Musikpflege dar und Konzerte einzelner Familienmitglieder, wie z. B. durch ihren Bruder Jacob auf der Violine (Abb. 301) oder Elisabeth am Flügel (Abb. 163), bei dem im Hintergrund zusätzlich eine Raumarchitektur angegeben ist. Es ist im 19. Jahrhundert verbreitet, berühmte Musiker während ihrer Tourneen und Aufenthalte in der Stadt auch in den eigenen Salon einzuladen, die dort Konzerte vor einer ausgewählten Zuhörerschaft geben. Franz Liszt spielt z. B. zusätzlich zu seinen öffentlichen Konzerten in Karlsruhe am 27. November, 1. und 4. Dezember 1843 am 29. November eines in privatem Rahmen im Residenzschloss.[6] In Alexandra von Berckholtz' Skizzenbuch befindet sich eine Bleistiftzeichnung mit Franz Liszt am Flügel, die sie während eines seiner Karlsruher Konzerte aufnahm (KAT.-NR. 84).

Abb. 163 – Alexandra von Berckholtz, Elisabeth von Berckholtz am Flügel, Bleistift auf Papier, 13,3 × 25 cm, rechts unten beschriftet *Ortenberg cf. 24 Sept. 1843.*, Skizzenbuch von 1841–1846, StAO Inv.-Nr. 26/21/015.

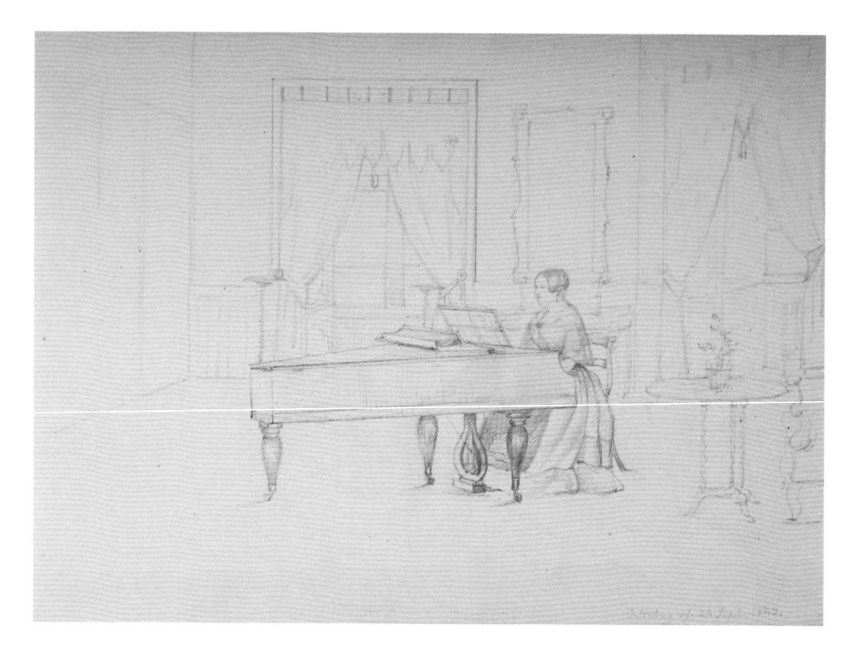

Abb. 164 – Alexandra von Berckholtz, Zwei Mädchen nach ihrem Auftritt, Bleistift auf Papier, 18,3 × 25 cm, Skizzenbuch von 1841–1846, StAO Inv.-Nr. 26/21/015.

Regelmäßige öffentliche Konzert- und Theaterbesuche dokumentieren eine Reihe weiterer Skizzen, so z. B. eine, die zwei Geige spielende Mädchen während des Auftritts zeigt, und eine, die zwei weitere nach ihrem Auftritt (Abb. 164) auf einer im Bildfeld nicht angedeuteten Bühne aufführt, zu deren Füßen Kränze liegen, von denen das vom Betrachter aus rechte einen in Händen hält, oder eine weitere mit zwei Schauspielern in Kostümen (Abb. 165), die im 19. Jahrhundert mit der Renaissancezeit und den Stücken William Shakespeares (getauft 1564–1616) verbunden werden, wie sie auch Adolph Schroedter mit seiner Illustration der Szene Hamlets und Horatios auf dem Friedhof (Abb. 231) zeigt.

Den Hauptteil nehmen – außerhalb ihrer Porträts – Alexandra von Berckholtz' Reisen und Ausflüge ein. Anhand ihrer Skizzenbücher, der topografischen Ansichten, ihrer Beschriftungen und Datierungen lassen sich von diesen 16 genauestens rekonstruieren, wie z. B. eine vom 3. bis 16. August 1842 in die Schweiz anhand von zehn zeichnerischen Einträgen. Eine mit

Abb. 165 – Alexandra von Berckholtz, Schauspielerporträts, Bleistift auf Papier, 18,3 × 25 cm, Skizzenbuch von 1841–1846, StAO Inv.-Nr. 26/21/015.

Abb. 166 – Alexandra von Berckholtz, Vier Personen in einer Loge, Bleistift auf Papier, 18,2 × 25 cm, links unten beschriftet *Lausanne cf. 3t August 1842.*, Skizzenbuch von 1841–1846, StAO Inv.-Nr. 26/21/015.

Lausanne cf. 3t August 1842. beschriftete Zeichnung (Abb. 166) zeigt drei Frauen und einen Mann – wohl Mitglieder der Familie von Berckholtz – in der Loge eines Theaters. Die rechts im Bildfeld stehende Dame hält einen Zettel in der Linken und ein Taschentuch in der rechten Hand. Die Sitzfigur neben ihr ist im Gegensatz zu den anderen Dargestellten noch in Umrisslinien skizzenhaft belassen. 1842 hatte Lausanne ein Theater im Quartier Marterey, das 1804/05 in der heutigen rue Marterey 5 erbaut worden war. Es konnte 1.100 Zuschauer fassen, wurde bis 1859 als Theater genutzt und 1969 abgerissen. Das am 3. August 1842 gegebene Stück, das die Familie von Berckholtz besuchte, ist nicht mehr bekannt, da offizielle Dokumente erst ab dem 15. September 1842 erhalten sind, an dem der neu berufene Direktor M. Alexandre für die Spielzeit 1842/43 ab dem 1. November 1842 sein Programm und die Schauspieler den Behörden der Stadt mitteilt.[7]

Nächste Station am darauffolgenden Tag ist Vevey, ein im 19. Jahrhundert bei Touristen populärer Ort am Nordostufer des Genfer Sees. 1842 wird dort mit dem *Hôtel des Trois Couronnes* das erste Gasthaus eröffnet; der Anschluss

Abb. 167 – Alexandra von Berckholtz, Ansicht von Vevey, Bleistift auf Papier, 18,2 × 25 cm, links unten beschriftet *Vevey cf. 4. August 1842*, Skizzenbuch von 1841–1846, StAO Inv.-Nr. 26/21/015.

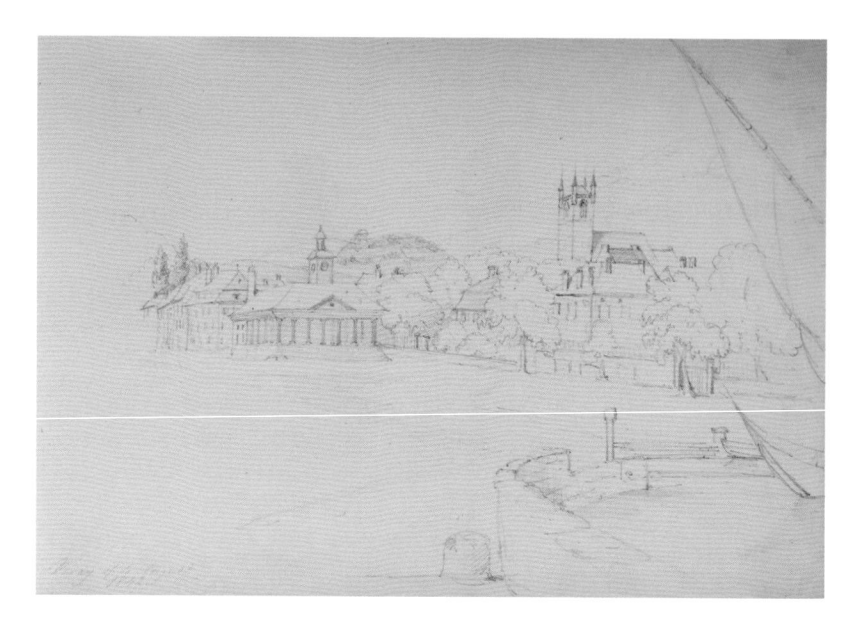

Abb. 168 – Alexandra von Berckholtz, Schloss Chillon, Bleistift auf Papier, 18,2 × 25 cm, links unten beschriftet *Chillon cf. 8. August 1842*, Skizzenbuch von 1841–1846, StAO Inv.-Nr. 26/21/015.

an die Eisenbahnlinie erfolgt 1861. Alexandra von Berckholtz zeichnet eine Ansicht des Marktplatzes (Abb. 167), wie sie auch auf historischen Postkarten von Vevey aus dem 19. Jahrhundert zu sehen ist.[8] An dessen Rand steht die Grenette, der 1808 erbaute ehemalige Kornspeicher mit 18 Säulen toskanischer Ordnung und Dreiecksgiebel, der heute zu den Schweizerischen Kulturgütern von nationaler und regionaler Bedeutung zählt. Rechts im Hintergrund ragt der zwischen 1497 und 1511 errichtete Turm der um das Jahr 1000 erbauten ursprünglich romanischen Kirche St. Martin hervor.[9]

Nach einem dreitägigen Aufenthalt in Vevey setzt die Familie am 8. August 1842 die Reise mit einem Besuch des Wasserschlosses Chillon fort, das Alexandra von Berckholtz mit dem Genfer See im Vordergrund abbildet (Abb. 168).

Am 11. August 1842 befindet sich die Familie von Berckholtz in Bulle (Abb. 169), das heute im französischsprachigen Teil des Kantons Freiburg liegt, und in dem Alexandra Holzhäuser neben herrschaftlichen Anwesen vor einer Bergkulisse aufnimmt. Sie besucht am 15. August auch Grindel-

Abb. 169 – Alexandra von Berckholtz, Ansicht von Bulle, Bleistift auf Papier, 18,2 × 25 cm, links unten beschriftet *Bulle cf. 11 Aug. 1842*, Skizzenbuch von 1841–1846, StAO Inv.-Nr. 26/21/015.

wald im Kanton Bern, vor dem Panorama der imposanten Berge Wetterhorn, Schreckhorn, Eiger, Mönch und Jungfrau sowie am 16. August 1842 Thun mit seinem Schloss.

Zwischen dem 30. Juli und 3. August 1847 erfolgt ein Aufenthalt in Rippoldsau, den Ortsansichten und detailliert gezeichnete Porträts einer Frau und eines Mannes aus dem Schwarzwald (KAT.-NR. 74, 75) in ihrer Tracht bezeugen. Zahlreiche Künstler des 19. Jahrhunderts zeigen, wie Alexandra von Berckholtz, in ihrem Werk neben landschaftlichen Details auch ein gesteigertes Interesse an der Darstellung ländlicher Bewohner, ihres charakteristischen Erscheinungsbildes und ihrer Traditionen. „Die Sehnsucht nach dem Einfachen, Ursprünglichen (…) wurde zu einer gesamteuropäischen Erscheinung." In diesem Kontext zeigt beispielsweise um 1835 Julie von Egloffstein (1792–1869) *Hirten in der Campagna* (Abb. 170) oder Hans Canon auf seinem Aquarell *Am Grundlsee* von 1870 einen Flötenspieler in Landestracht vor einem Bergmassiv.[10]

Ausflüge in die nähere Umgebung unternimmt die Künstlerin am 9. September 1847 nach Zell und am folgenden Tag nach Gengenbach (Abb. 171). Weitere zeichnerische Einträge erfolgen auf Fahrten an den Tegernsee am 24. September 1859 (Abb. 172), nach Baden-Baden und Schloss Eberstein (Abb. 173) am 27. und 28. Juli 1860, nach Stutensee am 12. Mai 1860, sieben Tage später nach Heidelberg, am 26. Mai 1860 mit ihren beiden Schwestern Sophie und Elisabeth nach Maulbronn (KAT.-NR. 35) sowie am 28. April 1865 nach Linz.

1867 und 1868 sind durch unterschiedliche Einträge in ein Skizzenbuch zwei Reisen Alexandras nach Böhmen belegt, auf denen sie die Familie Chotek in Velké Březno (Großpriesen) besucht. Während ihres ersten Aufenthaltes auf dem Schloss im September 1867 porträtiert sie dort mehrere Familienmitglieder: Vilemína (KAT.-NR. 64), die Schwägerin Olga von Moltkes, und ihre Kinder Wolfgang (Abb. 58), Zdenka (KAT.-NR. 65) und Riescherl (KAT.-NR. 66). Es entsteht auch ein Doppelporträt von Marie und Olga Chotek, den beiden Töchtern von Alexandras Nichte (KAT.-NR. 62). Ein Jahr später erfolgt ein zweiter Besuch in Böhmen, wo sie z. B. am 26. Juni 1868 eine Baumstudie in Dalovice (Dallwitz) (Abb. 174) zeichnet.

1875 unternimmt Alexandra von Berckholtz vom 24. Juli bis 5. Oktober eine Reise in die Schweiz, die durch 39 Zeichnungen und Aquarelle rekonstruier-

Abb. 170 – Julie von Egloffstein, Hirten in der Campagna, Lithografie, 35,2 × 28,3 cm, um 1835, Roemer- und Pelizaeus-Museum Hildesheim Inv.-Nr. S 4061.

Abb. 171 – Alexandra von Berckholtz, Ansicht von Gengenbach, Bleistift auf Papier, 18,9 × 24,7 cm, rechts unten beschriftet *Gengenbach 10t Sept 1847*, Skizzenbuch von 1847–1853, StAO Inv.-Nr. 26/21/016.

Abb. 172 – Alexandra von Berckholtz, Tegernsee, Bleistift auf Papier, 13,3 × 21 cm, links unten beschriftet *Tegernsee 24 Sept. 1859.*, Skizzenbuch von 1859/60, StAO Inv.-Nr. 26/21/017.

Abb. 173 – Alexandra von Berckholtz, Schloss Eberstein, Bleistift auf Papier, 13,3 × 21 cm, links unten beschriftet *Schloß Eberstein 28 Juli 1860*, Skizzenbuch von 1859/60, StAO Inv.-Nr. 26/21/017.

Abb. 175 – Alexandra von Berckholtz, Weggis, Bleistift auf Papier, 18,9 × 12 cm, links unten beschriftet *Weggis 8 Aug 1875.*, Skizzenbuch von 1875, StAO Inv.-Nr. 26/21/021.

Abb. 174 – Alexandra von Berckholtz, Baumstudie, Bleistift auf Papier, 21,5 × 15,9 cm, links unten beschriftet *Dallwitz. 26 Juni 1868*, Skizzenbuch von 1865–1868, StAO Inv.-Nr. 26/21/019.

bar ist. Stationen sind Neu-Habsburg und Weggis (Abb. 175) am Vierwaldstättersee, Thun (Abb. 176) und Spiez am Thunersee, Clarens, Aigle und Chillon (KAT.-NR. 89, 90).

In elf abstrakt anmutenden Einträgen in einem groben Linienstil, die nur teilweise mit gelegentlichen Parallelschraffuren versehen sind, nimmt sie unterschiedliche Landschaften auf, vorzugsweise Bergpanoramen (Abb. 177), die den Eindruck entstehen lassen, als hätte sich die Künstlerin in einem fahrenden Zug an der jeweiligen Örtlichkeit vorbei bewegt und wollte die Szenerie schnell noch festhalten. Ein derart flüchtiger Stil findet sich in diesem Rahmen in Alexandra von Berckholtz' Werk zuvor nicht. Eine dieser Skizzen, die einen mit Büschen und Bäumen bewachsenen Felsen im Vierwaldstättersee zeigt (Abb. 340), arbeitet sie zusätzlich in einem farblich vollständig durchgebildeten Aquarell (KAT.-NR. 93) aus. Sie aquarelliert auch zwei weitere Gebirgsansichten (KAT.-NR. 91, 92), die durch ihr Kolorit atmosphärisch und leicht erscheinen, und in denen sich die Farbe vom Gegenstand emanzipiert. Der rosa-rötliche Farbton ruft im Betrachter den Eindruck eines Alpenglühens hervor.

Alexandra von Berckholtz erklimmt am 9. August den Rigi Kulm, dessen Gipfelkreuz auf einer Höhe von 1.797 Metern sie im Vordergrund des wei-

Abb. 177 – Alexandra von Berckholtz, Schweizer Gebirgslandschaft, Bleistift auf Papier, 12 × 18,9 cm, Skizzenbuch von 1875, StAO Inv.-Nr. 26/21/021.

Abb. 178 – Alexandra von Berckholtz, Rigi Kulm mit Blick auf den Säntis, Bleistift auf Papier, 12 × 18,9 cm, links unten datiert *9 Aug 1875*, weitere Beschriftungen *Rigi Kulm* und *Sentis*, Skizzenbuch von 1875, StAO Inv.-Nr. 26/21/021.

Abb. 176 – Alexandra von Berckholtz, Schloss Thun, Bleistift auf Papier, 18,9 × 12 cm, links unten beschriftet *Thun. / 23 Aug. 1875*, Skizzenbuch von 1875, StAO Inv.-Nr. 26/21/021.

ten Blickfeldes erfasst, das sich zum Säntis gegenüber öffnet (Abb. 177), und wo bereits 1816 die erste Hütte errichtet wurde. Es könnte auch sein, dass die Künstlerin nicht wanderte, sondern die Zahnradbahn – die Vitznau-Rigi-Bahn – zum Gipfel nahm, die bereits 1871 eingerichtet wurde. Alexandra von Berckholtz erfasst während ihrer Reise ebenfalls unterschiedliche Frauen und Männer, wie am 18. August ihren Neffen Wilhelm Offensandt im Brustbild und Wanderkleidung (Abb. 81). Er begleitet Alexandra wohl auf ihrer Bergtour in der Zentralschweiz. Auch in Clarens hält sie spontane Beobachtungen fest, wie zwei unter einer Markise bei einer Tasse Kaffee sitzende Damen (Abb. 179). In der Stadt übernachtet sie im Hôtel Roy.

Abb. 179 – Alexandra von Berckholtz, Zwei Kaffee trinkende Damen, Bleistift auf Papier, 18,9 × 12 cm, unterhalb beschriftet *Clarens (...) 1875*, Skizzenbuch von 1875, StAO Inv.-Nr. 26/21/021.

Alexandra von Berckholtz übernachtet ein Jahr später erneut in diesem Gasthaus. In ihrem Skizzenbuch finden sich Einträge einer Schweizreise ab dem 20. September 1876. Erneut besucht sie Vevey, wo sie am Ufer des Genfer Sees sitzend ein Segelschiff vor der Bergkulisse aufnimmt (Abb. 180) und auch hier unterschiedliche Personen porträtiert.

Vom 18. Juni bis zum 7. Juli 1876 und vor ihrem Nizzaaufenthalt mit Theresia Hegg-de Landerset reist Alexandra von Berckholtz nach Bad Aibling, wo sie sich in der Villa Bellevue aufhält, die sie in zwei Panoramaansichten in ihrem Skizzenbuch dokumentiert (Abb. 181, 182), wie auch ihren Blick auf den Wendelstein aus ihrem Schlafzimmer, auf den sie mit ihrer Beschriftung verweist. Auch hier hält die Künstlerin mondäne Herren und Damen im Bild fest, wie z. B. Marie Aub am 7. Juli 1876 (Abb. 183).

Abb. 180 – Alexandra von Berckholtz, Genfer See mit Segelschiff, Bleistift auf Papier, 14 × 43,2 cm, unterhalb beschriftet *Vevay 21 Sept. 1876*, Skizzenbuch von 1875/76, StAO Inv.-Nr. 26/21/022.

Abb. 181 – Alexandra von Berckholtz, Villa Bellevue Bad Aibling, Bleistift auf Papier, 14 × 43,2 cm, rechts unten beschriftet *Bellevue. Aibling*, Skizzenbuch von 1875/76, StAO Inv.-Nr. 26/21/022.

Abb. 182 – Alexandra von Berckholtz, Villa Bellevue Bad Aibling, Bleistift auf Papier, 14 × 43,2 cm, links unten beschriftet *Bellevue. 19. Juni 1876*, Skizzenbuch von 1875/76, StAO Inv.-Nr. 26/21/022.

Abb. 184 – Alexandra von Berckholtz, Fachwerk in Zabern, Bleistift auf Papier, 13,8 × 21,5 cm, oberhalb beschriftet *Hölz. Fachwerk in Zabern Elsass. / am ganzen Hause gleichmäßig / ausgeführt.*, Skizzenbuch von 1891/92, StAO Inv.-Nr. 26/21/029.

Drei aus den Jahren 1886 bis 1892 erhaltene Skizzenbücher widmen sich ausschließlich floralen Formen, Blattornamentik, Festons und Bandelwerk. Auch unter diesen verweisen teilweise datierte Lokalisierungen mancher Einträge auf Reisen und Ausflüge, die an dieser Stelle ebenfalls aufgeführt sein sollen: Schloss Staufenberg bei Durbach am 27. Juni 1886, St. Stephan Augsburg 1886, Regensburg, Strahover Kirche Prag, Frankfurt am Main am 16. April 1891, Schopfheim am 25. Oktober 1891, Bad Säckingen, St. Odilienberg im Elsass am 5. Juni 1892, Strassburg am 6. Juni 1892 sowie Zabern im Elsass, wo sie ein hölzernes Fachwerk (Abb. 184) und einen Wasserspeier zeichnet, ihre letzten beiden belegbaren Einträge in ein Skizzenbuch.

Anmerkungen

1 Karlsruhe, 2010, S. 28, Abb. 108, Kat.-Nr. 121.
2 Kunst-Blatt, 1832, No. 13, 315; Öl auf Buchenholz, 45 × 54 cm, rechts unten *Marie Ellenrieder u Rudolph Kuntz fc 1832*, Staatliche Kunsthalle Karlsruhe Inv.-Nr. 1260.
3 Gotha/Konstanz, 1999, S. 282; Staatsarchiv Coburg, Amtsgericht, Sign. 1920.
4 StAO Inv.-Nr. 26/21/016.
5 Brümmer, Franz: Wilhelm Molitor. In: ADB, Bd. 52, 1906, S. 438–440.
6 Saffle, 1994, S. 163–165, 269–270.
7 Les archives de la ville de Lausanne, Registre RC 85/20, pp. 221–222. Die Aufenthaltslisten der Stadt Lausanne registrierten Besucher erst ab einer Dauer von mindestens drei Monaten.
8 Musée historique de Vevey, Archives photographiques.
9 Richard, Jean-François und Rivier, Étienne: L'Église Saint-Martin de Vevey. Vevey 1993.
10 Zit. Drewes, 1994, S. 59; 53,5 × 34,8 cm, Privatbesitz.

Abb. 183 – Alexandra von Berckholtz, Marie Aub, Bleistift auf Papier, 21,6 × 14 cm, rechts unterhalb der Darstellung beschriftet *MarieAub*, unterhalb *Aibling. Bellevue 7 Juli 1876*, Skizzenbuch von 1875/76, StAO Inv.-Nr. 26/21/022.

Anna Schneeli.

7 Verschollene Werke

Alexandra von Berckholtz' Skizzenbücher beinhalten viele Porträtzeichnungen, von denen manche als Vorlage für ein heute nicht mehr auffindbares Ölporträt dienten, wie z. B. die August Vischers und eine mit *Alex. von Kotzebue* bezeichnete, auf die an späterer Stelle noch genauer eingegangen werden wird. Auch das detailliert ausgeführte und während der Schweizreise 1875 entstandene Bildnis der Anna Schneele (Abb. 185) könnte aufgrund seiner Anlage durchaus ebenfalls als zeichnerische Vorlage für ein Atelierbild in Öl intendiert gewesen sein.

Der Suche nach weiteren Werken der Alexandra von Berckholtz dienten unterschiedliche Quellen. Zunächst führte die umfassende Nachfrage in Museen, Sammlungen, Archiven und Bibliotheken in Deutschland, Österreich, der Schweiz, Russland, Lettland, Estland, Litauen, Tschechien und Großbritannien neben den aufgefundenen und im Katalog aufgeführten zu zwei Werken, deren Verbleib heute unbekannt ist. Das Aquarell *Heckenrosen* (WV Nr. 94) befand sich ehemals in der Sammlung des Fürsten von Hohenzollern-Sigmaringen und das Stillleben in Öl auf Leinwand *Pfirsiche* (WV Nr. 113) bis etwa 1930 im Museum Folkwang Essen.[1]

Insgesamt 27 Werke der Künstlerin tauchten von 1921 bis 2016 in Auktionen auf, von denen diejenigen an dieser Stelle genannt sein sollen, im Falle derer es nicht gelang, weder die heutigen Besitzer zu erfahren noch eine Fotografie zu erhalten. Alle anderen sind im Katalog festgehalten. Das Antiquariat Emil Hirsch in München versteigerte am 5. März 1921 die grafische Sammlung des Königlichen Hofglasmalereibesitzers Franz Xaver Zettler, in der sich vier Porträtzeichnungen von Alexandra von Berckholtz befanden: ein *Hüftbild einer jungen Dame* (WV Nr. 16), ein *Bildnis einer jungen Dame (Mathilde von Rottenhof)* (WV Nr. 43), eine weitere *Dame in Halbfigur im Dreiviertelprofil* (WV Nr. 46) und ein *männliches Brustbild im Profil* (WV Nr. 58).[2]

Aus dem Nachlass eines Diplomaten stammt das Aquarell *Bildnis eines jungen Mädchens in ländlicher Tracht* (WV Nr. 4) aus den Kunst-Kammer-Auktionen Dr. Theodor Bauer Berlin vom 23. Februar 1928.[3] Heinrich Hahn in Frankfurt am Main bot am 5. und 6. April 1938 drei Werke in Öl auf Holz an: *Früchtestillleben, Weintrauben, Pfirsiche und Kürbis* (WV Nr. 97), *Sonnenblumen und Weintrauben auf einem Tisch, vor rotem Hintergrund* (WV Nr. 100) und *Feldblumenstrauß in dunkeler Glasvase* (WV Nr. 102), der im Auktionskatalog auf Tafel 6 abgebildet ist (Abb. 186). 1847 malte Alexandra von Berckholtz ein Aquarell der Pforte von Saint-Denis, das am 11. Dezember 1989 im Kunsthaus Lempertz in Köln unter der Nummer 22 versteigert wurde. Das Blatt fand sich erneut am 27. April 1990 in der Auktion bei Renaud Paris unter der Nr. 15. In einer in den 1990er Jahren stattgefundenen Auktion der Classic Art Gallery Antonija in Riga ging das Stillleben *Vase mit Blumen* in Öl auf Holz (WV Nr. 109) in Privatbesitz über und am 4. November 2004 ein *Stillleben mit totem Vogel und Nelken* in Öl auf Pappe (WV Nr. 130) im Auktionshaus H. Ruef München.[3]

Weiterhin herangezogen wurden Ausstellungskataloge, aus denen zu Lebzeiten der Künstlerin zehn Beteiligungen nachgewiesen werden konnten sowie insgesamt 17 Bilder – bis auf einen Fall ausschließlich Stillleben – mit unbekanntem Verbleib. Diese wurden in der Biografie genannt und sind im Werkverzeichnis aufgelistet. Besonders erwähnt werden soll eine Einzelausstellung im Münchner Kunstverein 1881 mit 14 Aquarellen von Blumenstill-

Abb. 185 – Alexandra von Berckholtz, Porträt Anna Schneele, Bleistift auf Papier, 18,9 × 12 cm, links unten beschriftet *Anna Schneele / Aug. 1875*, Skizzenbuch von 1875, StAO Inv.-Nr. 26/21/021.

Abb. 186 – Alexandra von Berckholtz, Feldblumenstrauß in dunkeler Glasvase, Öl auf Holz, 48 × 43 cm.

leben,⁴ von denen später Radierungen angefertigt wurden. Näheres konnte zu diesen Werken jedoch nicht ermittelt werden, da das gesamte Archiv des Kunstvereins zum 19. Jahrhundert im Zweiten Weltkrieg vernichtet wurde.⁵ Als vierte Quelle hinsichtlich der Hinweise auf bekannte Werke aus der Hand der Alexandra von Berckholtz dienten enzyklopädische Einträge und Zeitungsartikel, in denen sich Informationen zu 16 undatierten und sechs datierten Porträts finden ließen. Die darin namentlich erwähnten Porträtierten waren hohe Persönlichkeiten der Gesellschaft, zumeist adelige Damen, die ein Historio- und Soziogramm der Kontakte der Malerin erlauben. Auf Nachfrage bei den betreffenden Adelsfamilien gelang in den meisten Fällen eine biografische Einordnung der Dargestellten. In einem Fall ließen sich zusätzlich drei gänzlich unbekannte Gemälde (KAT.-NR. 17, 18, 20), eine Zeichnung (KAT.-NR. 42) und drei Reproduktionen von Zeichnungen der Alexandra von Berckholtz (KAT.-NR. 109, 110, Abb. 305) entdecken. Ein weiteres Porträt, das der deutsch-baltischen Baronin Ernestine von Schoultz-Ascheraden (WV Nr. 87), befindet sich in Privatbesitz der Familie.

Des Weiteren fand sich durch Zufall manch gesuchtes Bildnis, wie z. B. das der Charlotte Baronin von Bassus, geborene Gräfin Berchem (Titel, KAT.-NR. 15), oder Lithografien der Porträts, wie eine nach dem entsprechenden Ölporträt der Marie Scheffel (KAT.-NR. 111) und eine mit der Darstellung zweier Gräfinnen von Manteuffel (KAT.-NR. 108).

Beginnen wir mit dem 1854 entstandenen Porträt einer Gräfin von Enzenberg, geborene von Maydell,⁶ bei der es sich um die in Riga geborene und in Karlsruhe gestorbene Johanna Baronesse von Maydell (1825–1904) handelt. Sie heiratet am 12. August 1846 Karl Ernst Graf von Enzenberg zum Freyen- und Jöchelsthurn (1813–1887) in Baden-Baden, dessen Geburtstag am 5. Juli und Todestag am 29. Januar mit dem Zusatz *(Revolver)* Alexandra von Berckholtz in ihrem Kalender vermerkte. Ein Fräulein M. von Maydell spendet 1853 und 1856 jeweils einen Gulden für den Bau der Offenburger Stadtkirche.⁷ Weder der Familie von Enzenberg noch der Familie von Maydell ist heute ein derartiges Bildnis bekannt.⁸

Auf 1866 datiert ist das Bildnis der Schwester der Künstlerin Sophie Baronin von Moltke,⁹ die 1837 ihren verwitweten Schwager, den Freiherrn Paul Friedrich von Moltke, heiratet. Seine erste Frau war ihre 1836 verstorbene Schwester Anna Natalie, deren einzige Tochter, Olga von Moltke, Sophie als Adoptivkind annimmt. Über die weitreichende persönliche Vernetzung Alexandra von Berckholtz' mit unterschiedlichen Mitgliedern der Familie von Moltke gibt der Kalender der Künstlerin Aufschluss, wie auch Notizen kriegerischer Ereignisse, auf die Helmuth von Moltke wesentlichen strategischen Einfluss hatte, wie beispielsweise die Schlacht bei Königgrätz am 27. Juni 1866.¹⁰ Es existierte noch ein weiteres Abbild der Sophie von Moltke, eine Marmorbüste des baltischen Bildhauers Alexander von Wahl,¹¹ den Alexandra während ihrer Zeit in München kennenlernt.

Alexander Amandus von Wahl wird am 10. Dezember 1839 auf dem Gut Assick in der Nähe von Dorpat geboren und stirbt am 2. Dezember 1903 in München. Von 1858 bis 1861 studiert er Bildhauerei an der Akademie in Petersburg bei dem durch den Zaren Nikolaus I. geschätzten Peter Clodt von Jürgensburg (1805–1867) und von 1861 bis 1866 bei Max von Widnmann (1812–1895) in München. Bereits für seine erste größere Skulpturengruppe – Polyphem, der Odysseus den Stein entgegenschleudert, „mit starker Neigung zu realistischer Wiedergabe"¹² – erhält von Wahl 1865 die große silberne Medaille. Nach einer Reise durch Italien und Griechenland lässt sich der Künstler ab 1868 dauerhaft in München in der Georgenstraße nieder, wo er sich in seiner Bildhauerei vorrangig der Tierplastik sowie Genredarstellungen aus dem estnischen, slowakischen und tscherkessischen Volksleben widmet, die er neben regelmäßigen preisgekrönten Ausstellungen in München z. B. 1880/81 auch in Riga und Reval zeigt.¹³ Aufgrund eines körperlichen Leidens wendet sich von Wahl in seinem Spätwerk der Malerei zu, und auch hier liegt sein Schwerpunkt auf dem Genrebild, wie beispielsweise mit *Zu spät*, das einen Geizigen am Totenbett seiner Tochter aufführt, und das der Künstler 1886 auf der Berliner Jubiläumsausstellung präsentiert.¹⁴ Alexandra von Berckholtz verbindet auch eine Freundschaft mit seiner Tochter Helene von Wahl.¹⁵

In seinem Hauptwerk „entstanden mehrere excellente Marmorbüsten, z. B. der kunstsinnigen Baronin von Moltke (gest. 1878) und ihrer Schwester, der feinfühligen Malerin Alexandra von Berckholtz (gest. 1899)".¹⁶ Das Entstehungsjahr der beiden Büsten, die eine Höhe von mindestens 40 Zentimetern aufweisen, ist unbekannt.¹⁷ Bekannt ist jedoch eine Fotografie der Moltke-Büste. Auf dieser sehen wir sie im Hintergrund links im Salon des Schlosses Ortenberg (Abb. 187) vor zahlreichen an der Wand befindlichen Gemälden. Rechter Hand steht die stilistisch analoge und eventuell vom gleichen Bildhauer geschaffene Büste des Zaren von Russland in antikisierender Gewandung und Lorbeerkranz auf dem Haupt. Die Zuschreibung beider Bildwerke erlaubt eine auf der Fotografie verso angebrachte Beschriftung. Bei dem russischen Kaiser handelt es sich wohl um Alexander II. Nikolajewitsch Romanow (1818–1881), der von 1855 bis 1881 regierte.

Vergleichsmomente mit der Physiognomie der Büste Sophie von Moltkes weist eine Zeichnung auf, die Alexandra von Berckholtz am 26. Mai 1860 in Maulbronn (KAT.-NR. 35) aufnahm. Eine weitere Analogie bahnt die Lithografie nach dem Gemälde Gustav Nehrlichs von 1835 an (Abb. 62). Zusätzlich ließ sich ein von der Schwester angefertigter Scherenschnitt entdecken (Abb. 188).

Von dem badischen Hofmaler August Vischer fertigt Alexandra von Berckholtz ebenfalls 1866 ein Bildnis an, hinsichtlich dessen die Quellen differieren, die in diesem Zusammenhang auch seine Ehefrau Mathilde, geborene Stolz, aufführen.¹⁸ Ob es sich im Falle dieses Werkes um ein Doppelporträt oder zwei Pendants handelt, konnte nicht ermittelt werden. Angenommen werden kann ersteres aufgrund eines Eintrags im Kalender der Künstlerin am 9. Januar 1866: *Hochzeitstag von Mathilde Stolz-Vischer*, anlässlich dessen das Kunstwerk als Brautbild entstanden sein könnte. Zusätzlich findet sich im Skizzenbuch der Alexandra von Berckholtz von 1859 ein mit *August Vischer* beschrifteter Eintrag, ein Büstenporträt des Genre- und Historienmalers im Profil nach rechts (Abb. 189) in Bleistift, auf dem die linke, dem Betrachter zugewandte Wange mit dem Buntstift in Rot akzentuiert ist. Eventuell handelt es sich hierbei um eine Vorzeichnung zu dem zu einem späteren Zeitpunkt realisierten Ölgemälde.

Nach einem Aufenthalt in München studiert Vischer von 1847 bis 1849 an der Akademie in Antwerpen, und ab 1870 lehrt er als Professor am Polytechnikum in Karlsruhe. Eines seiner Werke ist *Schlafende Schöne im Wald im Hintergrund ein flötenspielender Faun* (1888), dessen Bildprotagonisten an die schlanken, leicht tänzelnden Figuren Antoine Watteaus (1684–1721) erinnern,¹⁹ wohingegen die des *Wikingerumzugs* (Abb. 190) in ihrer Verteilung im Bildfeld und ihrer Bodenhaftung an Théodore Géricaults (1791–1824) *Floß der Medusa* denken lassen.

In Alexandra von Berckholtz' Sizzenbuch von 1875/76 befindet sich weiterhin ein signiertes und datiertes Porträt von Georgina Vischer Iselyn (Abb. 191). Eventuell handelt es sich um die Tochter des badischen Hofmalers?

Abb. 187 – Salon Schloss Ortenberg mit der Büste Sophie von Moltkes, Fotografie, 17 × 23 cm, StAO, Berckholtz-Nachlass.

Abb. 188 – Alexandra von Berckholtz, Sophie von Moltke, Scherenschnitt, 4,3 × 3,2 cm, Archiv der Berckholtz-Stiftung, Karlsruhe.

Abb. 189 – Alexandra von Berckholtz, August Vischer, Bleistift und Buntstift in Rot, 21 × 13,3 cm, unterhalb beschriftet *8 Sept. 1859. August Vischer*, Skizzenbuch von 1859/60, StAO Inv.-Nr. 26/21/017.

Abb. 190 – August Vischer, Wikingerumzug, Öl auf Leinwand, 167 × 213 cm, Privatbesitz.

Abb. 191 – Alexandra von Berckholtz, Georgina Vischer Iselyn, Bleistift auf Papier, 21,6 × 14 cm, rechts unterhalb der Darstellung signiert und datiert *AvBerckholtz / 1876.*, unterhalb bezeichnet *Georgina Vischer Iselyn*, Skizzenbuch von 1875/76, StAO Inv.-Nr. 26/21/022.

In einem Bildnis 1868 festgehalten wurde Josefine von Brück,[20] zu der sich eine im gleichen Jahr aufgenommene und detailreich ausgearbeitete Bleistiftzeichnung (Abb. 192) im Stadtarchiv Offenburg entdecken ließ. Diese zeigt ein Büstenporträt im Halbprofil nach rechts mit Blick zum Betrachter. Als ihren Todestag gibt Alexandra von Berckholtz den 9. Juli 1873 in ihrem Kalender an. Ob es sich um die Tochter des in München verstorbenen Ludwig Joseph Freiherrn von Brück (1812–1893) – königlicher Kämmerer und Generaldirektor der Post – und der Amalie Freiin von Rottendorf (1825–1878) aus Offenburg handelt, konnte nicht geklärt werden. Der Verbleib des Ölporträts ist der Familie von Brück heute unbekannt.

Des Weiteren finden sich Angaben zu einem 1870 entstandenen Bildnis eines oder einer Matth. von Schanzenbach.[21] Ab 1863 lebt die Künstlerin in München, wo sie Franz von Lenbach maßgeblich beeinflusst. Dieser malt

Abb. 193 – Franz von Lenbach, Dr. Oscar von Schanzenbach, Öl auf Leinwand, 108 × 80 cm, rechts unten signiert *F. Lenbach*, um 1860, Bayerische Staatsgemäldesammlungen Neue Pinakothek München Inv.-Nr. 8172.

Abb. 192 – Alexandra von Berckholtz, Josefine von Brück, Bleistift auf Papier, 27 × 20,6 cm, rechts unterhalb der Darstellung monogrammiert und datiert *A v B 1868.*, unterhalb bezeichnet *Josefine von Brück*, StAO Inv.-Nr. 26/02/033.

um 1860 den bekannten Münchner Arzt Dr. Oscar von Schanzenbach (1820–1887) (Abb. 193) und seinen Sohn Ernst (1853–1892).[22]

Die Suche nach der durch Alexandra von Berckholtz porträtierten Person führte zu unterschiedlichen beruflichen und privaten Stationen in der Vita des Mediziners, der an der Königlichen Ludwig-Maximilians-Universität München zunächst als Philosophiestudent eingeschrieben ist.[23] 1844 erfolgt die Promotion und drei Jahre später die medizinische Abschlussprüfung. Ab dem 26. Mai 1850 und dem Erwerb seiner Praxislizenz wird Oscar von Schanzenbach jedes Jahr in den Amtsblättern Münchens als praktischer Arzt aufgeführt.[24] Zusätzlich dient er als Unterarzt 2. Klasse bei der Kommandantschaft Würzburg 1848[25] und von 1854 bis 1855 als Unterarzt im 12. Infanterie-Regiment.[26] 1880 wird er sogar zu Reichskanzler Otto von Bismarck gerufen, der am 30. März einen Schlaganfall erlitten hatte.[27] In München engagiert sich von Schanzenbach in unterschiedlichen kulturellen und gesellschaftlichen Vereinigungen: im Kunstverein, im Altertumsverein oder in der bayerischen Gartenbaugesellschaft.[28] Einen Briefkontakt unterhält von Schanzenbach mit Richard Wagner, den er 1867 auch in Luzern besucht.[29] Im Juli 1851 heiratet der Arzt in der St.-Ludwigs-Pfarrkirche München Charlotte Freiin von Harff, Gutsbesitzertochter von Dreiborn in Rheinpreußen.[30] Dies widerlegt die Vermutung, dass es sich bei der von Berckholtz Porträtierten um die Frau des Mediziners handeln

Abb. 194 – Franz Xaver Pausinger, Rotwild in der Abenddämmerung, Öl auf Leinwand, 138 × 100,5 cm, verso signiert *F. v. Pausinger*, um 1915, Privatbesitz.

könnte. Auch weitere Kinder konnten nicht ermittelt werden. Man wird jedoch an zwei Stellen innerhalb der Biografie der Malerin präziser fündig; in ihrem Testament in der Auflistung der Erben und der vererbten Summen steht an siebter Stelle folgender Eintrag: *An Alexandra von Schanzenbach, geb. von Brück zu München*.[31] Sie erhielt aus dem Vermächtnis der Alexandra von Berckholtz 6.000 Mark. Der konkrete Name der Porträtierten ließ sich im Kalender der Künstlerin finden: *Mathilde von Schanzenbach* sowie deren Todestag am 7. Mai 1886 und Beerdigung zwei Tage später. Es könnte sich bei der Genannten entweder um eine Tochter Oscars oder eventuell auch um die Frau seines Sohnes Ernst von Schanzenbach oder um ein weiteres Mitglied der Familie handeln. Die Verbundenheit mit der Familie von Schanzenbach demonstrieren zahlreiche Einträge in Alexandras Kalender.[32]

1872 porträtiert Alexandra von Berckholtz Clementine von Pausinger.[33] In diesem Fall stellte sich die Frage nach einem Zusammenhang mit dem in München tätigen österreichischen Tiermaler Franz Xaver von Pausinger (1839–1915) (Abb. 194). Nicht in Frage kommt seine Frau Rosalie von Pausinger (1843–1935), geborene Hinterhuber, eine Salzburger Apothekertochter und Malerin. Auch unter seinen vier Töchtern – alle ebenfalls Künstlerinnen – befindet sich keine Clementine: Helene (1871–1956), Rosalia (1882–1980), Pauline (1875–1969) und Elisabeth (1888–1968), die in die Vereinigten Staaten von Amerika auswandert.[34] Könnte es sich bei der Dargestellten etwa um eine Schwester von Pausingers handeln? In Alexandras Kalender finden sich die Todestage einer Marianne, Lili, Fanny und eines Felix von Pausinger am 19. Februar 1887, am 20. März 1872, am 24. Juni 1898 und am 16. Juli 1893, jedoch keine Clementine.

In ihrem Karlsruher Freundeskreis malt Alexandra von Berckholtz ein Porträt der Dichterin und Zeichnerin Armgart Gräfin von Flemming, geborene von Arnim (1821–1880).[35] Sie ist die Tochter des Dichterehepaares Achim (1781–1831) und Bettina von Arnim (1785–1859), geborene Brentano, und heiratet am 25. März 1860 Albert Georg Friedrich Graf von Flemming (1813–1884). Von 1859 bis 1883 ist er preußischer Gesandter am Großherzoglich Badischen Hof in Karlsruhe. 1872 wird er durch König Wilhelm I. (1797–1888) persönlich in das Preußische Herrenhaus Berlin, die erste Kammer des preußischen Landtags, berufen. Von Flemming hatte am 14. Juli 1861 in Baden-Baden nach einem Attentat auf den König eingegriffen und den Täter verhaftet. Während eines Spaziergangs schoss Oscar Becker (1839–1868) – Onkel der Malerin Paula Modersohn-Becker (1876–1907) – auf den Monarchen, der den Attentäter fünf Jahre später begnadigt und damit seine 20-jährige Gefängnisstrafe aufhebt.[36]

Armgart von Flemmings Töchter werden ebenfalls Schriftstellerinnen: Elisabeth von Heyking (1861–1925) und Irene Forbess-Mosse (1864–1946).[37] Aus den namentlichen Angaben zu dem Berckholtz-Bildnis ist eine Entstehung nach 1860 zu vermuten. In Karlsruhe ist das Haus der Gräfin einer der kulturellen Mittelpunkte der Stadt, in das sie zahlreiche wichtige Künstler regelmäßig einlädt, wie z. B. Anton von Werner,[38] und aus dem heraus sie einen regen Briefkontakt pflegt, wie mit Clara Schumann (1819–1896)[39] oder Franz Liszt, den ihre Mutter 1842 in Berlin kennenlernt, wo er ein unentgeltliches Konzert für die Armen abhält. Von dieser Idee der Uneigennützigkeit begeistert, schreibt ihm Bettina von Arnim einen romantischen Brief und reist ihm zusammen mit ihren drei Töchtern auf seinen Konzerttourneen in sämtliche Städte hinterher.[40] Liszt widmet Armgart einige seiner Kompositionen.[41] In Berlin steht Armgart zudem mit der Goethe-Freundin Caroline Bardua, wie sie Mitglied im Damenzirkel *Kaffeter*, auf vertrautem Fuß.[42] Bardua malt von ihr – wie auch von ihren Schwestern Maximiliane (1818–1894) und Gisela (1827–1889) – ein Porträt (Abb. 195).[43]

Eines der eigenen bildkünstlerischen Werke der Armgart von Flemming ist z. B. *Der Traum des glücklichen Esels*, inspiriert durch die Parabel *Buridans Esel* des persischen Philosophen Al-Ghazālī (1058–1111).[44] Sie hat auch einen Eintrag im Lexikon der Künstlerinnen von Jochen Schmidt-Liebich,[45] der den bisweilen durch Robert Schumann (1810–1856) begleiteten Gesang der Armgart und sowie eine Erwähnung ihres musikalischen und zeichnerischen Talents durch Sulpiz Boisserée (1783–1854) würdigt. Die Spendenliste für den Bau der Evangelischen Stadtkirche Offenburg nennt einen Grafen von Arnim, der 1852 fünf Gulden und 15 Kreuzer stiftet, wohl einer der drei zu diesem Zeitpunkt noch lebenden Brüder der Armgart, Freimund (1812–1863), Siegmund (1813–1890) oder Friedmund (1815–1883).[46]

Alexandra von Berckholtz malt in Karlsruhe auch eine Frau Hofrat Weltzien.[47] Gegenüber dem späteren Berckholtz-Palais in der Karlstraße kauft Karl Weltzien, ein wohlhabender Kaufmann aus St. Petersburg, auf Vermittlung des badischen Großherzogs für 20.500 Gulden ein dreieckiges Grundstück, auf dem er 1822 durch Carl und Georg Kuentzle ein zweistöckiges Haus im klassizistischen Weinbrenner-Stil errichten lässt (Abb. 196). 1823 zieht die Familie nach Karlsruhe; ab 1826 ist in den Adressbüchern der Stadt *Karl Weltzien Partikulier (Schiffseigentümer)* in der Karlstraße 47 (an der Ecke zur Herrenstraße) verzeichnet.[48] Heute ist in dem Haus die Außenstelle des Landesamtes für Denkmalpflege in Karlsruhe untergebracht.

Der Sohn Karl (1813–1870) (Abb. 197), der nach dem Willen des Vaters wieder zurück nach Russland gehen soll, studiert ab 1831 in Heidelberg Medizin; 1835 erfolgt das Examen. Er begeistert sich jedoch für die Chemie, der er sich zunächst autodidaktisch in der Speisekammer seiner Wohnung und 1840 in Studien in Berlin widmet. Ab 1841 doziert Weltzien organische Chemie am Polytechnikum Karlsruhe, ein Jahr später erhält er den Professorentitel. Karl Weltzien gehört zu den wesentlichen Protagonisten der Chemie als moderner Wissenschaft, publiziert Fachaufsätze, leitet 1860 den Internationalen Chemiker-Kongress in Karlsruhe, wo er sich auch sozial engagiert und eine Analyse zur Sauberkeit des Brunnenwassers durchführt. Zur praktischen Anschauung der Studenten lässt er 1851 ein Labor errichten, das sich bis zu diesem Zeitpunkt in seinem eigenen Wohnhaus befindet.[49] 1836 heiratet Weltzien die in Riga geborene und durch Alexandra von Berckholtz dargestellte Anna Leontine Luise König (1814–1874); aus der Ehe gehen sieben Kinder hervor.[50]

In einem Skizzenbuch der Künstlerin befindet sich eine Zeichnung in Bleistift mit zehn in einer Landschaft sitzenden Personen (Abb. 198), von denen eine rechts befindliche Frau einen aufgespannten Sonnenschirm hält. Linker Hand rahmt ein Mann auf einem Stuhl und mit einer Mütze auf dem Kopf das Bildfeld. Rechts oberhalb der mit *Stutensee, 12. Mai 1860* beschrifteten Szene ist der Name *Weltzien* zu lesen. In das zehn Kilometer von Karlsruhe entfernte Stutensee unternehmen die beiden Familien an diesem Tag einen Ausflug. Des Weiteren finden sich bezüglich der Familie Weltzien dreizehn Hinweise in Alexandras Kalender[51] sowie ein Eintrag Frau Weltziens mit vier Gulden in die Spendenliste zum Bau der Evangelischen Stadtkirche Offenburg 1853.

1863 siedelt Alexandra von Berckholtz nach München über, wo sie einen Zirkel deutsch-baltischer Künstler pflegt, in dem die Porträts einiger ihrer Ehefrauen bekannt sind. Hinsichtlich einer waren in den Quellen zwei unterschiedliche Angaben zu finden. Die durch Alexandra dargestellte Baronin von Tiesenhausen[52] wurde einerseits als „geschiedene Jenken" und Frau des

Abb. 195 – Caroline Bardua, Armgart von Arnim (1821–1880), Öl auf Leinwand, 35,2 × 30,2 cm, Frankfurter Goethe-Museum Inv.-Nr. IV-1951-005.

Abb. 196 – Das Haus der Familie Weltzien, Lithografie, 13 × 19 cm, Stadtarchiv Karlsruhe Inv.-Nr. 8/PBS oXIVe 222.

Abb. 197 – Louis Wagner, Karl Weltzien, Lithografie, 30 × 22 cm, rechts neben der Darstellung signiert und datiert *L. Wagner / 1856*, Stadtarchiv Karlsruhe Inv.-Nr. 8/PBS III 1714.

Abb. 198 – Alexandra von Berckholtz, Picknick, Bleistift auf Papier, 21,2 × 26,9 cm, links unten beschriftet *Stutensee. 12 Mai 1860.*, Skizzenbuch von 1860/61, StAO Inv.-Nr. 26/21/018.

Shakespeare-Übersetzers Ferdinand Jenken[53] und andererseits als „geborene Jencken aus Petersburg"[54] vorgestellt. Die erste Spur führte zu Carl Gustav Andreas von Tiesenhausen (1779–1854), der am 12. Oktober 1800 Amalie Christine von Löwenstern (1785–1841) heiratet. Nach ihrer Scheidung heiratet sie in zweiter Ehe den Arzt und Übersetzer Ferdinand Jenken (1785–1864); in der englischsprachigen Literatur findet man ihn auch als Johann Frederick Jenken.[55] 1834 übersetzt er den *Hamlet* in das Deutsche.

Es gibt in der Familie von Tiesenhausen ebenfalls eine geborene Jenken. Paul von Tiesenhausen (1836–1876), kaiserlich-russischer Leutnant der Garde a. D. und Marinemaler, ehelicht 1867 Mary Jencken aus russischem Adel (gestorben 1870),[56] deren Porträt aufgrund des gemeinsamen Kontakts in München wahrscheinlicher anmutet. Nach seinem Besuch der Domschule in Reval nimmt Paul von Tiesenhausen ab 1854 am Krimkrieg teil. Zusammen mit ihm stellt Alexandra von Berckholtz 1869 auch im Münchner Glaspalast aus.[57] Hier zeigt er ein Ölgemälde der Estländischen Küste, das in der Verlosung an den Kunstverein Stuttgart geht.[58] 1871 findet sich eines seiner Seestücke in der Münchner Ausstellung *Eine Ehrengabe der deutschen Kunstgenossen an die deutschen Heere*, deren Erlös von 62.038 Gulden an die *Deutsche Invalidenstiftung* gespendet wird. Paul von Tiesenhausens Ölbild wird zu einem Wert von 200 Gulden verkauft.[59] 1861 scheidet der kaiserlich-russische Offizier der Garde aus dem aktiven Militärdienst aus und lässt sich als freischaffender Künstler in München nieder, wo er bei den Landschaftsmalern Karl Millner (1825–1895) und Adolf Heinrich Lier (1826–1882) studiert. Letzterer gehört zu den Verfechtern der Plein-air-Malerei und den Mitgliedern der Künstlerkolonie auf der Fraueninsel. 1875 erhält Paul von Tiesenhausen die Ehrenmitgliedschaft der Akademie der Künste St. Petersburg.[60]

Auch von dem in Königsberg/Preußen geborenen Schlachtenmaler Alexander von Kotzebue (Abb. 199), der „mehr als die Hälfte seines Lebens in München verbrachte",[61] sowie von seiner Frau Charlotte fertigt Alexandra von Berckholtz ein Porträt an. Aus den Angaben geht ebenfalls nicht deutlich hervor, ob es sich in diesem Fall um ein Doppelporträt handelt.[62] Ein Skizzenbuch der Malerin beinhaltet eine mit *Alex. v. Kotzebue 1865* beschriftete Bleistiftzeichnung des Büstenporträts einer Frau im Profil nach rechts (Abb. 200), bei der es sich durchaus um die Künstlergattin und eine Studie zu dem betreffenden Bildnis handeln könnte. Das Gesicht charakterisiert ein Doppelkinn, der Blick ist zu Boden gerichtet, ihr Haar trägt sie am Hinterkopf in einem breiten Knoten. Ein Porträt von Kotzebues befindet sich heute weder in Familienbesitz,[63] noch in bekannten Museen russischer Kunst.[64]

Alexander ist der Sohn des Dichters August von Kotzebue (1761–1819). Als Vierjähriger ist er Zeuge der Ermordung seines Vaters durch den Burschenschafter Karl Ludwig Sand (1775–1820) in Mannheim. Bis 1834 durchläuft Alexander eine militärische Ausbildung zum Gardeleutnant im 2. Kadettenkorps in St. Petersburg. Danach dient er bis 1837 im Litauischen Garderegiment. Von 1838 bis 1846 studiert er an der Kunstakademie in Petersburg, was durch den Zaren Nikolaus I. erst genehmigt werden muss, da der Fürst nach der Ermordung Augusts von Kotzebue die Fürsorgepflicht für dessen Söhne übernahm. Während des Studiums erhält Alexander mehrere Auszeichnungen, unter anderem 1844 die goldene Medaille für das Ölgemälde *Die Erstürmung von Warschau im Jahre 1831*, das der Zar ankauft, Kotzebue daraufhin mehrere Staatsaufträge erteilt und ihn zum kaiserlich-russischen Hofmaler ernennt. Sein künstlerischer Schwerpunkt liegt auf der Darstellung von Ereignissen aus der russischen Geschichte, wie z. B. dem Gründungsakt der Stadt Petersburg im Jahr 1703 durch den Zaren Peter den Großen (Abb. 201). Die heroisch inszenierte Szene zeigt den Zaren Peter I. „den Großen" (1672–

1725), den man aus der Untersicht und in aufrechter Haltung auf einem Feldherrenhügel stehend wahrnimmt. Der Zeigegestus seiner beiden Hände verweist auf den Boden zu seinen Füßen, wo vier Assistenzfiguren – die Himmelsrichtungen repräsentierend – bewundernd verharren, von denen eine in der Verlängerung der Diagonalen rechts im Vordergrund eine Karte hält, auf der bereits der Name der Siedlung und das Gründungsdatum verzeichnet sind. Im Hintergrund entfernt sich ein Schiff unter einem drückenden Wolkenhimmel. Der alte Kurs des Landes ist vorbei; eine neue Zeit bricht an mit Gründung der Hauptstadt des russischen Reiches.

Am 12. August 1845 heiratet der Künstler in Reval Charlotte von Krusenstiern aus dem Hause Jerlep/Estland. 1848 hält er sich, durch ein Stipendium des Zaren ermöglicht, zur gleichen Zeit wie Alexandra von Berckholtz in Paris auf, wo er im Atelier des Historienmalers Horace Vernet arbeitet. Es folgen Reisen nach Belgien, Italien, Deutschland und in die Niederlande. Ab 1850 siedelt er sich in München dauerhaft an. Sein Atelier bezieht er neben der Markuskirche in der Glückstraße, dem heutigen Oskar-Miller-Ring, wo ihn gelegentlich König Ludwig I. (1786–1868) besucht. Zu seinen Münchner Künstlerfreunden zählen neben Alexandra von Berckholtz Moritz von Schwind (1804–1871), Wilhelm von Kaulbach (1805–1874) oder Joseph Karl Stieler (1781–1858). 1860 wird er Ehrenmitglied der Akademie der Künste in München, wo er auch zum Präsidenten der Künstlervereinigung *Stubenvollgesellschaft* ernannt wird.[65] Aus Loyalität gegenüber dem russischen Zarenhaus lehnt Kotzebue jeglichen Auftrag für das bayerische Königshaus ab.[66]

Ein Beleg für weiteren privaten Kontakt der Familie von Berckholtz mit der Familie von Kotzebue ist die Taufurkunde von Alexandras Neffen Wilhelm Offensandt vom 29. Dezember 1843, in der unter den Paten auch ein Legationssekretär Wilhelm von Kotzebue aufgeführt wird sowie acht Einträge im Kalender der Künstlerin.[67]

Eine weitere durch Alexandra im Bildnis Festgehaltene ist Bertha von Schilcher (1848–1922), hinsichtlich derer ebenfalls die Angaben differieren. Sie wird einerseits als geborene von Kobell und Ehefrau des bayerischen Offiziers und Genremalers Anton von Schilcher (1826–1889)[68] und andererseits auch als Tochter des Malers geführt.[69] In seinem Haus in München finden sich ebenfalls allwöchentlich Künstler zusammen.[70] Der Verbleib des Porträts der Bertha von Schilcher ist der Familie heute unbekannt. Fünf Einträge zur Familie von Schilcher sind in Alexandras Kalender zu finden.[71]

Ein ebenfalls in der Münchner Gesellschaft durch Alexandra von Berckholtz entstehendes Porträt zeigt eine Gräfin von Moy,[72] bei der es sich um Maria von Moy (1836–1904) handelt. Sie heiratet am 22. November 1859 den Königlich bayerischen Kämmerer und Oberst-Zeremonienmeister Karl von Moy de Sons (1827–1894). Er ist Herr des Mannlehengutes Obenhausen und Freund des Prinzregenten Luitpold von Bayern (1821–1912). Maria von Aretin ist Königlich bayerische Palastdame und Ehrendame des bayerischen Theresienordens. Das Paar hat vier Töchter und drei Söhne, von denen Maximilian Maria (1862–1933) – Königlich bayerischer Kämmerer, Oberstzeremonienmeister und Oberhofmarschall des Königs – zusammen mit Alexandra von Berckholtz Mitglied im Münchner Richard Wagner-Verein ist.[73] Von Karl von Moy malt Franz von Lenbach ein Bruststück im Dreiviertelprofil nach links mit zum Betrachter gerichteten Blick sowie sechs weitere Bildnisse.[74] Aus einem in Privatbesitz befindlichen Brief des Grafen vom 29. Oktober 1892 an den Künstler ist auch dessen Meinung im Vorfeld der Entstehung des Ölbildes bekannt. „Sehr geehrter Professor. Ich habe Ihnen heute gestattet, mein Bild in einem Kostüm zu malen. Ich will meine Zusage auch nicht zurücknehmen, nur muß ich aufrichtig gestehen, daß es

Abb. 199 – Alexander von Kotzebue, nach einer Lithografie, 3,4 × 2,5 cm.

Abb. 200 – Alexandra von Berckholtz, Wohl Charlotte von Kotzebue, Bleistift auf Papier, 15,9 × 21,5 cm, links unten beschriftet *Alex v. Kotzebue / 1865.*, Skizzenbuch von 1865–1868, StAO Inv.-Nr. 26/21/19.

Abb. 201 – Alexander von Kotzebue, Peter der Große gründet 1703 Petersburg, Öl auf Leinwand, Maße und Verbleib unbekannt.

Abb. 202 – Josef von Lindwurm, Bronze, 45 × 32 × 40 cm, Klinik und Poliklinik für Dermatologie und Allergologie München.

mir widerstrebt, im Kostüm zu sitzen. Dazu können Sie ja auch jeden anderen brauchen."[75]

Dies ist – nach Dr. Oscar von Schanzenbach – bereits der zweite entdeckte Fall, in dem Franz von Lenbach ein Mitglied der Münchner Gesellschaft porträtierte und Alexandra von Berckholtz eine Frau in dessen Umfeld, hier die Ehefrau des durch ihren Künstlerfreund Dargestellten.

Die nächste Porträtierte ist Frau Dr. von Lindwurm,[76] die Münchner Arztfrau Josephine von Lindwurm, geborene Zenetti (1834–1869),[77] die an den Folgen einer Fehlgeburt stirbt. Auch von ihrem Gatten Dr. Josef von Lindwurm (1824–1879) existiert ein Bildnis, allerdings kein Ölgemälde von Franz von Lenbach, sondern eine bronzene Büste, die sich in der Klinik und Poliklinik für Dermatologie und Allergologie in der Frauenlobstr. 9–11 in München befindet (Abb. 202). In Würzburg und Heidelberg studiert von Lindwurm Medizin, legt 1849 das Staatsexamen ab und wird 1850 promoviert. Es folgen Forschungsreisen nach Irland, Schottland, Österreich und Frankreich, bevor er sich 1853 in München zunächst als Privatdozent, dann als ordentlicher Professor für Dermatologie, niederlässt. Er ist von 1859 bis 1874 Leiter der dermatologischen Abteilung des heutigen Klinikums der Universität München und ab 1869 auch Ordinarius für Haut- und Geschlechtskrankheiten an der Universitätsklinik für Innere Medizin. In diesem Jahr erhält er auch den ersten Lehrstuhl für Dermatologie in Deutschland durch König Maximilian II. von Bayern. Von Lindwurm hinterließ zwei Töchter.[78]

Bereits im 18. Jahrhundert entsteht der Typus des Gelehrtenporträts, das neben Dichtern und Denkern auch Wissenschaftler in Auftrag geben. Als Vergleichsbeispiel zur repräsentativen Haltung von Lindwurms dient das Ölgemälde, das der Münchner Künstler Max Nonnenbruch (1857–1922) vom Erlanger Pathologieprofessor Friedrich Albert Zenker (1825–1898) 1899 im Brustbild schuf – mit markantem Bart, im dunklen Anzug mit Halsbinde und würdevollem, aber menschlichem Blick zum Betrachter –, das in seiner Konzeption ebenfalls an Hans Canons Porträt Gabriel Leonhard von Berckholtz' erinnert.[79]

In diesem Kontext malt Alexandra von Berckholtz den Sprachforscher Philipp Reiff,[80] der als *Particulier aus Petersburg* ebenfalls unter den Zeugen der Taufe des Wilhelm Offensandt zu finden ist.[81] 1853 spendet eine Frau Reiff fünf Gulden und 24 Kreuzer für den Bau der Stadtkirche Offenburg. Zusätzlich findet sich der Porträt-, Historienmaler und Piloty-Schüler Franz Reiff (1835–1902).[82] Eine Verbindung zu dem Linguisten konnte nicht ermittelt werden.

Ebenso nichts Näheres ermittelt werden konnte im Falle von sechs adeligen Damen, die abschließend der Vollständigkeit halber aufgeführt sein sollen. Bei einer Baronin von Treuberg[83] könnte es sich eventuell um die in München lebende Maria Amélia Fischler von Treuberg (1844–1919) handeln.[84] Ein Porträt aus dem Jahr 1878 existiert von Rosine von Treuberg – geborene von Poschinger und Schwägerin der Maria Amélia – aus der Hand des Künstlers Wilhelm Leibl (Abb. 203). Ernst Ludwig Graf Fischler von Treuberg (1874–1950), Rosines Sohn, heiratet die bekannte Pazifistin und Frauenrechtlerin Hetta von Treuberg (1880–1941), geborene Henriette von Kaufmann-Asser.

Weitere durch Alexandra von Berckholtz Porträtierte sind eine Gräfin von Rechberg, die in Lettland ansässige Baronin Thekla von Freiberg (1865–1922), Sophie von Rottenhof (1836–1892),[85] Henrika von Pittel, eventuell eine Tochter des österreichischen Bauunternehmers Adolph von Pittel (1838–1900) und Emmy von Kress,[86] bei der es sich um eine Tochter des Karlsruher Bildhauers Gustav Kreß von Kressenstein (1838–1898) handeln könnte, der ab 1857 im Atelier der Kunstschule arbeitet.[87] Eine bereits erwähnte Zeichnung der Mathilde von Rottenhof aus der Hand Alexandras befand sich in der grafischen Sammlung des Franz Xaver Zettler (WV Nr. 43). In ihrem Kalender findet sich der Eintrag des Namens Amalie von Rottenhof am 16. November sowie am 5. Februar Henriette von Pittel.

Von hoher Bedeutung wäre es, wenn sich von den aufgeführten und verschollenen Bildnissen Alexandra von Berckholtz' manches entdecken ließe, das eine nähere Identifikation der Dargestellten erlauben und der jeweiligen Person ein Gesicht verleihen könnte.

Abb. 203 – Wilhelm Leibl, Rosine von Treuberg, Öl auf Leinwand, 104,1 × 82,2 cm, 1878, Hamburger Kunsthalle Inv.-Nr. HK-1535.

Anmerkungen

1 In den Geschäftsbüchern von Hildebrand Gurlitt aus der Zeit von 1937 bis 1945, in denen er Ein- und Verkäufe sowie Im- und Exporte festhielt, findet sich kein Eintrag zu einem Gemälde von Alexandra von Berckholtz, ebenso wenig in den Datenbanken der Stiftung des Deutschen Zentrums für Kulturgutverluste Magdeburg wie in der Datenbank des Central Collecting Point Munich. Vgl. Provenienzrecherche. In: www.lostart.de/Webs/DE/Provenienz/Index.html, 12. Mai 2016.
2 Hirsch, 1921, S. 5, Nr. 37–40.
3 Kunst-Kammer-Auktionen des Dr. Theodor Bauer Berlin (Hg.): Gemälde und Antiquitäten aus dem Besitz eines Diplomaten und aus anderem Privatbesitz. Auflösung eines Antiquitätengeschäfts. Versteigerung am Donnerstag, 23. Februar 1928. Katalog Nr. 2. Berlin 1928, S. 23.
4 Bauer, 2005, S. 44; Kähni, 1957, S. 43; Boetticher, 1891, S. 84; Falck, 1899; Meyer/Lücke/Tschudi, 1885, S. 586–587.
5 In der Bibliothek der Akademie der Bildenden Künste München sind keine Publikationen des Radirvereins München erhalten.
6 Boetticher, 1891, S. 84; Düna Zeitung, Nr. 123, 5. Juni 1899.
7 Sie vermerkte weiterhin den Geburtstag der Gräfin Olga von Enzenberg am 3. Januar 1857, den Sterbetag des Gustav von Enzenberg in Nizza am 4. Februar 1894, den der Marie von Enzenberg am 29. August 1848, den der Jenny Enzenberg am 8. Januar, den eines Herrn von Maydell am 21. Oktober, am 30. Juli den Namen Kitty von Maydell und am 1. Dezember Minna von Maydell. StAO, Berckholtz-Nachlass.
8 Ich danke Herrn Michael Goëss-Enzenberg und Herrn Arne von Maydell.
9 Schmidt-Liebich, 2005, S. 44; AKL, Bd. 9, 1994, S. 252; Boetticher, 1891, S. 84; Holland, 1902, S. 368; Rigasche Stadtblätter, Nr. 51, 20. Dezember 1901; Düna Zeitung, Nr. 123, 05. Juni 1899; Meyer/Lücke/Tschudi, 1885, S. 586–587.
10 StAO, Berckholtz-Nachlass.
11 Rigasche Stadtblätter, 4. Mai 1906, Nr. 18.
12 Neumann, 1902, S. 91.
13 Neumann, 1908, S. 165; ders., 1902, S. 90–92; Rigasche Stadtblätter, 4. Mai 1906, Nr. 18; Über Land und Meer, Nr. 55, 1885, S. 104; Die Kunst für Alle, Nr. 11, 1897; Über Land und Meer, Nr. 58, 1887, S. 688; Nekrolog von Hyacinth Holland. In: Allgemeine Zeitung, Nr. 336, 4. Dezember 1903; Bettelheim, Anton (Hg.): Biographisches Jahrbuch und deutscher Nekrolog, Bd. 8, Berlin 1905, S. 200–201.
14 Die Kunst für Alle, Nr. 2, 1886, S. 280.
15 Ihren Geburtstag findet man eingetragen am 19. September 1882 in Alexandras Kalender.
16 Rigasche Stadtblätter, Nr. 18, 4. Mai 1906.
17 Die Büste der Alexandra von Berckholtz ist auch erwähnt in: Meyer/Lücke/Tschudi, 1885, S. 586–587; Düna Zeitung, Nr. 123, 05. Juni 1899.
18 Düna Zeitung, Nr. 123, 5. Juni 1899; Meyer/Lücke/Tschudi, 1885, S. 586–587; Almanach der Maler und Bildhauer Deutschlands und Oesterreich-Ungarns. Erster Jg. Stuttgart 1890, S. 20. Alexandra vermerkt den Geburtstag der Mathilde Stolz am 13. Juni in ihrem Kalender.
19 Öl auf Leinwand, 46 × 36,5 cm, Privatbesitz.
20 Meyer/Lücke/Tschudi, 1885, S. 586–587.
21 Ebd.
22 Ernst von Schanzenbach, Öl auf Leinwand, 54,9 × 44 cm, rechts unten bezeichnet *F. Lenbach 1860*, Bayerische Staatsgemäldesammlungen Neue Pinakothek München Inv.-Nr. 10817. Gollek/Ranke, 1987, S. 230; Rühl, Anna: Die frühen Bildnisse. Lenbachs Portraits vor 1870. In: Baumstark, 2004, S. 86–87.
23 Verzeichniß des Lehrer-Personals und der sämmtlichen Studirenden an der Königl. Ludwig-Maximilians-Universität in München, 1839/40, S. 35. Er wohnt in der Ludwigstr. 31/1. Stock. Die Adressbücher Münchens führen im Laufe der Jahre unterschiedliche Wohnungen Schanzenbachs auf: 1854 Fürstenstraße 11/1, 1859 Schönfeldstraße 1A/2, 1868 Amalienstraße 2/2.
24 Königlich-bayerisches Kreis-Amtsblatt von Oberbayern, 29. Januar 1866; Schematismus des ärztlichen Personals und der Sanitätsanstalten in Oberbayern, Ende des Jahres 1865, Nr. 100.
25 Der Bayerische Volksfreund, 9. Juni 1848.
26 Bayerische Staatsbibliothek München, Bestand MKr 4.2.1.1 Kriegsministerium.
27 Im März 1880 klagt Bismarck über Ermüdungserscheinungen, aufgrund derer auch seine Sprachfähigkeit beeinträchtigt ist. Zwei durch seine Frau gerufene Ärzte lehnt Bismarck ab, nicht aber Oscar von Schanzenbach,

145

dessen deutlich ausgesprochene Diagnose der Reichskanzler anerkennt. Pflanze, Otto: Bismarck. Der Reichskanzler. Berlin 1998, S. 242.
28 Mitglieder des Kunstvereines nach dem Stand vom 1. Jan 1865, S. 28; Sitzungsberichte des Münchener Alterthums-Vereins, Heft 1, 1866–1867. München 1868, S. VIII; Bericht über die Thätigkeit der bayerischen Gartenbau-Gesellschaft im Jahre 1861; Zeitschrift des Vereins für Ausbildung der Gewerke in München 1855.
29 Brief von Richard Wagner an Oscar Schanzenbach vom 8. Januar 1867, Bayerische Staatsbibliothek München Hss Autogr. Cim. Wagner, Richard.73; Brief von Wagner an Schanzenbach vom 20. Februar 1867, Bayerische Staatsbibliothek München Hss Autogr. Cim. Wagner, Richard.31.
30 Königlich-bayerisches Kreis-Amtsblatt von Oberbayern, 1854, S. 391; Der Bayerische Landbote, 10. Juli 1851 (Eheschließungen); Bayerische Landbötin, 11. Juli 1851 (Getraute Paare in München).
31 Generallandesarchiv Karlsruhe Inv.-Nr. 270-5 Karlsruhe IV Nr. 29446. Alexandra von Brück findet sich auch im Kalender der Künstlerin am 20. März 1858 wieder, wohl an deren Geburtstag.
32 29. März 1888: Aug., 2. April 1884: Geburtstag Clemens (Todestag 21. April 1889), 20. April: Philipp, 19. Mai 1881: Oscar, 20. Mai 1892: Todestag Ernst, 7. Juni 1888: Todestag Ernst August, 12. Juni: Charlotte, 23. September 1853: Ernst, 16. November 1887: Beerdigung von Oscar in Kirschdorf, 4. November: Charlotte von Schanzenbach.
33 Meyer/Lücke/Tschudi, 1885, S. 586–587.
34 Zeisberger, Friederike und Heinisch, Reinhard R.: Leben über den Tod hinaus. Prominente im Salzburger Kommunalfriedhof. Mitteilungen der Gesellschaft für Salzburger Landeskunde, 23. Ergänzungsband, Salzburg 2006.
35 Düna Zeitung, Nr. 123, 05. Juni 1899; Meyer/Lücke/Tschudi, 1885, S. 586–587.
36 Krüger, Hermann (Hg.): Chronik des preußischen Herrenhauses. Ein Gedenkbuch zur Erinnerung an das dreißigjährige Bestehen des Herrenhauses. Berlin, 1885, S. 62.
37 Dischner, 1981; Hirsch, Helmut: Bettine von Arnim. Mit Selbstzeugnissen und Bilddokumenten, Reinbek 1987.
38 Werner, 1913, S. 276.
39 Staatsbibliothek zu Berlin, Preußischer Kulturbesitz, Musikabteilung, Sign. N. Mus. Ep 1792.
40 Gut, 2009, S. 125–126.
41 Z. B. 1842 *Du bist wie eine Blume* nach Heinrich Heine in Fis-Dur.
42 Freies Deutsches Hochstift / Frankfurter Goethe-Museum Bibliothek, Sign. Nachlass Forbes-Mosse. Der Nachlass der Armgart von Flemming befindet sich im Goethe- und Schiller-Archiv Weimar: Inv.-Nr. GSA 3/982 bis GSA 3/989.
43 Armgart von Arnim, Öl auf Leinwand, 35,2 × 30,2 cm; Maximiliane von Arnim, Öl auf Leinwand, 35,5 × 31 cm; Gisela von Arnim, Öl auf Leinwand, 34,5 × 29,5 cm, Freies Deutsches Hochstift / Frankfurter Goethe-Museum.
44 Doppelseite aus dem *Album für Anastasie*, Feder in Graubraun, aquarelliert, 1856, Freies Deutsches Hochstift / Frankfurter Goethe-Museum.
45 Schmidt-Liebich, 2005, S. 15.
46 Eintrag in Alexandras Kalender: Geburtstag 4. März Gräfin Flemming, geb. Arnim, 10. Dezember 1861 Gräfin Flemming.
47 Meyer/Lücke/Tschudi, 1885, S. 586–587.
48 Birnbaum, K.: Nekrologe Karl Weltzien. In: Berichte der deutschen chemischen Gesellschaft 8, 1875, H. 2, S. 1698.
49 Oppenheimer, Carl: Karl Weltzien. In: ADB, Bd. 41, 1896, S. 698; Birnbaum, K.: Nekrologe Karl Weltzien. In: Berichte der deutschen chemischen Gesellschaft 8, 1875, H. 2, S. 1698–1702; Mönnich, Michael und Helmstädter, Axel: Pharmazie in der Fächerstadt. In: Pharmazeutische Zeitung. Die Zeitschrift der deutschen Apotheker, Ausgabe 11/2002; Beise, Bd. 1, 1859, S. 271; Brandenburger 1987, S. 285; Zollner, 1981, S. 135–139. Weltziens Nachlass befindet sich im Karlsruher Institut für Technologie, KIT-Archiv, Bestandssignatur 27072.
50 Anna Sophie Leontine (24. Juli 1837, +1915; verheiratet mit Woldemar von Pierson); Anna Sophie Caroline (Lilly) (07. Januar 1839–23. August 1903); Anna Sophie Mathilde (29. März 1840–15. April 1906; verheiratet mit Franz Wilhelm Nokk (1832–1903, in dessen dritter Ehe); Anna Sophie Olga (29. November 1841–29. März 1870); Karl (19. Juni 1846–18. Dezember 1848); Wilhelm Carl Alexander (18. November 1849–28. Februar 1920, verheiratet mit Victoria Alberta Müller (1863–1949); Anna Sophie Wilhelmine (Minna) (1852–1937), verheiratet mit Oskar Nebelsiek (1850–1910).
51 5. Januar: Lili Weltzien; 8. Februar: Carl Weltzien 1813, Todesjahr 1870; 1. März 1859: Hochzeitstag von Leontine Weltzien mit Lg. v. Pierson; 29. März 1840: Mathilde Weltzien (Nokk); 29. März 1870: Todestag von Olga Weltzien; 19. April 1863: Todestag Herr und Madame Weltzien sen.; 7. Juni: Leontine Weltzien; 12. August: Minna Weltzien; 24. Juli: Leontine Weltzien jun.; 13. Oktober 1884: Todestag von Leontine Weltzien; 12. November 1870: Olga Weltzien; 14. November 1870: Todestag von Hofrath Weltzien; 14. Dezember 1849: Sterbetag der alten Weltzien.
52 Abendblatt Nr. 76 der Allgemeinen Zeitung vom 17. März 1899; Holland, 1902, S. 368; Rigasche Stadtblätter, Nr. 51, 20. Dezember 1901; Falck, 1899.
53 Düna Zeitung, Nr. 123, 5. Juni 1899.
54 Meyer/Lücke/Tschudi, 1885, S. 586–587.
55 Stackelberg, Otto Magnus von (Bearb.): Genealogisches Handbuch der baltischen Ritterschaften. Teil 2. Estland, Görlitz 1930, S. 122–124.
56 Für diese Hinweise danke ich Frau Dr. Christiane Starck. Gothaisches Genealogisches Taschenbuch, S. 392–393. Paul von Tiesenhausen wird am 10. Januar 1837 in Idfer/Estland geboren, er stirbt am 24. November 1876 in München. In ihrem Kalender vermerkt Alexandra von Berckholtz am 31. März: Frau von Tiesenhausen, Mutter.
57 Katalog zur I. internationalen Kunstausstellung im Königlichen Glaspalaste zu Mün-

chen 20. Juli bis 31. Oktober 1869. München 1869, Nr. 976.
58 Langenstein, 1983, S. 47.
59 Katalog von Originalwerken deutscher Künstler. Eine Ehrengabe der deutschen Kunstgenossen an die deutschen Heere: Für die Verlosung zum Besten der allgemeinen deutschen Invalidenstiftung bestimmt und öffentlich ausgestellt im K. Glaspalaste zu München 1871. München 1871, Nr. 144.
60 Werke Tiesenhausens befinden sich im GrazMuseum, im Städtischen Museum Riga, in der Staatsgalerie Stuttgart, in der Kunsthalle Hamburg sowie zahlreiche in baltischem Privatbesitz. Anders, 1988, S. 215; Neumann, 1902, S. 152; ders., 1908, S. 160; Rigasche Zeitung, 1876, Nr. 270; Stackelberg, 1931, S. 401.
61 Hollweck, 1974, S. 7. Alexander von Kotzebue wird am 9. Juni 1815 geboren und stirbt am 24. Februar 1889 in München.
62 Holland, 1902, S. 368; Rigasche Stadtblätter, Nr. 51, 20. Dezember 1901. Charlotte von Kotzebue wird zusätzlich erwähnt bei: Boetticher, 1891, S. 84; Düna Zeitung, Nr. 123, 5. Juni 1899; Meyer/Lücke/Tschudi, 1885, S. 586–587.
63 An dieser Stelle möchte ich Herrn Ulrik von Kotzebue und Herrn Otto von Kotzebue danken.
64 Ich danke ganz besonders Herrn Vladimir von Tsurikov, Ph.D., Direktor des Museum of Russian Art Minneapolis, und Marina Stepanova, Eremitage St. Petersburg.
65 Hierzu: Tornow, 1977.
66 Anders, 1988, S. 105–109; Neumann, 1902, S. 61–63; Maillinger, 1876, S. 223; Hollweck, 1974, S. 7–8. Werke Alexander von Kotzebues befinden sich in der Eremitage St. Petersburg, in der Tretjakoff-Galerie Moskau, in den Bayerischen Staatsgemäldesammlungen Neue Pinakothek München, in der Staatlichen Graphischen Sammlung München. Sein Sohn Wilhelm von Kotzebue (1864–1952) ist ebenfalls Künstler mit dem Hauptgebiet der Altarmalerei.
67 Landeskirchliches Archiv Karlsruhe Bestand Berckholtz-Stiftung Abt. 163.02 Nr. 4/1–9. 23. Februar 1889: Todestag von Alex. v. Kotzebue; 19. März: Wilhelm von Kotzebue (evtl. Geburtstag); Sterbtag v. Frau v. Krusenstern, geb. v. Kotzebue; 6. April: Ida von Kotzebue; 19. Mai: Charlotte von Kotzebue; 9. Juni: Alexander von Kotzebue, geb. 1813, gestorben 1889; 24. August: Hochzeitstag von Kotzebues; 5. November 1887: Todestag von Wilh. von Kotzebue.
68 Abendblatt Nr. 76 der Allgemeinen Zeitung vom 17. März 1899; Holland, 1902, S. 368; Rigasche Stadtblätter, Nr. 51, 20. Dezember 1901; Meyer/Lücke/Tschudi, 1885, S. 586–587.
69 Schmidt-Liebich, 2005, S. 44.
70 Zentner, 1926, S. 240.
71 27. Januar 1897: Todestag von Fr. v. Schilcher; 3. April: Frau von Schilcher (evtl. Geburtstag); 7. April 1875: Todestag Frau von Schilcher; 16. Mai 1889: Todestag von Willy von Schilcher; 18. August 1897: Todestag Therese von Schilcher.
72 Abendblatt Nr. 76 der Allgemeinen Zeitung vom 17. März 1899; Holland, 1902, S. 368; Rigasche Stadtblätter, Nr. 51, 20. Dezember 1901; Meyer/Lücke/Tschudi, 1885, S. 586–587.
73 Dokumente. Mitgliederverzeichnis des Allgemeinen Richard Wagner-Vereins von 1884 (Auszug). Prominente Mitglieder 1884; Genealogisches Handbuch des Adels. Band 82. Gräfliche Häuser Band XI. Limburg 1983, S. 235–239. Dank an Herrn Jens Kästner-Brandes, Wildenfels.
74 Öl mit deutlicher Bleistiftvorzeichnung auf Pappe, 67 × 53,5 cm, oben rechts signiert *F. Lenbach*, um 1892, Bayerische Staatsgemäldesammlungen Neue Pinakothek München Inv.-Nr. L 303. Zu diesem Porträt sind Fotostudien im Negativ-Archiv der Städtischen Galerie im Lenbachhaus München erhalten unter Inv.-Nr. 4082A. Weitere Bildnisse des Karl von Moy: Hüftstück sitzend nach links, Pastell auf Pappe, 119 × 82 cm, Privatbesitz in Österreich, drei weitere jeweils in Öl auf Pappe (60 × 54,5 cm, Privatbesitz in Österreich; 78 × 59 cm, Privatbesitz in Süddeutschland und 78 × 59 cm, Profilansicht nach links), eine Frontalansicht als Bruststück, Öl auf Pappe, 83 × 75 cm, Privatbesitz, Nachlass Franz von Lenbach sowie ein weiteres Hüftstück, Öl auf Leinwand, 110 × 83 cm, Privatbesitz in Süddeutschland. Mehl, 1980, S. 204.
75 Zit. Mehl, 1980, S. 204.
76 Meyer/Lücke/Tschudi, 1885, S. 586–587.
77 Ihr Todestag am 19. März 1869 geht aus Alexandra von Berckholtz' Kalender hervor.
78 Riemensperger, Ulrike: Joseph Lindwurm. Eine Biographie. Diss. München 1982. In ihrem Kalender vermerkte Alexandra den Todestag von Prof. Lindwurm am 21. Februar.
79 Hofmann-Randall, Christina: Gelehrte der Universität Erlangen-Nürnberg. In: Erlangen, 2008, S. 56–63.
80 Boetticher, 1891, S. 84; Holland, 1902, S. 368; Rigasche Stadtblätter, Nr. 51, 20. Dezember 1901; Falck, 1899; Meyer/Lücke/Tschudi, 1885, S. 586–587.
81 Landeskirchliches Archiv Karlsruhe Bestand Berckholtz-Stiftung Abt. 163.02 Nr. 4/1–9. Den Todestag einer Madame Reiff am 19. März 1863, den Hochzeitstag von Thekla Reiff am 23. Juli sowie einen Herrn Reiff, gestorben 1872 (der 6. Januar ist eventuell sein Geburtstag) vermerkt Alexandra in ihrem Kalender.
82 Voermann, 2011, S. 69–70; Dlugaiczyk, Martina und Markschies, Alexander (Hg.): Mustergültig. Gemäldekopien in neuem Licht. Das Reiff-Museum der RWTH Aachen. Berlin 2008.
83 Abendblatt Nr. 76 der Allgemeinen Zeitung vom 17. März 1899; Holland, 1902, S. 368; Rigasche Stadtblätter, Nr. 51, 20. Dezember 1901.
84 Genealogisches Handbuch des Adels, Bd. 82 Gräfliche Häuser Band XI. Limburg 1983, S. 78–84.
85 Ihre Schwester ist Amalie von Brück (1825 Offenburg–1878 München), eventuell mit einer Verbindung zu Josephine von Brück.
86 Meyer/Lücke/Tschudi, 1885, S. 586–587.
87 Mai, 2010, S. 218.

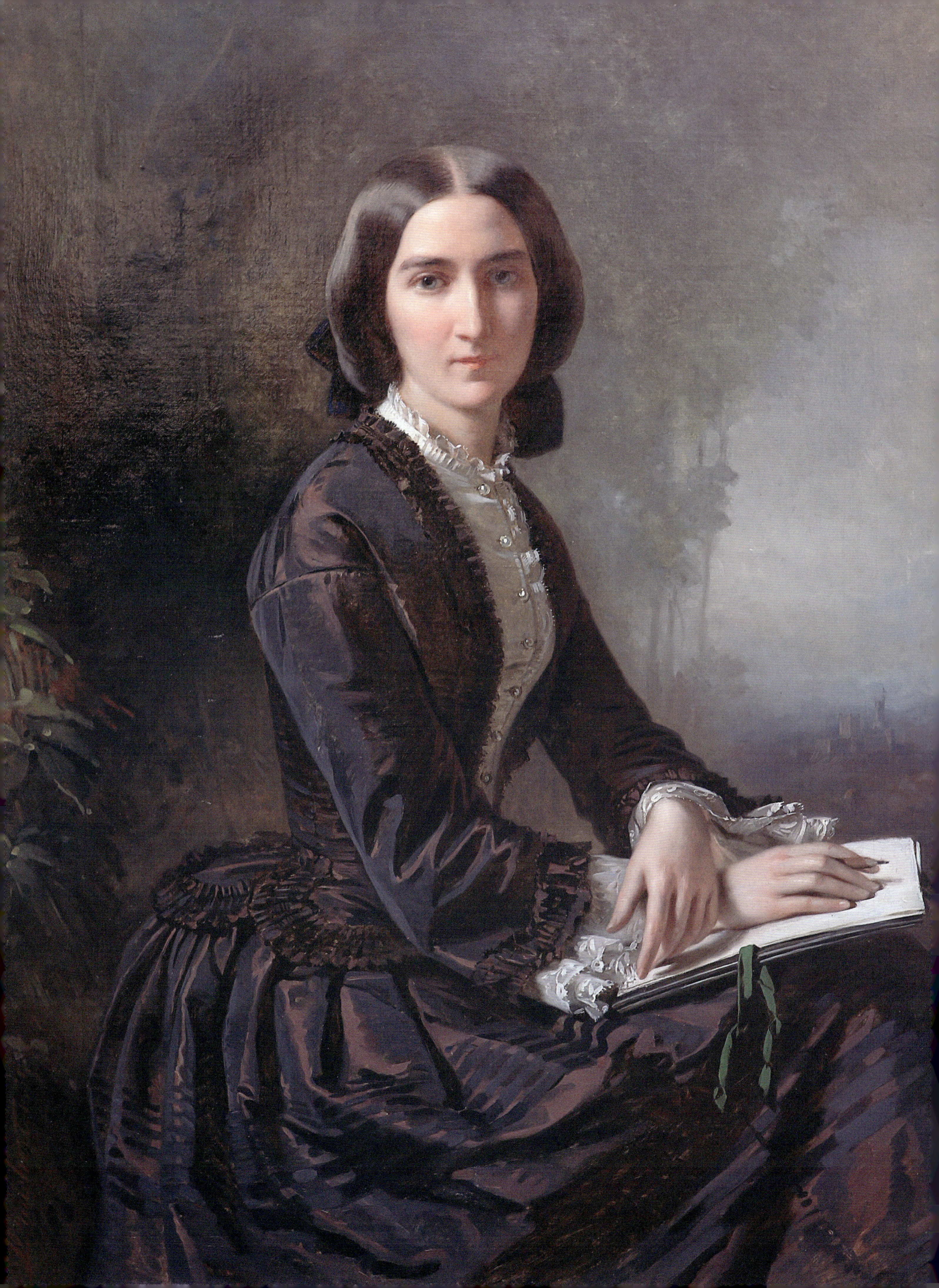

8 Künstlerische Lehrer

8.1 Franz Xaver Winterhalter

„Keiner der berühmten höfischen Maler vor ihm – weder Tizian noch Peter Paul Rubens oder Anton van Dyck, die er alle sehr bewunderte – stand im Dienst so vieler Herrscher und Herrscherinnen wie Franz Xaver Winterhalter."[1] Der an den Höfen von Mexiko bis St. Petersburg nicht nur europaweit gefeierte Porträtmaler Franz Xaver Winterhalter (Abb. 205) wird in biografischen Quellen meist als einer der künstlerischen Lehrer der Alexandra von Berckholtz in Karlsruhe geführt.[2] Dafür konnte jedoch kein eindeutiger Beweis erbracht werden, wohl aber lassen sich innerhalb der Biografie Winterhalters zahlreiche mögliche Schnittstellen mit Alexandra von Berckholtz ausmachen, an denen kurzzeitig ein künstlerischer Unterricht erfolgt sein könnte. Für diesen spricht auch manche stilistische Analogie.

Franz Xaver Winterhalter, dem das Augustinermuseum Freiburg 2015/16 eine umfassende Ausstellung widmete, wird am 20. September 1805 in Menzenschwand im Schwarzwald als sechstes von acht Kindern geboren. Sein Vater, der Bauer und Harzer Fidel Winterhalter, erkennt früh dessen künstlerisches Talent und ermöglicht ihm unter hohem finanziellen Aufwand und einer Hypothek auf dem Haus der Familie ab 1818 eine Lehre bei dem Kupferstecher Karl Ludwig Schuler (1785–1852) in Freiburg, der 1819 dort die Leitung des Herderschen Kunstinstituts übernimmt, an dem Winterhalter seine Ausbildung fortsetzt. Ein Stipendium des Großherzogs Ludwig I. von Baden ermöglicht ihm ab 1823 ein Studium an der Akademie der bildenden Künste in München, wo Winterhalter von 1825 bis 1828 auch im Atelier des Porträtmalers Joseph Karl Stieler mitarbeitet, der ihn künstlerisch hinsichtlich der eleganten und repräsentativen Haltung der Dargestellten prägt und im Kolorit dahingehend, dass „die Harmonie eines Bildes von der richtigen Wahl der Farben abhängig ist, dass die Farbe in Schichten aufgetragen werden sollte und dass Schatten und Reflexe heller untermalt werden sollen, während der dunkle Hintergrund den darüberliegenden Farben die richtige Leuchtkraft gibt".[3]

Von 1830 bis 1834 lebt Winterhalter – mit Unterbrechung für eine Italienreise 1832/33, auf der zahlreiche Genrebilder entstehen (Abb. 206) – im Inneren Zirkel 8 in Karlsruhe, wo er zum badischen Hofmaler ernannt wird. Bereits 1829 erteilt er der Markgräfin und späteren Großherzogin Sophie von Baden (1801–1865) – die auch mit der Familie von Berckholtz befreundet ist[4] – Zeichenunterricht und noch lange Zeit danach pflegt er einen Briefkontakt mit ihr.[5] Alexandra von Berckholtz könnte ebenfalls bei Franz Xaver Winterhalter Anfang der 1830er Jahre künstlerischen Unterricht genommen haben. Es ist jedoch aus der Zeit bis 1834 kein korrespondierendes Werk erhalten. Ihre früheste bekannte Zeichnung ist das Pförtnerhäuschen des Berckholtz-Gartens in Karlsruhe (KAT.-NR. 54) von 1835, die bereits ein hohes Können verrät, das sie durchaus in der Unterweisung durch einen Meister wie Winterhalter erlangt haben könnte.

Ende 1834 zieht Winterhalter nach Paris, wo er 17 Rue des Petits Augustins wohnt und arbeitet. Seinen Durchbruch bedeutet das 1837 im Salon präsentierte und für 10.000 Francs verkaufte Ölgemälde *Der Decameron*,[6] ab dem er regelmäßig erfolgreich ausstellt sowie zahlreiche Aufträge durch französische Adelige und gekrönte Häupter erhält. Zu diesen gehören beispielsweise

Abb. 204 – Richard Lauchert, Alexandra von Berckholtz, Öl auf Leinwand, 106 × 80,5 cm, 1854, Museum im Ritterhaus Offenburg Inv.-Nr. 3239.

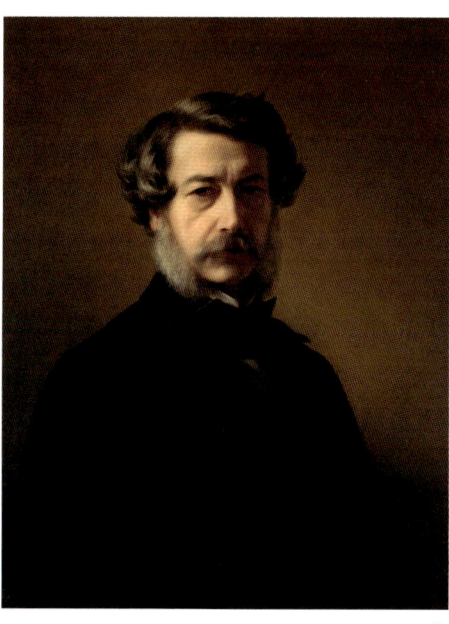

Abb. 205 – Franz Xaver Winterhalter, Selbstporträt, Öl auf Leinwand, 72,5 × 55 cm, um 1860, Staatliche Kunsthalle Karlsruhe Inv.-Nr. 1644.

Abb. 206 – Franz Xaver Winterhalter, Römische Genreszene, Öl auf Leinwand, 60,5 × 50,5 cm, 1833, Staatliche Kunsthalle Karlsruhe Inv.-Nr. 523.

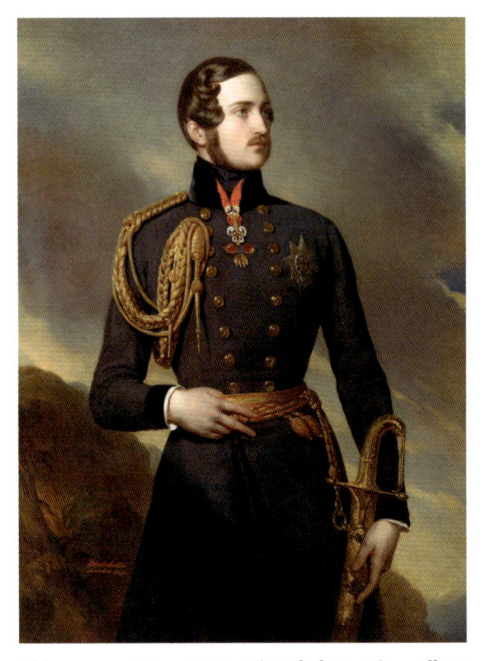

Abb. 207 – Franz Xaver Winterhalter, Prinz Albert von Sachsen-Coburg und Gotha, Öl auf Leinwand, 97 × 132 cm, links unten innerhalb der Darstellung signiert und datiert *Winterhalter. / London 1842.*, Versailles, Châteaux de Versailles et de Trianon Inv.-Nr. MV 4676.

König Louis-Philippe (1773–1850) von Frankreich, für den der Künstler ab 1839 mehr als 30 Porträts malt, und Leopold von Sachsen-Coburg und Gotha (1790–1865), König der Belgier.[7] Sowohl mit Leopold I. als auch mit Louis Philippe ist die Familie von Berckholtz persönlich bekannt, wie das Freundschaftsalbum und Alexandras Kalender beweisen.[8] Außerdem besteht eine permanente Verbindung nach Paris durch ihren Onkel Jean-Jacques. Daher ist eine Schülerschaft bei Winterhalter ebenfalls während ihres dortigen Aufenthaltes von 1847 und 1854 vorstellbar. Zu seinem Hofmaler ernennt auch der Nachfolger des Bürgerkönigs Napoléon III. Winterhalter 1854, der für den französischen Kaiser und seine Frau Eugénie zahlreiche Porträts malt.

In seiner enormen Auftragslage unterstützen Franz Xaver Winterhalter Künstlerkollegen, wie von 1837 bis 1839 der mit Alexandra befreundete Feodor Dietz, der Malerfreund Albert Gräfle (1809–1889) aus Freiburg oder der Bruder Hermann Winterhalter (1808–1891). 1842 erfolgt die erste Einladung nach England mit dem Auftrag, Königin Victoria und den Prinzgemahl Albert zu porträtieren,[9] von dessen Bildnis der Maler auch eine Kopie für den französischen Herrscher erschafft (Abb. 207) und für Herzog Ernst II., die sich heute in Schloss Callenberg bei Coburg befindet.

In einer mit dem Stern des Hosenbandordens und dem Orden vom Goldenen Vlies dekorierten Uniform gibt der Künstler Albert von Sachsen-Coburg und Gotha in selbstbewusster, aufrechter Positur und im Dreiviertelprofil nach links wieder. Den wehenden Wind sowie die leichte Untersicht setzt Winterhalter als dramaturgische Mittel der Inszenierung Alberts ein. Bei diesem Kniestück, wie auch bei dem Victorias, fällt Winterhalters detailreiche Wiedergabe unterschiedlicher Stoffe und deren Texturen bis hin zur feinen Struktur delikater Spitze auf. Die Verbindung des Bildnisses Alberts zum Pendant der Königin stellt der Künstler nicht nur durch die einander zugewandte Körperhaltung, sondern auch mittels des Hintergrundes der ineinander übergehend anmutenden Wolkenberge her. Bis 1864 verbringt Winterhalter jedes Jahr mehrere Wochen in England. Es entstehen über 100 Porträts der königlichen Familie, zu deren offiziellem Hofkünstler Winterhalter avanciert, der Victoria und Albert auch Zeichenunterricht erteilt.[10]

Winterhalter versteht es, Victoria als Monarchin in repräsentativer Haltung und in offiziellem Bildnis zu zeigen, gleichzeitig aber auch als junge und gutaussehende Frau.[11] Hierbei operiert er mit einer Modifikation der Inszenierungsmittel – beispielsweise gibt er der Königin eine Rose in die Hand statt ihres Zepters – und idealisiert die Figur, die er leicht streckt und stets in formvollendeter, eleganter Kleidung aufführt. Diese Umsetzungsparameter sind auch generell Teil seines Erfolgs als Maler der Damen.[12]

Seine Gemälde setzen zusätzlich manchen Modetrend; einer dieser ist der Matrosenanzug. In einem eigens für ihn en miniature angefertigten, wie ihn die Royal Navy trägt, zeigt sich der fünfjährige Kronprinz Albert Edward (1841–1910) auf dem Winterhalter-Porträt in nahezu frontaler Ganzfigur, lässig mit den Händen in den Hosentaschen an einer Küste stehend. Fortan kleiden auch Bürger, selbst auf dem Kontinent, ihre Söhne in Matrosenanzüge.[13]

Franz Xaver Winterhalter sieht sich stets der zeitgenössischen Kritik ausgesetzt, vor allem aus den Reihen französischer Maler, die – wohl aus Neidgründen – den deutschen Maler als Auslöser der Krise des Staatsporträts ansehen, das er ihrer Meinung nach als zu modern und zu chic umsetzt. „Das königliche Portrait diene nur dazu, die Accessoires zu zeigen. Der König sei weniger um seiner selbst willen gemalt worden, als seiner schön geputzten

Schuhe wegen."¹⁴ Winterhalter kümmert diese Kritik wenig, der er stets mit Höflichkeit und Nonchalance begegnet.

Im Folgenden werden ausschließlich Stationen in der Vita des Malers herausgegriffen, an denen er mit Alexandra von Berckholtz zusammengetroffen sein könnte. Ab 1859 lässt sich Franz Xaver Winterhalter in Baden-Baden die *Villa Trianon* errichten, die er jedoch – ohne diese jemals bewohnt zu haben – 1862 wieder veräußert. Durch ihre Freundschaft zu der in St. Petersburg geborenen Charlotte von Schubert (1803–1895) bedingt, hält sich die Familie von Berckholtz häufig in Baden-Baden auf.¹⁵ Auch anlässlich eines der vielen Aufenthalte des Künstlers im Schwarzwald – trotz seiner Berühmtheit und seines internationalen Erfolges vergisst und verleugnet er nie seine Wurzeln – könnte eine persönliche Begegnung mit Alexandra von Berckholtz erfolgt sein.¹⁶ Eventuell begeisterte er sie auch für Genremotive aus dem Schwarzwald, von denen ihre Skizzenbücher zeugen. Des Weiteren verweist Alexandras Ölgemälde *Schwarzwaldbauer* (KAT.-NR. 20) auf Analogien zu Winterhalters *Schweizer Mädchen aus Interlaken*. Andere stilistische Vergleichsmomente lässt Alexandra von Berckholtz' Damenporträt (KAT.-NR. 45) mit seinen italienischen Frauenbildnissen zu, wie sie in der Römischen Genreszene (Abb. 206) zu sehen sind.

1870 zieht Franz Xaver Winterhalter mit seinem Bruder Hermann zurück nach Karlsruhe Friedrichsplatz 4 und 1872 nach Frankfurt am Main, wo er am 8. Juli 1873 an Typhus verstirbt und auf dem Hauptfriedhof beigesetzt wird. Mit dem dort ansässigen Wilhelm Peter von Metzler (1808–1904), der die zweitälteste seit 1674 existierende Bank führt, die auch Winterhalters Vermögen verwaltet, ist der Maler eng befreundet. Von seinem Freund malte Winterhalter bereits 1840 ein Aquarell.¹⁷ 1872 stellt er dessen Tochter Sascha von Metzler (1852–1938) (Abb. 208), die spätere Gräfin Schlippenbach, in einem Ölporträt dar, dessen Malstil im Vergleich zu seinen Bildnissen der 1850er Jahre eine Entwicklung verrät. Der Focus liegt auf dem hell erleuchteten Gesicht, das zu dem dunkel gehaltenen Hintergrund im Kontrast steht. Auch scheint Winterhalter hier nicht mehr ein derart herausragendes Augenmerk auf Details der Mode der Zeit zu legen. Das Kleid gibt er hier in schlichten Grautönen wieder, das jedoch dennoch äußerst elegant erscheint. Hier ergibt sich eine weitere direkte Schnittstelle zu Alexandra von Berckholtz, die ihrerseits ebenfalls mit Sascha von Metzler befreundet ist.¹⁸ Eine zusätzliche mögliche Schnittstelle zur Familie bietet ein Verwandter Alexandras an: Dr. Georg Berckholtz (1817–1885), Bibliothekar der Helena Pawlowna und Beamter der Kaiserlichen Bibliothek in Petersburg von 1852 bis 1861.¹⁹ Die in Stuttgart geborene Prinzessin Friederike Charlotte Marie von Württemberg (1807–1873) heiratet Michael Pawlowitsch Romanow (1798–1849). 1862 porträtiert Winterhalter die russische Großfürstin sitzend und mit dem rechten Ellenbogen auf der Lehne abgestützt, spontan anmutend, dennoch würdevoll und graziös sowie mit großem Augenmerk auf den Feinheiten des Kleides, der Spitze und der Perlen.²⁰

Tatsache ist, dass Alexandra von Berckholtz bzw. ihre Familie Winterhalter persönlich gekannt hat, wie ihr Familienalbum und ihr Kalender zeigen.²¹ Im Album der Familie findet sich des Weiteren eine Lithografie nach einem Porträt Winterhalters von Ludwig Winter, Großherzoglich Badischer Staatsminister des Inneren (Abb. 209).

Ein temporärer Zeichenunterricht durch Winterhalter ist – wie an zahlreichen konstruierten persönlichen Schnittstellen mit der Vita Alexandras exemplifiziert – nicht unwahrscheinlich. Es konnten bislang jedoch keine Beweise dafür erbracht werden. Sicher ist ein indirekter Einfluss über ihren wichtigsten Lehrer Richard Lauchert, der 1845 in Paris Winterhalters Gehil-

Abb. 208 – Franz Xaver Winterhalter, Sascha von Metzler, Öl auf Leinwand, 92,5 × 74 cm, 1872, Privatbesitz.

Abb. 209 – Nach Franz Xaver Winterhalter, Ludwig Winter, Lithografie, 18 × 12 cm, Album der Familie von Berckholtz, StAO Inv.-Nr. 26/21/44-35.

fe und Schüler war.[22] Laucherts Werk reflektiert den Porträtstil des Schwarzwälder Künstlers deutlich, den er darüber hinaus individuell verfeinert und Alexandra von Berckholtz vermittelt. Er ist mit Winterhalter zeitlebens eng befreundet, was sich vor allem in der Tatsache zeigt, dass Lauchert zahlreiche Aufträge vermittelt bekommt, beispielsweise für das Haus Sachsen-Coburg und Gotha (Abb. 214, 215). Eventuell erschien auch Alexandra von Berckholtz in diesem Kontext des erfolgreichen Malers?

Der Erfolg des Phänomens Winterhalter – vom Schwarzwälder Bauernsohn zum Maler des Vertrauens der Schönen, Reichen und Mächtigen – lag darin begründet, die Damen genau so zu treffen, wie sie sich wahrnahmen, unter Beibehaltung des höchsten Maßes an Ähnlichkeit, in seiner tüchtigen Arbeitsweise, in seinem gepflegten eleganten Auftritt, in formvollendeten Manieren und in seinem exzellenten Gedächtnis. Es genügten ihm lediglich bis zu drei Sitzungen nach dem lebenden Modell, während derer er stets seine Auftraggeber eloquent und geistreich zu unterhalten wusste, so dass den Dargestellten sogar die sonst langwierigen und unangenehmen Modellsitzungen zum Vergnügen gereichten. Dieser glücklichen Kombination aus Talent, Charakter und Auftreten war seine Position des herausragenden Mode-Porträtisten des 19. Jahrhunderts zu verdanken, den Königin Victoria nach seinem Tod 1873 mit folgenden Worten würdigte: „Es gab keinen Portraitmaler auf der Welt, der sich mit ihm vergleichen ließe."[23]

8.2 Richard Lauchert

Ein Werk Richard Laucherts, das Winterhalters Darstellungsparameter besonders rezipiert, ist das großformatige Kniestück (Abb. 204),[24] das seine Schülerin Alexandra von Berckholtz[25] in einem langen rotbraunen Kleid vor einem mächtigen Wald sitzend zeigt. Das dichte dunkle Gehölz, aus dem stellenweise filigrane Baumstämme und Blätter in markanten aber zurückhaltenden Farbabstufungen hervortreten, erinnert an manches Werk des „Urwaldmalers" Ferdinand Konrad Bellermann (1814–1889), der unterstützt durch Alexander von Humboldt von 1842 bis 1845 Venezuela bereist und die tropische Vegetation in seinen Werken und Tagebüchern künstlerisch dokumentiert. Rechts im Hintergrund ist auf Richard Laucherts Porträt im grau-blauen Dunstschleier Schloss Ortenberg auf dem Bergrücken in Ansätzen zu erkennen. Das Werk zeichnet sich durch die wohlüberlegte Verteilung von Licht- und Schatten im Gesicht der Alexandra von Berckholtz und auf ihrem Kleid aus. Das Schillern des Seidentafts, den tiefen Faltenwurf und die Stofflichkeit der Rüschen gibt Lauchert realistisch wieder. Der Künstler versteht es zudem, in seinem Werk meisterhaft das Filigrane der Spitze herauszuarbeiten. Das Porträt hatte seinen Platz in einem Salon des Schlosses Ortenberg, wie eine Fotografie zeigt (Abb. 210), auf der es rechts im Bildfeld zu erkennen ist.

Diese Art der Wiedergabe der Stoffe charakterisiert auch Alexandra von Berckholtz' Malerei, auf die sich von allen ihren Lehrern der künstlerische Einfluss Richard Laucherts am prägendsten auswirkt, was besonders der Vergleich ihres Porträts ihrer Nichte Alexandra von und zu Bodmann (KAT.-NR. 6) mit dem der Prinzessin Stephanie von Hohenzollern-Sigmaringen (1837–1859)[26] aus der Hand Laucherts offenbart. Seinen Stil entwickelt sie individuell in der zarten Farbgebung, im Glanz und Ausdruck des Augenlichts, in der psychologisch-charakterisierenden Abbildung der Dargestell-

Abb. 211 – Richard Lauchert, Selbstporträt, Öl auf Leinwand, 80 × 65 cm, im Oval, 1869, Rathaus Sigmaringen.

ten und in der detailreichen Ausarbeitung weiter, wovon beispielsweise die Bildnisse der Olga von Berckholtz (KAT.-NR. 7) und der Baronin Charlotte von Bassus (KAT.-NR. 15) ein beredtes Zeugnis ablegen.

Der hohenzollernsche Hofmaler Richard Lauchert (Abb. 211) wird am 2. Februar 1823 in Sigmaringen als Sohn des Hofkammerrats Joseph Lauchert und der Maria Waldburga Guttenberg aus Donaueschingen geboren.[27] Mit dem bekannten Sigmaringer Maler Johann Fidelis Wetz (1741–1820), dem Bruder seiner Großmutter Anna Maria Lauchert, hat er einen künstlerischen Vorfahren. Ein Stipendium des Erbprinzen Karl Anton von Hohenzollern-Sigmaringen (1811–1885) ermöglicht Lauchert ab 1839 ein Studium an der Akademie der Bildenden Künste München bei Peter von Cornelius und ab 1841 bei dem im bayerischen Königshaus geschätzten Porträtmaler Joseph Bernhardt (1805–1885),[28] der in München auch eine private Malschule gründet. Aus Cornelius' Unterricht sind 20 großformatige und auf 1840/41 datierte Bleistiftzeichnungen Laucherts erhalten, die vor Originalen in der Glyptothek und vor Kopien in der Gipsabgusssammlung München entstanden, wie z. B. der Kopf des Laokoon oder der sterbende Gallier. Diese Blätter demonstrieren Cornelius' zeichnerische Konzentration auf die menschliche Figur und deren korrekte anatomische Wiedergabe, orientiert an der Idealität der antiken Skulptur. Auch aus der Zeit von 1841 bis 1848 und aus dem Unterricht bei Bernhardt sind Übungsblätter erhalten: Aktzeichnungen von Frauen und Männern unterschiedlichen Alters, bei denen Lauchert ebenfalls den Gesichtsausdruck des jeweiligen Dargestellten herausarbeitet.[29]

1843 reist Richard Lauchert – unterstützt durch Karl Anton von Hohenzollern – nach Italien und 1845 nach Paris, wo er zeitweise auch im Atelier Franz Xaver Winterhalters tätig ist,[30] für den er später immer wieder aushilft, indem er für ihn kopiert[31] oder an Stelle seines Freundes einen Auftrag erledigt. Er malt beispielsweise 1862/63 Prinzessin Alexandra von Dänemark (1844–1925) (Abb. 212) vor ihrer Hochzeit mit Albert Edward, dem ältesten Sohn Königin Victorias und zukünftigen König Edward VII. Das am Hof in Kopenhagen entstehende Bildnis gibt Victoria bei Lauchert in Auftrag, da Franz Xaver Winterhalter zu der Zeit erkrankt ist und für die Königin Lauchert als „the next best" gilt.[32]

Franz Xaver Winterhalter fertigt von der Prinzessin ein Jahr später ebenfalls ein Porträt in vergleichbarem Format, nahezu in Ganzfigur und im Halbpro-

Abb. 212 – Richard Lauchert, Alexandra, Princess of Wales, Öl auf Leinwand, 160,3 × 112,5 cm, 1862/63, im Besitz Ihrer Majestät Königin Elizabeth II., Royal Collection Trust Inv.-Nr. RCIN 407236.

Abb. 210 – Salon auf Schloss Ortenberg mit Richard Laucherts Porträt Alexandra von Berckholtz', Fotografie, 16,5 × 23 cm, StAO, Berckholtz-Nachlass.

Abb. 213 – Richard Lauchert, Prinz Karl Eitel Friedrich von Hohenzollern-Sigmaringen, Aquarell, 42 × 36 cm, im Oval, 1850, Schloss Sigmaringen.

fil nach rechts an, das verglichen mit Laucherts Bildnis jedoch statuarischer und weniger dynamisch erscheint.[33]

Nach seiner Rückkehr aus Paris erhält Richard Lauchert durch den Erbprinzen von Hohenzollern den Auftrag einer Aquarellserie seiner Kinder, der Prinzessin Stephanie, des Erbprinzen Leopold (1835–1905) sowie der Prinzen Anton (1841–1866) und Karl (1839–1914) (Abb. 213), ab 1866 Fürst und ab 1881 König Carol I. von Rumänien. In Folge dieser Porträts ernennt Karl Anton von Hohenzollern-Sigmaringen Lauchert am 4. Februar 1850 zum Hofmaler der Fürstlichen Familie,[34] in der der Künstler auch privat verkehrt. So ist er z. B. 1850 zum Weihnachtsfest eingeladen, an dem er ein repräsentatives ganzfiguriges Standesporträt seines Mäzens, in Uniform und vor einem Vorhang stehend, zu malen beginnt.[35]

An dieser Stelle gilt es kurz auch auf eine Künstlerin zu verweisen, die ebenfalls in der fürstlichen Familie verkehrt und Aufträge für den Hohenzollerischen Hof erhält, die von Lauchert geschätzte und mit Alexandra von Berckholtz bekannte Marie Ellenrieder. Die Künstlerin, die mit mehreren Mitgliedern aus dem Haus Hohenzollern-Sigmaringen in Briefkontakt steht,[36] hält sich erstmals 1818 in Sigmaringen auf, wo sie z. B. den Erbprinzen und späteren Mäzen Laucherts Karl Anton von Hohenzollern malt, von dem sich die Entwurfszeichnung in der Städtischen Wessenberg-Galerie Konstanz befindet.[37] Lauchert malt 1844 Antoinette von Hohenzollern-Sigmaringen (1793–1847) und kopiert 1847 das Ellenrieder-Bildnis des Fürsten.[38]

„Das zarte Colorit der Gesichter und Haare, die geschickt verteilten Lichter auf den Kleidern und die exakten Details der Augen lassen die hohe Meisterschaft des Porträtisten erkennen. Der seelische Ausdruck und die Charakterzüge der Fürstenkinder sind gut und unterschiedlich herausgearbeitet."[39] Dies vermittelt Richard Lauchert auch Alexandra von Berckholtz, die er von 1854 bis 1857 in Karlsruhe privat unterrichtet.[40] Ab dieser Zeit konzentriert sich der Künstler noch stärker auf die Physiognomie sowie den Charakter der Dargestellten, der mit dem Gesicht, dem den Betrachter adressierenden direkten Blick und der Positur des Porträtierten in Einklang zu stehen scheint. Die Umgebung tritt in den Hintergrund, auch bedingt durch Laucherts Kolorit der verwaschen anmutenden Farben und changierenden Blau-Grau-Stufen. Der Focus liegt allein auf der Person, die durch wohlplatzierte, aber sparsam eingesetzte Licht- und Schattenpartien hervorgehoben, aber nicht überbetont dramaturgisch angeleuchtet und überhöht aufgeführt wird.

Durch diese Behandlung des Hintergrundes und diese besondere Betonung der Mimik zeichnet sich auch Alexandra von Berckholtz' Porträtmalerei aus. 1854 malt sie ein Brustbild der Fürstin Katharina von Hohenzollern (1817–1893) im Oval (KAT.-NR. 14), das sich heute in der Erzabtei Beuron im Schwarzwald befindet, und dessen Beschriftung auf der Rückseite – *Copie nach Lauchert / Alexandra von Berckholtz / pinxit 1854* – eine Zuordnung zu dem künstlerischen Kontext ihres Lehrers erlaubt. Es stellt sich die Frage, ob das Porträt der Fürstin in Laucherts Unterricht entstand, und er Alexandra von Berckholtz ein eigenes Werk zum Kopieren vorlegte. Seit dem 17. Jahrhundert bedeutet das Kopieren der Werke anderer Künstler, an denen die Schüler eigene technische Fähigkeiten und künstlerisches Verständnis erlernen, die Grundlage des Zeichen- und Malunterrichts. Wesentlichen kunsttheoretischen Vorbildcharakter hat in diesem Zusammenhang auch die Schrift Johann Joachim Winckelmanns *Gedanken über die Nachahmung der griechischen Werke in der Malerei und Bildhauerkunst* (1755). Denken wir an dieser Stelle an Laucherts eigene Kopiertätigkeit in der Münchner Glyptothek unter der Aufsicht des Peter von Cornelius. Das Kopieren in Galerien hat auch im akademischen Unterricht des 19. Jahrhunderts seinen Stellenwert, wie als Element fürstlicher Gemäldesammlungen.⁴¹ Adelsporträts werden nicht selten mehrfach durch den Urheber nach seinem Original – auch in vergleichbarem Format und in analoger Ausführung – kopiert, um anschließend an verwandte Fürstenhöfe als Geschenk und für die Ahnengalerien gegeben zu werden. In der zweiten Hälfte des 19. Jahrhunderts werden Reproduktionen häufig auch in Ölfarbendruck in Originalgröße ausgeführt, wie z. B. Laucherts Porträts der Herzogin Alexandrine (Abb. 214) und des Herzogs Ernst II. von Sachsen-Coburg und Gotha (Abb. 215) in Jagdkleidung vor der Kulisse des Thüringer Waldes von der Firma Lichtenberg in Berlin.⁴²

Die als Prinzessin Alexandrine Luise Amalie in Karlsruhe – älteste Tochter des Großherzogs Leopold und der Sophie Wilhelmine von Baden – geborene und mit Alexandra von Berckholtz befreundete Herzogin ist selbst als Zeichnerin und Landschaftsmalerin tätig. Ihre künstlerische Ausbildung genießt sie in Karlsruhe bei dem dortigen Galeriedirektor Carl Ludwig Frommel.⁴³

Bereits 1848 hat Richard Lauchert ein erstes Ölporträt der Fürstin von Hohenzollern-Sigmaringen geschaffen (Abb. 278) und 1850 eines in Ganzfigur, das am 16. April 1945 in Schloss Waldenburg verbrennt.⁴⁴ 1853 hält sich der Künstler sieben Wochen lang auf Einladung von Katharina von Hohenzollern im Schloss Bistritz auf, wo er ein weiteres Bildnis der Fürstin malt. Es befand sich ab 1884 in der Neuen Pinakothek München, gilt seit 1940 als verschollen⁴⁵ und könnte durchaus die besagte Vorlage für die Kopie nach Lauchert durch Alexandra von Berckholtz gewesen sein, die wohl nicht als reines Lehrmaterial im künstlerischen Unterricht entstand, sondern vielmehr als offizielle Kopie im Rahmen eines Auftrags.⁴⁶

Richard Lauchert befindet sich aufgrund der immer zahlreicher werdenden Aufträge wiederholt auf Reisen, wie Ende 1850 auf Schloss Rauden in Oberschlesien bei Herzog Viktor von Ratibor (1818–1893), dessen Schwester Prinzessin Amalie von Hohenlohe-Schillingsfürst (1824–1902) er dort Zeichenunterricht erteilt. Beide verlieben sich ineinander, und es folgen fünf Jahre heimlicher Treffen, bis Lauchert am 2. November 1855 ein durch Amalies Verwandte unterzeichnetes Schreiben mit dem Inhalt erreicht, dass sie einer Heirat mit dem bürgerlichen Maler niemals zustimmen und im Falle der Nichtbeachtung Prinzessin Amalie aus dem Familienverband ausstoßen würden. Die Prinzessin wendet sich daraufhin in einem verzweifelten Brief an Laucherts Freund Karl Anton von Hohenzollern-Sigmaringen, der bei der Familie von Hohenlohe zusammen mit Herzog Ernst II. von Sachsen-Coburg und Gotha als Vermittler auftritt. Zwei Jahre später dürfen die beiden heiraten, auch bedingt durch das enorme Vermögen des inzwischen zum Modemaler gewordenen Lauchert, der für Aufträge an zahlreiche weitere Fürstenhöfe geladen wird.⁴⁷

So malt er im Stadtschloss Weimar im ersten Vorzimmer der Appartements der Herzogin eines der fünf Porträts der Ahnengalerie der Weimarer Herzoginnen. Sie nimmt ihren Auftakt im Bildnis der Maria Pawlowna (1786–1859) von Richard Lauchert aus dem Jahr 1854, dem einzigen nach der Natur gemalten. Auf diesem steht sie mit einem Kranz aus Rosen in Haar und in einem prächtigen weißen Kleid mit Spitzenstola vor einem rechts im Hintergrund befindlichen roten Vorhang und einer Säule linker Hand. Ihren Kopf wendet sie in Richtung des Betrachters, ihre Hände stützen sich auf ein rotes samtenes Kissen. Stilistisch lässt das Bild aufgrund seines Aufbaus, seines Kolorits sowie der statuarischen Haltung und Inszenierung der Dargestellten sogleich an Franz Xaver Winterhalter denken.

Ab dem 10. November 1856 erfolgt eine Reise über Paris nach London und Schloss Windsor, wo sich Lauchert drei Tage lang aufhält. Von Oktober 1857 bis April 1858 besucht der Künstler mit seiner Frau den Hof in St. Petersburg

Abb. 214 – Kopie nach Richard Lauchert, Herzogin Alexandrine von Sachsen-Coburg und Gotha, Öl auf Porzellan, 32,5 × 25,9 cm, um 1860, Kunstsammlungen der Veste Coburg als Dauerleihgabe der Stadt Coburg, Inv.-Nr. St.2084.

Abb. 215 – Kopie nach Richard Lauchert, Herzog Ernst II. von Sachsen-Coburg und Gotha, Öl auf Porzellan, 33,7 × 28,5 cm, um 1860, Öl auf Porzellan, Kunstsammlungen der Veste Coburg als Dauerleihgabe der Stadt Coburg, Inv.-Nr. St.2083.

auf Einladung durch Olga Fjodorowna, der in Karlsruhe geborenen Prinzessin Cäcilie Auguste von Baden (1839–1891), die 1857 den russischen Großfürsten Michael (1832–1909) geheiratet hatte. In Russland malt Lauchert mehrere Mitglieder der Zarenfamilie sowie Genrestudien auf dem Land.[48] Im Sommer 1857 hatte Winterhalter die Zarin Maria Alexandrowna (1824–1880) porträtiert, während sich diese zusammen mit ihrem Mann Alexander II. unter dem Aliasnamen Graf und Gräfin Borodinsky zu einer Kur in Bad Kissingen aufhielt.[49]

Ab 1862 lebt Richard Lauchert in Berlin. Sein dortiges Schaffen nennt er „die Stadtpraxis" und schreibt am 9. April des Jahres an Karl Anton: „Ich kann Euer Königlichen Hoheit die Versicherung geben, daß ich wahrlich ein geplagter Mensch bin, daß jetzt ganz Berlin von mir gemalt sein will und ich den Schluß ziehen muß, daß ich jetzt Mode geworden bin ... so weiß ich wirklich nicht wie ich immer neue Kräfte sammeln soll."[50] Zahlreich sind die Aufträge von Seiten der Bürger und Adelsfamilien in Berlin geworden.

1863 malt er Prinzessin Beatrice (1857–1944) (Abb. 216), die spätere Prinzessin Henry von Battenberg und jüngste Tochter der britischen Königin Victoria und des Prinzgemahls Albert, in einem ganzfigurigen Porträt auf der Terrasse des Schlosses Rosenau in Rödental bei Coburg nach dem Leben. Das Bildnis wird ein Jahr später in Mezzotintotechnik durch George Zobel (um 1810–1881) druckgrafisch vervielfältigt.[51] Auf dem Bild wendet sich die vor einer Balustrade stehende Prinzessin dem Betrachter zu, als wolle sie diesem das in einem geöffneten Medaillon in ihrer Hand befindliche Antlitz ihres 1861 verstorbenen Vaters zeigen. Auch das Setting ist für dieses Memorialbildnis wohl gewählt; bei dem Schloss handelt es sich um den Geburtsort Alberts. Dem Tagebuch der Königin ist zu entnehmen, dass ihr der Hintergrund – im Vergleich zu Winterhalters Werken – zu dunkel erschien, obwohl sie selbst Lauchert die Vorgabe gemacht hatte, dass kein Bildnis nach dem Tod ihres Mannes jemals wieder einen strahlenden Himmel erhalten solle. Das nächste Mal kehren Victoria und Beatrice anlässlich der Enthüllung des Albertdenkmals auf dem Marktplatz 1865 nach Coburg zurück, diesmal zusammen mit acht ihrer Geschwister.[52] Auch Winterhalter hatte Beatrice gemalt, bereits 1859 in einer Ölskizze.

Am Leben der durch ihn porträtierten Familien nimmt Richard Lauchert stets auch menschlich Anteil. Seine tiefe Trauer über den Tod der Königin Stephanie von Portugal, die 1859 im Alter von 22 Jahren stirbt, drückt er ihrem Vater Karl Anton von Hohenzollern in persönlichen Briefen aus, wie auch seine Anteilnahme, nachdem Prinz Anton 1866 nach der Schlacht bei Königgrätz verstorben war, deren Hauptprotagonisten Helmuth von Moltke Lauchert ebenfalls porträtierte.[53]

Am 27. Dezember 1868 stirbt Richard Lauchert in Berlin.[54] Sein Spätwerk ist verstärkt vom Impressionismus inspiriert, wie z.B. ein in Privatbesitz befindlicher Kinderkopf zeigt, dessen Kontur mit dem Hintergrund zu verschmelzen scheint und farblich einen gelockerten Stil sowie einen breiten, spontan und avantgardistisch anmutenden Pinselstrich verrät. „In seinem Werk entwickelte sich Lauchert vom historisierenden und repräsentativen Porträt zum selbst erarbeiteten, schöpferischen Bildnis des Menschen."[55]

Interessant wäre, ob sich Alexandra von Berckholtz – die ihrem Lehrer zeitlebens freundschaftlich verbunden blieb, und dessen Geburts- und Todestag sie breit in ihrem Kalender anmerkte – und Richard Lauchert auch hinsichtlich impressionistischer Tendenzen austauschten, in dieser Richtung zusammenarbeiteten, und ob Alexandra eventuell eines seiner derartigen Bildnisse besaß.[56]

Abb. 216 – Richard Lauchert, Prinzessin Beatrice, Öl auf Leinwand 131,5 × 92,2 cm, links unten signiert und datiert *RLauchert. 1863.*, im Besitz Ihrer Majestät Königin Elizabeth II., Royal Collection Trust, Osborne House Inv.-Nr. RCIN 408906.

Anmerkungen

1 Kessler-Aurisch, Helga: Der Vollendete Hofmaler. In: Houston/Freiburg/Compiègne, 2015, S. 14.
2 Almanach der Maler und Bildhauer Deutschlands und Oesterreich-Ungarns. Erster Jg. Stuttgart 1890, S. 20; Holland, 1902, S. 368; Badische Biographien, Bd. V, 1906; AKL, Bd. 9, 1994; Mayer, 1998, S. 28. Jochen Schmidt-Liebich sieht einen Unterricht nach den 1830er Jahren als durchaus wahrscheinlich an.
3 Eismann, 2007, S. 16.
4 Zahlreiche Einträge in Alexandra Kalender, in dem sie ausschließlich ihre engsten Kontakte und Familienereignisse festhielt, bezeugen ihre Anteilnahme am Leben des Großherzogs und seiner Frau, z.B.: 13. Mai 1849: Revolution in Carlsruhe. Flucht des Großherzogs Leopold; 24. April 1852: Sterbetag des Großherzogs; 1. Mai 1852: Beisetzung Leopolds; 21. Mai 1801: Geburtstag Sophie Großherzogin von Baden; 6. Juli 1865: Todestag der Großherzogin Sophie von Baden; 18. August 1849: Einzug des Großherzogs von Baden in Carlsruhe (wohl nach seiner Flucht im Mai).
5 Mayer, 1998, S. 106–109; Eismann, 2007, S. 16.
6 Erste Fassung: Öl auf Leinwand, 174 × 258 cm, 1837, Palais Liechtenstein Privatbesitz; Zweite Fassung: Öl auf Leinwand, 81,5 × 116 cm, 1837, Staatliche Kunsthalle Karlsruhe Inv.-Nr. 1217; Houston/Freiburg/Compiègne, 2015, S. 92–95, Kat.-Nr. 16, Abb. S. 94–95.
7 Öl auf Leinwand, 271 × 181 cm, 1840, Musée national des châteaux de Versailles de Trianon, Versailles Inv.-Nr. MV 6510; Houston/Freiburg/Compiègne, 2015, S. 108–109, Kat.-Nr. 24, Abb. S. 109. 1838 hat Winterhalter sein Atelier 34 Rue de Lille und ab 1839 1 Rue de Labruyère.
8 Kalender Alexandra von Berckholtz: Oktober 1773 Geburtstag Ludwig Philipp, König der Franzosen; StAO Inv.-Nr. 26/21/44–292.
9 Beide Öl auf Leinwand und im Besitz Ihrer Majestät Königin Elizabeth II.; Königin Victoria, 133,4 × 97,8 cm; Prinz Albert, 132,7 × 97,2 cm; Houston/Freiburg/Compiègne, 2015, S. 120–121, Kat-Nr. 31, 32, Abb. S. 121; Ormond/Blackett-Ord, 1987, S. 37, 60, 64, 191, Kat.-Nr. 28; Eismann, 2007, S. 32, Abb. 17.
10 Mülfarth, 1987, S. 268; Eismann, 2007, S. 8–60; Thieme/Becker, Bd. 36, 1947, S. 87–89; Nagler, Bd. 24, 1924 (Nachdruck), S. 455–462; Kessler-Aurisch, Helga: Der vollendete Hofmaler. In: Houston/Freiburg/Compiègne, 2015, S. 14–23; Stockhausen, Tilmann von: Franz Xaver Winterhalter und der Schwarzwald. In: Houston/Freiburg/Compiègne, 2015, S. 24–31; Dobler, Andreas: Franz Xaver Winterhalter (1805–1873) in den Sammlungen des Hauses Hessen. In: Eichenzell, 2014, S. 6–28.
11 Königin Victoria empfindet die englischen Portraitmaler der Zeit – Sir David Wilkie (1785–1841), Martin Archer Shee (1769–1850) oder Sir Georg Hayter (1792–1871) – als zu wenig modern.
12 Straub, Mirja: Franz Xaver Winterhalter. Maler der Frauen. In: Houston/Freiburg/Compiègne, 2015, S. 50–57.
13 Öl auf Leinwand, 127,3 × 88,3 cm, im Besitz Ihrer Majestät Königin Elizabeth II., Royal Collection Trust London Inv.-Nr. RCIN 404873; Kessler-Aurisch. In: Houston/Freiburg/Compiègne, 2015, S. 21, Abb. 10; Coleman, Elisabeth Ann: Die Damenmode bei Winterhalter und Worth. In: Houston/Freiburg/Compiègne, 2015, S. 58–65.
14 Eismann, 2007, S. 24; Chabanne, Laure: Franz Xaver Winterhalter und die französische Malerei. In: Houston/Freiburg/Compiègne, 2015, S. 40–49.
15 Lebenserinnerungen der Charlotte von Schubert, Stadtarchiv Baden-Baden, Bestand E0004, Autographen Nr. 0362.
16 1860, 1863 (zur Beerdigung seines 90-jährigen Vaters), 1865, 1866, 1867. 1868 hält er sich in München auf.
17 Aquarell auf Karton, Privatbesitz, Houston/Freiburg/Compiègne, 2015, Abb. S. 227.
18 Ihr Kalender verweist auf folgende Einträge: 7. Mai: Wilhelm Metzler, 13. Mai: Herr Metzler (Notar) und den Geburtstag der Sascha von Metzler am 15. Juni 1852.
19 Der am 23. November 1817 in Heydenfeld/Livland geborene Georg Berckholtz ist bis 1836 Schüler des Gymnasiums in Riga, studiert bis 1837 in Dorpat Philosophie, lebt von 1838 bis 1841 in Berlin und ist 1841 Hauslehrer in Livland und Moskau. Am 28. Januar 1868 heiratet er in Gotha Anna Amalie, verwitwete von Rauch, geborene van der Vliet. Er stirbt am 26. Dezember 1885 in Meran. Berkholz, 1883, S. 26; Stadtarchiv Gotha.
20 Öl auf Leinwand, 123 × 89,5 cm, 1862, Eremitage St. Petersburg Inv.-Nr. ГЭ-5263.
21 8. Juli 1873: Sterbetag von Franz Winterhalter, StAO, Berckholtz-Nachlass.
22 Mayer, 1998, S. 28.
23 Eismann, 2007, S. 41. Werke Winterhalters befinden sich: Schloss von Amboise, Musée de Picardie Amiens, Stadtmuseum Amsterdam, Rijksmuseum Amsterdam, Musée Napoléon Arenenberg, Haus Baden, Château de Balleroy, Walters Art Museum Baltimore, Château de Belœil, Stiftung Preußische Schlösser und Gärten Berlin-Brandenburg, Gemäldegalerie Berlin, Deutsches Historisches Museum Berlin, Museum of Fine Arts Boston, Cleveland Museum of Art, Kunstsammlungen der Veste Coburg, Musées nationaux du Palais de Compiègne, Hessische Landesstiftung Darmstadt, Fürstlich Fürstenbergische Sammlungen Donaueschingen, Augustinermuseum Freiburg im Breisgau, Museum Schloss Fasanerie Fulda, Château de Grosbois, Kulturstiftung des Hauses Hessen, Museum of Fine Arts Houston, Staatliche Kunsthalle Karlsruhe, Stiftung Historische Museen Hamburg, Altonaer Museum Hamburg, Jenisch Haus Hamburg, Sammlung Graf und Gräfin Douglas Schloss Langenstein, National Portrait Gallery London, Royal Collection Trust London, J. Paul Getty Museum Los Angeles, New Orleans Museum of Art, Metropolitan Museum of Art New York, Musée du Louvre Paris, Musée d'Orsay Paris, Musée Jacquemart-André, Institut de France Paris, Philadelphia Museum of Art, Museo Napo-

leonico Rom, Virginia Museum of Fine Arts Richmond, Schloss Salem, Sammlung Ihrer Majestät Königin Elizabeth II., San Simeon Kalifornien, Hearst Monument Collection, House A, Frye Museum of Art, Charles and Emma Frye Collection Seattle, Eremitage St. Petersburg, Landesmuseum Württemberg Stuttgart, Musée national des châteaux de Versailles et de Trianon, Hillwood Museum Washington, Nationalmuseum Warschau, Königliches Schloss Warschau, Kunsthistorisches Museum Wien, Hofburg Wien, Hofmobiliendepot – Möbel Museum Wien.

24 1930 aus dem Nachlass der Olga Förster Heidelberg. Offenburg, 1984, Kat.-Nr. 50, Abb. 9, S. 13, 38; Vollmer, 1988, S. 90, Abb. 85; Kähni, 1957, S. 45, Abb.; Schmidt-Liebich, 2005, S. 43; Kaufhold, 1969, S. 12, Abb.; ders. 1969 (2), S. 19; Falck, 1899; Meyer/Lücke/Tschudi, 1885, S. 586–587; Ho, 2015, S. 9, Abb.; Gutgesell, 2016, S. 8.

25 Datenbank Explore Artists, Nederlands Instituut voor Kunstgeschiedenis: https://rkd.nl/en/explore/artists/213802, 18. Mai 2016.

26 Im Besitz der Fürstlich Hohenzollernschen Sammlungen.

27 An seinem Geburtshaus in Sigmaringen ist auf einer Kupfertafel der 2. Februar als sein Geburtstag zu lesen; im Register der Stadtpfarrei ist der 4. Februar eingetragen. Er hat sechs Brüder und eine Schwester. Kaufhold, 1969, S. 3.

28 Holland, 1902, S. 430–432.

29 Die Zeichnungen befinden sich im Bürgermeisteramt Sigmaringen.

30 Mayer, 1998, S. 28; Louis Coblitz, 1814–1863: Gemälde und Zeichnungen. Ausst.-Kat. Mannheim 1984, S. 35; Hackmann, Lisa: Bernhardt, Joseph. In: Savoy/Nerlich, Bd. 1, 2013, S. 24.

31 Z.B. Victoria Kronprinzessin von Preußen, 1840–1901, Princess Royal von Großbritannien und Irland, Kniestück Öl auf Leinwand, 127×90, Königliches Palais Berlin, Gemälde-Katalog Nr. 76, Kopie nach Winterhalter; Kaufhold, 1969, S. 17.

32 Vgl. www.royalcollection.org.uk/collection/407236/queen-alexandra-1844-1925-when-princess-of-wales, 28. Februar 2017. Lauchert malt zwei weitere Porträts der Prinzessin Alexandra, beide Öl auf Leinwand und im Besitz Ihrer Majestät Königin Elizabeth II.: 160,9×113 cm, 1863, Inv.-Nr. RCIN 400874; Maße unbekannt, Oval, Inv.-Nr. RCIN 402337.

33 Öl auf Leinwand, 162,6×114,1 cm, 1864, im Besitz Ihrer Majestät Königin Elizabeth II., Royal Collection Trust Inv.-Nr. RCIN 402351.

34 Insgesamt befinden sich 56 Gemälde Richard Laucherts in den Fürstlich Hohenzollernschen Sammlungen.

35 Öl auf Leinwand, 220×141 cm, 1852, Schloss Sigmaringen, Ahnengalerie; Kaufhold, 1969, S. 5, 15, Nr. 24.

36 Gaze, Delia (Hg.): Dictionary of Women Artists. Vol. 1. London/Chicago 1997, S. 494; Kaufhold, 1969, S. 10; Fecker, Edwin: Marie Ellenrieder. Der schriftliche Nachlass, www.edwin-fecker.de/ellenrieder.htm, 20. Mai 2016; Zingeler, Karl Theodor: Fürst Karl Anton von Hohenzollern und Marie Ellenrieder. In: Historisch-politische Blätter für das katholische Deutschland, 1910, Bd. 145, S. 454–460; Kaufhold, 1969, S. 10; Stich des Fürsten Anton Aloys von Hohenzollern-Sigmaringen nach einer Zeichnung von Marie Ellenrieder. In: Bibliographie von Deutschland oder wöchentlich vollständiges Verzeichnis aller in Deutschland herauskommenden neuen Bücher, Musikalien und Kunstsachen. Leipzig 1828, S. 432; Koller Auktionen Konstanz: Harfe spielender Engel auf einer Wolke, Feder in Braunviolett, gold gehöht, 19,5×15,5 cm, gerahmt, unten rechts signiert und datiert *Marie Ellenrieder 1847*, Provenienz: Fürst von Hohenzollern-Sigmaringen; Hundert Zeichnungen aus 5 Jahrhunderten. 50 Jahre Galerie Meissner Zürich. Ausst.-Kat. 1993, S. 33, No. 13.

37 Kreide und Rötel auf Papier, weiß gehöht, mit Ritzlinien, 43,7×29,7 cm, um 1818, Inv.-Nr. WG 55/27; Gaze, 2001, S. 288; Egelsing, Tobias: „Ich gehe stets meinen Weg und bin immer so fleißig wie möglich" – Nahaufnahmen aus dem Leben der Künstlerin Marie Ellenrieder. In: Konstanz, 2013, S. 29.

38 Kaufhold, 1969, S. 10.

39 Ebd., S. 4.

40 Sein Name taucht von 1854 bis 1862 in den Karlsruher Adressbüchern weder im alphabetischen Einwohnerverzeichnis noch unter den Hauseigentümern noch unter den Künstlern und Gewerbetreibenden auf. Ab 1857 hat Lauchert seinen Wohnsitz in Darmstadt, anschließend in Gotha und ab 1862 in Berlin.

41 Zur Kopie: Voermann, 2011, S. 28–34.

42 Die Dioskuren, 1862, S. 174.

43 Ihre Werke befinden sich in der Staatlichen Kunsthalle Karlsruhe und in den Kunstsammlungen der Veste Coburg. Schmidt-Liebich, 2005, S. 8; Bachmann, 1994.

44 Öl auf Leinwand, 180×150 cm; Kaufhold, 1969, S. 18.

45 Öl auf Leinwand, 70×59 cm; Bad Schussenried, 2003, S. 441–442, Abb., Kat.-Nr. XIV.10.

46 Das Porträt der Fürstin von Hohenzollern befand sich bis 1974 im Besitz des Erzabtes Ursmar.

47 Die Unterzeichneten sind: Viktor Herzog von Ratibor, Chlodwig Fürst von Hohenlohe-Schillingsfürst, Ernst Fürst von Hohenlohe-Langenburg und Egon Fürst von Hohenlohe-Waldenburg. Abschrift des Briefes durch Karl Anton von Hohenzollern, Schloss Hohenzollern Inv.-Nr. FAS, NZ, 53, 12, UF 10; Kaufhold, 1969, S. 6–7. Am 30. April 1857 erfolgt die Trauung nach evangelischem Ritus in Herbsleben und am Folgetag nach katholischem in Gotha.

48 Kaufhold, 1969, S. 8.

49 Öl auf Leinwand, 120×95 cm, Hessische Hausstiftung Darmstadt; Houston/Freiburg/Compiègne, 2015, S. 174–175, Kat.-Nr. 58, Abb. S. 175. Der Verbleib des Bildnisses des Zaren ist unbekannt; eine weitere signierte und datierte Fassung des Porträts der Zarin befindet sich in den Sammlungen der Eremitage St. Petersburg.

50 Kaufhold, 1969, S. 8.

51 38,5×26,1 / 50,5×38,0 cm, im Besitz Ihrer Majestät Königin Elizabeth II., Royal Collection Trust Inv.-Nr. RCIN 606164.

52 Dennison, Matthew: The Last Princess:

The Devoted Life of Queen Victoria's Youngest Daughter. Hachette 2010.
53 Foerster, 1991, S. 190, 204.
54 Donop, Lionel von: Lauchert, Richard. In: ADB, Bd. 18, 1883, S. 25; Bantle 1999; Hebeisen, Gustav: Der Hofmaler Richard Lauchert von Sigmaringen und seine Heirat mit der Prinzessin Amalie von Hohenlohe-Schillingsfürst. Aus dem Vortrag am 17. Januar 1928. In: Hohenzollerisches Heimatblatt 1, 1928, Nr. 1 und 2; Thieme/Becker, Bd. 22, 1928, S. 431–432; Boetticher, Bd.1, 1895, S. 813; Die Dioskuren, 1857, S. 91; Die Dioskuren, 1862, S. 174, 377.
55 Nach Kaufhold, 1969, S. 13.
56 Werke Richard Laucherts befinden sich in: Fürstlich Leiningsche Domänenverwaltung Amorbach, Neues Schloss Baden-Baden, Gemälde-Katalog des Preußischen Königshauses Berlin, Privatbesitz Ludwig Müller-Lauchert Berlin, Stephanie Täterow Biberach, Nationalmuseum Breslau, Kunstsammlungen der Veste Coburg, Hessisches Staatsarchiv Darmstadt, Sammlung Wahle Darmstadt, Fürstlich-Fürstenbergische Gemäldesammlung Donaueschingen, Schloss Glücksburg bei Flensburg, Herzogliches Museum Schloss Friedenstein Gotha, Hohenzollerische Heimatbücherei Hechingen, Schloss Heiligenberg, Generallandesarchiv Karlsruhe, Schleswig-Holsteinische Landesbibliothek Kiel, Landhaus Krauchenwies, Hildegard Müller Langensalza, Royal Collection London, Neue Pinakothek München, Museum im Ritterhaus Offenburg, Schloss Schillingsfürst, Sigmaringen Bürgermeisteramt, Hohenzollerische Landesbank, Sammlung Karl Bischof, Sammlung Max Frick, Sammlung Heinz Gaugel, Sammlung Lilli Kreuzer, Sammlung Aenny Thomma, Sammlung Dr. Alexander Frick, Schloss Waldenburg, Klassik Stiftung Weimar, Schloss Wiesentheid.

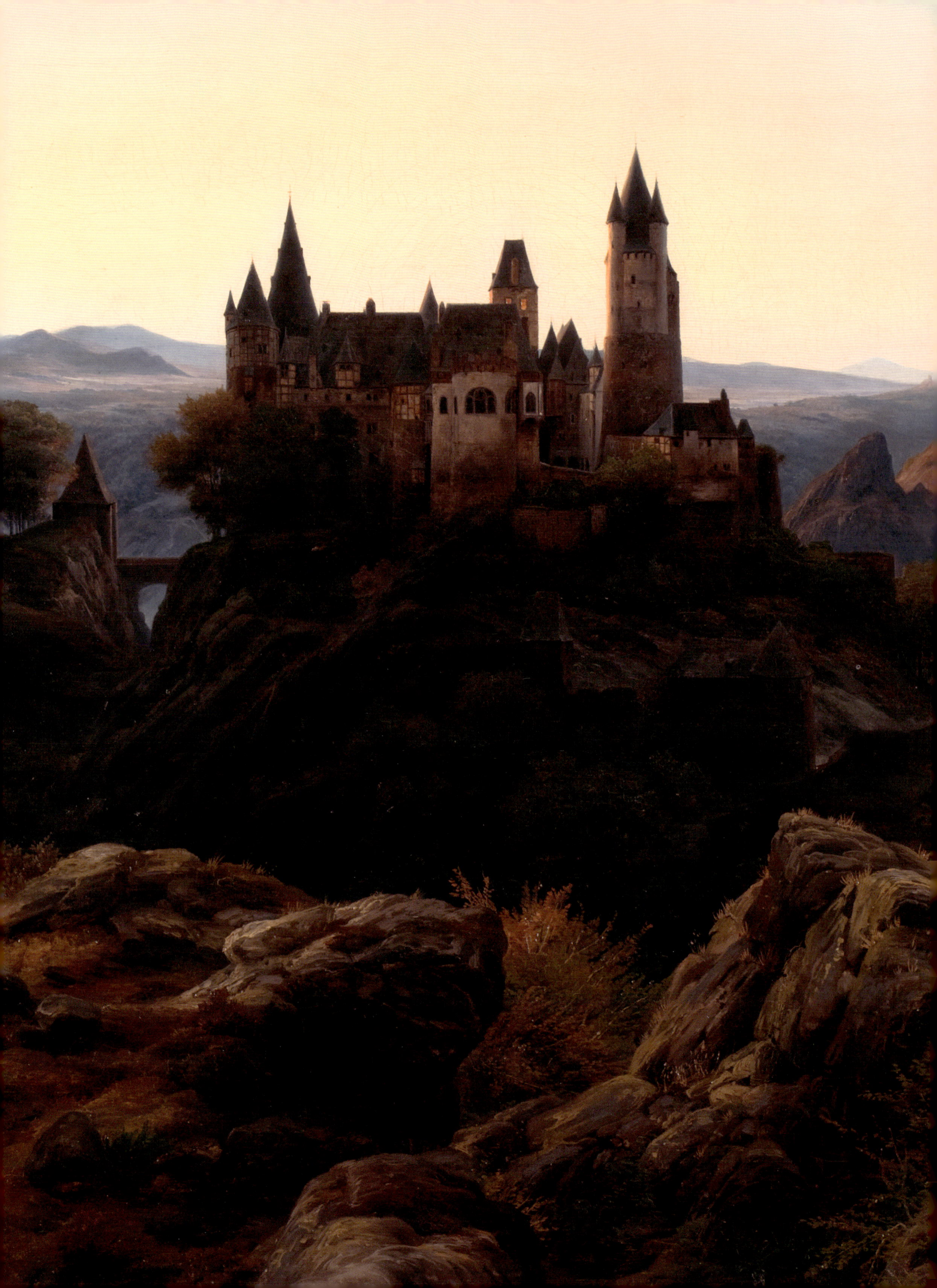

9 Gesellschaftliches Netzwerk

9.1 Adel von Brasilien bis Russland

Quellen unterschiedlichster Art verweisen auf ein weitreichendes Netzwerk der Alexandra von Berckholtz, in dem sich zahlreiche bekannte Persönlichkeiten des 19. Jahrhunderts wiederfinden. Einen Überblick über Kontakte innerhalb des Hochadels und Adels von Brasilien bis nach Russland erlaubt das Familienalbum mit 352 darin befindlichen Porträts von Herrscherinnen und Herrschern – Kaisern, Königen, Prinzen, Großherzögen, Herzögen, Fürsten – Erzbischöfen, Ministern, Gelehrten, Künstlern, Komponisten und Schauspielerinnen. Am zahlreichsten finden sich preußische Könige und Prinzen sowie Herzöge und Prinzessinnen aus dem Haus Sachsen-Coburg und Gotha.

Beginnen wir in Karlsruhe mit Alexandras Freundin Sophie von Brandenstein (1819–1900).[1] Die Namen ihrer Familienmitglieder finden sich – nach den eigenen der Künstlerin – am häufigsten in ihrem Kalender.[2] Ebenfalls gleich nach ihren eigenen Familienmitgliedern bedenkt sie Sophie von Brandenstein an fünfter Stelle in ihrem Testament und mit einem Legat von 6.000 Mark. In der Originalhandschrift des Testaments lässt sich darüber hinaus noch der Zusatz „Stiftsdame in Berlin" finden. Ausgehend von dieser Information setzte die Suche nach Sophie von Brandenstein an, zu der sich jedoch in den heute noch bestehenden Berliner Stiften und deren Archiven keine Hinweise ergaben.[3] Ihr Name taucht aber in den Lebenserinnerungen der Luise von Schkopp auf, deren Tante Luise von Redern mit Sophie von Brandenstein befreundet war, und durch die sie die Berckholtz-Schwestern 1864 in Nizza kennenlernte. Diese biografische Information führte zum Kontakt mit der Familie von Brandenstein und zu deren Archiv.[4]

Da Sophies Vater, der preußische Generalleutnant Karl August von Brandenstein (1792–1863), in den 1840er Jahren in Baden stationiert ist, lebt die Familie in dieser Zeit in Karlsruhe, wo sich Sophie und Alexandra von Berckholtz kennen lernen und im *Sophien Frauenverein* engagieren. Dieser gründet sich zur Armenfürsorge unter dem Protektorat der Großherzogin Sophie von Baden am 26. Oktober 1831 „zunächst mit dem Zwecke, Unterstützungsmittel aller Art, namentlich warme, schützende Kleider zu sammeln und an die Notleidenden zu verteilen".[5] Ein Jahr später richtet er eine Küche in der Spitalstraße 26 ein, in der täglich von 11 bis 13 Uhr Suppen ausgegeben werden, oder 1835 ein „Industriecomptoir" zur Beschäftigung von Arbeitslosen und armen Frauen zur Anfertigung von Handarbeiten.[6] 1859 wird aus ihm der *Badische Frauenverein*, dem Großherzogin Luise vorsteht, dessen Ziel nun primär – anlässlich des Italienischen Krieges – die Versorgung der Soldaten mit Verbandsmaterial, Kleidung und Geld ist, und der sich nach dem Krieg unter anderem auf die Krankenpflege verlegt und sich als Teil des Roten Kreuzes in späteren Kriegen zum Sanitätsdienst verpflichtet.[7] Auch von Sophie von Brandenstein ist eine aktive Tätigkeit als Krankenschwester während zweier Kriege bekannt, 1866 in den Lazaretten zu Erdmannsdorf,[8] 1870/71 mit den Johannitern im Lazarett der Fürstin zu Wied – der Schwägerin der späteren Königin Elisabeth von Rumänien und Ehefrau des durch Richard Lauchert porträtierten Karl von Hohenzollern-Sigmaringen – in Kreuznach

Abb. 217 – Johann Wilhelm Schirmer, Die Burg nach Sonnenuntergang, Öl auf Leinwand, 59×73 cm, 1832, Sammlung RheinRomantik Bonn Inv.-Nr. 425 (Ausschnitt).

Abb. 218 – Carl Meyer, Dom Pedro II. Kaiser von Brasilien, Stahlstich, 4,2 × 3,6 cm, Album der Familie von Berckholtz, StAO Inv.-Nr. 26/21/44–340.

Abb. 219 – Carl Meyer, Sophie Großherzogin von Sachsen-Weimar-Eisenach, Stahlstich, 5,5 × 4,3 cm, Album der Familie von Berckholtz, StAO Inv.-Nr. 26/21/44–348.

und anschließend in Rémilly in Lothringen. Nach dem Deutsch-Französischen Krieg – in dem ihr Bruder Karl Hermann Bernhard von Brandenstein (1831–1886) wesentliche Stütze des Generalfeldmarschalls Helmuth von Moltke ist – kehrt sie nach Berlin zurück.

1861 stiftet Sophie von Brandenstein 200 Gulden für die Renovierung der um 1814 entstandenen Kapelle in St. Märgen-Glashütte im Schwarzwald, wofür ihr das Erzbischöfliche Ordinariat Freiburg „einen konsekrierten Altarstein zukommen lässt".[9] Ein Herr von Brandenstein – wohl Sophies Vater oder einer ihrer Brüder – findet sich mit einem Gulden und 45 Kreuzern 1852 unter den Spendern für den Bau der Evangelischen Stadtkirche Offenburg. Mit fünf Königen Preußens ist Sophie von Brandenstein persönlich bekannt.[10]

Neben Königen und Prinzen von Preußen[11] finden sich weitere wesentliche Vertreter des Adels verewigt durch ihr Porträt im Album der Familie von Berckholtz, von denen einige an dieser Stelle vorgestellt werden sollen. Wohl im Rahmen seines Handels mit Übersee tritt Gabriel Leonhard von Berckholtz in Beziehung zu Brasilien und persönlichen Kontakt mit Kaiser Dom Pedro II. (1825–1891) (Abb. 218).

Dom Pedro II. regiert Brasilien ab seinem 15. Lebensjahr als fortschrittlicher und aufgeklärter Monarch. Neben seiner Berücksichtigung des Exporthandels, z. B. mit Kaffee, und dem hierfür notwendigen Ausbau der Straßen und des Eisenbahnnetzes sowie der Kommunikationsmöglichkeiten Telefon und Telegrafie, fördert er die Künste und Wissenschaften und engagiert sich sozial, indem er beispielsweise Waisenkinder in seinem eigenen Palast unterbringt und dort unterrichten lässt. 1876 – nachdem er die Ausgrabung Heinrich Schliemanns (1822–1890) in Mykene besuchte – ernennt ihn die Russische Akademie der Wissenschaften in St. Petersburg zu ihrem Ehrenmitglied. 1882 wird er in die Preußische Akademie der Wissenschaften aufgenommen. Sein größtes Verdienst sind seine lebenslangen Bemühungen um die Abschaffung der Sklaverei in Brasilien gegen den Widerstand der Großgrundbesitzer, durch den es schließlich zum Sturz der Monarchie kommt, in Folge dessen die kaiserliche Familie 1889 ins Exil nach Paris geht. 1871 wird das *Gesetz des freien Schoßes* erlassen, das besagt, dass alle ab sofort im Land von Sklavinnen geborenen Kinder freie Menschen seien. Ab 1885 gelten alle Sklaven über 60 Jahren als frei und drei Jahre später alle übrigen. Neben wesentlichen sozialen Neuerungen in seinem Land zeichnet sich Dom Pedro auch durch eine Förderung des Festspielhauses in Bayreuth und der Musik Richard Wagners aus.[12]

Weitere Förderer der Künste und der Gesellschaft, deren Porträts sich im Berckholtz-Album befinden, sind Großherzogin Sophie (1824–1897) (Abb. 219) und Großherzog Carl Alexander von Sachsen-Weimar-Eisenach (1818–1901) (Abb. 220), den Richard Lauchert 1856 – sowie dessen Mutter 1854 – in Weimar porträtiert hatte, was die Vermutung nahelegt, dass die Aufträge eventuell auch auf Vermittlung durch die Familie von Berckholtz zustande gekommen sein könnten, in deren Album sich ebenfalls ein Bildnis der Maria Pawlowna befindet.[13]

Am 8. Juli 1853 übernimmt der liberale Carl Alexander die Regierung von Sachsen-Weimar-Eisenach. „Anknüpfend an Weimars große kulturelle Vergangenheit in der Zeit der Klassik, sollten neben der pietätvollen Bewahrung des Alten auch der ‚Weimarer Musenhof' und die Kunst im Goetheschen Sinne und im Renaissance-Verständnis erneuert werden."[14] Nach dem Vorbild der Renaissance-Höfe fördert der Großherzog zahlreiche Künstler im Kontext des Wiederaufbaus der Wartburg – architektonisch maßgeblich umgesetzt durch Hugo von Ritgen (1811–1889) – als Gesamtkunstwerk aus Architektur, Malerei, Skulptur, Literatur, Theater und Musik. Franz Liszt ist lange

Jahre als Hofkapellmeister in Weimar tätig. Auch Richard Wagner möchte der Großherzog in diesem Zusammenhang mit einbeziehen. Daher setzt er sich auch für dessen Begnadigung ein. Seit 1849 befindet sich der Komponist aufgrund seiner Teilnahme an den Aufständen in Dresden während der Revolution von 1848/49 im Exil in der Schweiz. Auf das Angebot einer Anstellung wie auf das der Aufführung seines *Rings des Nibelungen* in Weimar geht Wagner nicht ein. Die Uraufführung seines vierteiligen Zyklus erfolgt erst 1876 anlässlich der ersten Bayreuther Festspiele.

Durch ihr kulturelles und soziales Engagement erwirkt Großherzogin Sophie von Sachsen-Weimar-Eisenach eine Vielzahl an Gründungen wichtiger und bis heute bestehender Institutionen, wie z. B. der Goethe-Gesellschaft und des Goethe- und Schiller-Archivs Weimar zur Bewahrung und Pflege des Nachlasses des Dichters. Auch gehen zahlreiche Schulen und Krankenhäuser auf ihre Initiative zurück, wie z. B. eine Blinden- und Taubstummenanstalt in Weimar oder ein Kinderheilbad in Bad Sulza.[15]

Auch Vertreter kleinerer Fürstentümer finden sich in dem Album, wie Alexander Ghykas II. (1796–1862) (Abb. 221), der nach Vermittlung durch den russischen Reformer Pawel Kisseljow (1788–1872) ab April 1834 als Hospodar („Herr") die unter dem Einfluss des osmanischen und russischen Reiches stehende Walachei bis zum 7. Oktober 1842 regiert.[16] Sogleich nach seinem Regierungsantritt entlässt der Fürst die russische Verwaltung und die Truppen in Bukarest und unterzieht die Armee der Walachei einer Neuorganisation, bevor er nach Konstantinopel fährt, um dies Sultan Abdülmecid I. (1823–1861) mitzuteilen.[17] Alexandru Ghica – wie sein rumänischer Name lautet – setzt sich für eine Senkung der Abgaben der Bauern ein und für eine Bewahrung der walachischen Kultur und Traditionen. Diese Unabhängigkeitsbestrebungen sind es auch, die den Sultan 1842 zu Ghicas Absetzung veranlassen, an dessen Stelle 1843 der durch Russland favorisierte Gheorghe Bibescu (1804–1873) tritt, Hospodar bis zum Ausbruch der Revolution 1848. Vereinigt sind die Walachei und die Moldau zu dem Fürstentum Rumänien ab 1859 unter Alexandru Ioan Cuza (1820–1873) und ab 1866 unter Karl von Hohenzollern-Sigmaringen. 1878 wird auf dem Berliner Kongress die Unabhängigkeit Rumäniens anerkannt, das die Dobrudscha dazu erhält und 1881 zur Monarchie mit Carol I. als erstem König wird.

Alexandru Ghica erscheint 1842 in der Auflistung der in den Gothaischen Genealogischen Hof-Kalender neu aufgenommenen Bildnisse neben dem des Kaisers Dom Pedro II. von Brasilien, dem Porträt, das sich auch im Berckholtz-Album wiederfindet.[18]

Die dort befindlichen Lithografien und Stahlstiche ähneln sich in ihrer Umsetzung als Büstenporträt, die meist im Halbprofil nach links oder rechts gerichtet sind. Stilistisch differieren davon die Reproduktionen nach Zeichnungen Louis Wagners in Ganzfigur oder im Kniestück, bei denen der Künstler stets den Kopf des Dargestellten nahezu fotorealistisch durchbildet, wohingegen er die restliche Figur sowie den Hintergrund in breiten Umrisslinien belässt. An dieser Stelle sollte lediglich die stilistische Demonstration zweier Beispiele erfolgen, die willkürlich aus den 19 Bildnissen herausgegriffen wurden. Im Laufe der Recherche zur Persönlichkeit der Porträtierten stellte sich jedoch heraus, dass sich beide im September 1843 in Karlsruhe umgebracht hatten.

Moritz von Haber (1798–1874) – Sohn des badischen Hofbankiers Salomon von Haber – trägt sich im Sommer 1843 in die Liste für einen Ball in Baden-Baden ein. Daher verzichtet der Badische Oberleutnant Jules Goeler von Ravensburg (1814–1843) (Abb. 222) auf seine Teilnahme. Der Grund für seine Ablehnung von Habers liegt bereits fünf Jahre zurück. Damals äu-

Abb. 220 – Carl Meyer, Carl Alexander Großherzog von Sachsen-Weimar-Eisenach, Stahlstich, 5,5 × 4,3 cm, Album der Familie von Berckholtz, StAO Inv.-Nr. 26/21/44–349.

Abb. 221 – Josef Kriehuber (Maler) Carl Meyer (Stecher), Alexandre Ghykas II. Fürst der Walachei, Stahlstich, 5,7 × 4,1 cm, 1842, Album der Familie von Berckholtz, StAO Inv.-Nr. 26/21/44–344.

Abb. 222 – Louis Wagner, Baron Jules Goeler von Ravensburg, Lithografie, 26 × 17 cm, rechts unterhalb signiert *L. Wagner*, Album der Familie von Berckholtz, StAO Inv.-Nr. 26/21/44–45.

Abb. 223 – Louis Wagner, M. de Werefkine, Lithografie, 26,3 × 16,9 cm, rechts unterhalb beschriftet *Dessiné par L. Wagner*, Album der Familie von Berckholtz, StAO Inv.-Nr. 26/21/44–46.

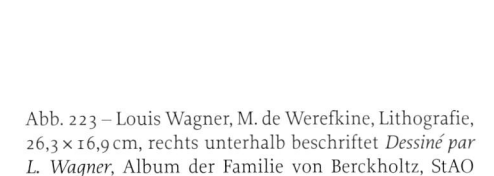

Abb. 224 – Louis Wagner, M. de Stolipine, Lithografie, 26 × 16 cm, links neben der Darstellung signiert und datiert *L. Wagner / 43*, Album der Familie von Berckholtz, StAO Inv.-Nr. 26/21/44–47.

ßerte sich dieser angeblich despektierlich über den Offiziersstand, den Goeler von Ravensburg verteidigte und den Bankierssohn zum Duell forderte, das dieser ablehnte bzw. verbal auszutragen bevorzugte. Verbal äußert sich Goeler nicht; er nimmt dies lieber als Auslöser, um von Haber nun als Feigling und nicht gesellschaftsfähig beim Organisationskomitee des Balls anzuschwärzen, das den Denunzierten daraufhin kurzerhand auslädt. Der kaiserlich russische Kürassierleutnant Michael von Werefkine (Abb. 223) verteidigt Moritz von Haber und fordert den Aggressor zum Duell, das am 2. September 1843 auf dem Gottesauer Schießstand in Karlsruhe ausgetragen wird.

Überliefert ist die Vorgeschichte und der genaue Hergang des Duells durch einen ausführlichen Bericht des Augenzeugen Georg von Sarachaga-Uria,[19] dem Sekundanten des Anstifters. Jules Goeler von Ravensburg wird angeschossen, trifft aber im gleichen Moment – durch von Sarachaga aufrecht gehalten – seinen Kontrahenten von Werefkine tödlich, erliegt jedoch zwei Tage später seinen Verletzungen. Als sein Sarg in Karlsruhe zu Grabe getragen wird, randaliert eine aufgebrachte Menge derart an von Habers Haus, dass dieser durch den Hintereingang weggebracht und in Schutzhaft genommen werden muss. Die Feindseligkeiten gegen ihn setzen sich vehement in der Presse fort, und Ende September auch in einem Gerichtsprozess mit von Haber als Angeklagtem wegen Anstiftung zum Duell, für die eine Haftstrafe gefordert wird. Der jüdische Bankier versteht sich wahrheitsgemäß und wohlformuliert zu verteidigen, so dass er am Ende freigesprochen wird, da von Sarachaga von Werefkine mehrmals provoziert und in Karlsruhe sogar Plakate mit Ankündigung des Duells aufgehängt hatte. Die beiden Sekundanten – von Sarachaga und der kaiserlich russische Major von Stolipine – werden jeweils zu zwei Wochen Gefängnis verurteilt.[20]

Nach der Entlassung jedoch tragen die beiden am 14. Dezember des Jahres ihren Streit erneut aus. Georg von Sarachaga fordert zu einem zweiten Duell, in dem er von Stolipine erschossen wird. Die letztendliche Folge des Ganzen ist ein immenses Interesse der Öffentlichkeit an dem sogenannten *Goeler-Haber-Skandal* und eine gesteigerte Nachfrage nach Abbildern der Beteiligten, die massenhaft reproduziert auf druckgrafischen Blättern verkauft werden, und die die drei toten Protagonisten am Ende des Jahres noch zu Medienstars werden lassen.[21]

Im Berckholtz-Album findet sich übrigens auch von Stolipine ein Einzelporträt aus der Hand Louis Wagners (Abb. 224), das dieser – wie die anderen beiden auch – vor August des Jahres gezeichnet hatte, und im wahrsten Sinne des Wortes: nach dem Leben.

9.2 Karlsruher Künstlerinnen und Künstler

Friedlich mutet die Landschaft im Abendrot mit ihrem tief liegenden Horizont an, die den Blick auf eine Bergformation im Hintergrund eröffnet. Die Topografie lässt sofort Schlüsse auf eine heroische italienische Landschaft zu und schafft Analogien zum Golf von Neapel mit dem Vesuv im Hintergrund. Das Kolorit der orangefarbenen Rottöne verstärkt die Idealisierung der Szene, bei der es sich um eine *Landschaft am Oberrhein* (Abb. 225) handelt. Sie präsentiert sich dem Betrachter wie ein Bühnenprospekt, dessen Ausschnitt in der linken oberen Ecke Wolken und eine leichte Erhebung in der rechten unteren rahmen. Mittendurch schlängelt sich ein Weg, auf dem zwei Staffagefiguren unmerklich erkennbar sind.[22] Der Maler ist Johann Wilhelm Schirmer, einer der herausragenden Landschaftsmaler seiner Zeit, der das künstlerische und gesellige Leben sowohl in Düsseldorf als auch in Karlsruhe wesentlich mitprägt, wo er zu Alexandra von Berckholtz' Bekanntenkreis gehört,[23] die auch sein Porträt (KAT.-NR. 29) malt.

Johann Wilhelm Schirmer verkehrt in einem der Zentren der Gesellschaft, im Salon der Familien der Maler Carl Friedrich Lessing (Abb. 226) und Adolph Schroedter (Abb. 227), die beide Mitglieder im *Komponierverein* waren, die die Düsseldorfer Künstlergeselligkeit nun in Karlsruhe fortsetzen, und mit denen auch Alexandra von Berckholtz befreundet ist, insbesondere mit Alwine Schroeder.[24] Lessings Tochter Bertha hält sie in zwei Porträts fest (KAT.-NR. 11, WV Nr. 54).

Der am 15. Februar 1808 in Breslau geborene Carl Friedrich Lessing lernt durch seinen Künstlerfreund Carl Ferdinand Sohn Wilhelm von Schadow in Berlin kennen, mit dem er 1826 nach Düsseldorf geht. Lessings Landschaften zeigen sich zunächst inspiriert durch Caspar David Friedrichs (1774–1840) stimmungshafte Szenerien unter Bezugnahme auf Klosterruinen und Friedhöfe. „Daß er wirkliches Naturgefühl besaß, erweist die entscheidende Umkehr auf der Reise in die Eifel 1832, die ihn zum Realisten machte. Seine Landschaften aus der Eifel, dem Harz, der schlesischen Niederung sind innerlich erlebt und von geologischer und atmosphärischer Wahrheit erfüllt (…) fein beobachtet und voll intensiven Detailstudiums."[25]

Dies demonstriert auch Lessings Gemälde *Deutsche Gebirgslandschaft* (Abb. 228), die eine weite Sicht auf ein ondulierendes Gelände offenbart. Im Mittelgrund erhebt sich auf einem Felssporn eine Burg, an der sich gerade auf einem Weg in der Nähe des Betrachters zwei Reiter vorbeibewegen.

Von Schadow fördert Lessing auch auf dem Gebiet der Historienmalerei, in der er verschiedenste Ereignisse aus der deutschen Geschichte aufführt, wie z. B. aus dem Leben des Salierkaisers Heinrich IV. (1050–1106)[26] oder eine Szene mit Kreuzfahrern in der Wüste (Abb. 229). Massenhaft drängen sich menschliche Leiber und Pferdekörper auf einer Landzunge neben einem Gewässer zusammen. Zahlreiche weitere nähern sich links im Hintergrund aus dem Dunstschleier des Himmels, aus dem lediglich ihre Fahnen herausragen. Die in vorderster Reihe Sitzenden zeigen Formeln einer Gestik und Mimik der Erschöpfung und Entkräftung und wurden durch den Maler im Bildfeld theatral wohl portioniert. Hinsichtlich der Dramaturgie der Dyna-

Abb. 225 – Johann Wilhelm Schirmer, Landschaft am Oberrhein, Öl auf Leinwand, 25 × 39 cm, 1835, Museum Zitadelle Jülich Inv.-Nr. 2006-0067.

Abb. 226 – Ludwig Knaus, Carl Friedrich Lessing, Öl auf Leinwand, 92 × 73 cm, 1847, Kopie nach dem Porträt von F. Sohn, Museum Wiesbaden Inv.-Nr. M 435.

Abb. 227 – Anton von Werner, Adolph Schroedter, Öl auf Leinwand, 82,8 × 54,8 cm, unten monogrammiert und datiert *A v W 1871*, Städtische Galerie Karlsruhe Inv.-Nr. 62/001.

Abb. 228 – Carl Friedrich Lessing, Deutsche Gebirgslandschaft, Öl auf Leinwand, 82 × 126 cm, 1847, Museum der bildenden Künste Leipzig Inv.-Nr. I. 134.

Abb. 229 – Carl Friedrich Lessing, Die Kreuzfahrer in der Wüste, Öl auf Leinwand, 192 × 290 cm, 1863, Staatliche Kunsthalle Karlsruhe Inv.-Nr. 533.

mik der ausgestreckten Arme in Kontrast zu den niedergebeugten Körpern und der Bildkomposition lassen sich zahlreiche Analogien anführen, wie *Flucht einer amerikanischen Familie über den Hudson 1777* von Feodor Dietz,[27] *Episode aus der Sintflut* von Eduard Engerth (1818–1897)[28] oder *Moses schlägt Wasser aus dem Felsen* von Nicolas Poussin (1594–1664).[29]

1858 wird Carl Friedrich Lessing zum Direktor der Großherzoglichen Galerie Karlsruhe ernannt. Nach dem Tod Johann Wilhelm Schirmers fungiert er von 1863 bis 1866 zusätzlich als provisorischer Leiter der Kunstschule. Er stirbt am 5. Juni 1880 in Karlsruhe.[30]

Sein Künsterkollege Adolph Schroedter wird am 28. Juni 1805 in Schwedt an der Oder geboren und absolviert zunächst bei seinem Vater Karl Friedrich Heinrich (1776–1813) eine Ausbildung zum Kupferstecher, die er ab 1820 an der Kupferstecherschule in Berlin fortsetzt. Auch er macht dort die Bekanntschaft mit Wilhelm von Schadow, der ihn 1829 nach Düsseldorf holt.[31] Schroedters Gebiete sind die humorvolle Genremalerei – wie seine Slowakenfamilie (Abb. 100) zeigt – sowie die Druckgrafik und die Buchillustration mit Arabesken, Ornamenten und Titelvignetten, wie z. B. 1842 in einer neuen Auflage der *Volksmährchen der Deutschen* von Johann Karl August Musäus

(1735–1787) (Abb. 230) oder zu Szenen aus Dramen William Shakespeares, wie *Hamlet und Horatio auf dem Friedhof* (Abb. 231).[32]

1859 wird Adolph Schroedter Professor für Freihandzeichnen und Ornamentik am Polytechnikum in Karlsruhe, wo er mit einigen seiner Schüler einen Komponierverein gründet, „in welchem ausschließlich kunstgewerbliche Aufgaben gelöst wurden, wie Entwerfen von Möbeln, Gefäßen aller Art, Mustern zu Stickereien und Stoffen u. dergl. mehr; die allwöchentlich an einem Abend vorgelegt und besprochen wurden".[33] Zu Schroedters Studenten zählt auch Anton von Werner, der am 22. August 1871 dessen Tochter Malvine (geboren 1847) heiratet. Schroedter stirbt am 9. Dezember 1875 in Karlsruhe.[34]

Jeden Sonntagnachmittag laden Lessing – der mit Ida Heuser (1818–1880), der Schwester Alwine Schroedters, verheiratet ist – und Schroedter zu sich in ihre Wohnungen, ein. Lessing lebt im Westflügel der Galerie und Schroedter in der Langen Straße 2/3 (heute Kaiserstraße), dann im Vorderen Zirkel 3, ab 1866 in der Nowackanlage 8 und ab 1872 im Waldhaus in der Mühlburger Allee 3 (heute Ecke Moltke-/Wörthstraße).[35] Im Sommer erlaubt ihnen Großherzogin Luise, ihre Treffen bei schönem Wetter im Schlossgarten abzuhalten. Zahlreiche illustre Gäste finden sich in dem Salon ein: Musikerinnen und Musiker, wie Clara Schumann und Johannes Brahms (1833–1897), die Dichter Joseph Victor von Scheffel und Paul Heyse, der Theaterdirektor Eduard Devrient (1801–1877)[36] oder die Schauspielerinnen Amalie Haizinger (1800–1884) und Adolphine Neumann (1822–1844), die ebenfalls im Hause Berckholtz verkehren.[37] Die in Karlsruhe geborene und international berühmte Amalie Haizinger, geborene Morstadt, hat im Alter von zehn Jahren ihren ersten Auftritt an dem im selben Jahr eröffneten Großherzoglich Badischen Hoftheater der Residenzstadt in Paul Wranitzkys Singspiel *Oberon, der König der Elfen*. Sie erhält 1815 in Karlsruhe ihr erstes festes Engagement, wo sie bis 1846 und ihrer Verpflichtung am Burgtheater Wien tätig bleibt. 1827 heiratet sie – nach dem Tod ihres ersten Mannes, dem Schauspieler Karl Neumann 1823 – den Tenor Anton Haizinger (1796–1869). Gastspiele führen sie während ihrer Karlsruher Zeit in zahlreiche deutsche Städte – wie nach 1825 nach Weimar, wo sie vor dem von ihr begeisterten Goethe auftritt – sowie nach London, Paris oder St. Petersburg. Sie ist eine wandlungsfähige Mimin, die sowohl das tragische als auch das komödiantische Rollenfach beherrscht. Adolphine Neumann ist ihre Tochter, die 1838 zum ersten Mal in Karlsruhe auf der Bühne steht.[38]

Weitere Berühmtheiten nennt Anton von Werner in seinen Karlsruher Lebenserinnerungen: den Frankfurter Arzt Heinrich Hoffmann (1809–1894) – Verfasser des *Struwwelpeter* – oder den Kapellmeister und Wagner-Dirigenten Hans von Bülow (1830–1894), der 1857 Franz Liszts Tochter Cosima (1837–1930) heiratet, die ihn 1867 für Richard Wagner verlässt. Mit von Bülow steht Alexandra von Berckholtz ebenfalls in Kontakt.[39] Zum Tee im Salon eingeladen ist auch Prinzessin Elisabeth zu Wied, die spätere Königin Rumäniens und Dichterin Carmen Sylva, zusammen mit dem preußischen Gesandten Albert Georg Graf von Flemming, dem Ehemann der Armgart von Flemming, die Alexandra von Berckholtz in einem Porträt festhält.

Allwöchentlich werden Kunstwerke besprochen, aus der Literatur vorgelesen, Texte durch die Schauspielerinnen rezitiert, zur Klavierbegleitung gesungen, Reiseberichte ausgetauscht oder lebende Bilder nach Theaterszenen oder Gemälden künstlerischer Meister gestellt. Ein derartiges durch Anton von Werner inszeniertes beschreibt der Maler und Lithograf Wilhelm Steinhausen (1846–1924) in seinen Lebenserinnerungen: „Der mir weit überlegene Mann (= Anton von Werner) duldete mich ganz gern unter den Gästen

Abb. 230 – Adolph Schroedter, Illustration zu Musäus *Volksmärchen der Deutschen*, Holzschnitt, 5,2 × 7,8 cm, 1842.

Abb. 231 – Adolph Schroedter, Hamlet und Horatio in der Friedhofsszene, Tuschfeder in Grau und Braun laviert, mit Deckweiß gehöht, 32,2 × 28,6 cm, 1834, Museum für Kunst und Kulturgeschichte Dortmund Inv.-Nr. C 5381.

Abb. 232 – Adolph Schroedter, Alwine Heuser, Aquarell über Bleistift, 35,2 × 26,6 cm, 1839, Museum für Kunst und Kulturgeschichte Dortmund Inv.-Nr. C 6964.

Abb. 233 – Alwine Schroedter, Rosenblüten, Aquarell und Gouache, 10,5 × 18 cm, Privatbesitz.

bei Schroedter und Lessing. Dort arrangierte er Feste. Damals unterhielt man sich öfters im Winter damit, lebende Bilder zu stellen. Und es ist eine seltsame Erinnerung, daß ich mich da von ihm als Geiger auf dem Bilde von Gallait ‚Schmerzvergessen' verwandt sah. Als Rahmen diente eine Tür in der Lessingschen Wohnung."⁴⁰

Auf dem Original von Louis Gallait (1810–1887) sitzt ein Musiker mit einer Violine auf einem Felsen, in dessen Schoß eine mit geschlossenen Augen seinem Spiel lauschende Frau ihren Kopf abgelegt hat: „Ein kleiner Junge, der seiner vor Hunger auf der Landstraße hingesunkenen Schwester zum Trost ein Lied auf der Geige vorspielt."⁴¹ Zu ihren Füßen befindet sich ein Tambourin und im Hintergrund öffnet sich eine weite Ebene. Steinhausen schlüpfte in die Rolle des Geigers, die Darstellerin der jungen Dame ist nicht bekannt. Während seiner Zeit als Kunststudent in Karlsruhe besucht Friedrich Kallmorgen (1856–1924) ab 1877 den Zirkel, in dem er seine spätere Frau, die Blumenmalerin Margarethe Hormuth (1857–1916), kennenlernt, die ab 1878 an der Akademie in Karlsruhe bei Ferdinand Keller studiert. Kallmorgen schreibt über den Salon: „In diesem Haus traf sich alles, was in Karlsruhe mit der Kunst Fühlung hatte, Musiker, Schauspieler, Maler, vor allem natürlich die Kunstbeflissenen beiderlei Geschlechts; war doch Frau Schroedter selbst eine feinsinnige Blumenmalerin, die Freundin und Lehrerin der Großherzogin Luise. Da war jeden Sonntag offenes Haus. Alt und jung fühlten sich dort wohl."⁴² Nach Adolph Schroedters Tod führt seine Frau Alwine die Treffen fort und organisiert Ausflüge der Gruppe nach Ettlingen und Grötzingen, wo ab 1890 um das Ehepaar Kallmorgen eine Malerkolonie nach dem Vorbild der Schule von Barbizon entsteht. Weitere in Grötzingen ansässige Künstler sind Otto Fikentscher (1862–1945) und seine spätere Frau, die Blumenmalerin Jenny Nottebohm, die ebenfalls von Alwine Schroedter künstlerisch ausgebildet wird.

Alwine Schroedter (Abb. 232)⁴³ gehört neben ihrer Tätigkeit als Zeichenlehrerin zu den bekannten Blumenmalerinnen ihrer Zeit. Sie wird am 13. Februar 1820 in Gummersbach als jüngstes von sechs Kindern des Kaufmanns Heinrich Daniel Theodor Heuser (1767–1848) und seiner Frau Katharina Luise Hügel (1776–1841) geboren und lebt als 15-jährige bei ihrem Onkel Carl Christian Hügel (1783–1869), Verleger und Buchhändler in Frankfurt am Main. Hier kommt sie durch die von ihm herausgegebenen illustrierten Bände mit der bildenden Kunst in Berührung, zeichnet daraus autodidaktisch Szenenbilder ab – wie die von Alfred Rethel (1816–1859) zu den *Rheinsagen* – und entwickelt eine Vorliebe für die Kalligrafie in Verbindung mit dem floralen Ornament. Dies erkennend fördert sie ihr Künstlerkolle Adolph Schroedter, der sie zu Veröffentlichungen ermuntert und in ihrem pädagogischen Talent für den Zeichenunterricht bestärkt. Nach ihrer Heirat am 2. Juni 1840 lebt sie mit ihm in Düsseldorf, ab 1848 lebt sie in Frankfurt am Main, ab 1854 erneut in Düsseldorf und ab September 1859 in Karlsruhe. In diesem Jahr publiziert sie mit *Kindergebete* ihre erste Mappe mit Reproduktionen ihrer Aquarelle (Abb. 233). Durch die enge Freundschaft mit Großherzogin Luise bedingt, hält sie sich häufig am Großherzoglichen Hof sowie auf der Insel Mainau auf, unterstützt 1867/68 deren Initiative der Gründung einer Kunststickereischule des *Badischen Frauenvereins* in Karlsruhe und engagiert sich für den dortigen Unterricht. Theoretische und pädagogische Schriften hatte sie in dieser Hinsicht bereits 1850 mit *Neue Muster für Schnur-Stickerei* und 1853 *Das Zeichnen als ein aesthetisches Bildungsmittel, vorzugsweise für die Erziehung des weiblichen Geschlechts* zusammen mit ihrem Mann herausgegeben. 1870 stellt Alwine Schroedter einige ihrer mit Sinnsprüchen versehenen Blumenaquarelle auf der Ausstellung des *Vereins der Künstlerinnen und*

Kunstfreundinnen zu Berlin aus. In der Presse ist dazu zu lesen: „Hermine Stilke, Alwine Schroedter u. a. sind zu bekannte und anerkannte Vertreterinnen dieser Richtung, als daß es nöthig wäre, sie hier besonders hervorzuheben."[44]
Alwine Schroedter stirbt am 12. April 1892 in Karlsruhe.[45]
Die Berliner Kritik zeugte von ihrem weit verbreiteten künstlerischen Ruf. Von Alwine Schroedters künstlerischem Ehrgeiz berichtet ein Brief ihres Mannes vom 21. November 1865 an den Düsseldorfer Genre- und Historienmaler Wilhelm Nerenz (1804–1871), in dem zu lesen ist: „Wenn so eine Frau es einmal auf die Kunst gepackt hat, so ist sie weit unermüdlicher, als irgend ein Mann, u meiner Frau steht darin keiner nach."[46]

9. Richard Wagner und Malwine Schnorr von Carolsfeld

Aufgrund der Erwähnung in einigen Artikeln, eine „begeisterte Freundin von Richard Wagners Tondichtungen"[47] gewesen zu sein, was selbst in Nachrufen auf Alexandra von Berckholtz erscheint, verfolgten die Recherchen auch diese Spur. Mehrere mögliche biografische Berührungspunkte mit dem Komponisten wurden bereits angedeutet, ein persönlicher Kontakt der Künstlerin mit Richard Wagner (Abb. 234) konnte bislang jedoch nicht nachgewiesen werden. Alexandras Name taucht weder in seiner Autobiografie und unter seinen Briefpartnerinnen auf, noch entdeckt man ihn in einem seiner Schreiben,[48] noch erwähnt ihn Cosima Wagner in ihren Tagebüchern oder Carl Friedrich Glasenapp (1847–1915) in seiner sechsbändigen Biografie.[49] Jedoch ergaben sich zusätzlich weitere und konkretere Anhaltspunkte. Alexandra von Berckholtz ist zusammen mit ihrer Schwester Sophie von Moltke Mitglied im Richard Wagner Verein München. Am 12. Mai 1871 wendet sich Wagner mit seiner programmatischen Schrift *Über die Aufführung des Bühnenfestspiels Der Ring des Nibelungen* öffentlich an seine Anhänger, die er darin um Unterstützung bittet: „Das Bühnenfestspiel ‚Der Ring des Nibelungen' soll an drei aufeinander folgenden Hauptabenden und einem vorangehenden Vorabende unter meiner besonderen Anleitung vollständig aufgeführt und in den beiden nächst folgenden Wochen ebenso wiederholt werden. Als Ort dieser Aufführung ist Bayreuth bestimmt, als Zeit einer der Sommermonate des Jahres 1873. Hierzu soll ein besonderes Theater errichtet werden, dessen innere Einrichtung vollkommen meinen besonderen Zwecken entsprechen, dessen Solidität und äußerliche Ausstattung aber den mir hierfür zu Gebote gestellten Mitteln gemäß hergestellt werden soll."[50]
Seine Gedanken hinsichtlich einer Synthese und der gegenseitigen Beeinflussung der Künste, auch unter Berücksichtigung eines religiösen Charakters des Gesamtkunstwerkbegriffs, legt Richard Wagner – der ebenfalls die Libretti seiner Opern selbst verfasst – in vielen Texten dar, wie z. B. in *Das Kunstwerk der Zukunft* (1849–1852). Auf seiner Reise nach Berlin vom 17. bis 20. April 1871 empfindet Wagner die 20.000 Einwohner zählende Stadt Bayreuth (Abb. 235) als den für seine Festspielidee am besten geeigneten Standort, vor allem aufgrund ihrer günstigen geografischen und zentralen Lage innerhalb Deutschlands. Auch die Stadtväter zeigen sich am Bau eines neuen Theaters sofort interessiert.[51]
Nach Wagners Aufruf gründen sich noch im selben Jahr die Wagner-Verbände in Berlin, Frankfurt, Leipzig, Wien und am 17. September 1871 unter dem Vorsitz Reinhard Schaefers der *Verein zur Aufführung des Wagner'schen Büh-*

Abb. 234 – Ernst Benedikt Kietz, Richard Wagner, Bleistift auf Papier, 15 × 18 cm, 1842, Nationalarchiv der Richard-Wagner-Stiftung, Bayreuth Inv.-Nr. N 4017-I.

Abb. 235 – Bayreuth vom Festspielhaus aus aufgenommen, Fotografie, 9 × 13 cm, 1876, Stadtarchiv Bayreuth.

nenfestspiels Der Ring des Nibelungen in München. Der Zweck ist die Finanzierung des Baus des Bayreuther Festspielhauses und der „durch freiwillige Beiträge die Mittel aufzubringen, um einer gewissen Anzahl seiner Mitglieder die Teilnahme an dem Festspiel zu ermöglichen".[52] Deutschlandweit werden dafür 1.000 Patronatsscheine zu je 300 Talern ausgegeben, die die einzelnen Vereine erwerben.[53] Die Geschäftsleitung des gesamten Unternehmens sitzt in Berlin, dessen Verwaltung in den Händen des Bankiers des Deutschen Kaisers Wilhelm I. Moritz von Cohn (1812–1900) in Dessau liegt. Der Bankier Joseph Gutleben jr., Theatinerstraße 32, verwaltet die Gelder des Münchner Vereins, dessen Mitglieder von 1871 bis 1873 jährlich einen Beitrag von jeweils fünf Gulden zahlen. Mit der Gesamtsumme erwirbt der Verein anschließend Patronatsscheine, die unter den Mitgliedern verlost werden. Der Besuch des Festspiels ist nicht durch direkten Kauf einer Eintrittskarte möglich, sondern nur mittels Losgewinn im Zusammenhang mit einem derartigen Schein. Durch die Zahlung von 15 Gulden kommt auf 35 Mitglieder ein Patronatsschein, mit dem drei Personen die Aufführungen des *Rings* an vier Abenden besuchen können. Weitere Gelder zum Erwerb zusätzlicher Scheine werden durch Veranstaltungen gesammelt, wie z. B. im August 1872 durch ein Konzert des Königlichen Hoforchesters in München.[54]

Alexandra von Berckholtz findet sich unter der Nummer 110 in der Mitgliederliste des Münchner Wagner-Vereins. Sophie von Moltke, Nr. 112, tritt kurz vor ihrem Tod 1878 bei und spendet einmalig 15 Mark. Ihre Schwester zahlt von 1878 bis 1881 jährlich 15 Mark und verfügt 1878 über einen Grundstock von 15 Mark,[55] was bedeutet, dass sie bereits seit einem früheren Zeitpunkt als Frau von Moltke Mitglied ist.

Insgesamt erwirbt der Richard-Wagner-Verein München vier Patronatsscheine. Einen davon, Nr. 207, unterzeichnet der Meister am 22. Mai 1872 höchstpersönlich, an seinem 60. Geburtstag und am Tag der Grundsteinlegung des Bayreuther Festspielhauses (Abb. 236). Ab 1872 ziehen Richard und Cosima Wagner nach Bayreuth um; am 28. April 1874 erfolgt der Einzug in die dortige Villa *Wahnfried*.

1873 können die Festspiele noch nicht stattfinden. Im August des Jahres ist erst ein Drittel der Patronatsscheine verkauft. Daher schreibt Wagner mit der Bitte um Beteiligung an der Finanzierung an Otto von Bismarck[56] und König Ludwig II. von Bayern, von denen sich Ersterer nicht interessiert zeigt und Letzterer Ende Januar 1874 eine Summe von 100.000 Talern bereitstellt. Am 13. August 1876 feiert das Festspielhaus mit zahlreichen Prominenten seine Eröffnung. Es sind z. B. Kaiser Wilhelm I., Friedrich Nietzsche (1844–1900), Gottfried Semper (1803–1879), Peter Tschaikowsky (1840–1893), Anton von Werner, Adolph Menzel, Ludwig Knaus oder Franz von Lenbach anwesend.[57]

Auch Alexandra von Berckholtz besucht in Bayreuth eine Aufführung im Rahmen der zweiten Festspiele 1882, an denen der *Parsifal* seine Weltpremiere feiert, und für den sie die Karte mit der Nr. 448 für den 4. August erhält.[58] Unter den Anmeldungen bis *Donnerstag, den 3. August, Abends 6 Uhr* ist ihre Ankunft in der Fremdenliste Nr. 12 in der Beilage zur *Oberfränkischen Zeitung* verzeichnet: „v. Berckholtz, Fräulein, Rentiere, mit Bedienung, München, Hotel Reichsadler." Ein in Bayreuth zur Festspielzeit privat gemietetes Zimmer kostet 1882 in der Regel vier Mark und eines im Hotel 20 Mark. Das Hotel Reichsadler (Abb. 237) am Marktplatz – 1676 als Taxis-Poststation gegründet – beherbergt häufig prominente Gäste Bayreuths, wie z. B. Franz Liszt, der ab Oktober 1872 insgesamt fünfzehnmal in der Stadt weilt, um seine Tochter Cosima zu besuchen.[59] Heute befindet sich in dem Haus die Kulturbühne *Reichshoftheater*, in der jährlich die offizielle Eröffnung der Bayreuther Festspiele stattfindet.

Abb. 236 – Festspielhaus Bayreuth, Fotografie, 9 × 13 cm, 1876, Stadtarchiv Bayreuth.

Abb. 237 – Hotel Reichsadler Bayreuth, Fotografie, 7 × 6 cm, vor 1904, Stadtarchiv Bayreuth.

Diese präsentieren vom 26. Juli bis 29. August 1882 das dreiaktige Bühnenweihfestspiel *Parsifal*, das Richard Wagner ab 1877 ausschließlich zur Aufführung in Bayreuth schuf, ein „aus Elementen der Philosophie und Religion geistvoll zusammengesetztes Werk (...) Christentum in der Musik". Dirigent ist Hermann Levi (1830–1900), über die Sängerinnen und Sänger gibt der Theaterzettel (Abb. 238) Auskunft. In der durch Alexandra von Berckholtz besuchten Aufführung am 4. August singen Hermann Winkelmann die Titelrolle – „der eine schöne leicht quellende Stimme besitzt, einen Tenor von vornehmem und reinem Klange" – Emil Scaria den Gurnemanz – „ein Sänger mit einer mächtigen, voll und reintönenden Stimme, die ausgezeichnet geschult ist, mit tadellos scharfer Aussprache, verständnißvoller Deklamation und vortrefflichem Spiel"[60] – und Mathilde Keil, Hermine Galfy, Max Mikorey und Adolf von Hübbenet die vier Knappen im ersten Akt, von dem auch ein Szenenfoto erhalten ist (Abb. 239).

Die Handlung beginnt nahe der Gralsburg auf einer Waldlichtung, auf der Kundry Gurnemanz für den an einer Wunde leidenden Gralskönig Amfortas ein Heilmittel bringt. Erlösen kann diesen von seinem Schmerz jedoch nur ein unschuldiger Mensch. Daraufhin greifen Gurnemanz' Ritter einen Knaben – Parsifal – auf, der seine Herkunft nicht kennt, von dem Kundry aber wohl weiß, wer seine Eltern waren. Gurnemanz nimmt Parsifal mit in die Gralsburg, wo die Ritter mit Amfortas und dessen Vater Titurel den Gral enthüllen und ein gemeinsames Mahl einnehmen. „In dem auch decorativ besonders gelungenen Gralstempel, einem kuppelförmig gewölbten Raum mit aufsteigenden Galerien schreiten feierlich die Gralsritter heran, nehmen an einem runden Tisch im unteren Raume ihre Plätze ein. Dann folgen die jüngeren, die gehen wieder ab, um in der mittleren Höhe der Kuppel zu verweilen. Die Knaben, die den Zug beschließen, steigen zur höchsten Höhe der Kuppel auf." Hier kommen drei unterschiedliche Chöre zum Einsatz, Kinder

Abb. 238 – Theaterzettel Parsifal 1882, Nationalarchiv der Richard-Wagner-Stiftung, Bayreuth Inv.-Nr. A 2528-1.

171

Abb. 239 – Szene aus dem 1. Akt, Parsifal und Gurnemanz, Im Gebirge des Grals, Bayreuther Festspiele, Fotografie, 1882, Nationalarchiv der Richard-Wagner-Stiftung, Bayreuth Inv.-Nr. N3404-Pa-I-1-1882.

Abb. 240 – Szene aus dem 2. Akt, Parsifal mit Blumenmädchen, Bayreuther Festspiele, Fotografie, 1882, Nationalarchiv der Richard-Wagner-Stiftung, Bayreuth Inv.-Nr. N1851-I-Pa-II-2-1882.

Abb. 241 – Parsifal und Kundry, Hermann Winkelmann und Amalie Materna, Bayreuther Festspiele, Fotografie, 1882, Nationalarchiv der Richard-Wagner-Stiftung, Bayreuth Inv.-Nr. N2560-Pa+Kundry.

auf der obersten Ebene, Tenor und Alt auf der mittleren sowie Männerstimmen auf der unteren. „Eine andächtige Stimmung kommt über den Zuhörer."[61] Danach wirft Gurnemanz Parsifal hinaus, da er in ihm doch nicht den erhofften Erlöser vermutet.

Im zweiten Akt tritt der nicht in die Gemeinschaft der Gralsritter aufgenommene Klingsor in seinem Zaubergarten auf, in dem er die Verführerin Kundry auf Parsifal ansetzt, den zuvor die Blumenmädchen betören (Abb. 240), die am 4. August von Johanna André, Luise Belce, Hermine Galfy, Pauline Horson, Johanna Meta und Carrie Pringle gesungen werden.

„Von allen Seiten stürzen jammernd und klagend kommen die Blumenmädchen daher, die so hübsch sind, daß ihnen die nicht sehr kleidsame Tracht wenig anhaben kann. (...) Für die Sängerinnen, welche den Blumenchor gesungen haben, ist kein Ausdruck des Lobes stark genug."[62]

Während Kundry einst Amfortas verführte, gelang es Klingsor, diesem die heilige Lanze zu entreißen und ihn damit zu verwunden. Von ihrer Schuld erlöst werden kann sie nur dann, wenn ein Mann ihr widersteht. Sie verrät Parsifal seinen Namen, erzählt ihm vom Tod seiner Eltern und küsst ihn (Abb. 241). „Amalie Materna hat sie mit großer Künstlerschaft dargestellt und vorzüglich gesungen."[63] Während des Kusses erkennt Parsifal die Ursache von Amfortas' Wunde und flieht, aber Klingsor schleudert die Lanze nach ihm, die Parsifal auffängt, und der Zaubergarten danach zerfällt.

Jahre später existiert die Gralsgemeinschaft nicht mehr, Titurel ist verstorben. Der als Eremit lebende Gurnemanz findet die bewusstlose Kundry, die nach ihrer Erweckung völlig gewandelt erscheint und dem in ein langes weißes Gewand gekleideten Parsifal nahe einer Quelle die Füße wäscht, sie mit ihrem Haar trocknet und salbt. „Es sind lebende Bilder, von sanften, feierlichen Klängen melodramatisch begleitet." Die Bühnentechnik unterstützt die Dramatik durch „bengalisch beleuchtete Dämpfe, die durch eine Dampfmaschine aus den Fugen hervorgepafft werden, (...) Verwandlungen bei offener Bühne, versinkende Türme und aufsteigende Rosengärten."[64] Parsifal erlöst Kundry und wird neuer Gralskönig.

Weitere Sänger sind am 4. August Theodor Reichmann in der Rolle des Amfortas – „Ich glaube kaum, daß dieser traurige Monarch besser gespielt und gesungen werden kann" – August Kindermann in der des Titurel – „Die wenigen Worte des geisterhaften Titurel sang Kindermann mit ergreifendem Ausdrucke!"[65] – Carl Hill in der des Klingsor sowie Anton von Fuchs und Eugen Stumpf in denen des ersten und zweiten Gralsritters.[66]

Für die Ausführung der Bayreuther Bühnenbilder zuständig sind bereits ab 1876 die Coburger Theatermaler Max und Gotthold Brückner. Der Vater Heinrich Brückner, Schüler des Peter von Cornelius, ist ab 1843 Dekorationsmaler am Coburger Hof. 1854 wird Wagners *Tannhäuser* – noch vor der Premiere in Paris – an den Hoftheatern in Coburg und Gotha uraufgeführt; Max Brückner unterstützt seinen Vater bei den Bühnenbildern. Für den *Parsifal* 1882 orientieren sich die Brückners an den durch Wagner vorgegebenen Entwürfen des russischen Malers Paul von Joukowsky (1845–1912). Klingsors Zaubergarten sowie die Wandeldekorationen entwerfen sie selbstständig, zusammen mit dem Theatermaschinisten Carl Brandt (1828–1881).[67] Wagner zeigt sich derart begeistert, dass er sogar für den 10. November 1881 für die Maler einen Präsentationstermin der Modelle vor König Ludwig II. in München vereinbart.[68] Wenige Wochen vor der Premiere jedoch stört Wagner die Umsetzung des Waldes – der zu wenig Laub hat – die Kuppel des Gralstempels – der Komponist wünscht an Stelle der Fresken einen Sternenhimmel – der See und der Zauberturm, dessen Treppe ihm zu wenig repräsentativ erscheint. Die beiden Maler führen alle Änderungen aus, jedoch muss

aus Zeitgründen die Wandeldekoration für den dritten Aufzug entfallen.[69]
Für die Dekorationen des *Parsifal* von 1882 verarbeitet das Atelier Brückner
insgesamt 5.898 Quadratmeter Leinwand. Die Gesamtkosten einschließlich
zusätzlicher Modifikationen und Transporte betragen 34.400 Mark.[70]
Eine im *Parsifal* 1882 erstmals eingesetzte szenische Weltneuheit und
Spezialeffekt ist die Wandeldekoration, durch die sich der Hintergrund permanent an den Zuschauern vorbeibewegt und sich somit parallel zur Musik
auch das Bild verändert. 2.500 auf zwei Spulen aufgespannte Quadratmeter
Wandgemälde werden im Takt der Musik langsam abgerollt. Der Einsatz des
bewegten Panoramas steigert das emotionale Erleben der Aufführung auf
Seiten des Rezipienten. Der Einsatz von Wandeldekorationen ist ursprünglich für den ersten und dritten Aufzug geplant. Während der Proben zeigt
sich aber, dass in beiden Akten die Musik noch vor dem gesamten Aufrollen der jeweiligen Leinwand zu Ende ist. Auf die Frage nach einer Lösung
reagiert Wagner erbost, ob man wolle, dass er nach dem Metermaß komponieren solle. Daher fällt bei der Aufführung des *Parsifal* die Wandeldekoration des dritten Aktes komplett weg und die des ersten Aktes muss in der
doppelten Geschwindigkeit abgespult werden.[71]
Noch 1882 veröffentlicht der Leipziger Verleger Edwin Schloemp einen
Band mit neun Lichtdrucken aus dem *Parsifal*, der großen Absatz findet. Eine
Mappe mit sechs Fotografien publiziert der Verlag Hans Brand 1897: Wald
auf dem Gralsgebiet (1. Akt), Gralstempel (1./3. Akt), Klingsors Zauberturm
(2. Akt) (Abb. 242), Klingsors Zaubergarten (2. Akt), Einöde (Schluss 2. Akt)
und Blumenaue (3. Akt).[72]
Der *Parsifal* wird in fünf zusätzlichen Vorstellungen am 3., 5., 7. Mai, 5. und
7. November 1884 eigens für König Ludwig II. aufgeführt, obwohl das Bühnenweihfestspiel durch Wagner ausschließlich für Bayreuth bestimmt
war.[73] Für den Transport der Dekorationen von Bayreuth nach München
werden zwölf Güterwägen benötigt.[74] Das Atelier Brückner, das bis 1911 für
die Bayreuther Festspiele tätig ist, exportiert seine Bühnenbilder im Stil der
Romantik, des Realismus und später Impressionismus sowie Symbolismus
bis nach New York.[75]
Kurz erwähnt werden soll auch Richard Wagners Aufenthalt in Riga, Alexandras Geburtsstadt, die seit dem 18. Jahrhundert als wichtiges Zentrum
der Aufklärung und Kultur gilt. Denken wir an dieser Stelle an Johann Gottfried Herder (1744–1803), Bibliothekar von 1764 bis 1769, Lehrer an der
Domschule und Prediger in der Gertrudenkirche in Riga. 1782 erhält die
Stadt ein permanentes Theater auf Initiative und finanzielle Unterstützung
durch Otto Hermann von Vietinghoff (1722–1792), das am 15. September
mit Gotthold Ephraim Lessings *Emilia Galotti* eröffnet wird.
Nach einer Anstellung in Königsberg beginnt der 24-jährige Wagner am
21. August 1837[76] seine Tätigkeit als Kapellmeister am Stadttheater Riga
(heute Riharda Vāgnera iela 4), dessen Direktoren während dieser Zeit
der Dichter Karl von Holtei und nach ihm der Sänger Johann Hoffmann
(1805–1865) sind. Wagner dirigiert hier über 20 Opern, z. B. am 13. Oktober
1837 Webers *Freischütz*, am 5. November 1837 Mozarts *Don Giovanni* oder
am 19. März 1838 ein Konzert im Schwarzhäupterhaus (Abb. 243), in dessen Treppenhaus 1861 von der Musikalischen Gesellschaft anlässlich ihres
100-jährigen Jubiläums auch eine Wagner-Büste aufgestellt wird.[77]
Beeindruckt zeigt sich Wagner vom terrassenförmigen und amphitheaterartigen Zuschauerraum sowie vom tiefen Orchestergraben, zwei Parameter,
die er später als grundlegend in die Entwürfe des Bayreuther Festspielhauses
mit einbezieht. Seinen Wohnsitz bezieht Wagner zunächst in der Schmiedestraße (heute Kalēju iela), ab Frühjahr 1838 im oberen Stock eines Hauses

Abb. 242 – Klingsors Zauberturm, Fotografie, Bayreuther Festspiele, Nationalarchiv der Richard-Wagner-Stiftung, Bayreuth Inv.-Nr. N4216-17-PA III.

Abb. 243 – Plakat zu Wagners Konzert am 19. März 1838.

Abb. 244 – Walter Möbius, Senta und Ludwig Schnorr von Carolsfeld als Erik in *Der Fliegende Holländer*, Fotografie nach einer Zeichnung von Julius Schnorr von Carolsfeld, 1863, 12 × 9 cm, Sächsische Landesbibliothek – Staats- und Universitätsbibliothek Dresden Inv.-Nr. 0024251.

in der Petersburger Vorstadt (heute Brīvības iela 33).[78] „Riga was later to become a leading center for the performance of his works."[79] Riga entwickelt sich nach seiner Abreise im Juli 1839 zu einem Zentrum der Wagner-Begeisterung. Der Aufführung des *Parsifal* 1882 in Bayreuth wohnen 15 Gäste aus Riga bei, 1885 hat der Wagner-Verein in Riga 67 Mitglieder – unter anderem den Bibliothekar Georg Berckholtz – 1887 bezeichnen die *Bayreuther Blätter* den Wagner-Verein in Riga als „ein Vorbild für alle Vereine",[80] und auch der wesentlichste Wagner-Biograf Carl Friedrich Glasenapp stammt aus Riga.[81] Wie in Königsberg, so ist Richard Wagner auch in Riga tief verschuldet, so dass sogar sein Pass beschlagnahmt und vor seinem Konzert am 7. Mai 1839 seine Stelle einem anderen Kapellmeister zugesprochen wird. Am 19. Juli 1839 reist er heimlich mit seiner Frau Minna ab; zur Flucht verhilft ihnen der Kaufmann Abraham Möller aus Königsberg. Im preußischen Hafen Pillau (heute Baltysk in Russland) nehmen sie das Segelschiff *Thetis* nach London. Vor Antritt der Fahrt müssen sie sich im Frachtraum verstecken, da Zollbeamte im Auftrag von Wagners Gläubigern das Schiff nach dem Schuldner untersuchen.[82] Sieben Tage dauert die Fahrt bis Kopenhagen. Im Skagerrak gerät das Schiff in einen schweren Sturm, am 12. August erfolgt die Ankunft in London und am 7. September 1839 die in Paris. Die Eindrücke und Atmosphäre während der Schiffsreise verarbeitet Richard Wagner später im *Fliegenden Holländer*, der am 2. Januar 1843 am Dresdener Hoftheater Premiere feiert und am 22. Mai 1843 in Riga uraufgeführt wird.[83] Der Maler Julius Schnorr von Carolsfeld zeichnet den Wagner-Tenor Ludwig Schnorr von Carolsfeld (1836–1865) in der Szene, die ihn als Erik zusammen mit Senta im *Fliegenden Holländer* (Abb. 244) zeigt. Bis 1868 erschafft er ein Theater-Album mit 15 Bildern seines Sohnes in dessen großen Opernrollen. Das erste vom 23. Dezember 1860 zeigt ihn als Lohengrin.

Seine Frau Malwine Schnorr von Carolsfeld (1825–1904) (Abb. 245),[84] die von 1854 bis 1860 ein Engagement als Sängerin in Karlsruhe hat, gehört zum Freundeskreis der Alexandra von Berckholtz. Am 19. Oktober 1857 steht sie in der Stadt im *Tannhäuser* zum ersten Mal gemeinsam mit ihrem späteren Mann auf der Bühne und am 3. Dezember 1857 erneut in *Der fliegende Holländer*. Er singt den Steuermann und sie die Senta.[85] Auch nach ihrer Karlsruher Zeit pflegen Malwine und Alexandra einen gegenseitigen Briefkontakt, von dem noch ein Schreiben der Sängerin erhalten ist (Abb. 246), die auch Gedichte vertont, wie von Emanuel Geibel (1815–1884), Robert Burns (1779–1796), Heinrich Heine (1797–1856), Adelbert von Chamisso (1781–1838) oder August Heinrich Hoffmann von Fallersleben (1798–1874)[86] oder selbst dichtet.[87] Von 1847 bis 1848 tritt sie am Opernhaus in Breslau auf und gibt dort ihr Debut als Isabella in *Robert le Diable* von Giacomo Meyerbeer (1791–1864). 1848 singt sie die Norma im Rahmen eines Gastspiels an der Hofoper Dresden, von 1849 bis 1853 ist sie an den Hoftheatern von Coburg und Gotha und von 1853 bis 1854 am Stadttheater Hamburg engagiert. Weitere Wirkungsorte der Sopranistin sind Braunschweig, Frankfurt am Main, Luzern, München und Paris.

Kurz nach ihrer Heirat mit Schnorr von Carolsfeld 1860 erhält sie zusammen mit ihrem Mann eine Anstellung an der Hofoper Dresden. Auf der Suche nach der passenden Besetzung für seine Rollen des Tristan und der Isolde begeistert sich Richard Wagner für das Ehepaar. Am 10. Juni 1865 erfolgt in München die Premiere der Oper, für die beide sofort internationale Berühmtheit erlangen und ihnen eine verheißungsvolle Karriere bevorsteht. Sechs Wochen später jedoch stirbt Ludwig Schnorr von Carolsfeld am 21. Juli 1865 in Dresden, wohl an Typhus.[88] Für Richard Wagner bedeutet dies auch menschlich einen herben Schlag. Noch Jahre später trauert er um ihn, wie an vielen Stellen in Cosimas Tagebüchern zu lesen ist, wie z. B. am 23. Februar 1870: „Ach! Und Schnorrs Tod, es war doch furchtbar, man hat es überlebt, aber man wird ein anderer."⁸⁹ Malwine Schnorr von Carolsfeld wird nach dem Tod ihres Mannes durch Ludwig II. als Kammersängerin in München verpflichtet, wo sie zunächst auch mit Cosima befreundet ist,⁹⁰ später jedoch nicht mehr. Am 5. Januar 1867 ist in München in der Presse von ihrer Ausweisung durch den König zu lesen: „Falls sie dieser Anordnung nicht innerhalb von zwei Wochen nachkommt, soll ihr der verliehene Jahresbezug von 2.000 fl. sofort sistirt werden."⁹¹ Könnte eventuell Eifersucht auf die spätere Ehefrau Richard Wagners der Grund dafür gewesen sein? Das Ehepaar Wagner erfährt am 14. März 1874 beim Frühstück durch eine Notiz des Buchhändlers Gießel, „daß im Reichsanzeiger zum Verkauf 19 Briefe von Richard und seiner Gemahlin aus den Jahren 1860–1867 angezeigt seien mit der Zugabe, sie seien höchst interessant! Was ist das – ich rate auf Malwina Schnorr, welche wahrscheinlich von München aus angestiftet, gerade jetzt diese Sachen herausgibt, sie war uns intim befreundet, Gott weiß, gewiss ist das der Schlag auf die Gewährung des Credits. R. wendet sich an den Advokaten, es scheint aber wenig Hoffnung, hier tatkräftig einzuschreiten; es wird diese neue Bosheit wohl auch nur durchzumachen sein."⁹²

Lassen wir die Frage an dieser Stelle unbeantwortet und wenden uns Malwines Antwortbrief aus Dresden vom 16. September 1865 auf Alexandra von Berckholtz' Kondolenzschreiben zum Tod Ludwig Schnorr von Carolsfelds zu, in dem sich die Sängerin als Freundin der Kunst der Malerin bezeichnet, woraus sich die Vermutung ergibt, dass sich in ihrem Nachlass Werke Alexandras befanden. Am 26. September 2015 wurde bei Schmidt Kunstauktionen in Dresden das 1848 entstandene und ursprünglich aus einem Skizzenbuch stammende Aquarell *Mädchen mit Gänseblümchen* (KAT.-NR. 30) versteigert. Es stammte aus dem Besitz einer Dresdener Dame, die die Sammlung ihres verstorbenen Mannes verwahrt hatte. Die Vorbesitzer sind nicht mehr bekannt. Vielleicht stammt das Aquarell aus dem Besitz der Malwine Schnorr von Carolsfeld?

Abb. 245 – Walter Möbius, Malwine Schnorr von Carolsfeld, Fotografie, 18 × 13 cm, im Oval, 1881, Sächsische Landesbibliothek – Staats- und Universitätsbibliothek Dresden Inv.-Nr. Mscr.Dresd.w.103.1.

Dresden d. 16.9.65

Danke Ihnen liebes gutes Fräulein v. Berckholtz für Ihre warme Theilnahme an meinem unermeßlich traurigen Geschick! Ja noch ist es meine harte, harte Prüfung die Gottes Vaterhand über mich verhängt hat und schon sich nur die Lebensübung des zähen Hungers wieder zu erfahren. Ein süßer Trost ist mir in meinem nicht zu Bitternis u. Leid, daß Gott mein höchstes Kleinod im Augenblick des höchsten, erwiesenen Glückes zu sich gerufen, daß größeres Glück als er genoßen ihm nicht mehr werden konnte! Wen Gott lieb hat den nimmt er zu sich in Fülle der Jugend, Schönheit, Ernst und im Schoße des Glückes und der Freude – u. Gewiß, sein Tod ist beneidenswerth wie seines Kreuzes Leben glücklich war und nicht Thränen und Klagen. Sollte ich zurückkehren in unser meiner Erdenleben, wenn doch das unser Herz in Sehnsuchts-Schmerz vergeht! Weiß ich doch, daß der heilige, mein Herr, der uns ein bisschen für alle Ewigkeiten unauflösbar ist, und aus den Thränen und Leiden um den Vorangegangenen mir größere und innere Seligkeit beim unsrigen Wiederfinden verblühen wird. Noch ist mir freilich unklar, was Gott noch von mir will, doch ist ja meine Aufgabe noch nicht gelöst, ob er mich nicht zugleich gerufen – er der mir dies masslose Leiden schuf, wird mir ja auch Ernst geben, das Leben zu tragen, das ich allein noch tragen soll! Ich denke wir werden uns in München wiedersehen, liebes Fräulein von Berckholtz! Mein Mann hat von mir auf seinem Todtenbett verlangt, daß ich dort hingehe und der König wird mich auch berufen, hoffentlich bald, dessen Thätigkeit thut meinem Andenken größte noth. Dort muß ich Sie

Abb. 246 – Brief der Malwine Schnorr von Carolsfeld an Alexandra von Berckholtz vom 16. September 1865 aus Dresden, Sächsische Landesbibliothek – Staats- und Universitätsbibliothek Dresden Inv.-Nr. Mscr.Dresd. App.292,214.

sehen – allein! – ich werde Ihnen dann noch manches von meinem innigst geliebten Mann erzählen! Leben Sie wohl und geben Sie freundschaftlich Ihrer Kunstfreundin Malwine Schnorr Carolsfeld geb. Garrigues

Den Kreis zur Karlsruher Künstlerschaft schließt ein weiterer Brief der Malwine Schnorr von Carolsfeld, ihr Beileidsschreiben vom 12. April 1892 zum Tod von Alwine Schroedter – mit der sie ebenfalls befreundet war und einen Briefkontakt unterhielt[93] – adressiert an ihre Tochter Selma.[94]

Den Kreis Wagners nach Karlsruhe schließt ein Rollenporträt im Skizzenbuch der Alexandra von Berckholtz von 1891. Die betreffende Skizze zeigt einen beleibten bärtigen Mann mit Flügelhelm und Stab in der rechten Hand und ist unterhalb mit *Plank als Wotan* beschriftet (Abb. 247). Bei dem Bezeichneten handelt es sich um den in Wien geborenen Bariton und Schauspieler Fritz Plank (1848–1900), der ab 1884 am Karlsruher Hoftheater wirkt und in der Hirschstraße 20 lebt. Wotan erscheint in Richard Wagners *Ring des Nibelungen*, der in Karlsruhe 1891 jedoch nicht aufgeführt wird. 1886, 1891 und 1892 singt Plank zusätzlich in Bayreuth, jedoch nicht den Wotan, sondern den Kurwenal in *Tristan und Isolde*.[95] Alexandras schematische Zeichnung ohne Gesichtszüge könnte eine Phantasiedarstellung widerspiegeln, oder es könnte sich auch um eine privat entstandene Kostümskizze handeln. Alexandras Lehrer Hans Canon ist – wie z.B. mit seinem Porträt eines *Mannes in Dogentracht*[96] – einer der Urheber der Gattung des Kostümporträts in Karlsruhe, das in den 1870ern eine allgemeine künstlerische Modeerscheinung wird. Man denke hier an Hans Makarts historische Festzüge durch Wien 1879 zu Ehren des österreichischen Kaiserpaares. Innerhalb dieses Trends entstehen auch fiktive Porträts, ohne ein direktes Modell vor Augen zu haben, unter „bewusstem Rückgriff auf die Formensprache der Vergangenheit (…) innerhalb der Sehnsucht nach ästhetischer Entrückung aus der Realität".[97]

In dieser Zeit wendet sich auch Richard Wagner mit seiner Festspielidee von einer Symbiose aus Kunst und Theater vermehrt an die Öffentlichkeit. Das Gesamtkunstwerk der Zukunft – unter Verkörperung der Vergangenheit.

Abb. 247 – Alexandra von Berckholtz, Wotan, Bleistift auf Papier, 16,9 × 23,5 cm, unterhalb beschriftet *Plank als Wotan*, Skizzenbuch von 1891, StAO Inv.-Nr. 26/21/024.

Anmerkungen

1 Sophie Wilhelmine Bernhardine von Brandenstein wird am 10. April 1819 in Potsdam geboren und stirbt am 1. Oktober 1900 ebenda.
2 24. Januar: Carl von Brandenstein, sein Sterbejahr 1863; 7. März: Frau von Brandenstein; 17. März 1886: Todestag von Carl von Brandenstein (Sophies Bruder); 30. März 1863: Todestag von General von Brandenstein; 10. April: Geburtstag Sophie von Brandenstein; 8. Juni 1875: Hans von Brandenstein; 10. September 1883: Todestag Hans von Brandenstein (Sophies Bruder, geboren am 10. Mai 1823 in Potsdam); 10. Mai 1823: Hans von Brandenstein; 10. Juli 1853: Todestag Frau von Brandenstein; 14. November: Elfriede von Brandenstein, geb. von Redern; 12. Dezember 1881: Rudolph von Brandenstein; 17. Dezember 1849: Abreise von Brandensteins nach Münster; 27. Dezember 1831: Carl von Brandenstein.
3 Diakonissenhäuser Berlin und Diakonisches Werk Berlin-Brandenburg-schlesische Oberlausitz e. V.

4 An dieser Stelle danke ich ganz besonders Herrn Prof. Dr. Bernhard von Barsewisch und Herrn Dr. Constantin von Brandenstein-Zeppelin.
5 Weech, 1898, S. 390.
6 1835 hat der *Sophien Frauenverein* 121 Mitglieder. Zusätzlich gründet sich als weitere wohltätige Vereinigung im Mai 1848 unter dem Vorsitz Josephine Scheffels der *Elisabethenverein*, benannt nach der Heiligen Elisabeth von Thüringen, „zur Unterstützung bedrängter Arbeiterfrauen, welche durch Krankheit ihrer Angehörigen in Not geraten sind". In diesem Jahr hat der *Sophien Frauenverein* 148 Mitglieder.
7 Der Badische Frauenverein besteht bis 1937. Lutzer, 2002, S. 1–122, 332–464.
8 Mit der Familie von Erdmannsdorf ist Alexandra von Berckholtz ebenfalls befreundet.
9 Kern, 1986, S. 181.
10 Weech, 1898, S. 390–394.
11 König Wilhelm III., die Prinzen Wilhelm

Prinz („Bruder seiner Majestät"), Karl, Friedrich Karl Nicolaus und Adalbert.

12 Nowakowski, A. von und Flechner, A.: Brasilien unter Dom Pedro II. Wien 1877; Größing, Sigrid-Maria: Die Genies im Hause Habsburg. Wien 2011, S. 199–226. Haußer, Christian: Kaiser Pedro II. In: Werz, Nikolaus (Hg.): Populisten, Revolutionäre, Staatsmänner. Politiker in Lateinamerika. Frankfurt am Main 2010, S. 142–170.

13 StAO Inv.-Nr. 26/21/44–35.

14 Weimar, 2011, S. 5.

15 Barzantny, Tamara: Das Weimarer Theater von 1860 bis 1900 – Keimzelle einer Nationalbühne? In: Ehrlich/Ulbricht, 2004, S. 175–188; Jena, Detlef: Wilhelmine Maria Sophie Louise. In: NDB, Bd. 24, 2010, S. 594–595; Krauß, Jutta: Die Wiederherstellung der Wartburg im 19. Jahrhundert. Eisenach 1990; Jacobs, 2007.

16 Guch, C. A.: Moldauisch-Walachische Zustände in den Jahren 1828 bis 1843. Leipzig 1844, S. 188–191.

17 Neueste Weltbegebenheiten des Jahres 1834. Erzählt von einem Weltbürger. Kempten 1834, 13. Mai, S. 356.

18 Ergänzungsblätter zur Allgemeinen Literatur-Zeitung, Dezember 1841, Nr. 108, S. 836.

19 Sarachaga, Georg von: Précis du différend entre Monsr. le Baron Jules Goeler de Ravensburg et Monsr. Maurice de Haber et le duel né de ce différend entre Monsr. de Goeler et Monsr. de Verefkine. Karlsruhe 1843; Blick in die Geschichte Nr. 77 vom 21. Dezember 2007: Verlauf und Hintergründe des „Haber-Skandals", www.karlsruhe.de/b1/stadtgeschichte/blick_geschichte/blick77/aufsatz2.de, 2. März 2017.

20 Bekk, J.B.: Annalen der Großherzoglich Badischen Gerichte. Karlsruhe 1843, Nr. 39, 30. September 1843, S. 289–293.

21 A. Kneisel, Lithografie, 20 × 22 cm, 1843, Stadtarchiv Karlsruhe Inv.-Nr. 8/PBS III / 00212.

22 Perse/Baumgärtel/Haberland, 2010, S. 136–137, Abb. 41.

23 Sie vermerkt seinen Geburtstag am 5. September 1807 (Jülich) sowie seinen Todestag am 11. September 1863 (Karlsruhe) in ihrem Kalender.

24 In ihrem Kalender vermerkt sie: Alwina Schroedter: 13. Februar; C.F. Lessing: 15. Februar.

25 Thieme/Becker, Bd. 23, 1929, S. 129.

26 Am Sarge Heinrichs IV., 1851, Bleistift und Tusche auf gelblichem Papier, weiß gehöht, 462 × 550 mm, signiert und datiert *C.F.L. 1851*, Schadow-Album Wallraf-Richartz-Museum Köln Inv.-Nr. Z 1700; Flucht Kaiser Heinrich IV. von der Harzburg, Bleistift auf Papier, 73 × 53, 1851, Cincinnati Art Museum Inv.-Nr. 1882.120 oder Dem gebannten Kaiser Heinrich wird der Eintritt in das Kloster Prüfening verwehrt, Öl auf Leinwand, 200 × 207, 1844, bis 1931 Niedersächsisches Landesmuseum Hannover.

27 Öl auf Leinwand, 274 × 217 cm, links unten signiert und datiert *Feodor Dietz 1866*, Lindenau-Museum Altenburg Inv.-Nr. 1051; Gutgesell, Bd. 1, 2014, S. 116, Abb. 88.

28 Öl auf Leinwand, 217 × 279 cm, signiert und datiert *Eduard Engerth Rom 1852*, Gemäldegalerie der Akademie der bildenden Künste Wien Inv.-Nr. 1190; Gutgesell, Bd. 1, 2014, S. 172, Abb. 109.

29 Öl auf Leinwand, 123,5 × 193 cm, 1649, Eremitage St. Petersburg.

30 Bott, 2009, S. 58–60, 180–183; Sitt, Martina (Hg.): Carl Friedrich Lessing, Romantiker und Rebell. Düsseldorf 2000; Jenderko-Sichelschmidt, Ingrid: Die Historienbilder Carl Friedrich Lessings, Anhang: Katalog der Gemälde. Diss Köln 1973; Mülfarth, 1987, S. 204; Nagler, Bd. 8, 1924 (Nachdruck), S. 407–411; Thieme/Becker, Bd. 23, 1929, S. 129–130; AKL, Bd. 84, 2015, S. 218.

31 Schroedter ist der einzige der 70 Künstler, der am Schadow-Album mit zwei Werken beteiligt ist. Don Juan (Kostümiertes Paar), Aquarell 26 × 19,5 cm, 1851, Inv.-Nr. Z 1635 und Unser Vader Flaut, der Balgenflicker, Aquarell, Kreide, 25 × 18 cm, beschriftet *Unser Vader Flaa(u?)t der Balgenflicker*, Inv.-Nr. Z 1634. Bott, 2009, S. 7–17, 54–55, 118–119, 196–197.

32 Karlsruhe, 2010, Kat.-Nr. 15, Abb. S. 96.

33 Von Werner. In: Bartmann, 1994, S. 73.

34 Bieber, Sylvia: „… ein Stück Humor produzieren …" Adolph Schroedter – Leben und Werk. In: Karlsruhe, 2010, S. 13–31; Baumgärtel, Bettina: Adolph Schroedter. Der König der Arabeske. In: Karlsruhe, 2010, S. 32–49; Nagler, Bd. 18, 1924 (Nachdruck), S. 3–9; Thieme/Becker, Bd. 30, 1936, S. 290–291; Kruse, 1935.

35 Karlsruhe, 2010, S. 6–7.

36 Mai, 2010, S. 213; Theilmann, 1985, S. 234; Dresch, 1990; Ewenz, Gabriele: „Mein alter Eisenfresser …" Adolph Schroedter als Briefschreiber. Zum Freundschaftskult der Düsseldorfer Malerschule. In: Karlsruhe, 2010, S. 50–56; Gutgesell, 2016 (2), S. 144–146.

37 Im Familienalbum finden sich ihre Porträts. StAO Inv.-Nr. 26/21/44–51, 26/21/44–50.

38 Lier, Hermann Arthur: Haizinger, Amalie. In: ADB, Bd. 51, 1902, S. 742–745; Schrögendorfer, Konrad: Haizinger, Amalie, geborene Morstadt. In: NDB, Bd. 7, 1966, S. 528; Wurzbach, Constantin von: Haizinger, Amalie. In: Biographisches Lexikon des Kaiserthums Oesterreich. 7. Theil. Wien 1861, S. 222–226; Spaude, Edelgard: Eigenwillige Frauen in Baden. Freiburg im Breisgau 1999, S. 141–169; Timpte, Gisela: Amalie Haizinger: eine badische Schauspielerin an der Wiener Burg. In: Badische Heimat, 88/2008, S. 592–596.

39 Kalendereintrag 12. Februar 1884: Sterbetag von Hans von Bülow in Cairo.

40 Steinhausen, Wilhelm: Aus meinem Leben: Erinnerungen und Betrachtungen. Hg. v. Alfons Paquet. Berlin 1926, S. 93.

41 Muther, Richard: Die Geschichte der Malerei im Neunzehnten Jahrhundert. Erster Teil. München 1893. Nachdruck Paderborn, S. 397.

42 Zit. Karlsruhe, 2010, S. 11.

43 Ebd., Kat.-Nr. 35, Abb. S. 75; Brandenburger-Eisele, 1992, S 259.

44 Beiblatt zur Zeitschrift für bildende Kunst, 4. Februar 1870, Bd. 5, S. 66.

45 Dystelzweig, Hieronymus: Oberrheinische Frauenbildnisse. Alwine Schroedter (1820–1892). Zum Sonntag. Unsere Unterhaltungs-Beilage zum Wochenende, 13. Jg., Nr. 48, 2. Dez. 1961; Bieber, Sylvia: Die Blumenmale-

46 Bieber. In: Karlsruhe, 2010, S. 115.
47 Rigasche Stadtblätter, Nr. 51, 1901; Holland, 1902, S. 368; Abendblatt der Allgemeinen Zeitung, Nr. 76, 17. März 1899.
48 Z.B. Dürrer, Martin (Hg.): Richard Wagner. Sämtliche Briefe. Bd. 10–24, Wiesbaden 1999–2015.
49 Gregor-Dellin, Martin (Hg.): Richard Wagner. Mein Leben. München 1976; Glasenapp, Carl Friedrich: Das Leben Richard Wagners. 6 Bde. Leipzig 1905–1911; Gregor-Dellin, Martin und Mack, Dietrich (Hg.): Cosima Wagner. Die Tagebücher. Bd. I, II. 1869–1877. München, Zürich 1976/77.
50 Dokumente. Mitgliederverzeichnis des Allgemeinen Richard Wagner Vereins von 1884 (Auszug). Prominente Mitglieder von 1884, S. 8.
51 Salmi, 2005, S. 168–170.
52 Aus dem Programm zur Anmeldung des Vereins München und den Statuten.
53 Die Anzahl wird später auf 1.300 erhöht. Salmi, 2005, S. 171.
54 Dafür bedankt sich Wagner persönlich in einem Brief an den Vorsitzenden vom 31. August 1872. Aus dem Programm zur Anmeldung des Vereins München und den Statuten.
55 Dokumente. Mitgliederverzeichnis des Allgemeinen Richard Wagner Vereins von 1884 (Auszug). Prominente Mitglieder von 1884, S. 39, 58, 59. Archiv des Richard Wagner Verbandes München e. V.
56 Den Reichskanzler hatte Wagner bereits in einem persönlichen Gespräch am 3. Mai 1871 erfolglos um Unterstützung gebeten. Salmi, 2005, S. 137.
57 Ebd., 2005, S. 171–173; Lindau, Paul: Parsifal von Richard Wagner. I–IV. In: Kölnische Zeitung, Nr. 208, 210, 212, 29., 31. Juli, 2. August 1882; Großmann-Vendrey, 1977, S. 30.
58 Verzeichnis der Inhaber von Patronatsscheinen, Nationalarchiv der Richard-Wagner-Stiftung, Bayreuth Inv.-Nr. AFS 288. Die Uraufführung erfolgt am 26. Juli 1882. Der *Parsifal* wird 1882 insgesamt sechzehnmal aufgeführt.
59 Caspary, Brigitte: Historisches Museum in Bayreuth mit Sonderausstellung zum Liszt-Jahr, nmz, 28. Juni 2011, www.nmz.de/kiz/nachrichten/historisches-museum-in-bayreuth-mit-sonderausstellung-zum-liszt-jahr, 25. Mai 2016.
60 Großmann-Vendrey, 1977, S. 39–40.
61 Ebd., S. 31–32; Lindau, Paul: Parsifal von Richard Wagner. I–IV. In: Kölnische Zeitung, Nr. 208, 210, 212, 29., 31. Juli, 2. August 1882.
62 Großmann-Vendrey, 1977, S. 33.
63 Lindau, 1882.
64 Großmann-Vendrey, 1977, S. 35.
65 Ebd., 1977, S. 39.
66 Frenzel, Karl: Die erste Aufführung des „Parsifal". – Parsifal I–II. In: Nationalzeitung (Berlin) 1882, Nr. 349, 354, 358, 28. Juli, 1., 3. August 1882; Schönau, Max: Das Bühnenweihfestspiel in Bayreuth I–III. In: Frankfurter Zeitung 1882, Nr. 208, 210, 213; 27., 29. Juli, 1. August 1882; Engel, Gustav: Die Aufführung des Parsifal in Bayreuth I–III. In: Vossische Zeitung (Berlin), Nr. 348, 352, 354, 28., 31. Juli, 2. August 1882.
67 Ihre Bühnenbildmodelle befinden sich in der Theaterwissenschaftlichen Sammlung, Universität Köln-Wahn Sammlung Niessen. Kern, 2010, S. 142.
68 Wovon sogar die Neue Musikzeitung am 1. Dezember 1881 berichtet. Kern, 2010, S. 140.
69 Brief Wagners vom 13. Juni 1882, Nationalarchiv der Richard-Wagner-Stiftung, Bayreuth, Inv.-Nr. V A 41-I (9.) und Hs 32/Iia-3 (1.); Kern, 2010, S. 144.
70 Dies geht aus einer Rechung vom 30. Mai 1882 über 17.694 Mark hervor. Die „konventionelle Dekoration für den Gralstempel im Parsifal" kostete 5.952 Mark, der „Zauberturm im Parsifal" 1.929 Mark. Für einen zweiteiligen Zwischenvorhang zu 280 Quadratmetern à 1,80 Mark wurden am 12. August zusätzlich 504 Mark in Rechnung gestellt, im November für Wagners persönliche Änderungen der Wandeldekorationen und Transportkosten von Bayreuth nach Coburg für 22 Arbeiter 44 Mark, zusätzlich Rollkosten von 30 Mark, der Transport von Coburg nach Bayreuth 18 Mark und für weitere Änderungen von 321 Quadratmetern Dekoration, einschließlich der Nähkosten 771,90 Mark. Hamacher, 1989, S. 24; Niessen, Carl: Wagner und seine Bühnenbilder. In: Kleine Schriften zur Theaterwissenschaft und Theatergeschichte. Emsdetten 1971, S. 96 ff.; Kern, 2010, S. 78–82, 134–155.
71 Carnegy, Patrick: Wagner and the Art of the Theatre, Yale 2006, S. 111–112.
72 Kern, 2010, S. 144–146, 208–209.
73 Eine weitere Aufführung außerhalb Bayreuths geschieht am 24. Dezember 1903 an der Metropolitan Opera New York ohne Zustimmung Cosima Wagners.
74 Kern, 2010, S. 153–154.
75 Zur Biografie der Gebrüder Brückner: Kern, 2010, S. 19–40; ders., 2002; Hamacher, 1989, S. 4–21; AKL, Bd. 14, 1996, S. 471–472; Mahnke, Fritz: Die Theaterfamilie Brückner in Coburg. In: 150 Jahre Coburger Landestheater, 1827–1977. Festschrift Coburg 1977; Peters-Marquardt, Franz: Zum 100jährigen Geburtstage Max Brückners. In: Coburger Heimatblätter, Heft 14, Juni 1836, S. 73 ff.; Walter, Louis: Gotthold Brückner, ein Coburger Künstler. In: Aus der Heimat. Streifzüge durch die Geschichte und Kultur des Coburger Landes. Wochenbeilage zu den Heimatglocken. Nr. 5. 1931; Coburg, 1986, S. 15–28. Werke der Gebrüder Brückner befinden sich heute in: Coburg, München, Köln, Bayreuth, Meiningen und in Privatbesitz.
76 Am 24. November 1836 heiratet er in erster Ehe die Schauspielerin Wilhelmine „Minna" Planer (1809–1866).
77 Thomson, 1974, S. 22; Ārends, 1943, S. 32.
78 Wagners Orchester besteht aus der Sopranistin Karoline Pollert, dem Tenor Johann Hoffmann, zwei ersten sowie zwei zweiten Geigen, zwei Bratschen, einem Cello, einem Kontrabass, zwei Bläsern und einem Becken. Bisweilen wird das Orchester auch durch weitere Musiker verstärkt.
79 Salmi, 2005, S. 10.
80 Bayreuther Blätter, Januar 1887, S. 63.
81 Salmi, 2005, S. 179; Anders, 1988, S. 61–62.
82 Braudo, Eugen: Richard Wagner unter

83 Salmi, 2005, S. 21–39; Theaterzettel, 1843, Nr. 172, Library of the Latvian Academy of Sciences Riga, Dept. Of Rarities; Buschinger, Danielle: Von der Geschichte zum Mythos. Mit herzergreifender Gewalt. In: Müller, Marie Luise: Festspielnachrichten 2012. Der fliegende Holländer. Bayreuth 2012, S. 6–11.
84 Am 7. Dezember 1825 in Kopenhagen als Malvina Garrigues geboren und stirbt am 8. Februar 1904 in Karlsruhe.
85 Garrigues, C. H.: Ein ideales Sängerpaar. Kopenhagen 1937.
86 Geibel: Die stille Wasserrose, Bibliothekszentrum Baden-Württemberg, Konstanz, Inv.-Nr. Mus. Hs. 1253; In meinem Garten die Nelken, Inv.-Nr. Mus. Hs. 1249; Gute Nacht, mein Herz, Inv.-Nr. Mus. Hs. 1249; Wohl waren es Tage der Sonne, Inv.-Nr. Mus. Hs. 1249; Burns: Du hast mich verlassen, Jamie, Inv.-Nr. Mus. Hs. 1239; Heine: Es war ein alter König, Inv.-Nr. Mus. Hs. 1253; Chamisso: Tränen, Inv.-Nr. Mus. Hs. 1236; Hoffmann von Fallersleben: Zur Freude will sich nicht gestalten, Inv.-Nr. Mus. Hs. 1248; Eine Blum' ist mir entsprungen, Inv.-Nr. Mus. Hs. 1247.
87 Ich hab' Dein Bild im Traum gesehn, Melancholie im Walde, Das Herz am Rhein oder Sehnsucht.
88 Schnorr von Carolsfeld, Franz: Schnorr von Carolsfeld, Ludwig (Opernsänger). In: ADB, Bd. 32, 1891, S. 190–191; Schnorr von Carolsfeld, Ludwig. In: Meyers Großes Konversations-Lexikon, Bd. 17, Leipzig 1909, S. 935.
89 In: Gregor-Dellin/Mack, 1976, S. 839.
90 39 Briefe von Cosima Wagner an Malwine, 1865–1866, Bayerische Staatsbibliothek München Sign. Fasc.germ. 159, 1–39.
91 Münchner Zeitensprünge, http://hartbrunner.de/fakten/d_fakten.php?id=4376, 26. Mai 2016.
92 Cosima Wagner. In: Gregor-Dellin/Mack, 1976, S. 801–802.
93 Brief Malwines an Selma Schroedter von 1883, Badische Landesbibliothek Karlsruhe Sign. K 2667.
94 Drei Seiten, Stadtarchiv Karlsruhe Sign. 8/Alben 201/130.
95 Generallandesarchiv Karlsruhe Inv.-Nr. 57 a Nr. 1542; Stadtarchiv Karlsruhe Inv.-Nr. 8/PBS III / 00593.
96 Öl auf Leinwand, 79,6 × 60,6 cm, 1871, Städtische Galerie Nürnberg Inv.-Nr. 427; Drewes, 1994, S. 82.
97 Drewes, 1994, S. 81.

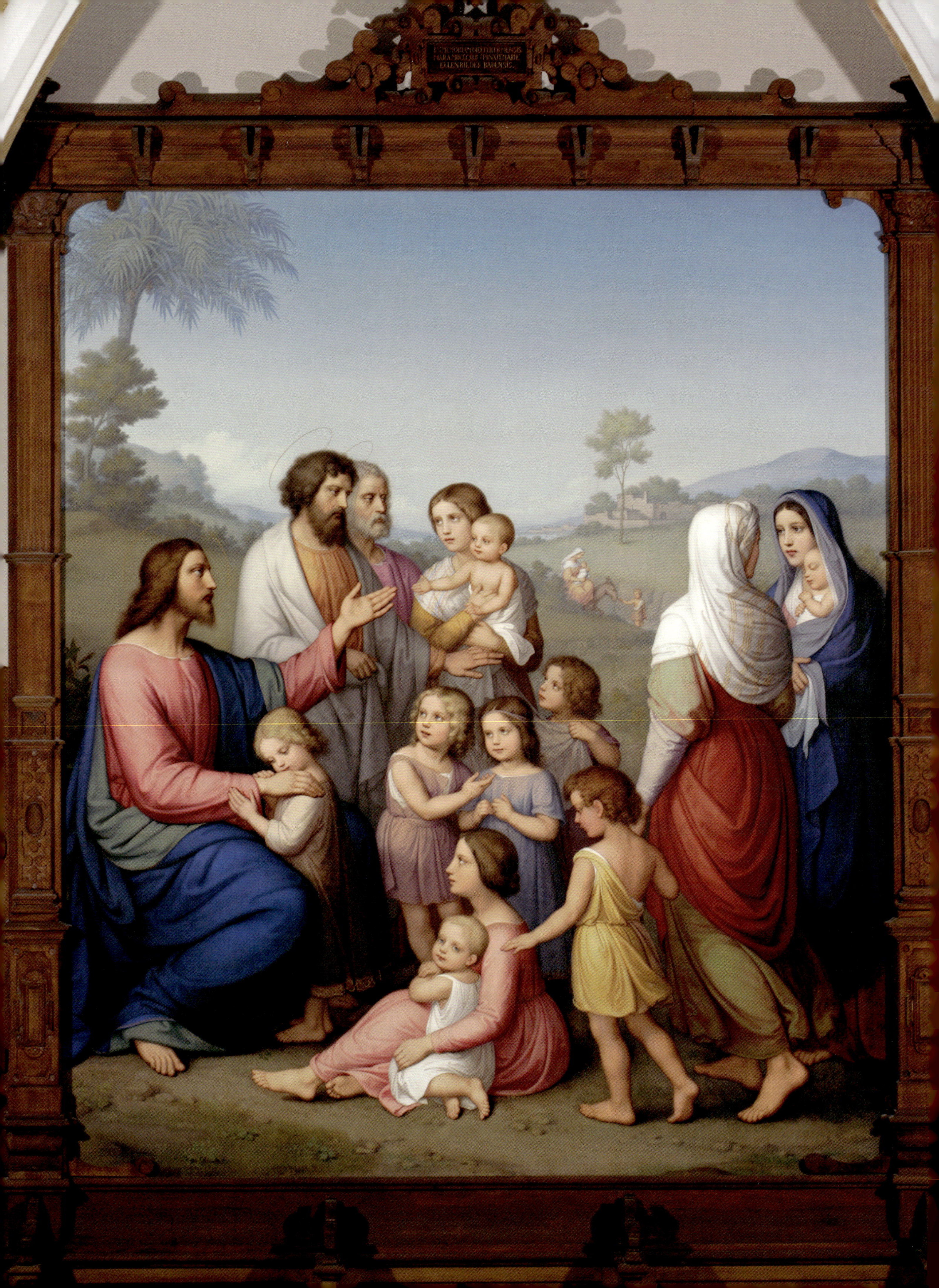

10 Künstlerinnen im 19. Jahrhundert

Erst im Laufe des 19. Jahrhunderts verbessern sich die Möglichkeiten der künstlerischen Ausbildung für Frauen hingehend zum Akademiestudium. Noch im 20. Jahrhundert gestaltet es schwierig, als selbstständige Malerin anerkannt zu werden und von der Kunst leben zu können, obwohl Schriften die Rechte der Frau betreffend bereits im 18. Jahrhundert erschienen waren, wie z.B. *A vindication of the rights of woman* (1792) von Mary Wollstonecraft (1759–1797), Mutter der *Frankenstein*-Autorin Mary Shelley (1797–1851).[1]

In Karlsruhe beispielsweise ist es ausschließlich Männern gestattet, an der 1854 gegründeten *Großherzoglich Badischen Kunstschule* zu studieren. Erst am 1. Oktober 1885 eröffnet unter dem Protektorat der Großherzogin Luise die *Großherzogliche Malerinnenschule*, und ab 1919 dürfen Malerinnen neben ihren männlichen Kollegen auch die Akademie Karlsruhe besuchen.[2]

In München wird 1870 eine *Kunstschule für Mädchen* durch den Bayerischen Kunstgewerbeverein eröffnet mit dem Zweck, dem „weiblichen Geschlechte durch weitere Ausbildung auf dem Gebiete der Kunst und des Kunstgewerbes Grundlagen für selbständigen Erwerb zu eröffnen".[3] Im Gegensatz zu den männlichen Kunstschülern müssen die Frauen für sechs Tage Unterricht pro Woche fünf Gulden Lehrgeld bezahlen.

Ab dem 6. April 1875 ist Anton von Werner Direktor der *Preußischen Akademie der Künste* Berlin.[4] Gegen die Tatsache, Frauen zum Kunststudium zuzulassen, sträubt sich Werner vehement bis zu seinem Tod, obwohl seine eigene Schwiegermutter Alwine Schroedter zu den anerkannten Künstlerinnen Karlsruhes zählt, seine eigene Tochter Hildegard ebenfalls bildkünstlerisch tätig ist,[5] und er selbst der Kronprinzessin Victoria (1840–1901) Zeichenunterricht erteilt. In öffentlichen Reden kanzelt Werner die Kunst der als „Malweiber" verspotteten Frauen als Dilettantismus im Sinne seiner negativen Wortbedeutung ab.[6] Erst ab dem 27. März 1919 werden Frauen in einer eigenen Klasse an der Akademie in Berlin zugelassen.[7] 1898 gründet sich als Gegenbewegung einerseits zu Anton von Werners akademischer Ausrichtung der Kunst und andererseits gegen den *Verein Berliner Künstler* die *Berliner Secession*. Zwei wesentliche Protagonistinnen in der Bewegung gegen den preußischen Akademiedirektor und in der Geschichte des *Vereins der Berliner Künstlerinnen* sind Käthe Kollwitz (1867–1945) und Dora Hitz. 1867 gründet sich dieser zunächst unter dem Namen *Verein der Künstlerinnen und Kunstfreundinnen zu Berlin*, der ein Jahr später eine Mal- und Zeichenschule eröffnet sowie eine soziale Absicherung für Mitglieder einführt. Zahlreiche Prominente treten bei, wie z.B. 1878 Prinzessin Victoria, die Gemahlin des späteren deutschen Kaisers Friedrich III. (1831–1888), die sich 1882 mit eigenen Werken an der Ausstellung des Vereins beteiligt. Alexandra von Berckholtz ist nicht Mitglied im *Verein der Berliner Künstlerinnen*. Ihr Name findet sich in keinem Dokument im Vereinsarchiv.[8]

Malerinnen nehmen im 19. Jahrhundert vor allem Privatstunden bei Künstlern, die sich nur wenige leisten können, da diese meist sehr teuer sind. In der Regel verlangt ein Zeichenlehrer pro Schülerin 50 bis 100 Mark monatlich. Von Wilhelm von Kaulbach ist bekannt, dass er seine Schülerin Anna

Abb. 248 – Marie Ellenrieder, Lasset die Kindlein zu mir kommen, Öl auf Leinwand, 273 × 232 cm, 1840–1842, Stiftung der Herzog von Sachsen-Coburg und Gotha'schen Familie, Schloss Callenberg.

Abb. 249 – Amalie Bensinger, Porträt einer Italienerin mit Tamburin, Öl auf Leinwand, 80 × 68,5 cm, Privatbesitz.

Abb. 250 – Marie Gratz, Marie und Therese von Cornberg, Bleistift auf Papier, 11,2 × 14,9 cm, rechts unten signiert *M. Gratz*, aus dem Freundschaftsalbum der Alberta von Freydorf, Karlsruhe, Badische Landesbibliothek, Cod. Karlsruhe 3242, fol 33.

Abb. 251 – Julie von Egloffstein, Hagar und Ismael in der Wüste, Öl auf Papier, 29,5 × 39,8 cm, 1840, Staatliche Graphische Sammlung München Inv.-Nr. K.L.A. 17.

Mary Howitt (1824–1884) unentgeltlich unterrichtet und ihr erlaubt, auch während seiner Abwesenheit in seinem Atelier zu arbeiten.[9]

Viele Künstlerinnen des 19. Jahrhunderts sind heute nicht mehr bekannt, da sie von der kunsthistorischen Forschung bislang wenig Berücksichtigung fanden, wie z. B. die mit Alexandra von Berckholtz bekannte badische Malerin Amalie Bensinger (1809–1889). Sie wurde in Düsseldorf von Wilhelm von Schadow gefördert und privat von Carl Ferdinand Sohn unterrichtet. Von 1851 bis 1858 hält sie sich in Florenz und Rom auf, wo sie sich, von der Kunst der Nazarener inspiriert, dem sakralen Historienbild widmet. Malerisch vom Stil der Lukasbrüder beeinflusst ist ihr Porträt einer *Italienerin mit Tamburin* (Abb. 249). Ab 1864 plant sie zusammen mit Peter Desiderius Lenz (1832–1928) und Jacob Wüger (1829–1892) die Gründung eines Damenstifts in Rom. Von dieser Idee eines Kunstklosters begeistert zeigt sich die Stifterin des Klosters Beuron – die von Alexandra von Berckholtz porträtierte Katharina von Hohenzollern – die die Künstlerin und die beiden Maler in die restaurierte Benediktinerabtei einlädt, wo diese fortan leben und arbeiten, die Kunstrichtung der Beuroner Kunstschule begründen[10] und analog zur Idee der Nazarener der Erneuerung der religiösen Malerei einen Stil ins Leben rufen, der byzantinische, ägyptische und christliche Ikonografie vereint. In der Erzabtei Beuron befindet sich heute auch der Großteil des noch unerforschten bildkünstlerischen Nachlasses Amalie Bensingers.

Eine weitere badische und mit Alexandra von Berckholtz bekannte Künstlerin ist die Hofmalerin Marie Gratz, die in Karlsruhe regelmäßig in einem weiteren Salon verkehrt, in dem der Schauspielerin Wilhelmine Thoene von Cornberg (gestorben 1885) in der Stephanienstraße. Ein 2012 im Kunsthandel aufgetauchtes Freundschaftsalbum ihrer Tochter Alberta von Freydorf (1846–1923) – die ebenfalls bei Alwine Schroedter Zeichenunterricht hatte[11] – gibt Aufschluss über die vielen Künstlerinnen, die in der Familie von Cornberg verkehrten. Marie Gratz verewigte sich in dem Album mit fünf Porträtzeichnungen (Abb. 250).

Ebenfalls hauptsächlich dem Porträt widmet sich Julie von Egloffstein, die ab 1800 in Weimar lebt, wo sie später mit ihrer Schwester Caroline, Adele Schopenhauer und Goethes Schwiegertochter Ottilie einen Damenzirkel – den „Musenverein" – gründet und Kontakt zu zahlreichen Künstlern und Literaten unterhält, wie z. B. Georg Friedrich Kersting, Ludwig Tieck (1773–1853), Jean Paul (1763–1825) und – nicht zu vergessen ihren Mentor – Johann Wolfgang von Goethe. Das Werk der Malerin weist auch Darstellungen biblischer Themen auf, wie *Hagar und Ismael in der Wüste* (Abb. 251), nach dessen in Düsseldorf entstandener und 1840 ausgestellter Ölskizze der russische Thronfolger Großfürst Alexander Nikolaus ein Ölgemälde mit identischem Motiv bestellt. Aufgrund dieses Bildes wird Julie von Egloffstein in die *Accademia di San Luca* Rom aufgenommen.[12] Bis 1840 hält sich auch Marie Ellenrieder in Rom auf, zu deren Stil und der Szene der durch Abrahams Frau Sara verstoßenen Magd Hagar in der Wüste enge Analogien bestehen.[13] Dieses Motiv findet sich auch unter den durch Alexandra von Berckholtz angefertigten Kopien wieder.[14]

Im Folgenden sollen drei weitere unterschiedliche Künstlerinnen des 19. Jahrhunderts etwas genauer vorgestellt werden, unverheiratete Malerinnen, die ihren Lebensunterhalt selbst bestreiten mussten: die zuletzt erwähnte Porträtmalerin und Nazarenerin Marie Ellenrieder, die Goethefreundin Caroline Bardua sowie die rumänische Hofmalerin, Avantgardistin und Mitbegründerin der Berliner Secession Dora Hitz.

10.1 Marie Ellenrieder

Marie Ellenrieder (Abb. 252) wird am 20. März 1791 als vierte und jüngste Tochter des Hofuhrmachers Joseph Konrad Ellenrieder (1744–1834) und seiner Frau Anna Maria Hermann (1747–1820) in Konstanz geboren, deren Vater Franz Ludwig, Großvater Franz Benedikt und Bruder Franz Xaver Hermann ebenfalls Maler sind.[15]

Von 1810 bis 1813 absolviert Marie Ellenrieder – unterstützt durch den Konstanzer Generalvikar Ignaz Heinrich von Wessenberg (1774–1860)[16] – eine Lehre bei dem Wiener Miniaturmaler Joseph Bernhard Einsle (1774–1829) in Konstanz. Von Wessenbergs Vermittlung ist auch Ellenrieders Studium an der 1808 gegründeten *Königlichen Akademie der bildenden Künste* München bei dem Direktor Johann Peter von Langer (1756–1824) zu verdanken. Auf Bitten seines Bruders, des österreichischen Diplomaten Johann Philipp von Wessenberg-Ampringen (1773–1858), beim bayerischen König Maximilian I. wird Marie Ellenrieder dort am 27. Juli 1813 als erste Frau an einer deutschen Kunstakademie aufgenommen.[17] Während ihrer Münchner Zeit – die sie von 1815 bis April 1816 aufgrund einer Erkrankung ihrer Mutter unterbricht – wohnt sie auch im Haus ihres Lehrers, der sie im Bereich des Porträts fördert, in dem sie „Meisterwerke des empfindsamen Realismus"[18] hervorbringt, wie z. B. ein Bildnis eines unbekannten Mannes (Abb. 253)[19] oder ihre zahlreichen Frauen- und Mädchenporträts (Abb. 277) zeigen. Auch ihre feinsinnigen religiösen Historienbilder demonstrieren ihre Sensibilität, ausgedrückt durch eine präzise Zeichnung, helle Farbpalette und ebenmäßige harmonische Wiedergabe der Gesichtszüge, wie sie uns z. B. die betende *Heilige Cäcilie* (Abb. 254) vor Augen führt.[20] Ihre Heiligen stellt die Künstlerin in der Regel nicht während ihres Martyriums dar, blutverschmiert oder schmerzverzerrt, sondern als idealschöne Frauen und Männer, denen sie zusätzlich zu ihrer Menschlichkeit dadurch auch etwas Entrücktes verleiht.

Bis zur Übernahme des Direktorats durch Peter von Cornelius im Jahre 1841 besuchen annähernd 50 Studentinnen die Münchner Akademie, unter denen sich ebenfalls Louise Seidler und Katharina von Predl (1790–1871) befinden, mit denen Marie Ellenrieder später befreundet ist. Ab 1852 wird den Frauen ein Studium in München verboten, das dort erst wieder ab 1920 möglich ist.[21]

Auch nach ihrem Studium erschafft Marie Ellenrieder Porträts für sowohl katholische als auch protestantische Bürgerliche und Adelige, wie z. B. ab 1818 die Hohenzollernsche Familie in Sigmaringen oder für Carl Egon II. und Amalie zu Fürstenberg in Donaueschingen.[22] Ihren ersten größeren Auftrag erhält sie 1820 für drei großformatige Altarbilder für St. Nikolaus in Ichenheim – ein durch die katholische und protestantische Gemeinde gemeinsam errichtetes Gotteshaus – bei denen es sich um die ersten sakralen Gemälde einer Frau im Innenraum einer katholischen Kirche in Deutschland handelt. Das Gemälde über dem heutigen Hochaltar zeigt die Auferstehung Christi,[23] das über dem rechten Seitenaltar den Heiligen Nikolaus als Bischof, der von zwei Engeln begleitet ist, die ein Modell der Kirche tragen,[24] und das über dem linken eine thronende Madonna mit dem Christuskind und drei gabenbringenden Mädchen (Abb. 255). Den Karton für Letzteres erschafft Marie Ellenrieder bereits 1820 bei Langer und stellt ihn in München auch öffentlich aus. Das vollendete Gemälde bringt sie 1822 zusammen mit ihrem Vater und ihrer Schwester Valentine persönlich nach Ichenheim.[25] „Die Muttergottes thront in einer Nische. In die Mitte gerückt, wirkt sie in ihrer körperlichen Klarheit monumental. Das Jesuskind neigt seinen Kopf zu einer Mädchengruppe, die Gaben des Feldes darbringt. Die Haltung der

Abb. 252 – Marie Ellenrieder, Selbstporträt im Halbprofil, Bleistift und Kreide auf Papier, 32,9 × 23,5 cm, um 1820, Rosgartenmuseum Konstanz Inv.-Nr. M 133.

Abb. 253 – Marie Ellenrieder, Brustbild eines Mannes, eine Stange in der rechten Hand haltend, Öl auf Leinwand, 48,8 × 42,3 cm, bezeichnet *Marie Ellenrieder pinx 1817*, Städtische Wessenberg-Galerie Konstanz Inv.-Nr. 100G/998.

Abb. 254 – Marie Ellenrieder, Heilige Cäcilie, Öl und Pudergold auf Leinwand, 97,3 × 80,5 cm, 1816, Rosgartenmuseum Konstanz Inv.-Nr. M 135.

Abb. 255 – Marie Ellenrieder, Thronende Madonna mit Kind und gabenbringenden Mädchen, Öl auf Leinwand, 245 × 153 cm, bezeichnet *Marie Ellenrieder inv & pinx: 1822*, St. Nikolaus Ichenheim.

Abb. 256 – Alexandra von Berckholtz, Thronende Madonna mit Kind und gabenbringenden Mädchen (Nach Marie Ellenrieder), Bleistift auf Papier, 18,3 × 25 cm, Skizzenbuch von 1847–1853, StAO Inv.-Nr. 26/21/016.

Mädchen ist verschieden. Das ganz rechts reicht eine Früchteschale hinauf, das neben ihm kniet mit Ähren abwartend neben der Muttergottes, das dritte ist im Gebet versunken."[26] Von dem Gemälde fertigt Marie Ellenrieder auch eine Radierung an, die sie rechts unterhalb der Darstellung signiert und datiert: *Marie Ellenrieder inv. & fec. 1822.*[27]

Eine in Umrissen angelegte Bleistiftskizze der thronenden Madonna mit dem Christuskind auf dem Schoß und dessen raumgreifender Gestik des rechten Armes zeichnet Alexandra von Berckholtz in ihr Skizzenbuch (Abb. 256). Bei der Zeichnung handelt es sich um eine nach Marie Ellenrieders Gemälde angefertigte Kopie in dem 16 Kilometer von Ortenberg entfernten Ichenheim. Alexandras Blatt befindet sich zwischen einem 1847 gezeichneten und einem weiteren auf 1848 datierten Porträt. Da sie in der Regel ihre Notizbücher chronologisch führte, kann angenommen werden, dass sie die schemenhafte Skizze im Kontur kurz vor ihrem Frankreichaufenthalt 1847 zeichnete. Entstand sie eventuell unter der Anleitung Marie Ellenrieders? Diese ist 1847 hauptsächlich in Konstanz tätig, was einen generellen persönlichen Kontakt zwischen den beiden Frauen zu dieser Zeit nicht ausschließt.

Bereits Erwähnung fand die Stiftung eines Ölgemäldes durch Alexandra von Berckholtz für St. Bartholomäus in Ortenberg genau in diesem Jahr, wie im *Großherzoglich Badischen Regierungsblatt* von 1847 zu lesen ist.[28] Diese

Schenkung führt auch das Inventar des Kirchenfonds Ortenberg als „Altargemälde darunter Ölgemälde v. Frl. v Berckholtz"[29] auf. Könnte dieses heute nicht mehr vorhandene Werk eventuell eine Kopie der Ichenheimer Ellenrieder-Madonna aus der Hand der Alexandra von Berckholtz gewesen sein? Marie Ellenrieder kann sich mit dem Honorar von 1.650 Gulden aus dem Ichenheimer Auftrag den Wunsch eines Aufenthaltes in Rom erfüllen, wo sie ab dem 29. Oktober 1822 lebt und die Weimarer Künstlerin Louise Seidler kennenlernt, mit der sie lebenslang befreundet bleibt, und deren Atelier im Palazzo Guanieri in der Via di Porta Pinciana Treffpunkt eines Salons ist. Durch Seidler kommt Ellenrieder in Kontakt mit dem Kreis der Lukasbrüder, den sogenannten Nazarenern. Die religiösen Inhalte und die Malweise Julius Schnorr von Carolsfelds oder Philipp Veits (1793–1877) inspirieren sie bildkünstlerisch, besonders aber Friedrich Overbeck (1789–1869). Ab der Begegnung mit dem Lukasbund sieht die fleißige und arbeitsame Malerin ihr künstlerisches Schaffen als eine Art Gottesdienst an. Malerisch zeigt Marie Ellenrieder auf ihren Bildern ab dieser Zeit vermehrt leuchtendere und klar voneinander getrennte Farben. „Unter dem Einfluß der Nazarener, auch durch das Studium der Kunst Raffaels und Peruginos veränderte sich Ellenrieders Malweise völlig. Eine hellere Farbpalette, eine gleichmäßige Ausleuchtung ohne Schatten, eine geglättete Oberfläche sind die äußeren Merkmale."[30] Ihr erstes Werk als Nazarenerin, das diese Parameter in Orientierung an Raffael und an dessen Platzierung nahezu geometrisch angelegter Figuren vor einem bühnenhaft anmutenden Hintergrund demonstriert, ist das noch in Rom begonnene lebensgroße Ölgemälde *Maria mit dem Jesusknaben an der Hand*.[31] „Die zentrale Stellung der Maria sowie die gerafften Vorhänge erinnern an das Bild der ‚Sixtinischen Madonna' von Raffael, das wohl Einfluss auf die Komposition gehabt hat."[32]

Vom 1. Juli 1824 bis April 1825 reist Marie Ellenrieder nach Florenz, wo sie im Malteserhaus neben der Kirche alle Cancelli zusammen mit Katharina von Predl ein Atelier bezieht.[33] Noch in Rom erhielt sie den Auftrag, für die 1824 eingeweihte Kirche St. Bartholomäus in Ortenberg/Baden ein Altarbild mit Darstellung des Patrons (Abb. 257)[34] zu malen, dessen Genese die Künstlerin bereits ab dem 6. Juni in ihrem Tagebuch dokumentiert.[35] Der erste Entwurf Marie Ellenrieders zeigt den von zwei Soldaten bedrohten Heiligen vor seinem Martyrium und einen zweiten Bartholomäus, auf einer Wolke sitzend mit zwei Engeln, die Marterwerkzeuge in den Händen, als Assistenzfiguren. Die Malerin entscheidet sich für letztere Umsetzung, für die ihr am Aschermittwoch 1825 in Florenz ein Kapuziner Modell sitzt.[36] Nach ihrer Rückkehr wird ihr für die Vollendung des Gemäldes sogar ein Atelier im Rathaus in Konstanz eingerichtet. Anfang August 1826 erfolgt die Aufstellung des Bildes in Ortenberg. Zu diesem Zeitpunkt ist das Schloss noch eine Ruine, die die Malerin ebenfalls in den Bildhintergrund mit einbezieht. Verbindende Linie zu St. Bartholomäus ist eine Prozession am unteren Bildrand, über dem der Heilige mit gefalteten Händen und himmelwärts gerichtetem Blick auf einer Wolke thront, flankiert von zwei Engeln, die die Märtyrerpalme und das Messer halten.

Konrad Witz (um 1400–1446) dagegen zeigt seinen Bartholomäus als bildfüllende Standfigur in einem Innenraum vor einer Mauer mit angedeuteten Säulen und Wandvorlagen. Gekleidet ist er in ein Pluviale mit einer prächtigen Borte am Saum. In seiner rechten Hand hält er sich selbst das Messer vor, mit dem ihm bei lebendigem Leibe die Haut abgezogen wird.[37] Die Statuarik ihres unbeweglich sitzenden Bildprotagonisten variiert Marie Ellenrieder durch die Situation der Himmelfahrt, die den Märtyrer gegenüber der menschlichen Wallfahrt am Boden entrückt. Analoger mimischer und

Abb. 257 – Marie Ellenrieder, Verklärung des Heiligen Bartholomäus, Öl auf Leinwand, 333 × 254 cm, 1824–26, St. Bartholomäus Ortenberg.

Abb. 258 – Marie Ellenrieder, Johannes, der Evangelist auf Patmos, Pastell und Pudergold auf Papier, 121 × 126 cm, 1828/29, Städtische Wessenberg-Galerie Konstanz Inv.-Nr. 2/21.

gestischer Bildparameter bedient sich die Künstlerin auf zahlreichen anderen ihrer Werke, wie z. B. bei Johannes auf Patmos (Abb. 258),[38] dem auch ein Engel zur Seite steht, neben dem Attributstier des Evangelisten, dem Adler.

Von 1834 bis 1836 malt Marie Ellenrieder ein weiteres Bild für Ortenberg, den Heiligen Joseph mit dem Jesusknaben für den rechten Seitenaltar.[39] Da Gabriel Leonhard von Berckholtz ab 1833 Schloss Ortenberg wiederaufbauen lässt, ist es durchaus möglich, dass sich Alexandra und die Malerin im Kontext der Aufstellung des Heiligen Joseph in der Ortenau begegnet sind.

1827 erhält Marie Ellenrieder als erste Frau vom Badischen Kunstverein auf der Jahresausstellung die Goldene Medaille für ihre Malerei, und am 9. September 1829 durch den Großherzog die Ernennung zur Badischen Hofmalerin mit einem Jahresgehalt von 300 Gulden. Von 1832 bis 1834 folgt ein Aufenthalt in Karlsruhe aufgrund zahlreicher Aufträge durch Großherzogin Sophie, wie z. B. für ein Gruppenbildnis mit Prinzessin Alexandrine und den Prinzen.[40]

Im September 1838 reist die Künstlerin ein zweites Mal nach Rom, wo sie bis 1840 lebt, und ab diesem Jahr dort im Auftrag der Gräfin Catharina von Langenstein an dem Karton für das Ölgemälde *Lasset die Kindlein zu mir kommen* (Abb. 248) arbeitet, das sie im Gartenhaus der Gräfin im Hirschgarten in Karlsruhe vollendet.[41] Geplant war das Gemälde als Geschenk für Prinzessin Alexandrine von Baden anlässlich ihrer Hochzeit mit Herzog Ernst II. von Sachsen-Coburg und Gotha am 3. Mai 1842. Da die Gräfin jedoch, auch auf schriftliche Bitten der Malerin hin, das Bild und den Karton im Wert von 4.000 Gulden nicht bezahlt,[42] schickt es Ellenrieder selbst an ihre Freundin und ehemalige Schülerin, die es in der Kapelle auf Schloss Callenberg bei Coburg aufstellen lässt. Der Briefwechsel der Herzogin mit der Künstlerin sowie ein Geburtstagsgedicht aus der Feder Marie Ellenrieders sind im Staatsarchiv Coburg erhalten.[43]

Herzogin Alexandrine vermittelt der Malerin 1847 auch einen Auftrag für ein religiöses Historiengemälde für die britische Königin Victoria: *Die Heilige Felicitas und ihre sieben Söhne*. Hat man im Vergleich dazu Ellenrieders Callenberger *Christus als Kinderfreund* vor Augen, so bemerkt man auch auf diesem ähnlich gestaltete Kinder mit konzentrierten Augen und gefalteten Händen, wie sie auch auf Raffaels Werken zu finden sind, z. B. auf seinem Ölgemälde *Madonna mit dem Schleier*.[44] Gegenüber dem schlafenden Christuskind kniet Johannes der Täufer mit einem Stabkreuz und analog in betender Haltung. Durch Prinz Albert erhält Marie Ellenrieder einen weiteren Auftrag, von dem sie der Herzogin in Coburg in einem Brief vom 7. August 1848 berichtet: „Nun erhielt ich liebe liebe Nachrichten aus London, ich darf wirklich für die Edle liebe Königinn und Seiner Königlichen Hoheit Prinz Albert, noch ein Bild malen! auch Ließen sie mir viel Freundliches und Huldreiches sagen: wie ich mich über dies Alles erfreue, kann ich nicht mit Worten ausdrücken." Marie Ellenrieders zweites Gemälde für das englische Königshaus ist eine Darstellung *Christi im Tempel* (1849) mit einer zweifigurigen Hauptgruppe.[45]

Die religiöse Malerei bleibt der Hauptschwerpunkt der tief gläubigen und viel beschäftigten Künstlerin, die sich in ihrem Spätwerk weiterhin vor allem auf die Darstellung von Heiligen konzentriert, wie z. B. bei einem Heiligen Florian (um 1860) für die Freiwillige Feuerwehr in Konstanz.[46] Auch Engel finden sich auf zahlreichen ihrer Gemälde, wie bereits im Jahre 1844 auf einer Sopraporte des Dampfschiffes *Stadt Konstanz*, für das Marie Ellenrieder auch als Patin fungierte. Ein von ihr gemaltes Bildfeld über einer Türe im Innenraum des Schiffes zeigt ein in Wolken lehnendes Schutzengelchen, dem die Künstlerin folgende Inschrift beigab: „Es schwebe ein Engelein mit, daß die Fahrt glücklich sei!"[47]

Privat lebt sie – an gelegentlichen Depressionen leidend – zurückgezogen in Konstanz. Die verdienstvolle Künstlerin stirbt am 5. Juni 1863 an einer Lungenentzündung, nach dem Besuch der Messe in ihrer Geburtsstadt. 1865 und 1871 wird ihr Nachlass von ihren Erben verkauft und versteigert. Auf diese Weise gelangen zusätzlich viele ihrer Werke in Sammlungen und Museen,[48] wo sie für die Nachwelt erhalten blieben. Viele ihrer Werke befinden sich bis heute öffentlich zugänglich in Kirchen. Ihre Altarbilder in Ortenberg, Ichenheim, Diersburg, Konstanz, Böhringen, Anselfingen, Karlsruhe und Lichtenthal verleihen den badischen Gotteshäusern eine Art „italienischen Glanz", den man in ihnen – analog zu den großen Meistern in den Innenräumen der Kirchen beispielsweise der ewigen Stadt – angesichts der Gemälde der ersten Deutschrömerin empfindet.

10.2 Caroline Bardua

„Caroline Bardua gehört zu den ersten bürgerlichen Frauen, die sich im freien Künstlerberuf ein selbständiges Leben aufbauten."[49]

Die Künstlerin sorgt darüber hinaus nicht nur für ihren eigenen Lebensunterhalt. Sie finanziert zusätzlich das Jurastudium ihres Bruders Louis, für das die Eltern nach dessen abgebrochenem Theologiestudium nicht mehr aufkommen wollen. Zusätzlich kümmert sie sich um ihre 17 Jahre jüngere Schwester Wilhelmine, die sie bei sich aufnimmt, der sie eine Ausbildung in der Sing-Akademie Berlin bei Carl Friedrich Zelter ermöglicht, und für die sie zeitlebens sorgt. Diese Sorge spiegelt auch ihr gemaltes Doppelporträt wider, das sie zusammen mit ihrer Schwester zeigt (Abb. 259).[50] Wilhelmine erweckt, rechts im Bildfeld in einem weißen Kleid, geschmückt mit Ohrringen, Perlenkette und Armband, ihrer raumgreifenden Gestik und gedrehten Körperhaltung, sofort die Aufmerksamkeit des Betrachters, der vermeint, in ihr die Künstlerin wahrzunehmen. Diese steht jedoch gegenüber mit eher gedrücktem Blick im dunkler gehaltenen Hintergrund, in einem schlichten Kleid, ohne Schmuck und mit unter einem grünen Tuch verborgenen Händen. Ihre linke Schulter und ihr rechter Arm stützen die Schwester, die ihr Leben lang von ihr abhängig bleibt. Das Bildnis entsteht um 1816 in Halle, wo sich beide Frauen ab Juli 1815 niederlassen. Der Wunsch einer Italienreise bleibt für Caroline unerfüllt, da sie – verstärkt nach dem Tod ihres Vaters 1818 – mit ihrem Geld ihre Familie unterhalten muss und daher zunächst sämtliche sich bietenden Porträtaufträge annimmt.[51]

Durch eine gemeinsame Freundin ergibt sich eine Schnittstelle des Lebensweges der Caroline Bardua mit dem der Alexandra von Berckholtz. Caroline Bardua porträtiert die drei Töchter der Bettina von Arnim, Armgart (Abb. 195), Gisela (Abb. 260) und Maximiliane[52] im Brustbild im Oval in unterschiedlichen Haltungen, mit vom Betrachter abgewandtem nachdenklichen Blick und mit der Feder in der Hand. Die Dichterinnen scheinen gerade eine Idee zu reflektieren. Während Gisela mit verschränkten Armen vor einem neutralen Hintergrund in die Ferne blickt, beobachtet Armgart einen Schmetterling auf einem Zweig, diagonal gegenüber einem Frosch auf einem Stein. Die sie umgebende Landschaftsfolie und der angedeutete Wald platzieren sie in einem natürlichen Environment. Auch von Alexandra von Berckholtz ist bekannt, dass sie ein Bildnis Armgarts malte, dessen Verbleib heute unbekannt ist.

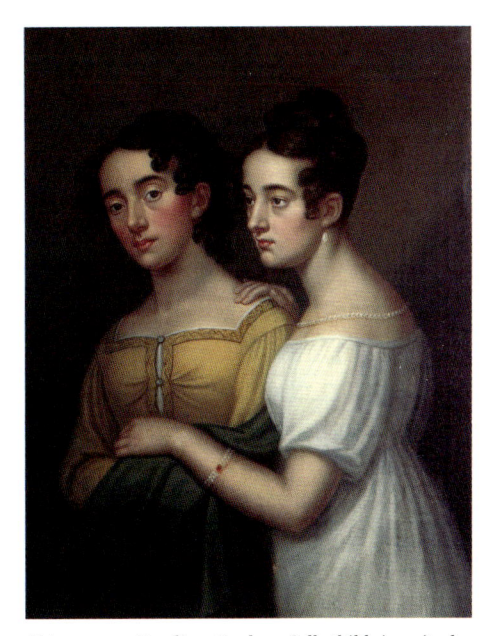

Abb. 259 – Caroline Bardua, Selbstbildnis mit der Schwester Wilhelmine, Öl auf Leinwand, 88 × 73 cm, 1816, Privatbesitz.

Abb. 260 – Caroline Bardua, Gisela von Arnim (1827–1889), Öl auf Leinwand, 34,5 × 29,5 cm, um 1845, Frankfurter Goethe-Museum Inv.-Nr. IV-1951-004.

Mit den Arnim-Töchtern und ihrer Schwester Wilhelmine gründet Caroline Bardua am 30. März 1843 nach dem Vorbild des Weimarer Musenvereins in Berlin den *Kaffeter*, ein bis März 1848 bestehender Zirkel, dessen Treffen in der *Kaffeterzeitung* festgehalten werden, für die Caroline stets das Titelblatt entwirft. Dieser Salon ist ausschließlich für unverheiratete Frauen bestimmt; Ehefrauen und Männer dürfen gelegentlich als Gäste teilnehmen, wie z. B. der Minister Friedrich Carl von Savigny (1779–1861), König Friedrich Wilhelm IV. im Frühjahr 1845 oder Hans Christian Andersen (1805–1875) im Jahre 1846, der sogar zum Ehrenmitglied ernannt und von Caroline Bardua porträtiert wird.[53]

Caroline Marie Bardua wird am 11. November 1781 in Ballenstedt im Harz geboren. Ihre Eltern sind Johann Adam Bardua (1740–1818), Kammerdiener des Erbprinzen Alexius von Bernburg, und Sophie Sabine Kirchner (1760–1825). Von 1805 bis 1808 studiert sie in Weimar bei Goethes Freund Johann Heinrich Meyer (1760–1832), der dort ab 1806 Direktor der Zeichenschule ist, wo sich Caroline Bardua im gleichen Jahr mit Porträts an der Ausstellung beteiligt. In Weimar verkehrt sie regelmäßig in Goethes Freundeskreis, der sie künstlerisch fördert, und im Salon der Johanna Schopenhauer (1766–1838), Mutter des Philosophen Arthur Schopenhauer (1788–1860), den Caroline Bardua mit ihren Porträts sowie ihrem Gesang, Klavier- und Gitarrenspiel bereichert. 1806 malt sie Johanna Schopenhauer[54] vor einer Staffelei sitzend, rechts daneben steht ihre Tochter Adele, die ihrerseits später mit Julie von Egloffstein befreundet ist, mit der sie den Musenverein gründet.

Die Jahre zwischen 1809 bis 1811 hält sich Caroline Bardua in Dresden auf, wo sie bei dem Porträt- und Historienmaler Franz Gerhard von Kügelgen (1772–1820) Unterricht nimmt, der Mitglied der *Königlich Preußischen Akademie der Künste* in Berlin und der *Kaiserlich Russischen Akademie der Künste* in St. Petersburg ist. Sie lebt auch im Haus ihres Lehrers, durch den sie viele Dresdener Künstler kennenlernt, wie z. B. Louise Seidler, Georg Friedrich Kersting und Caspar David Friedrich, mit dem sie eine lebenslange Freundschaft verbindet, und der sie 1811 in ihrem Elternhaus in Ballenstedt besucht. Im Winter 1810 fertigt sie von ihm ein erstes Porträt an, das sie auch auf der Dresdener Kunstausstellung zeigt, und das im *Journal des Luxus und der Moden* eine lobende Erwähnung erhält: „Am meisten zog das vorzüglich gelungene Portrait des Malers Friedrich die Zuschauer an."[55]

Stilistisch kopiert sie während ihrer Dresdener Lehrjahre zunächst nach Werken Kügelgens, malt Bildnisse in klassizistischem Stil und später romantische Biedermeierporträts im Trend des Freundschaftskultes der Zeit, sensibel beobachtete und gefühlvoll umgesetzte Bildnisse. Ihr Vorbild ist zeitlebens Anton Graff und dessen Realismus.

Zwischen ihren Aufenthalten an unterschiedlichen Orten befindet sich Caroline – stets in Begleitung ihrer Schwester – aufgrund der zahlreich gewordenen Porträtaufträge häufig auf Reisen. Diese führen sie z. B. nach Halberstadt, Magdeburg, Leipzig oder Berlin, wo sie sich ab dem 6. Februar 1819 bis 1852 immer wieder aufhält und auch in dieser Stadt in gesellschaftlichen Kreisen verkehrt. Sie macht die Bekanntschaft mit Adelbert von Chamisso, Christian Daniel Rauch (1777–1857) oder E. T. A. Hoffmann (1776–1822) und porträtiert zahlreiche Prominente. 1821 malt Caroline Bardua Carl Maria von Weber (1786–1826) direkt nach der Uraufführung seiner Oper *Der Freischütz* in Berlin.[56] Auch erhält sie einen Auftrag für ein Porträt der Prinzessin Louise von Preußen, das König Friedrich Wilhelm III. derart schätzt, dass er bei der Malerin drei Kopien bestellt, von denen er eine an den Zarenhof nach Russland schickt. Durch ihre Einkünfte kann sie sich von Juni bis August 1829 einen Aufenthalt in Paris leisten, wo sie Raffaels *Madonna mit dem Christuskind und Johannes dem Täufer* kopiert.[57]

Danach lebt die Künstlerin ab September 1829 in Frankfurt am Main, wo sie viele Aufträge durch die Vermittlung dortiger Bankiers erhält, die sie auch nach Heidelberg, Wiesbaden, Köln und Krefeld führen. Eventuell porträtiert Caroline Bardua auch Mitglieder der mit Alexandra von Berckholtz befreundeten Frankfurter Familie von Metzler. Im August 1832 kehrt die Malerin zurück nach Berlin, wo sie ab 1839 ein Jahresgehalt von der Akademie der Künste erhält und ihre Werke auf deren Ausstellungen präsentiert.

1852 zieht Caroline Bardua wieder in ihren Geburtsort Ballenstedt. In dem durch revolutionäre Unruhen geprägten Berlin fühlt sie sich nicht mehr wohl. 1849 erleidet sie – auch bedingt durch die Anstrengungen ihrer vielen Reisen – einen Schlaganfall.

Dreißig Jahre nach Beginn ihres Studiums in Dresden kehrt sie dorthin zurück und porträtiert Caspar David Friedrich erneut (Abb. 261). Auf ihrem ersten Bild von 1810 malte sie ihn im Ausschnitt des Brustbildes, im Viertelprofil nach rechts, mit Blick zum Betrachter und vor einem Hintergrund, der Friedrichs Stimmungslandschaften rezipiert. Gegenüber seiner schwarzen Kleidung und dem dunkel gehaltenen Hintergrund scheint sein Gesicht herauszuleuchten, wodurch sein stechender Blick umso markanter wirkt.

Weiter wählt sie den Ausschnitt auf ihrem Porträt von 1839, auf dem der alternde Maler im Kniestück auf einem Sessel in einem Innenraum nahe bei einem geöffneten Fenster in leicht geneigter Haltung sitzt. Über einem weißen Hemd trägt er einen mit Pelz am Saum und an den Manschetten besetzten langen, dunklen Mantel, in seinem Schoß hält er einen Stock und in seiner linken Hand ein weißes Tuch. Sein nach links aus dem Bildfeld hinaus gerichteter Blick wirkt gelöst. Im Vordergrund liegen Palette und Pinsel, der Hintergrund öffnet den Blick auf die Elbe und eine Bergkette am Horizont. Der Fluss wird von einer Brücke durchzogen, in deren Mitte sich ein Kreuz mit dem Corpus Christi erhebt. Dieses Porträt setzt Caroline Bardua im Gegensatz zu Friedrichs Jugendbildnis in hellerem Kolorit um. Auch erscheint hier die Atmosphäre wesentlich weniger angespannt als auf dem Bild, das ein Jahr vor Caspar David Friedrichs Tod entstand.

Caroline Bardua verschied am 2. Juni 1864 in ihrem Elternhaus in Ballenstedt. Nahezu alljährlich hatte sie sich an den Ausstellungen in Dresden und Berlin mit ihren Werken beteiligt, von denen sich heute einige in der Alten Nationalgalerie Berlin, Staatlichen Galerie Dessau, Pfarrkirche Falkenstein-Pansfelde, Klassik Stiftung Weimar, im Schopenhauer-Archiv Frankfurt am Main, Gleimhaus Halberstadt, Kaiser-Wilhelm-Museum Krefeld, Museum Georg Schäfer Schweinfurt, Kirms-Krakow-Haus Weimar sowie in Privatbesitz befinden[58] und einer gesonderten Erforschung vor dem Hintergrund der Zeit der Pflege der Salonkultur und des Freundschaftskultes würdig wären.

Abb. 261 – Caroline Bardua, Bildnis des Malers Caspar David Friedrich, Öl auf Leinwand, 77 × 63 cm, 1839, Anhaltische Gemäldegalerie Dessau Inv.-Nr. 229.

10.3 Dora Hitz

Eine heute ebenfalls in Vergessenheit geratene Künstlerin ist Dora Hitz. In ihrem Leben konnte zwar kein Kontakt zu Alexandra von Berckholtz nachgewiesen werden, dennoch soll sie hier Erwähnung finden, da ihr Werk eine Brückenstellung innerhalb der Avantgarde des ausgehenden 19. und beginnenden 20. Jahrhunderts einnimmt. Kunstpolitisch gehörte sie zu den we-

Abb. 262 – Dora Hitz in ihrem Atelier, Fotografie.

Abb. 263 – Dora Hitz, Deutsche Prinzessin und ihre Tochter, Öl auf Leinwand, 136 × 219 cm, Muzeul Național de Artă al României Bukarest Inv.-Nr. 8956/990.

sentlichen Streiterinnen für die Rechte der Künstlerinnen und zu den Mitbegründerinnen der *Berliner Secession*.

Doris Hitz wird am 31. März 1856 in Altdorf bei Nürnberg geboren, wo ihr Vater, der Maler Lorenz Johannes Hitz (1802–1885), Zeichenlehrer am Schulseminar ist und auch seine Tochter künstlerisch unterrichtet. Ihre Mutter ist Anna Elisabeth Meyer. 1860 zieht die Familie nach Ansbach um, wo Hitz eine Stelle als Lehrer für Freihand- und Linearzeichnen erhält. Neun Jahre später beginnt Dora Hitz eine Ausbildung an der *Damenmalschule bei Frau Staatsrat Weber* in München. Sie studiert bei dem Historienmaler Wilhelm von Lindenschmit d. J. (1829–1895) und dem Genremaler Heinrich Stelzner (1833–1910), zusätzlich nimmt sie Anatomieunterricht bei Julius Kollmann (1834–1918). Ihr Studium finanziert sie sich ab ihrem dreizehnten Lebensjahr weitgehend selbst, durch Vorzeichnungen für Holzschnitte oder das Kolorieren botanischer Bildbände. Ab 1875 lebt Dora Hitz als freischaffende Künstlerin in München. 1876 zeigt sie auf der dortigen Kunst- und Kunstgewerbeausstellung ein Rosenstillleben, das die Fürstin Elisabeth zu Wied, die spätere Königin von Rumänien, erwirbt, die unter dem Pseudonym Carmen Sylva eigene literarische Werke verfasst sowie rumänische Märchen und Volkssagen sammelt und veröffentlicht. Die Dichterin ist gerade auf der Suche nach einer Illustratorin, begeistert sich für Dora Hitz' Stil und lädt sie an den rumänischen Hof ein, wo sie als offizielle Hofmalerin von 1876 bis 1891 zahlreiche Gemälde erschafft. Drei dieser befinden sich im Nationalen Kunstmuseum für Rumänien in Bukarest: das bereits erwähnte Blumenstück aus dem Jahr 1882 (Abb. 124), eine allegorische Darstellung der Königin als Euterpe, als Muse der lyrischen Tonkunst (Abb. 264), und zwei Frauen in einer Fensternische (Abb. 263), wohl eine Szene aus einem Werk Carmen Sylvas, die die Künstlerin einerseits im Stil der Orientmode der Zeit und andererseits in der Mittelaltervorstellung der Zeit realisierte.

Dora Hitz begleitet die Königin häufig auch auf Reisen[59] und zählt zu deren engsten Vertrauten. Außerdem unterstützt die Künstlerin Elisabeth in ihrem humanitären Engagement, in der Gründung von Krankenhäusern, Armenvereinen, Volksküchen, Mädchenschulen und Waisenhäusern im gesamten Land. In dem in Bukarest befindlichen *Ateneul Elisabeta* für Mädchen aus dem *Azilul Elena Doamna*[60] richtet die spätere Königin Dora Hitz ein Atelier ein, in dem sie den elternlosen Kindern auch Malunterricht erteilt, was durch einen Bericht der im Kreis Prahova tätigen Künstlerin Maria Zăgănescu bekannt ist, die von 1880 bis 1883 eine der Schülerinnen in dem Waisenhaus war.[61]

Neben den sozialen Neuerungen der Zeit beschäftigen sich die beiden Frauen auch mit den Ideen des Pazifismus und der europäischen Frauenbewegung, mit denen sich Carmen Sylva in Auseinandersetzung mit Bertha von Suttner (1843–1914) öffentlich solidarisch erklärt.[62] Bertha von Suttner ist die erste Frau, die den Friedensnobelpreis erhält (1905).

Die Sommermonate verbringt die Fürstenfamilie auf Schloss Peleș in den Karpaten, das Mittelpunkt eines kulturellen Salons wird, eines Zirkels wichtiger Künstler, Literaten und Musiker, in dem z. B. der rumänische Geiger und Komponist George Enescu (1881–1955) verkehrt. Eine erste Bauphase des Schlosses im Stil der deutschen Neorenaissance erfolgt von 1875 bis 1883, in die auch eine kleine Schnittstelle mit Alexandra von Berckholtz fällt. Zwischen 1879 und 1882 führt nämlich die Manufaktur F. X. Zettler aus München in Peleș nahezu alle Glasfenster mit bildlichen Darstellungen aus dem Mittelalter, der Renaissance sowie der rumänischen Geschichte aus.[63] Zu dieser Zeit stiftet Alexandra von Berckholtz das ebenfalls durch Zettler angefertigte Glasgemälde mit Christus am Kreuz für St. Petri in Riga.

Für das Schloss erschafft Dora Hitz 13 Gemälde, die alle bis 1890 in Paris entstehen, und die – bis auf die Allegorie der Musik über der Rieger-Orgel im Musikzimmer – auf Motive aus den Dichtungen Carmen Sylvas zurückgehen. Ein erster Zyklus aus vier Szenen – *Leiden, Frieden, Märchen* und *Sonnenkind* – entsteht für den Musiksaal 1883/84 nach dem Buch der Königin *Leidens Erdengang* (1882), das zwölf allegorische Geschichten über verschiedene Lebensdispostionen beinhaltet. Zwei weitere Wandbilder malt Dora Hitz 1885/86 nach den Gedichten *Königin Sappho* (1880) und *Die Hexe* (1882). Drei weitere Gemälde sind *Ahasverus* (1890), aus der letzten Szene in Carmen Sylvas Epos *Jehova* (1882), die Allegorie der Musik (1890)[64] und *Sakri* (1887). Für letzteres Bild wählte die Malerin den Moment aus, als die von Piraten entführte nubische Prinzessin an einen Schiffsmast angekettet ist und ihre Entführer zu ihren Füßen ihr weiteres Schicksal auswürfeln.

Dora Hitz erschafft noch zwei weitere Gemälde für den Eingang in den Speisesaal des Schlosses, die wohl auch um 1884/85 entstanden. Diese sind inspiriert von Carmen Sylvas Gedichten *Blutbuche* (1884) und *Hammerstein* (1880). 1891 schickt Hitz ihre letzten beiden Gemälde nach Rumänien. Ob sie das Land danach noch einmal besucht, ist unbekannt. Zwei weitere Gemälde, die ursprünglich wohl links und rechts der Türe zum Speisesaal hingen, sind verschwunden: *Ein Gebet* und *Raoul* (1887). Letzteres ist eine weitere Episode aus Carmen Sylvas Text *Ein Gebet*. 1884 malt ebenfalls Gustav Klimt (1862–1918) in Peleș die Ahnengalerie des Königs Carol I. sowie Allegorien der Jahreszeiten für das Schlosstheater, die bereits auf seinen späteren Stil hindeuten.[65]

Drei zusätzliche Wandbilder Dora Hitz' befinden sich im Bischofspalast *Curtea de Argeș* in der Walachei und drei weitere ihrer Werke im *Muzeul Național de Artă al României*, dem Nationalen Kunstmuseum von Rumänien in Bukarest, wie z. B. eine Frau in antikisierendem Gewand an einem Meeresstrand (Abb. 264), als eine die vertikale Mittelachse beherrschende Rückenfigur. Der Betrachter nimmt ihr Gesicht im Profil nach links und in ihren beiden Händen eine Lyra wahr. Sie steht an einem Stand, im Hintergrund wogen die Wellen des Meeres und der Wind weht, dessen Dynamik die beiden lang herunterhängenden Enden eines in das Haar der Dame gebundenen flatternden Tuches wiedergeben. Ansonsten scheinen die Naturgewalten die Frau nicht zu berühren, die fest verbunden mit dem Boden anmutet. Das Gemälde strahlt durch seine lichte und helle Farbigkeit Leichtigkeit aus und ist eine allegorische Darstellung der Dichterin Carmen Sylva.

1880 zieht es Dora Hitz nach Paris, in das Zentrum der Avantgarde und künstlerischen Entwicklung, wo sie bis 1891 lebt und ihre Aufträge aus Rumänien ausführt, wohin sie erneut 1881 und 1887 bis 1889 reist und weiterhin mit dem Königspaar eng befreundet bleibt. In Paris wohnt die Künstlerin in der 15 impasse Hélène, Quartier Montmartre, und nimmt Unterricht bei Luc-Oliver Merson (1846–1920), Gustave Courtois (1852–1923) und Jean-Joseph Benjamin-Constant (1845–1902), die sie in ihrer Entwicklung hinsichtlich des Symbolismus inspirieren, den sie auch in ihre Gemälde für Schloss Peleș einfließen lässt. Eine besondere Freundschaft verbindet Dora Hitz mit Eugène Carrière (1849–1906), dessen Porträtstil in Auflösung der Konturen zur geisterhaft anmutenden Erscheinung sie beeindruckt, und dessen Werken sie 1904 in der Zeitschrift *Kunst und Künstler* eine Besprechung widmet.[66] Ein Beispiel für eine stilistische Analogie aus der Hand Dora Hitz' ist das 1913 auf der Berliner Secessionsausstellung gezeigte Werk *Schwebende Schatten*.[67]

1886 beteiligt sich die Künstlerin erstmals an dem seit 1648 im Palais des Champs-Elysées existierenden Salon mit zwei Gemälden, die auf Motive aus

Abb. 264 – Dora Hitz, Frau mit Harfe (Allegorische Darstellung Carmen Sylvas als Euterpe), Öl auf Leinwand, 204 × 163 cm, Muzeul Național de Artă al României Bukarest Inv.-Nr. 64869/1095.

Rumänien zurückgehen: *Mädchen mit Ziegen* und *Denkerin*.[68] Von der Münchner Genremalerei ihrer Anfangsjahre über die Illustration ihrer Szenen aus literarischen Werken Carmen Sylvas orientiert sich Dora Hitz während ihrer Jahre in Paris vor allem in Richtung des Impressionismus, mit ihrem leichtfüßig anmutenden Pinselstrich, ihrem zarten Kolorit und ihrer Verflechtung des Dargestellten mit dem Hintergrund. 1891 wird sie aufgrund ihrer in der Normandie entstandenen Illustrationen des durch Carmen Sylva ins Deutsche übersetzten Romans *Die Islandfischer* von Pierre Loti (1850–1923) in die impressionistische *Associé du Champs de Mars* aufgenommen und ein Jahr später in die *Société Nationale des Beaux Arts*, in der sie von 1890 bis 1896 regelmäßig ausstellt. 1891 präsentiert sie im *Champs de Mars* das Porträt ihrer Lübecker Malerfreundin Marie von Brocken (Abb. 88), das auf der Ausstellung in Paris mit einer Medaille ausgezeichnet wird, und „in Künstlerkreisen für Aufsehen und Anerkennung sorgte".[69] 1890 hält sich Dora Hitz in England auf, wo sie 18 Percy-Street, Tottenham Courtroad in London wohnt, in der *Royal Academy of Arts* arbeitet und ausstellt und die Kunst der Präraffaeliten sowie Walter Crane (1845–1915) kennenlernt.[70]

Im Jahr 1891 zieht die Malerin nach Dresden und 1892 nach Berlin. Dort lebt sie in der Hardenbergstraße 24 und später am Lützowplatz 12. Ab 1892 ist sie Mitglied im *Verein der Berliner Künstlerinnen*, 1894 gründet sie eine Damenmalschule und porträtiert zahlreiche Frauen der Gesellschaft, wie z.B. Margarethe Hauptmann (1875–1957), die Ehefrau des Schriftstellers Gerhart Hauptmann (1862–1946).[71] Dora Hitz ist treibende Kraft vieler Künstlergruppen, z.B. 1894 der *Vereinigung der Vier*[72] oder 1895 der *Novembergruppe*, die 1898 maßgeblich auf Initiative Max Liebermanns und in Opposition zur streng akademisch ausgerichteten Kunst zur *Berliner Secession* wird, unter deren 65 Gründungsmitgliedern sich lediglich vier Frauen befinden. Neben Dora Hitz sind dies Sabine Lepsius (1865–1942), Ernestine Schultze-Naumburg (1869–1965) und Julie Wolfthorn (1864–1944). Im Frühjahr 1898 stellt Dora Hitz auf Einladung Henry van de Veldes (1863–1957) im Salon *La Libre Esthétique* in Brüssel aus; in Belgien wird sie zum Ehrenmitglied der *Société Royale Belge des Aquarellistes*.

Auch schriftstellerisch tritt Dora Hitz durch eigene Gedichte und Erzählungen in Erscheinung, so veröffentlicht sie 1903 in der Zeitschrift *Die Zukunft* drei literarische Skizzen: *Abendroth*, *Die offene Pforte* und *Eine Frau*, deren Themen die Veränderung der Weiblichkeit im Laufe eines Lebens und die Suche eines Kindes nach der blauen Blume sind.[73]

Ab 1905 sind in ihrem Werk auch Tendenzen des Expressionismus zu beobachten, wie z.B. auf dem auf der 20. Secessionsausstellung von 1910 präsentierten Gemälde *Die Weinernte*, über das Karl Scheffler in seiner Kritik schreibt: „In ihrer ‚Weinernte' vor allem ist es ihr gelungen, den herrlichen Kampf des Lichts mit den Objekten und Farben musikalisch und architektonisch zu ordnen."[74] Charakteristisch sind ein breiter Pinselstrich, ein kraftvoller Auftrag der hart nebeneinandergestellten Farben und eine schonungslose Darstellung des arbeitenden Menschen.

Als erste Frau erhält Dora Hitz 1906 den Villa-Romana-Preis, mit dem ein Stipendium eines Aufenthaltes in Florenz verbunden ist. Zweiter Preisträger ist Max Beckmann (1884–1950), mit dem die Künstlerin auch nach ihrem Italienaufenthalt befreundet bleibt. Ebenfalls im Jahr 1906 gründet Dora Hitz zusammen mit Käthe Kollwitz die *Verbindung bildender Künstlerinnen* und 1913 den *Frauenkunstbund*, dessen Vorsitz sie zusammen mit Kollwitz innehat.

Vor Ausbruch des Ersten Weltkrieges unternimmt Dora Hitz eine Italienreise. Während des Krieges leidet die Künstlerin massiv an der politischen Lage und lebt hauptsächlich einsam und zurückgezogen in ihrer Berliner

Wohnung. Ihre letzten sechs Lebensjahre sind von schwerer Krankheit und Mittellosigkeit geprägt. Im Sommer 1922 beschließt Dora Hitz, sich in ihre fränkische Heimat, nach Würzburg, zurückzuziehen. Dort hält es sie jedoch nicht lange, und sie kehrt bald wieder nach Berlin zurück, wo sie am 20. November 1924 stirbt. Ihre Urne wird auf persönlichen Wunsch der Künstlerin im Dezember 1924 in Ansbach beigesetzt, da sie die Stadt zeitlebens als ihre eigentliche Heimat empfand.[75]

Aus dem umfangreichen bildkünstlerischen Werk der international vernetzten Künstlerin – zu Lebzeiten stellte sie in Berlin, Brüssel, Dresden, Hamburg, Magdeburg, München, Paris, London, Venedig und Weimar aus – sind heute lediglich annähernd 50 Gemälde, Aquarelle und Zeichnungen erhalten. Die motivische Konzentration liegt hauptsächlich auf Bildnissen, die Frauen und Kinder zeigen. Eines ihrer Schlüsselwerke ist das in Privatbesitz befindliche *Sonnenkind*[76] mit Darstellung einer Mutter, die in einem Hain ein Kind trägt, das seinen Kopf an ihre linke Schulter gelegt hat. Das Bild besticht durch seine besondere Lichtstimmung. Ein ähnliches Schlüsselwerk ist das *Mädchen im Mohnfeld* (Abb. 265),[77] auf dem der Kopf einer rothaarigen jungen Frau im Profil nach rechts aus einer Wiese herausschaut. Deren rechte Hand hat gerade eine Blume gepflückt. Rot- und Grüntöne beherrschen das Bild, von dem eine poetische und idyllische Stimmung ausgeht, vergleichbar der des *Sonnenkindes*.

Völlig anders erscheint dagegen die *Weinernte* im expressionistischen Stil und vor allem *Quo vadis, Italia?* (Abb. 266), das – vergleichbar den grafischen Werken Käthe Kollwitz' – künstlerisch auf den Ersten Weltkrieg und das Elend in der Bevölkerung reagiert. Rechts im Bildfeld erhebt sich stelenhaft eine statuarisch angeordnete Gruppe in Unbeweglichkeit und im Gebetsgestus erstarrter Frauen, neben denen eine männliche Figur auf einen Stock gestützt dasitzt. Lediglich wenige grobe und breite Striche umreißen die Figurengruppe, die sehnsüchtig in die Ferne blickt, nach Italien, dem Land, in dem die Zitronen blühen.

Dieses hatte auch Dora Hitz mehrmals besucht im Laufe ihrer künstlerischen Karriere, die mit dem ersten Zeichenunterricht durch ihren Vater in einer fränkischen Kleinstadt begann, sie zum Studium nach München führte, wo sie vor allem Genreszenen aus dem Volksleben und Blumenstücke

Abb. 265 – Dora Hitz, Mädchen im Mohnfeld, Öl auf Leinwand, 48 × 107,5 cm, 1891, Museum der bildenden Künste Leipzig Inv.-Nr. G 891.

Abb. 266 – Dora Hitz – Quo vadis, Italia?, Lithografie, 42 × 29,5 cm, 1915, erschienen in: Cassirer, Paul (Hg.): Kriegszeit, Künstlerflugblätter, Vol. 1, Nr. 40, 27. Mai 1915, Privatbesitz.

malte. Wegen eines dieser Bilder wurde sie Hofmalerin in Rumänien, wo sie sich der literarischen Illustration widmete: „A testimony to the strength of Carmen Sylva's artistic contacts in her homeland and to the patronage of promising female artists."[78]
Eine weitere biografische Station ist der Montmartre in Paris, wo Dora Hitz Bestandteil der Avantgarde wurde und den Impressionismus als Stil näher kennenlernte. Diesen erweitert sie durch symbolistische und expressionistische Tendenzen in Berlin, wo sie auch kunstpolitisch mit wichtigen Persönlichkeiten der Zeit für die Frauenrechte auftritt. „Maßgebliche Kritiker der Zeit haben die Malerin zu den Mitstreitern und Vorwärtsweisenden gezählt."[79] Stilistisch und kunstpolitisch ist sie – wie Brigitte Kleinlauth es formulierte – eine „Protagonistin der Moderne".[80]

Anmerkungen

1 Muysers, Carola: Warum gab es berühmte Künstlerinnen? Erfolge bildender Künstlerinnen der zweiten Hälfte des 19. Jahrhunderts. In: Berlin, 1992, S. 21–34; Pietsch, Ludwig: Deutsche Malerinnen der Gegenwart. In: Illustrierte Frauenzeitschrift. Berlin 1879, S. 396–398.
2 Mülfarth, 1987, S. 7–18; Brandenburger-Eisele, 1992, S. 260–267.
3 Bayerisches Hauptstaatsarchiv MK 19461: Aktennotiz des BSIKuS; Betreff: Kunstschule für Mädchen in München. Eingabe an die hohe Kammer der Abgeordneten des Landtages. Bitte um Bewilligung einer etatmäßigen Unterstützung für diese Lehranstalt, 13.2.1870; Schmalhofer, 2005, S. 32.
4 Werner, 1915, S. V–IX. 1875 hat die Akademie 153 männliche Studenten.
5 Wie zwei Zeichnungen im Freundschaftsalbum der Alberta von Freydorf beweisen. Badische Landesbibliothek Karlsruhe, Cod. Karlsruhe 3242, fol. 111 und 117.
6 Gutgesell, 2016 (2), S. 178–179.
7 Krenzlein, Ulrike: „Auf dem ernsten Gebiet der Kunst ernst arbeiten." Zur Frauenausbildung im künstlerischen Beruf. In: Berlin, 1992, S. 73–87.
8 Archiv Bildende Kunst, Akademie der Künste Berlin. Käthe, Paula und der ganze Rest. Ein Nachschlagewerk (Künstlerinnenlexikon). Hg. v. Verein der Berliner Künstlerinnen e. V. in Zusammenarbeit mit der Berlinischen Galerie. Berlin 1992.
9 Deseyve, 2005, S. 29.
10 Schmidt-Liebich, 2005, S. 42–43; Thieme/Becker, Bd. 3, 1909, S. 350; AKL, Bd. 9, 1994, S. 148–149; Siebenmorgen, 1983; Krins, 1998; Zingeler, 1912, S. 110.
11 Oeftering, Wilhelm E.: Geschichte der Literatur in Baden. Bd. 3. Karlsruhe 1939, S. 23–24.
12 Schmidt-Liebich, 2005, S. 107–114; Thieme/Becker, Bd. 10, 1914, S. 384; Nagler, Bd. 4, 1924 (Nachdruck), S. 283; AKL, Bd. 32, 2002, S. 379; Kovalevski, Bärbel (Hg.): Zwischen Ideal und Wirklichkeit. Künstlerinnen der Goethe-Zeit zwischen 1750 und 1850. In: Gotha/Konstanz, 1999, S. 246–247; Boetzkes, Manfred: Goethes glückliche Zeichnerin? Das unvollendete Künstlerleben der Julie von Egloffstein (1792–1869). Ausst.-Kat. Hildesheim, Weimar 1992.
13 Marie Ellenrieder, Hagar und Ismael, Öl auf Holz, 21 × 15 cm, bezeichnet *Marie Ellenrieder pinx: 1858*, Privatsammlung Zürich; Fischer/Blanckenhagen, 1963, S. 144, Nr. 292.
14 Falck, 1899.
15 Das Elternhaus der Künstlerin steht in der Fischmarktstraße 822, in der heutigen Zollernstraße. Marie hat drei Schwestern: Valentine (geboren 1777), Josefine „Pepi" (geboren 1785) und Maria Anna (geboren 1788). Kovalevski, 2008, S. 4–7.
16 Stark, Barbara: Lehrreich, erbauend und unterhaltend. Ignaz Heinrich von Wessenbergs Gemäldesammlung. Ihre Struktur und Geschichte. In: Konstanz, 2010, S. 21–34.
17 Ihre Hörbeeinträchtigung soll mitberücksichtigt worden sein.
18 Egelsing, Tobias: „Ich gehe stets meinen Weg und bin immer so fleißig wie möglich" – Nahaufnahmen aus dem Leben der Künstlerin Marie Ellenrieder. In: Konstanz, 2013, S. 25.
19 Fischer/Blanckenhagen, 1963, S. 129, Nr. 85.
20 Ebd., S. 149, Nr. 339, Abb. 11.
21 Deseyve, 2005, S. 27.
22 Z.B. Anton Aloys Meinrad Fürst von Hohenzollern, Öl auf Leinwand, 63,8 × 48,5, Fürstlich Hohenzollernsche Sammlungen; Carl Egon Fürst II. zu Fürstenberg, Öl auf Leinwand, 121,7 × 82,8 cm, bezeichnet *Marie Ellenrieder pinx: 1819*; Amalie Christine Karoline Fürstin zu Fürstenberg, Öl auf Leinwand, 120,5 × 82 cm, bezeichnet *Marie Ellenrieder pinx. 1819*, beide Fürstlich Fürstenbergische Sammlungen Donaueschingen; Fischer/Blanckenhagen, 1963, S. 127, Nr. 51, 54, S. 132, Nr. 120, Abb. 22, 23.
23 Öl auf Leinwand, 366 × 248 cm, bezeichnet *Marie Ellenrieder inv. & pinx: 1822*; Fischer/Blanckenhagen, 1963, S. 146–147, Nr. 311.
24 Öl auf Leinwand, 243 × 153 cm, 1822; Fecker, 2002, S. 84–85; Siebert, 1916, S. 109; Fischer/Blanckenhagen, 1963, S. 152, Nr. 362.
25 Kähni, 1959, Abb. S. 87; Siebert, 1916, S. 22–23, 109; Kovalevski, 2008, S. 12–13; Fischer/Blanckenhagen, 1963, S. 148, Nr. 332, Abb. 24; Ebart, Paul von: Marie Ellenrieder. Zur 50. Wiederkehr ihres Todestages am 5. Juni (Handschriftlicher Aufsatz von 1913); Staatsarchiv Coburg Inv.-Nr. NL V Ebart (5) Nr. 15.
26 Kähni, 1959, S. 87.
27 Plattenmaß 140 × 96 cm; Fecker, 2002, S. 82–83, Nr. 25. Exemplare befinden sich z.B. in der Staatlichen Kunsthalle Karlsruhe Inv.-Nr. II, 975 oder Staatlichen Graphischen Sammlung München Inv.-Nr. 82 403. Marie Ellenrieder radiert auch den Heiligen Nikolaus; Fecker, 2002, S. 84–85, Nr. 26.
28 Großherzoglich Badisches Regierungsblatt, 45. Jg., Nr. I bis LIII. Carlsruhe 1847, S. 272. Auf derselben Seite ist eine weitere Schenkung für die Ortenberger Kirche verzeichnet: „Ein Ungenannter in den Kirchenfond zu Ortenberg eine neue vollständige Kelchbedeckung im Werthe von 6 Gulden" sowie auf Seite 18: „ein Ungenannter der Kirche in Ortenberg eine rothe Fahne im Werthe von 79 Gulden."
29 S. 64, Nr. 45, Pfarrarchiv der Kirche St. Bartholomäus Ortenberg.
30 Gotha/Konstanz, 1999, S. 248.
31 Öl und Gold auf Leinwand, 185,5 × 121 cm, bezeichnet *Maria Ellenrieder pinx Roma 1824*, Staatliche Kunsthalle Karlsruhe Inv.-Nr. 511; Fischer/Blanckenhagen, 1963, S. 148, Nr. 329.
32 Kovalevski, 2008, S. 19. Das Werk kannte sie wohl durch druckgrafische Reproduktionen, denn ihre erste Dresdenreise unternahm Marie Ellenrieder erst 1832.
33 Diese verbleibt nach Marie Ellenrieders Abreise im April 1826 in Florenz, anschließend ist sie in London tätig. Siebert, 1916, S. 48.
34 Fecker, 2013; Siebert, 1916, S. 46–50; Kähni, 1959, S. 88; Fischer/Blanckenhagen, 1963, S. 149, Nr. 338.

35 Viertes Tagebuch, Badische Landesbibliothek Karlsruhe Inv.-Nr. K 2678. Die Entwürfe befinden sich in einem Skizzenbuch im Kunsthaus Zürich Inv.-Nr. O5, Blatt 10 und 12. Fecker, 2013, S. 392–393.
36 Fünftes Tagebuch, Badische Landesbibliothek Karlsruhe Inv.-Nr. K 2678; Fecker, 2013, S. 394.
37 Heilsspiegelaltar, Außentafel, Mischtechnik auf mit Leinwand kaschiertem Eichenholz, 99,5 × 69,5 cm, um 1435, Kunstmuseum Basel Inv.-Nr. 639.
38 Fischer/Blanckenhagen, 1963, S. 150, Nr. 348.
39 Öl auf Leinwand, 205 × 133 cm, 1836/37; Entwurf, Kunsthaus Zürich Inv.-Nr. O6, Blatt 21; Studie zu den Händen in Privatbesitz; Fecker, 2013, S. 399–400; Fischer/Blanckenhagen, 1963, S. 151, Nr. 353.
40 Öl auf Leinwand, 200 × 170 cm, 1832–1834, Markgräflich Badische Verwaltung Haus Baden Schloss Salem, im Besitz S.K.H. Bernhard Prinz von Baden, Fischer/Blanckenhagen, 1963, S. 123–124, Nr. 11.
41 Kovalevski, 2008, S. 29, Tafel 7; Siebert, 1916, S. 69–75, 111; Konstanz, 2013, S. 182–183; Fischer/Blanckenhagen, 1963, S. 146, Nr. 307 und 307 A, Abb. 49.
42 Brief Marie Ellenrieders vom 7. November 1842 an die Gräfin Langenstein (Archiv der Grafen Douglas, Langenstein). In: Fecker, Edwin: Marie Ellenrieder. Der schriftliche Nachlass, II. Briefe, Nr. 136, www.edwin-fecker.de/ellenrieder (2. März 2017).
43 StA Coburg, LA A 8775; Kunstsammlungen der Veste Coburg Inv.-Nr. V, 1085.
44 Öl auf Holz, 68 × 48,7 cm, 1509, Musée du Louvre Paris.
45 Öl auf Leinwand, 107,2 × 159,1 cm, 1847, im Besitz Ihrer Majestät Königin Elizabeth II., Royal Collection Trust Inv.-Nr. RCIN 403621; Öl auf Leinwand, 166 × 105,8 cm, Audience Room, Osborne House, im Besitz Ihrer Majestät Königin Elizabeth II., Royal Collection Trust Inv.-Nr. RCIN 406228; Fischer/Blanckenhagen, S. 150, Nr. 344, Abb. 55, S. 158, Nr. 433 A.
46 Öl auf Leinwand, 133,5 × 99,5 cm; Fischer/Blanckenhagen, 1963, S. 150, Nr. 346.
47 Aquarell-, Deckfarben und farbige Pastellkreiden, mit Gold gehöht, Rosgartenmuseum Konstanz Inv.-Nr. M 140; Fischer/Blanckenhagen, 1963, Nr. 398.
48 Krichbaum, Jörg und Zondergeld, Rein A., 1979, S. 163–164, Thieme/Becker, Bd. 10, 1914, S. 464–465; Nagler, Bd. 4, 1924 (Nachdruck), S. 303–304; AKL, Bd. 32, 2002, S. 290–292; Mülfarth, 1987, S. 151; Brandenburger-Eisele, 1992, S. 257–258; Kovalevski, 2008; Siebert, 1916; Pecht, Friedrich: Ellenrieder, Anna Marie. In: ADB, Bd. 6, 1877, S. 49–50; Beyer, Roswitha: Ellenrieder, Anna Marie. In: NDB, Bd. 4, 1959, S. 455; Gotha/Konstanz, 1999, S. 248–249; Konstanz, 2013; Egelsing. In: Konstanz, 2013, S. 13–67. Werke befinden sich in: St. Nikolaus Böhringen, Schlosskapelle Callenberg, Kunstsammlungen der Veste Coburg, Fürstliche Galerie Donaueschingen, Kestner-Museum Hannover, St. Stephan, Staatliche Kunsthalle Karlsruhe; Rosgartenmuseum, Spitalkirche, Städtische Wessenberg-Galerie Konstanz; St. Nikolaus Ichenheim/Baden, Cäcilienchor Meilen/Schweiz, Museum im Ritterhaus Offenburg, St. Bartholomäus Ortenberg, Osborne House Isle of Wight, im Besitz Ihrer Majestät Königin Elizabeth II., Napoleonmuseum Schloss Arenenberg Salenstein, Katholische Kirche Stuttgart, Klassik Stiftung Weimar Graphische Sammlung, Dr. Ludwig Karl Ruhmann-Stiftung Wildon, Kunsthaus Zürich und Privatbesitz.
49 Kovalevski, Bärbel. In: Gotha/Konstanz, 1999, S. 241.
50 Gotha/Konstanz, 1999, S. 84–85, 241 Abb.
51 Dies bedauernd schreibt sie 1810 an Goethe, dass ihre Zeit darauf beschränkt ist, „alle Fratzen Gesichter zu fixieren". Brief vom 27. April 1810 aus Dresden. Goethe- und Schiller-Archiv Weimar Inv.-Nr. 28/172.
52 Caroline Bardua malt auch die dritte Schwester Maximiliane von Arnim (1818–1894), Öl auf Leinwand, 35,5 × 31 cm, Frankfurter Goethe-Museum Inv.-Nr. IV-1951-006.
53 Im Mai 1851 finden zwei letzte Sitzungen statt. Dokumente aus der Geschichte des *Kaffeter* befinden sich im Archiv des Frankfurter Goethe-Hauses. Der Verbleib des Andersen-Porträts ist unbekannt.
54 Öl auf Leinwand, 119 × 96 cm, Klassik Stiftung Weimar.
55 Journal des Luxus und der Moden, März 1810, S. 313; Öl auf Leinwand, 76,5 × 60 cm, 1810, Nationalgalerie Berlin Inv.-Nr. A I 1127; Gotha/Konstanz, S. 106, C 3; S. 105, C2, Tafel 13.
56 Öl auf Leinwand, 77,5 × 60,5 cm, 1821, Staatliche Museen zu Berlin, Preußischer Kulturbesitz, Alte Nationalgalerie, Inv.-Nr. A II 352; Gotha/Konstanz, 1999, S. 105, C1.
57 Titel auch: Die schöne Gärtnerin, Öl auf Pappelholz, 122 × 80 cm, Unterhalb der Darstellung signiert und datiert *RAPHAELLO URB*. MDVIII, 1507, Musée du Louvre Paris Inv.-Nr. 602.
58 Peper, Hans: Karoline Bardua. In: Mitteldeutsche Lebensbilder. 2. Band: Lebensbilder des 19. Jahrhunderts. Magdeburg 1927, S. 107–116; Rumpf, Josefine: Bardua, Karoline. In: NDB, Bd. 1, 1953, S. 587; Wilhelmy-Dollinger, Petra: Caroline und Wilhelmine Bardua, zwei namhafte Ballenstedterinnen. Kulturhistorische Schriften Ballenstedt. 1. Ballenstedt 1993; Thieme/Becker, Bd. 2, 1908, S. 490; AKL, Bd. 7, 1993, S. 42; Kovalevski, Bärbel: Caroline Bardua. In: Dictionary of Women Artists. Hg von Delia Gaze, Chicago, London, Bd. 1, 1997, S. 209–212; dies. In: Gotha/Konstanz, 1999, S. 240–241; Nagler, Bd. 1, 1924 (Nachdruck), S. 266–267; Creutz, M.: Caroline Bardua. In: Die Heimat, Krefeld, 7, 1928, S. 62; Bröhan, Margit: Die Malerin Caroline Bardua in Berlin. In: Der Bär von Berlin, Jahrbuch 1984 des Vereins für die Geschichte Berlins, S. 25–29; Nicoïdski, 1996, S. 153.
59 Kleinlauth, 2009, S. 303.
60 Dieses wurde 1862 gegründet von Elena Cuza, Frau des Alexandru Ioan Cuza, dem ersten Fürsten Rumäniens.
61 Simache, N.I.: O graficană prahoveană unitată: Maria Zăgănescu, Hronic Prahovean. Ploieşti 1971, S. 70.
62 Schmidt, Hildegard Emilie: Die Förde-

rung von Bildung und Kultur in Rumänien durch die Königin Elisabetha geb. Prinzessin zu Wied (Carmen Sylva 1843–1916). Neuwied 1983; Kallestrup, 2006, S. 35.
63 Kallestrup, 2006, S. 34, 207; Rotarescu, Rodica: Nationalmuseum Peleş – Sinaia, Rumänien. Sinaia 2009; Lindenberg, 1913, S. 30–42, 113.
64 Zu der Allegorie der Musik ist ein Brief der Künstlerin vom 23. Oktober 1890 an die königliche Verwaltung erhalten, in dem sie fragt, wieviel der König für dieses Gemälde zahlen möchte. ASB, fond Castele si Palate, dos. 19/1890.
65 Kallestrup, 2006, S. 35–36, 27–31.
66 Kunst und Künstler, 1904, S. 269–272.
67 Bröhan, Margrit: „... ihre Arbeiten sind stets mit dem Maßstab gemessen worden, den man an Männerwerke zu legen gewohnt ist.": Dora Hitz. In: Wertheim, 2012, S. 38, Abb. 29.
68 Katalog der Ausstellung: Palais des Champs-Elysées, Paris 1886, No. 1199 Gardeuse de Chèvres, No. 1200 Pensive.
69 Kleinlauth, 2009, S. 305.
70 Ebd., S. 304.
71 Öl auf Leinwand, 126 × 114 cm, 1907, Privatbesitz; Bröhan, Margrit. In: Berlin, 1992, S. 53, Abb. 28; dies. In: Jürgs, 2001, S. 185; Wertheim, 2012, S. 36.
72 Zusammen mit der Bildhauerin Henny Geiger-Spiegel sowie den Malern Curt Herrmann und Philipp Franck, die im November 1894 im Salon Schulte in Berlin ausstellen.
73 Hitz, Dora: Skizzen. In: Die Zukunft, Bd. 43, 1903, S. 35–39.
74 Öl auf Leinwand, 138 × 174 cm, vor 1910, Stiftung Stadtmuseum Berlin, Inv.-Nr. VII 96/65 x; Wertheim, 1912, S. 36, 46–47, Abb. 38; Scheffler, Karl: Berliner Secession. In: Kunst und Künstler, Heft 8, 1910, S. 435–451, zit. S. 446.
75 Bröhan, Margrit. In: Berlin, 1992, S. 49–57; dies.: „... ihre Arbeiten sind stets mit dem Maßstab gemessen worden, den man an Männerwerke zu legen gewohnt ist.": Dora Hitz. In: Wertheim, 2012, S. 34–49; dies.: Bröhan, Margrit: Dora Hitz (1856–1924). In: Jürgs, 2001, S. 180–192; Meier-Graefe, Julius: Dora Hitz. In: Die Zukunft, Bd. 10, 1895, S. 90–93; Lindenberg, 1913, S. 94–136; Rostosky, Gertraud: Gedenkblatt für Dora Hitz. In: Nürnberger Hefte, H 4, 1949, S. 9–10; Bielefeld, 2013, S. 170, 214–215, 219; Berlin, 2015, S. 97; Scheffler, Karl: Dora Hitz. In: Kunst und Künstler, Jg. 14, H. 8, 1915/16, S. 383–388; Dietrich, W.: Zwei Künstlernaturen. In: Die Zukunft, Bd. 14, 1896, S. 69–73; Rosenhagen, Hans: Dora Hitz. In: Velhagen & Klasings Monatshefte, 1924, S. 646–656; Voß, 1895, S. 234 ff; Thieme/Becker, Bd. 17, 1924, S. 153; AKL, Bd. 73, 2012, S. 384–385; Kollwitz, Käthe: Gedenkwort an Dora Hitz. In: Sozialistische Monatshefte. H. 1, Berlin 1925, S. 29; Kallestrup, 2006, S. 34–35.
76 Öl auf Leinwand, 136 × 92,5 cm, 1894, Privatbesitz Berlin; Bielefeld, 2013, S. 170–171, S. 214, Abb. 110.
77 Bröhan, Margrit. In: Berlin, 1992, S. 57, Abb. 32.
78 Kallestrup, 2006, S. 35.
79 Bröhan. In: Jürgs, 2001, S. 180. 19 Werke von Dora Hitz tauchten in den letzten Jahren in Versteigerungen auf. Sie befinden sich heute in der Alten Nationalgalerie, im Stadtmuseum Berlin, im Nationalmuseum Bukarest, Städel-Museum Frankfurt am Main, Museum der bildenden Künste Leipzig, Museum Behnhaus/Drägerhaus Lübeck, Universitätsmuseum Marburg, Wiesbaden Museum sowie in Privatbesitz.
80 Kleinlauth, 2009, S. 312.

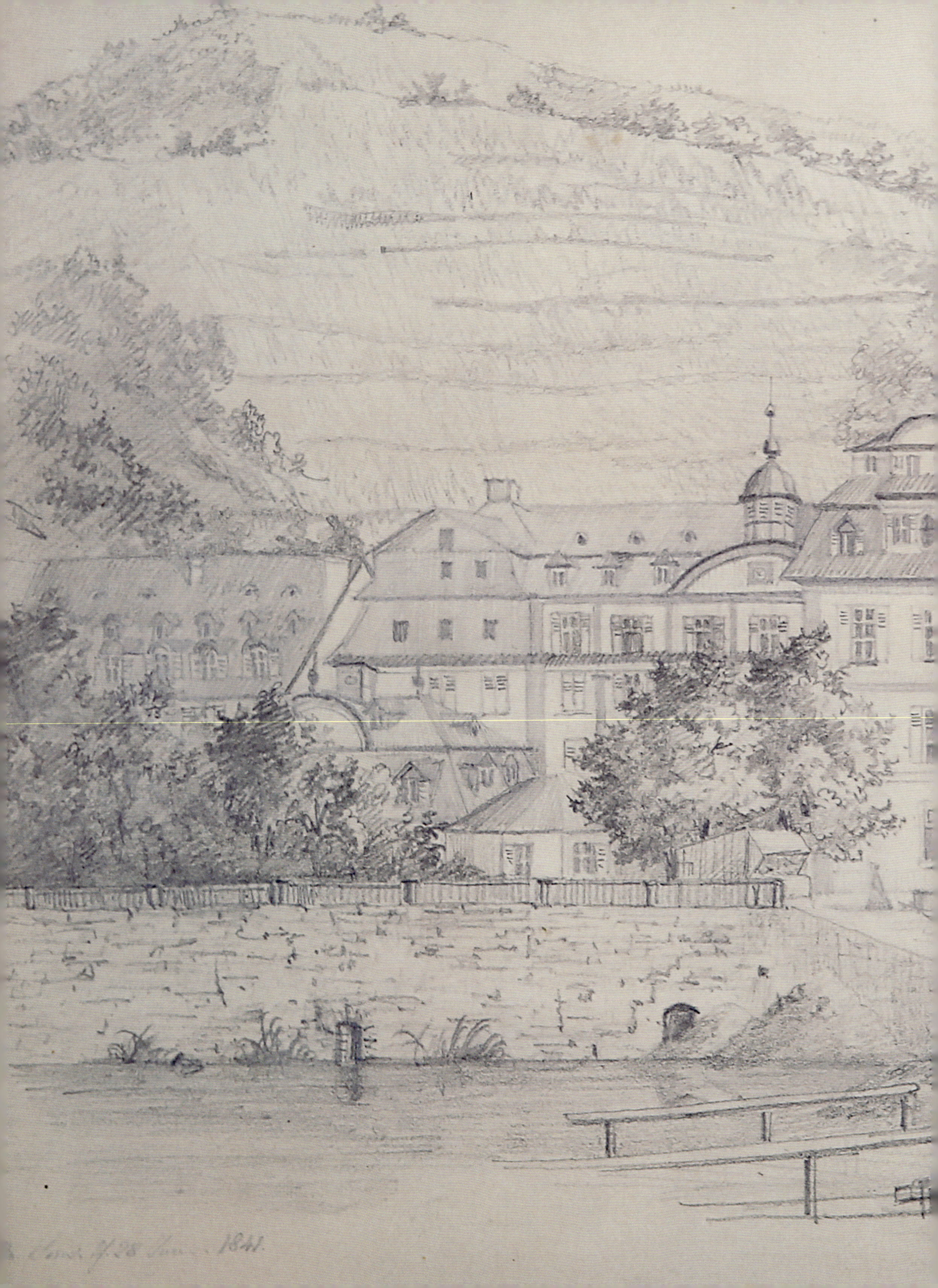
1841.

KATALOG

KAT.-NR. 1

Alexandra von Berckholtz
BARBARA VON BERCKHOLTZ
Öl auf Leinwand
64,5 × 53 cm
Verso bezeichnet *Barbara von Berckholtz / geb. Schroeder. / geboren 1. April 1785 / – 23. Februar*
Verso Mitte *Alexandra von Berckholtz / pinxit 1859*

Museum im Ritterhaus Offenburg Inv.-Nr. 3238

Lit.: Kähni, 1957, S. 48; Genealogisches Handbuch des Adels. Adelige Häuser B, Bd. VI, Bd. 32, Bearb. v. Hans Friedrich von Ehrenkrook. Limburg an der Lahn 1964, Abb.; Offenburg, 1984, Kat.-Nr. 48, S. 37; Vollmer, 1988, S. 92, Abb. S. 88; Karlsruhe/Villingen-Schwenningen, 1995, S. 411, Abb. S. 238; Schmidt-Liebich, 2005, S. 44.

Barbara von Berckholtz, die Mutter der Künstlerin, wird am 20. März 1785 in Riga geboren. Am 21. Juli 1807 heiratet die Bürgerstocher Barbara Schröder den Großkaufmann Gabriel Leonhard von Berckholtz im Dom zu Riga. Die Aussteuer der Braut beträgt 10.000 Silberrubel, die ihr Mann später erneut in seinem Testament erwähnt. Ihre Mutter ist Anna Catharina von Wels (16. Juli 1751–10. Mai 1812), ihr Vater der Stadtwäger Johann Schröder (13. August 1745–8. September 1815). Die Stadtwaage befindet sich in Riga bis 1864 auf dem *Herder-Platz*, der in dem Jahr anlässlich der Hundertjahrfeier der Ankunft Johann Gottfried Herders in Riga umgestaltet wird. Auf diesem platziert man später an Stelle der Stadtwaage eine Herder-Büste nach einem Abguss des Denkmals in Weimar.

Barbaras Schwester Elisabeth heiratet den Kaufmann Georg Pohrt (geboren am 15. Juli 1765). Das Paar hat vier Kinder: den Wettgerichtssekretär Carl, den Assessor Albert, die Stifterin eines Familienlegats, Emma (gestorben 1876) und Caroline Pohrt, die den Gutsbesitzer Peter Pander heiratet. In ihrem Testament hinterlässt Alexandra von Berckholtz ihrem Cousin Albert Pohrt in Riga 15.000 Mark.

Barbara von Berckholtz bringt acht Kinder zur Welt: Anna Natalie von Moltke (1808–1836), Sophie von Moltke (1810–1878), Olga (1811–1858), Elisabeth Offensandt von Berckholtz (1813–1892), Jacob Johann (1815–1887), Barbara (1817–1820), Gabriel Leonhard (1819–1821) und Alexandra (1821–1899).

Barbara von Berckholtz stirbt am 23. Februar 1859 in Ortenberg, ein Datum, das ihre Tochter Alexandra mit „Sterbetag meiner theuren vielgeliebten Mutter" in ihrem Kalender vermerkt. Am 25. Februar erfolgt „die Einsegnung der Leiche meiner theueren Mutter in Carlsruhe 6 Uhr abends" und einen Tag später die „Beisetzung der Leiche meiner theueren Mutter in der Familiengruft in Ortenberg".

Lit.: Berkholz, 1883, S. 12–13; Archiv der Berckholtz-Stiftung, Karlsruhe; www.liveriga.com, 30. Juni 2016; Generallandesarchiv Karlsruhe Inv.-Nr. 270-5 Karlsruhe IV Nr. 29446; StAO, Berckholtz-Nachlass.

Abb. 267 – Barbara von Berckholtz, Fotografie, 1859, Stadtarchiv Karlsruhe Inv.-Nr. 8/PBS oIII 1236.

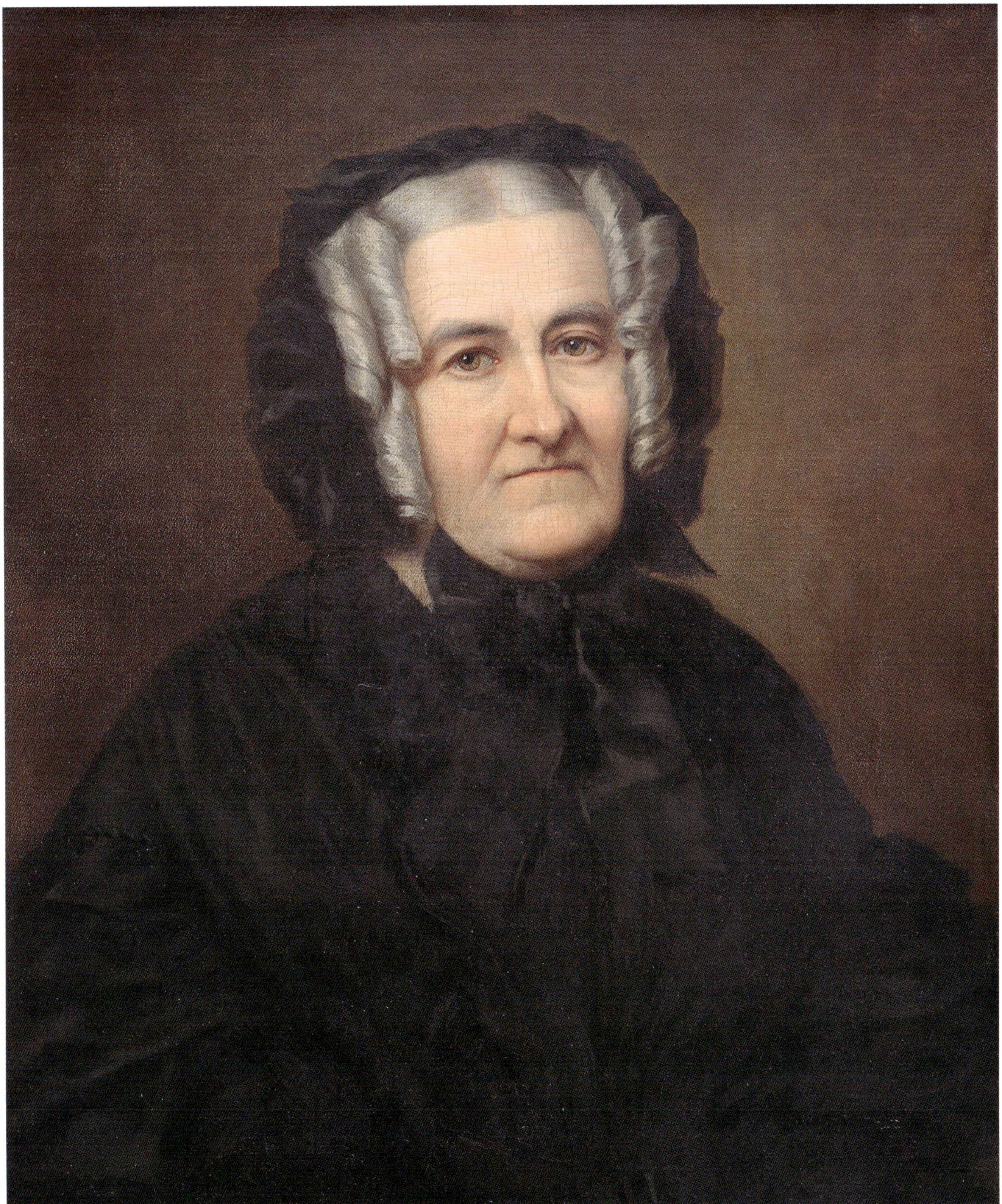

KAT.-NR. 2

Alexandra von Berckholtz
BARBARA VON BERCKHOLTZ
Öl auf Leinwand
65 × 54 cm
1850

Privatbesitz in Estland

Lit.: unveröffentlicht

Die Mutter der Künstlerin ist das am häufigsten dargestellte Mitglied der Familie von Berckholtz, von der sechs Bildwerke bekannt sind. Neben einer kurz vor ihrem Tod 1859 aufgenommenen Fotografie (Abb. 267) zeigt sie eine Lithografie nach einem 1835 entstandenen Gemälde von Gustav Nehrlich zusammen mit ihrem Mann und ihrem Sohn (Abb. 63). Des Weiteren porträtiert Nehrlich Barbara von Berckholtz im Jahre 1855 in einer detaillierten Bleistiftzeichnung im Brustbild und im Viertelprofil nach rechts (Abb. 268). Großes Augenmerk legt der Künstler neben Physiognomie und Frisur auf die Kleidung der Kaufmannsgattin. Auf ihrem Kopf sitzt eine hohe Haube, die sie als verheiratete Frau ausweist, und an der rechts und links neben dem Gesicht zwei lange Bänder herunterhängen. Barbara von Berckholtz trägt ein hochgeschlossenes Tageskleid nach der neuesten Mode der Zeit, dem „zweiten Rokoko", hier charakterisiert durch das Mieder. Detailliert zeichnet Nehrlich das in der Taille durch einen breiten Gürtel zusammengehaltene Oberteil des Kleides mit voluminös gebauschten Bischofsärmeln, die zu der Zeit wie die Röcke mit Schienen verstärkt werden. Die Kleidung der Mater Familias verweist auf ihre gesellschaftliche Stellung. Die Strenge des Bildaufbaus lockert der freundliche Gesichtsausdruck der Dargestellten auf, mit dem sie dem Betrachter gegenübertritt. Dieses detailliert ausgeführte Abbild könnte als Vorlage für ein Gemälde gedient haben.

Louis Wagner stellt uns Barbara von Berckholtz in anderer Perspektive und im Profil nach rechts in einer undatierten Bleistiftzeichnung in Halbfigur vor (Abb. 13). Nach dem Schnitt des Kleides zu urteilen, ist das Porträt wohl vor 1850 entstanden. Die gerüschten Ärmel liegen enger am Oberarm an als auf dem Nehrlich-Bildnis von 1855. Das Decolleté ziert die Berthe, ein Schulterkragen mit breiten Rüschen am Saum.

Aus der Hand ihrer Tochter sind bislang drei Gemälde der Barbara von Berckholtz bekannt. Das in Offenburg befindliche (KAT.-NR. 1) gelangte um 1930 in den Bestand des Museums im Ritterhaus aus dem Besitz der Verwandten Olga von Förster (1873–vor 1957) aus Heidelberg. Auf diesem trägt die Mutter der Künstlerin eine Haube und ein Kleid in Schwarz, da im Jahr zuvor 1858 ihre Tochter Olga im Alter von 47 Jahren verstarb. Ihr Gesichtsausdruck und ihre leicht gebückte Haltung spiegeln ihre Trauer wider.

Aufrecht sitzend tritt uns Barbara von Berckholtz auf einem neun Jahre vorher entstandenen Gemälde gegenüber, das am 8. Mai 2010 bei Winterberg-Kunst in Heidelberg in der Auktion 80 unter der Katalognummer 353 versteigert wurde und sich heute in Privatbesitz in Estland befindet.

Das Bild war bereits unter der Nummer 1020 in der Auktion 57 am 16. Oktober 1998 angeboten worden.

Zu einem dritten Gemälde in Öl auf Leinwand aus den Jahren 1844/45 ist der Verbleib unbekannt. Am 29. November 2003 ver-

Abb. 268 – Gustav Nehrlich, Barbara von Berckholtz, Bleistift auf Papier, 20,5 × 15,1 cm, 1855, links unterhalb *G. Nehrlich*, StAO Inv.-Nr. 26/02/018.

kaufte Karrenbauer in Konstanz unter der Nr. 1504 ein Bildnis mit dem Titel *Grossmutter Berckholtz von Offensandt-Berckholtz*. Zu dieser Versteigerung liegen dem Auktionshaus heute keine weiteren Daten mehr vor. Jochen Schmidt-Liebich nimmt an, dass es sich bei diesem auch um eine Darstellung der Mutter der Künstlerin handeln könnte und wohl um das Werk, an dem Alexandra von Berckholtz auf dem durch Louis Wagner gezeichneten Porträt (Abb. 1) gerade malt.

Lit.: Thiel, 2000, S. 342–343; Wischniewski, 1996, S. 34, 37–38; Schmidt-Liebich, 2005, S. 44.

KAT.-NR. 2

KAT.-NR. 3

Alexandra von Berckholtz
GABRIEL LEONHARD VON BERCKHOLTZ
Öl auf Leinwand
64 × 53 cm
Verso bezeichnet *Leonhard von Berckholtz / geboren 1781*
Rechts unten auf der Rückseite *Alexandra von Berckholtz / pinxit 1859*

Museum im Ritterhaus Offenburg Inv.-Nr. 3237

Lit.: Genealogisches Handbuch des Adels. Adelige Häuser B, Bd. VI, Bd. 32, Bearb. v. Hans Friedrich von Ehrenkrook, Limburg an der Lahn 1964; Kähni, 1957, S. 48, Abb.; ders., 1970, S. 165; ders./Huber, 1951; Offenburg, 1984, Kat.-Nr. 47, Abb. 10, S. 13, 36; Vollmer, 1988, S. 88, Abb. 83; Drewes, 1994, S. 67, 203, Nr. 72; Karlsruhe/Villingen-Schwenningen, 1995, S. 411, Abb. S. 239; Schmidt-Liebich, 2005, S. 4; Gegg, 2013.

Gabriel Leonhard von Berckholtz wird am 5. September 1781 in Riga geboren. Sein Vater ist der Kaufmann Jacob Johann (15. Dezember 1750 Riga–28. April 1812 Riga) und seine Mutter Sophie Berner (6. Januar 1750 Riga–7. Juli 1825 Riga). Er hat fünf Geschwister: Jacob Johann (12. März 1783 Riga–23. Juli 1856 Paris), die mit dem Kaufmann Justus Blankenhagen in Riga verheiratete Gertrud (23. August 1784 Riga–12. September 1866), den Leutnant Georg Friedrich (5. Februar 1786–gefallen 1812), Christian Heinrich (19. September 1787–7. März 1790) und Juliane (30. Oktober 1791 Riga–12. Juli 1880 Bilderlingshof/Riga), die mit dem Kaufmann Johann Anton Rücker verheiratet ist.

Innerhalb der Entwicklung des Adelsporträts steht Alexandra von Berckholtz' Bildnis ihres Vaters aus dem Jahr 1859. Das Brustbild steht im Gegensatz zu den zeitgenössisch teilweise noch verbreiteten Konventionen der Darstellung eines Herrschers oder Adligen in Ganzfigur, in festlicher Kleidung oder in Uniform, in einem Thronsaal zusammen mit Würdemotiven und Attributen, deren sich vor allem Franz Xaver Winterhalter bedient. Sie rückt ihren Vater auf ihrem Bildnis in die Nähe des Betrachters, zu dem der Freiherr in Blickkontakt steht. Er hat sich auf einem Stuhl niedergelassen, ist in einen dunklen Anzug gekleidet und erscheint in seiner ruhigen Ausstrahlung würdevoll und menschlich. Ein Lichteinfall von links außerhalb des Bildfeldes unterstreicht das Gesicht als Zentrum der psychologischen Charakterisierung des Freiherrn.

Bereits während der Renaissance finden sich Belege für Porträts von in den Adelsstand erhobenen Kaufleuten. Im Russischen Reich durften gemäß der Verfassung von 1875 den erblichen Adel Großhändler, Reeder oder Bankiers erst ab der dritten Generation beantragen. Ein Beispiel aus der Renaissance ist das Bildnis Giovanni Arnolfinis aus der Hand des Hofmalers des Herzogs von Burgund Jan van Eyck (1390–1441) (Öl auf Holz, 30 × 21,6 cm, Gemäldegalerie Staatliche Museen zu Berlin).

Abb. 269 – Alexandra von Berckholtz, Gabriel Leonhard von Berckholtz, Bleistift auf Papier, 21 × 13,3 cm, 1860, Skizzenbuch von 1859/60, StAO Inv.-Nr. 26/21/017.

Auch er zeigt den in Brügge lebenden Vertreter eines Lucceser Handelshauses im Brustbild nach rechts und im Dreiviertelprofil nicht aus der Distanz. Der Geschäftsmann trägt eine Kappe und mit Pelz besetzte Kleidung, die seinen gesellschaftlichen Stand verdeutlicht. Das Tragen des Mantels und die zweimalige bildliche Darstellung durch van Eck war ihm nur durch seine vorherige Erhebung in den Ritterstand erlaubt.

Mit einer ähnlichen Kappe auf dem Kopf malt Hans Canon Gabriel Leonhard von Berckholtz im Jahre 1863 in Karlsruhe (Abb. 30) in nahbarer Haltung und mit im Gegensatz zu der dunklen Umgebung kontrastreich betontem Gesicht.

Vergleichbar sind der Ausschnitt, die Gewandung und die Haltung mit einer Zeichnung von Alexandra von Berckholtz von 1860 (Abb. 269). Wüsste man nicht, dass Canon den Freiherrn nach dem Leben malte, so könnte man beinahe vermeinen, dass Alexandras Zeichnung dem Maler als Vorlage gedient haben könnte.

Lit.: Berkholz, 1883, S. 7–10; Elias, Otto-Heinrich: Aufklärung, Revolution, Nation – Wegmarken baltischer Geschichte. In: ders., 2007, S. 23.

KAT.-NR. 3

KAT.-NR. 4

Alexandra von Berckholtz
Elisabeth Offensandt
Öl auf Leinwand
107 × 80 cm
Links unten signiert und datiert *A. v. Berckholtz. 1860*

Augustinermuseum Freiburg Inv.-Nr. 05807 B

Lit.: Meyer/Lücke/Tschudi, 1885, S. 586–587; Boetticher, 1891, S. 84; Falck, 1899; Zimmermann, 2004, S. 101, Abb. 24; Schmidt-Liebich, 2005, S. 44.

Das unter anderem in einem Nachruf auf Alexandra von Berckholtz in der *Düna-Zeitung* in Riga 1899 erwähnte Bildnis zeigt die Schwester der Künstlerin in ihrem 47. Lebensjahr. Elisabeth wird am 11. Oktober 1813 in Riga geboren und am 25. Januar 1814 im Dom zu Riga getauft. Am 19. Januar 1839 heiratet sie den in Mexiko tätigen Kaufmann und Bremer Staatsbürger Carl Ferdinand Offensandt (30. August 1803 Bremen–23. März 1857 Baden-Baden). Das Paar hat zwei Töchter und zwei Söhne: Barbara Emilie Alexandra, Sophie Natalie (7. Juli 1846–9. März 1848), Jakob Wilhelm Ferdinand und der am 22. Mai 1848 geborene Leonhard Carl Ferdinand, dessen Sterbetag wenige Wochen nach seiner Geburt unbekannt ist.

Dreißig Jahre nach dem Tod ihres Mannes und im Sterbejahr ihres Bruders beantragt Elisabeth den Adelsstand des Großherzogtums Baden für sich und ihre Nachkommen, da mit Jacob Johanns Ableben die Linie derer von Berckholtz im Mannesstamm erloschen ist. Mit dem durch Großherzog Friedrich I. verliehenen Diplom vom 6. Mai 1887 erhält sie den erblichen Adel und trägt ab sofort den Familiennamen Offensandt von Berckholtz. Sie stirbt am 1. April 1892 in Karlsruhe.

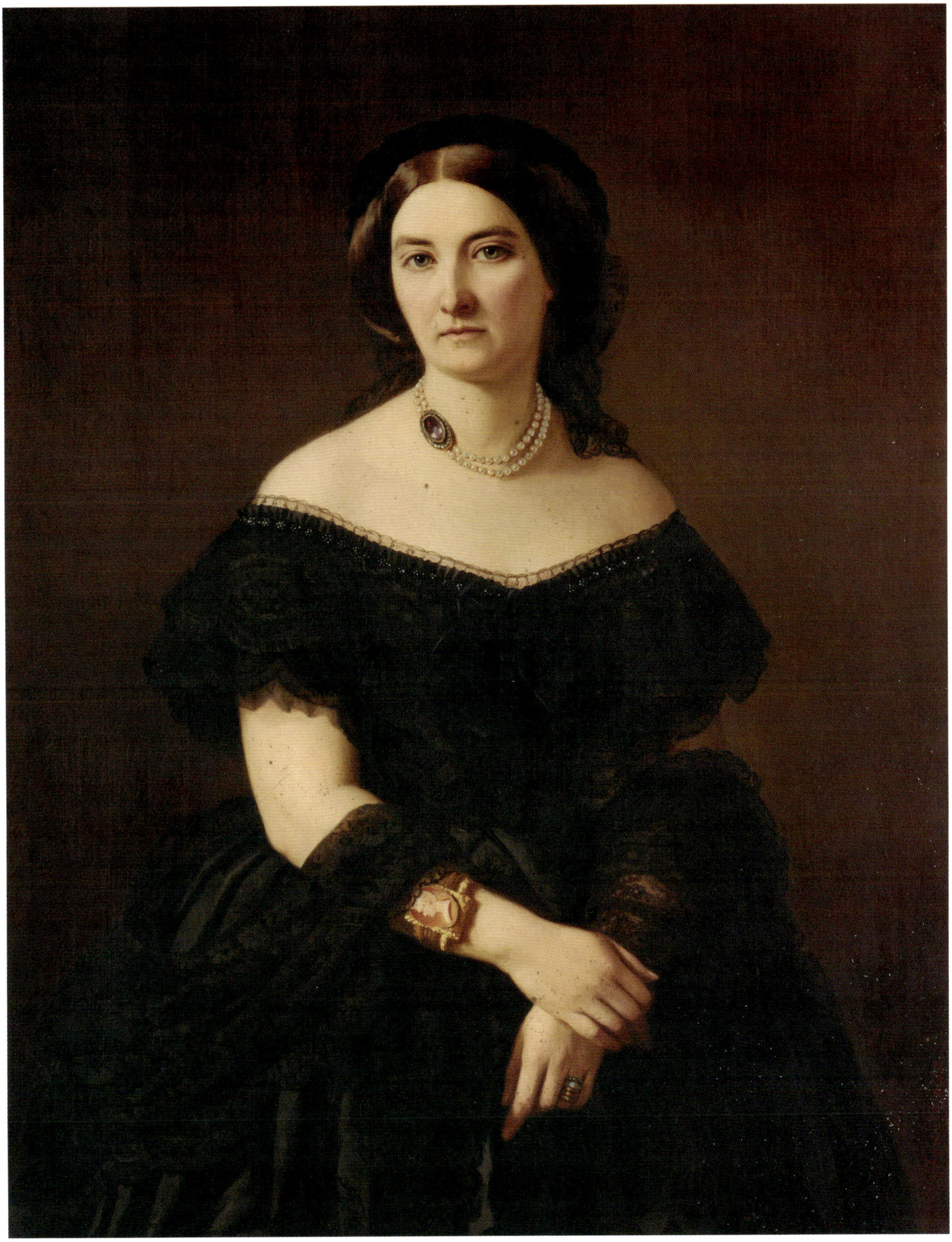

KAT.-NR. 5

Alexandra von Berckholtz
ELISABETH OFFENSANDT
Öl auf Pappe, auf Karton aufgezogen
20,6 × 15,8 cm / 24,3 × 19,3 cm
Rechts neben der Darstellung signiert und datiert *A v Berckholtz 1861*

Städtische Galerie Karlsruhe Inv.-Nr. 68/032

Lit.: unveröffentlicht

In der Städtischen Galerie in Karlsruhe befindet sich dieses bislang mit „Bildnis einer Dame im Festkleid" bezeichnete Porträt, auf dem ebenfalls Elisabeth von Berckholtz dargestellt ist. Auf dem unregelmäßig beschnittenen Unterlegekarton befinden sich rund um die Darstellung herum unterschiedlichste Farb- und Strichproben, was für eine Anlage des Bildes als Skizze spricht, obwohl es in allen Einzelheiten vollständig malerisch ausgearbeitet ist. Auf den ersten Blick könnte man aufgrund der Ähnlichkeit der Komposition, der Körperhaltung, des Gesichtsausdrucks sowie des Schmucks am Hals und Handgelenk darauf schließen, dass es sich um den Entwurf zu dem im Augustinermuseum Freiburg befindlichen Gemälde handelt. Dieses ist jedoch bereits im Vorjahr entstanden. Somit ist zu vermuten, dass das Bildnis als Vorstufe für ein weiteres großformatiges Ölporträt der Schwester oder aber auch für mehrere Kopien ein- und desselben Bildnisses gedient haben könnte. Diesen Modus der Anfertigung mehrerer Kopien von einer Bildvorlage praktiziert auch Franz Xaver Winterhalter, wie beispielsweise sein erstes Porträt des Prinzen Albert von Sachsen-Coburg und Gotha (Abb. 207) von 1842 zeigt.

Lit.: Ev. Diakonissenanstalt Karlsruhe-Rüppurr Archiv Nr. 561, Ap. 1 Eli; www.lvva-raduraksti.lv/de/menu/lv/2/ig/1/ie/233/book/5773.html, 7. Juli 2016; Landeskirchliches Archiv Karlsruhe Bestand Berckholtz-Stiftung Abt. 163.02, Nr. 4, 9/5.

Abb. 270 – Elisabeth und Ferdinand Offensandt mit Alexandra von Berckholtz, Fotografie, 18 × 10 cm, StAO, Berckholtz-Nachlass.

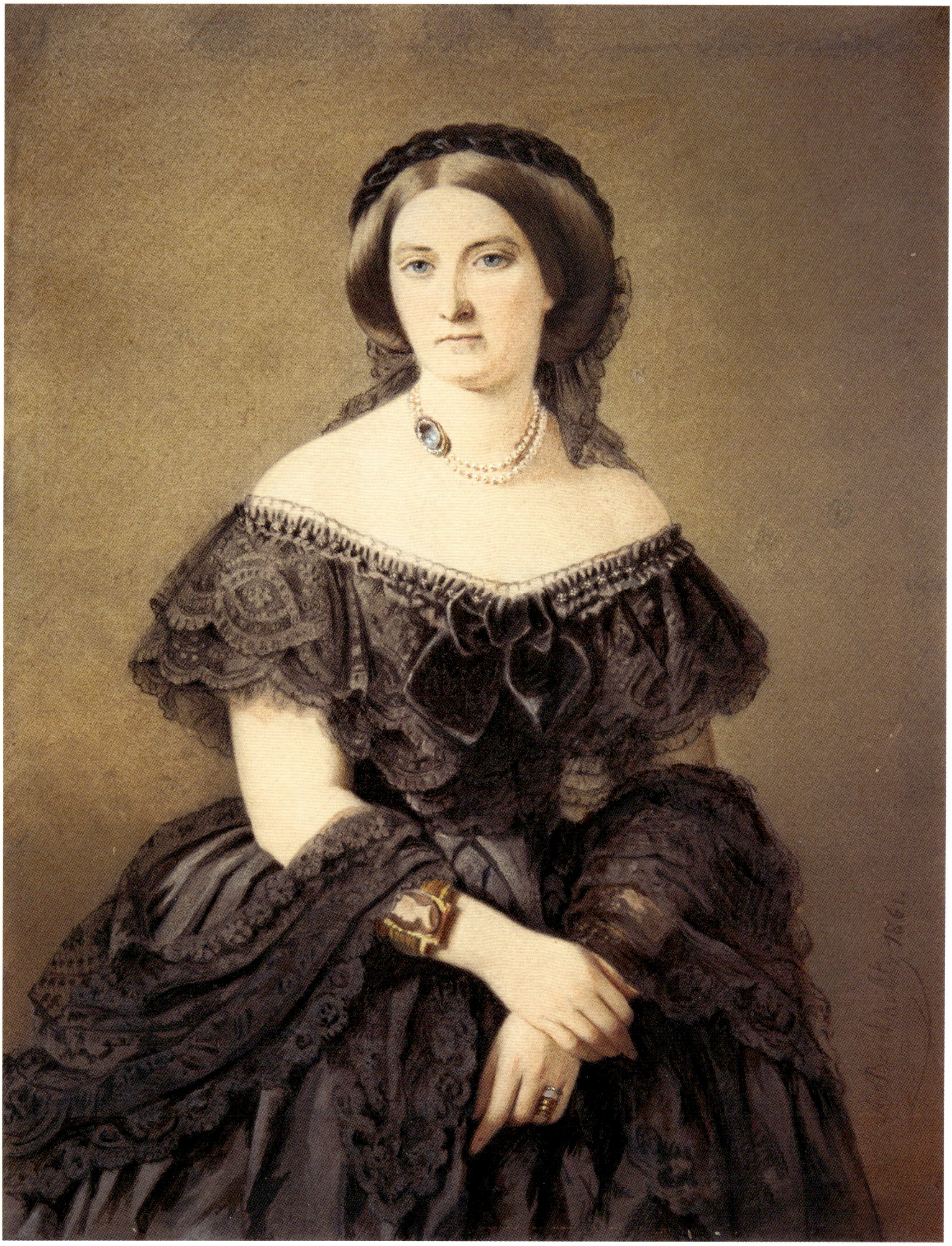

KAT.-NR. 6

Alexandra von Berckholtz
ALEXANDRA OFFENSANDT
Öl auf Leinwand
107 × 80 cm
Rechts unten signiert und datiert *A. Berckholtz. 1860*

Augustinermuseum Freiburg Inv.-Nr. 05808 B

Lit.: Meyer/Lücke/Tschudi, 1885, S. 586–587; Abendblatt Nr. 76 der Allgemeinen Zeitung vom 17. März 1899; Rigasche Stadtblätter, Nr. 51, 20. Dezember 1901; Holland, 1902, S. 368; Zimmermann, 2004, S. 101, Abb. 25; Schmidt-Liebich, 2005, S. 43.

Mehr noch demonstriert das Bildnis der Nichte Alexandra Offensandt eine enge Analogie zum Stil Winterhalters, in dessen Pariser Atelier 1845 Richard Lauchert mitarbeitet, der ab 1854 Alexandra von Berckholtz' künstlerischer Lehrer ist und sie stilistisch maßgeblich beeinflusst. Zwei Jahre zuvor malt Lauchert die 15-jährige Stephanie Prinzessin von Hohenzollern in Ganzfigur vor einem neutralen Hintergrund, dessen changierendes Kolorit einen landschaftlichen Horizont andeutet. Ruhig steht die Prinzessin, die am 18. Mai 1858 Peter V. König von Portugal (1837–1861) heiratet, in nach links gewandter Körperhaltung da und blickt am Betrachter vorbei. Sie trägt ein ausladendes Kleid mit großem Dekolleté, breiten spitzenbesetzten kurzen Ärmeln und enger Taille. Der Rock mit drei ebenfalls spitzenbesetzten Volants fällt in engen Falten bodenlang herunter. Nach der französischen Frisurenmode ist das Haar in der Mitte gescheitelt und nach hinten hochgesteckt; auf dem Kopf trägt die Dargestellte einen Blumenkranz. Ihre Arme hängen mit in Schoßhöhe übereinander gelegten Händen locker herunter, den linken Unterarm ziert ein breites Tuch aus Seidentaft.

Man wäre an dieser Stelle geneigt, bei der Beschreibung des im Besitz der Fürstlich Hohenzollernschen Sammlungen befindlichen Porträts zu denken, das hier abgebildete sei gemeint, so ähnlich erscheinen beide Damen in ihrer Inszenierung der Positur, Kopfdrehung und modischen Erscheinung. Der einzige Unterschied liegt in der Kadrierung und der Tatsache, dass die Nichte der Malerin im Ausschnitt der Halbfigur näher an den Betrachter herantritt.

Barbara Emilie Alexandra Offensandt wird am 13. Januar 1840 in Karlsruhe geboren und ehelicht am 28. August 1867 in Dresden den königlich-preußischen Major a. D., badischen Staatsminister und Gutsherren auf Lorettohof bei Freiburg Johann Ferdinand von und zu Bodman (31. Januar 1839 Karlsruhe–4. Februar 1920 Freiburg). Alexandra von und zu Bodman ist Ehrendame des bayerischen Theresienordens, der ab 1827 auf Initiative von Therese von Bayern (1792–1854), der Ehefrau König Ludwigs I., ins Leben gerufen und ursprünglich an unverheiratete adelige Damen verliehen wird. Nach einer standesgemäßen Verheiratung darf die entsprechende Dame den Orden weitertragen, ihre jährliche Rente von annähernd 100 Gulden entfällt jedoch. Zusammen mit ihrem Bruder Wilhelm stiftet Alexandra von und zu Bodman 1909 ein gemeinsames Grundstück an der Vorholzstraße Nr. 3548 in Karlsruhe zur Gründung eines Senioren-

Abb. 271 – Franz Neumayer, Alexandra Offensandt mit ihrer Mutter Elisabeth, Fotografie, 9,5 × 5,5 cm, Archiv der Berckholtz-Stiftung, Karlsruhe.

wohnheims für alleinstehende und pflegebedürftige Frauen, die heutige *Berckholtz-Stiftung*. Der Gemeinde Ortenberg hinterlässt sie in ihrem Testament eine Summe von 20.000 Mark. Nach ihrem Tod am 20. Februar 1921 in Freiburg im Breisgau gelangt ihr Porträt zusammen mit dem ihrer Mutter 1921 in den Bestand des Augustinermuseums Freiburg.

Lit.: Kaufhold, 1969, S. 6; Thiel, 2000, S. 321–322; Schreiber, Georg: Die Bayerischen Orden und Ehrenzeichen. München 1964; Landeskirchliches Archiv Karlsruhe, Bestand Berckholtz-Stiftung Abt. 163.02 Nr. 2/1–7; Ev. Diakonissenanstalt Karlsruhe-Rüppurr, Archiv, Nr. 561, Ap. 1; Ministerium des Innern, Akte No. 31615, vom 15. April 1921. Archiv der Gemeinde Ortenberg.

KAT.-NR. 6

KAT.-NR. 7

Alexandra von Berckholtz
OLGA VON BERCKHOLTZ
Öl auf Leinwand
58 × 49 cm
1845

Museum im Ritterhaus Offenburg Inv.-Nr. 87/38

Lit.: unveröffentlicht

Durch ihr Bildnis verleiht Alexandra von Berckholtz ihrer Schwester Olga ein Gesicht, eine äußere Erscheinung, eine Persönlichkeit und eine Identität und bewahrt sie somit vor dem Vergessen. Denn außerhalb ihres Geburtsdatums am 5. November 1811 in Riga, ihrem Sterbetag am 21. November 1858 in Ortenberg sowie ihrer dortigen Beisetzung am 27. November 1858 ist nichts Näheres über die unverheiratete Olga von Berckholtz bekannt. Zusätzlich ermittelt werden konnte ihr Taufeintrag im Dom zu Riga am 17. Februar 1812, der 15 Paten aufführt. Unter diesen befindet sich ein Ferdinand Hölterhoff aus New York, der Compagnon des Johann Christian Zimmermann (1786–1857) in Übersee und wohl ein Geschäftspartner von Olgas Vater und Großvater ist. Unter den Taufzeuginnen findet sich ein Fräulein Barclay de Tolly. Es handelt sich bei ihr um eine Verwandte des in Livland lebenden russischen Kriegsministers Michael Andreas Barclay de Tolly, der als Oberbefehlshaber der russischen Armee an wesentlichen Kriegen der Zeit teilnimmt. Eine Fürstin Barclay de Tolly ist am 11. Februar auch in Alexandras Kalender eingetragen.

Am 28. Oktober 1838 erhält Olga von Berckholtz zusammen mit ihrer Mutter sowie ihren Schwestern Alexandra und Elisabeth das Ehrenbürgerrecht der Gemeinde Ortenberg: „Gleich wie die Mauern der zerstörten Ruine sich wieder fest und stark erheben durch Ihres Herrn Vaters sichtigste Leitung nicht mehr der Schrecken der sorglosen Wanderer, die Pein der Armen, so mögen sie edle Sprößlinge eines so erlauchten Vaters der diesem Orte durch Aufbauung dieses Schloßes so viele Spenden gewährte, gleich diesen ragenden Thürmen fest und standhaft, und glücklich durch Ihres Herrn Vaters edle Tugenden sein. Wir können also unseren innigsten Dank auf keine andere Weise edler ausdrücken, als wenn wir, Sie! Hochwohlgeboren Hochzuverehrende in rubro genannte Familie als Mitglieder des Ehrenbürgerrechts feyerlichst ernennen." (Landeskirchliches Archiv Karlsruhe, Bestand Berckholtz-Stiftung Abt. 163.02, Nr. 5)

Das Bildnis der 34-jährigen Olga von Berckholtz gelangte nach der Auktion 35 bei Winterberg-Kunst in Heidelberg am 17. Oktober 1987 (Nr. 1637) in den Bestand des Museums im Ritterhaus Offenburg.

Es existierte noch ein weiteres Porträt der Olga von Berckholtz aus der Hand ihrer Schwester, das auf einer beschrifteten historischen Fotografie des Salons auf Schloss Ortenberg rechts an der Wand neben dem Abbild ihres Bruders über der Türöffnung zu sehen ist (Abb. 272). Dieses malte Alexandra ebenfalls im Ausschnitt des Brustbildes, auf dem sie ihre Schwester in einem anderen Kleid, mit umgelegtem Schultertuch und mit ähnlicher, dem Betrachter zugewandter Kopfhaltung zeigt. Es ähnelt einer 1847 entstandenen Porträt-Zeichnung Olgas in einem Skizzenbuch ihrer Schwester (Abb. 87), die eventuell als Vorlage für das Gemälde gedient haben könnte.

Lit.: Rigasche Stadtblätter, Nr. 8, 20. Februar 1812; http://www.lvva-raduraksti.lv/de/menu/lv/2/ig/1/ie/233/book/5773.html, 7. Juli 2016; Körner, Karl Wilhelm: Johann Christian Zimmermann: Ein deutscher Unternehmer in Übersee. In: Zeitschrift für Firmengeschichte und Unternehmerbiographie, 15. Jg., H. 6 (November/Dezember 1970), S. 282–295; Stackelberg, 1930, S. 274–276.

Abb. 272 – Salon des Schlosses Ortenberg, Fotografie, 22,9 × 17,2 cm, StAO, Berckholtz-Nachlass.

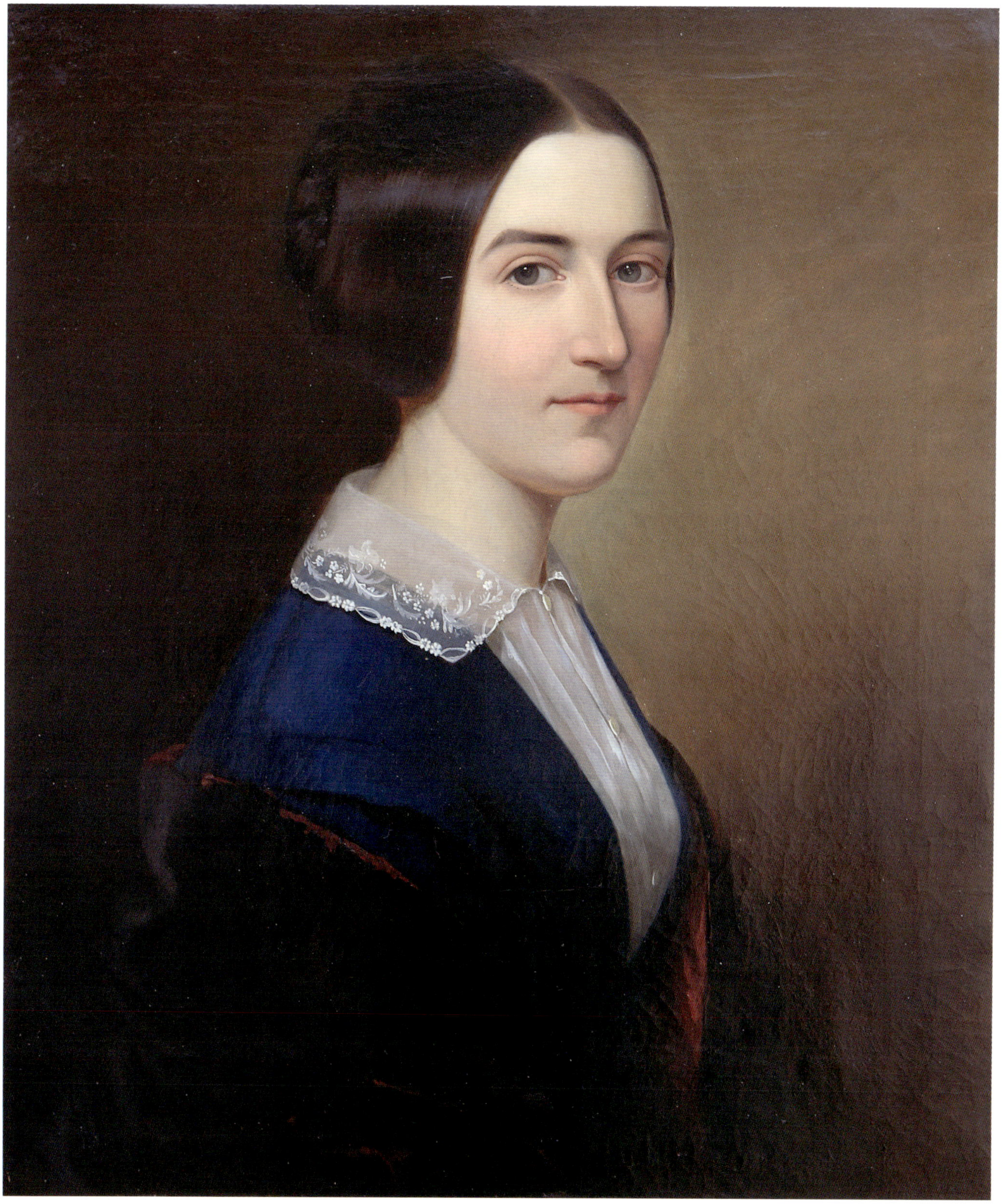

KAT.-NR. 8

Alexandra von Berckholtz
JACOB JOHANN VON BERCKHOLTZ
Öl auf Leinwand
84 × 75 cm
Um 1850

Gemeinde Ortenberg

Lit.: unveröffentlicht

Das auf der Fotografie zu erkennende Bildnis des Bruders befindet sich – zusammen mit dem Pendant seiner Frau Emma – im historischen Sitzungssaal des Rathauses in Ortenberg. 1987 verkaufte sie das Kurpfälzische Museum Heidelberg in einer Auktion, in der sie der Ortenberger Bürgermeister Hermann Litterst erwarb. In das Museum gelangten sie aus dem Besitz Olga von Försters aus Heidelberg, der Urgroßnichte Gabriel Leonhard von Berckholtz'.

Nahezu plastisch modelliert erscheint Jacob Johann von Berckholtz im Büstenporträt und im Viertelprofil nach links. Im Hintergrund ist links im Bildfeld im Abendrot Schloss Ortenberg als Silhouette angedeutet.

Jacob wird am 4. Mai 1815 in Riga geboren. Dort wird er am 25. Juli 1815 im Dom getauft. Am 15. März 1887 verstirbt er in Karlsruhe. Eine 1840 aufgenommene Zeichnung zeigt ihn in der Uniform des 2. Württembergischen Reiterregiments und sitzend in Halbfigur, im Dreiviertelprofil nach rechts mit Blick zum Betrachter und im Alter von 25 Jahren (Abb. 273). Das Bildnis ist links unten signiert und datiert: *Kuntz fec. / 1840*. Stilistische Analogien lassen auf den Porträt- und Landschaftsmaler Rudolph Kuntz aus Karlsruhe schließen, den Alexandra von Berckholtz aus dem Karlsruher Künstlerkreis persönlich kennt. Am 29. Januar 1840 ernennt Friedrich Wilhelm Graf von Bismarck, Generalkommandeur der Königlich Württembergischen Reiterei, im Namen des Königs von Württemberg Wilhelm I. (1781–1864) Jacob Johann von Berckholtz zum Leutnant des Reiterregiments, über das er ab dem 18. April 1840 das Kommando führt.

Der Name Jacob Johann von Berckholtz findet sich des Weiteren in der Ausgabe Nr. 72 der *Düna Zeitung* vom 29. März 1891 in einer Notiz mit dem Inhalt, dass die *Gesellschaft für Geschichte und Altertumskunde der Ostseeprovinzen Rußlands* in Riga von einem Herrn Eck ein Miniaturporträt des Jacob Johann von Berckholtz erhielt. Jakob Johann Eck war ab 1825 als Sekretär im Handelshaus *Jacob Johann Berckholtz & Comp.* tätig. Angesichts dieser Tatsache und im Hinblick auf den häufig vorhandenen Vornamen Jacob Johann innerhalb der Familie von Berckholtz, könnte es sich auch um ein Bildnis des Großvaters handeln.

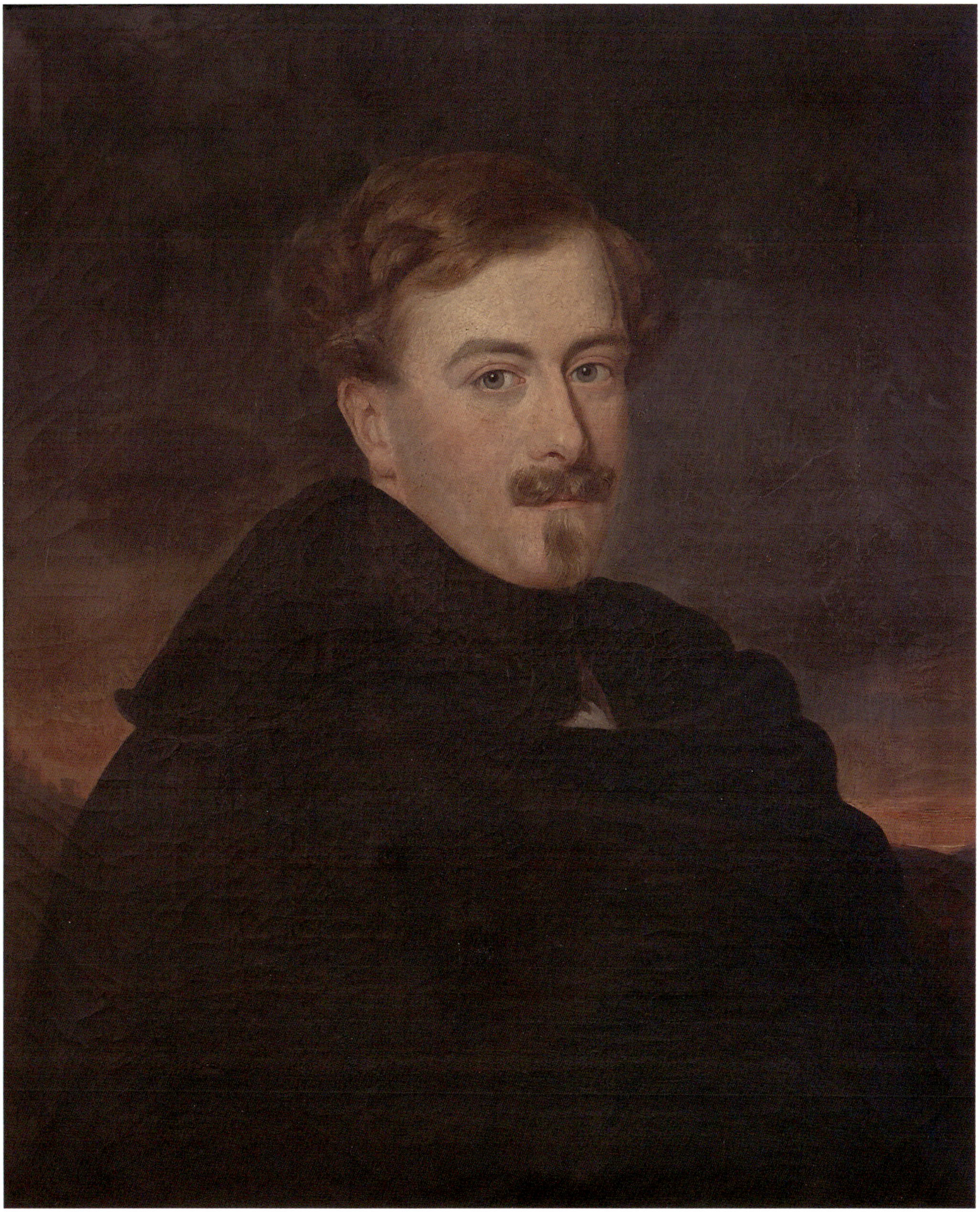

KAT.-NR. 9

Alexandra von Berckholtz
EMMA VON BERCKHOLTZ
Öl auf Leinwand
72 × 80 cm
Links unten monogrammiert und datiert *A. B. f. 1850*

Gemeinde Ortenberg

Lit.: unveröffentlicht

Am 15. Oktober 1849 heiratet Emma Dorothea Wilhelmine Offensandt (18. Mai 1829 Bremen–6. Oktober 1851) Jacob Johann von Berckholtz auf Schloss Ortenberg. Ihre Witwenrente beträgt 60.000 Gulden, und als Aussteuer erhält sie 15.000 Gulden von ihrem Vater, der der Schwager ihres Mannes ist, der Bremer Kaufmann Carl Ferdinand Offensandt. Emma ist das einzige Kind aus dessen erster Ehe mit Luise Mohr (12. Mai 1800–16. Mai 1830 Bremen). Emma und Jacob von Berckholtz wird am 2. Februar 1851 ebenfalls ein einziges Kind geboren, Jacob Leonhard Carl, der im Alter von drei Jahren und genau am Todestag seiner Mutter, am 6. Oktober 1854, verstirbt. Am 9. Oktober wird er in der Familiengruft in Ortenberg beigesetzt, wovon Alexandras Kalender zeugt.

Lit.: Vollmer, 1989, S. 98; Rigasche Zeitung, Nr. 31, 3. August 1815; www.lvva-raduraksti.lv/de/menu/lv/2/ig/1/ie/233/book/5773.html, 7. Juli 2016; Landeskirchliches Archiv Karlsruhe, Bestand Berckholtz-Stiftung Abt. 163.02, Nr. 4/1–9; Staatsarchiv Bremen Sign. 2-P.8.A.10.c.4. Bd.1; Generallandesarchiv Karlsruhe Inv.-Nr. GLA 233 No. 27184; StAO, Berckholtz-Nachlass.

Abb. 273 – Rudolph Kuntz, Jacob Johann von Berckholtz, Repro nach dem verschollenen Original in Bleistift auf Papier, 50 × 38,7 cm, Gemeinde Ortenberg.

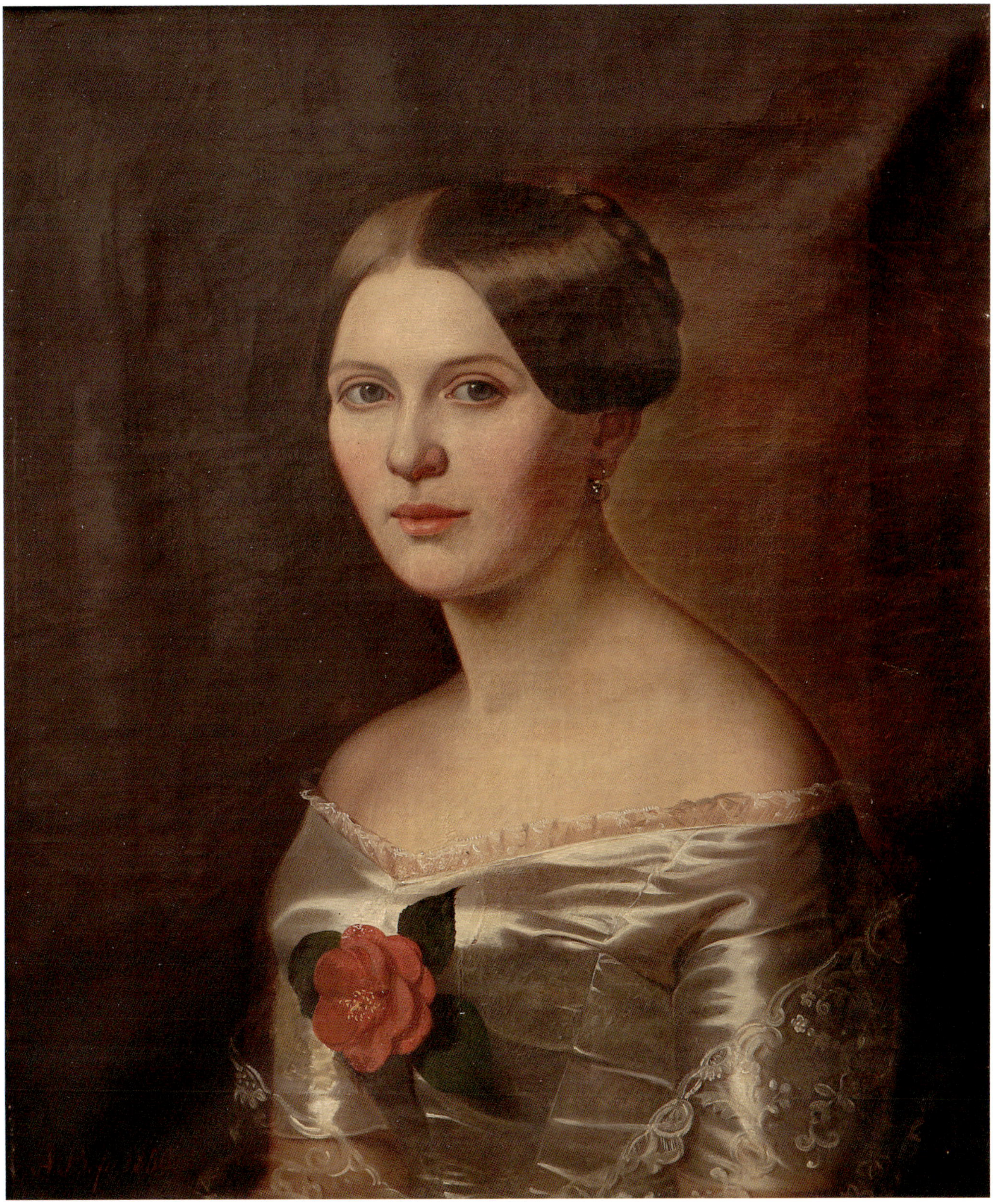

KAT.-NR. 10

Alexandra von Berckholtz
JOHANN HEINRICH NEESE
Öl auf Leinwand
60,5 × 48,5 cm
Rechts unten monogrammiert und datiert *A. v. B. 1856*

Museum im Ritterhaus Offenburg Inv.-Nr. 362

Lit.: Kähni, 1957, S. 48; Karlsruhe/Villingen-Schwenningen, 1995, S. 411, Abb. S. 240; Offenburg, 1984, Kat.-Nr. 49, S. 37; Schmidt-Liebich, 2005, S. 44.

Neben dem Porträt des Vaters der Künstlerin hängt im Museum im Ritterhaus in Offenburg das Bildnis eines weiteren Herrn, den Alexandra von Berckholtz auch im Ausschnitt des Büstenporträts und im Viertelprofil malte. Er blickt ebenfalls in Richtung des Betrachters und strahlt aufgrund seiner aufrechten Haltung eine ähnliche Würde wie Gabriel Leonhard von Berckholtz aus. Es handelt sich bei dem hier Porträtierten um Johann Heinrich Neese, den Diener der Familie, der später vor allem als Sekretär und Vermögensverwalter tätig ist. Der 1795 in Riga geborene Neese wandert 1825 zusammen mit der Familie von Berckholtz ins Ausland aus. Am 3. Juli 1885 verstirbt er in Karlsruhe und erhält am 4. Juli sogar einen Nachruf in den *Rigaschen Stadtblättern*. Alexandras Vater betrachtet ihn zeitlebens wohl auch als engen Vertrauten, denn in seinem Testament vererbt er: „In Karlsruhe meinem lieben Freund Herrn Johann Neese 6.000 Gulden." (Archiv Berckholtz-Stiftung, Karlsruhe). Bestattet wird Johann Heinrich Neese auf der Gruft der Familie von Berckholtz auf dem Bühlwegfriedhof in Ortenberg.

Neeses Bildnis erscheint aufgrund der hohen Stirn und des reflektierenden Blicks wie ein Gelehrtenporträt der Zeit. Ähnlich ist es in seiner Umsetzung dem des Johann Leonhard Hug (1765–1846) von Marie Ellenrieder (Abb. 274). Der Freiburger Theologe und Professor für Orientalistik förderte die Malerin künstlerisch, auch hinsichtlich einer stärkeren Orientierung zum Porträt in Halbfigur.

Ungewöhnlich für die Zeit ist es, seine Diener zu porträtieren. Dennoch finden sich vereinzelte Bildwerke, die Bedienstete zeigen, vor allem in den Fällen, in denen eine emotionale und freundschaftliche Beziehung zur Herrschaft bestand. 1856 fotografiert William Bambridge (1819–1879) Sarah „Sally" Forbes Bonetta (13,3 × 11,8 cm, im Besitz Ihrer Majestät Königin Elizabeth II., Royal Collection Trust Inv.-Nr. 2906613), die Tochter eines Stammeshäuptlings im westafrikanischen Staat Dahomey, die ab ihrem fünften Lebensjahr Sklavin des dortigen Königs Gézo ist. Dieser schenkt sie dem britischen Gesandten Captain Frederick Forbes (1818–1878), der nach Dahomey kam, um über das Ende des Sklavenhandels zu verhandeln. Er nimmt das Mädchen nach England mit und gibt es in die Obhut Königin Victorias, die sich für ihre Erziehung verantwortlich fühlt. 1862 heiratet Sarah und bringt eine Tochter zur Welt, der sie den Namen Victoria gibt, und für die die Königin wie eine Großmutter ist.

Lit.: Rigasche Stadtblätter, 4. Juli 1885, Nr. 27; Konstanz, 2013, S. 28–29; Kovalevski, 2008, S. 11; Kharibian, 2010, S. 112, Abb.

Abb. 274 – Marie Ellenrieder, Johann Leonhard Hug, Öl auf Leinwand, 63,8 × 50,1 cm, 1818, Rosgartenmuseum Konstanz Inv.-Nr. 1972/51

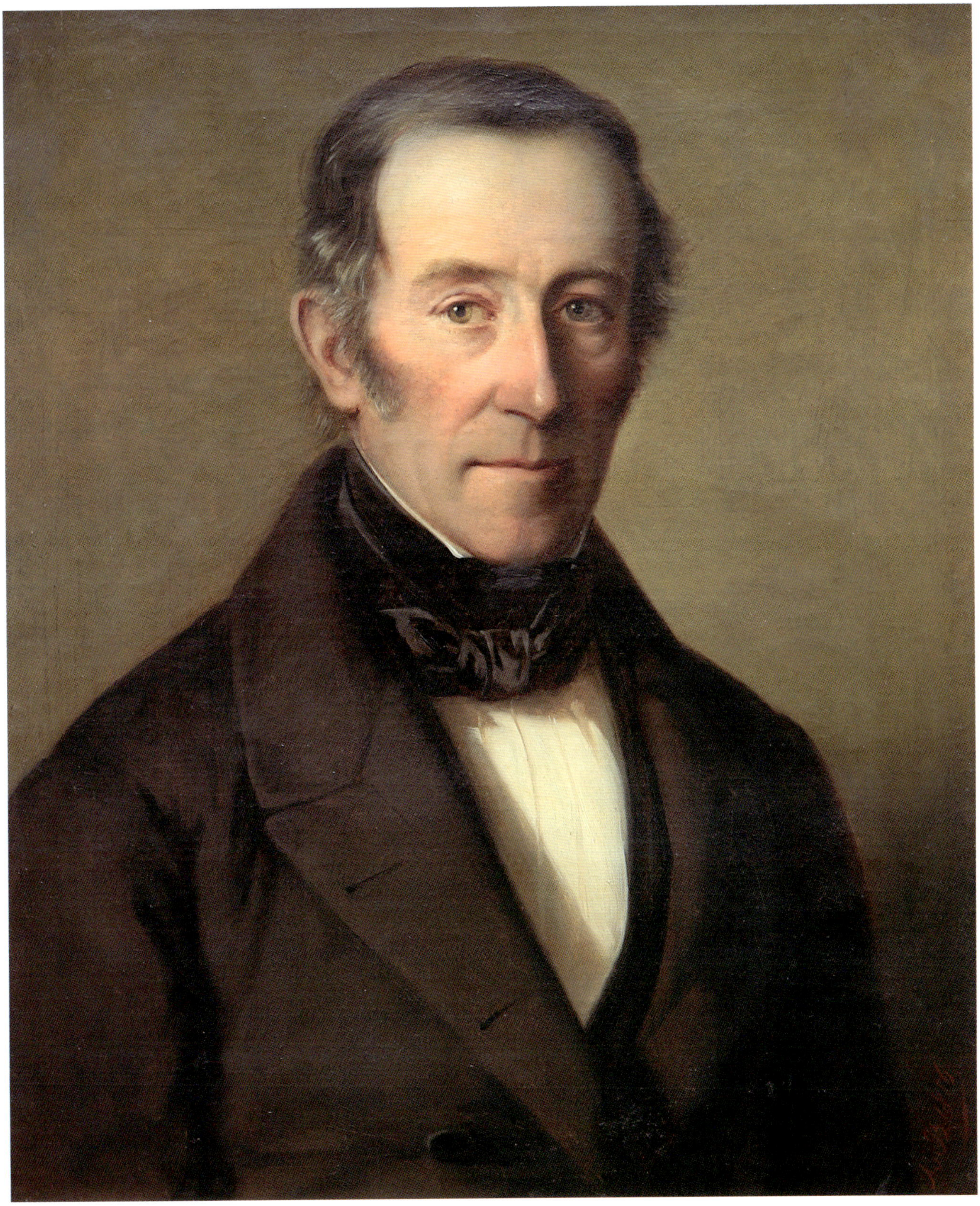

KAT.-NR. 11

Alexandra von Berckholtz
BERTHA LESSING
Öl auf Leinwand
73 × 62 cm
Rechts unten signiert und datiert *A. v. Berckholtz 1863.*

Privatbesitz

Lit.: Auktionshaus Heinrich Hahn (Hg.): Gemälde alter Meister, Gemälde neuerer Meister, Barock-Plastik, Fayence-Porzellan darunter Spezialsammlung Dammer Figuren, Wiener Speiseservice aus der Mitte des 18. Jahrhunderts aus standesherrlichem Besitz. Frankfurt am Main 1938, Nr. 7, Abb. Tafel 7; Auktionshaus Arnold (Hg.): Auktion vom 6. März 1999. Frankfurt am Main 1999, S. 92 Abb.

Bei VAN HAM in Köln wird am 16. Mai 2014 in der 335. Auktion unter Los Nr. 673 ein *Porträt einer jungen Frau* versteigert. Es wurde bereits unter dem Titel *Damenportrait vor heiterem Himmel* und mit der Nr. 641 am 6. März 1999 im Auktionshaus Arnold Frankfurt am Main angeboten. Die Angaben beider sowie die Abbildungen stimmten überein, und es stellte sich die Frage: Wer ist die dargestellte Dame? Über deren Identität gab ein weiterer Auktionskatalog Auskunft. Heinrich Hahn in Frankfurt am Main bot in seiner Auktion von Werken aus dem Besitz des Barons von Rothschild und der Geschwister von Förster – Alexandras Verwandten – am 5. und 6. April 1938 in seinem Katalog Nr. 54 das *Bildnis der Tochter des Malers Karl Friedrich Lessing* in dunkelviolettem Samtkleid mit Spitzen am Halsausschnitt an. Dieses ist sogar auf Tafel 7 abgebildet und erlaubt somit eine namentliche Zuschreibung zu dem 2014 und 1999 verkauften Bild: Bertha Lessing.

Bertha Lessing wird am 14. November 1844 in Düsseldorf geboren und stirbt 1914 in Berlin. 1863 heiratet sie den Schauspieler Karl Koberstein (1836–1899), mit dem sie zunächst in Dresden und ab 1883 in Berlin lebt. Der Maler Hans Koberstein (1864–1945) ist ihr Sohn.

Zusätzlich zu dem hier vorgestellten Porträt existierten vier weitere Bildnisse der Bertha Lessing. Aus der Hand ihres Vaters stammen ein Brustbild (Öl auf Leinwand, 45,5 × 42,3 cm, neben der linken Schulter monogrammiert und datiert *CFL 1860*, Standort unbekannt, Drucke angeboten durch *Kunstkopie*) sowie eine 1869 aufgenommene Kreidezeichnung (Abb. 275). Hans Canon malte sie 1863, trotz der Tatsache, dass er ihren Vater nicht ausstehen konnte (Öl auf Leinwand, Höhe 89 cm mit Rahmen). Der Verbleib des Gemäldes, das sich 1886 im Besitz der Bertha Koberstein befand und im gleichen Jahr in Wien ausgestellt wurde, ist unbekannt. Ebenfalls unbekannt ist der Verbleib eines 1858 entstandenen Gemäldes, das ebenfalls von Alexandra von Berckholtz gemalt wurde. Demzufolge stellte sie die Lessing-Tochter gleich zweimal dar, im Alter von 14 und 19 Jahren.

Lit.: Fränkel, Ludwig Julius: Karl Kobertstein. In: ADB, Bd. 51, 1906, S. 289–292; Drewes, 1994, S. 201–202, Kat.-Nr. 69; Frimmel, Theodor: Hans Canon. In: Von alter und neuer Kunst. Ausgewählte kunstgeschichtliche Aufsätze. Wien. 1922 (Nachdruck von 1891), S. 88; Brandenburger-Eisele, 1992, S. 257–267; Schmidt-Liebich, 2005, S. 44.

Abb. 275 – Carl Friedrich Lessing, Bertha Koberstein, schwarze Kreide, weiß gehöht, 42,2 × 31,7 cm, rechts neben der Darstellung monogrammiert und datiert *C. F. L. / Mai 1869*, unterhalb beschriftet *Bertha Koberstein. geb. Lessing. / geb. Düsseldorf den 14. November 1845.*, Museum der bildenden Künste Leipzig Inv.-Nr. 1966-76.

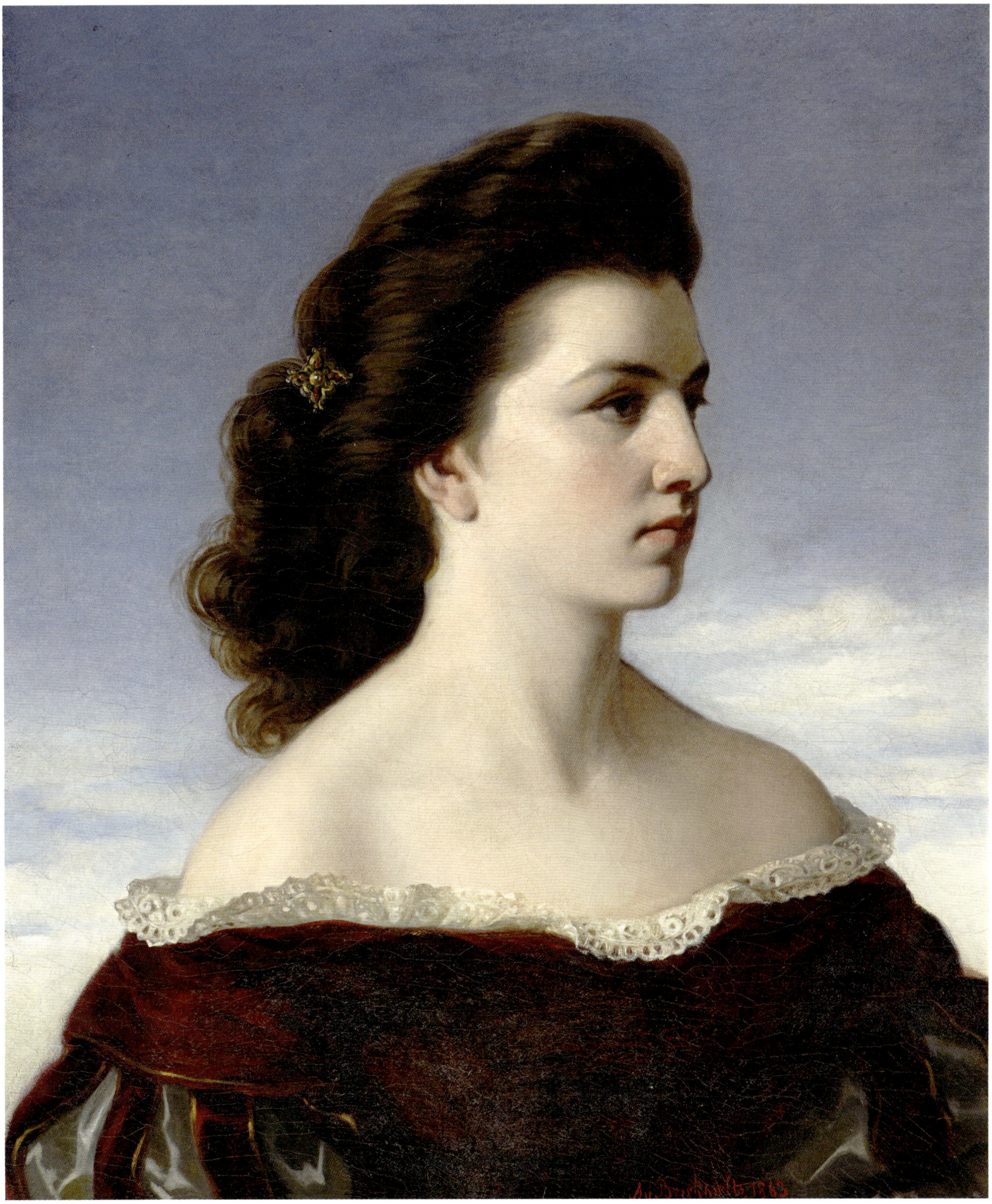

KAT.-NR. 12

Alexandra von Berckholtz
FEODOR DIETZ
Öl auf Leinwand
24 × 20 cm
Verso bezeichnet *A. v. Berckholtz (5) / Portrait d. + badi. Hof / maler F. Dietz + 1870 / FeodorDietz / A. v. Berckholtz fec. 1863*

Privatbesitz

Lit.: Meyer/Lücke/Tschudi, 1885, S. 586–587; Boetticher, 1891, S. 84; Falck, 1899; Rigasche Stadtblätter, Nr. 51, 20. Dezember 1901; Holland, 1902, S. 368; AKL, Bd. 9, 1994, S. 252; Schmidt-Liebich, 2005, S. 44.

Ebenfalls aus Alexandras Karlsruher Künstlerkreis stammt der Historienmaler Feodor Dietz, den sie 1863 in einem Gemälde porträtiert, das in der Auktion K121 (Nr. 1908) am 25. März 2011 im Auktionshaus Dannenberg in Berlin versteigert wurde, wo man es bereits am 23. September 2000 angeboten hatte. Das in beschädigtem Zustand aus privater Hand übernommene rahmenlose Bild zeigt deutliche Spuren einer jahrelangen unsachgemäßen Lagerung, die auf Temperaturschwankungen oder grobe Behandlung der Oberfläche zurückzuführen ist.

Der am 29. Mai 1813 in Neunstetten geborene Feodor Dietz gehört neben Anton von Werner zu den wesentlichen Kriegsmalern des 19. Jahrhunderts. „Militärmaler waren Chronisten der nationalen Kriegserfolge im Sinne einer genauen Recherche." (Langer, 1992, S. 48) Sie malten für unterschiedliche hochrangige Auftraggeber in der Regel großformatige und mit theatralen dramaturgischen Mitteln aufgeladene Szenenbilder aus ihren erfolgreichen Schlachten oder militärischen Ereignissen. Zu Dietzens Hauptwerken zählt *Parade der großherzoglich badischen Division vor dem König von Preußen* (Abb. 276), das ursprünglich aus der Sammlung des Markgrafen von Baden stammt, die vom 5. bis 21. Oktober 1995 durch Sotheby's Baden im Neuen Schloss Baden-Baden versteigert wurde (Nr. 3805), und in der sich auch drei Stillleben Alexandra von Berckholtz' befanden (KAT.-NR. 24, 26, WV Nr. 114).

In der Militärparade auf dem Exerzierplatz in Karlsruhe, in der Großherzog Friedrich von Baden Kaiser Wilhelm I. die großherzoglich badische Division vorführt, zeigt Dietz exakte Porträtgenauigkeit in den Gesichtern der Vertreter des Militärs sowie in der im Vordergrund befindlichen Zuschauergruppe, in der z. B. der russische Gesandte von Kotzebue in der Kutsche, Carl Friedrich Lessing als zweiter von rechts oder am oberen linken Rand Feodor Dietz selbst erkennbar sind.

Von 1827 bis 1832 studiert Dietz bei Rudolph Kuntz in Karlsruhe, 1833 an der Königlich Bayerischen Akademie in München und von 1837 bis 1839 in Paris bei dem Schlachtenmaler Horace Vernet. 1840 wird er zum Badischen Hofmaler ernannt und 1864 zum Professor für Historienmalerei an der Kunstakademie in Karlsruhe. 1848 beteiligt sich der zunächst begeisterte Militarist zum ersten Mal aktiv als Soldat an einem Krieg, am Ersten Dänischen Krieg der Herzogtümer Schleswig und Holstein gegen Dänemark. Erschüttert kehrt der Maler aus diesem zurück und wird zukünftige Kriege nur noch als Delegierter des Roten Kreuzes begleiten. Feodor Dietz stirbt während des Deutsch-Französischen Krieges am 18. Dezember 1870 bei Arc-le-Gray in der Nähe von Dijon auf dem Rücken seines Pferdes an einem Herzinfarkt während eines Krankentransportes.

Lit.: Lehmann, Benno K.: Der Historienmaler Feodor Dietz und sein Gemälde „Die Zerstörung Heidelbergs 1689 durch Mélac" im Museum der Stadt Weinheim. In: Unser Museum. Mitteilungen des Förderkreises des Museums Weinheim, Nr. 8, 1997, S. 17–27; Gutgesell, Bd. 1, 2014, S. 115–127; Mülfarth, 1987, S. 145.

Abb. 276 – Feodor Dietz, Parade der großherzoglich badischen Division vor dem König von Preußen am 21. September 1867, Öl auf Leinwand, 228,5 × 140,5 cm, rechts unten signiert und datiert *Feodor Dietz / 1869*, Badisches Landesmuseum Karlsruhe Inv.-Nr. 95/1205.

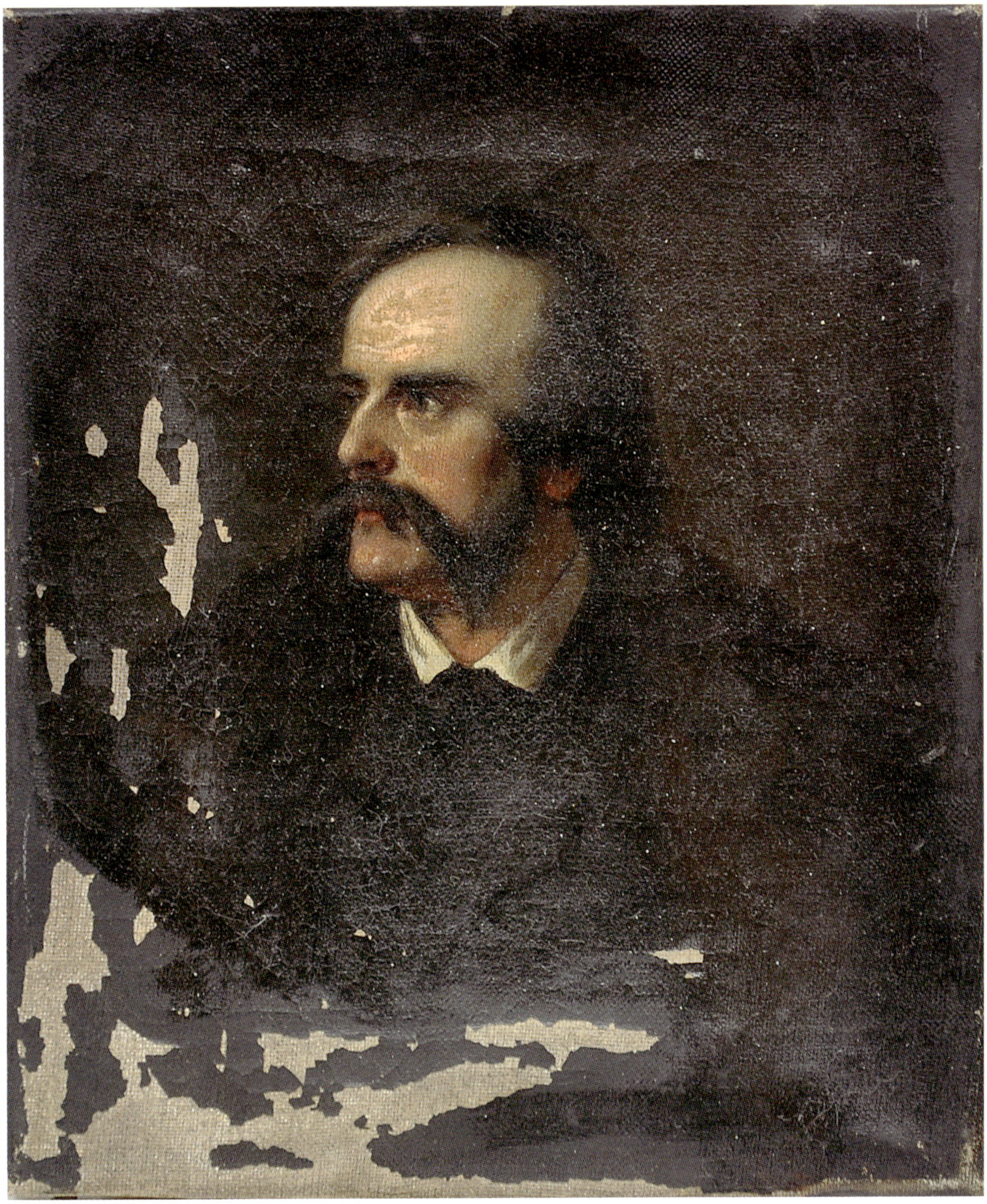

KAT.-NR. 13

Alexandra von Berckholtz
BRAUTBILD KAROLINE FRIEDRICH
Öl auf Leinwand
66 × 52 cm
Links unten signiert und datiert *A. v. Berckholtz 1861*.

Städtische Galerie Karlsruhe Inv.-Nr. 2002/016

Lit.: Karlsruhe, 2014, S. 72

Schwieriger mit der Bestimmung verhält es sich bei Karoline Friedrich, deren Bildnis Alexandra von Berckholtz 1861 malte, und von der lediglich der Geburtsname Heilig bekannt ist. Da sie auf dem vorliegenden Porträt mit weißem Kleid und Schleier abgebildet ist, handelt es sich demzufolge um ein Brautbild. Im Landeskirchlichen Archiv, Generallandesarchiv und Stadtarchiv Karlsruhe ließen sich weder zu Karoline Heilig, noch zu ihrer Eheschließung 1861, noch zu ihrem Mann weiterführende Informationen finden. Wohl aber ließ sich der Familienname im Testament Gabriel Leonhard von Berckholtz' finden, in dem er einer Frau Wilhelmine Heilig, geborene Dengler, und einem Fräulein Emilie Dengler jeweils 1.000 Gulden vermacht. Eine Wilhelmine Heilig findet sich auch im Kalender Alexandras wieder: 28. April 1836 Wilhelmine Heilig (geb. Dengler) und 7. Juli 1864 Todestag von Wilhelmine Heilig. Eventuell ist sie die Mutter der Karoline Friedrich?

2002 gelangte das Brautbild der Karoline Friedrich durch Schenkung in den Bestand der Städtischen Galerie Karlsruhe. 2014/15 wurde es in der Ausstellung *Von Ackermann bis Zabotin. Die Städtische Galerie Karlsruhe zu Gast im ZKM/MNK* Karlsruhe gezeigt und im Textheft folgendermaßen beschrieben: „Respektvoll näherte sie sich den Dargestellten, die oftmals ihrem engeren Bekanntenkreis angehörten. Für die Darstellung von Karoline Friedrich wählte sie das Format des Brustbildes, eingepasst in ein ovales Bildfeld. Züchtig hat die Braut ihren Blick nach unten gesenkt. Die Darstellung vermittelt eine hohe Intimität und konzentriert sich auf die Beschreibung der feinen Gesichtszüge, des Blumenschmucks und der aufwändigen Spitzen im Bereich des Schleiers und des Halsausschnittes."

Auf diesem Porträt setzt Alexandra von Berckholtz eine völlig andere Kopfhaltung und Blickrichtung um. Einen derart zu Boden gerichteten Blick, den die Kopfneigung unterstützt, setzt die Künstlerin auf keinem weiteren ihrer Bildnisse ein. Wohl aber ist er ein Charakteristikum der Bildsprache Marie Ellenrieders, wie beispielsweise in ihren acht Lebensalterdarstellungen, in denen sie die Allegorie der Jugend (Abb. 277) mit einem ähnlichen gesenkten Blick darstellt.

Lit.: Archiv Berckholtz-Stiftung, Karlsruhe; Konstanz, 2013, S. 182.

Abb. 277 – Marie Ellenrieder, Brustbild eines jungen Mädchens (Jugend 2), Pastell auf Papier, 42,9 × 29 cm, 1837, Rosgartenmuseum Kostanz Inv.-Nr. 1957/28.

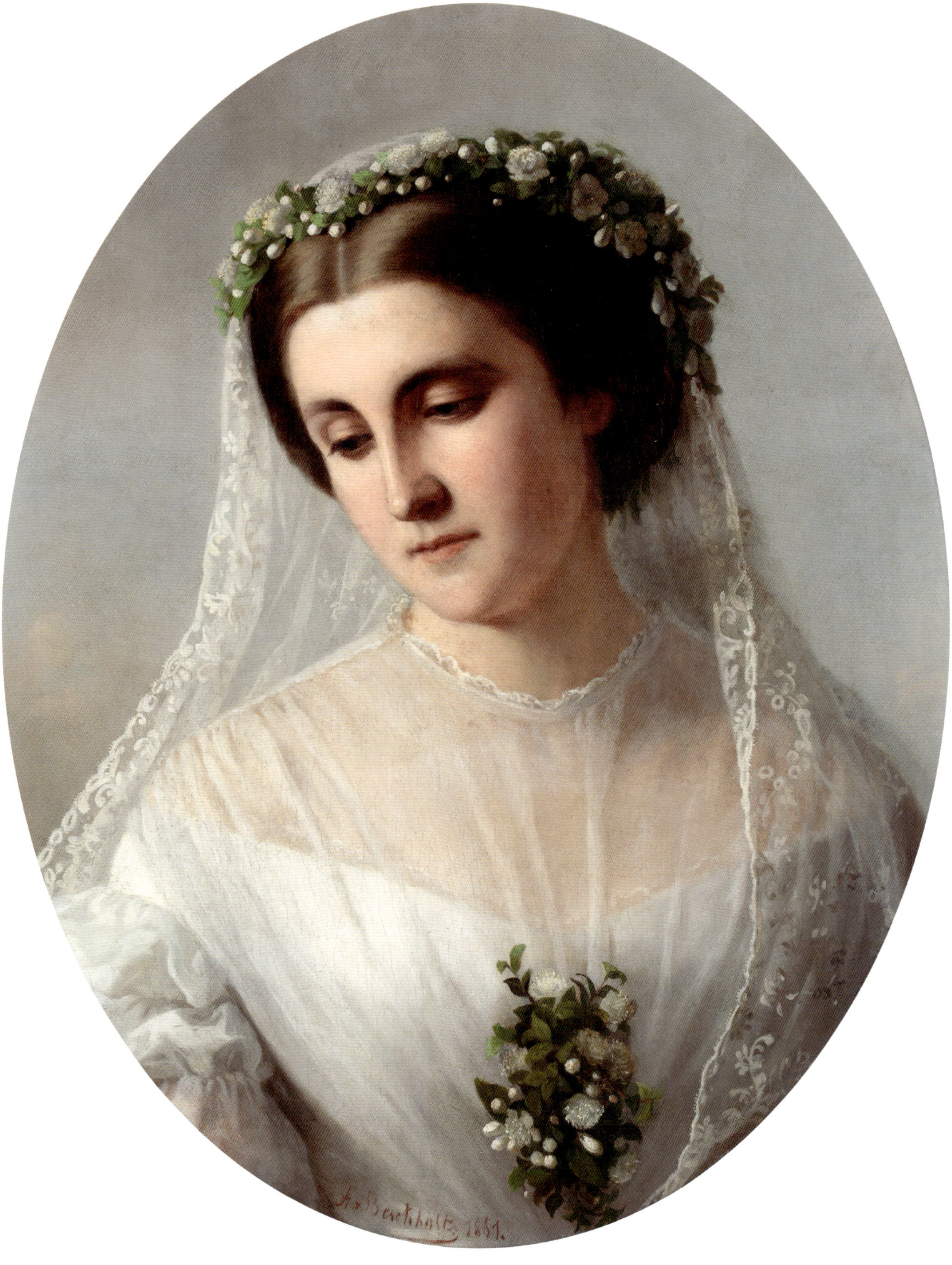
A. v. Berchtholtz 1861.

KAT.-NR. 14

Alexandra von Berckholtz
FÜRSTIN KATHARINA VON HOHENZOLLERN-SIGMARINGEN
Öl auf Leinwand
64 × 49 / 68,7 × 57,5 cm
Verso beschriftet *Catherine / Fürstin zu Hohenzollern-Sigmaringen / geb. Princessin Hohenlohe Waldenburg / geboren 19 Januar 1817 / Copie nach Lauchert / Alexandra von Berckholtz / pinxit 1854*

Erzabtei Beuron

Lit.: Bad Schussenried/Ostfildern, 2003, S. 441–442, Abb., Kat.-Nr. XIV.10; Schmidt-Liebich, 2005, S. 44; Gutgesell, 2016, S. 8.

1974 schenkt Erzabt Ursmar Engelmann OSB (1909–1986) der Abtei Beuron im Schwarzwald ein Porträt der Fürstin Katharina von Hohenzollern, dessen rückwärtige Bezeichnung in der Handschrift der Malerin auf die Tatsache verweist, dass es sich um eine Kopie nach einem Gemälde Richard Laucherts handelt. In hochovalem Bildausschnitt mit aufgelegtem verzierten Rahmen mit lichter Öffnung gibt Alexandra von Berckholtz die Physiognomie der Dargestellten realistisch wieder, die sie in das Bildzentrum rückt. Die Fürstin wendet ihren Kopf im Halbprofil nach rechts und blickt mit wachen Augen am Betrachter vorbei, als scheine sie gedanklich etwas zu beschäftigen. Schmuck ziert weder Hals noch Haar, das zurückgesteckt und in der Mitte gescheitelt unter einem schwarzen Schleier hervortritt. 1853 starb ihr Ehemann, Fürst Karl von Hohenzollern-Sigmaringen (geboren 1785). Das im darauffolgenden Jahr entstandene Bildnis zeigt sie im Witwenkleid, jedoch nicht in tiefer trauernder Haltung, vergleichbar dem Porträt der Mutter der Künstlerin (KAT.-NR. 1). Die Fürstin erscheint nicht völlig von Trauer gebückt, sie strahlt dennoch eine Andeutung einer gewissen Würde und Präsenz aus.

Ganz anders präsentiert sie Richard Lauchert auf seinem 1848 im Jahr ihrer Trauung entstandenen Gemälde in prachtvollem Kleid, Schmuck, pelzbesetztem Umhang und repräsentativer Haltung (Abb. 278). Das Bildnis Laucherts, das Alexandra von Berckholtz kopierte, ist nicht mehr vorhanden. Es könnte sich hierbei um das ehemals im Wittelsbacher Ausgleichsfonds befindliche (Nr. 485), seit 1940 verschollene und ebenfalls im Hochoval gehaltene Porträt handeln (Öl auf Leinwand, 70 × 59 cm). Es existierte noch ein drittes Lauchert-Bildnis der Fürstin Katharina in Ganzfigur, das am 16. April 1945 in Schloss Waldenburg verbrannte (Öl auf Leinwand, 180 × 150 cm, 1850). Insgesamt befinden sich heute 56 Gemälde Laucherts in den Sammlungen des Fürsten von Hohenzollern-Sigmaringen, jedoch keines von Alexandra von Berckholtz, auch nicht im Haus Hohenzollern, Linie Brandenburg-Preußen.

Katharina von Hohenzollern-Sigmaringen kauft 1863 ihrem Stiefsohn Karl Anton von Hohenzollern – der Mäzen Richard Laucherts – das säkularisierte Kloster Beuron ab, in das sie die beiden Brüder und Benediktinermönche Maurus (1825–1890) und Placidus Wolter (1828–1908) einlädt, die sie in Rom durch ihren Cousin Kardinal Gustav Adolf von Hohenlohe-Schillingsfürst (1823–1896) kennenlernte. Diese Gründung bedeutet einen der wesentlichen Neuanfänge des benediktinischen Lebens in Deutschland. 1868 wurde Beuron zur Abtei.

Abb. 278 – Richard Lauchert, Katharina von Hohenzollern, Öl auf Leinwand, 71 × 61 cm, 1848, Schloss Sigmaringen, Bilderkammer Inv.-Nr. Ho 14.

Katharina lädt auch Künstler in das Kloster ein, wie Peter Lenz, Jacob Wüger und Fridolin Steiner (1849–1906), die später auch dem Kloster beitreten als Pater Desiderius, Pater Gabriel und Pater Lukas. Die einzige Frau der Künstlergruppe ist die Malerin Amalie Bensinger. Ähnlich den theoretischen Überlegungen der Nazarener in Rom hinsichtlich einer erneuten Hinwendung zu christlicher Motivik und Ikonografie, gründen sie die Beuroner Schule, deren Ideen einige Grundsätze der künstlerischen Moderne vorausgreifen, wie Jugendstil oder Symbolismus. Der Gedankengang hinsichtlich einer Geometrie als Basis der Kunst und Kosmologie erinnert an Stilprinzipien des Bauhauses und an das *Triadische Ballet* Oskar Schlemmers (1888–1943). Elemente aus der byzantinischen Kunst reflektieren architektonisch den frühchristlichen Kirchenbau und Figurendarstellungen die altägyptische Statuarik. Die Beuroner Gruppe erhält auch Aufträge von außerhalb, wie z. B. ab 1876 zu Wandmalereien in der Abtei Montecassino, dem Mutterkloster der Benediktiner, oder Einladungen zu Ausstellungen, wie 1905 durch die Wiener Secession.

Lit.: Kaufhold, 1969, S. 15, 18; Krins, 1998; Siebenmorgen, 1982; www.erzabtei-beuron.de, 19. Juli 2016; Zingeler, 1912, S. 110; Hogg, Theodor und Kremer, Bernd (Hg.): Wo Gott die Mitte ist – Ordensgemeinschaften in der Erzdiözese Freiburg in Geschichte und Gegenwart. Lindenberg 2002, S. 116–117.

KAT.-NR. 14

KAT.-NR. 15

Alexandra von Berckholtz
CHARLOTTE VON BASSUS
Öl auf Leinwand
98 × 85 cm
Verso bezeichnet *A. von Berckholtz / 1821–1899 / Charlotte Freifrau v. Bassus / geb. Gräfin von Berchem geb. 22. X. 1843*
Nach 1868

Museo Poschiavino Palazzo Mengotti Poschiavo

Lit.: Meyer/Lücke/Tschudi, 1885, S. 586–587; Gutgesell, 2016, S. 9.

Die spannende Spurensuche nach dem im *Allgemeinen Künstlerlexikon* von 1885 erwähnten Porträt einer „Baronin von Bassus, geborene Gräfin Berchem" führte in die Schweiz, wo das betreffende Bildnis im Museo Poschiavino entdeckt werden konnte. 2008 schenkt die letzte Baronin Margarete de Bassus dem Museum die bis dahin in ihrem Schloss in Sandersdorf im Landkreis Eichstätt befindliche Galerie ihrer Ahnen aus dem Puschlav und aus Bayern. Einer dieser ist der Aufklärer Thomas Franz Maria von Bassus (1742–1815), der zusammen mit Adolph von Knigge (1752–1796) – Verfasser bis heute gültiger gesellschaftlicher Benimmregeln – zu den Gründern der *Illuminati* in Ingolstadt zählt.

In der genannten Ahnengalerie befindet sich auch die durch Alexandra von Berckholtz gemalte Charlotte Baronin von Bassus. Sie wird am 22. Oktober 1843 in München geboren, verstirbt am 28. Januar 1892 in Sandersdorf und ist ab 1868 mit dem königlich bayerischen Kammerherr Ludwig Eugen Maximilian Freiherr von Bassus (1838–1894) verheiratet. Aus der Ehe gehen zwei Söhne hervor: Maximilian Kaspar Maria (1869–1931) und Konrad Maximilian (1874–1928) (Abb. 280).

Konrad Maximilian von Bassus ist in München Privatdozent für Luftfahrttechnik und als wesentlicher Mitarbeiter des Grafen Ferdinand von Zeppelin bereits an der Entwicklung und am Bau des Luftschiffes LZ 1 beteiligt, das am 2. Juli 1900 vom Bodensee aus erstmals aufsteigt (Abb. 279). Von Bassus ist neben Ferdinand von Zeppelin aeronautischer Führer in der vorderen Gondel. Auf seiner ersten Fahrt, die 18 Minuten dauert, legt das LZ 1 sechs Kilometer zurück. Von Bassus nimmt während der Fahrten auch Fotografien auf, wie z. B. die wohl erste Luftaufnahme des Rheinfalls von Schaffhausen am 4. August 1908 aus dem Luftschiff LZ 4.

Am 5. August 1908 muss das LZ 4 aufgrund eines Motorschadens in Echterdingen bei Stuttgart notlanden und explodiert

Abb. 279 – Das Luftschiff LZ 1 über dem Bodensee, Fotografie, 12,3 × 17,3 cm, 1900, Archiv der Luftschiffbau Zeppelin GmbH Inv.-Nr. LZF 001-018.

Abb. 280 – Konrad Maximilian von Bassus, Fotografie, 12,3 × 8,3 cm, Archiv der Luftschiffbau Zeppelin GmbH Inv.-Nr. LZF 176-002.

während eines kurz darauffolgenden Unwetters. Eine Woge der Solidaritätsbekundung mit dem Grafen von Zeppelin erfasst nach dem Unglück alle Schichten der Bevölkerung, die einen öffentlichen Spendenaufruf startet, durch den sechs Millionen Mark zusammenkommen, die das finanzielle Fundament für die *Luftschiffbau Zeppelin GmbH* und der *Zeppelin-Stiftung* bedeuten, die sich bis heute im Sinne ihres Gründers in Friedrichshafen auch sozial engagiert.

Lit.: Raimar, Josef: Bassus, Konrad Maximilian Friedrich Maria Freiherr von. In: NDB, 1953, S. 626; Fritz, Andrea: Die ersten 38 Jahre der Stiftung. In: Südkurier, 25. Oktober 2008; Eichler, Jürgen: Die früheste Fotoansichtskarte von Bord eines Zeppelins. In: Zeppelin Post Journal, Winter 2011, Vol. 5, Nr. 4; www2.cds-fn.de/zeppelin-projekt/lz1-t-technik1/lz1-t-Der%20Jungfernflug1%20des%20LZ1.html, 15. Juli 2016.

KAT.-NR. 15

KAT.-NR. 16

Alexandra von Berckholtz
Lili von Ramberg
Öl auf Leinwand
43 × 33 cm
Links unten signiert und datiert *A v Berckholtz 1876*
Verso bezeichnet *Lili Ramberg gemalt v Alexandrine v Berckholtz 1876*

Privatbesitz

Lit.: Gutgesell, 2016, S. 9

Am 14. April 2013 versteigert das Auktionshaus Lauritz in Kopenhagen ein Damenbildnis vor dunklem Hintergrund (Los-Nr. 2927084). Die Beschriftung auf einem rückwärtig angebrachten Etikett gibt den Namen der Dargestellten mit *Lili Ramberg* an und verweist auf die Malerin.

Alexandra von Berckholtz ist durch ihren Münchner Künstlerkreis mit dem Genre- und Historienmaler Arthur Georg von Ramberg befreundet. Der am 4. September 1819 in Wien geborene Künstler erhält seinen ersten Zeichenunterricht in Hannover durch seinen Großonkel Johann Heinrich Ramberg (1763–1840). Ab 1840 folgt ein Studium der Philosophie und Malerei in Prag. 1844 arbeitet er im Atelier des Schadow-Schülers Julius Hübner (1806–1882) in Dresden, wo er viele Persönlichkeiten kennenlernt, wie Gottfried Semper oder Richard Wagner. Ab 1850 lebt und arbeitet der Maler in München; dort ist er ab 1866 Professor an der Kunstakademie. Von 1860 bis 1865 unterrichtet er an der Großherzoglichen Kunstschule in Weimar. Arthur von Ramberg stirbt am 5. Februar 1875 in München. „Sein seltener Formen- und Schönheitssinn, verbunden mit dem gründlichen Studium und einer höchst vollendeten, virtuosen Technik des Vortrags (…) Sein im Kunstantiquarfach, namentlich an Stoffen, Kleidern und Waffen überaus reiche Seltsamkeiten bietender Nachlaß wurde in einer sehr animirten Auction versteigert." (Holland, 1888, S. 205)

Lili, das Mädchen auf dem Bild, ist aller Wahrscheinlichkeit nach eine Tochter aus von Rambergs 1857 geschlossener zweiter Ehe mit Emma von Schanzenbach. Die Spur auf der Suche nach Lilis Identität führte zufällig nach Dorpat in Estland und zu einer völlig anderen – jedoch nicht minder spannenden – Information, nämlich zur Dichterin Minna von Mädler (geboren 15. Oktober 1804), der Tochter des Hannoveranischen Hofrats Christian (geboren 1809) und der Astronomin Wilhelmine von Witte (1777–1854), die bereits 1839 einen Mondglobus anfertigt, den Alexander von Humboldt positiv bespricht. Die später mit dem Astronomieprofessor Johann Heinrich von Mädler (1794–1874) – nach dem ein Mondkrater benannt ist – in Dorpat verheiratete Minna tritt bereits im Alter von 19 Jahren als Poetin in Erscheinung. Ihren ersten Gedichtzyklus veröffentlicht sie 1823, nach acht Tagen war die erste Auflage bereits vergriffen. Den Verkaufserlös spendet Minna für die Opfer der Überschwemmung in Hannover. Illustriert hat den Band Johann Heinrich Ramberg, sein Titel ist: Lili.

Lit.: Wurzbach, Constantin von: Ramberg, Arthur von. In: Biographisches Lexikon des Kaiserthums Oesterreich. Bd. 24. Wien 1872, S. 305–307; Holland, Hyacinth: Ramberg, Arthur Freiherr von. In: ADB, Bd. 27, 1888, S. 203–205; Deutschlands Dichterinen und Schriftstellerinen. Eine literarhistorische Skizze zusammengestellt von Heinrich Gross. Zweite Ausgabe. Wien 1882; Witte, Minna: Lilli, in zehn Liedern. Hannover 1826; Günther, Siegmund: Johann Heinrich Mädler. In: ADB, Bd. 20, 1884, S. 37–39.

Abb. 281 – Arthur von Ramberg, Rendezvous, Öl auf Leinwand, 116,8 × 95,9 cm, unten links signiert und datiert *A. Ramberg 1870*, Privatsammlung.

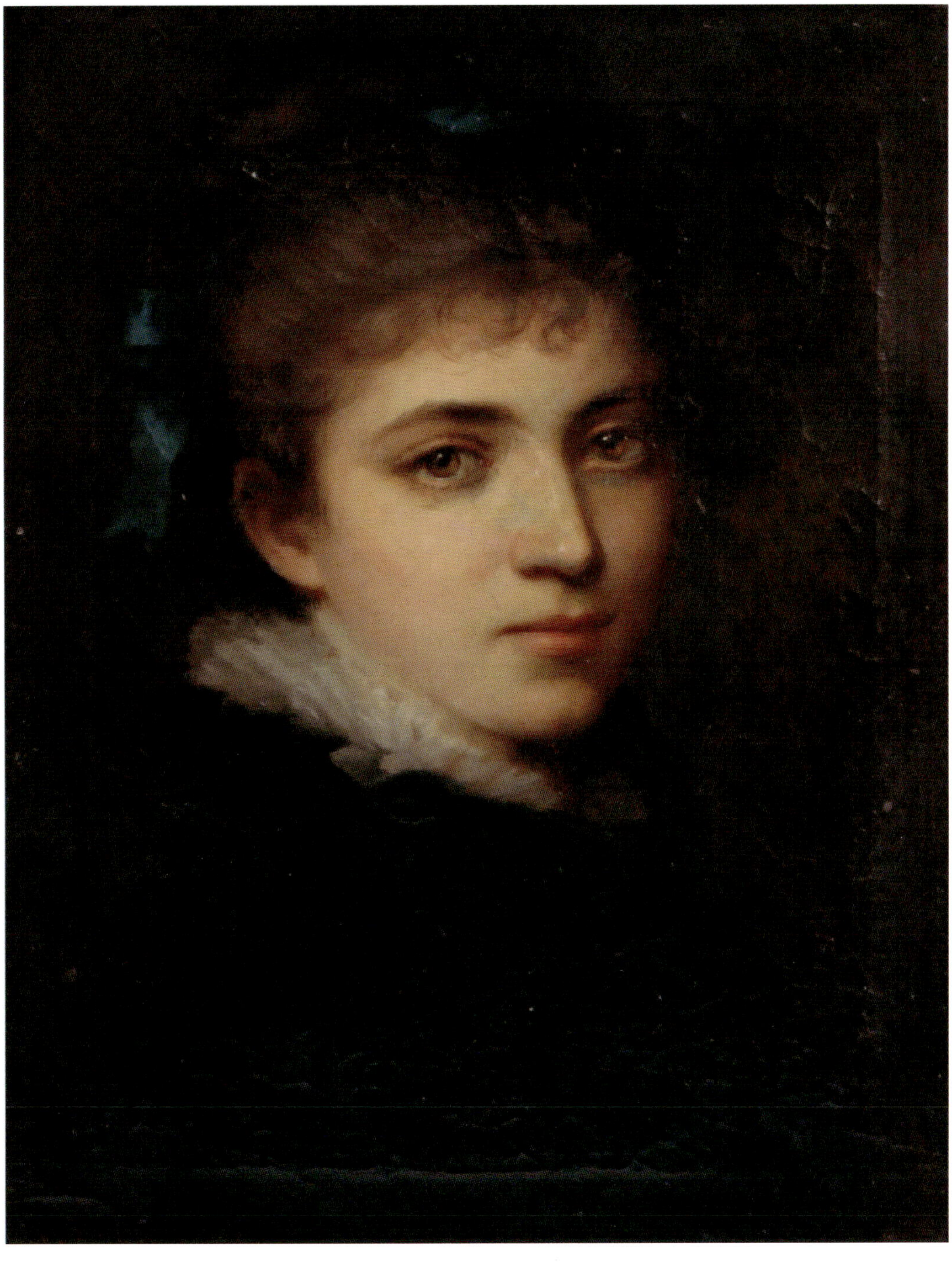

KAT.-NR. 17

Alexandra von Berckholtz
LUISE VON SCHKOPP
Öl auf Leinwand
25 × 22 cm
1864

Privatbesitz Familie von Barsewisch

Lit.: Gutgesell, 2016, S. 8

Nizza ist aufgrund seines milden Klimas im 19. Jahrhundert vor allem für reiche russische und englische Familien für die Sommerfrische und während des Herbstes und Winters ein beliebtes Touristenziel, z. B. für den Zaren oder die britische Königin Victoria. Bereits 1864 kann man den Kurort mit der Eisenbahn bereisen. In diesem Jahr fährt auch Alexandra von Berckholtz nach Nizza, wo sich alljährlich eine Kolonie an Urlaubern zusammenfindet. „Auch andere, nahe Freunde meiner späteren Schwiegereltern lernten wir kennen. Tante Luise hatte durch eine Freundin, Sophie Brandenstein, Beziehungen zu den drei Schwestern Berckholtz, die Aelteste eine Frau von Moltke (Sophie), dann Frau Elise Offensandt mit Tochter Alexandra, und Frl Alexandra v. Berckholtz. Die Damen entstammten einer Rigenser Familie, waren in tiefer Trauer um ihren Vater." Diese Begegnung beschreibt die am 28. März 1853 in Koblenz geborene elfjährige Luise von Schkopp. Ihre Eltern sind der Königlich Preußische General der Infanterie Bernhard von Schkopp (1817–1904) und Luise von Wetzel (1827–1853).

Luise von Schkopp weilt ebenfalls 1864 und zusammen mit ihrer Pflegemutter Pauline Gans Edle Herrin zu Putlitz in Nizza. Während dieses Aufenthaltes malt Alexandra von Berckholtz das Mädchen im Dreiviertelprofil. Im Hintergrund ist der tief liegende Horizont des Meeres und darüber ein wolkiger Himmel zu erkennen. Luise trägt eine schwarze Bluse mit weißem Kragen und Akzenten in rotem Paspol an der Vorderseite und an den Ärmelansätzen. Ihre schulterlangen blonden Haare werden durch einen schwarzen Reif gehalten. In sich gekehrt und reflektierend blickt sie am Betrachter vorbei. Nichts verrät während der Sitzungen und der Entstehungsphase des Bildes ihre innere Unruhe und Ungeduld.

233

KAT.-NR. 18

Alexandra von Berckholtz
Luise von Schkopp
Öl auf Leinwand
29,5 × 23,5 cm
Verso monogrammiert und datiert *A v B 1864*

Privatbesitz Familie von Barsewisch

Lit.: Gutgesell, 2016, S. 8, Abb.

Da ihr das erste Bildnis zu wenig Ähnlichkeit verkörpert, fertigt Alexandra von Berckholtz ein zweites an. Auf diesem Bild trägt das Mädchen eine weiße Bluse mit Rüschen, blauer Spitze und Schleife sowie ein Band im gleichen Farbton im Haar mit ebenfalls einer Schleife. Auf diesem richtet sich die Dargestellte mit ihrem Blick direkt an den Betrachter. Das Bildnis monogrammiert und datiert die Künstlerin auf der Rückseite und schenkt es Luise von Schkopp. Das erste, unähnlichere, nimmt sie mit sich. Am 22. Juni 1865 trifft die Malerin das Mädchen in Karlsruhe wieder, die das Treffen mit folgendem Kommentar in ihrem Tagebuch erwähnt: „Bei der Durchfahrt durch Karlsruhe brachte sie uns das erstgemalte kleinere Oelbildchen von mir an die Bahn, das ich später bei unserer Verlobung für Papa einrahmen ließ." Luise von Schkopp heiratet am 26. September 1883 den Infanterie-Offizier Theophil von Barsewisch (1854–1938) in Karlsruhe. „Auch hier ahnte ich nicht, daß sie meine, ihr nah befreundete Schwiegermama einige Jahre vorher gemalt hatte, und daß beide Bilder einmal in meines Mannes Zimmer zusammenhängen würden." Ihre Schwiegermutter Melanie von Campenhausen (KAT.-NR. 28, Abb. 292) porträtierte Alexandra von Berckholtz genau 20 Jahre zuvor.

Lit.: Lebenserinnerungen der Luise von Schkopp (unveröffentlicht).

Abb. 282 – Schemboche & Pacelli, Pauline zu Putlitz als Witwe in Nizza mit ihrer Pflegetochter Luise von Schkopp, Fotografie, 12,3 × 6,8 cm, 1864, Privatbesitz Prof. Dr. Bernhard von Barsewisch Groß-Pankow Inv.-Nr. D 190 E 6a.

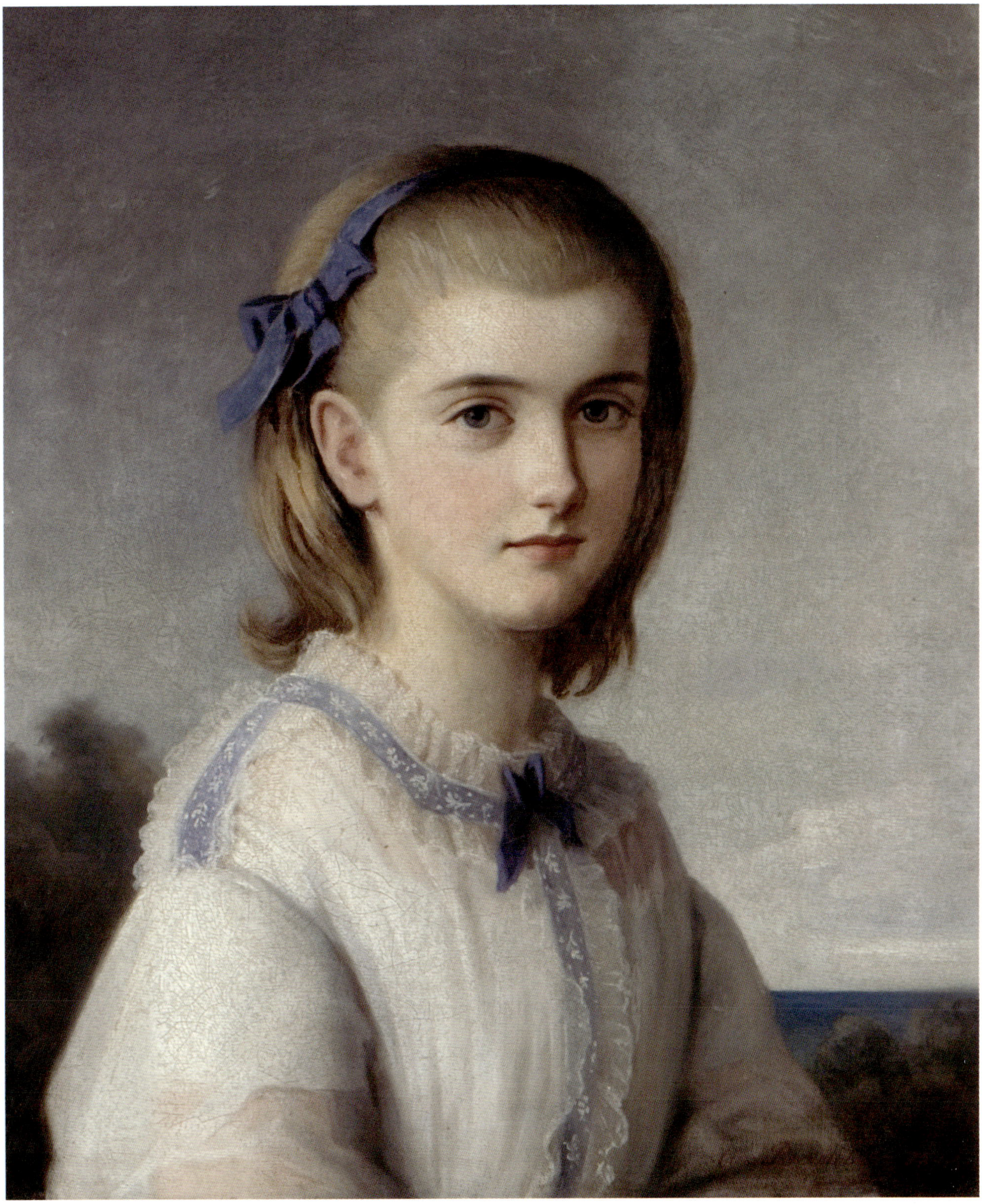

KAT.-NR. 19

Alexandra von Berckholtz
MÄDCHENBILDNIS
Öl auf Malpappe
57,5 × 45 cm

Privatbesitz

Lit.: unveröffentlicht

Völlig anders als ihre adeligen Damen malt Alexandra von Berckholtz das Bildnis dieses Mädchens, das am 28. April 2007 (Nr. 4) im Auktionshaus Quentin Berlin versteigert wurde. Sehnsuchtsvoll blickt es mit im Dreiviertelprofil nach rechts gewandtem Kopf in die Ferne. Auffallend sind die Augen und die geröteten Wangen. Die Dargestellte, die plastisch aus dem Bild herausmodelliert anmutet, trägt eine einfache weiße faltenreiche Bluse mit weitem Ausschnitt. Ihre Hände sind auf dem Brustbild nicht zu sehen. Das gerahmte Bildnis ist lediglich auf der Rückseite auf einem altem Klebeschild handschriftlich bezeichnet mit: „Gemalt von A. von Berckholtz München, aus dem Nachlaß von (...) Berckholtz, Karlsruhe 1909. gez. M.O. von Förster." Die Beschriftung verrät, dass es sich hierbei um ein weiteres Werk aus dem Besitz der Verwandten der Malerin Olga von Förster handelt.

Namentlich unbezeichnete Mädchenporträts finden sich auch in Alexandra von Berckholtz' Skizzenbüchern, wie z.B. eine mehrmals in Aubach aufgenommene junge Frau (Abb. 283). „Ein Portrait besitzt nur so lange Erinnerungswert, als der Dargestellte den Besitzern bekannt ist." (Oelwein, 2008, S. 45)
Oder liegt hier die Bildform der Tronie vor? Die Gattungsbezeichnung entwickelte sich aus dem niederländischen Begriff für *Kopf*. In Öl ausgearbeitete Studienköpfe wurden zu eigenen Gemälden mit künstlerischem Wert, die auch porträtähnlich erscheinen, aber keine bestimmte Person abbilden, wie z.B. Rembrandt van Rijns *Büste eines Greises mit goldener Kette* (Öl auf Holz, 59,3 × 49, 3 cm, Gemäldegalerie Alte Meister, Museumslandschaft Hessen Kassel).
Wie auch in der Kleidermode ändern sich die Vorlieben der Auftraggeber hinsichtlich der Gestaltung eines Porträts. Ab der zweiten Hälfte des 19. Jahrhunderts ist der Trend verbreitet, dass das betreffende Kunstwerk auch zu den Teppichen, Tapeten und Möbeln passen muss. Dies ist auch ein Grund dafür, warum viele Porträts, deren Dargestellte man aufgrund mangelndem familiären Bezug und mangelnder Beschriftung nicht mehr zuordnen kann, ausrangiert und in den Kunsthandel gegeben werden.
Alexandra von Berckholtz' Bildnis ist weder datiert noch beschriftet, daher kann biografisch nichts über die abgebildete junge Frau erzählt werden, die wohl nicht aus dem Adel stammt, worauf vor allem ihre Kleidung schließen lässt. Bei dieser könnte es sich aufgrund des Schnittes durchaus auch um ein Nachthemd handeln, das von Frauen noch im ersten Viertel des 20. Jahrhunderts getragen wurde. Eventuell haben wir es mit einer Bauersfrau zu tun, die gerade ihre Arbeit niedergelegt hat? Oder aber auch mit einer genreähnlichen Inszenierung einer Adeligen? Diese Fragen lassen sich – aufgrund des fehlenden Environments und des Mangels an Requisiten – nicht eindeutig beantworten.

Lit.: Wisniewski, 1996, S. 181; Oelwein, Cornelia: Adels- und Bürgerportraits im 18. und 19. Jahrhundert. In: Erlangen, 2008, S. 40–51.

Abb. 283 – Alexandra von Berckholtz, Mädchenbildnis, Bleistift auf Papier, 24,7 × 18,9 cm, rechts unten beschriftet *Aubach cf. 11 Juli 1850.*, Skizzenbuch von 1847–1853, StAO Inv.-Nr. 26/21/016.

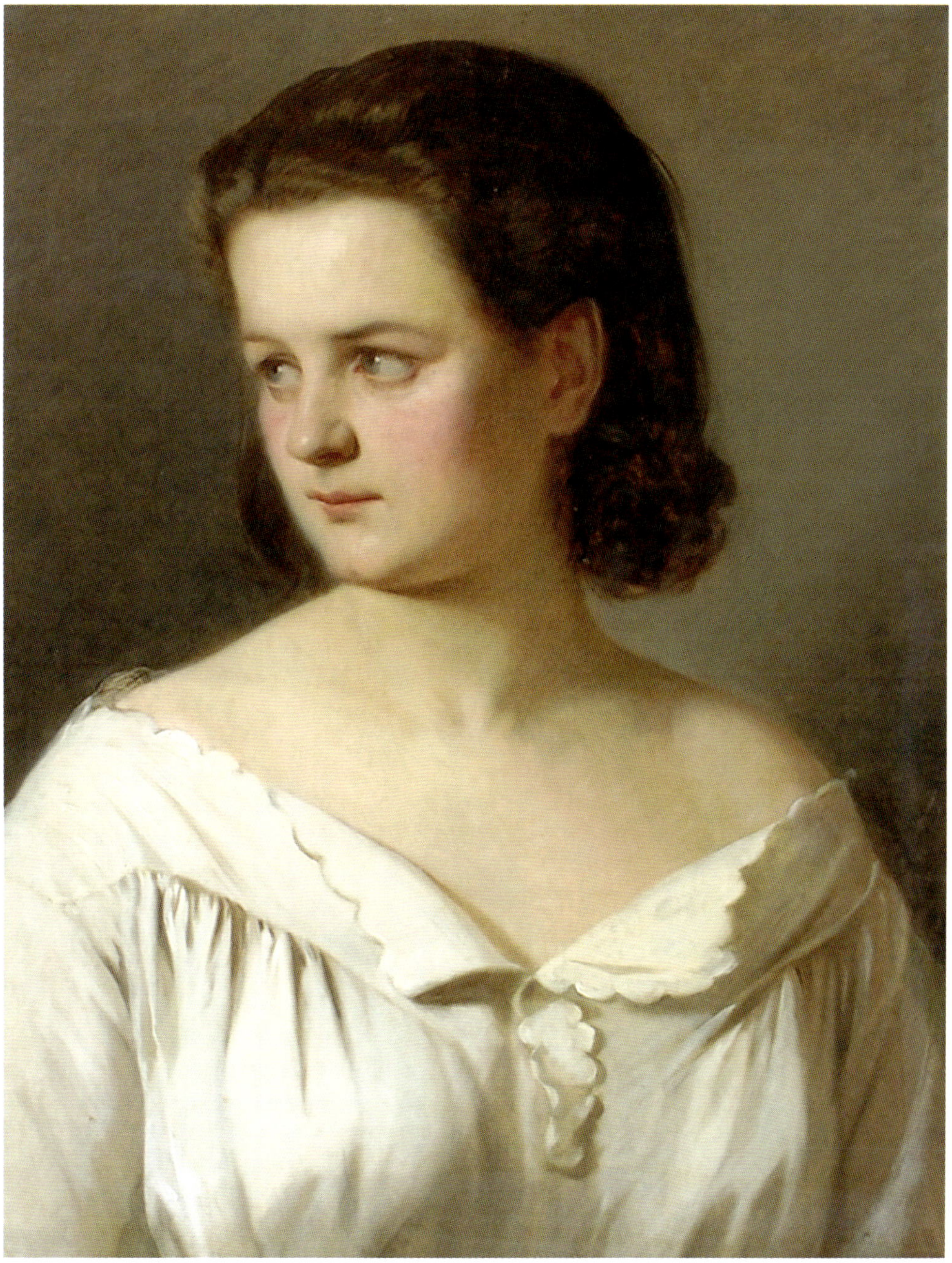

KAT.-NR. 20

Alexandra von Berckholtz
SCHWARZWALDBAUER
Öl auf Leinwand
58 × 47 cm

Privatbesitz Hamburg

Lit.: unveröffentlicht

Alexandra von Berckholtz' einziges Genrebild in Öl auf Leinwand stellt uns diesen Schwarzwaldbauern vor, von dem wir ebenfalls weder seine Identität noch seine Herkunft kennen.
Die elegante Erscheinung des jungen Mannes in Tracht spiegelt das Interesse der Zeit an Volkstümlichkeit und ländlichem Leben vor dem Hintergrund der rousseauistischen Philosophie „Zurück zur Natur". „Nach Aufklärung und Romantik war Tracht durch und durch positiv besetzt und spiegelte vermeintlich ideale Zustände der Vergangenheit wider (...) Tracht stand als Bollwerk nicht nur gegen die dekadente Mode, sondern gegen politisches Aufbegehren und gesellschaftlichen Umbruch." (Jauernig, 2011, S. 113)
Ein Umzug mit 32 Trachtengruppen aus verschiedenen Landesteilen ist in München erstmals 1810 und anlässlich der Hochzeit des Königs Ludwig I. mit Therese von Sachsen-Hildburghausen zu sehen, der der Vorläufer des späteren Oktoberfestes ist. Ab 1822 erscheinen Trachtenbücher mit Illustrationen bekannter Künstler, z. B. von Albrecht Adam (1786–1862) oder Eugen Napoleon Neureuther (1806–1882). 1845 fahren Victoria und Albert erstmals in das Herzogtum Sachsen-Coburg und Gotha. Während dieses Besuchs zeichnet die Königin viele in lebenden Bildern arrangierte Frauen und Männer in der Tracht der Umgebung. 1857 schickt sie ihren Fotografen Francis Bedford (1816–1894) in Alberts Heimat, der im Garten des Schlosses Rosenau zwölf Personen aus den umliegenden Dörfern in moderner und älterer Kleidung fotografiert. Das Bedford-Album stellt bis heute eine wertvolle Quelle für die Trachtenpflege im Coburger Land dar.

Die von Alexandra von Berckholtz dargestellte Kleidung des jungen Mannes auf ihrem Gemälde stimmt mit der Beschreibung der Diersburger Männertracht von 1822 aus der Feder von Carl Christoph Roeder von Diersburg (1789–1871) – dem besten Freund Marie Ellenrieders – überein. Diese besteht aus einer langen Hose, einem roten Brusttuch, einem langen schwarzen Gehrock und einem großen schwarzen Hut.
Stilistische Übereinstimmungen hinsichtlich der Komposition der Szene ergeben sich zwischen Alexandras Bild und dem *Schweizer Mädchen aus Interlaken* von Franz Xaver Winterhalter (Öl auf Leinwand, 126 × 93 cm, 1840er Jahre, Privatbesitz). In ähnlicher Pose lehnt auf diesem ein mit vergleichbaren Attributen ausgestattetes Mädchen an einem Felsen in der rechten Bildhälfte. Dieses Gemälde des durch den Maler eventuell verehrten Mädchens soll sich bis zu seinem Tod in seinem Privatbesitz befunden haben. Sie war wohl die Urenkelin des Gründers des späteren Hotels *Metropole* in Interlaken, Herr Ritschard.
Auf der Rückseite von Alexandras Gemälde befindet sich ein Etikett mit folgender Beschriftung:
„Bauerntyp, Erinnerung an Schloß Ortenberg im Kinzigtal, 1840/50er Jahre, gemalt von Alexandra (Sascha) von Berckholtz. Meiner Mutter Freundin und Patin meiner Schwester Sascha. Th. v. Barsewisch." (Abb. 284). Das Bild war ursprünglich im Besitz der Freundin der Malerin Melanie von Campenhausen, die sie sicherlich in Ortenberg nicht nur einmal besucht hatte, wo die Szene mit dem als Schwarzwaldbauern bezeichneten jungen Mann nach einer gemeinsamen Wanderung entstanden sein könnte.

Lit.: Jauernig, Birgit: „All die Bauern in ihren netten Kleidern" – ein königlicher Traum vom einfachen Leben. In: Albert Prinz aus Coburg. Coburg 2011, S. 107–115; Mosebach, 2014, S. 44–46; Bayer, Joseph: Die Diersburger Tracht. In: Die Ortenau: Zeitschrift des Historischen Vereins für Mittelbaden, Bd. 77, 1997, S. 388; Houston/Freiburg/Compiègne, 2016, S. 106–107, Kat.-Nr. 23.

Abb. 284 – Etikett auf der Rückseite des Gemäldes *Schwarzwaldbauer*.

239

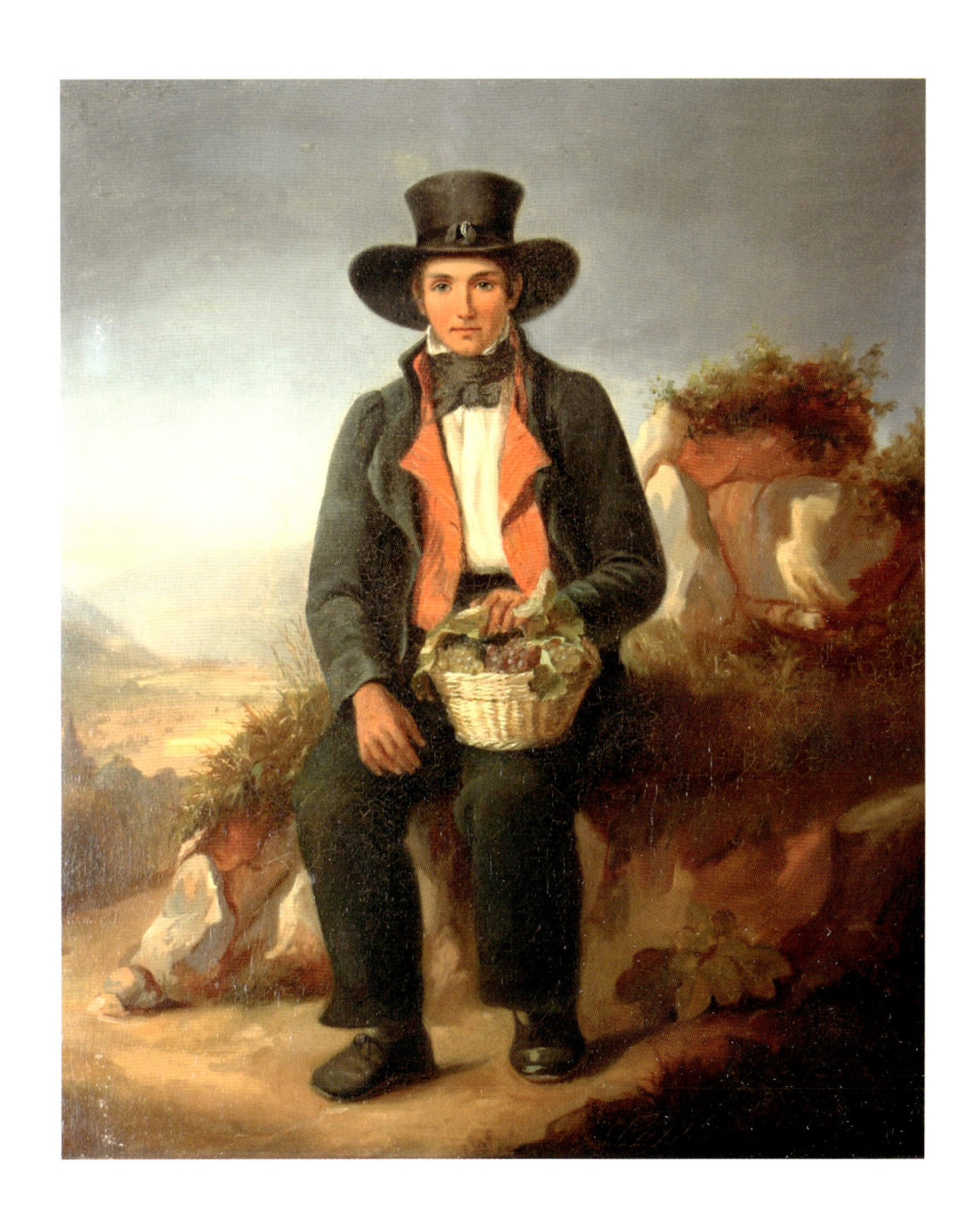

KAT.-NR. 21

Alexandra von Berckholtz
Blick von Schloss Ortenberg mit Olga von Moltke
Öl auf Holz
18,5 × 12 cm
Rechts unten innerhalb der Darstellung monogrammiert und datiert *B. 1849*
Verso bezeichnet *Ortenberg 1848 Olga von Moltke A. Berckholtz fecit*

Privatsammlung

Lit.: unveröffentlicht

Wagemutig hat sich hier eine junge Frau in einer grün umrankten Fensterlaibung mit über dem Abgrund herunterhängenden Beinen niedergelassen. Die von einem Spitzbogen bekrönte Mauernische mutet wie das Portal einer gotischen Kathedrale an, denn wie ein Tympanon erscheint uns der obere Abschluss mit seinem Vierpass und dessen Glasmalerei mit Kreuzornamentik in unterschiedlicher Farbigkeit. Die beiden unterhalb befindlichen Zwickel sind jeweils mit einem Dreischneuß ausgefüllt.

Wie ein Spotlight beleuchtet das Sonnenlicht die weibliche Rückenfigur in ihrem eleganten taillierten weißen Kleid. Auf dem Kopf trägt sie einen naturfarbenen Florentinerhut mit einem roten Band, dessen Enden am Hinterkopf herunterfallen. Einen Stift in der rechten Hand und einen Block auf ihren Knien haltend, beobachtet sie die sie umgebende Landschaft, deren Horizont von Bergesanhöhen abgeschlossen wird.

Das Gemälde aus österreichischem Privatbesitz wurde am 20. Oktober 2016 im Dorotheum Wien unter der Nr. 1385 versteigert und befindet sich aktuell in einer Privatsammlung in Deutschland. Die Tatsache, dass es sich bei der Dargestellten um Olga von Moltke handelt, verrät die rückwärtige Bezeichnung des Tafelbildes in der Handschrift der Künstlerin. Diese verrät ebenfalls, wo und wann die Szene stattfand: auf Schloss Ortenberg im Jahre 1848. Auf der Vorderseite findet sich jedoch eine spätere Datierung: *1849*. Es ist anzunehmen, dass zu dem Gemälde noch eine Skizze existiert, die Alexandra von Berckholtz ad naturam von ihrer 16-jährigen Nichte 1848 aufnahm, nach der das Gemälde im Folgejahr entstand.

Auf diesem porträtiert sie in ungewöhnlichem Ausschnitt die junge Frau, die wir unbemerkt hinter ihrem Rücken während ihres Kunstschaffens beobachten. Aus der Hand der Alexandra von Berckholtz wurde bislang kein Bildnis entdeckt, das ihre Nichte auch en face zeigt, wohl aber ein um 1852 entstandenes Aquarell eines unbekannten Künstlers auf Schloss Velké Březno in Tschechien (Abb. 285), auf dem Olga im Alter von annähernd 20 Jahren zu sehen ist. 1851 hatte sie Anton Graf Chotek geheiratet, in dessen Besitz sich das böhmische Schloss befand. Im Archiv des Schlosses befindet sich ein stilistisch analoges 1852 gemaltes Aquarell ihrer Schwiegermutter Marie Chotek, geborene Gräfin von Berchtold, Freiin von Ungarschitz (1794–1878), das links unterhalb mit *Kord fec. / 1852* signiert und datiert ist und auf eine zeitnahe Entstehung zusammen mit Olgas Bildnis

Abb. 285 – Olga Chotek, geborene von Moltke, Aquarell, 18 × 12 cm, um 1852, Schloss Velké Březno Inv.-Nr. VB 623.

schließen lässt. Um wen es sich bei der Künstlerin oder dem Künstler handelt, konnte bislang nicht ermittelt werden.
Durch die Maler selbst angebrachte Beschriftungen helfen Jahre später die Bestimmung der Identität der Dargestellten vorzunehmen, die bei Rückenfiguren, wie der hier vorliegenden, ohne diese unmöglich wäre. Ein weiteres ähnliches Beispiel aus dem 19. Jahrhundert ist eine Zeichnung in Feder in Schwarz über Bleistift mit Clara Schumann am Klavier, die wir in rück-wärtiger Ansicht während eines ihrer Konzerte wahrnehmen. Auch hier beschriftete die in Berlin geborene Künstlerin Bertha Froriep (1833–1920) das Blatt (18,5 × 12,5 cm, um 1854, Museen und Galerien der Stadt Schweinfurt, Sammlung Dr. Rüdiger Rückert), was somit eine genaue namentliche Zuschreibung zu der berühmten Pianistin und Komponistin erlaubt.

Lit.: Weimar, 2016, S. 50.

KAT.-NR. 21

KAT.-NR. 22

Alexandra von Berckholtz
SELBSTPORTRÄT IM ATELIER
Öl auf Karton
30,4 × 27,7 cm
Unterhalb mit Bleistift bezeichnet *Atelier in Ortenberg*
Vor 1863

Stadtarchiv Offenburg Inv.-Nr. 26/02/015

Lit.: Vollmer, 1988, S. 90–91, Abb. 87

Malerisch in breiterem Pinselstrich und kompositorisch völlig anders realisiert ist das mit *Atelier in Ortenberg* beschriftete Selbstporträt. In der Totalen sieht man den Innenraum des Malerturms mit einem in einer Laibung befindlichen gotisierenden Spitzbogenfenster in der rechten Bildhälfte. Diesem gegenüber sitzt in der Diagonalen in Denkerpose die Malerin vor einer Staffelei. Den hohen Raum schließt ein in Schwarz-Weiß im Schachbrettmuster gefliester Boden nach unten ab. Die Szene mutet vielmehr wie ein Interieurbild an, da der inhaltliche Schwerpunkt hier nicht auf dem Porträt der Künstlerin, sondern auf der Präsentation des Atelierraumes liegt.

Jochen Schmidt-Liebich erwähnt ein weiteres Selbstporträt der Künstlerin mit kleinem Spitzkragen und blauem Band, das 1851 in Öl auf Leinwand entstand, und das im Auktionshaus Karrenbauer in Konstanz unter der Nummer 1505 am 29. November 2003 versteigert wurde. Zu dessen Verkauf liegen heute keine weiteren Informationen vor. Paul Falcks Nachruf in der Düna-Zeitung auf Alexandra von Berckholtz erwähnt, dass die Künstlerin im Laufe ihres Lebens mehrere Selbstbildnisse malte, von denen sich ein Jugendbild 1899 in der Dr. A. Buchholtzschen Sammlung in Riga befand, dessen Verbleib heute unbekannt ist.

Vergleichbar ist das vorliegende Bild mit der Zeichnung *Das Atelier des Malers* in schwarzer Kreide von Fleury François Richard (1777–1852) (23,5 × 18,4 cm, um 1803, Musée des Beaux-Arts de Lyon Inv.-Nr. 1988-4-IV-191), auf dem ebenfalls der Raum das Bildfeld beherrscht und der Künstler hinter einem zurückgeschobenen Vorhang und zwei durch Skulpturen bekrönten Säulen, jedoch verschwindend klein, zeichnend vor dem Fenster sitzt.

Selbstbildnisse rücken die Künstler – meist mit Attributen ihres Berufes ausgestattet – in der Regel näher an den Betrachter heran und legen ihre Konzentration auf die Wiedergabe der Gesichtszüge des Porträtierten. Anton Graff malte über 80 Selbstbildnisse aus unterschiedlichen Lebensaltern, die wie ein Lebensprotokoll anmuten. Sein erstes erschafft er mit 17 (Öl auf Leinwand, auf Karton maruflirt, 37,5 × 29 cm, Kunstmuseum Winterthur), sein letztes im Alter von 76 Jahren (Selbstbildnis mit Augenschirm, Öl auf Leinwand, 65 × 51 cm, Staatliche Museen zu Berlin, Nationalgalerie), zu dem sich eine Vorzeichnung im Besitz der Malerin Caroline Bardua befand (Schwarze und weiße Kreide auf braunem Papier, 35 × 27,5 cm, 1813, Kunstmuseum Luzern).

Aufnahmen von insgesamt 237 Münchner Ateliers fertigt der königlich bayerische Hoffotograf Carl Teufel (1845–1912) in den Jahren 1889/90 an, die unterschiedliche Werkstätten von 232 Malerinnen und Malern sowie von fünf Bildhauern vorstellen. In vielen dieser inszenierten Räume sitzt der Künstler mit gezücktem Pinsel in der Hand oder eine Idee reflektierend vor einer Staffelei. In den 1880er Jahren entstehen in München vor allem innerhalb der ersten Generation der Piloty-Schüler auch zahlreiche Großateliers, von denen eines der herausragendsten das des Malerfürsten Franz von Lenbach ist. In Alexandras Münchner Nachbarschaft befindet sich bis 1897 in der Gabelsbergerstraße 77/II das des Orientmalers Ferdinand Max Bredt (1860–1921) (Abb. 286), das mit maurischen Papparchitekturen, Teppichen und Stoffen opulent ausgestattet ist. „Wie der Bauernmaler sich mit ländlich-urwüchsiger Atmosphäre umgab,

Abb. 286 – Atelier des Orientmalers Ferdinand Max Bredt, Fotografie.

so inszenierte der Orientmaler seine künstlich-exotische Umgebung, unter deren Einfluß und Stimulanz er seine Bilder malte." (Langer, 1992, S. 48)

Lit.: Schmidt-Liebich, 2005, S. 44; Falk, 1899; Karlsruhe, 2015, Kat.-Nr. 32, S. 93 Abb.; Winterthur/Berlin, 2013, S. 55, Kat.-Nr. 1–11; Langer, 1992, S. 7–55.

KAT.-NR. 22

KAT.-NR. 23

Alexandra von Berckholtz
Nelken in einer Vase
Öl auf Holz
48,26 × 38,10 cm
Links unten signiert und datiert *A v Berckholtz 1846*

Privatbesitz in Litauen

Lit.: unveröffentlicht

Aus dem Besitz eines Antiquitätenhändlers versteigerte Stockholms Auktionsverk am 3. Dezember 2003 unter der Los-Nr. 2.565 dieses Blumenstück, das einzige bislang aufgefundene aus Alexandra von Berckholtz' Frühwerk. Ab Oktober 1876 wendet sich die Malerin vermehrt auch dem Stillleben zu. Zuvor finden sich zwar vereinzelte Blumenaquarelle, jedoch bislang kein weiteres Gemälde in Öl.

In ihrer Stilllebenmalerei orientiert sich Alexandra von Berckholtz an den Stilprinzipien der altniederländischen und flämischen Künstler. Die Gegenstände auf ihrem Nelkenbild sind im Verhältnis zu diesen jedoch – z.B. verglichen mit dem Philippe de Marliers (um 1573–1668) (Abb. 287) – weniger flächig und symmetrisch angeordnet. Auch steht die Vase nicht auf einer Tischplatte, die den gesamten unteren Bildrand abschließt, sondern auf einem durch einen Lichteinfall von links außerhalb in Szene gesetzten bewegt anmutenden grünen Tischtuch.

Um 1600 verbreiten sich Blumen als alleiniges Bildmotiv in der niederländischen Malerei, in der die einzelnen Pflanzen neben ihrer ästhetischen Erscheinung für den Naturfreund und Gartenliebhaber auch mit einer symbolischen Bedeutung versehen werden. Die Schwertlilie ist die Blume der Gottesmutter Maria. Eine rote Rose gilt als Symbol der Liebe, eine weiße als Verkörperung der Reinheit und eine Tulpe als Anspielung auf die Jungfernschaft. Die weiße Nelke ist eine Allusion auf die unbefleckte Empfängnis Mariens und die rote eine auf das Blut und die Passion Christi. Die Kreuzritter brachten die Nelke nach Europa mit, die in unterschiedlichen Ländern auch verschiedene ikonografische Bedeutungen einnahm. So trugen die französischen Adeligen auf ihrem Weg zur Guillotine eine rote Nelke im Knopfloch, die daher bis in die heutige Zeit ihre Bedeutung als Beerdigungsblume hat.

Ein reines Nelkenbouquet findet sich in der Kunstgeschichte verhältnismäßig selten, wie z.B. im *Nelkenstrauß* von Jacob van Hulsdonck, (Öl auf Holz, 33,7 × 24,5 cm, signiert, Sammlung Heinz). Vereinzelte Nelken sind z.B. auf Pieter Claesz' *Stillleben mit goldenem Pokal* (Abb. 119) zu sehen. Auf dem Tisch liegen eine weiße und zwei rote Nelken, von denen eine noch nicht aufgeblüht ist und wie ein blutiger Nagel anmutet: eine Anspielung auf das Kreuz Christi und das Ende jeglichen Prunks und Reichtums.

Lit.: Ertz, Klaus: Blumenstillleben. In: Wien, 2002, S. 278–285.

Abb. 287 – Philippe de Marlier, Nelkenstrauß in Glasvase, Öl auf Holz, 45,5 × 34 cm, rechts unten monogrammiert und datiert *PH. M.L. 1639*, Privatbesitz.

245

KAT.-NR. 24

Alexandra von Berckholtz
BLUMENSTILLLEBEN MIT WEINGLAS UND TRAUBEN
Öl auf Holz
73,5 × 55,5 cm
Rechts unten signiert und datiert *A. v. Berckholtz 1888*.

Privatbesitz in Ortenberg

Lit.: Sotheby's Deutschland (Hg.): Die Sammlung der Markgrafen und Großherzöge von Baden. Baden-Baden, Bd. V, 1995, S. 72, Nr. 3301; Gutgesell, 2016, S. 9.

Ehemals in der Sammlung der Markgrafen und Großherzöge von Baden befand sich dieses *Blumenstillleben mit Weinglas und Trauben*, das in einer durch Sotheby's Baden im Neuen Schloss Baden-Baden durchgeführten Auktion vom 5. bis 21. Oktober 1995 versteigert wurde. Alexandra von Berckholtz betont auf diesem die diagonal strukturierte Komposition, das Changieren dunkler und heller Zonen im Bildfeld sowie unterschiedliche Farbwerte. Sie präsentiert uns wohlgeordnet auf einem schillernden bläulichen Tischtuch – das in leichte Falten gelegt ist und somit eine gewisse Spannung im Bild erzeugt – einen buschigen Strauß Chrysanthemen in einer bauchigen chinesischen Vase neben einer silbernen, mit weißen Trauben gefüllten Schale, einem einer Tazza ähnlichen Weinkelch und einem Flötglas, in dem sich am oberen Rand subtil ein Lichtschein widerspiegelt.

Annähernd ähnlich in der Anordnung der Gegenstände verhält sich das *Früchtestillleben mit Gläsern* von Cornelis de Heem (1631–1695) (Öl auf Leinwand, 55,8 × 73,5 cm, unten rechts signiert *C. De HEEM. F.*, um 1670, Museum voor Schone Kunsten Gent Inv.-Nr. 1907-B) oder das *Prunkstillleben mit Zuckerwerk und Rosen* des in Amsterdam tätigen Malers Simon Luttichuys (1610–1661) (Öl auf Leinwand, 102 × 83 cm, oben rechts bezeichnet *SL fe 1649*, Národní Galerie Prag Inv.-Nr. DO 4208). Ebenfalls vor einem dunkel gehaltenen Hintergrund und auf einem mit einem dunkelgrünen Stoff bedeckten Tisch steht eine silberne Schale mit Süßigkeiten und kandierten Früchten. Daneben erhebt sich ein goldener Buckelpokal und dahinter ein mit Weißwein gefülltes Flötglas, das auch das einfallende Licht einfängt. Eine Taschenuhr und ein zu Boden sinkendes Blütenblatt verweisen auf die Vanitas.

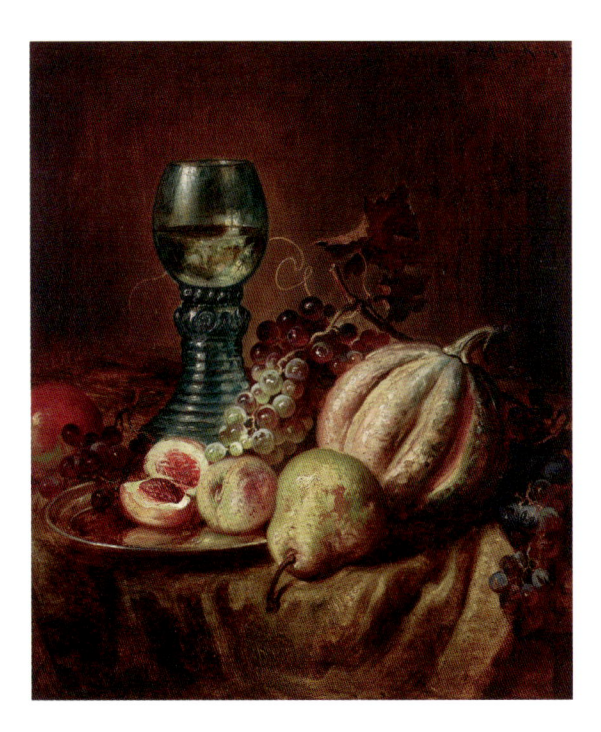

Neben diesen malerischen Parametern der Niederländer rezipiert Alexandra von Berckholtz auch deren verbreiteten Malgrund. Im dem an künstlerischen Neuerungen reichen 19. Jahrhundert – in dem beispielsweise die Farbtube erfunden wird, die die Freilichtmalerei erleichtert – malt Alexandra von Berckholtz ihre Stillleben auf Holztafeln. Im 16. Jahrhundert setzte sich die Leinwand im Allgemeinen mehr und mehr durch. „Titian, überhaupt die Venezianer, bedienten sich meist derselben und so verbreitete sich ihr Gebrauch über ganz Europa, während die Niederländer bis tief in das 17. Jahrhundert sich ablehnend verhielten und auf Holz malten." (Jaennicke, 2011, S. 18) Ein weiterer Münchner Maler, der die meisten seiner Stillleben ebenfalls auf Holz malt, ist der durch Alexandra von Berckholtz geförderte Ludwig Adam Kunz. Seine Natures Mortes ähneln in Kolorit und Kadrierung manchem Werk seiner Künstlerfreundin, wie beispielsweise das am 11. April 2002 in der 213. Auktion *Alte Kunst* unter der Losnummer 1403 bei VAN HAM in Köln versteigerte *Stillleben mit Weinpokal und Früchten* (Abb. 288).

Lit.: Jaennicke, Friedrich: Handbuch der Ölmalerei. Barsinghausen 2011; Wieczorek, Uwe: Früchte- und Prunkstillleben. In: Wien, 2002, S. 246–252; Utrecht/Braunschweig, 1991, S. 215, Kat.-Nr. 47.

Abb. 288 – Ludwig Adam Kunz, Stillleben mit Weinpokal und Früchten, Öl auf Holz, 65,5 × 56,5 cm, rechts oben signiert und datiert *L. Adam Kunz 1913.*, Privatbesitz.

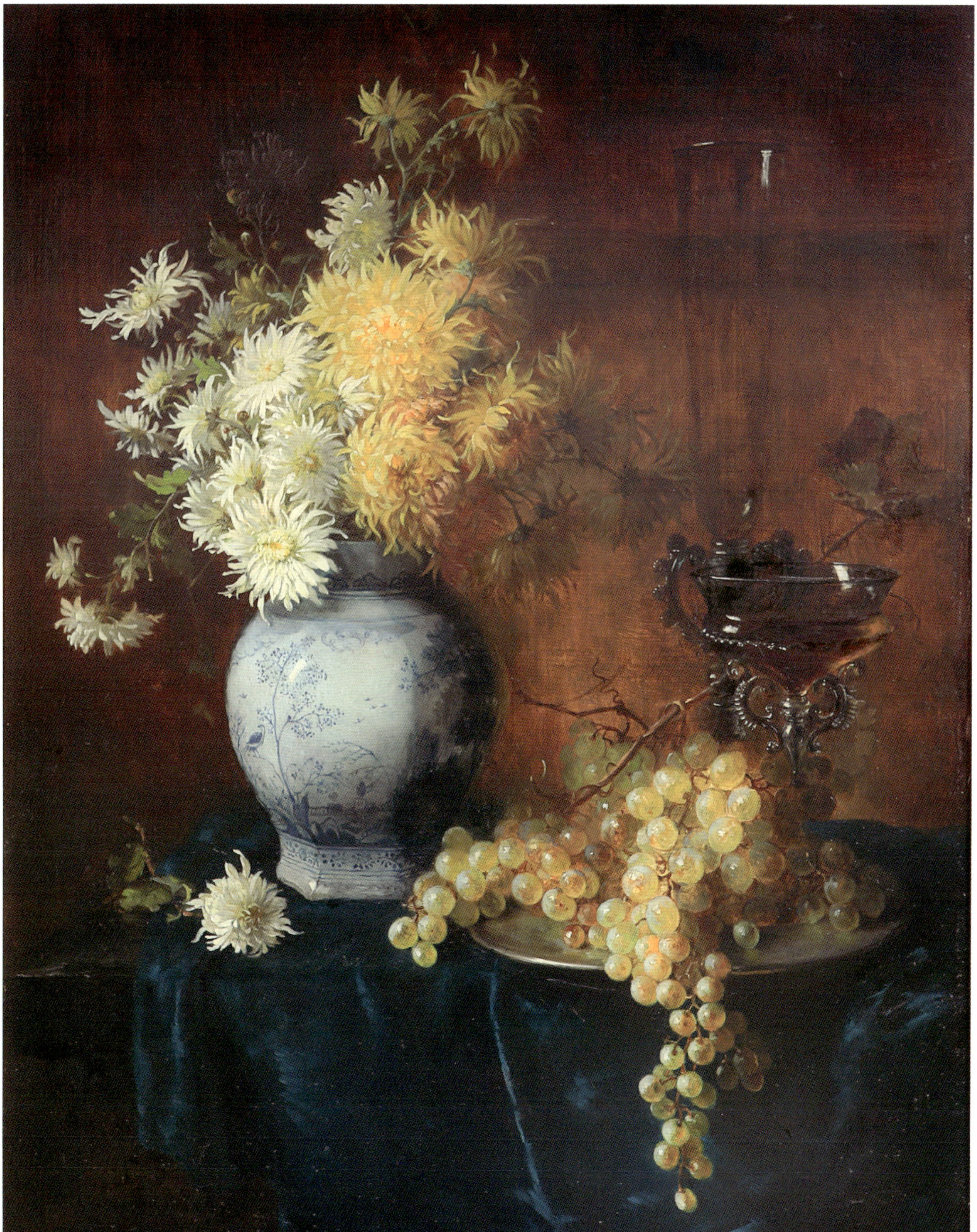

KAT.-NR. 25

Alexandra von Berckholtz
CHRYSANTHEMEN IN EINER KERAMIKVASE
Öl auf Holz
50 × 41 cm
Rechts unten signiert und datiert *A. v. Berckholtz 1892*

Privatbesitz in Estland

Lit.: unveröffentlicht

Den Chrysanthemenstrauß greift Alexandra von Berckholtz in einem weiteren Stillleben auf. Hier erscheint er als alleiniges Bildmotiv in einer bauchigen Vase und vor einem neutralen Hintergrund. „In verbis, in herbis, in lapidibus deus." – In den Worten, in den Pflanzen, in den Steinen ist Gott (Münster/Baden-Baden, 1980, S. 319). Dem göttlichen Urspung der Pflanzen, den diese auf den Philosophen und Alchemisten Paracelsus (1493–1541) zurückgehende pantheistische Weisheit ausdrückt, wohnt auch ihre jeweilige Bedeutung inne. Diesen Signifikanten entsprechen meist Bibelzitate. Greifen wir hier die Worte aus der Bergpredigt zur Lilie heraus: „Schauet die Lilien auf dem Felde, wie sie wachsen. Sie arbeiten nicht, auch spinnen sie nicht." (Matth 6, 28–29) Jenseits aller Schönheit ist die Lilie auch vergänglich: „Ich sage Euch, daß auch Salomo in aller seiner Herrlichkeit nicht bekleidet ist als eine von diesen. Wenn denn Gott das Gras auf dem Felde so kleidet, das doch heute steht und morgen in den Ofen geworfen wird: sollte er das nicht vielmehr Euch tun, Ihr Kleingläubigen?"

Ein entsprechendes Bibelzitat oder eine besondere Bedeutungsattribuierung findet sich zur Chrysantheme nicht. Sie wird im 17. Jahrhundert aus Asien nach Europa importiert und besitzt keinerlei ikonografische Aufladung. In Frankreich wird sie im praktischen Gebrauch zu einer Blume, die man an Allerheiligen auf die Gräber legt. Von einer Todessymbolik zu sprechen, würde allerdings zu weit führen. In China und Japan verkörpert sie hingegen ein langes Leben.

Vor allem die Avantgarden bedienen sich gegen Ende des 19. Jahrhunderts auch bei der japanischen Kunst, und es finden sich vereinzelt auch Chrysanthemen auf den Gemälden moderner Maler wieder, wie auf einem *Stillleben mit Chrysanthemen und Herbstlaub in einer Vase* des Niederländers Jan Catharinus Adriaan Goedhart (gestorben 1893) (Öl auf Leinwand, 105,5 × 76 cm, rechts unten signiert *JCA Goedhart*, Privatbesitz), auf *Weiße Rosen mit Chrysanthemen in einer Vase* von Henri Fantin-Latour (1836–1904) (Öl auf Leinwand, 36 × 46 cm, 1882, Musée d'Orsay Paris) oder auf dem *Stillleben mit Chrysanthemen* von Claude Monet (Öl auf Leinwand, 54,5 × 65 cm, 1878, Musée d'Orsay Paris).

Alexandra von Berckholtz' Chrysanthemenbouquet wurde in der Auktion 88 am 9. März 2013 (Nr. 3153) im Auktionshaus Heickmann in Chemnitz versteigert und befindet sich in Privatbesitz in Estland. Eventuell stand es, aus ihrem späten Werk stammend, auch innerhalb der angesprochenen Orientierung der Maler der Zeit hinsichtlich eines neuen Formenschatzes.

Lit.: Pieper, Paul: Das Blumenbukett. In: Münster/Baden-Baden, 1980, S. 314–350.

Abb. 289 – Alexandra von Berckholtz, Blumenbouquet in einer Vase, Bleistift auf Papier, 23,5 × 16,9 cm, links unten beschriftet *Carlsruhe (...) Mai 1891 (...)*, Skizzenbuch von 1891, StAO Inv.-Nr. 26/21/024.

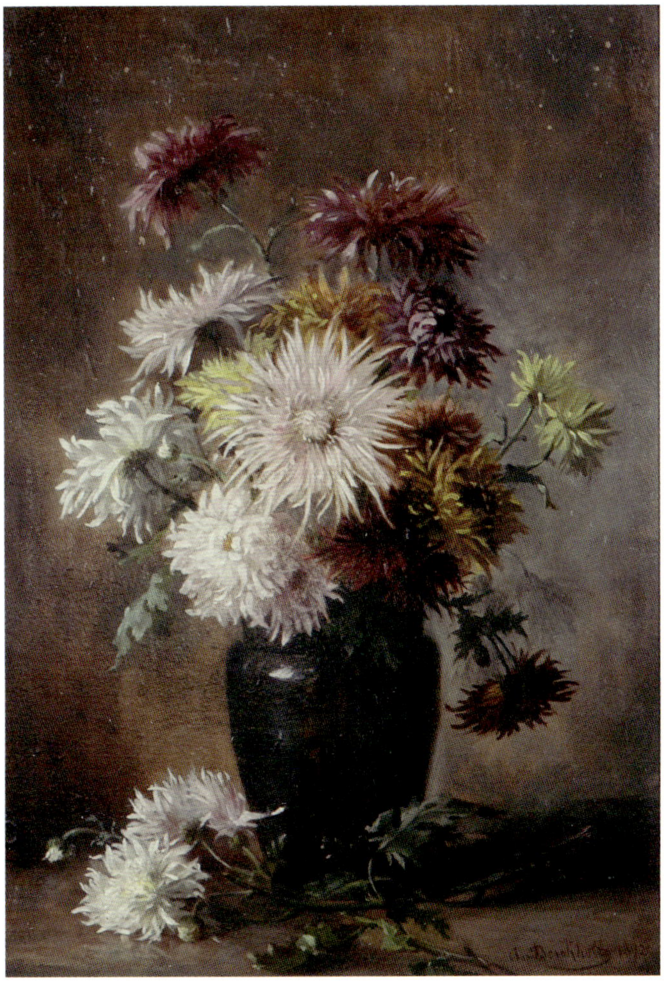

KAT.-NR. 26

Alexandra von Berckholtz
ROSENSTILLLEBEN
Öl auf Holz
43,5 × 30,5 cm
Links unten signiert und datiert *A. v. Berckholtz 1893*.

Privatbesitz in Ortenberg

Lit.: Sotheby's Deutschland (Hg.): Die Sammlung der Markgrafen und Großherzöge von Baden. Baden-Baden, Bd. V, 1995, S. 72, Nr. 3301; Gutgesell, 2016, S. 9.

Bei dem ebenfalls 1995 in der Sammlung der Markgrafen und Großherzöge von Baden versteigerten Gemälde mit Rosen handelt es sich um ein Kabinettstück, um ein Stilleben, das nicht – wie in der flämischen Malerei charakteristisch – in großem Format realisiert wurde. Das bewusst Kleinformatige führt den Blick des Betrachters auf Details und nicht auf ein Ensemble arrangierter Gegenstände, das durch seine Anordnung vom Einzelnen ablenkt. Fünf apricotfarbene Rosen stehen in einer Glasvase, eine weitere ist noch nicht aufgeblüht und noch eine liegt unterhalb auf einer dunklen Tischplatte, in deren Oberfläche sie sich spiegelt. Die durchsichtige Vase erlaubt einen Blick auf die Blätter und Stiele, die wie die bewegten Beine einer Ballerina im Wasser zu tanzen scheinen.

Kabinettbilder werden auch für durch Herrscher, Adelige und Bürger im Sinne des humboldtschen *Kosmos* angelegte Wunderkammern geschaffen. Eines dieser Kuriositätenkabinette besaß der Leipziger Patrizier Christian Lorenz von Adelsheim: es ging in den Besitz des Herzogs Wilhelm Ernst von Sachsen-Weimar über und bildete einen Grundstock der Sammlungen im Weimarer Schloss.

In Anlehnung an den fünfbändigen *Entwurf einer physischen Weltbeschreibung* (1845–1862) von Alexander von Humboldt und der zunehmenden Erforschbarkeit der Welt intendiert man, sich seinen eigenen Kosmos an Objekten als enzyklopädische Privatkabinette anzulegen. „Als Abbild des Kosmos sollte eine Kunstkammer alle Naturelemente zumindest exemplarisch enthalten." (Luther, 1980, S. 112) Für diese die vier Elemente einfangenden Setzkästen sammelt man Steine, stopft Tiere aus, trocknet Pflanzen oder beschäftigt Künstler, die einen Blumenstrauß täuschend echt abmalen, wie es der antike Maler Possis konnte, dessen Kunstwerke man von ihren Abbildern nicht mehr zu unterscheiden vermochte, so lebensecht waren seine Abbildungen, wie Plinius d.Ä. (um 23–79 n.Chr.) im 35. Buch seiner *Historia Naturalis* berichtet.

Lit.: Luther, Gisela: Stilleben als Bilder der Sammelleidenschaft. In: Münster/Baden-Baden, 1980, S. 88–128; Kleinmann, Ute: Naturnachahmung und Augentäuschung. Täuschung und Ent-Täuschung. Der Wettstreit zwischen Kunst und Natur. In: Wien, 2002, S. 110–115.

Abb. 290 – Alexandra von Berckholtz, Rosenskizze, Bleistift auf Papier, 12,1 × 33,2 cm, Skizzenbuch von 1886–1889, StAO Inv.-Nr. 26/21/027.

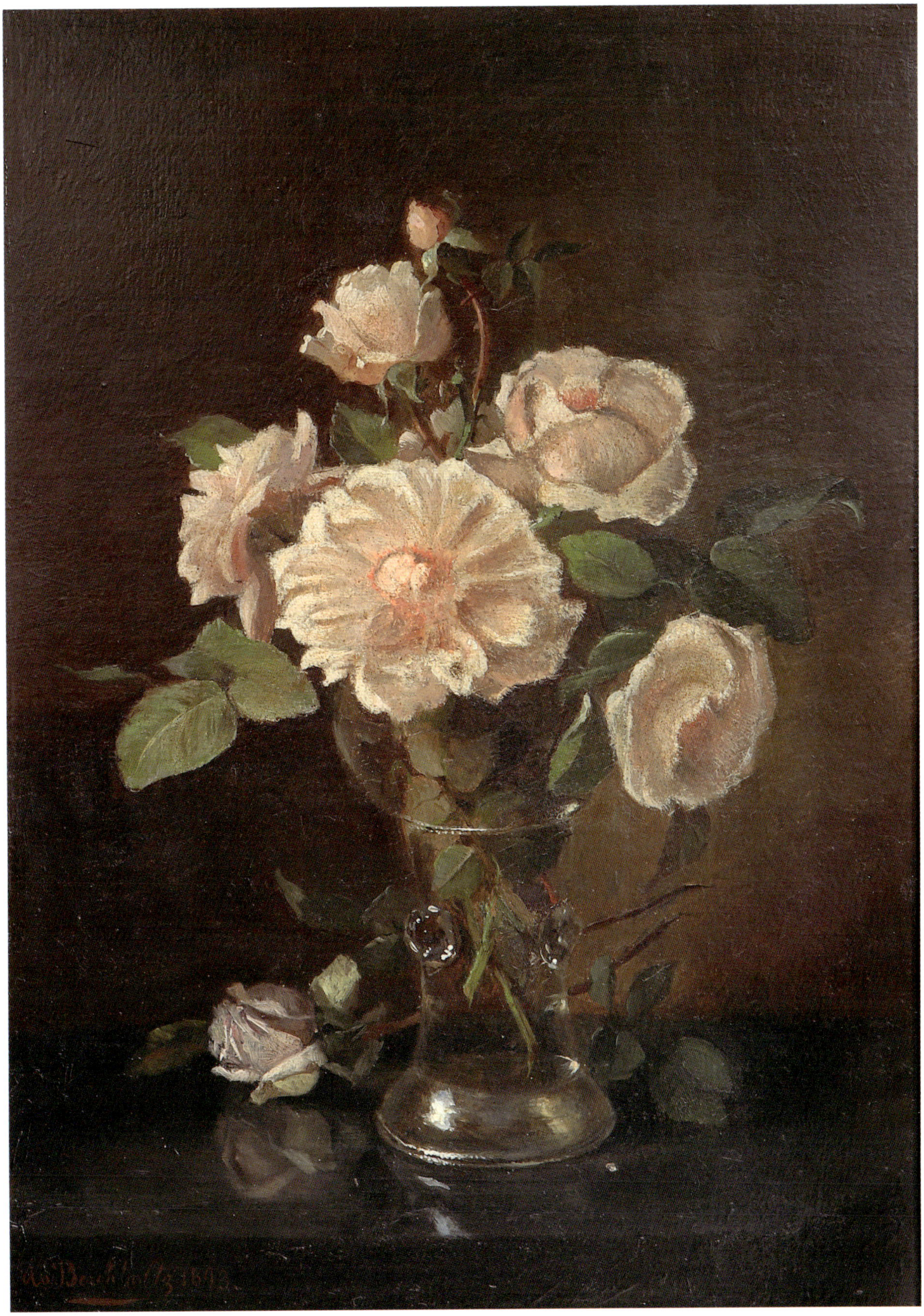

KAT.-NR. 27

Alexandra von Berckholtz
Rosen mit Schmetterling
Öl auf Pappe
25 × 31,4 cm
Um 1891

Stadtarchiv Offenburg Inv.-Nr. 26/07/046

Lit.: unveröffentlicht

Vier Rosen, deren Plastizität von links nach rechts zunimmt, erscheinen vor einem grau-blauen Hintergrund und auf Pappe gemalt. Die teilweise anmutende Flüchtigkeit sowie der Malgrund sprechen für die skizzenhafte Anlage der Blumen, die Alexandra von Berckholtz in der Regel in Öl auf Holz malt. Eine apricotfarbene und zwei gelbe Rosen haben ihre Blüten geöffnet, neben denen eine dritte noch knospenhaft erscheint. Sie sind weder in einem Strauß in einer Vase noch in einer charakteristischen Stilllebenanordnung arrangiert, wie z. B. zusammen mit einem Weinglas oder mit Trauben präsentiert. Sie befinden sich auch nicht vor einem angedeuteten Hintergrund und auf einer Bodenplatte in einem Raum, in dem sie hier förmlich zu schweben scheinen. Auf der gelben Blüte ganz links hat sich gerade ein Schmetterling niedergelassen.

Zeichnungen mehrerer Schmetterlinge aus unterschiedlichen Perspektiven finden sich im Skizzenbuch der Malerin aus dem Jahr 1891 (Abb. 291), zusammen mit einem Blumenbouquet, dessen Kompositionsskizze folgende Beschriftung aufweist: *Blumenstrauß mit Rose. No. 380. Huysum. / Carlsruhe 2. Julius (…)*. Hierzu diente Alexandra von Berckholtz als Vorlage Jan van Huysums (1682–1749) Gemälde *Blumenstrauß* (Öl auf Eichenholz, 79 × 60,3 cm, 1714, Staatliche Kunsthalle Karlsruhe Inv.-Nr. 380), auf dem sich ebenfalls an vergleichbarer Stelle ein Falter befindet. Aufgrund dieser Vergleichsmomente ist anzunehmen, dass die Ölskizze ebenfalls im Jahr 1891 entstanden sein könnte.

Als Mittel auf Vanitasstillleben, die sich ab dem 15. Jahrhundert in Flandern als eigene Bildgattung entwickeln, verwenden Maler zum Ausdruck der Dichotomie der blühenden Schönheit und deren Vergänglichkeit häufig auch die Verbindung von Blumen mit Insekten. Diese sind beispielsweise die Raupe oder die Heuschrecke. Denken wir an dieser Stelle an das zweite Buch Mose und die Plagen Ägyptens, in denen unter anderem ein Schwarm Wanderheuschrecken über das Land herfällt und alles Pflanzliche auffrisst (2 Mos 10, 12). Käfer und Fliege sind Verkörperungen des Teufels und der Sünde. Am Boden kriechen nicht selten Frösche, Eidechsen, Schnecken und Schlangen herum – wie auf dem Waldbodenstillleben von Rachel Ruysch (Abb. 117) – die ebenfalls nichts Gutes verheißen. Der Schmetterling steht für Jungfräulichkeit und Auferstehung, die Kombination von Raupe und Schmetterling für Vanitas und Erlösung.

Lit.: Schneider, Norbert: Vom Klostergarten zur Tulpomanie. Hinweise zur materiellen Vorgeschichte des Blumenstilllebens. In: Münster/Baden-Baden, 1980, S. 294–313; Karlsruhe, 2010, Kat.-Nr. 144; Renger, Konrad: Vanitas-Stillleben. In: Wien, 2002, S. 140–145.

Abb. 291 – Alexandra von Berckholtz, Schmetterlingsskizzen, Bleistift auf Papier, 23,5 × 16,9 cm, mittig beschriftet *Blumenstrauß mit Rose. No. 380. Huysum. / Carlsruhe 2. Julius (…)*, Skizzenbuch von 1891, StAO Inv.-Nr. 26/21/024.

253

KAT.-NR. 28

Alexandra von Berckholtz
MELANIE VON CAMPENHAUSEN
Aquarell über Bleistift, weiß gehöht
24,5 × 20 cm
Rechts unten innerhalb der Darstellung monogrammiert und datiert: *A v B fec. 1844*
Verso beschriftet *Melanie Freiin von Campenhausen (1844) / Gemalt von Alexandra (Sascha) von Berckholtz / „Das war meine liebe Mama zehn Jahre vor meiner Geburt." Theophil von Barsewisch.*

Familienarchiv Prof. Dr. Bernhard von Barsewisch Groß Pankow Inv.-Nr. CW 153

Lit.: Gutgesell, 2016, S. 8

Als glücklicher Zufallsfund erwies sich eine im Generallandesarchiv Karlsruhe befindliche Fotografie einer Zeichnung von Alexandra von Berckholtz (Abb. 292), die ihr aufgrund des Monogramms *A v B* eindeutig zugeordnet werden konnte. Eine weitere Zuordnung, vor allem hinsichtlich der namentlichen Bestimmung der Dargestellten, erlaubte die rückwärtige Beschriftung: *Melanie Freiin von Campenhausen (1844) / Gemalt von Alexandra (Sascha) von Berckholtz / „Das war meine liebe Mama zehn Jahre vor meiner Geburt." Theophil von Barsewisch.* Diese Spur führte zum Archiv der Familie von Campenhausen, in dem sich das Original befindet, ein in Pinsel in Grün, Rosé und Braun über Bleistift gemaltes und in Weiß gehöhtes Aquarell. Die 19-jährige Melanie von Campenhausen sitzt in einem zartgrünen Kleid in einem Sessel und hält gerade in ihrer Lektüre inne. Das Buch legt sie auf ihrem Schoß ab und adressiert den Betrachter mit einem Blick, als ob man ein in diesem Moment zur Türe eingetretener Gast sei, dem sogleich über das Gelesene Bericht erstattet wird.

Melanie Leontine Alwine Baronesse von Campenhausen kam am 23. Mai 1815 in Neu-Laitzen/Estland als siebtes Kind des Johann Christoph II. Freiherr von Campenhausen (1780–1841) und Maria Clementine Freiin von Wolff (geboren 1782) zur Welt. „Die Campenhausen gehören zu einer Gruppe von 45 Familien aus der erbeingesessenen Ritterschaft während der königlich-schwedischen Regentschaft (1629–1710). Im Jahre 1742 erfolgte durch den russischen Generalleutnant Balthasar von Campenhausen die Immatrikulation bei der Livländischen Ritterschaft. Am 11. Juli 1744 wurde Balthasar mit ausdrücklicher Genehmigung des russischen Zarenhofes in den schwedischen Freiherrenstand aufgenommen. Die Berechtigung zur Führung des Baronstitels der Campenhausen wurde mit Senatsukas Nr. 10002 vom 7. Dezember 1854 von russischer Seite anerkannt. Balthasar Freiherr von Campenhausen ist der Stammvater aller heute noch lebenden Familienangehörigen und Freiherren der Campenhausen; er war es auch, der im Jahre 1728 das spätere Stammgut Orellen für sich und seine Familie käuflich erwarb. Die Campenhausen entfalteten sich im 19. Jahrhundert in die Linien Orellen, Wesselshof, Loddiger und Ilsen. Von den heute

Abb. 292 – Melanie von Campenhausen, Fotografie der Zeichnung von Alexandra von Berckholtz, 15,2 × 12 cm, Generallandesarchiv Karlsruhe, Badische Bilder- und Plansammlung Inv.-Nr. J-Ac C 16.

noch lebenden Familienmitgliedern stammen die meisten aus dem Hause Orellen." (www.nobilitas.eu)

Melanie von Campenhausen heiratet am 11. November 1852 den Königlich Preußischen Premierleutnant Julius von Barsewisch (10. April 1817 Vielbaum–19. Januar 1897 Karlsruhe) in Heidelberg. Das Paar hat drei Kinder: Theophil (1854–1938) und die zwei unverheiratet gebliebenen Töchter Marie (1858–1925) und Alexandra „Sascha" (25. Mai 1855–1917), deren Patin Alexandra von Berckholtz ist. Theophil, der das Aquarell und die Fotografie auch beschriftete, heiratet 1883 Luise von Schkopp in Karlsruhe, die Alexandra von Berckholtz als Elfjährige in zwei Porträts (KAT.-NR. 17, 18) festhält. Melanie von Barsewisch verstirbt am 5. März 1901 in Fürstenwalde. Auf dem Friedhof in Orellen erinnerte eine heute nicht mehr vorhandene Gedenktafel an sie.

Eine weitere Quelle außerhalb der Genealogie der Familie ist die durch Alexandra von Berckholtz initiierte Spendenliste zur Errichtung der Evangelischen Stadtkirche Offenburg, auf der sich 1852 und 1854 Einträge durch Melanie und Julius von Barsewisch mit jeweils zwei Gulden finden.

Lit.: Transehe-Roseneck, Astaf von: Genealogisches Handbuch der livländischen Ritterschaft. Bd. 1. Görlitz 1929, S. 21–31; www.nobilitas.eu, 16. Juli 2016; Rundāle/Marburg, 1998, S. 28–49; Barsewisch. In: Rundāle/Marburg, 1998, 1998, S. 75–76; Lancmānis/Dirveiks, 1998, S. 232.

KAT.-NR. 28

KAT.-NR. 29

Alexandra von Berckholtz
Johann Wilhelm Schirmer
Aquarell
21,4 × 16,2 cm
Links unten beschriftet *J. W. Schirmer*
Rechts unten beschriftet *A. v. B. / 1863 / Copie nach Canon.*

Gemeinde Ortenberg

Lit.: unveröffentlicht

Dieses 1991 erworbene und heute auf Schloss Ortenberg befindliche Porträt Johann Wilhelm Schirmers kopierte Alexandra von Berckholtz nach einem Bildnis Hans Canons (Abb. 293). In feiner Nuancierung der Farbigkeit gibt sie in exakter motivischer Anlehnung an das Original den Landschaftsmaler im Brustbild und Dreiviertelprofil nach links wieder. Eventuell ist das Aquarell nach dem überlebensgroßen Ölbild, das Canon im Vorjahr binnen lediglich vier Stunden malte, im Zeichenunterricht entstanden? Ein Zeichenunterricht bei dem Maler konnte bislang nicht bestätigt werden, ist aber durchaus vorstellbar, denn im gleichen Jahr, in dem Alexandra dieses Aquarell malt, porträtiert Hans Canon ihren Vater.

Der am 7. September 1807 in Jülich geborene Johann Wilhelm Schirmer gehört zu den Mitbegründern der Schule der Landschaftsmalerei in Düsseldorf, wo er im März 1825 ein Studium unter anderem bei Wilhelm von Schadow beginnt, der – nach Peter von Cornelius' Weggang nach München – am 30. November 1826 die Stelle als Direktor übernimmt, und der Landschaftsmalerei größere Berücksichtigung schenkt. Schirmer betreut ab 1830 in dessen Abwesenheit zeitweilig die Klasse seines Lehrers. Ab 1832 wird er Leiter der Landschaftsklasse und 1839 Professor. Seine Vorliebe gilt der Waldszene, die bereits sein erstes Ölbild *Deutscher Urwald* von 1828 widerspiegelt. Das in Berlin und Köln ausgestellte und dort verkaufte Gemälde zeigt einen dichten Bestand an Eichen und Buchen, in dem gerade ein Wilderer auf einen Hirsch zielt (Öl auf Leinwand, 90 × 141 cm, Privatbesitz). Auch zu dem Schadow-Album, das dessen Schüler 1851 anlässlich des 25-jährigen Dienstjubiläums ihres Lehrers gestalten, trägt Schirmer eine Waldlandschaft bei (Kreide/Tusche weiß gehöht, 26,7 × 41,5 cm, signiert *J. W. Schirmer*, Wallraf-Richartz-Museum Köln Inv.-Nr. Z 1594).

Unterschiedliche Studienreisen, vor allem im Rheinland, 1839/40 nach Italien oder 1851 nach Genf und Südfrankreich, bereichern seine Sicht auf die Landschaft und deren stilistisch subtile Umsetzung im Ölgemälde und Aquarell.

Im Winter 1827 gründet Johann Wilhelm Schirmer zusammen mit Carl Friedrich Lessing in Düsseldorf den *Landschaftlichen Komponierverein* nach dem Vorbild des künstlerischen Zirkels im Hause von Schadows, in den er jedes Wochenende seine vertrautesten Schüler einlädt, um mit ihnen über ihre neuesten Arbeiten zu diskutieren. 1854 wird Schirmer durch Großherzog Friedrich I. von Baden als Direktor der Kunstakademie nach Karlsruhe berufen, die er ebenfalls hinsichtlich der Landschaftsmalerei entscheidend prägt und in der Stadt eine rege Teilnahme am Kulturleben zeigt.

Lit.: Karlsruhe/Aachen, 2002, S. 53–76, Abb.; Bott, 2009, S. 132–133; Schweinfurt, 2015, S. 11–16; Perse, 2001, S. 21–49; Holsten, Siegmar: Johann Wilhelm Schirmer in den Spannungsfeldern von Wirklichkeit und Ideal, Modernität und Tradition. In: Karlsruhe/Aachen, 2002, S. 9–16; Baumgärtel, Bettina: Naturstudie und landschaftliche Komposition. Johann Wilhelm Schirmers Anfänge in Düsseldorf und der „Landschaftliche Komponierverein". In: Karlsruhe/Aachen, 2002, S. 17–23; Mülfarth, 1987, S. 91–93, 242.

Abb. 293 – Hans Canon, Bildnis des Malers Johann Wilhelm Schirmer, Öl auf Leinwand, 72,5 × 56,8 cm, 1862, Staatliche Kunsthalle Karlsruhe Inv. Nr. 1012.

J. W. Schirmer   A. v. B.
                                   1863.
                              Copie nach Canon.

KAT.-NR. 30

Alexandra von Berckholtz
Mädchen mit Gänseblümchen
Aquarell über Bleistift
22,5 × 15,6 cm
Links unterhalb der Darstellung monogrammiert und datiert *A v B. 1848.*

Privatbesitz

Lit.: Gutgesell, 2016, S. 8–9, Abb.

Vor einer Mauer steht ein Mädchen und zupft gerade Blätter eines Gänseblümchens ab: „Maßlieb! / Liebt mich nicht. / Er liebt mich!" Im 19. Jahrhundert verbreitet ist ein Brauch, nacheinander die Blütenblätter des Gänseblümchens zu einem Zählreim zu entfernen und daraus eine Vorhersage abzuleiten, ob der Angebetete die eigenen Gefühle erwidert. Auf Alwine Schroedters Aquarell eines Maßliebchens (Abb. 294) – ein weiterer und bereits im 15. Jahrhundert im Niederländischen gebräuchlicher Name der Blume – bedeutet der Orakelspruch ein Happy Ending: „Laß dieses Blumenwort / Der Götter Ausspruch sein. / Er liebt Dich – ohne Maß." Das erste Gänseblümchen ihres Straußes weist nur noch ein einziges Blütenblatt auf und die Geschichte geht gut aus. Die auf Alexandra von Berckholtz' Aquarell agierende Frau – ein Bauern- oder Dienstmädchen – blickt den Betrachter leicht erschrocken an, so als hätte dieser es gerade bei seinem Ritual ertappt. Der Schauplatz könnte auf dem Land oder auch im Hinterhof eines städtischen Hauses zu lokalisieren sein. Entstanden ist die Szene 1848; in diesem Jahr lebt die Künstlerin bereits in Paris.

In Frankreich entwickelt sich im Laufe des 18. Jahrhunderts als eigene Bildgattung eine zunächst *peinture de genre* genannte Figurenmalerei „alltäglicher Szenen menschlichen Lebens ohne historische Signifikanz" (Gaehtgens, 2004, S. 40). Jean-Baptiste Greuze (1725–1805) zeigt uns in hochovalem Rahmen ein Mädchen in Halbfigur in aufwändig gearbeiteter bäuerlicher Tracht, das sich gerade in diesem Moment auf das Abzupfen der Blätter einer Margerite konzentriert (Öl auf Leinwand, 71,7 × 59,7 cm, 1759). Der Titel – *Simplicité* – verweist auf eine Allegorie der Schlichtheit, wohingegen es sich bei Alexandras Genrebildern stets um Darstellungen des Menschen und des ländlichen Lebens handelt, ohne sich beispielsweise bei Motiven der Pastorale und Verklärung des Schäfertums zu bedienen. Das Pendant zu Greuzes Frau ist ein junger Hirte mit Engelslocken (Öl auf Leinwand, 1761, Musée du Petit Palais Paris), der gerade auf einen Löwenzahn pustet. 1756 gab der Marquis de Marigny (1727–1781) die beiden Motive für seine Schwester Jeanne-Antoinette Poisson (1721–1764) – Madame de Pompadour und Mätresse Ludwigs XV. (1710–1774) – in Auftrag. Sie lebte zwar seit 1751 im Erdgeschoss des Schlosses Versailles, die Beziehung zu dem König gehörte jedoch bereits der Vergangenheit an. Eventuell spielt auf diesen Sachverhalt ersteres der beiden Bilder an, das das Kimbell Art Museum Fort Worth Texas 1985 erwarb.

Alexandra von Berckholtz' *Mädchen mit Gänseblümchen* wurde am 26. September 2015 unter der Nummer 191 bei Schmidt Kunstauktionen in Dresden versteigert. Es befand sich jahrzehntelang in einem Album, dessen Vorbesitzer sich nicht mehr ermitteln ließ. Die Künstlerin stand in freundschaftlicher Verbindung zu der Wagner-Sängerin Malwine Schnorr von Carolsfeld, die sich lange Jahre in Dresden aufhielt. Stammt das Blatt etwa aus ihrem Besitz?

Lit.: Gaehtgens, Barbara: Die Theorie der französischen Genremalerei im europäischen Kontext. In: Berlin/Köln 2004, S. 40–59; Berlin/Köln, 2004, S. 68–69, 126, 264–265, 274, Nr. 68.

Abb. 294 – Alwine Schroedter, Gänseblümchen, Farblithografie, 34 × 26,5 cm, um 1900, Privatbesitz.

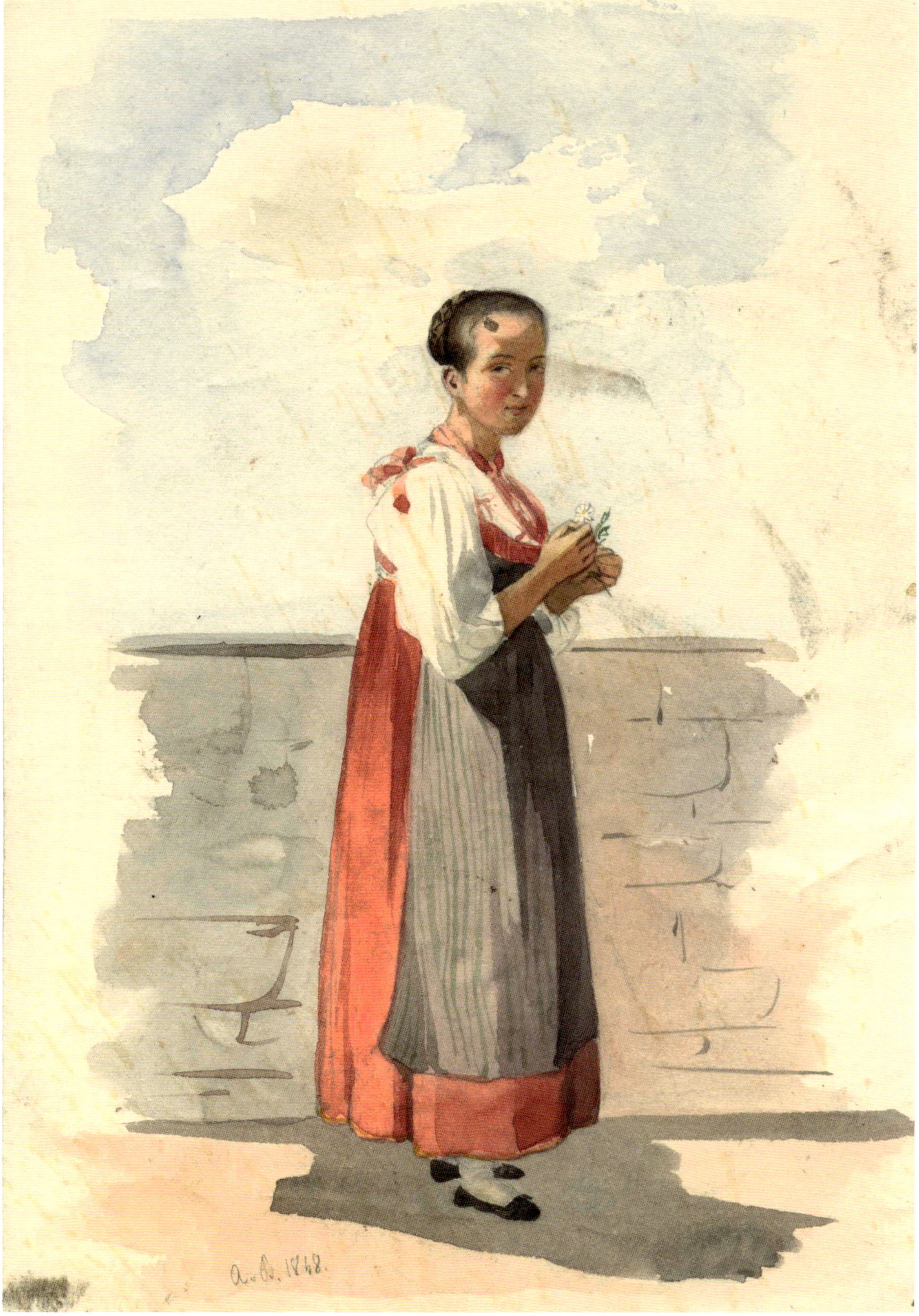
A. B. 1848.

KAT.-NR. 31

Alexandra von Berckholtz
ROSEN
Aquarell auf gräulichem Papier
35,9 × 25 cm
Links unterhalb datiert *21. Mai 1877*

Stadtarchiv Offenburg Inv.-Nr. 26/07/045

Lit.: Gutgesell, 2016, S. 9

In stilistischer Differenz zu ihren Ölgemälden erscheinen Alexandra von Berckholtz' leichtfüßige Blumenaquarelle in ihrer lichten Farbigkeit, sensiblen Ausführung und filigran anmutenden Gegenständlichkeit. Diese Art der Wiedergabe einer Pflanze oder einer Kombination aus unterschiedlichen Pflanzen ohne konkrete Angabe eines Environments, die auch ihre bereits beschriebene Rosenstudie (KAT.-NR. 27) demonstriert, tritt in ihrem Werk ab der Zusammenarbeit mit der Schweizer Blumenmalerin Theresia Maria Hegg-de Landerset auf. Über diese Art der Malweise der Alexandra von Berckholtz äußert sich 1885 der Münchner Kunstkritiker Dr. Hyacinth Holland in einer Werkbesprechung und hebt die „künstlerischen Farbeneffecte und subtile Beleuchtung" (zit. Falck, 1899) ihrer Stilllebenaquarelle hervor.

Ein Jahr lang leben Alexandra von Berckholtz und Theresia Maria Hegg-de Landerset in Nizza, Luzern und Clarens und arbeiten künstlerisch zusammen, was durch Einträge in Alexandras Skizzenbuch rekonstruiert werden konnte. Auch in Hegg-de Landersets eigenem Werk finden sich zahlreiche Beispiele für diesen zarten und treffsicheren Pinselstrich, ein vergleichbares Kolorit und die ebenfalls realistische und empirisch genaue Abbildung einzelner Blumenarten (Abb. 295), als wären sie für Tafeln eines botanischen Lehrwerkes bestimmt, sich auf einen der Ursprünge der Entstehung des Blumenstücks besinnend, auf das Herbarium. Eines der ersten aus Frankreich bekannten Pflanzen- und Tierbücher ist *Vélin du Museum*, das Gaston d'Orléans (1608–1660) – ein Bruder König Ludwigs XIII. (1601–1643) – anlegte und darin Gewächse aus seinem eigenen Garten in fünf Bänden dokumentierte, die der Künstler Nicolas Robert (1614–1685) in Aquarellen festhielt, eine Technik, die für die Freilichtmalerei praktischer erschien als das großformatige Ölgemälde auf Holz oder Leinwand.

Täuschend echt treten diese Blumen dem Betrachter gegenüber, so als wären sie nicht auf Papier gemalt, sondern in realiter vorhanden. Eine weitere in Plinius' *Historia Naturalis* erwähnte Begebenheit berichtet von einem Wettstreit der beiden antiken Maler Zeuxis und Parrhasius, die beide die Technik der Augentäuschung derart perfekt beherrschten, dass sogar die Vögel versuchten, die Trauben auf Zeuxis' Bildern aufzupicken. Als dieser ansetzte, einen Vorhang im Atelier seines Kollegen zur Seite zu schieben, stellte sich heraus, dass dieser aufgemalt war. Die Illusionsmalerei wird Jahrhunderte später zu einem der Stilmittel der barocken Theaterbühne und das *Trompe l'oeil* im 17. Jahrhundert zu einer eigenen Stilllebengattung.

Lit.: Kleinmann, Ute: Naturnachahmung und Augentäuschung. Täuschung und Ent-täuschung. Der Wettstreit zwischen Kunst und Natur. In: Wien, 2002, S. 110–115.

Abb. 295 – Theresia Maria Hegg-de Landerset, Stillleben mit Rosen, Aquarell, weiß gehöht auf Papier, 38,1 × 27 cm, rechts unten beschriftet *Teresa Hegg / Nice*, Collection Posthumus-Jamin, Warmond.

261

KAT.-NR. 32

Alexandra von Berckholtz
BLUMENSTÜCK MIT SCHNECKEN
Aquarell auf gräulichem Papier
36 × 26,1 cm
Links unten beschriftet *Badenweiler 1883*

Stadtarchiv Offenburg Inv.-Nr. 26/07/044

Lit.: unveröffentlicht

Im Aufbau wie eine Bildseite eines Herbariums konstruiert ist dieses Blumenstück mit Schnecken, auf dem ein Edelweiß, eine Lilie, ein Efeuzweig und zwei rosafarbene Rosen sich wie an unsichtbaren Fäden hängend leise zu bewegen scheinen. Einen imaginären Bodenstreifen markieren zwei Schnecken, die in der linken und rechten Bildhälfte unterhalb des Arrangements aufeinander zu kriechen. Sowohl der zuvor als Bildrequisit verwendete Schmetterling als auch die Schnecke, der auf flämischen und niederländischen Stillleben die Bedeutung eines Vorboten der Hölle zukommt, haben im 19. Jahrhundert auf Blumenstücken eher dekorativen Charakter. Maler setzen das Getier jenseits seiner ehemaligen ikonografischen Bestimmungen ein, die sich im 16. Jahrhundert vor allem in reformierten Ländern entwickelten und verbreiteten.

Reines Ausstattungselement zur Erzeugung inhaltlicher Spannung im Bildfeld sind sie auch im Werk der durch Alwine Schroedter in Karlsruhe ausgebildeten Blumenmalerin und Grafikerin Jenny Fikentscher (1. Juni 1869 Kattowitz–26. April 1959 Gernsbach), geborene Nottebohm (Abb. 296), die sich philosophisch zur Lebensreformbewegung hin orientiert und sich im Jahr 1900 dem *Wandervogel* anschließt, einer 1896 in Berlin gegründeten und in ganz Deutschland populären Jugendbewegung, deren Mitglieder durch das Laufen und Singen in freier Natur dem beengten städtischen Leben entfliehen.

Auch Jenny Nottebohm lebt nicht der Stadt, sondern außerhalb Karlsruhes, in Grötzingen, wo das Haus des Ehepaars Friedrich Kallmorgen und Margarethe Hormuth-Kallmorgen die Keimzelle der späteren Grötzinger Künstlerkolonie wird. 1891 heiratet Nottebohm den Maler Otto Fikentscher, mit dem sie fünf Kinder hat, die sie im Sinne ihres ökologischen Lebensstils erzieht. So baut sie ihr Gemüse selbst an, hält sich viel in freier Natur auf, trägt weite Kleidung und lehnt die unbequeme Einschnürung des weiblichen Körpers durch Mieder und Korsett ab. Diesen Protestgedanken gegen die normierte weibliche Figurenkonvention verkörpern mit ihren Ideen zur Reformierung des klassischen Balletts auch die Ausdruckstänzerinnen Isadora Duncan (1877–1827), Mary Wigman (1886–1973) und Leni Riefenstahl (1902–2003), die durch ihre freie Bewegung in der Exposition ihres Films *Der heilige Berg* (1926) an einem Meeresstrand in der Morgenstunde eine emotionale Einheit mit der Natur demonstrieren. Die *Heilige Stunde* ist auch ein Motiv im Werk des Schweizer Malers Ferdinand Hodler (1853–1918), das in mehreren Fassungen existiert (Öl auf Leinwand, 193 × 113,5 cm, rechts unten signiert *F. Hodler*, um 1907, Privatbesitz, Dauerleihgabe an das Museum Georg Schäfer Schweinfurt). Viele seiner durch bewegte menschliche Figuren die Naturverehrung thematisierenden Werke zeigen eine deutliche Inspiration des Künstlers durch den rhythmischen Tanz nach Emile Jacques-Dalcroze (1865–1950).

Lit.: Thieme/Becker, Bd. 9, 1915, S. 551; Baumstark, 1999; Valentiner, Wilhelm Reinhold: Otto und Jenny Fikentscher. In: Die Graphischen Künste. Jahrgang XXVIII, 1905, S. 95–101; Karlsruhe, 1976, S. 9–29, 39–40; Karlsruhe-Grötzingen, 1991; Um 1900, Jenny Fikentscher und Gustav Kampmann. Ausst.-Kat. Karlsruhe 2012; Rhein, Karin: Die Heilige Stunde. Naturverehrung, Empfindungen und der Glaube an die Einheit. In: Schweinfurt, 2015, S. 24–36.

Abb. 296 – Jenny Fikentscher, Rosen und Denkspruch: „Es hat die Rose sich beklagt …" (Mirza Schaffy), Aquarell und Deckfarben über Bleistift, auf mittelgrauem Papier, auf Pappe aufgezogen, 48,4 × 38,5 cm, 1893, Privatbesitz.

263

KAT.-NR. 33

Alexandra von Berckholtz
INTERIEURSZENE
Aquarell
26,8 × 28,8 cm
1840er Jahre

Stadtarchiv Offenburg Inv.-Nr. 26/02/018

Lit.: Vollmer, 1988, S. 29, Abb. 19

Zwischen 1770 und 1850 erfreut sich als weitere künstlerische Gattung die Interieurdarstellung in Malerei und Zeichnung außerordentlicher Beliebtheit. In der niederländischen Kunst ist eine exakte Schilderung des Innenraums als Kulisse im 18. Jahrhundert integraler Bestandteil der Genre- oder Porträtmalerei. In Folge der Französischen Revolution verbreitet sich das Interieur auch in anderen europäischen Ländern, wo es in der Regel mit Mobiliar, Teppichen, Tapeten, Lampen, Musikinstrumenten und Kunstwerken ausgestattete Räumlichkeiten mit oder ohne Personeninventar aufführt. Ein Meister der perspektivisch exakt konstruierten und nach den Prinzipien des goldenen Schnitts aufgebauten Räume ist Georg Friedrich Kersting, was z. B. sein *Studierzimmer mit Herrn am Sekretär* (Öl auf Leinwand, 33 × 29 cm, 1811, Klassik Stiftung Weimar Inv.-Nr. G 50a) zeigt. Unterschiedliche Erscheinungsformen des Lichts setzen das Schreibzimmer in Szene, in der der Besitzer des Hauses als dessen Staffagefigur fungiert.

In einer Zeit massiver politischer Umbrüche und Konflikte zieht man sich vermehrt in die Familie zurück und pflegt seinen persönlichen Kosmos „zwischen Refugium und Repräsentation (...) zwischen trautem Heim, alltäglicher Pflicht und gesellschaftlichem Ausweis" (Rhein, 2013, S. 7). Vermehrt lassen Hausbesitzer ihre nach der aktuellen Mode gestaltete räumliche Einrichtung auch in künstlerischen Darstellungen festhalten, die auf den ersten Blick wie Theaterbühnen anmuten, deren guckkastenartiger Aufbau zum voyeuristischen Blick durch das Schlüsselloch verleitet. Ferdinand Rothbart (1823–1899) malt eine Aquarellserie von Schloss-Interieurs, wie z. B. das im Biedermeierstil und mit Möbeln der Wiener Kunsttischler Ferdinand Hasselbrink und Josef Danhauser eingerichtete Wohnzimmer Victorias in der Rosenau (Abb. 297). Diese Darstellung ist jedoch nicht zur Anschauung für die Allgemeinheit bestimmt oder für ein Modejournal der Zeit, das öffentlich präsentiert, wie die Königin lebt. Rothbarts Ansichten gab Ernst II. von Sachsen-Coburg und Gotha als persönliche Erinnerungsbilder für seine Schwägerin in Auftrag, die Schloss Rosenau vom 19. bis 27. August 1845 besucht hatte.

Dieses Moment der Intimität und Vertrautheit mit einem Ort steht auch für Alexandra von Berckholtz im Vordergrund, als sie den Salon des elterlichen Hauses in Karlsruhe in einem mit Rothbart vergleichbar kleinformatigen Aquarell festhielt. An der Wand gegenüber dem Betrachter hängt ein Spiegel, der die Eingangstüre des Raumes wiedergibt und somit ein Barockmotiv in Ansätzen aufgreift. Die Enfilade – den Blick durch mehrere Raumfluchten hindurch – erlauben aber die Fenster auf das Haus auf der anderen Seite der Straße. Linker Hand fällt durch zwei weitere Fenster Licht herein. Im Mittelpunkt des Salons, der sich im ersten Stock des Eckpavillons zwischen Karl- und Sophienstraße befindet, haben sich eine männliche und eine weibliche Rückenfigur – wohl Herr von Berckholtz und eine Schwester Alexandras – an einem runden Tisch zur Lektüre der Tageszeitung niedergelassen.

Lit.: Rhein, Karin: Eine Loge im Welttheater. In: Schweinfurt, 2013, S. 8–27; Coburg, 1998, S. 120–121.

Abb. 297 – Ferdinand Rothbart, Schloss Rosenau: Das Wohnzimmer Königin Victorias, Aquarell, 23,3 × 32 cm, um 1845, rechts unten signiert *Rothbart*, im Besitz Ihrer Majestät Königin Elizabeth II., Royal Collection Trust London Inv.-Nr. RCIN 920471.

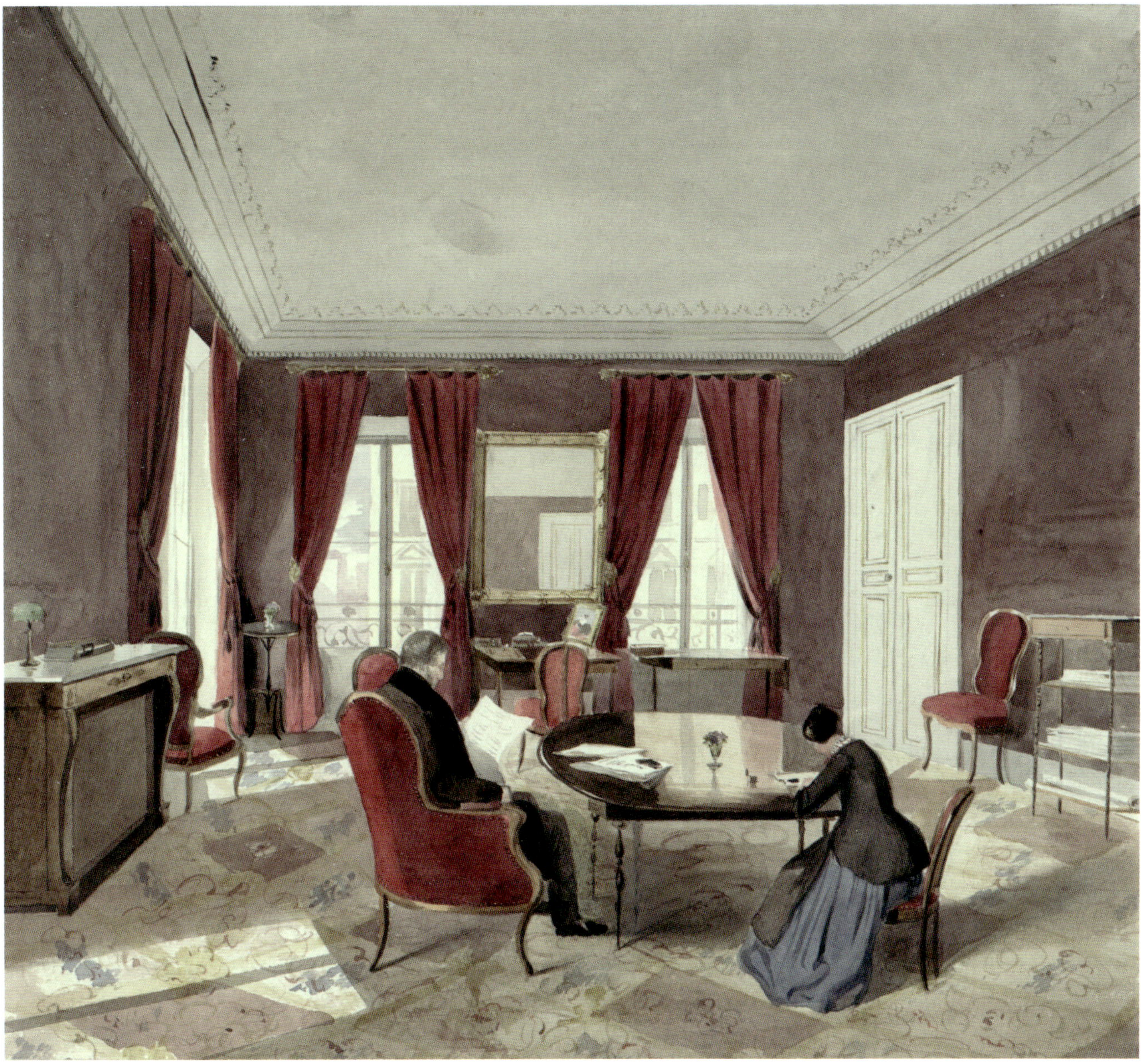

KAT.-NR. 34

Alexandra von Berckholtz
GABRIEL LEONHARD VON BERCKHOLTZ
Bleistift auf Papier
19 × 16,1 cm
Rechts innerhalb der Darstellung datiert *26 Sept. 1859*.

Stadtarchiv Offenburg Inv.-Nr. 26/02/014

Lit.: unveröffentlicht

Mit nachdenklichem Blick, gesenktem Kopf und im Profil nach rechts gewandt, nehmen wir Gabriel Leonhard von Berckholtz auf diesem Büstenporträt wahr. Der Situationskontext, der eventuell eine Erklärung für dessen Mimik hätte liefern können, ist uns unbekannt. Alexandra von Berckholtz hält ihren Vater in vielerlei Situationen mit ihrem Zeichenstift fest: beim Zeitunglesen (Abb. 298), im Liegestuhl (Abb. 162), an eine Schlossmauer in Ortenberg gelehnt (KAT.-NR. 82) oder während einiger Familienausflüge (Abb. 269). Diese Skizzen ihres Vaters entstehen in Momenten der Privatheit, in denen der Geschäftsmann Ruhe und Erholung sucht.

Das unbemerkte Abbilden bekannter Menschen in ihrem sonst der Öffentlichkeit unzugänglichen privaten Leben und Umfeld erinnert spontan an das Phänomen des Paparazzo. Diese Art des Fotografen lauert Prominenten auf, lichtet diese in sensationalistischer Manier, private Geheimnisse enthüllend, ab und veröffentlicht dieses Material anschließend für ein danach gierendes Publikum. Zum ersten Opfer zweier Paparazzi wurde Otto von Bismarck. Willy Wilcke und Max Priester gelang es 1898 unerlaubterweise in den Raum seines Hauses in Friedrichsruh einzudringen, in dem der tote Reichskanzler aufgebahrt war, und ihn zu fotografieren. Zur sofortigen Veröffentlichung des Bildes kam es aufgrund des Einwirkens des Sohnes Herbert von Bismarck nicht, stattdessen mussten die beiden Paparazzi hinter Schloss und Riegel. Dieser Begriff für einen sensationsgierigen und unmoralischen Fotografen für die Boulevardpresse wurde übrigens erst viel später geprägt, 1960, durch eine Figur aus dem Film *La dolce vita* von Federico Fellini.

Alexandra von Berckholtz' Zeichnungen erscheinen jedoch nicht vor dem Hintergrund, dass die Künstlerin ihren Vater unbemerkt beobachtet. Er ist sich sehr wohl bewusst, dass er in diesem Moment nicht nur einfach beobachtet, sondern auch porträtiert wird und scheint sich gerade in seiner lockeren Positur für die Künstlerin zu inszenieren, deren Bilder der Vertrautheit nicht für eine Veröffentlichung entstehen, sondern für sie selbst als Erinnerungen an ihre Familienmitglieder und das gemeinsame harmonische Zusammenleben. Dafür spricht auch das kleine Format bzw. in anderen Fällen das Skizzenbuch, in dem Alexandra selbst auf Reisen und in Abwesenheit der geliebten Person deren Abbild mit sich führt.

Lit.: Ullrich, Volker: Tod eines Patriarchen. Lothar Machtan über Bismarcks Sterben – und die Paparazzi der Jahrhundertwende. In: DIE ZEIT, 24. September 1998; Ricciardi, Alessia: The spleen of Rome. Mourning Modernism in Fellini's La Dolce Vita. In: Modernism/Modernity, Bd. 7, Nr. 2, 2000, S. 201–219.

Abb. 298 – Alexandra von Berckholtz, Gabriel Leonhard von Berckholtz beim Zeitunglesen, Bleistift auf Papier, 21 × 13,3 cm, links unten beschriftet *Ortenberg. 3 Juli 1859.*, Skizzenbuch von 1859/60, StAO Inv.-Nr. 26/21/017.

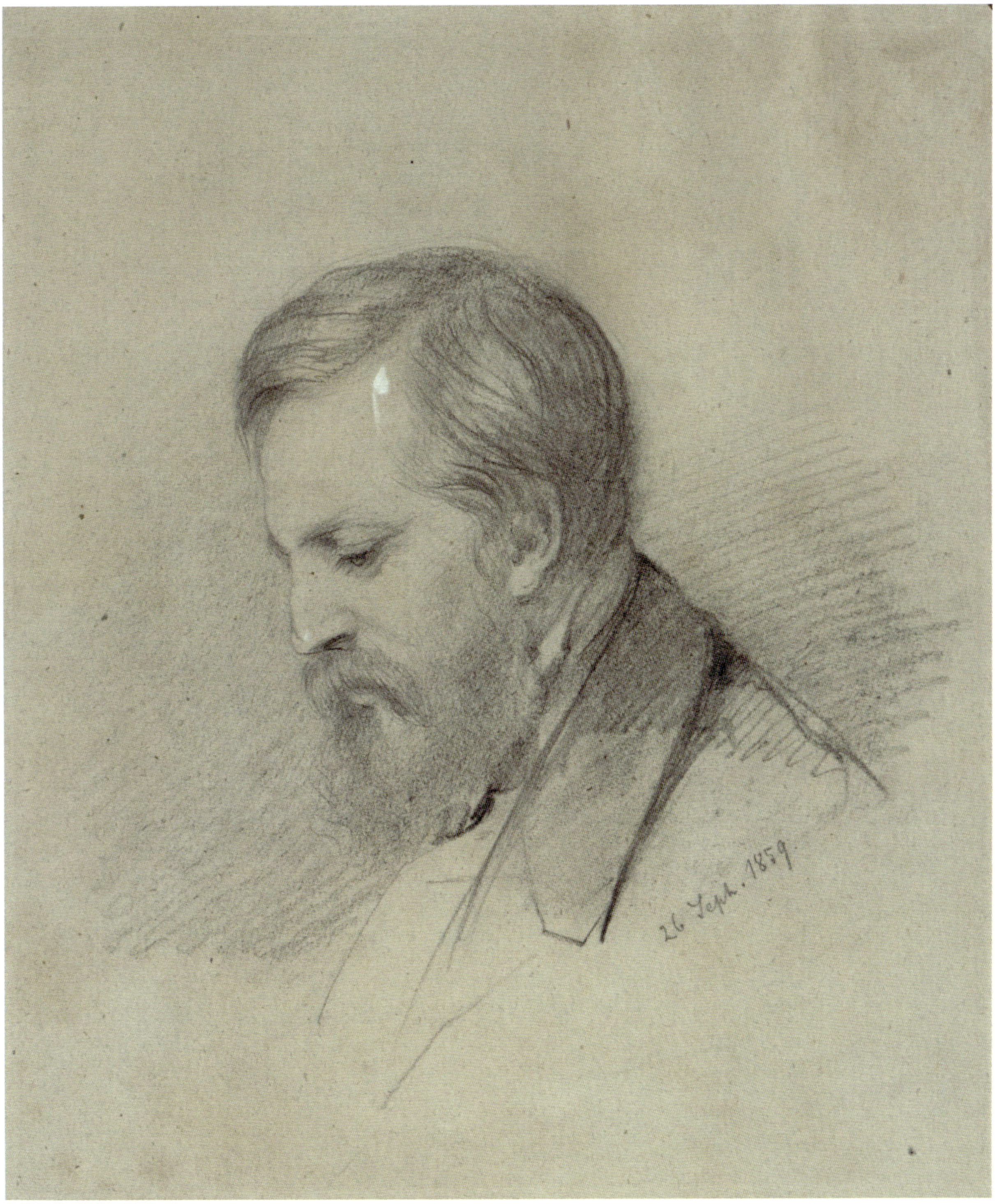
26 Sept. 1859

KAT.-NR. 35

Alexandra von Berckholtz
ELISABETH OFFENSANDT UND SOPHIE VON MOLTKE
Bleistift auf Papier
20,5 × 26,3 cm
Links innerhalb der Darstellung beschriftet *Maulbronn. 26 Mai 1860*

Stadtarchiv Offenburg Inv.-Nr. 26/21/26-6

Lit.: unveröffentlicht

Die Frau in der rechten Bildhälfte über der Skizze eines Beines ist eindeutig als Elisabeth zu identifizieren, deren Zeichnung im gleichen Jahr wie das Ölbildnis (KAT.-NR. 4) entstand, zu dem die während eines Ausfluges am 26. Mai 1860 aufgenommenen Skizzen eventuell als Vorarbeiten gedient haben könnten. Zusammen mit Elisabeth und Alexandra befindet sich noch eine dritte Berckholtz-Schwester mit in Maulbronn, die linker Hand auf dem Blatt abgebildet ist, und bei der es sich eindeutig um Sophie von Moltke handelt, denn die anderen beiden Schwestern leben zu diesem Zeitpunkt bereits nicht mehr. Natalie von Moltke verstarb 1836 und Olga von Berckholtz 1858.

Sophie von Berckholtz wird am 6. April 1810 in Riga geboren und am 15. Mai 1810 dort im Dom getauft. Auch Sophies Liste der Paten weist eine Reihe an Vertretern bekannter Familien auf, unter denen sich – wie bei Olga – erneut der Name Barclay de Tolly findet, und die auf die hohe soziale Stellung der Familie von Berckholtz in Riga verweist. Sophie heiratet 1837 den Diplomaten Paul Friedrich von Moltke, den Mann ihrer verstorbenen Schwester Natalie, und nimmt ihre Nichte Olga als Adoptivkind an. Neun Jahre nach dem Tod ihres Mannes zieht Sophie 1855 nach München um, wo sie 28 Jahre lebt und ein Haus in der Gabelsbergerstraße 85 erwirbt (Abb. 33), das ab 1863 ihre Schwester Alexandra bewohnt. Am 12. November 1878 verstirbt Sophie von Moltke in München, und am 27. November 1878 wird sie in der Familiengruft in Ortenberg beigesetzt, auf den Tag genau 20 Jahre nach der Beerdigung ihrer Schwester Olga.

Zu vielen Mitgliedern der Familie von Moltke unterhält auch Alexandra von Berckholtz eine persönliche Verbindung. In ihrem Kalender zeugen davon Einträge von Geburts- und Todestagen und auch von für den preußischen Generalfeldmarschall Helmuth von Moltke entscheidenden Kriegsereignissen, wie z.B. die Schlacht bei Königgrätz 1866. Moltke gehört zu den im 19. Jahrhundert am häufigsten porträtierten Persönlichkeiten. Zahlreiche Bildnisse und Historiengemälde stammen von Anton von Werner, den Alexandra von Berckholtz aus dem Karlsruher Künstlerkreis um Adolph Schroedter und Carl Friedrich Lessing kennt. Ein wesentliches Ereignisbild ist *Moltke mit seinem Stabe vor Paris (19. September 1870)* (Öl auf Leinwand, 190 × 316 cm, unten rechts monogrammiert und datiert *AvW 1873*, Kunsthalle zu Kiel Inv.-Nr. 93), auf dem rechts neben dem General Oberst von Brandenstein steht, der Bruder von Alexandras Freundin Sophie von Brandenstein. Die zugehörigen Skizzen (Abb. 299) und Figurenstudien befinden sich im Kupferstichkabinett der Staatlichen Museen zu Berlin sowie in Privatbesitz.

Zur Familie von Moltke vermerkte Alexandra von Berckholtz in ihrem Kalender: „14. Januar: Moltke; 21. Februar 1862: Hochzeitstag von Moltke; 23. Februar 1846: Sterbetag von Moltke; 25. Februar 1864 Todestag: Fr. v. Moltke, geb. Uexküll; 24. April 1891: Todestag Helmuth Graf von Moltke; 18. Mai: Marie Moltke; 26. Juni 1894: Adolph von Moltke; 23. September 1864: Todestag Mathilde von Moltke, geb. von Uexküll; 25. September: Wilhelm von Moltke; 19. Oktober 1897: Wilhelmine von Moltke; 25. Oktober 1890: Helmuth von Moltke; 9. November: Geburtstag Adolph von Moltke; 6. Dezember: Carl v Moltke."

In einigen – auch zeitgenössischen – Artikeln zu Alexandra von Berckholtz wird ein 1866 entstandenes Ölporträt der Sophie von Moltke erwähnt, dessen Verbleib heute unbekannt ist, genauso

Abb. 299 – Anton von Werner, Skizze Moltke mit seinem Stabe vor Paris, Bleistift laviert, 23,8 × 31,6 cm, Kupferstichkabinett. Staatliche Museen zu Berlin Inv.-Nr. SZ AV.Werner Skb.68, S. 27.

wie die durch Alexander von Wahl geschaffene Marmorbüste, deren Existenz einem Artikel in den *Rigaschen Stadtblättern* entnommen werden kann, und die auf einer historischen Fotografie des Salons in Schloss Ortenberg (Abb. 187) abgebildet ist. Es ist vorstellbar, dass Alexandra von Berckholtz – angesichts der zahlreichen Kontakte, die sie hatte – zusätzlich zu dem ihrer Schwester auch weitere Bildnisse von Mitgliedern der Familie von Moltke schuf.

Lit.: www.lvva-raduraksti.lv/en/menu/lv/2/ig/1/ie/233/book/5773.html, 18. Juli 2016; Berlin, 1993, S. 290–297, Nr. 398, 400; StAO, Berckholtz-Nachlass; Boetticher, 1891, S. 84; Rigasche Stadtblätter, Nr. 51, 20. Dezember 1901; Meyer/Lücke/Tschudi, 1885, S. 586–587; Rigasche Stadtblätter, 4. Mai 1906, Nr. 18.

KAT.-NR. 35

KAT.-NR 36

Alexandra von Berckholtz
SELBSTPORTRÄT BEIM ZEICHNEN
Bleistift auf Papier
25 × 18,1 cm

Stadtarchiv Offenburg Inv.-Nr. 26/07/031

Lit.: unveröffentlicht

Auf ihrem Selbstporträt im Atelier (KAT.-NR. 22) präsentiert sich Alexandra von Berckholtz in einem malerisch vollständig ausgestalteten Innenraum vor der Staffelei sitzend als Pictor Doctus, als gelehrte Malerin. Dieser Typus der Inszenierung in Denkerpose, mit aufgestütztem Ellenbogen, einer Hand am Kinn und verklärt-nachdenklichem Blick gehört zu den im Laufe der Kunstgeschichte in Malerei und Skulptur am häufigsten verwandten Topoi, wie z. B. in Auguste Rodins (1840–1917) Plastik und Allegorie *Der Denker* (1880–1882). Auch Persiflagen auf das Motiv finden sich, wie auf Friedrich Mosbruggers (1804–1830) *Selbstbildnis mit Zahnschmerzen* (Bleistift auf Papier, 18,7 × 14,3 cm, 1827, Staatliche Kunsthalle Karlsruhe, Kupferstichkabinett Inv.-Nr. 1950-60), das den Künstler mit eingebundenen Wangen und der rechten Hand am Kinn vorstellt. Die präzise und idealschöne Darstellung der Physiognomie verrät mimisch nichts von den Zahnschmerzen, auf die lediglich der Bildtitel hinweist.

Gezeichnete Selbstporträts fertigen Künstler – neben der Tatsache der Vorzeichnungen für Ölbilder – häufig auch als Freundschaftsblätter an. Als ein derartiges Blatt im kleinen Format und für ein Album bestimmt erscheint uns auch Alexandras Selbstporträt beim Zeichnen im Profil nach links. Als regelrechte Mode gilt bereits im 14. Jahrhundert in Italien das Sammeln von Selbstbildnissen zeitgenössischer Maler, die die „geistigen Aspekte ihres Berufes" (Hall, 2015, S. 15) hervorheben, die neben entsprechenden Attributen – wie dem Pinsel und der Palette – auch die Inszenierung des *Disegno* ausdrückt: das Sitzen am Zeichentisch und das Entwerfen der Form. Tizian beispielsweise präsentiert sich derart auf seinem *Selbstporträt beim Zeichnen* (Öl auf Leinwand, um 1550, Privatbesitz Rom) und auch Alexandra von Berckholtz arbeitet gerade ein Motiv aus, mit dem Zeichenstift in der Hand. Auf diesem Selbstbildnis liegt der Focus auf der Tätigkeit des Zeichnens. In ähnlich sensiblem Strich tritt uns Elisabeth von Berckholtz in Halbfigur (Abb. 300) beim Handarbeiten gegenüber, die – wie ihre Schwester – geistig völlig auf ihre momentane Aktivität konzentriert ist und in ihrer Kopfneigung und Körperhaltung an *Die Stickerin* von Jean-Baptiste-Siméon Chardin (1699–1779) (Öl auf Leinwand, 16 × 19 cm, um 1733–1738, Privatsammlung) erinnert.

Diese drei Bilder handwerklicher Tätigkeiten lassen an den Begriff der Hausindustrie denken, der wohl etymologisch – bezüglich der lateinischen *industria* für Fleiß – nicht aber historisch hinsichtlich der beiden Berckholtz-Schwestern adäquat erscheint, da ihre häusliche Tätigkeit nicht dem Gewerbetreiben dient. Dieser auch *Verlagssystem* genannte Terminus bezeichnet ab dem Mittelalter eine Heimarbeit, in der in der eigenen Stube, meist neben einer Landwirtschaft oder im 19. Jahrhundert während der industriellen Revolution neben der Fabrikarbeit, unter Mithilfe der gesamten Familie, regional unterschiedliche

Abb. 300 – Alexandra von Berckholtz, Elisabeth beim Handarbeiten, Bleistift auf Papier, 25 × 18,3 cm, rechts unten beschriftet *Ortenberg cf. 7 t Oct. 1846.*, Skizzenbuch von 1841–1846, StAO Inv.-Nr. 26/21/015.

Waren – z. B. Uhren, Kleidung, Schuhe oder Körbe – hergestellt werden, die ein Händler anschließend verkauft. 1895 ergab eine Berufszählung in Deutschland eine Zahl von annähernd 458.000 Hausindustriellen.

Lit.: Karlsruhe, 2015, S. 94, Kat.-Nr. 34, Abb. S. 95; James Hall: Warum Selbstportraits? In: Karlsruhe, 2015, S. 12–21; Berlin/Köln, 2004, S. 192–194, Nr. 31; www.de.academic.ru/dic.nsf/meyers/57627/Hausindustrie, 22. Juli 2016; Sax, Emanuel: Die Hausindustrie in Thüringen. Jena 1888.

KAT.-NR. 36

KAT.-NR. 37

Alexandra von Berckholtz
Jacob von Berckholtz rauchend
Bleistift auf Papier
23 × 18,1 cm
1841

Stadtarchiv Offenburg Inv.-Nr. 26/07/034

Lit.: unveröffentlicht

Mit der Entdeckung Amerikas 1492 durch Christoph Columbus kommt es auch zur Entdeckung des Tabaks. Dieser wird von den Indios als Bestandteil ritueller Kulthandlungen innerhalb ihrer Religionsausübung inhaliert, gekaut, geschnupft oder mittels eines Pfeifchens geraucht und ist zunächst weit davon entfernt, rein als gesellschaftliches Genussmittel zu gelten. Ab dem 16. Jahrhundert verbreitet sich der Tabak als Luxusgut auch in den europäischen Ländern, mitgebracht durch spanische und französische Seeleute, und für die jeweiligen Landesregierungen wird die Tabaksteuer zur willkommenen neuen Einnahmequelle. Neben dem sich verbreitenden Gefühl eines schicken Lebensstils auf Seiten der Raucher mahnen bereits zu dieser Zeit kritische Gegenstimmen die gesundheitsschädigenden Risiken des Rauschmittels an.

Diese verhindern jedoch nicht die steigende Nachfrage und den wachsenden Export, den bald auch Manufakturen zur Herstellung von Rauchwaren bedienen, deren Großteil sich im 18. Jahrhundert in Cuba gründet, wo man anfängt, aus gerollten Tabakblättern Zigarren herzustellen, die weltweite Verbreitung finden. Auch das Geschäftshaus von Berckholtz handelt zu dieser Zeit mit Zigarren aus Havanna und getrockneten Tabakblättern von den Plantagen aus dem Staat Maryland in den USA, die sich zur Herstellung von Pfeifentabak und Zigaretten eignen. Die Zigarette gilt im 19. Jahrhundert – verbreitet wird sie in erster Linie durch die am Krim-Krieg (1853–1856) beteiligten französischen und englischen Soldaten – als billigeres Konsumgut als die Zigarre und macht das Rauchen somit für alle gesellschaftlichen Schichten finanziell erschwinglich. Sie gilt auch als Symbol der Emanzipationsbewegung, vor der rauchende Damen als Tabu galten und nicht selten manch eine Frau deswegen auch aus einem Herrenclub verwiesen wurde, wie z. B. die Coburger Künstlerin Louise von Meyern-Hohenberg in Genua, die dort Zigarre rauchend in Männerkleidern einen Skandal auslöste. Nicht selten inszenieren sich Künstler, die Unabhängigkeit und Freiheit betonend, auch mit der Zigarette in der Hand, wie z. B. Anselm Feuerbach auf einem seiner Selbstporträts in nonchalanter, lässiger und dandyhafter Weise (Öl auf Leinwand, 62,5 × 49,5 cm, 1871, Österreichische Galerie Belvedere Wien Inv.-Nr. 2093).

Das Rauchen gehört zum guten gesellschaftlichen Ton. Man schließt sich aus einer Gruppe aus, wenn man nicht mitraucht. Unter den Männern ist es Usus, sich in einen eigenen Rauchersalon zurückzuziehen und dort das Gespräch geschlechtergetrennt weiterzuführen. Zeugin einer derartigen Unterhaltung wird unfreiwilligerweise Louise von Kobell, die aus dem Nebenzimmer den Maler Moritz von Schwind eine Konversation führen hört, in der dieser häufig und lautstark „Ochs, Esel, Rindvieh" ausruft. Als alle Gäste wenig später wieder im Salon

Abb. 301 – Alexandra von Berckholtz, Jacob Geige spielend, Bleistift auf Papier, 25 × 18 cm, rechts unten beschriftet *Carlsruhe cf. 29ten Mai 1846.*, Skizzenbuch von 1841–1846, StAO Inv.-Nr. 26/21/015.

zusammentreffen, spricht Frau von Kobell von Schwind direkt darauf an: „Heute haben Sie ja einmal ein ganz landwirtschaftliches Gespräch geführt!" „Landwirtschaft?" erwidert er, „Bewahre! Wir haben immer nur von der Kunst geredt ..." (Kobell, 1901, S. 43–44)

Lit.: Menninger, Annerose: Genuss im kulturellen Wandel. Tabak, Kaffee, Tee und Schokolade in Europa (16.–19. Jahrhundert). Stuttgart 2008, S. 67–70, 157–165; Rigische Anzeigen, 28. Dezember 1814, Nr. 5228, Februar 1816, Nr. 9; Geschichtliches zur Raucherkultur. In: Die ZEIT, 10. Dezember 2003; Schmidt-Liebich, 2005, S. 107–114; Kobell, Louise von: Joseph Victor von Scheffel und seine Familie. Nach Briefen und mündlichen Mittheilungen. Schwetzingen, Heidelberg, Wien 1901, S. 43–44.

KAT.-NR. 37

KAT.-NR. 38

Alexandra von Berckholtz
Jacob von Berckholtz im Profil nach rechts
Bleistift und Pinsel in Schwarz, weiß gehöht, auf weißes Papier aufgezogen
17,5 × 12,7 / 27,3 × 19,5 cm
Rechts unten monogrammiert und datiert *Av B. 1862*

Stadtarchiv Offenburg Inv.-Nr. 26/07/035

Lit.: unveröffentlicht

Die Identifizierung dieses Porträts erlaubt – im Gegensatz zu anderen in Alexandras Skizzenbüchern befindlichen männlichen Bildnissen, wie z.B. zu einem weiteren Herrn im Profil nach rechts (Abb. 302) – eine Zuschreibung zu dem Bruder der Künstlerin. Auf diesem Einzelblatt sehen wir erneut Jacob von Berckholtz, ebenfalls im Profil und mit Backenbart. Außer dem Entstehungsjahr 1862 ist nichts Weiteres auf dem Blatt angegeben.

In diesem Jahr tobt in den USA der Sezessionskrieg. 1861 reagieren die Südstaaten als Konföderation mit ihrem Austritt aus den Vereinigten Staaten von Amerika auf die Wahl des Präsidenten Abraham Lincoln (1809–1865). Den Bürgerkrieg beendet am 23. Juni 1865 ein Sieg der Nordstaaten und eine Wiederherstellung der Union. Einer der Gründe für den Ausbruch des Krieges ist die durch Lincoln gestützte Diskussion über die Abschaffung der Sklaverei, mit der sich die Plantagenbesitzer im Süden nicht einverstanden zeigen. Ab dem 18. Dezember 1865 gelten der Erwerb und das Halten von Sklaven offiziell als illegal.

Nicht nur sozialgeschichtliche Veränderungen bringt der Sezessionskrieg mit sich. Er gilt auch als der erste der Mediengeschichte, der durch Fotografien dokumentiert ist. Alexander Gardner (1821–1882) – der die berühmten fotografischen Porträts von Abraham Lincoln aufnimmt – zeigt auf seinen Abbildungen der von Leichen übersäten Schlachtfelder realistisch die Gräuel eines Krieges und Szenen jenseits des Tenors der idealistischen Heroisierung, die in der Regel auf den Monumentalbildern der Kriegsmaler des 19. Jahrhunderts vorherrscht.

Nach Franz Xaver Vollmer nahm Jacob Johann von Berckholtz als Kommandeur mit dem 2. Württembergischen Reiterregiment an einem Krieg in Amerika teil. Unterlagen und Urkunden zu seiner militärischen Laufbahn sind lediglich aus den 1840er Jahren erhalten. Wie lange er diente, ist nicht bekannt, auch konnte ein Aufenthalt in den USA bislang nicht nachgewiesen werden. Nahm er mit seinem Regiment eventuell am Sezessionskrieg teil?

Lit.: Prohanka, Reinhard: Der amerikanische Bürgerkrieg. Wiesbaden 2007; Collins, Bruce: The origins of America's Civil War. London 1981; Vollmer, 1988, S. 96.

Abb. 302 – Alexandra von Berckholtz, Brustbild eines Mannes im Profil nach rechts, Bleistift auf Papier, 25 × 18,3 cm, Skizzenbuch von 1841–1846, StAO Inv.-Nr. 26/21/015.

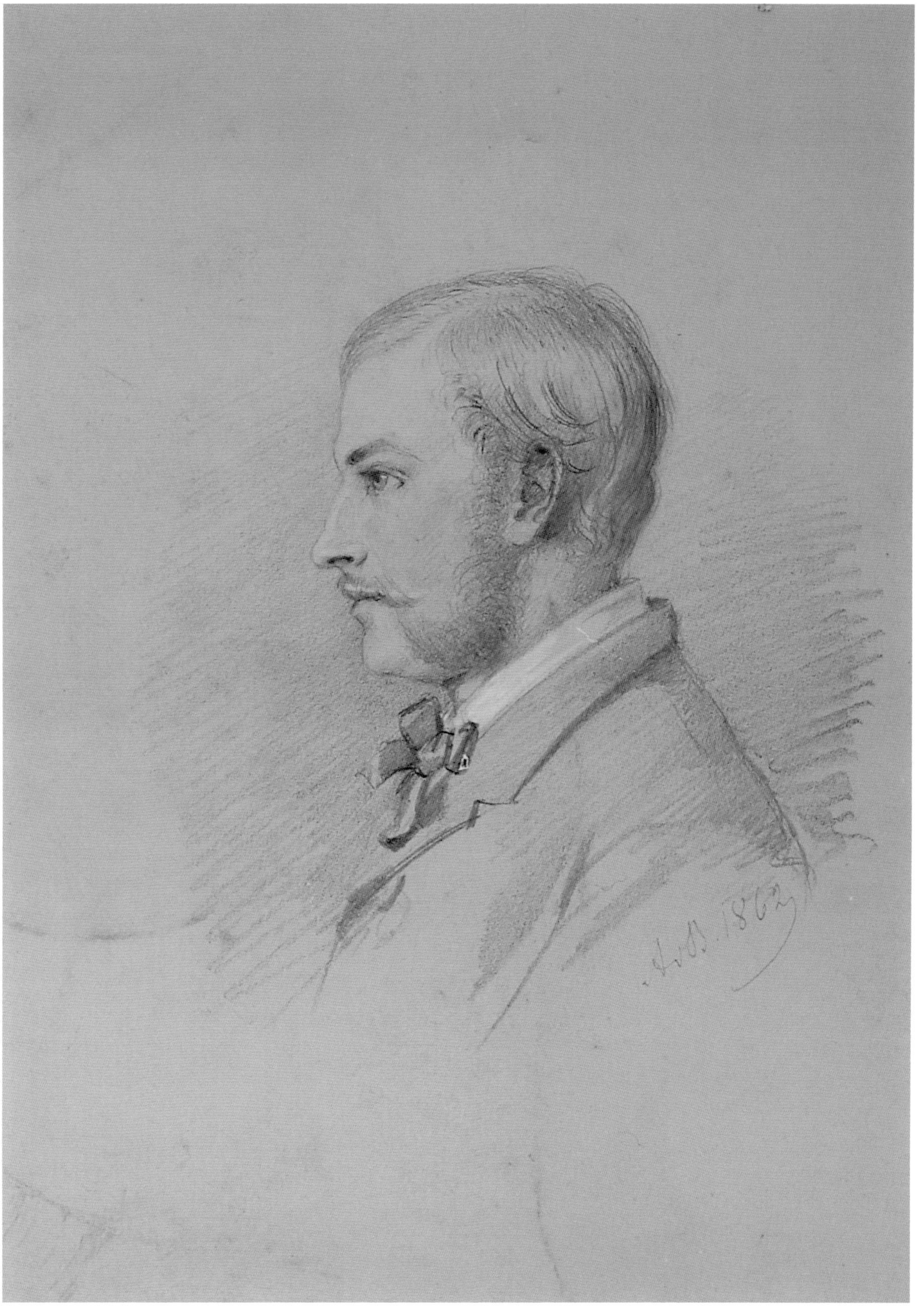

KAT.-NR. 39

Alexandra von Berckholtz
GOTTFRIED VON BERCKHOLTZ
Bleistift und Buntstift in Rot
15,0 × 11,8 / 29 × 23,3 cm
Rechts neben der Darstellung signiert und datiert *AvBerckholtz / 1853*
Links unterhalb der Darstellung beschriftet *Portrait des 4jährigen / Gottfried von Berckholtz / geb. 1849 in Karlsruhe*

Generallandesarchiv Karlsruhe, Badische Bilder- und Plansammlung Inv.-Nr. J-Ac B 173

Lit.: unveröffentlicht

Diese im Generallandesarchiv Karlsruhe entdeckte Zeichnung des vierjährigen Gottfried von Berckholtz im Oval gibt bis heute einige ungelöste Rätsel auf. In der gesamten Genealogie der Familie ist kein männliches Mitglied mit dem Vornamen *Gottfried* vorhanden und auch heute dem Nachfahren, Herrn Hans-Joachim von Berkholz, gänzlich unbekannt. Die fein akzentuierte Zeichnung des Knaben mit den leuchtenden Augen und dem zarten Gesicht wurde von der Künstlerin selbst nicht nur signiert und datiert, sondern auch detailliert beschriftet: *Portrait des 4jährigen / Gottfried von Berckholtz / geb. 1849 in Karlsruhe*. Die einzige weitere bekannte Tatsache ist der Erwerb des Blattes durch das Archiv im Jahre 1953 in einer Auktion bei Erwin Dannenberg, Kunst und Antiquitäten Heidelberg, für 30 DM.

Wer könnte dieser Gottfried sein? Gabriel Leonhards Bruder Jacob Johann verstarb 1856 kinderlos in Paris. Sein anderer Bruder Georg Friedrich von Berckholtz fiel bereits 1812 im Russisch-Deutsch-Französischen Krieg. Die beiden Schwestern Gertrud und Juliane trugen nach der Heirat die Namen von Blankenhagen und Rücker.

Könnte die Möglichkeit, dass es sich um einen unehelichen Sohn Olgas handelt, eventuell dafür sprechen, dass der Junge in der Genealogie nicht auftaucht? Olga von Berckholtz ist 1849 38 Jahre alt und käme als Mutter durchaus in Frage. Für diese Nichterwähnung wahrscheinlicher ist wohl ein früher Tod des Knaben im Kindesalter.

Auch Elisabeth wäre als Mutter möglich, vor allem vor dem Hintergrund, dass eine ihrer Töchter und ein weiterer Sohn bereits früh verstarben. Die am 7. Juli 1846 geborene und am 9. März 1848 verstorbene Sophie Natalie und der am 22. Mai 1842 geborene und am 21. Juni 1842 begrabene Leonhard Carl Ferdinand – eventuell auf einer Zeichnung im Skizzenbuch (Abb. 303) porträtiert? – tauchen aus diesem Grund ebenfalls nicht in der Stammfolge auf. Elisabeth trägt bis 1887 den Familiennamen *Offensandt*. Wäre Gottfried ihr Sohn gewesen, hätte Alexandra sicherlich nicht *von Berckholtz* als seinen Familiennamen, sondern *Offensandt*, vermerkt. Auch Elisabeth scheidet somit aus. Bliebe nur noch der Bruder Jacob Johann von Berckholtz als Verwandter des Jungen; am 15. Oktober 1849 ehelicht er Emma Offensandt, was bedeuten würde, dass die Braut hochschwanger geheiratet hat.

Diese Tatsache war im 19. Jahrhundert jedoch kein Einzelfall. Als z.B. Marie Caroline Fürstin zu Erbach-Schönberg (1852–

Abb. 303 – Alexandra von Berckholtz, Kopf eines schlafenden Kleinkindes, Bleistift auf Papier, 18,3 × 25 cm, Skizzenbuch von 1841–1846, StAO Inv.-Nr. 26/21/015.

1923), geborene Prinzessin von Battenberg, die sich sozial engagierte und für die Frauenförderung einsetzte – 1905 war sie Landesvorsitzende des *Vereins der Freundinnen junger Mädchen* in Hessen – Gustav zu Erbach-Schönberg (1840–1908) heiratet, ist sie bereits im fünften Monat schwanger.

Lit.: Erbach-Schönberg, Marie Carolin von: Memoiren. 1852–1923. Hg. von der Interessengemeinschaft Schönberger Vereine und vom Museumsverein Bensheim in Verbindung mit der Arbeitsgemeinschaft der Geschichts- und Heimatvereine im Kreis Bergstrasse, Geschichtsblätter des Kreises Bergstraße. SB 13. Lorsch 1991; Nachlass Erbach-Schönberg. Hauptstaatsarchiv Darmstadt F 21 A.

KAT.-NR. 39

KAT.-NR. 40

Alexandra von Berckholtz
ALEXANDRA OFFENSANDT
Bleistift auf Papier
18 × 11 cm
Rechts innerhalb der Darstellung signiert und datiert *A. v. Berckholtz. / 1842.*

Stadtarchiv Offenburg Inv.-Nr. 26/02/240

Lit.: unveröffentlicht

Auf diesem Kinderporträt nehmen wir die zweijährige Alexandra Offensandt wahr, die 18 Jahre später in einem Ölbild (KAT.-NR. 6) erneut von ihrer Tante gemalt wird. Im 18. Jahrhundert wandelt sich das familiäre Verhältnis zum Kind und die Perspektive auf den jungen Menschen als eigenständiges Individuum. Einer der Vordenker der Reformpädagogik ist der Schweizer Philosoph Johann Heinrich Pestalozzi (1746–1827) mit seiner Idee der Bildung des ganzheitlichen Menschen und seiner Befähigung, im Handeln Kopf, Herz und Hand einzusetzen und ihn zur Selbstständigkeit zu erziehen. Diesen Grundsatz – „Hilf mir, es selbst zu tun" – entwickelt die italienische Ärztin Maria Montessori (1870–1952) ab Anfang des 20. Jahrhunderts zu einem eigenen Erziehungskonzept weiter.

Das Kinderporträt entwickelt sich in der zweiten Hälfte des 18. Jahrhunderts als eigene Bildnisgattung, auf der Mädchen und Jungen in ihrer kindlichen Sphäre und nicht mehr als kleine Erwachsene erfasst werden. Dennoch erscheinen manche Kinderbildnisse inszeniert, nach den „Vorstellungen, die man in jenen Kreisen von wohlerzogenen Nachkommen hatte" (Celebonovic, 1974, S. 143). Auf ihrem durch Philipp Otto Runge (1777–1810) gemalten Porträt in Ganzfigur steht die vierjährige Louise Perthes (Öl auf Leinwand, 143,5 × 95 cm, 1805, Klassik Stiftung Weimar Inv.-Nr. 948) auf einem Stuhl neben einem Fenster. Die Verlegenheitsgeste der linken zum Hals geführten Hand sowie der Gesichtsausdruck wirken wenig kindlich, als hätte ein Regisseur vor der Aufnahme dieser Einstellung der kleinen Schauspielerin Anweisungen für Handlungen gegeben, die sie im täglichen Leben derart nicht ausführt.

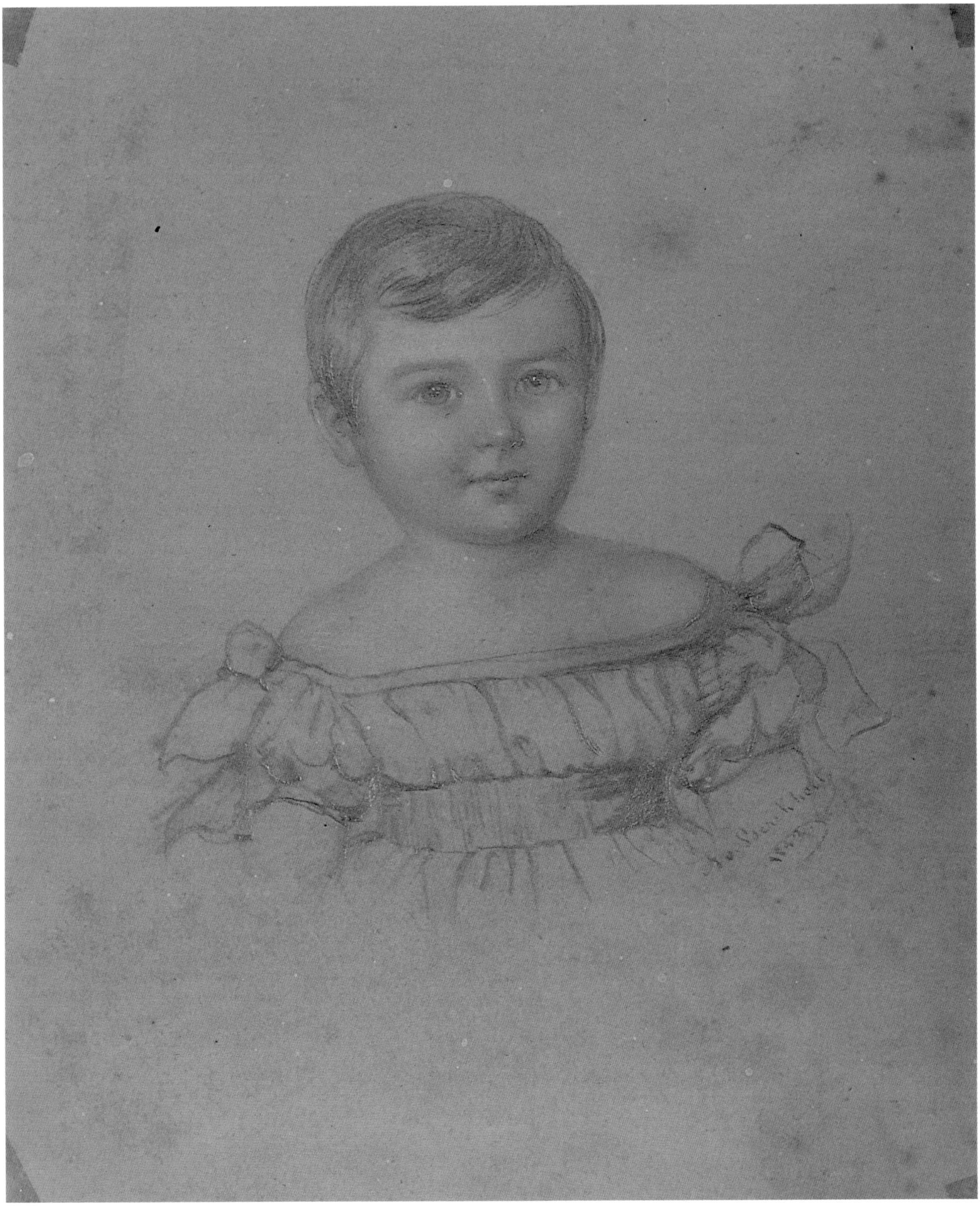

KAT.-NR. 41

Alexandra von Berckholtz
WILHELM OFFENSANDT
Bleistift auf braunem Papier, weiß gehöht
18,7 × 15,9 cm
Unten rechts signiert und datiert *A v Berckholtz / 1846*

Stadtarchiv Offenburg Inv.-Nr. 26/02/241

Lit.: unveröffentlicht

Ebenso natürlich und unverstellt wie seine Schwester Alexandra erscheint uns der dreijährige Jakob Wilhelm Ferdinand Offensandt, der später im Berufsleben beim Großherzoglichen Ministerium der Justiz, des Auswärtigen und des Großherzoglichen Hauses Baden und anschließend als Großherzoglich Badischer Kammerherr und Oberschlosshauptmann in Karlsruhe (Abb. 304) Karriere macht. Wilhelm wird am 7. Oktober 1843 in Karlsruhe geboren, wo er am 20. Januar 1909 ohne Nachkommen verstirbt, und der Adel der Familie, den seine Mutter Elisabeth 1887 mit dem Namen *Offensandt von Berckholtz* neu verliehen bekam, im Mannesstamm erlischt. Dennoch hinterlässt Wilhelm bis heute Bedeutendes. Neben einer Hinterlassenschaft von 10.000 Mark für die Gemeinde Ortenberg – 5.000 Mark für den Armenfonds und 5.000 Mark zur Instandhaltung der Familiengruft – legt er durch sein Vermächtnis von 700.000 Mark und die damit verbundene testamentarische Bestimmung den finanziellen Grundstock für das Seniorenwohnheim *Berckholtz-Stiftung* in Karlsruhe.

Lit.: Drewes, 1994, S. 78–79; Celebonovic, Aleksa: Bürgerlicher Realismus. Die Meisterwerke der Salonmalerei. Berlin 1974; Kluxen, 1989, S. 156–158; Ministerium des Innern, Akte No. 31615, vom 15. April 1921. Archiv der Gemeinde Ortenberg.

Abb. 304 – Wilhelm Offensandt von Berckholtz, Fotografie, 6,5 × 4,8 cm, Stadtarchiv Karlsruhe Inv.-Nr. 8/PBS/III 1116.

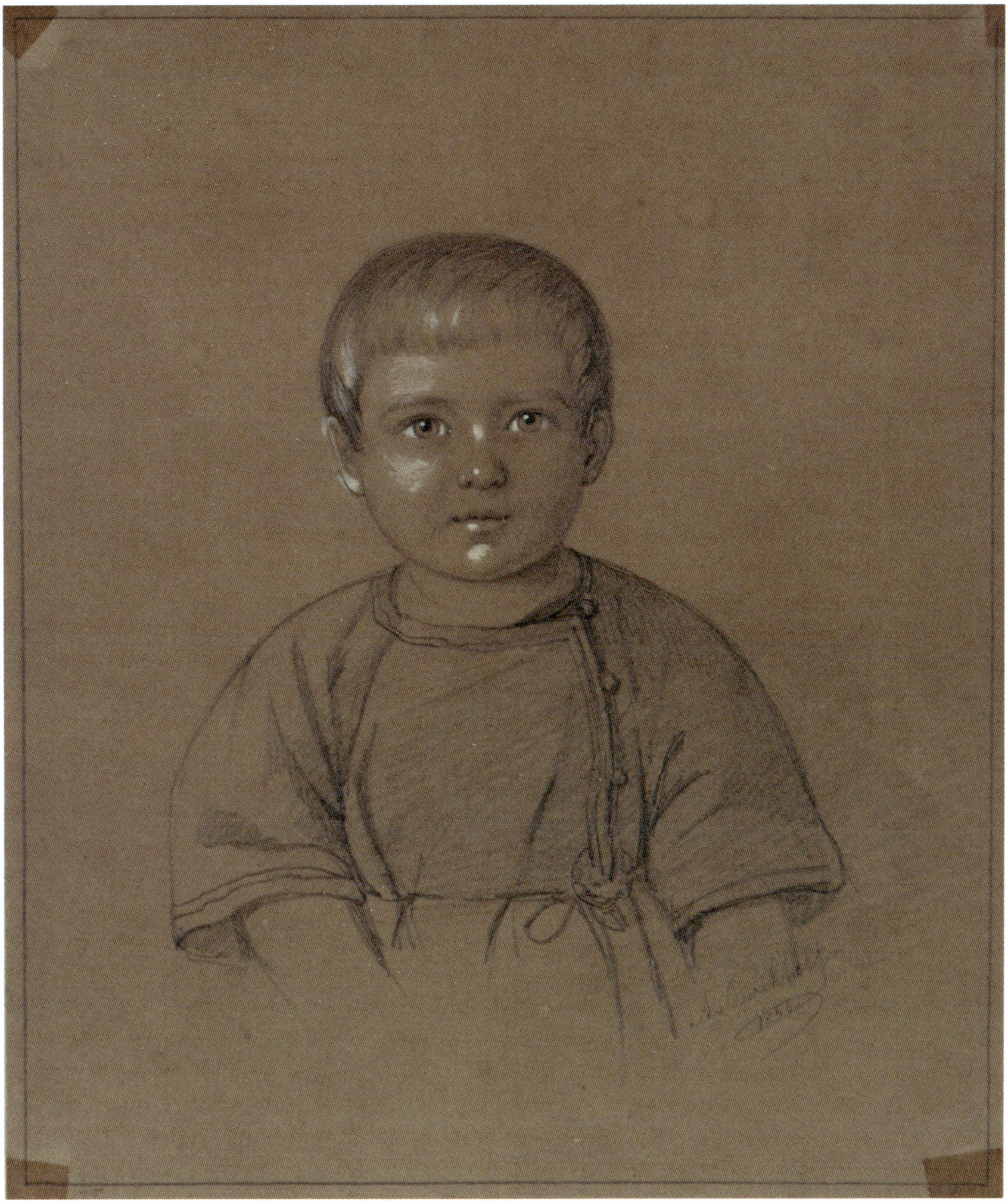

KAT.-NR. 42

Alexandra von Berckholtz
ARTHUR VON CAMPENHAUSEN
Bleistift auf Papier
13 × 10 cm
Rechts neben der Darstellung monogrammiert und datiert *A v B fec. 1847*
Verso auf dem Rahmen bezeichnet *Arthur Campenhausen, meiner Mama Lieblingsbruder,
gezeichnet von A. v.Berckholtz 1847, unserer Freundin, Saschas Pathe, der ausgezeichneten Künstlerin.
Karlsruhe 1920. Th. Barsewisch*

Privatbesitz Prof. Dr. Dr. h. c. mult. Axel Freiherr von Campenhausen Hannover Inv.-Nr. CW 160

Lit: Gutgesell, 2016, S. 9

Insgesamt porträtierte Alexandra von Berckholtz fünf Mitglieder der Familie von Campenhausen: ihre Freundin Melanie von Campenhausen, verheiratete Barsewisch (KAT.-NR. 28), deren Schwiegertochter Luise von Schkopp (KAT.-NR. 17, 18), deren Schwester Ernestine, verheiratete von Schoultz-Ascheraden (WV Nr. 87), deren weitere Schwester Adele (KAT.-NR. 109) und deren Bruder Arthur auf zwei Zeichnungen, von denen eine nicht mehr im Original, wohl aber in einer Lithografiereproduktion (Abb. 305) aus dem Campenhausen-Album vorliegt. Beide Darstellungen muten auf den ersten Blick – jenseits der Tatsache, dass die Vorlagen für den Steindruck spiegelverkehrt hergestellt werden – nahezu identisch und deckungsgleich an. Der Vergleich der zeichnerischen Handschrift, der Strichlänge und der Schraffuren zeigt, dass zur Herstellung der Lithografie eine weitere Zeichnung herangezogen wurde.

Der kaiserlich russische Leutnant Arthur Adalmar von Campenhausen wird am 10. April 1818 in Semershof (Ziemeris), Valka, in Lettland geboren, stirbt am 4. Oktober 1846 in Orellen (Ungurmuiža) und wird auf dem Friedhof von Orellen im Grab Nr. 27 neben der Kapelle bestattet.

Die im Original vorhandene Zeichnung datierte Alexandra von Berckholtz auf 1847, ein Jahr nach dem Tod des Dargestellten. Ihr Porträt ist daher als Memorialbildnis zu bezeichnen, das man häufig auch als druckgrafische Reproduktion an andere Familienmitglieder weitergibt. Zur Unterstützung des Andenkens werden Künstler mit der Herstellung eines posthumen Abbildes beauftragt, das den Verstorbenen in einer Momentaufnahme seines Lebens, in der Blüte seiner Jahre und in einer Idealvorstellung zeigt, und das im Hinblick auf die Memoria – das Gedächtnis und Gedenken – auch den „Charakter eines Kultobjekts" (Lacher, 2000, S. 44) erhält und die „Portraitkunst als Seelenmalerei" (Hiller von Gaertringen, 2013, S. 213) sublimiert.

Lit.: Lacher, Reinmar F.: Freundschaftskult und Porträtkult. In: Halberstadt, 2000, S. 41–54; Hiller von Gaertringen, Rudolf: „Die Seele selbst, sichtbar gemacht". Anton Graffs Bildnisse von Dichtern, Denkern, Künstlern und Musikern. In: Winterthur/Berlin, 2013, S. 210–218; Rundāle/Marburg, 1998, S. 28–49; Barsewisch. In: Rundāle/Marburg, 1998, S. 75–76; Lancmānis/Dirveiks. In: Rundāle/Marburg, 1998, S. 232.

Abb. 305 – Alexandra von Berckholtz, Arthur von Campenhausen, Lithografie, 17 × 12 cm, Familienarchiv Prof. Dr. Bernhard von Barsewisch Groß Pankow Inv.-Nr. CW 161.

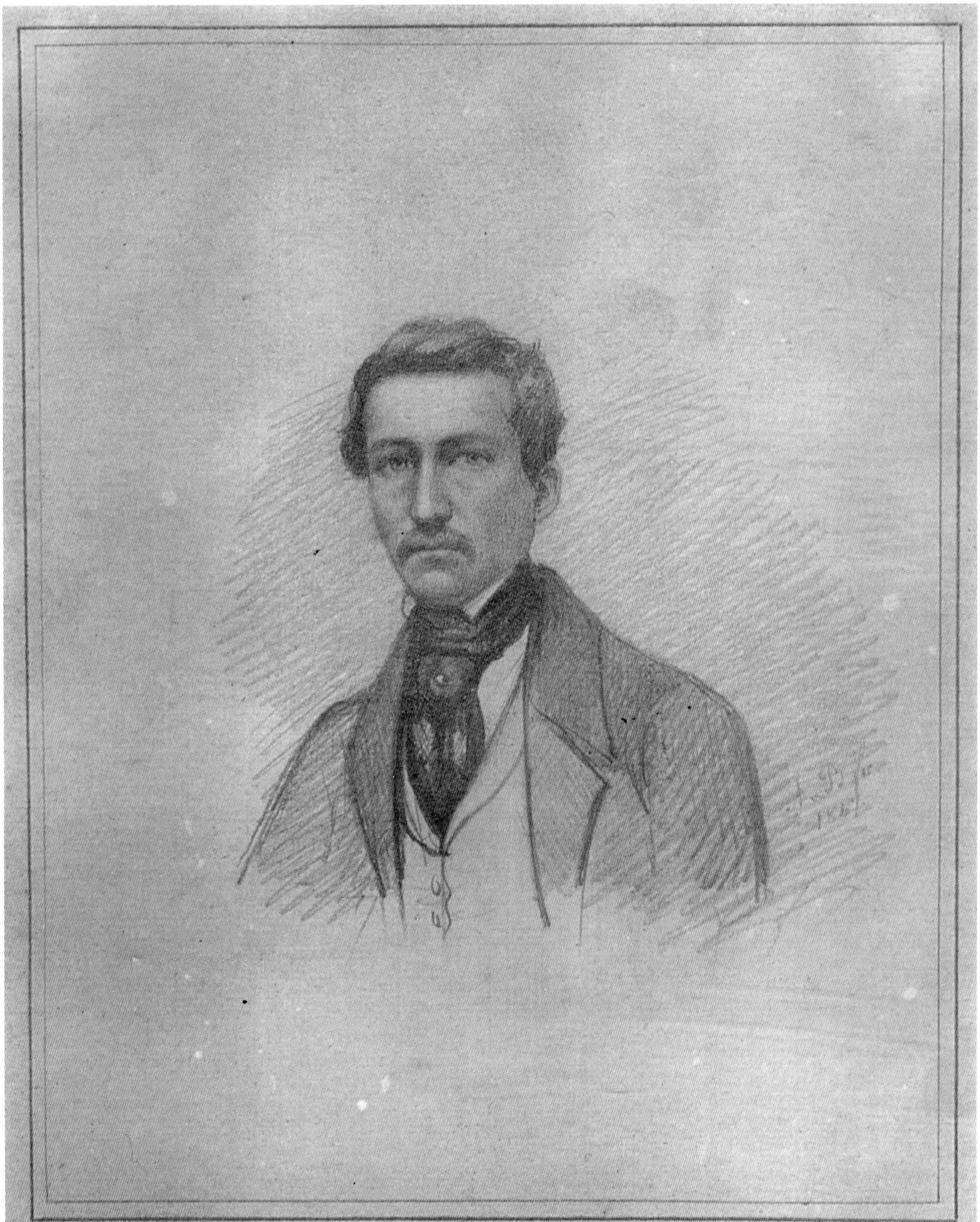

KAT.-NR. 43

Alexandra von Berckholtz
Stéphanie von Geusau
Bleistift auf Papier
27,4 × 21,5 cm
1842

Stadtarchiv Offenburg Inv.-Nr. 26/02/359

Lit.: unveröffentlicht

Außer der Angabe, dass es 1842 in Karlsruhe gezeichnet wurde, war zunächst nichts Weiteres über das vorliegende Damenporträt bekannt. Die namentliche Zuschreibung erlaubte eine im Album der Familie von Berckholtz befindliche Lithografie der Stéphanie von Geusau von 1845 aus der Hand Louis Wagners (Abb. 306), die neben einer genauen Beschriftung auch eine Widmung an einen „liebenswürdigen Major" aufweist.
Der Geburtstag Stéphanie von Geusaus findet sich am 25. November in Alexandras Kalender und in den Akten im Generallandesarchiv Karlsruhe 1825 als ihr Geburtsjahr, außerdem die Bezeichnung „Stiftsdame", die darauf schließen lässt, dass sie unverheiratet blieb. Frau von Geusau starb 1862. Es ist anzunehmen, dass Alexandras Zeichnung durchaus im Kontext Louis Wagners entstanden sein könnte, der ihr erster namentlich bekannter künstlerischer Lehrer in Karlsruhe war. Zum Zeitpunkt der Entstehung des Porträts ist Stéphanie von Geusau 17 Jahre alt.
Ihr Großvater Karl von Geusau (1741–1829) ist Diplomat, 1808 badischer Kriegsminister sowie General der Kavallerie. Ihr Vater ist der in Karlsruhe stationierte badische Generalmajor Karl von Geusau (1775–1826), dessen zweites Dragonerregiment seinen Namen trägt, das auch Bildgegenstand zweier im Generallandesarchiv Karlsruhe erhaltener Kunstwerke ist. Auf einer Gouache von Rudolph Kuntz – der ein Bildnis von Alexandras Bruder Jacob in der Uniform des Leutnants (Abb. 273) anfertigte – mit zwei Dragonern seines Regiments zu Pferd (Fotografie, 28,2 cm × 21,4 cm, 1822, Inv.-Nr. 10./2. Nr. 2126) und auf einem Aquarell, das ein von Geusau durchgeführtes Manöver am 9. Oktober 1817 abbildet (39,5 × 29,7 / 59,7 × 47,5 cm, nach 1871, Inv.-Nr. J-E D 2).
1816 heiratet Karl von Geusau die Hofdame der Großherzogin Ernestine Friederike von Mentzingen (1788–1852), die sich ebenfalls in Alexandras Kalender wiederfindet, und über die die emanzipierte Schriftstellerin Rahel Levin Varnhagen (1771–1833) schreibt, dass sie „groß, schlank, durch Jugend mit hinlänglichem Anschein von Schönheit ausgestattet, kühn und muthig in ihrem Wesen, eine besonders verwegene Reiterin, eine der auffallenden Personen des Hofes" (Hahn/Bosold, 1997, S. 598) ist. Verheiratet wird sie auf großherzoglichen Befehl mit Karl von Geusau, der sich damit von seiner illegitimen Lebensgefährtin und Tochter trennen muss. Hinsichtlich dessen wird man im Generallandesarchiv Karlsruhe fündig, das die „Bitte des Oberstallmeisters und Generalmajors Freiherr Karl von Geusau um Legitimation seiner außerehelich erzeugten Tochter Auguste Benedikte Charlotte und die desfalls erfolgte öffentliche Anerkennung derselben" aus dem Jahr 1816 verwahrt. Das Mädchen darf – anerkannt durch den Großherzog – den Familiennamen von Geusau führen, ihr Vater muss aber ihre Mutter verlassen und eine andere heiraten. Aus dieser – nach Varnhagen unglücklichen – Ehe gehen sechs Kinder hervor. Neben Stéphanie konnte eine Adrienne ermittelt werden, von der

Abb. 306 – Louis Wagner, Stéphanie von Geusau, Lithografie, 33 × 27,7 cm, links unten signiert und datiert *L. Wagner / 1845.*, unterhalb bezeichnet *Stéphanie de Geusau*, Darunter handschriftlich bezeichnet *à l'aimable Major / de (...)chofer*, Album der Familie von Berckholtz, StAO Inv.-Nr. 26/21/44-110.

eine vergleichbar im Kniestück angelegte Wagner-Lithografie von 1844 (31 × 23 cm, 1844, Stadtarchiv Karlsruhe Sign. 8/PBS III/0447) die äußere Ähnlichkeit bestätigt, und deren Todestag am 5. Mai ohne Angabe einer Jahreszahl in Alexandras Kalender steht. Dort findet man weitere Informationen zu Mitgliedern der Familie von Geusau: 2. Januar: Anna Carolina von Geusau 1855, 9. Mai 1850: Caroline Alexandra von Geusau, 26. September: Hochzeitstag von Elise Stresow (Baronin Geusau), 19. Oktober: Carl von Geusau 1857, 2. Dezember: Minna von Geusau 1853.

Ein weiterer Kalendereintrag verbleibt rätselhaft, zu dem sich auch in den Archiven nichts Näheres finden ließ: 2. Februar 1851: Befreiung von W. v. Geusau nach 1,5jähriger Gefangenschaft in Theresienstadt.

Lit.: Generallandesarchiv Karlsruhe, Abt. F-S Beil Nr. 346, Abt. 55 Nr. 10, 72 Nr. 5085, Abt. 206 Nr. 1218, Abt. 206 Nr. 1181-1191, Abt. 206 Nr. 1192-1203, Abt. 206 Nr. 1204-1213, Abt. 234 Nr. 9335; Löhlein, L.: Karl Freiherr von Geusau. Badische Biographien. Hg. v. Friedrich von Weech. 1. Theil, Heidelberg 1875, S. 299–300; Hahn, Barbara und Bosold, Birgit: Rahel Levin Varnhagen. Briefwechsel mit Pauline Wiesel. München 1997; Stadtarchiv Karlsruhe Sign. 8/PBS III / 0449.

KAT.-NR. 43

KAT.-NR. 44

Alexandra von Berckholtz
FRAUENPORTRÄT AN EINER STEINBALUSTRADE
Pinsel in Blau, Braun und Rot über Bleistift auf braunem Papier, weiß gehöht
33,9 × 25,4 cm
Um 1842

Stadtarchiv Offenburg Inv.-Nr. 26/02/360

Lit.: unveröffentlicht

Bei einem weiteren Bildnis einer im Profil nach rechts an einer Steinbalustrade mit gotisierenden Elementen auf Schloss Ortenberg stehenden Dame fiel die namentliche Zuordnung nicht derart eindeutig aus wie bei Stéphanie von Geusau. Einzig die in Weiß gehöhte Spitzenhaube mit den beiden blauen Bändern, unter der die braunen in der Mitte gescheitelten Haare hervortreten, verweist auf den Status der verheirateten Frau. Die Darstellung lässt weitere Attribute vermissen, die eine nähere gesellschaftliche Stellung verraten, wie z.B. die Harfe auf dem Porträt der Dorette Spohr (1787–1834) von Karl Gottlob Schmeidler (1772–1838) (Öl auf Elfenbein, 11,8 × 9,6 cm, links unten signiert *Schmeidler*, Privatbesitz), eine der bedeutendsten Harfenistinnen des 19. Jahrhunderts und Ehefrau des Komponisten Louis Spohr.

Es stellt sich auch die Frage nach Ähnlichkeit und Idealisierung im Porträt, die sich in diesem Fall der Diskussion entzieht, da wir die Dargestellte nicht kennen. Im Übrigen malte Alexandra von Berckholtz in der Regel nach dem lebenden Modell und nach der französischen Theorie der exakten Abbildtreue, wie die Geschichte hinter den beiden Bildnissen der Luise von Schkopp (KAT.-NR. 17, 18) verdeutlicht, von denen die Künstlerin das erste als nicht ähnlich genug empfand.

Die Prämisse des Porträts ist die Erfassung eines Individuums zur „Verewigung des Einzelmenschen", wie es der Historiker Jacob Burckhardt (1818–1897) ausdrückte (In: Wölfflin, 1930, S. 141). In seiner Erfassung der äußeren Erscheinung ist es verflochten mit der Freiheit und Erfindungsgabe des Malers im Spannungsverhältnis zwischen *imitare* und *ritarre*, dem naturgetreuen Darstellen und dem künstlerischen Nachbilden, wie bereits in der Renaissance – beispielsweise durch Vincenzo Danti – oder in der antiken Theatertheorie durch Aristoteles diskutiert: „Man soll die Wirklichkeit nachahmen, entweder so wie sie war oder ist, oder so wie man sagt, daß sie sei, und wie man meint, oder so wie sie sein soll." (zit. Schiedermair, 2009, S. 33)

Da die Dargestellte uns namentlich nicht mehr überliefert ist, wie auch viele andere Frauen in ihren Skizzenbüchern, die Alexandra von Berckholtz nach dem Leben zeichnete (Abb. 307), und daher auch zu dem familiären Hintergrund keine Angaben erfolgen können, bleibt jenseits kunsttheoretischer Überlegungen die Vermutung, dass es sich um ein Freundschaftsbildnis handelt, und um ein „Portrait außerhalb des gesellschaftlichen Zusammenhangs" (Kluxen, 1989, S. 151).

Lit.: Kluxen, 1989, S. 151–154; Burckhardt, Jacob: Das Porträt. In: Gesamtausgabe. Bd. 12. Hg. v. Heinrich Wölfflin. Stuttgart, Berlin, Leipzig 1930, S. 141–292; Schiedermair, Joachim: (V)erklärte Gesichter. Der Porträtdiskurs in der Literatur des dänisch-norwegischen Idealismus. Würzburg 2009.

Abb. 307 – Alexandra von Berckholtz, Damenporträt im Profil nach rechts, Bleistift und Buntstift in Rot auf Papier, 21 × 13,3 cm, links unten beschriftet *cf. Aug. 1859.*, Skizzenbuch von 1859/60, StAO Inv.-Nr. 26/21/017.

287

KAT.-NR. 45

Alexandra von Berckholtz
FRAUENPORTRÄT
Pinsel in Braun über Bleistift, weiß gehöht, auf braunem Papier aufgezogen
21,7 × 15,8 / 25,7 × 19,8 cm
Rechts innerhalb der Darstellung signiert und datiert *A. v. Berckholtz / 1843*

Stadtarchiv Offenburg Inv.-Nr. 26/07/033

Lit.: unveröffentlicht

Auf den ersten Blick ruft dieses Frauenporträt Assoziationen zu einigen Werken Franz Xaver Winterhalters hervor, der in biografischen Artikeln über Alexandra von Berckholtz auch als ihr künstlerischer Lehrer bezeichnet wird, was durchaus aufgrund stilistischer Analogien vermutet werden kann, so wie im Falle des vorliegenden Blattes. Sofort denkt man an Winterhalters Genrebilder aus Italien, das er von 1832 bis 1833 erstmals und zusammen mit dem befreundeten Maler Johann Baptist Kirner (1806–1866) bereist, und wo er viele Menschen in unprätentiösen Alltagsszenen malt, die zwar ihre Werktagskleidung tragen, aber nicht während ihrer Arbeit abgebildet werden und ein lockeres Leben zu führen scheinen. *La dolce far niente* ist auch der Titel eines 1836 entstandenen Winterhalter-Gemäldes (Öl auf Leinwand, 116,8 × 148,6 cm, Privatbesitz).
Alexandra von Berckholtz' Zeichnung entstand 1843. Zu diesem Zeitpunkt lebt Winterhalter weder in Italien noch in Karlsruhe, sondern – mit Unterbrechungen für Reisen nach England – in Paris. Das Jahr führt jedoch im Werk des Malers zu einer weiteren Spur, zu dem Porträt der Fürstin Leonilla zu Sayn-Wittgenstein-Sayn (Abb. 308). Die für ihre Intelligenz und ihren erlesenen Geschmack bekannte Ehefrau des Fürsten Ludwig zu Sayn-Wittgenstein-Sayn (1799–1866) Leonilla Ivanova Bariatinskaya (1816–1918) ruht auf einem Sofa auf einer im Stil der Orientmode der Zeit ausgestatteten Terrasse, die den Blick auf das Meer und dessen Horizont eröffnet. „Winterhalter verleiht dem anmutigen Gesicht seines Modells eine geheimnisvolle Aura, indem er es im Schatten lässt. (...) Winterhalter gelingt es meisterhaft, die Falten des weißen Seidenrocks wiederzugeben, indem er Licht und Schatten in feinen Nuancen auf dem Stoff spielen lässt." (Houston/Freiburg/Compiègne, 2015, S. 125)
Blenden wir den Hintergrund aus und konzentrieren uns rein auf das Bildnis der Frau, die Frisur, den Blick, die Kopfneigung, die zum Hals geführte Hand, die Zeichnung des Dekolletés, den Faltenwurf des Rocks sowie die zweite Hand, die lässig einen Fächer hält. Der Vergleich lässt Kongruenzen mit Alexandras Dame zu, die sich in ähnlicher Weise wie die Fürstin auf einem Tischchen aufstützt und an Stelle des Fächers ein geöffnetes Buch in ihrem Schoß abgelegt hat. Alexandra von Berckholtz verzichtet auf eine völlig ausgestattete räumliche Umgebung, die sie auf einen Tisch im Anschnitt in der linken Bildhälfte und eine Stuhllehne reduziert. Diese Reduzierung trifft für den Großteil ihrer Porträts zu, die die Künstlerin auf die Psychologisierung des Charakters konzentriert, von dem keine Hintergrundkulisse ablenkt.

Lit.: London/Paris, 1987; Houston/Freiburg/Compiègne, 2015, S. 124–125, Nr. 34.

Abb. 308 – Franz Xaver Winterhalter Fürstin Leonilla zu Sayn-Wittgenstein-Sayn, Öl auf Leinwand, 142 × 212 cm, J. Paul Getty Museum Los Angeles Inv.-Nr. 86.PA.534.

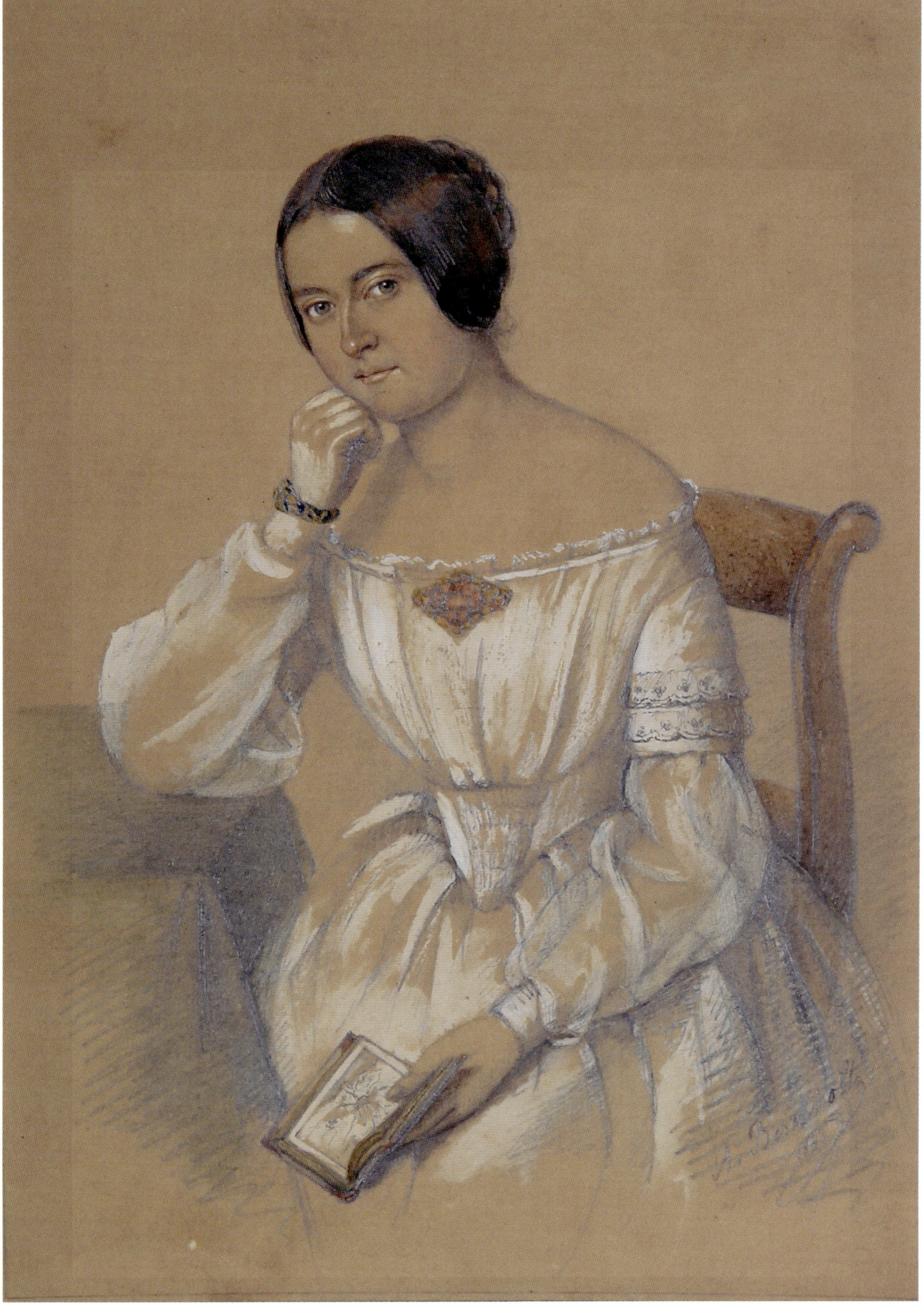

KAT.-NR. 46

Alexandra von Berckholtz
Portrait einer jungen Frau
Pinsel in Beige und Buntstift in Rot über Bleistift
15 × 12,3 cm
Rechts innerhalb der Darstellung monogrammiert und datiert *A v B. 1856*

Stadtarchiv Offenburg Inv.-Nr. 26/07/037

Lit.: unveröffentlicht

Auf Alexandras Porträt einer jungen Frau ist von fremder Hand vermerkt, dass es sich bei dieser um eine ihrer Schwestern – um Natalie oder Sophie – handelt, was der Vergleich mit anderen Bildnissen jedoch nicht bestätigt. Stilistisch ist das Blatt hinsichtlich des Striches, der feinen farblichen Akzentuierung und des ovalen Rahmens mit der Anlage des Bildnisses von Gottfried von Berckholtz (KAT.-NR. 39) vergleichbar.

Wohl aber könnte auf diesem Blatt durchaus eine Schwester abgebildet sein, jedoch nicht eine der Künstlerin, sondern die einer weiteren im Jahr 1856 Porträtierten (KAT.-NR. 47), die ihr in den Gesichtszügen äußerst ähnlich sieht.

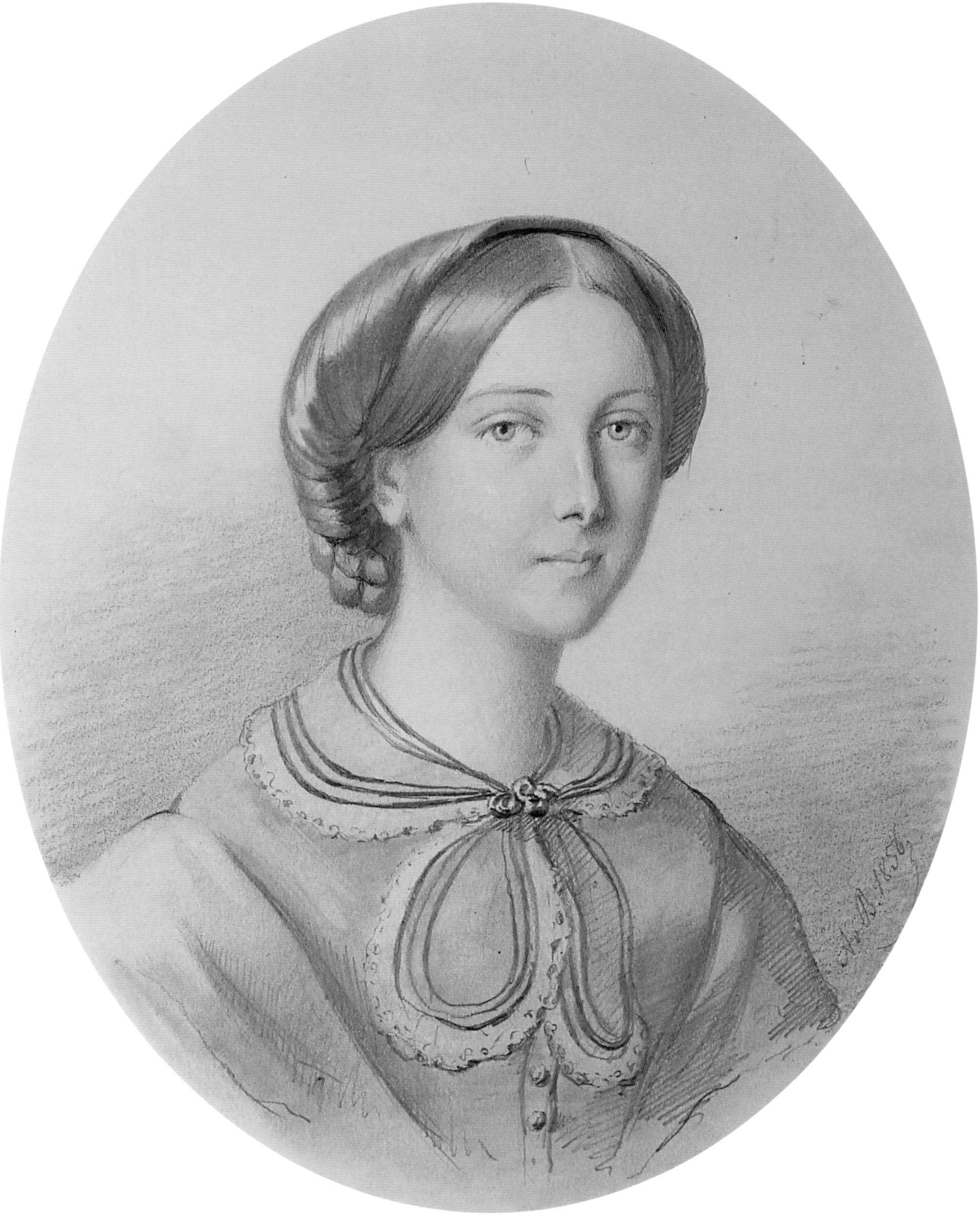

KAT.-NR. 47

Alexandra von Berckholtz
PORTRAIT EINER JUNGEN FRAU
Bleistift auf bräunlichem Papier, weiß gehöht
20,3 × 16,3 cm
Rechts innerhalb der Darstellung monogrammiert und datiert *A v B 1856*
Rechts unterhalb beschriftet *Alexandra von Berckholtz*

Stadtarchiv Offenburg Inv.-Nr. 26/07/036

Lit.: unveröffentlicht

Bei dieser fallen neben der vergleichbaren Physiognomie im Gegensatz zur Frisur der Vorherigen ihre markanten Locken auf. In dem Jahr, in dem das Bild entstand, war die Dauerwelle noch nicht erfunden. 1872 setzt Marcel Grateau (1852–1936) erstmals eine Brennschere zur Umformung glatter langer Haare ein und entwickelt die Wasserwelle, die sich jedoch nicht durch eine lange Haltbarkeit der Frisur auszeichnet. Als Erfinder der Dauerwelle gilt Karl Nessler (1872–1951), der 1906 erstmals Haarsträhnen mit Ätznatron bestreicht, diese auf Metallwickler dreht und elektrisch erhitzt. Zwei Jahre später lässt der mittlerweile in London lebende Schwarzwälder Coiffeur seinen Dauerwellenapparat patentieren. 1914 wandert er in die USA aus, wo er in New York einen großräumigen Salon eröffnet und so manchem späteren Hollywoodstar die Haare frisiert. Die Probandin seiner ersten Versuche, die bis zu sechs Stunden dauerten, war Katharina Laible, der er dabei zweimal die Kopfhaut verbrannte, und die ihn danach trotzdem heiratete.

Lit.: Hauptsache schön. Begleitdokumentation zur Sonderausstellung Dauerwelle und Backenbart. Hg. v. Claudia Gottfried und Johannes Großewinkelmann. Ausst.-Kat. Solingen 2009.

Abb. 309 – Alexandra von Berckholtz, Frauenporträt, Bleistift auf Papier, 18 × 15,1 cm, StAO Inv.-Nr. 27/07/032.

Alexandra von Berckholtz

KAT.-NR. 48

Alexandra von Berckholtz
MÄDCHENBILDNIS
Bleistift auf Papier, weiß gehöht
58 × 46 cm
Links unterhalb neben der Darstellung monogrammiert und datiert *fec. AB 1842*

Privatsammlung

Lit.: unveröffentlicht

Auch bei dieser graziösen Jugendlichen bemerken wir die zeichnerisch ausgefeilt ausgearbeiteten Haare, die in von zwei Schleifen gehaltenen geflochtenen Zöpfen links und rechts des Kopfes als Schlaufen herunterhängen und am Hinterkopf befestigt sind. Diese als *Affenschaukeln* bezeichnete Frisur tragen die Mädchen nach der Konfirmation nicht mehr, über deren Zeitpunkt die Eltern entscheiden, die in der Regel im 16. Lebensjahr erfolgt, und die den Eintritt in das Erwachsenen- und Heiratsalter bedeutet. Da die Frauen ab der Konfirmation in der Regel ihre Haare hochgesteckt frisieren, ist das Alter des hier abgebildeten Mädchens auf annähernd 15 Jahre zu schätzen.

Die Beschriftung auf der Rückseite des Blattes – *Nach der Natur gezeichnet in Carlsruhe* – lässt einen lokalen Zusammenhang mit einem zweiten dort befindlichen Büstenporträt vermuten (Abb. 310). Dessen weibliches Gesicht ist durchgezeichnet und auf dem Kopf ist skizzenhaft in leichtem Strich ein Reif zu erkennen, an dem am Rücken ein Schleier herunterhängt. Bei der von Alexandra von Berckholtz am 15. März 1842 Gezeichneten handelt es sich um Prinzessin Alexandrine Luise Amalie Friederike Elisabeth Sophie von Baden, die am 3. Mai Herzog Ernst II. von Sachsen-Coburg und Gotha heiratet und ihrer Freundin wohl gerade ihr Hochzeitskleid vorführt. Im gleichen Jahr malt Franz Xaver Winterhalter ein in den Gesichtszügen vergleichbares Porträt der Herzogin im Auftrag ihrer Schwägerin Queen Victoria (Öl auf Leinwand, 125,4 × 103,1 cm, links neben der Darstellung signiert und datiert *F Winterhalter / London 1842*, Duchess of Kent's Drawing Room, Frogmore House, im Besitz Ihrer Majestät Königin Elizabeth II., Royal Collection Trust Inv.-Nr. RCIN 404512).

Herzogin Alexandrine begründet in Coburg mehrere Stiftungen für Bedürftige, denen sie in ihrem Testament 620.000 Mark hinterlässt. Sie engagiert sich als Vertreterin der Rot-Kreuz-Bewegung während des Deutsch-Französischen Krieges und legt den finanziellen Grundstein für eines der ersten öffentlichen Bäder in Deutschland, das *Ernst-Alexandrinen-Volksbad* in Coburg, das am 29. August 1907 seine Eröffnung feiert. Das Jugendstilbad verfügte unter anderem über ein 20 × 10 Meter messendes Schwimmbecken, 13 Badewannen, 21 Duschen, Massagebäder und ein römisches Dampfbad. An einem der ersten Tage besuchten 1.400 Frauen, Männer und Kinder das Bad, das 1973 geschlossen und 1977 in Teilen abgerissen wurde.

Lit.: Wilhelmi, 2008, S 54–56; Bachmann, Gertraude: Aus dem Leben der Herzogin Alexandrine von Sachsen-Coburg und Gotha, geborene Prinzessin von Baden. In: Jahrbuch der Coburger Landesstiftung, 39/1994, S. 1–34; Boseckert, Christian: Das Ernst–Alexandrinen–Volksbad und seine Bedeutung für Coburg. In: Coburger Geschichtsblätter Jahresband 2007, S. 55–72; Coburger Zeitung, 29. August 1907.

Abb. 310 – Alexandra von Berckholtz, Prinzessin Alexandrine von Baden, Bleistift auf Papier, 58 × 46 cm, rechts unterhalb beschriftet *Nach der Natur gezeichnet in / Carlsruhe cf. 15 März 1842*, Privatsammlung.

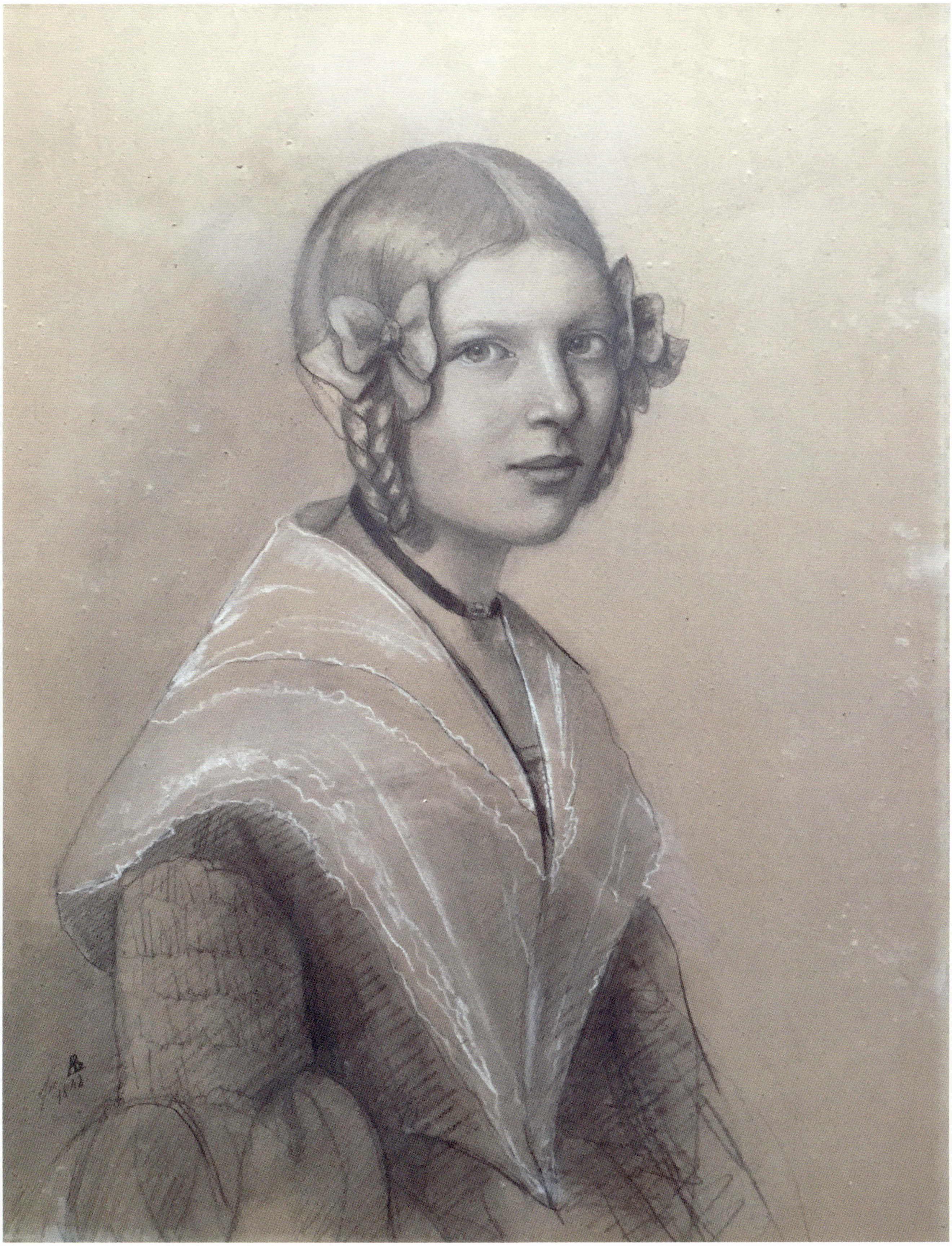

KAT.-NR. 49

Alexandra von Berckholtz
MÄNNLICHES PORTRÄT IM PROFIL NACH LINKS
Bleistift auf Papier
11,7 × 10,1 cm
1845

Stadtarchiv Offenburg Inv.-Nr. 26/21/26-9

Lit.: unveröffentlicht

Auf der Rückseite dieses Blattes vermerkte Alexandra von Berckholtz: *Auf dem Dampfschiff Serainy / cf. 15t Aug 1845.*, und bei dem bärtigen Mann handelt es sich wohl um einen unbemerkt beobachteten Passagier des Schiffes. Das ehemalige Lustschloss Serainy – Seray oder Seraing – liegt an der Maas in der Nähe von Lüttich, von wo aus täglich ein Marktschiff nach Maastricht abfährt, auf dem die Künstlerin diese Zeichnung anfertigt.

Das Schloss Seraing kaufen die beiden Brüder John (1790–1840) und James Cockerill (1787–1837) Wilhelm I., König der Niederlande (1772–1843), im Jahr 1817 ab und richten darin die zu ihrer Zeit größte Eisengießerei ein (Abb. 311), in der sie Spinn- und Dampfmaschinen herstellen und über 1.500 Arbeiter beschäftigen. Nachdem am 21. Juli 1831 Leopold von Sachsen-Coburg und Gotha als erster König der Belgier den Thron bestieg und das Land ein unabhängiger Staat wurde, entwickelt sich Belgien zum zweiten Mutterland der Industrialisierung und erhält nach England eine Eisenbahnlinie, deren Schienen die Fabrik Cockerill produziert.

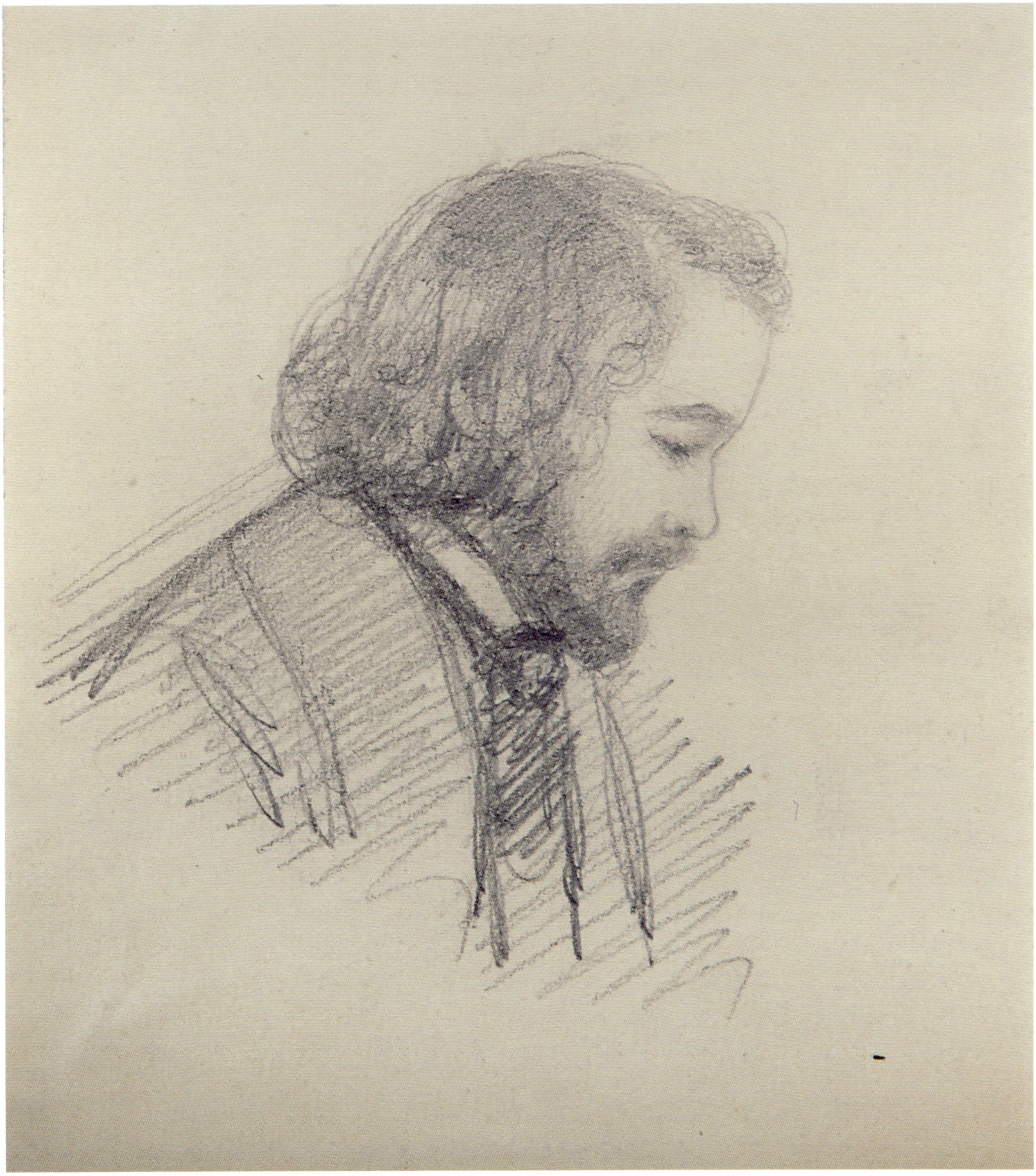

KAT.-NR. 50

Alexandra von Berckholtz
Porträt eines Mannes
Tinte in Blau auf Papier
19 × 14,1 cm

Stadtarchiv Offenburg Inv.-Nr. 26/21/26-7

Lit.: unveröffentlicht

Dieses in Tinte in Blau gezeichnete männliche Porträt mutet auf den ersten Blick wie eine Hektografie an, ein mittels einer abfärbenden Matrize gedrucktes Blatt. Dieses 1879 durch Vincenc Kwaysser und Rudolf Husák nach Anmeldung eines Patents eingeführte Druckverfahren, durch das ein Blatt mehrmals reproduziert werden kann, ist bis in die 1980er Jahre verbreitet.
Nicht nur die Anwendung neuer Technik, auch die Darstellung von Maschinen hält Einzug in die Kunst. Nach der Weltausstellung 1851 in London findet eine Lithografieserie weltweite Verbreitung, die Ansichten der einzelnen Hallen in einem Band zusammenfasst. Ein darin reproduziertes Aquarell von Louis Haghe (1806–1885) (The Great Exhibition: Moving Machinery, 29,5 × 54,5 cm, 1851, im Besitz Ihrer Majestät Königin Elizabeth II., Royal Collection Trust Inv.-Nr. 19979) zeigt eine mit unterschiedlichen Maschinen gefüllte Halle aus Stahl und Glas, in der elegant gekleidete winzige Frauen und Männer an den mächtigen Schwungrädern vorbei flanieren.

Lit.: Stein, Christian Gottfried Daniel: Reise über Aachen, Brüssel nach Paris, Straßburg und Basel über Baden, Hessen, Franken und Thüringen. Leipzig 1828, S. 44–45; Kharibian, 2010, S. 106–110.

Abb. 311 – Werbeplakat der Firma Cockerill.

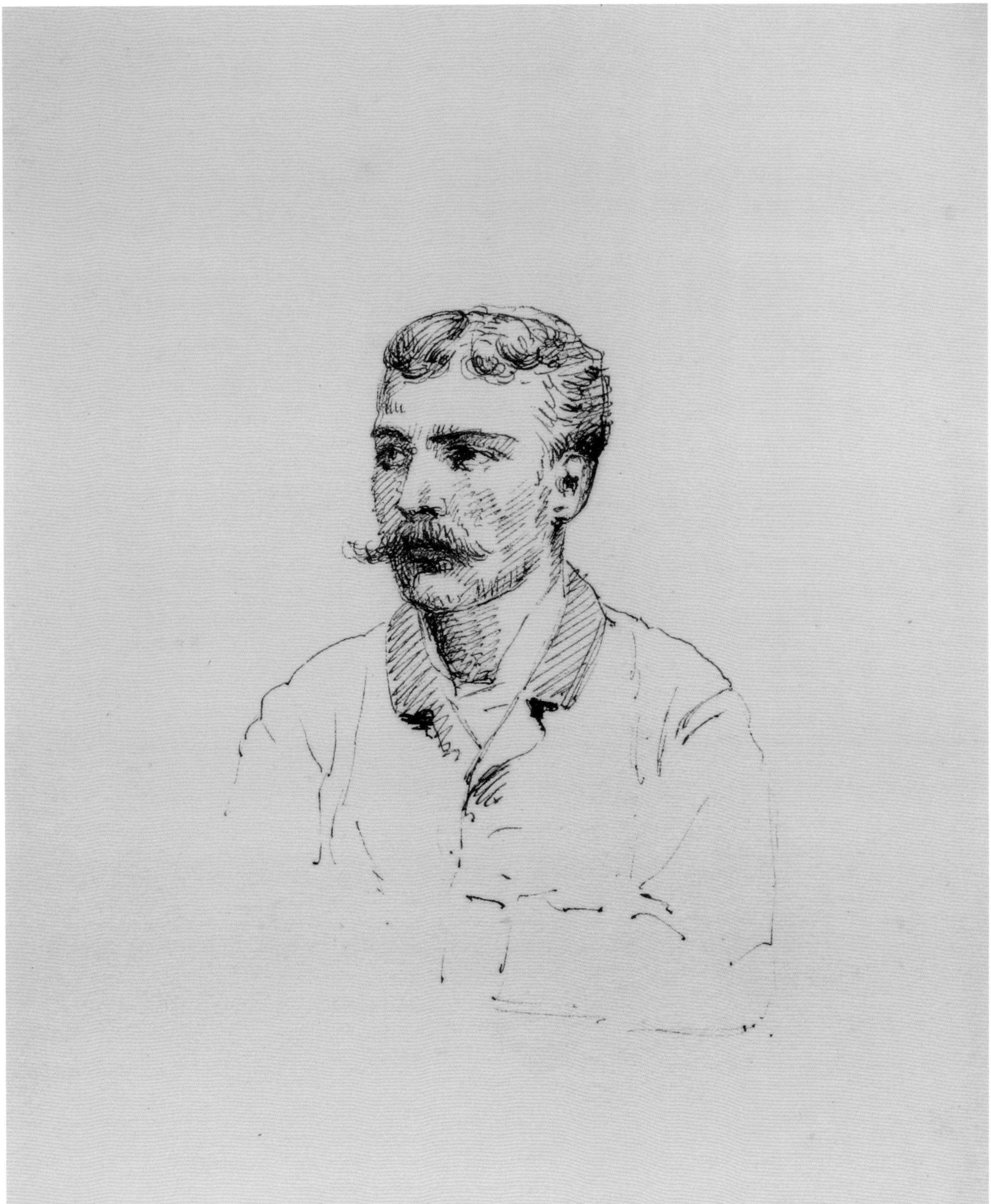

KAT.-NR. 51

Alexandra von Berckholtz
AUFGESTÜTZT LIEGENDER MANN
Bleistift auf Papier
13,8 × 10,1 cm

Stadtarchiv Offenburg Inv.-Nr. 26/07/030

Lit.: unveröffentlicht

„Man male den Menschen so wie er ist, da ist die Seele ohnehin dabei." (Zit. Mosebach, 2014, S. 143) Dies impliziert eine realistische Abbildung des Porträtierten, ohne jegliche Inszenierung durch Kostüm und Requisit, die eine idealistische ausschließt. In dieser Auffassung des Malers Wilhelm Leibl erfasst Alexandra von Berckholtz diesen im Gras liegenden jungen Mann. Seinen rechten Ellenbogen hat er am Boden aufgestützt, und sein Kinn ruht auf der rechten Hand. Sein leicht mürrischer Blick fixiert etwas, das außerhalb des Bildfeldes vorhanden ist. Beobachtet er etwa mit eifersüchtigen Augen eine junge Frau?
Seine zweireihig geknöpfte Jacke lässt auf eine Uniform schließen, wohingegen der Hut mit der Krempe über der Stirn wie ein Kalabreser erscheint, eine Kopfbedeckung, die 1848 von den italienischen Freiheitskämpfern und auch durch den badischen Revolutionär Friedrich Hecker (1811–1881) getragen wird. Haben wir es auf der undatierten Zeichnung etwa mit einem Revolutionär zu tun?

Es könnte sich jedoch auch um ein Genrebild handeln; bei dieser Gattung ist der Hut in der Regel wichtiger Bestandteil der jeweiligen Kleidung (Abb. 312). Der hier vorliegende Hutträger ist in die landschaftliche Umgebung eingebunden, sein Porträt steht jedoch im Vordergrund, wie auf dem Selbstporträt mit Tirolerhut von Carl Alexander Simon (1805–1852) (Öl auf Leinwand, 37 × 28 cm, um 1830, Klassik Stiftung Weimar Inv.-Nr. G 899). Vor einer im Hintergrund befindlichen Gebirgskette und gerahmt durch eine alpenländisch anmutende Vegetation nehmen wir den Künstler im Ausschnitt des Brustbildes in Trachtenjacke und offenem Hemdkragen wahr. Keine Attribute verweisen auf den Beruf des Dargestellten als Maler, der sich durch seine Gewandung in einer anderen Rolle präsentiert, die wir zusätzlich durch den Bildtitel erfahren.

Lit.: Thiel, 2000, S. 316–317.

Abb. 312 – Alexandra von Berckholtz, Studie eines Männerkopfes mit Hut, Bleistift auf Papier, 14 × 10,8 cm, StAO Inv.-Nr. 26/07/027.

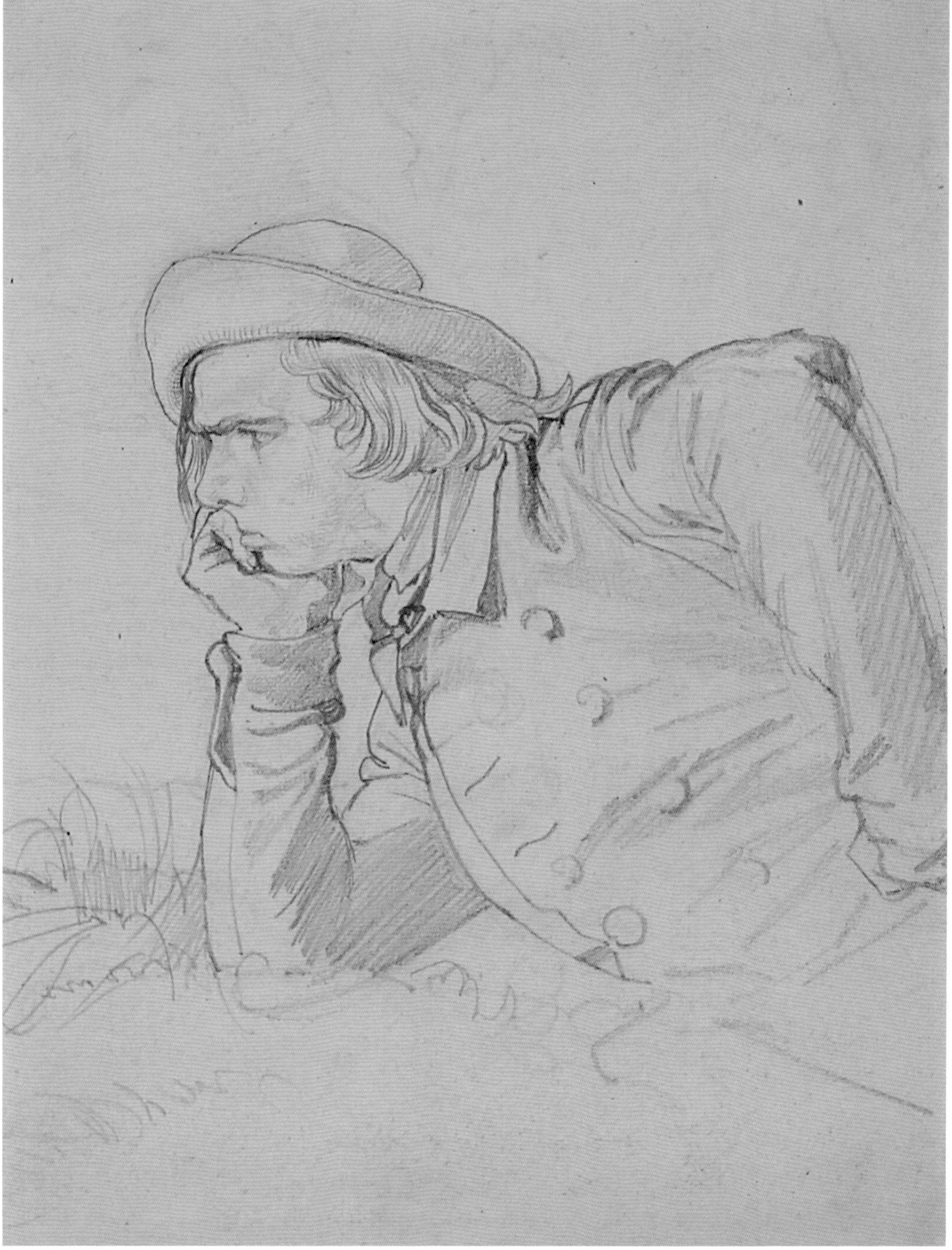

KAT.-NR. 52

Alexandra von Berckholtz
SCHLAFENDER FUHRMANN
Bleistift auf Papier
28 × 20,1 cm
Rechts unten beschriftet *Carlsruhe cf. 20. Juni 1843*

Stadtarchiv Offenburg Inv.-Nr. 26/07/029

Lit.: unveröffentlicht

Ab 1760 existiert im Schwarzwald für den Personenverkehr eine Postkutschenlinie durch das Höllental über Titisee. 1869 eröffnet man eine zweite von Titisee nach Schluchsee und 1872 eine weitere nach St. Blasien.

Ab diesem Jahr organisiert der Engländer Thomas Cook (1808–1892) jährlich eine 222-tägige und 40.000 Kilometer lange Reise um die Welt und gilt als Vater des Pauschaltourismus. Das Unternehmen des ehemaligen baptistischen Geistlichen beginnt am 5. Juli 1841 mit einer für 500 Menschen aus Arbeiterfamilien veranstalteten Fahrt als Alternative zum täglichen Alkoholkonsum. Man fährt mit der Eisenbahn elf Meilen von Leicester nach Loughborough; alles kostet einen Shilling, der ein Schinkenbrot, eine Tasse Tee und Begleitmusik durch eine mitgeführte Blaskapelle beinhaltet. Eine allgemein verbreitete Modeerscheinung wird das Reisen jedoch erst nach 1912, als auch Arbeiter bezahlte Urlaubstage erhalten.

Auf dieser Zeichnung eines auf einem Stuhl schlafenden Fuhrmannes liefert die Kopfbedeckung einen bedeutenden Hinweis, wie auch auf einer weiteren Skizze (Abb. 313), die wohl auf Alexandra von Berckholtz' Weg nach Paris entstand. Nachdem bislang einzelne Boten zu Pferd aktuelle Nachrichten von politischer Bedeutung überbrachten, führt 1489 Johann von Taxis (um 1470–1541) das Felleisen ein, einen Sack, in dem mehrere Briefe gesammelt zu einzelnen Stationen geschickt werden. Zunächst transportiert der Postillion seine Fracht alleine auf dem Pferd; eine erste Postkutsche, die auch Personen aufnimmt, fährt ab dem 5. Januar 1760 zwischen Wien und Paris.

Fahrten mit Pferdeomnibussen – von Pferden gezogene Wagen mit zu beiden Seiten befindlichen Sitzbänken und Platz für zehn bis zwanzig Passagiere – bietet ab 1825 Simon Kremser (1775–1851) in Berlin an. 1836 fahren in Großbritannien die ersten Dampfomnibusse und der erste motorbetriebene und durch Carl Benz (1844–1929) konstruierte Kraftomnibus im Jahr 1895. Er hat fünf PS, fährt mit einer Geschwindigkeit von 15 Kilometern pro Stunde und kann acht Personen transportieren. Um 1900 existieren im deutschen Omnibusbau bereits zwölf unterschiedliche Unternehmen, von denen die 1905 in Gottlieb Daimlers (1834–1900) Motorenfabrik in Berlin-Marienfelde gebauten Busse 50 Fahrgäste aufnehmen können.

Lit.: www.schwarzwald-tourismus.info, 1. August 2016; Leibbrand, Walter: Postrouten (Postcourse) in Baden-Württemberg 1490–1803. In: Historischer Atlas von Baden-Württemberg, S. 1–16; Die Reisen des Mister Cook. In: Obermain Tagblatt, 2. Juli 2016; Mundt, Jörn W.: Thomas Cook. Pionier des Tourismus. Konstanz 2014; Omnibusrevue 3/1951.

Abb. 313 – Alexandra von Berckholtz, Skizze eines Fuhrmanns, Bleistift auf Papier, 19 × 25,2 cm, Skizzenbuch von 1847–1853, StAO Inv.-Nr. 26/21/016.

Karlsruhe d. 20 Juni 1843

KAT.-NR. 53

Alexandra von Berckholtz (zugeschrieben)
Blumenstillleben
Bleistift auf rosafarbenem Papier
17,9 × 14,2 cm
Widmung unterhalb der Darstellung mit Tusche in Schwarz *Ihrem lieben Oheim / Sophie Berckholtz.*

Stadtarchiv Offenburg Inv.-Nr. 26/07/026

Lit.: unveröffentlicht

Zwei stilistisch ähnliche, mit Bleistift auf rosafarbenes Papier gezeichnete sowie unterhalb mit einer Widmung in Tusche in Schwarz versehene Aquarelle werden Alexandra von Berckholtz zugeschrieben. Beide Beschriftungen weisen aus, dass die Stillleben an „Ihren lieben Oheim" gerichtet sind, ein Terminus, der generell den Bruder der Mutter bezeichnet. Von Barbara Schröder ist nur eine Schwester – die mit dem Kaufmann Georg Pohrt verheiratete Elisabeth – und auch kein Kontakt der Familie von Berckholtz zu einem Bruder bekannt. Daher erscheint im Falle des besagten Onkels vielmehr der in Paris lebende Jean-Jacques de Berckholtz als wahrscheinlich.

Bei den beiden die Blätter Widmenden handelt es sich um die Berckholtz-Schwestern, die später einmal denselben Mann heiraten werden: Paul Friedrich von Moltke. Da Natalie noch mit ihrem Geburtsnamen – bis 1976 war der Name des Mannes für beide Eheleute verbindlich – verzeichnet ist, entstand das eine Blatt (Abb. 314) vor 1830. Natalie käme als Zeichnerin durchaus in Frage, jedoch prinzipiell auch die achtjährige Alexandra. Die Tatsache, dass das andere Blatt analog angelegt und umgesetzt ist, spricht in diesem Fall gegen eine Urheberschaft Sophies, obwohl das Zeichnen zu der Zeit als Kulturtechnik ebenfalls vielen Mädchen beigebracht wird, denken wir hier an Cornelia Schlosser (1750–1777), die ab ihrem siebten Lebensjahr zusammen mit ihrem Bruder Johann Wolfgang von Goethe durch einen Hauslehrer auch in der Kunst unterwiesen wird.

Eine gewisse Schablonenhaftigkeit in den Blumen und Früchten spricht für eine Entstehung der Motive nach einer Vorlage oder einem Vorlegebuch – wie dies Zeichenlehrer in ihrer anfänglichen Unterweisung einsetzen – und somit für ein frühes Stadium des Zeichenunterrichts, den Alexandra von Berckholtz durchaus bereits im Alter von acht Jahren genossen haben könnte.

Abb. 314 – Alexandra von Berckholtz (zugeschrieben), Stillleben mit Pfirsichen und Trauben, Bleistift auf rosafarbenem Papier, 15,6 × 24 cm, Widmung unterhalb der Darstellung mit Tusche in Schwarz *Ihrem lieben Oheim / Natalie Berckholtz.*, vor 1830, StAO Inv.-Nr. 26/07/025.

Ihrem lieben Oheim
Sophie Berckholtz.

KAT.-NR. 54

Alexandra von Berckholtz
DER BERCKHOLTZ-GARTEN MIT PFÖRTNERHAUS IN KARLSRUHE
Bleistift auf Papier
15,4 × 19,4 cm
1835

Stadtarchiv Offenburg Inv-Nr. 26/20/020

Lit.: unveröffentlicht

Diese sorgfältige und filigrane Zeichnung des Pförtnerhauses des Gartens in Karlsruhe fertigt Alexandra von Berckholtz mit 14 Jahren an; es ist damit das früheste datierte Blatt aus dem Werk der Künstlerin. Ab 1833 ist Gabriel Leonhard von Berckholtz im Besitz eines Hauses an der Ecke der Karl- und Sophienstraße in Karlsruhe, dem gegenüber er 1834 ein Gartengrundstück erwirbt, das er vor allem 1850 und 1863 zu einem großräumigen Park erweitern lässt, der unter den ersten Sehenswürdigkeiten der Stadt aufgeführt wird. So schreiben über den Berckholtz-Garten beispielsweise am 25. Mai 1873 die *Karlsruher Nachrichten*: „Die Vorübergehenden müssen unwillkürlich stehenbleiben und können sich kaum trennen von den überaus reizenden Anlagen, dem herrlichen Blumenflor, dem eleganten Springbrunnen, den Statuen und sonstigen schönen Dingen, welche der Besitzer des Gartens mit bedeutendem Kostenaufwand durch Künstlerhände zu einer ebenso großartigen als lieblichen Schöpfung zu vereinen wußte, die seinem reichen Geschmack in der That alle Ehre macht."

1863 erhält nach dem Tod Gabriel Leonhard von Berckholtz' dessen Sohn auch den Garten und entwickelt ein Interesse für Botanik und seltene Pflanzen. Aus seinem Testament sind auch die Namen seiner Gärtner bekannt: Karl Schräg, Karl Ulrich und Friedrich Bertsch, denen er insgesamt 28.000 Mark hinterlässt.

391

KAT.-NR. 55

Alexandra von Berckholtz
Das Berckholtz-Palais in Karlsruhe
Bleistift auf Papier
8 × 11 cm
1839

Stadtarchiv Offenburg Inv.-Nr. 26/20/26

Lit.: Vollmer, 1988, S. 28, Abb. 18; Dystelzweig, 1961, Abb.

Alexandra von Berckholtz zeichnet vier Jahre später auch das Haus ihrer Familie in der Nähe des Karlstores in Karlsruhe. Dort entsteht nebenan das städtische Waisenhaus, das auf einem 1832 durch Bürgermeister August Klose (1791–1872) angesichts der hohen Kindersterblichkeit gegründeten Fonds basiert. Als Grundstück stellt Graf von Langenstein 1845 einen Garten zur Verfügung, und am 29. August 1849 wird das Heim eingeweiht, das zunächst sechs Mädchen und zehn Knaben im Alter von sieben bis dreizehn Jahren bewohnen, und das mit der Evangelischen Stadtschule kooperiert. Die Großherzogliche Familie unterstützt das Waisenhaus tatkräftig und mit ihr zahlreiche Bürger der Stadt, wie Gabriel Leonhard von Berckholtz mit einem testamentarischen Vermächtnis von 300 Gulden sowie sein Sohn Jacob mit 3.000 Gulden.

Lit.: Hausenstein, 1933; Förster, 2004, S. 12–47; Archiv Berckholtz-Stiftung, Karlsruhe.

Abb. 315 – Der Berckholtz-Garten in Karlsruhe, Fotografie, 6,3 × 8,5 cm, Landeskirchliches Archiv Karlsruhe, Bestand Berckholtz-Stiftung Inv.-Nr. Abt. 163.02 Nr. 2/1-7.

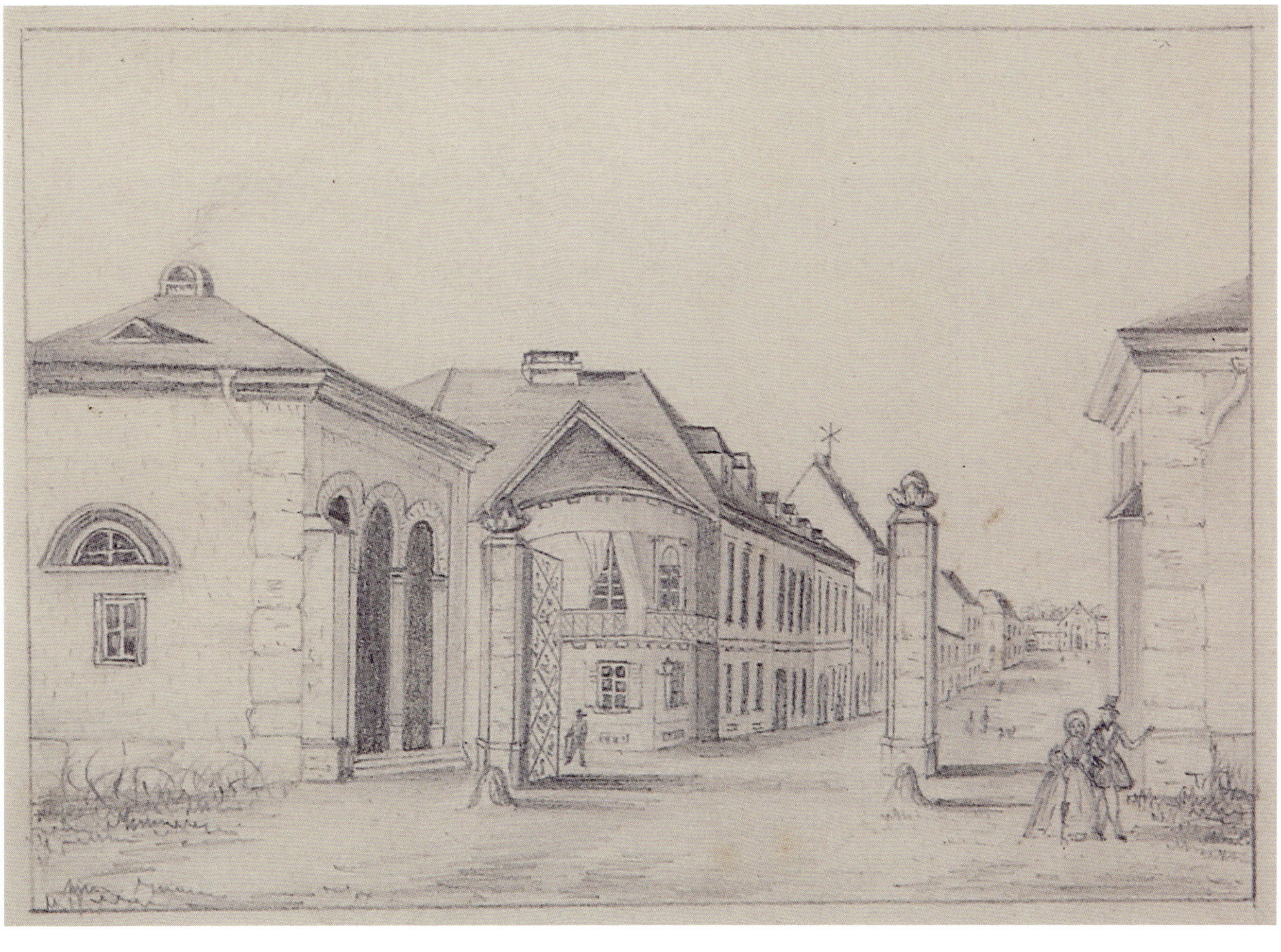

KAT.-NR. 56

Alexandra von Berckholtz
Schloss Ortenberg
Bleistift auf Papier
21 × 32 cm
Um 1840

Stadtarchiv Offenburg Inv.-Nr. 26/01/366

Lit.: Vollmer, 1988, S. 78, Abb. 79

Schloss Ortenberg, dessen Ruine ihr Vater von 1833 bis 1843 wiederaufbauen lässt, hält Alexandra von Berckholtz mehrmals bildlich fest. Auf dieser Zeichnung beherrscht der rechteckige viergeschossige Hauptbau mit seinen vier Ecktürmen, die jeweils von einem weiteren Geschoss und Zinnen bekrönt werden, das Bildfeld. Rechter Hand erblickt man den dreigeschossigen Schimmelturm, auf dem eine Fahne weht. Der Vorder- und Hintergrund ist mit zarterem Strich gezeichnet und mutet jeweils skizzenhafter an als das architektonisch detailreiche Schloss, das mit mehr Druck auf den Bleistift umgesetzt und mit einer abgestuften Binnenzeichnung versehen ist.

Franz Xaver Vollmer vermutet aus architekturhistorischen Gründen die Entstehung der Zeichnung um 1840. Sie zeigt das „fertiggestellte neue Schloß in seiner ganzen Ausdehnung, da der später von der Berckholtzfamilie ständig erweiterte Parkwald noch nicht den ganzen Südosthang bedeckte. So sind von der Ringmauer nur die mächtige Linde am Südturm und der Nußbaum am späteren Küchenturm auszumachen, – beide werden in schriftlichen Quellen genannt. Der spätere ‚Küchenturm' selbst war unter Berckholtz noch keine Küche, er war noch ein Stockwerk niedriger als heute und trug eine Aussichtsplattform." (Vollmer, 1988, S. 78)

Abb. 316 – J. Kirchner, Schloss Ortenberg, Lithografie, 9,7 × 14,1 cm, rechts unterhalb beschriftet *J. Kirchner fe. Offenburg*, Archiv der Berckholtz-Stiftung, Karlsruhe.

392

KAT.-NR. 57

Alexandra von Berckholtz
GRABMONUMENT IN ORTENBERG
Bleistift auf Papier, auf Karton aufgezogen
31,6 × 23,7 / 28,3 × 20,5 cm
Unterhalb der Darstellung beschriftet: *Caveau / de ma famille au cimetière / du village Ortenberg / près de la ville d'Offenbourg / Grand duché de Bade*
Um 1852

Landeskirchliches Archiv Karlsruhe, Bestand Berckholtz-Stiftung Inv.-Nr. Abt. 163.02, Nr. 8/3

Lit.: unveröffentlicht

1852 gibt Gabriel Leonhard von Berckholtz die Errichtung einer Familiengruft in Ortenberg in Auftrag, zu der Alexandra den Grabstein zeichnet – wie er heute noch auf dem Bühlwegfriedhof zu sehen ist (Abb. 317) – und um deren Pflege sich die Stadt Offenburg kümmert. Den Dreiecksgiebel an der Schauseite des quaderförmigen hochformatigen Grabsteines bekrönt eine Fiale. Weitere Fialen befinden sich an den Ecken; das gesamte Monument überragt ein Kreuz. An der Vorderseite ist in einem mit einem Spitzbogen nach oben abgeschlossenen Feld unter dem Familienwappen folgende Inschrift zu lesen: *Ruhestätte von Gabriel Leonhard von Berckholtz aus Livland und dessen Familie 1852*.

In Alexandras Kalender befindet sich eine hineingelegte und zusammengefaltete Handzeichnung, auf der die Anordnung der in der Gruft befindlichen zwölf Särge zu jeweils vier in drei übereinanderliegenden Registern skizziert ist, und die von fremder Hand stammt, da sich die Künstlerin selbst unter den Verstorbenen befindet. Die zwölf bestatteten Familienangehörigen sind gemäß dieses Planes: Wilhelm Offensandt von Berckholtz, Alexandra von Berckholtz, Elisabeth Offensandt von Berckholtz, der im Alter von drei Jahren 1854 verstorbene Jacob Leonhard von Berckholtz, darunter Carl Ferdinand Offensandt, Sophie von Moltke, Olga und Jacob von Berckholtz und in der untersten Reihe der Onkel Jacob Johann, Gabriel Leonhard, Barbara und Emma von Berckholtz.

Ein weiterer Herr fand auf der Gruft der Familie von Berckholtz seine letzte Ruhe: der Diener und Verwalter Johann Heinrich Neese.

Auf einer nach der Öffnung der Gruft 1974 angefertigten Fotografie sind jedoch lediglich elf Schreine zu erkennen. Die Bildbeschriftung weist in der oberen Reihe Alexandra, Elisabeth und den dreijährigen Jacob aus, Wilhelms Sarg steht vor allen und rechter Hand abseits auf einer eigenen Vorrichtung, Gabriel Leonhard fehlt völlig. Die Familienmitglieder verstarben in folgenden Jahren: Emma 1851, Jacob Leonhard 1854, Jacob Johann 1856, Carl Ferdinand Offensandt 1857, Olga 1858, Barbara 1859, Gabriel Leonhard 1863, Sophie 1878, Jacob 1887, Elisabeth 1892, Alexandra 1899 und Wilhelm 1909. Hieraus ergibt sich sofort die Frage, ob Emma überhaupt in Ortenberg bestattet liegt, denn sie verstarb ein Jahr vor Einrichtung der Gruft.

Abb. 317 – Grabmonument der Familie von Berckholtz in Ortenberg, Fotografie, 2016.

Alexandras Kalender liefert eine Erklärung. In diesem vermerkt sie am 17. März 1887 die „Beerdigung meines theuren Bruders in Ortenberg", am 27. März 1857 die „Beisetzung von Offensandt in der Gruft in Ortenberg" und am 9. Oktober 1854 die „Beerdigung von Leon von Berckholtz in der Familiengruft auf dem Ortenberger Friedhof – das Kind". Am gleichen Tag findet sich für das Jahr 1851 folgender Eintrag: „Beisetzung von Emma von Berckholtz in der Kapelle auf dem Friedhof in Carlsruhe." Somit liegt in dem elften Sarg nicht Emma, sondern Gabriel Leonhard von Berckholtz.

Lit.: Vollmer, 1988, S. 85–99; Gegg, Volker: Alte Verpflichtung noch gültig. In: Mittelbadische Presse, 29. Juli 2013; Kalender Alexandra von Berckholtz, StAO, Berckholtz-Nachlass.

KAT.-NR. 57

KAT.-NR. 58

Alexandra von Berckholtz
INTERIEUR IN WATTHALDEN
Bleistift auf Papier
16,1 × 22,5 cm
Unterhalb beschriftet *6 Uhr morgens 26. Juni 1842 / Watthalden*

Stadtarchiv Offenburg Inv.-Nr. 26/21/26-11

Lit.: unveröffentlicht

Alexandras Bilder von Familienzusammenkünften zeigen meist in Interieurs Versammelte, wie z.B. in Schloss Aubach (Abb. 20) oder im Garten Sitzende in Ortenberg (Abb. 21), das an eine Fête Galante denken lässt, ein im Rokoko beliebtes Motiv, das meist in einer Parklandschaft situiert Versammelte in allseitigem Vergnügen, während gegenseitiger Konversation oder auch beim Verzehr des Modegetränks Kaffee zeigt. Ein Beispiel dafür ist das Gemälde *Eine Dame im Garten, die mit einigen Kindern Kaffee trinkt* von Nicolas Lancret (1690–1743) (Öl auf Leinwand, 88,9 × 97,8 cm, um 1742, National Gallery London).

Das hier vorliegende Familienstück ist weitaus intimerer Art und zeigt wohl eine Schwester der Künstlerin schlafend im Bett liegen. Die Beschriftung benennt genau Zeit und Ort: *6 Uhr morgens 26. Juni 1842 / Watthalden*. Ab 1837 ist Carl Ferdinand Offensandt Herr auf dem Gut Watthalden bei Ettlingen in der Nähe von Karlsruhe, und Alexandra ist zum Zeitpunkt der Aufnahme der Zeichnung gerade zu Besuch bei ihrer Schwester Elisabeth. Ab 1818 wird Watthalden durch den Baumeister Johann Ullrich (1791–1876) und auf Auftrag des Ölmüllers Ignaz Häscher erbaut, der an der Stelle ein Gast- und Badehaus plant. Noch im Bau befindlich verkauft er das Anwesen 1820 an den Staatsminister Wilhelm Ludwig von Berstett (1789–1837), der weitere Grundstücke für einen Park hinzukauft, den er 1821 um ein Glashaus und 1822 um einen tempelähnlichen Zentralbau mit Dachreiter in neogotischem Stil ergänzt. Einer der prominenten Besucher von Berstetts in Watthalden ist der österreichische Außenminister Klemens von Metternich (1773–1859). Der repräsentativste Teil des Anwesens ist in architektonischer Betonung der Mittelachsen die zweigeschossige Villa (Abb. 318) mit Walmdach und einem durch einen Dreiecksgiebel bekrönten Mittelrisaliten, dessen Tympanon eine Büste aufweist. Unterhalb läuft ein Fries aus floralen Elementen entlang. Das Portal flankieren zwei dorische Säulen.

Nach dem Tod von Berstetts verkaufen seine Erben Watthalden an Carl Ferdinand Offensandt, der im Park 1849 den Tempel abreißen und viele exotische Pflanzen anbauen lässt, die er von seinen Handelsreisen aus Amerika und Mexiko mitbrachte. 1855 kauft die Stadt Ettlingen von Offensandt das Gut, das seitdem unter verschiedenen Besitzern unterschiedliche Nutzungen erfuhr.

Lit.: Berlin/Köln, 2004, S. 154, Nr. 17; Architekten Kollia-Crowell & Crowell: Bauhistorische Untersuchung. Karlsruhe 1995, S. 11–36.

Abb. 318 – Watthaldenvilla, Fotografie, 2015.

6 Uhr Morgens. 26 Juni 1842.
Walthalden.

KAT.-NR. 59

Alexandra von Berckholtz
BURG AUF EINEM FELSEN
Bleistift auf Papier
18,1 × 13,9 cm

Stadtarchiv Offenburg Inv.-Nr. 26/07/039

Lit.: unveröffentlicht

Wüsste er nicht, dass diese realistisch anmutende Zeichnung einer turmähnlichen, mit Zinnen bekrönten Burg von Alexandra von Berckholtz stammt, so könnte der Betrachter vermeinen, eine Kulissenskizze für einen Fantasyfilm vor sich zu haben, angesichts derer man sich nach Fangorn versetzt fühlt, den Entwald in Peter Jacksons Verfilmungen der Roman-Trilogie *Der Herr der Ringe* von J. R. R. Tolkien (1892–1973). Der Erfolg der Bücher und Filme, der sich einer modernen Reenactmentwelle und einem erstarkten Interesse für dem Mittelalter ähnliche Welten verdankt, ist aus einer Fluchtbewegung aus der aktuellen sozialen und politischen Realität zu begründen. Nicht nur heute, auch im 19. Jahrhundert sieht man das Mittelalter als Projektionsfläche der idealen Gesellschafts- und Lebensform an und gotische Bauformen als ihre architektonische Verkörperung.

Burgen und Ruinen als Überreste einer ritterlichen Vergangenheit etablieren sich als wesentlicher Bildgegenstand auch auf Werken romantischer Landschaftsmaler. Als künstlerische Idealvorstellung der Ruine gilt seit Goethes *Tagebuch der Schweizer Reise* (1797) das 1693 durch die Truppen König Ludwigs XIV. von Frankreich zerstörte Heidelberger Schloss. Aber auch zahlreiche weitere badische Burgen werden durch Künstler im Bilde verewigt, die hierbei nicht selten zerstörte Baukörper ausgleichen oder manche Mauer auf ihrem Blatt eigenhändig restaurieren, die in Wirklichkeit durch den Verfall gekennzeichnet ist. Einer dieser Maler ist der auch in Ortenberg tätige Maximilian von Ring (1799–1873), der die Ruine der in der Liedersammlung *Des Knaben Wunderhorn* von Clemens Brentano und Achim von Arnim erwähnten Burg Falkenstein auf einer Bleistiftzeichnung darstellt (16,8 × 20,5 cm, Graphische Sammlung, Augustinermuseum Freiburg Inv.-Nr. G 53/21 w). Zahlreiche Burgen setzt auch der Karlsruher Galeriedirektor Carl Ludwig Frommel in seinem Werk in Szene, z. B. die Burgruine Geroldseck (Abb. 319), deren Reste der hohen, auf einem Felssporn befindlichen Palasgebäude mit der Anlage der Architektur auf Alexandras Zeichnung vergleichbar sind.

Mit dieser vergleichbar ist keine der badischen Burgen und der Ruinen der Umgebung des Kinzigtals, wo die Entstehung des Blattes vermutet werden kann. Bei diesem handelt es sich entweder um eine aus dem Kopf gezeichnete Idealvorstellung einer Burganlage, die die Künstlerin aus dramaturgischen Gründen auf einem Felsen inmitten einer verwunschenen Landschaft platzierte. Dies produziert einen abenteuerlichen Eindruck, der sogleich an ein klassisches Rittertum denken lässt. Alexandra von Berckholtz' Architektur erscheint uns aber nicht ruinös. Auch sie zeichnete im Sinne der künstlerischen Mittelalterauffassung der Zeit, in der sie auf ihrem Werk manche Fehlstelle im Putz korrigierte und ruinöses Gemäuer wieder geraderückte.

Lit.: Freiburg, 1994, S. 70–75, 82–83.

Abb. 319 – Carl Ludwig Frommel, Burgruine Geroldseck, Stahlstich, 15,2 × 11 cm / 21,1 × 13,9 cm, 1840, Privatbesitz.

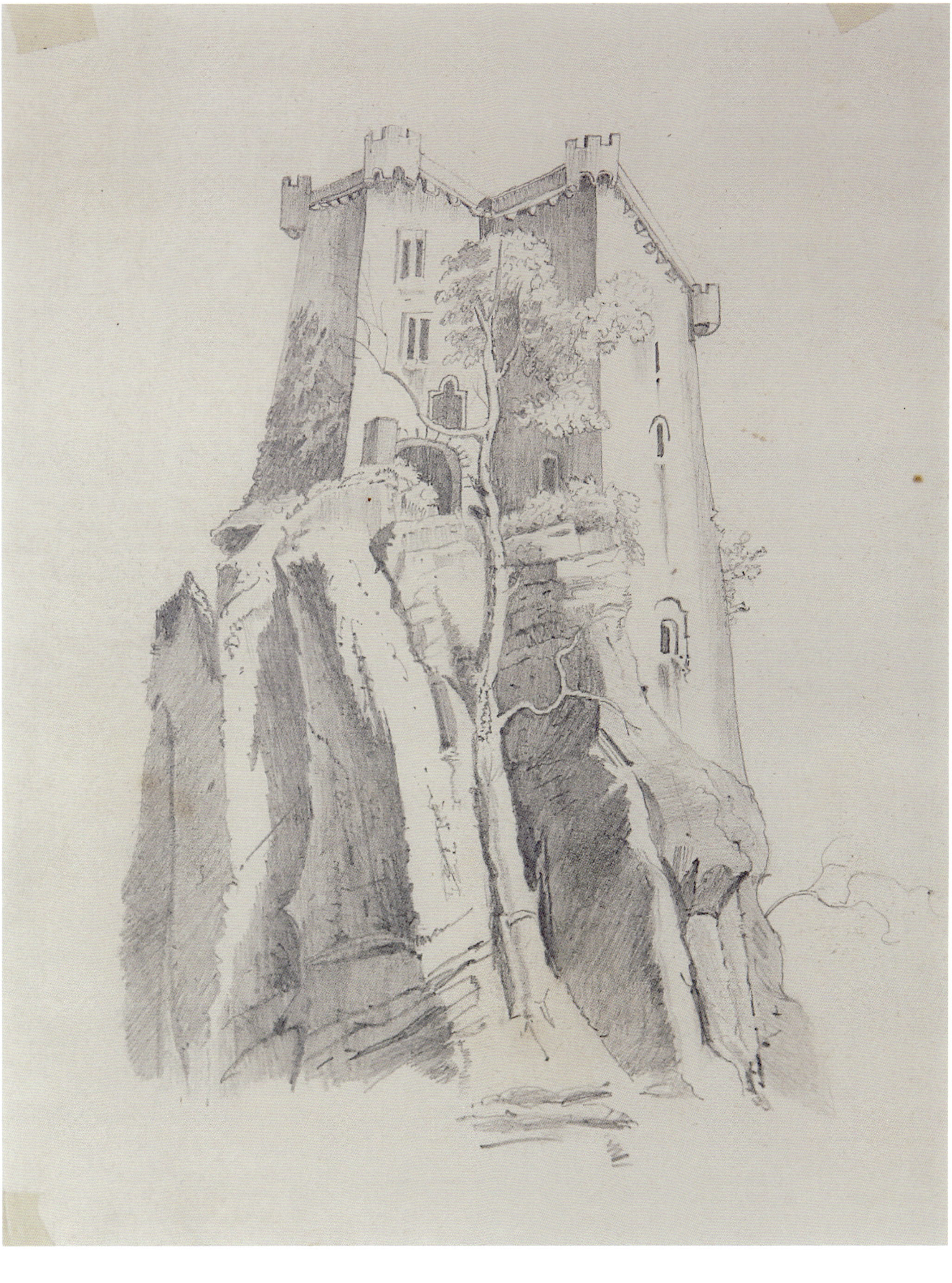

KAT.-NR. 60

Alexandra von Berckholtz
BEKRÄNZTER FRAUENKOPF
Bleistift auf Papier
31 × 23,1 cm
1850er Jahre

Stadtarchiv Offenburg Inv.-Nr. 26/07/040

Lit.: unveröffentlicht

Bei der bildfüllenden Darstellung eines im Stil des Büstenporträts und im Profil nach links geneigten Frauenkopfes, der an Stelle des Haares Blätter und Trauben aufweist, handelt es sich um eine Bacchantin, eine Anhängerin des antiken Gottes des Weines und der Fruchtbarkeit. Das Nachzeichnen von idealschönen und wohlproportionierten Körpern nach der Antike und die Wiedergabe antiken Personeninventars zählen zu den elementaren Bestandteilen des Zeichenunterrichts im 19. Jahrhundert. Hierbei wird die Figur sukzessive aufgebaut. Nach der Einübung unterschiedlicher Gesichtspartien, Kopfformen und Körperteile zeichnet man den gesamten Menschen. Hierfür liefern unterschiedliche Standardwerke dem Zeichenlehrer Vorlegetafeln für seinen Unterricht, wie z.B. die *Neueröffnete Schule der Zeichnungskunst* von Gérard de Lairesse (1640–1711), Johann Daniel Preißlers (1666–1737) *Die durch Theorie erfundene Practic, oder Gründlich-verfasste Reguln* oder der erste Band von Joachim von Sandrarts *Teutscher Academie der edlen Bau-, Bild- und Mahlerey-Künste* (1675) zu dem Antikenkanon.

Vor diesem Hintergrund und auch daher, dass sich Motive aus der Antike in Alexandra von Berckholtz' Werk – außer im Falle einer Kinderbüste in ihrem letzten Skizzenbuch von 1891/92 (Abb. 320) – an anderer Stelle nicht finden, ist darauf zu schließen, dass es sich hierbei um ein Blatt aus ihrem Zeichenunterricht handelt. Aus Louis Wagners Zeichenunterricht – den Alexandra von Berckholtz ab 1841 in Karlsruhe besucht – ist weder eine Methode des Lehrers noch seine Anhängerschaft der Antike bekannt. Ab 1855 nimmt sie auch privaten Unterricht bei Ludwig Des Coudres, der an der Karlsruher Kunstakademie figürliches Zeichnen lehrt, und der in seiner Unterweisung auch den Vorbildcharakter der Antike mitberücksichtigt.

319

KAT.-NR. 61

Alexandra von Berckholtz
BAUMSTUDIE
Buntstift in Braun auf grauem Papier
18,5 × 14,1 cm
Rechts unten beschriftet *29/1*
1850er Jahre

Stadtarchiv Offenburg Inv.-Nr. 26/07/051

Lit.: unveröffentlicht

Die Beschriftung mit *29/1* ist ein deutlicher Hinweis auf die Entstehung im Zeichenunterricht, in dem die Schüler häufig ihre Blätter entweder gemäß der Nummerierung der Vorlagen oder der Stundenprogression vornehmen. Ausgangspunkt der Landschaftsmalerei ist die Baumstudie, die vergleichbar dem menschlichen Gesicht und Körper zunächst aus unterschiedlichen Bestandteilen montiert wird: Blättern, Ästen, Baumkronen und Stämmen. Auch hierzu geben Vorlegewerke standardisierte Tafeln an, wie z. B. *Vorlagen für Landschaftszeichner* (1823) des Malers Max Joseph Wagenbauer (1775–1829) oder *Vorlagen für angehende Landschaftszeichner* (1845) des Bonner Professors Christian Hohe (1798–1868)

Im Gegensatz zu der Antike finden sich in Alexandra von Berckholtz' Skizzenbüchern einige Baumstudien, die sie auf Reisen am Wegesrand aufnahm, oder die als flankierende Elemente Burgen und Landschaften rahmen.

Lit.: Wunderlich, Theodor: Illustrierter Grundriss der geschichtlichen Entwicklung des Unterrichts im Freien Zeichnen. Stuttgart, Leipzig 1892, S. 6–9; Weishaupt, Heinrich: Die Theorie und Praxis des Zeichenunterrichts und dessen Stellung zur allgemeinen und speciell-technischen Schulbildung. Weimar 1867, S. 68–76.

Abb. 320 – Alexandra von Berckholtz, Kinderbüste, Bleistift auf Papier, 21,5 × 13,8 cm, Skizzenbuch von 1891/92, StAO Inv.-Nr. 26/21/029.

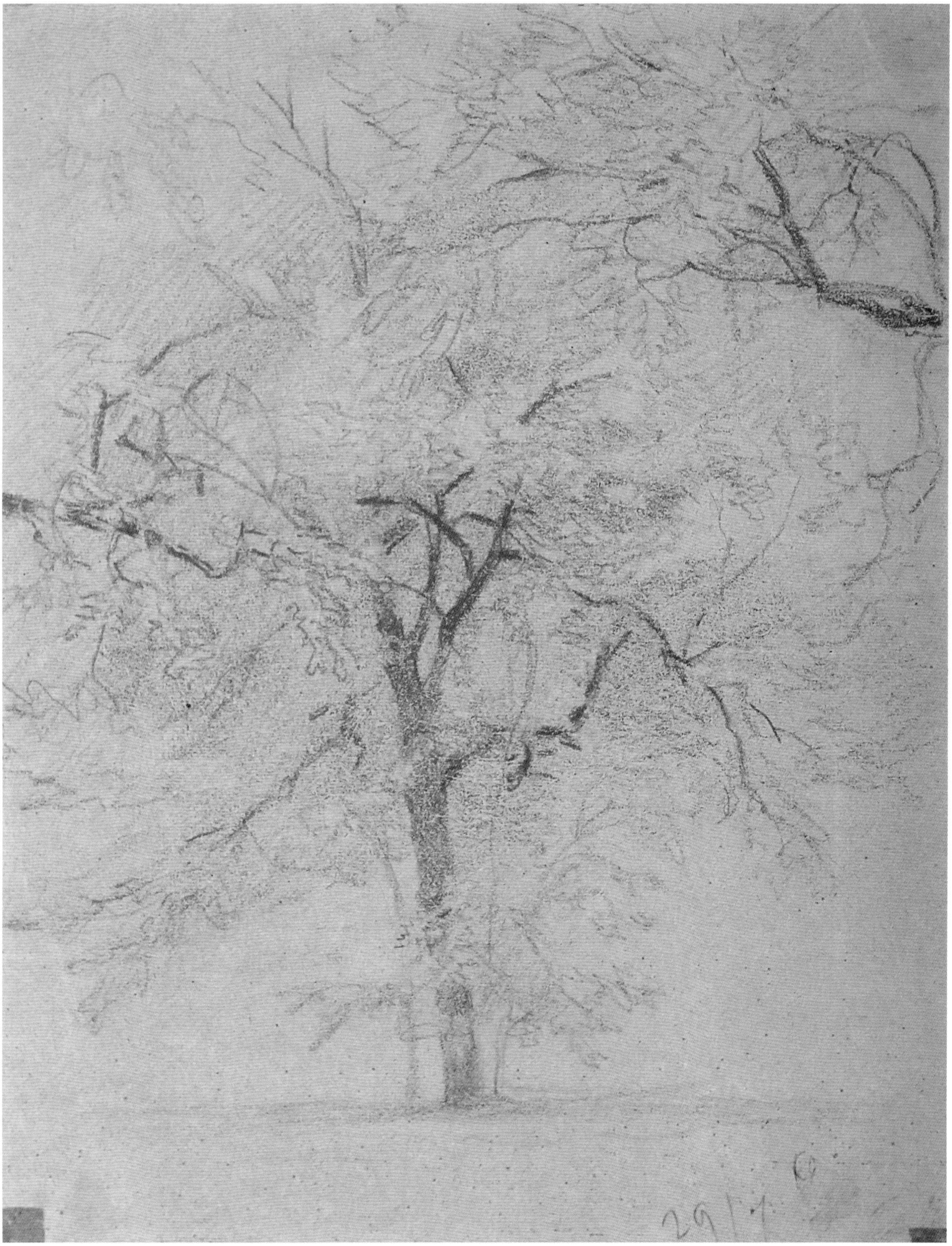
29/7

KAT.-NR. 62

Alexandra von Berckholtz
Marie und Olga Chotek
Bleistift auf Papier
21,5 × 15,9 cm
Unterhalb beschriftet *Marie u Olga Chotek Grosspriesen Sept. 1867.*
Skizzenbuch von 1865–1868

Stadtarchiv Offenburg Inv.-Nr. 26/21/019
Lit.: unveröffentlicht

Im September 1867 besucht Alexandra von Berckholtz ihre Nichte auf Schloss Velké Březno (Großpriesen), wo dieses Geschwisterporträt entsteht. Die Tochter ihrer Schwester Natalie, Olga von Moltke (Abb. 285), heiratet am 15. Juli 1851 den böhmischen Grafen Anton Maria Johann Chotek von Chotkow und Wognin, der Gesandter Österreich-Ungarns in St. Petersburg und unter anderem Besitzer des Schlosses Velké Březno ist.
Das Paar hat drei Kinder. Karl Maria Paul Anton Bohuslav wird am 29. August 1853 in Velké Březno geboren und stirbt am 11. August 1926 ebenda. Am 14. Oktober 1885 heiratet er in Prag Adelhaid „Ada" Maria Therese Prinzessin zu Hohenlohe-Langenburg (3. November 1864, Prag–10. Februar 1937, ebenda). Aus dieser Ehe gehen zwei Töchter und ein Sohn hervor.
Olga und Anton von Chotek haben weiterhin zwei Töchter. Marie Sophie Olga Karoline Antonie wird am 24. August 1855 in Velké Březno geboren und stirbt am 22. Dezember 1943 ebenda. Sie heiratet am 15. Februar 1885 in Prag Heinrich Maria Graf von Nostitz-Rieneck (8. Juli 1854, Slabetz–21. August 1895, Graz). Das Paar hat zwei Töchter. Ihre Schwester Olga Sophie Marie Natalie Antonie wird am 27. Juni 1860 in Velké Březno geboren und stirbt am 12. August 1834 in Prag.
Diese Zeichnung ist das bislang einzige aufgefundene Porträt der beiden Töchter Olga von Choteks und zeigt die Schwestern Marie und Olga im Alter von zwölf und sieben Jahren. Während die Erstere sich mit aufgestützten Armen niedergelassen hat und die Künstlerin direkt anblickt, um sich von ihr zeichnen zu lassen, wirkt die Siebenjährige rechts im Hintergrund und mit Blick zu ihrer Schwester leicht distanziert, was den Eindruck einer Bildmontage hervorruft. Es scheint, dass Alexandra Olgas Porträt im Nachhinein einfügte und die beiden Mädchen nicht zusammen für die Künstlerin Modell saßen.
Diese Arbeitsweise wandten Maler des 19. Jahrhunderts bei der Darstellung mehrerer Kinder in einem Porträt häufig an, denen es schwerfiel, eine längere Zeit gemeinsam in einer eingefrorenen Pose stillzusitzen. Aus diesem Grund herrscht zwischen den Mädchen und Jungen auf Geschwisterporträts häufig eine fehlende Interaktion vor und die Bildprotagonisten wirken distanziert, wie z.B. auf dem Porträt der Kinder des Erlanger Spiegelfabrikanten Georg Wilhelm Fischer von Georg Heintz (Abb. 321), für das er in vier Sitzungen separate Bildnisse des siebenjährigen Hans, des 14-jährigen Zephanias, der 16-jährigen Kathinka und der sechsjährigen Luise anfertigt, auf denen sie selbst nicht einmal die Attribute bei sich haben, die sie auf dem Geschwisterporträt in Händen halten. Für das Porträt erhält der Maler 88 Gulden; der Jahreslohn eines Arbeiters in der Spiegelfabrik beträgt zu dieser Zeit 208 Gulden.

Lit.: Velké Březno Branch of Chotek's Family, Archiv Schloss Velké Březno; Berkholz, Hans-Joachim von: Nachkommen von Anton Maria Johann Graf Chotek von Chotkowa; Heunoske, Werner: Ein Portrait entsteht. Georg Heintz malt die Geschwister Fischer. In: Erlangen, 2008, S. 64–70; Engelhardt, 2015, S. 48–49, Abb. S. 48, 153.

Abb. 321 – Georg Heintz, Die vier Kinder des Erlanger Spiegelfabrikanten Georg Wilhelm Fischer, Öl auf Leinwand, 110 × 123,2 cm, links unten bezeichnet *Georg Heintz Pinxit / 1852*, Stadtmuseum Erlangen Inv.-Nr. 814.

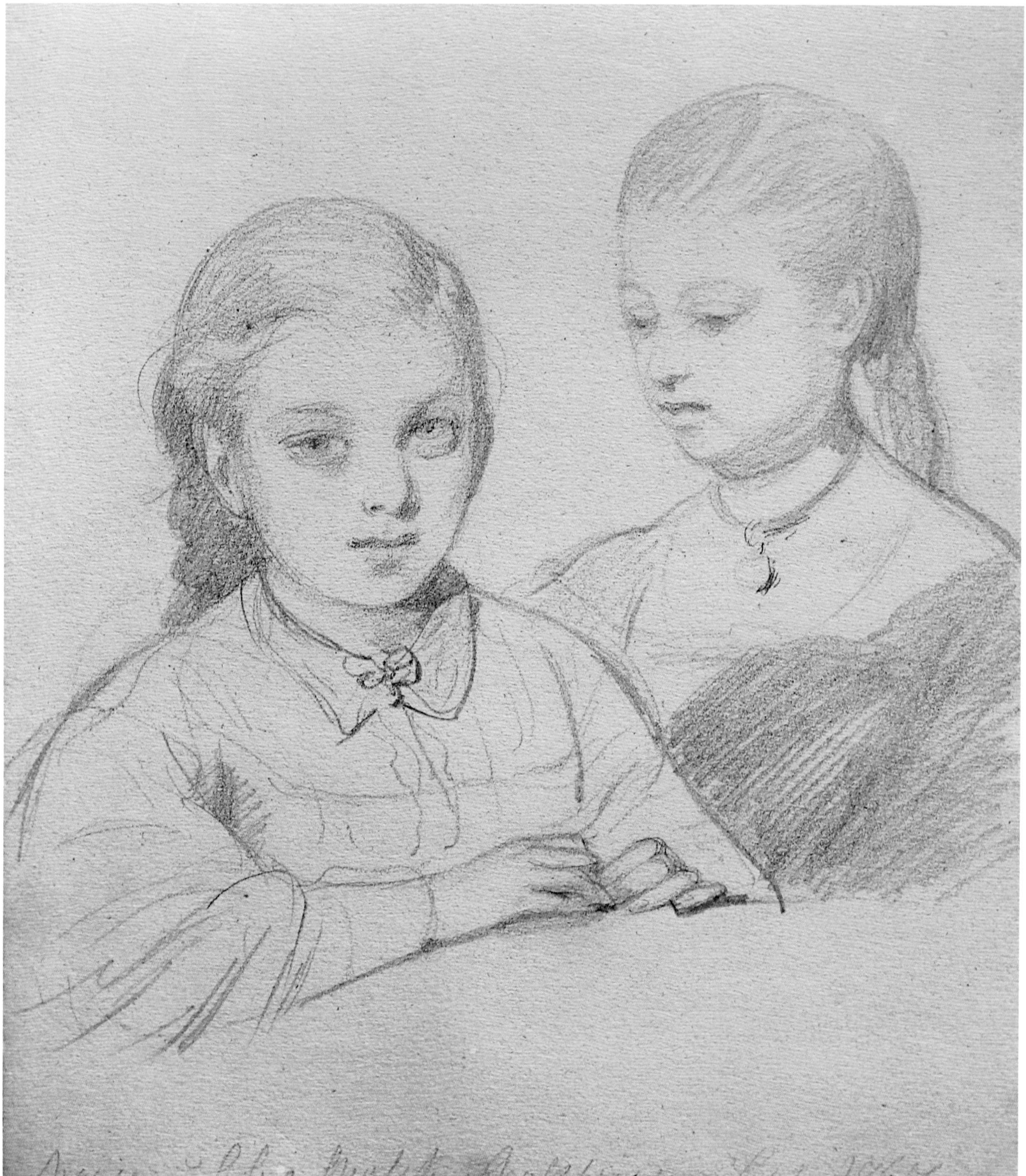

KAT.-NR. 63

Alexandra von Berckholtz
MARIA SIDONIA GRÄFIN CHOTEK
Bleistift auf Papier
21,5 × 15,9 cm
Unterhalb beschriftet *Gräfin Chotek. Geb. Clary. Grosspriesen Juli 1868.*
Skizzenbuch von 1865–1868

Stadtarchiv Offenburg Inv.-Nr. 26/21/019
Lit.: unveröffentlicht

Ein Jahr später entsteht ein weiteres Porträt in Großpriesen, dessen Beschriftung die Identität der Dargestellten – Gräfin Chotek, geborene Clary – verrät, und deren Kleidermode auf das 18. Jahrhundert schließen lässt. Dafür spricht auch die Frisur der Gräfin mit den langen am Hinterkopf zusammengesteckten Haaren und der freien Stirn. Die Fontange – eine hohe, manchmal mehrere Kopflängen messende Haube – ist bereits seit 1715 und dem Tod Ludwigs XIV., der für die europäische Barockmode tonangebend war, verschwunden. Weiterhin trägt die Porträtierte Korsett und Mieder, dessen Taille jedoch nicht mehr so lang und spitz wie im 17. Jahrhundert, dessen Dekolleté nun breiter, und dessen Bruststück meist mit Schleifen verziert ist.

Lange, an den Schultern gebauschte Ärmel, kommen in der Regel im Kleiderschnitt nun nicht mehr vor.

Maria Sidonia Gräfin Chotek, geborene von Clary und Aldringen, wird am 10. November 1748 in Prag geboren und stirbt am 16. Februar 1824 in Wien. Am 18. Mai 1772 heiratet sie in Wien den k. u. k. Staats- und Konferenzminister Johann Nepomuk Rudolph Graf Chotek (1748–1824), der mit der Verwaltung der Finanzen des Hauses Habsburg betraut ist. Beide haben acht Kinder, das sechste ist der Geheimrat und Kämmerer Karl Chotek von Chotkow und Wognin (1783–1868), Zentralregent von Böhmen. Karl Chotek heiratet am 9. Juni 1817 Marie Gräfin Berchtold Freiin von Ungarschitz, Pulitz und Fratting (1794–1878). Beide sind die Eltern von Anton Graf Chotek, dem Ehemann der Olga von Moltke. Die auf Alexandra von Berckholtz' Zeichnung Dargestellte ist somit Antons Großmutter.

Zum Zeitpunkt des Besuches von Alexandra von Berckholtz in Großpriesen im Juli 1868 lebt Maria Sidonia von Chotek bereits nicht mehr. Alexandras Zeichnung entstand nach einem heute in Schloss Velké Březno befindlichen Aquarell aus der Hand des österreichischen Porträtmalers Georg Decker (1818–1894) (Abb. 322), das dieser 1858 ebenfalls in Kopie nach einem zuvor und zu Lebzeiten der Gräfin entstandenen und nicht mehr vorhandenen Bildnis angefertigt hatte.

Lit.: Thiel, 2000, S. 249–271; Velké Březno Branch of Chotek's Family, Archiv Schloss Velké Březno; Wurzbach, Constantin von: Decker, Georg. In: Biographisches Lexikon des Kaiserthums Oesterreich. 3. Theil. Wien 1858, S. 194–195.

Abb. 322 – Georg Decker, Maria Sidonia Gräfin Chotek, Aquarell, 33 × 27 cm, 1858, Schloss Velké Březno Inv.-Nr. VB 446.

Gräfin Roth geb. Clary.   Großpriesen Juli 1868.

KAT.-NR. 64

Alexandra von Berckholtz
VILEMÍNA GRÄFIN CHOTEK
Bleistift auf Papier
21,5 × 15,9 cm
Unterhalb beschriftet *Minzi Chotek. 1867 Grosspriesen.*
Skizzenbuch von 1865–1868

Stadtarchiv Offenburg Inv.-Nr. 26/21/019

Lit.: unveröffentlicht

Während der Zeit, in der sie 1867 ihre Nichte Olga besucht und deren Töchter porträtiert, entsteht ein weiteres Bildnis in Großpriesen, das eine Minzi Chotek zeigt, deren Identifizierung zunächst nicht leicht erschien, da die Gräfin nicht mit diesem Spitznamen im Familienstammbaum verzeichnet ist. Auch in diesem Fall erteilte das Archiv des Schlosses Velké Březno Auskunft zu der Dargestellten: Vilemína Gräfin Chotek, geborene Kinsky zu Wchinitz und Tettau.

Sie erblickt am 19. Juli 1838 das Licht der Welt und stirbt am 5. März 1886. Dieses Datum vermerkt Alexandra von Berckholtz auch in ihrem Kalender. Minzi ist die Ehefrau von Antons Bruder Bohuslav Chotek (1829–1896) und somit Olga von Moltkes Schwägerin. Auch von ihr malt Georg Decker ein Aquarell (Abb. 323), das sich auf Schloss Konopiště Benešov in Tschechien befindet, und auf dem Vilemína älter als 29 Jahre – in dem Alter stellte sie Alexandra von Berckholtz dar – wirkt.

Ihr Mann Bohuslav ist während der Regierungszeit König Leopolds II. österreichisch-ungarischer Gesandter in Brüssel und richtet von Seiten Kaiser Franz Josephs die Anfrage um die Hand seiner Tochter Stephanie an den Monarchen, die 1881 den österreichischen Kronprinzen Rudolf heiratet, und die Alexandra von Berckholtz' Lehrer Hans Canon im gleichen Jahr porträtiert (Abb. 89).

Der mit der Familie von Berckholtz persönlich bekannte Kardinal Friedrich Johann Fürst von Schwarzenberg (1809–1885), der nachmalige Erzbischof von Prag, zelebriert die Brautmesse. Angesichts der engen Beziehungen der Familie von Chotek zum Hause Habsburg und der Stellung ihrer Nichte Olga als k. und k. Palastdame ist anzunehmen, dass Alexandra von Berckholtz durchaus auch am österreichischen Hof verkehrt haben könnte.

Lit.: Velké Březno Branch of Chotek's Family, Archiv Schloss Velké Březno; Bestenreiner, Erika: Die Frauen aus dem Hause Coburg. Aus dem fränkischen Herzogtum auf die Throne Europas. Zürich, München 2014, S. 169–177.

Abb. 323 – Georg Decker, Vilemína Gräfin Chotek, Aquarell, 20 × 17 cm, Schloss Konopiště Benešov.

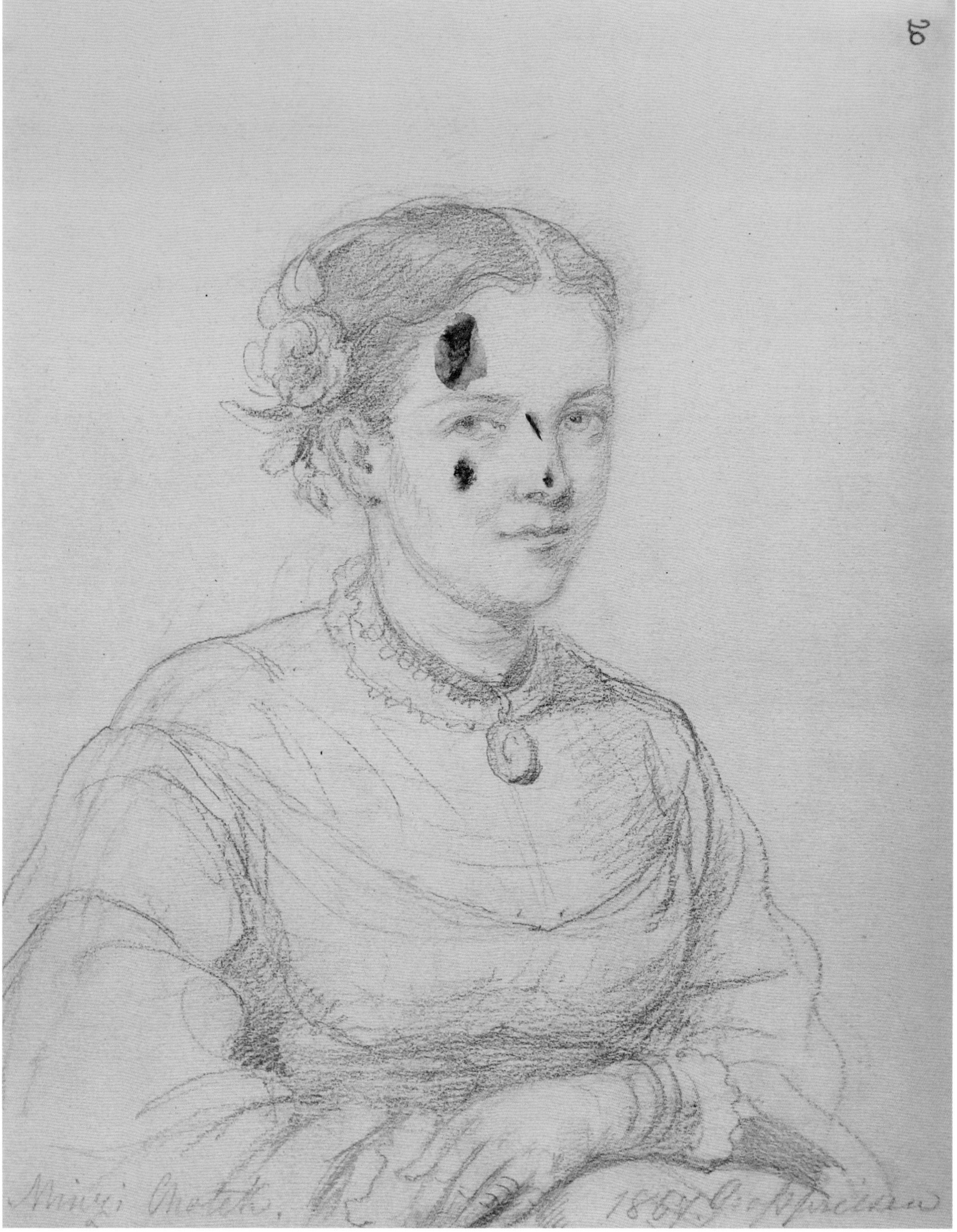

KAT.-NR. 65

Alexandra von Berckholtz
ZDENKA SIDONIA CHOTEK
Bleistift auf Papier
21,5 × 15,9 cm
Unterhalb beschriftet *Zdenka Chotek. 1867.*
Skizzenbuch von 1865–1868

Stadtarchiv Offenburg Inv.-Nr. 26/21/019

Lit.: unveröffentlicht

Aus der Ehe von Vilemína „Minzi" und Bohuslav Chotek gehen ein Sohn – Wolfgang (Abb. 58), der am 24. November 1896 in Wien Anna Elisabeth von Künell auf Nedamow (1871–1922) heiratet – und sieben Töchter (Abb. 324) hervor. Die älteste, Zdenka Sidonia Chotek, wird am 10. Dezember 1861 in Berlin geboren und stirbt am 15. März 1946 in Riedenburg/Österreich. Im Alter von 25 Jahren tritt sie dem 1853 gegründeten Kloster Sacré Coeur des Frauenordens vom Heiligen Herzen Jesu in Riedenburg bei. Den Orden gründet Magdalena Sophie Barat (1779–1865) mit Filiationen in Europa, die Mädchenschulen unterhalten und sich um die Armenfürsorge kümmern. Im Jahr von Zdenkas Geburt gehören dem Orden, der auch heute noch vor allem im Mädchenschulwesen aktiv ist, weltweit über 3.500 Schwestern an.

Żeńka Chotek 1867.

KAT.-NR. 66

Alexandra von Berckholtz
MARIA PIA CHOTEK
Bleistift auf Papier
21,5 × 15,9 cm
Unterhalb beschriftet *Grosspriesen 10 Sept. 1867. Riescherl Chotek.*
Skizzenbuch von 1865–1868

Stadtarchiv Offenburg Inv.-Nr. 26/21/019

Lit.: unveröffentlicht

Die zweitälteste Tochter ist die *Riescherl* oder *Rischl* genannte Maria Pia. Sie wird am 11. Juli 1863 in Berlin geboren – wie Alexandra in ihrem Kalender vermerkt – und stirbt am 21. Juni 1935 in Jílové u Děčína (Eulau). 1911 heiratet sie Jaroslav František Graf von Thun-Hohenstein (1864–1926) und hat mit ihm zwei Töchter und einen Sohn.

Ihre Schwester Karolina (geboren 1865) heiratet Leopold Abraham Maria Graf von Nostitz-Rieneck (1865–1945), der nach dem Tod seiner Frau deren Schwester Maria Henriette Leopoldine (geboren 1880) ehelicht. Mit der ersten Frau hat er fünf Söhne und mit der zweiten eine Tochter. Octavia Maria Josephine Chotek (geboren 1873) heiratet am 1. Oktober 1898 Joachim Graf von Schönburg-Glauchau (1873–1943) in Prag und bringt sechs Töchter und drei Söhne zur Welt. Maria Antonia Antoinette Chotek (1874–1830) ehelicht Karl Adam Ludwig Graf von Wuthenau-Hohenthurm (1863–1946) und hat zwei Töchter und vier Söhne. Sophie (geboren 1868) – die spätere Fürstin von Hohenberg – heiratet am 1. Juli 1900 den österreichischen Erzherzog und Thronfolger Franz Ferdinand d'Este (geboren 1863), mit dem sie eine Tochter sowie drei Söhne hat. Zusammen mit ihrem Mann fällt sie dem Attentat von Sarajewo am 28. Juni 1914 zum Opfer, das als Auslöser des Ersten Weltkriegs angesehen wird.

Lit.: Wurzbach, Constantin von: Chotek, Bohuslaw. In: Biographisches Lexikon des Kaiserthums Oesterreich. 24. Theil. Wien 1872, S. 381; Bautz, Friedrich Wilhelm: Barat, Madeleine-Sophie. In: Biographisch-Bibliographisches Kirchenlexikon. Bd. 1. Hamm 1990, Sp. 364; Bestenreiner, 2014, S. 212–213, 217–219.

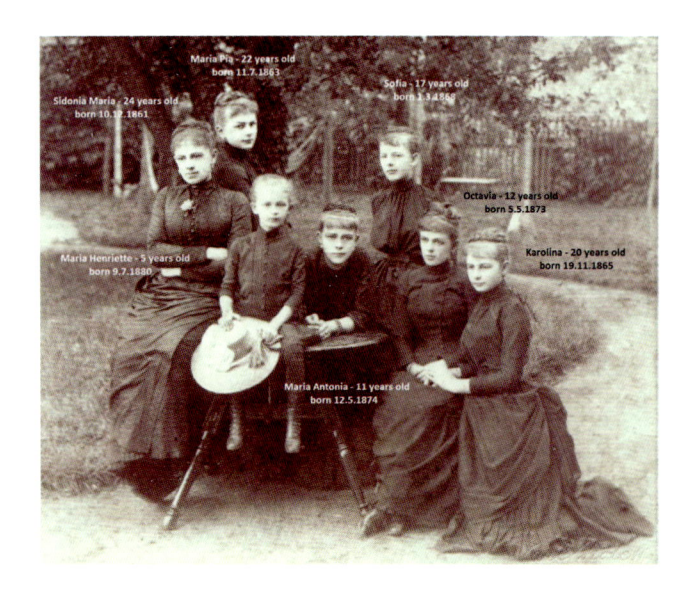

Abb. 324 – Die sieben Töchter Bohuslav Choteks, Fotografie, 1885, Archiv Schloss Velké Březno.

Grosspriesen 10 Sept. 1847. Adinsher? Motek?

KAT.-NR. 67

Alexandra von Berckholtz
LUDWIG KNAUS
Bleistift auf Papier
21 × 13,3 cm
Unterhalb beschriftet *12 Sept. 1859. Louis Knaus.*
Skizzenbuch von 1859/60

Stadtarchiv Offenburg Inv.-Nr. 26/21/017

Lit.: unveröffentlicht

Alexandra von Berckholtz kennt durch den Salon Adolph Schroedters und Carl Friedrich Lessings in Karlsruhe zahlreiche Künstler ihrer Zeit, wie auch den Genre- und Bildnismaler Ludwig Knaus, von dem sie am 12. September 1859 ein Porträt im Profil nach rechts in ihr Skizzenbuch zeichnet und seinen Vornamen – nach der gängigen Mode der Zeit – zu *Louis* französiert. Knaus wird am 9. Oktober 1829 in Wiesbaden geboren und verstirbt am 7. Dezember 1910 in Berlin. Seine künstlerische Ausbildung beginnt er 1845 an der Kunstakademie Düsseldorf bei Karl Ferdinand Sohn und Wilhelm von Schadow, als auch Anselm Feuerbach dort studiert. 1848 tritt er aus der Akademie aus und zieht 1852 nach Paris, wo er Franz Xaver Winterhalter kennenlernt. Bis 1854 hält sich auch Alexandra von Berckholtz in der französischen Hauptstadt auf. In dem Jahr erhält Knaus auf der Pariser Weltausstellung die Medaille 1. Klasse.

Zu Studienzwecken unternimmt Ludwig Knaus viele Reisen, z.B. nach Belgien, England, Italien oder in die Schweiz; in der Schule von Barbizon pflegt er die Landschaftsmalerei in freier Natur. Von 1861 an lebt der Künstler in Berlin, wo er 1874 als Professor an die Akademie berufen wird und engen Kontakt zu Anton von Werner pflegt, der ihn auch auf einigen seiner Gemälde darstellt, wie z.B. auf *Kronprinz Friedrich auf dem Hofball 1878* (Öl auf Leinwand, 118 × 95 cm, rechts unten monogrammiert und datiert *AvW 1895*, Staatliche Museen zu Berlin, Alte Nationalgalerie Inv.-Nr. A III 367), auf dem Knaus hinter dem Kronprinzen mit Blickkontakt zu dem Maler Adolph von Menzel steht.

Einen weitreichenden Namen erwirbt sich Ludwig Knaus als Porträtist. 1849 malt er z.B. die Pendants der Eheleute Carl Remigius und Charlotte Fresenius, geborene Rumpf (Öl auf Leinwand, je 73 × 59 cm, links unten signiert und datiert *L. Knaus 1849*, Museum Wiesbaden, Dauerleihgabe aus Privatbesitz). Fresenius hatte im Vorjahr in Wiesbaden ein chemisches Labor und eine Forschungsanstalt eröffnet. Ein wichtiges Bildnis, das durch seinen natürlichen Ausdruck besticht, ist das der Tochter des Malers Else Knaus (1865–1960) in Ganzfigur (Abb. 325) mit Griffel in der Hand und der Tafel unter dem Arm.

Viele Wanderungen führen Ludwig Knaus im Schwarzwald auf das Land und zu Skizzen von Bauern oder realistischen Genreszenen, wie *Die Brautschau (Kleinstädter in der Dorfschänke)* (Öl auf Leinwand, 63 × 87 cm, rechts unten signiert und datiert *L. Knaus 1864*, Museum Wiesbaden Inv.-Nr. M 589), das an die Wirtshausinterieurs von Wilhelm Leibl erinnert. Impressionistisch mutet dagegen in seiner Auflösung der Farbe und Form sowie der Verschmelzung der menschlichen Figur mit ihrer landschaftlichen Umgebung manches Gemälde aus dem Spätwerk des Künstlers an, wie z.B. *Tanz unter der Linde* von 1883 (Öl auf Leinwand, 34 × 49,5 cm, Museum Wiesbaden Inv.-Nr. M 925).

Abb. 325 – Ludwig Knaus, Porträt der Tochter des Malers, Else Knaus, Öl auf Leinwand, 71,5 × 48,5 cm, links unten signiert und datiert *L. Knaus 1873*, Museum Wiesbaden Inv.-Nr. M 915.

Trotz dieser Tendenzen ist Knaus nicht als Avantgardist zu bezeichnen, deren Künstlern er generell nicht unaufgeschlossen gegenübersteht und für deren Wertschätzung er sich anlässlich der Eröffnung einer Ausstellung zu seinem Geburtstag mit folgenden Worten bedankt: „Es ist eben der natürliche Lauf der Dinge, das Alte stürzt, es ändert sich die Zeit, und neues Leben blüht aus den Ruinen. Um so mehr bin ich freudigst überrascht, dass mir jetzt noch eine so warme Sympathie und Anerkennung für mein künstlerisches Schaffen entgegengebracht wird, und, was mich mit besonderer Genugtuung erfüllt, auch von Seite ausgezeichneter Vertreter der jüngeren Künstlergeneration." (Zit. Forster. In: Wiesbaden, 2014, S. 15)

Alexandra von Berckholtz' Neffe Wilhelm war im Besitz eines Gemäldes von Ludwig Knaus, das auch auf der *Deutschen Jahrhundert-Ausstellung Berlin* 1906 präsentiert wurde und folgendermaßen im Katalog aufgeführt ist: „Nr. 843. Ludwig Knaus. Männliches Bildnis. Blasses hellbraunes Fleisch. Graubräunliches Haar. Schwarze Kleidung. In der schwarzen Krawatte rote und weiße Flecken. Brauner Grund. — Bez. unten rechts schwarz: L. Knaus 1847. B. 0,41. H. 0,47. Bes.: Exzellenz von Offensandt-Berckholtz, Karlsruhe." Der Verbleib des Bildes ist heute unbekannt.

Lit.: Forster, Peter: Ludwig Knaus. Ein Lehrstück. In: Wiesbaden, 2014, S. 8–46, 104–105, 123–127; Tschudi, Hugo von: Die Deutsche Jahrhundert-Ausstellung Berlin 1906. Berlin 1906. Ausstellung deutscher Kunst aus der Zeit von 1775–1875 in der Königlichen Nationalgalerie, Berlin 1906.

KAT.-NR. 67

KAT.-NR. 68

Alexandra von Berckholtz
HERR HARTENSTEIN
Aquarell über Bleistift
18,9 × 12 cm
Unterhalb beschriftet *10 August 1875. Hartenstein.*
Skizzenbuch von 1875

Stadtarchiv Offenburg Inv.-Nr. 26/21/021

Lit.: unveröffentlicht

Von Juli bis Oktober 1875 unternimmt Alexandra von Berckholtz eine Reise in die Schweiz, die datierte Einträge im Skizzenbuch nachvollziehen lassen. Am 9. August wandert sie auf den Rigi Kulm, von wo aus sie ein Bergpanorama (Abb. 178) aufnimmt, auf dem am Horizont der Säntis zu sehen ist. Einen Tag nach dieser Wanderung zeichnet sie das Porträt eines Herrn Hartenstein, der ein Begleiter auf ihrer Wanderung zum Gipfel gewesen sein könnte.

10 Aug 1875 Hertenstein

KAT.-NR. 69

Alexandra von Berckholtz
GRÄFIN LOEWENHAUSEN
Bleistift auf Papier
22,7 × 15 cm
Rechts unterhalb beschriftet *Gräfin Loewenhausen / Clarens. 20 Oct. 1876.*
Skizzenbuch von 1876/77

Stadtarchiv Offenburg Inv.-Nr. 27/21/023

Lit.: unveröffentlicht

Alexandra von Berckholtz besucht ab dem 20. September 1876 Clarens am Genfer See, wo sie im Hôtel Roy übernachtet und Porträts dortiger Gäste zeichnet, von denen sie einige auch beschriftet, wie das am 20. Oktober entstandene Bildnis der baltischen Gräfin Loewenhausen.

Gräfin Loewenhaupt
Clarens. 20 Oct. 1876.

KAT.-NR. 70

Alexandra von Berckholtz
ALICE MAC BRIDE
Bleistift auf Papier
22,7 × 15 cm
Rechts unterhalb beschriftet *Alice Mac Bride / Clarens. 20 Oct. 1876.*
Skizzenbuch von 1876/77

Stadtarchiv Offenburg Inv.-Nr. 27/21/023

Lit.: unveröffentlicht

Am gleichen Tag entsteht das Porträt der Alice Mac Bride, von der sich in einer separaten Mappe eine vergleichbare Zeichnung befindet (Abb. 326). Auf einem undatierten und unbeschrifteten Einzelblatt zeichnete Alexandra von Berckholtz die eventuell in Schottland oder den USA geborene Dame spiegelverkehrt und mit einem weicheren Bleistift, dessen Strich breiter erscheint.

Alice Mac-Bride
Clarens 20 Oct. 1876.

KAT.-NR. 71

Alexandra von Berckholtz
ADAM WOLF
Bleistift auf Papier
21,5 × 15,9 cm
Unterhalb beschriftet *1 März 1865. Adam Wolf.*
Skizzenbuch von 1865–1868

Stadtarchiv Offenburg Inv.-Nr. 26/21/019

Lit.: unveröffentlicht

Bei Professor Adam Wolf fiel anhand des in Alexandras Kalender eingetragenen Geburtsdatums am 12. Juli 1822 und Sterbetages am 25. Oktober 1883 die biografische Einordnung leichter als bei den anderen drei Porträtierten. Ab 1845 studiert der in Eger geborene Wolf in Prag Philosophie und Rechtswissenschaft und promoviert 1849 in Wien. Ab 1850 doziert er an unterschiedlichen Universitäten, so in Pest, Graz oder Wien, und veröffentlicht historiografische Schriften zur österreichischen Geschichte, mit besonderem Augenmerk auf der Regierungszeit der Kaiserin Maria Theresia (1717–1780). Unter seinen Abhandlungen findet sich eine über Johann Nepomuk Rudolf Graf Chotek, Ehemann der Maria Sidonia Chotek (KAT.-NR. 63, Abb. 322), und eine über ihren Sohn Karl Chotek, den Schwiegervater der Olga von Moltke.

Lit: Hagemeister, Heinrich von: Materialien zu einer Geschichte der Landgüter Livlands. Erster Theil. Riga 1836, S. 260; Wurzbach, Constantin von: Wolf, Adam (1822–1883). In: Biographisches Lexikon des Kaiserthums Oesterreich. Bd. 57. 1889, S. 257–260; Krones, Franz von. In: ADB, Bd. 43, 1898, S. 726–728.

Abb. 326 – Alexandra von Berckholtz, Alice Mac Bride, Bleistift auf Papier, 20,9 × 13,1 cm, 1876, StAO Inv.-Nr. 26/21/26-4.

1 März 1865.   Adam Wolff.

KAT.-NR. 72

Alexandra von Berckholtz
PORTRÄT EINES BÄRTIGEN MANNES
Bleistift auf Papier
25 × 18,3 cm
Skizzenbuch von 1841–1846

Stadtarchiv Offenburg Inv.-Nr. 26/21/015

Lit.: unveröffentlicht

Dieser Mann mit Vollbart differiert merklich von allen anderen in Alexandras Skizzenbüchern erfassten Herrenporträts. Er trägt sein Hemd mit dem breiten Kragen offen und unterhalb dessen ein auf der Brust geknotetes Schultertuch. Seine Kleidung lässt auf eine nicht adelige Herkunft schließen, da ein Adeliger in den 1840er Jahren eine Halsbinde und die Haare sowie den Bart gepflegter frisiert trägt. Auch ein Bauer hat in der Regel bei seiner Feldarbeit kein Schultertuch um. Wer könnte dieser Mann gewesen sein? Ein Revolutionär, wie Andreas Hofer (1767–1810)? 1809 führt der Tiroler Wirt und Freiheitskämpfer einen Aufstand gegen Napoleons Truppen an und geht in drei Schlachten am Bergisel bei Innsbruck siegreich hervor. Sein Versteck wird jedoch wenig später von dem Landwirt Franz Raffl verraten, Hofer verhaftet und im Militärgefängnis Mantua hingerichtet. Bis heute wird Andreas Hofer in Tirol als Volksheld verehrt.

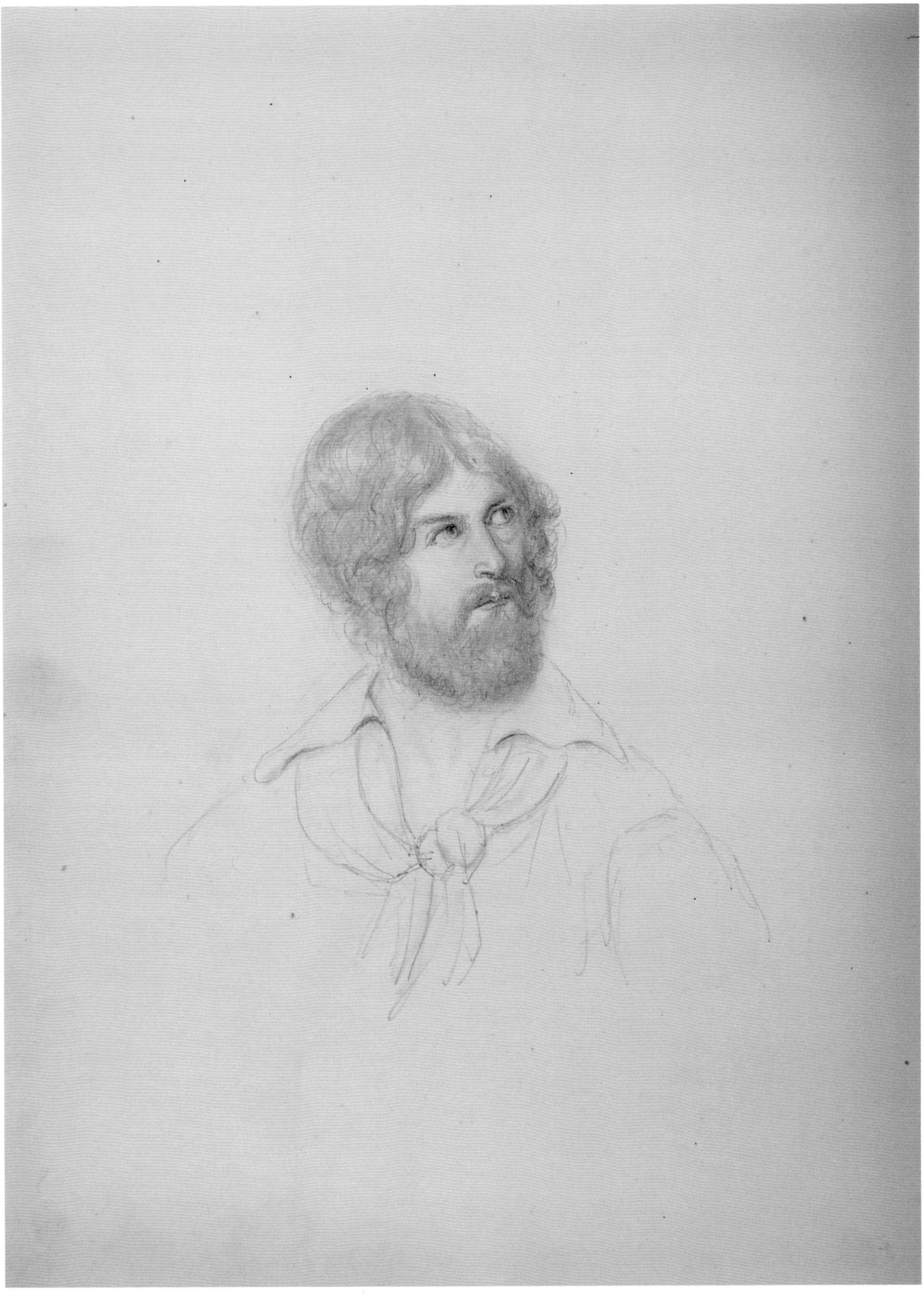

KAT.-NR. 73

Alexandra von Berckholtz
DAMENPORTRÄT IM PROFIL NACH RECHTS
Bleistift auf Papier
21,7 × 13,5 cm
Skizzenbuch

Stadtarchiv Offenburg Inv.-Nr. 26/21/025

Lit.: unveröffentlicht

Dieses Frauenporträt im Dreiviertelprofil nach rechts differiert nicht nur stilistisch durch den nahezu pointiliert wirkenden und engmaschig platzierten Bleistiftstrich, sondern auch inhaltlich. Es entspricht nicht der charakteristischen Präsentation, in der uns Alexandra von Berckholtz' Damen üblicherweise gegenübertreten. Die Künstlerin operiert hier mit der Perspektive der Aufsicht, die das Dekolleté, die schlanke Taille und die Körperdrehung der Dargestellten betont, die dadurch auch kokett erscheint. In demselben und undatierten Skizzenbuch der Künstlerin finden sich weitere vergleichbar kokett anmutende Damen, wie eine auf einem runden Tischchen in lockerer Haltung Abgestützte (Abb. 327).

Blicken wir hinsichtlich einer Datierung der Zeichnungen auf die Kleidermode. Die Damen tragen einen weiten Ausschnitt und wieder ein Korsett, was gegen die Stile des Directoire und Empire spricht, während derer ab 1793 in Anlehnung an die Antike weite Kleider und später hochgeschlossene Schnitte bevorzugt werden. Die kurzen Puffärmelchen finden sich in der Anfangszeit der Biedermeiermode der 1820er Jahre, die man erst ein Jahrzehnt später durch gebauschte langärmelige Gigots ersetzt. Aus diesem modischen Detail ist zu vermuten, dass die Einträge in das Skizzenbuch während der Europareise Alexandras von 1825 bis um 1833 entstanden sein könnten. Eventuell entstanden sie in Paris, wo sich auch ab 1830 der Varietétanz zur Publikumsunterhaltung wachsender Beliebtheit erfreut und die Tänzerinnen ebenfalls ähnlich gestaltete Kostüme tragen.

Lit.: Forcher, Michael: Anno Neun: Der Freiheitskampf von 1809 unter Andreas Hofer. Ereignisse, Hintergründe, Nachwirkungen. Innsbruck 2008; Thiel, 2000, S. 287–301.

Abb. 327 – Alexandra von Berckholtz, Damenporträt, Bleistift auf Papier, 21,7 × 13,5 cm, Skizzenbuch, StAO Inv.-Nr. 26/21/025.

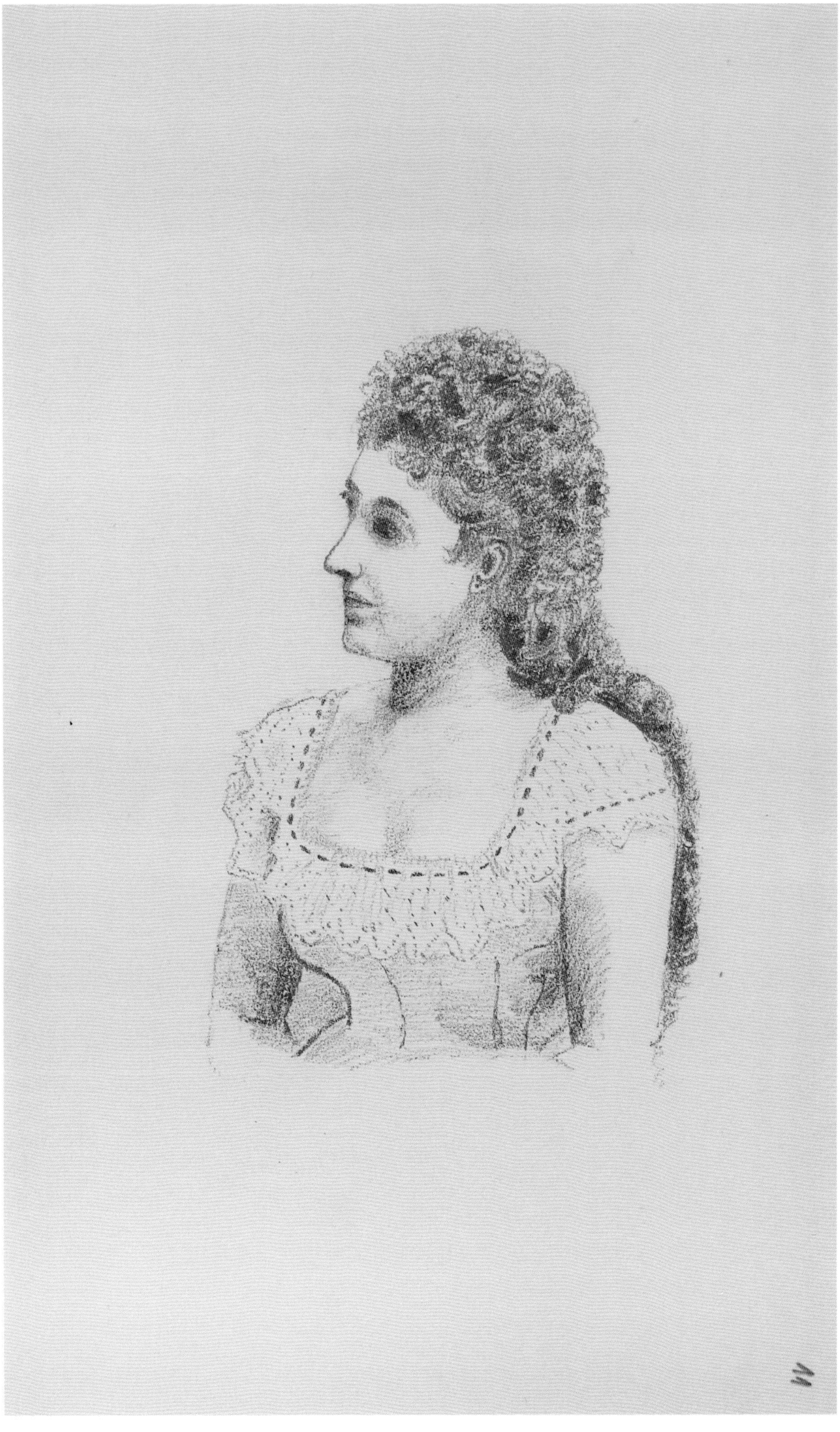

KAT.-NR. 74

Alexandra von Berckholtz
SCHWARZWÄLDERIN
Bleistift auf Papier
24,7 × 18,9 cm
Rechts unten beschriftet *Rippoldsau cf. 1ten Aug 1847.*
Skizzenbuch von 1847–1853

Stadtarchiv Offenburg Inv.-Nr. 26/21/016
Lit.: unveröffentlicht

Während eines Ausfluges nach Rippoldsau im August 1847 zeichnet Alexandra von Berckholtz einen Schwarzwälder in Halbfigur, sitzend, ein Kind mit einem Tragekorb auf dem Rücken (Abb. 328) und eine Schwarzwälderin in Ganzfigur mit einem Hut auf den Knien, der an einen Bollenhut erinnert. Ab dem Ende des 18. Jahrhundert tragen die protestantischen Frauen aus den Dörfern Gutach, Kirnbach und Hornberg-Reichenbach diese Kopfbedeckung, die man bis heute folkloristisch mit dem Schwarzwald assoziiert. Der Hut der unverheirateten Frauen weist rote, der verheirateter schwarze Bollen auf. Künstlerische Darstellungen in Mappenwerken mit Aquarellen und Lithografien verbreiten das Bild der Schwarzwaldfrau in ihrer Tracht, die gelegentlich sogar Großherzogin Luise von Baden trägt. Wie sie sehen viele Adelige und Herrscher die Pflege der Tracht als Erhaltung der Tradition und Heimat. 1835 lädt der bayerische König Maximilian I. anlässlich seiner Silberhochzeit 36 Paare in ihrer Festtracht auf die Theresienwiese in München ein oder die Herzogin von Kent, Victoire von Sachsen-Coburg-Saalfeld (1786–1861), eine Gruppe an Musikern aus Tirol, die für ihre Tochter Queen Victoria an deren dreiunddreißigstem Geburtstag im Osbornehaus spielen, von denen die Königin auch eine kolorierte Daguerreotypie durch den Fotografen Richard Beard (1801–1885) anfertigen lässt (14 × 10,2 cm, im Besitz Ihrer Majestät Königin Elizabeth II., Royal Collection Trust Inv.-Nr. 2932501).

347

KAT.-NR. 75

Alexandra von Berckholtz
SCHWARZWÄLDER
Bleistift auf Papier
24,7 × 18,9 cm
Rechts unten beschriftet *Rippoldsau 5. August. 1847.*
Skizzenbuch von 1847–1853

Stadtarchiv Offenburg Inv.-Nr. 26/21/016

Lit.: unveröffentlicht

Die Trachtengruppen exportieren auch das Sehnsuchtsgefühl nach einer unverbrauchten Naturwelt, das gegen Mitte des 19. Jahrhunderts einer der Gründe für den aufkommenden Tourismus in ländlichen Gegenden ist. Der Schwarzwald verfügt zu dieser Zeit bereits über florierende Kurorte, wie Baden-Baden, Bad Herrenalb oder Bad Wildbad, die Adelige – die bis aus St. Petersburg anreisen – für ihre Sommerfrische schätzen; ab der zweiten Jahrhunderthälfte kommen auch wohlhabende Bürger. Am 18. Juni 1864 gründet sich in Freiburg der *Badische Schwarzwaldverein*, der Karten und Reiseführer veröffentlicht und von 1900 bis 1914 Wanderwege sowie 62 Aussichtstürme anlegt. Eines der ersten Gasthäuser ist der *Feldberger Hof* in Menzenschwand – im Geburtsort des Malers Franz Xaver Winterhalter – mit zunächst 20 Betten. Zahlreiche Berühmtheiten verewigen den Schwarzwald in ihren Werken, wie der Schriftsteller Hermann Hesse (1877–1962), der ihn zum Thema in annähernd 30 Erzählungen macht.

Lit.: www.schwarzwald-tourismus.info, 1. August 2016; Liebich, Curt: Die Trachten des Kinziggaues. In: Ekkart. Kalender für das Badner Land 2, 1921, S. 37–55; Mosebach, 2014, S. 44–46; Kharibian, 2010, S. 100, Abb. S. 101.

Abb. 328 – Alexandra von Berckholtz, Junge aus dem Schwarzwald, Bleistift auf Papier, 25 × 18,3 cm, Skizzenbuch von 1841–1846, StAO Inv.-Nr. 26/21/015.

349

KAT.-NR. 76

Alexandra von Berckholtz
BÄUERIN
Bleistift auf Papier
21 × 13,3 cm
Rechts unten datiert *24.IX.59*
Skizzenbuch von 1859/60

Stadtarchiv Offenburg Inv.-Nr. 26/21/017
Lit.: unveröffentlicht

Diese Bäuerin kehrt gerade mit ihrem Rechen über der rechten Schulter von der Feldarbeit nach Hause, im Hintergrund ist eine alpenländisch anmutende Bergkulisse zu sehen. Die Frau nimmt nahezu das gesamte Feld des Genrebildes ein, das eine „anonyme, unhistorische Figur in ihrem individuellen Lebensbereich, ihrem zuständlichen Dasein und bei einem unspektakulären Ereignis" (Nach Gaehtgens, 2002, S. 13) aufführt.

Die frühesten künstlerischen Darstellungen landwirtschaftlicher Tätigkeit entstehen zwischen 1471 und 1493, finden sich in einem fragmentarisch erhaltenen Freskenzyklus des Palazzo Schifanoia – Sommerresidenz des Borso d'Este – und stellen die Feld- und Gartenarbeit in einen Zusammenhang mit dem Wechsel der Jahreszeiten. In dieser kosmologischen Perspektive zu sehen ist die verklärende Sichtweise des Bauern, der nicht bei seiner harten Arbeit, Mühe und Plage, sondern als idealschöne Figur und in sauberer Kleidung – wie durch Alexandra von Berckholtz auch – gezeigt wird. So stellt uns auch der Heidelberger Maler Carl Roux (1826–1894) einen Bauern mit Ochsenkarren vor, der sein Heu nach Hause fährt (Abb. 329), in dem sich seine Frau mit ihrem Kind niedergelassen hat, neben dem eine weitere Mutter mit ihrem Sohn auf dem Arm an Madonnendarstellungen denken lässt und diese bäuerliche Szene auf eine sakrale Ebene hebt. Diese Tendenzen katalysiert auch die Furcht vor der Industrialisierung und Maschinisierung im 19. Jahrhundert. Der Bauer wird zur Projektionsfläche der Bewahrung der Tradition und des Anstandes, der im Einklang mit der Natur seinem geregelten und unverdorbenen Leben nachgeht. Die Käufer der Genrebilder jedoch rekrutieren sich ausgerechnet aus der Schicht der Industriellen und reichen Urlauber, die sich die Landbilder an die Wände der Salons ihrer Stadthäuser hängen. „Besondere Sorgfalt legen Maler auf die Wiedergabe der ethnographischen Besonderheiten, wie Trachten, Gehöfte oder Geräte", sie vermeiden es aber „das nackte Elend zu schildern" und demonstrieren eine „romantisierende Sentimentalität gegenüber Wilderern, Holzdieben, fahrendem Volk, Zirkusartisten, ihnen gehört das Mitgefühl" (Immel, 1967, S. 45, 51).

Daneben bestehen seit dem 18. Jahrhundert auch naturalistische Tendenzen im Werk einiger Künstler, die ungeschönt gesellschaftlich missachtete Randgruppen, Bettler, Krüppel oder Arbeiter in der ganzen Härte ihres Lebens zeigen, wie z. B. Giacomo Ceruti (1695–1767) mit seinem Gemälde *Sieben weibliche Personen bei der Textilarbeit* (Öl auf Leinwand, 169 × 194 cm, um 1735, Privatsammlung). Bei Alexandras Bauersfrau hingegen entsteht der Eindruck, die Künstlerin habe eine Schauspielerin im Kostüm des Landarbeiters eigens für diese rurale Szene vor einem oberbayerischen Dorf postiert und ihr vorher noch einen Rechen in die Hand gegeben, damit dem Bild das Gepräge des Landwirtschaftlichen verliehen wird. Ohne dieses Requisit könnte man vermeinen, eventuell eine Bergtouristin in Männerkleidung vor sich zu haben. Das Tragen von Hosen war 1859 unter den Frauen gesellschaftlich noch nicht üblich, obwohl sich dafür bereits Belege aus der Antike und aus dem Jahr 113 n. Chr. überliefert haben, z. B. mit der Darstellung einer keltischen Frau in Beinkleidern auf der Trajanssäule in Rom.

Lit.: Gaehtgens, Barbara (Hg.): Genremalerei. Berlin 2002, S. 13–40; Schneider, 2004, S. 21–30; Immel, 1967, S. 27–52.

Abb. 329 – Carl Roux, Ochsenkarren, Bleistift auf Papier, 26,1 × 19,3 cm, links unten beschriftet *Zur freundl. Erinnerung an C. Roux*, aus dem Freundschaftsalbum der Alberta von Freydorf, Karlsruhe, Badische Landesbibliothek, Cod. Karlsruhe 3242, fol 17.

351

KAT.-NR. 77

Alexandra von Berckholtz
Bauernhaus
Bleistift auf Papier
18,3 × 25 cm
Rechts unten beschriftet *Grindelwald. cf. 15. Aug. / 1842.*
Skizzenbuch von 1841–1845

Stadtarchiv Offenburg Inv.-Nr. 26/21/015

Lit.: unveröffentlicht

Nicht nur Alexandra von Berckholtz widmet sich dem Bauernhaus, wie am 15. August 1842 in Grindelwald. Auch im Werk zahlreicher weiterer Künstler des 19. Jahrhunderts finden sich vergleichbare Architekturen, die häufig auch ohne figürliche Genreszenen abgebildet werden. Franz von Lenbach stellt ein Bauernhaus mit Brunnen (Bleistift auf Papier, 20,8 × 17,3 cm, um 1855, Städtische Galerie im Lenbachhaus München Inv.-Nr. L 663), Christian Mali (1832–1906) ein im Wald gelegenes stattliches ländliches Anwesen mit Balkon in Bramberg am Wildkogel in Österreich (Ländliches Idyll am Bauernhof, Öl auf Leinwand, 44 × 60 cm, links unten links bezeichnet *Chr. Mali Bramberg 1858.*, Privatbesitz), Max Brückner die Fasanerie von Schloss Callenberg (Abb. 330) oder William Leighton Leitch (1804–1883) eine Schweizerei (Aquarell, 19,7 × 27,8 cm, im Besitz Ihrer Majestät Königin Elizabeth II., Royal Collection Trust Inv.-Nr. 19867) dar. Bei Letzterem handelt es sich um eine Nachempfindung des Gartenhauses im Park von Schloss Rosenau bei Coburg, in dem Prinz Albert und sein Bruder Ernst als Kinder spielten, und das der Prinzgemahl für seine eigenen Kinder im Park des Osbornehauses nachbauen lässt. Es verfügt über eine komplett eingerichtete Küche, in dem die Prinzessinnen und Prinzen Haushaltsführung und Bewirtschaftung eines Gartens erlernen.

Grindelwald d. 15. [...] 1842

KAT.-NR. 78

Alexandra von Berckholtz
BAUERNHAUS
Bleistift auf Papier
18,3 × 25 cm
Rechts unten beschriftet *Rippoldsau. cf. 30ter Juli. 1842.*
Skizzenbuch von 1841–1845

Stadtarchiv Offenburg Inv.-Nr. 26/21/015

Lit.: unveröffentlicht

Prinz Alberts Cottage ist nicht die einzige architektonische Umsetzung der künstlerischen Modeerscheinung der Schweizereien. 1843 erwirbt der Karlsruher Galeriedirektor und Landschaftsmaler Carl Ludwig Frommel ein Wohnhaus in Lichtenthal, das er im Schweizer Stil umgestalten lässt. Mit den Arbeiten an dem dreigeschossigen Anwesen mit mittigem Dreiecksgiebel und Holzbalkon beauftragt er Friedrich Eisenlohr, den Architekten des Wiederaufbaus des Ortenberger Schlosses und persönlichen Freund, der das Gebäude durch eine ausladende Freitreppe und einen Park ergänzt. Ab 1858 ist die Lichtenthaler Schweizerei ständiger Wohnsitz der Familie des Künstlers.

In diesem Jahr wird sie durch den Zukauf eines an den Garten angrenzenden Ateliers erweitert, die 1490 erstmals urkundlich erwähnte – 1808 entweihte und später abgerissene – Wolfgangskapelle, von deren Existenz ein 1968 in Privatbesitz der Baronin Valerie von Welsberg-Fichard aufgetauchtes Aquarell Zeugnis ablegt.

Lit.: Baranow, 1980, Nr. 23; Kharibian, 2010, S. 72, Abb.; Coburg, 1998, S. 130, Abb. 131, Kat.-Nr. 42; Fuß, Margot: Carl Ludwig Frommel (1789–1863). In: Badische Heimat, 1970, S. 95–100.

Abb. 330 – Max Brückner, Fasanerie Schloss Callenberg, Aquarell über Bleistift, 14,7 × 21,9 cm, im Besitz Ihrer Majestät Königin Elizabeth II., Royal Collection Trust Inv.-Nr. RCIN 920591.

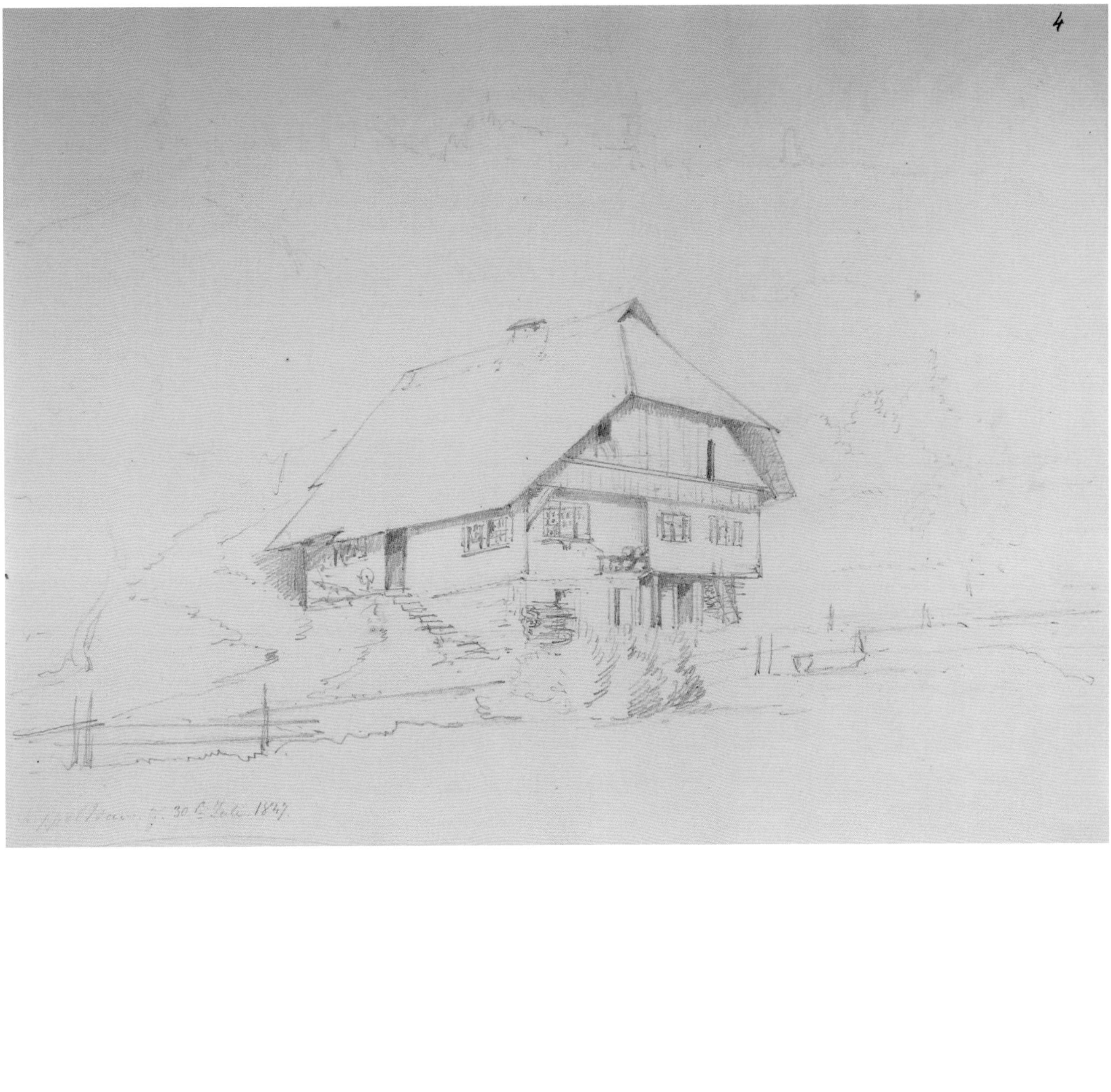

KAT.-NR. 79

Alexandra von Berckholtz
BETENDES KIND IM KORBWAGEN
Bleistift auf Papier
25,2 × 19 cm
Skizzenbuch von 1847–1853

Stadtarchiv Offenburg Inv.-Nr. 26/21/016

Lit.: unveröffentlicht

Diese unvollendet erscheinende Bleistiftskizze eines kleinen Mädchens in einem Korbkinderwagen führte zunächst aufgrund des Gebetsgestus zu der Vermutung, hier könnte eine weitere Kopie nach einem Werk Marie Ellenrieders vorliegen, hinsichtlich dessen jedoch nichts Entsprechendes aufgefunden werden konnte.

Das undatierte Blatt befindet sich in einem Skizzenbuch der Alexandra von Berckholtz zwischen einer Zeichnung von 1850 und einer aus dem Jahre 1853. Zu dieser Zeit lebt die Künstlerin in Paris, wo sie 1850 Werke im Louvre kopiert. Zu diesen zählt das vorliegende jedoch nicht; es befand sich nie in der Sammlung des Museums, wie eine Nachfrage ergab. Nach langen erfolglosen Nachforschungen konnte das Gemälde, das Alexandra von Berckholtz als Vorlage diente, durch einen Zufall in einer Privatsammlung in der Steiermark entdeckt werden.

Darauf spricht eine Mutter – deren Figur Alexandra von Berckholtz aussparte – zusammen mit ihrer Tochter das Nachtgebet, bevor diese sich in ihrem geflochtenen Bettchen schlafen legt (Abb. 331). Die Szene ist im Saum der Decke mit *Meyerheim* signiert, dem Namen einer gesamten Künstlerfamilie aus Danzig. Aus dieser kommt eindeutig Friedrich Eduard Meyerheim (1808–1879) in Frage. Genrebilder und Episoden aus dem Volksleben stellten zwar auch sein Vater, die beiden Brüder und seine zwei Söhne dar, eine Meisterschaft in der authentischen Wiedergabe unterschiedlichsten Flechtwerkes entwickelte aber nur Friedrich Eduard, auf dessen Bildern fast immer Körbe zu sehen sind, wie z. B. bei einem rastenden Mädchen (Öl auf Holz, 16,5 × 12,5 cm, Privatbesitz), das sich neben ihrem minutiös ausgearbeiteten Rücktragekorb mit einem Wasserkrug in der linken Hand auf einem Stein niedergelassen hat oder bei einer Lauscherin (Öl auf Leinwand, 43,5 × 34,8 cm, 1845, Privatbesitz), einer hinter einem Baum versteckten Frau in Tracht. Rechts am Boden steht ein Henkelkorb mit Deckel aus weißer Weide und geschlagener Arbeit, und im Hintergrund naht ein Liebespaar. Das gesuchte Genrebild befand sich in der Dr. Ludwig Karl Ruhmann-Stiftung in Wildon und war eines der annähernd 900 Werke der ehemaligen Sammlung des jüdischen Papierfabrikanten Dr. Karl Ruhmann (1897–1972), deren Grundstock auf Clementine Ruhmann-Koessler (1864–1912) zurückgeht, seine Mutter, die viele Künstlerinnen und Künstler persönlich kannte und auch selbst malte und zeichnete. Im März 1938 wurde Karl Ruhmann, nach dem Anschluss Österreichs an das Deutsche Reich, gezwungen, seine Fabriken und den gesamten Besitz „zu verkaufen". Danach floh er mit seinen Brüdern nach Zagreb. Nach dem Krieg kehrte er nach Österreich zurück; nahezu seine gesamte Kunstsammlung war verschwunden. Bis 1951 gelang es ihm, lediglich annähernd 150 seiner Bilder wieder aufzufinden und zurück zu erlangen. Unter diesen befand sich neben einem Pastell von Marie Ellenrieder – *Kleines Mädchen mit Taube* (39 × 29,5 cm), eine Variation des mittleren Kindes aus dem Coburger Gemälde *Lasset die Kindlein zu mir kommen*

Abb. 331 – Friedrich Eduard Meyerheim, Nachtgebet, Öl auf Leinwand, ca. 35 × 28 cm, ehemals Sammlung Dr. Ruhmann, Trattenmühle/Wildon, Eigentum der Dr. Ludwig Karl Ruhmann-Stiftung, Verbleib unbekannt.

(Abb. 248) – auch die nächtliche Interieurszene mit der Mutter und der Tochter, deren Verbleib heute jedoch unbekannt ist. Wie kam Alexandra von Berckholtz an dieses Bild? Kannte sie den Künstler und kopierte das Bild in seinem Atelier? Existierten zu der Zeit grafische Reproduktionen, von denen Alexandra abgezeichnet haben könnte? Kannte sie etwa Dr. Ruhmanns Mutter persönlich? Das Skizzenbuch der Clementine Ruhmann-Koessler verrät einige stilistische Gemeinsamkeiten der beiden Frauen. Vielleicht haben die beiden Künstlerinnen auch zusammengearbeitet?

Lit.: Donop, Lionel von: Meyerheim, Eduard. In: ADB, Bd. 21, 1885, S. 640–642; Sartorius, Elmar: Nur die Zinnsammlung überlebte. Aufstieg, Verfolgung und Erlöschen der Großindustriellen Familie Ruhmann. In: Österreichischer Burgenverein. Verein zur Erhaltung historischer Bauten, Dezember 2010, Heft 2/10, S. 14–18; April 2011, Heft 1/2011, S. 27–29.

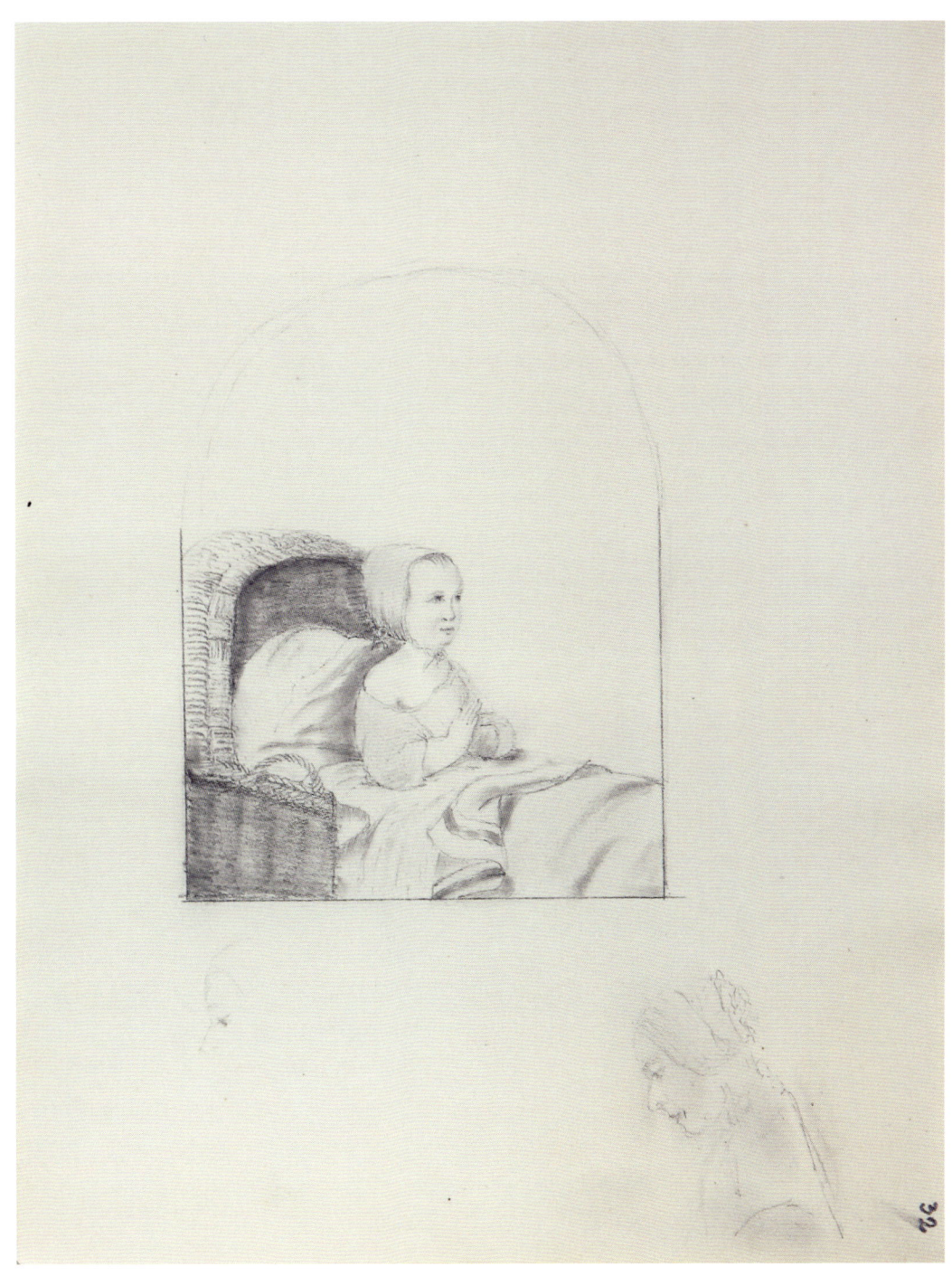

KAT.-NR. 79

KAT.-NR. 80

Alexandra von Berckholtz
Ansicht des Schlosses Ortenberg
Bleistift auf Papier
18,3 × 25 cm
Links unten beschriftet *Ortenberg. cf. 15 Sept. 1841*
Skizzenbuch von 1841–1846

Stadtarchiv Offenburg Inv.-Nr. 26/21/015

Lit.: Kähni, 1957, S. 47; Vollmer, 1988, S. 76, Abb. 77.

Alexandra von Berckholtz hält auch Orte, an denen sie lebt, in zahlreichen Ansichten fest, wie z. B. in Ortenberg das Schloss von der „Oberen Matt" aus am 15. September 1841. Friedlich mutet die Szenerie mit der auf dem Bergrücken thronenden Burg, den Fachwerkhäusern zu ihren Füßen und der bäuerlichen Staffage im Vordergrund an. Einen ähnlichen Blick in einer weiteren Totalen eröffnet über die Kinzig hinweg die Bleistiftzeichnung von Louis Steinbach (1812–nach 1883) (27 × 18 cm, Stadtarchiv Offenburg Inv.-Nr. 26/01/365), auf der zwei elegante Damen mit aufgespannten Sonnenschirmen einen Herrn in Frack und Zylinder flankieren und das Schloss betrachten.

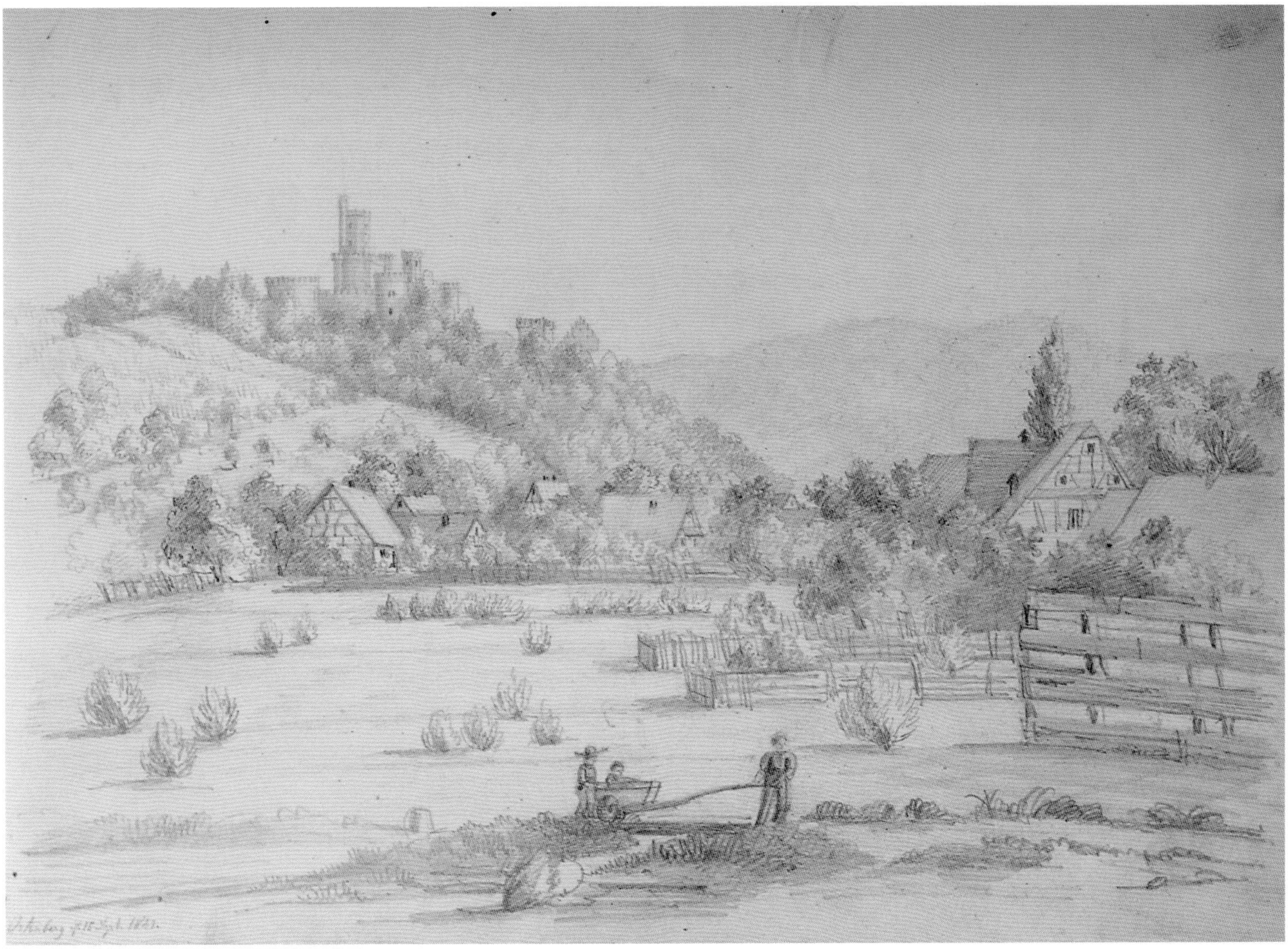

KAT.-NR. 81

Alexandra von Berckholtz
BURGWEG ORTENBERG
Bleistift auf Papier
18,3 × 25 cm
Links unten beschriftet *Ortenberg. cf. 29ten Sept. 1841*
Skizzenbuch von 1841–1846

Stadtarchiv Offenburg Inv.-Nr. 26/21/015

Lit.: Kähni, 1957, S. 47; Vollmer, 1995, S. 119, Abb.

Das von Alexandra von Berckholtz 1841 gezeichnete Anwesen Burgweg 11 in Ortenberg existiert derart heute noch (Abb. 332). Die heutigen Besitzer Dr. Darío und Cornelia Mock erwarben es am 19. März 2014 von den Erben der Frau Dr. Lieselotte Lina Harter, verheiratete Loleit. Der erste urkundlich nachgewiesene Besitzer des noch unbebauten Grundstücks ist der Burgvogt Johann Michael Fieger (gestorben 1698), auf den der Ortenberger Gemeindevorsteher Franz Anton Gottwald folgt, Ehemann von Fiegers Tochter Maria Franziska. 1723 erbt der Sohn Joseph Sebastian Gottwald – Vogt des Gerichtes Ortenberg – das Grundstück, dessen Witwe Maria Elisabeth Riß 1736 den Vogt Wenzeslaus Walter heiratet, unter dem wohl das Haus entstand, in dessen Keller an einem Gewölbebogen die Jahreszahl 1743 erkennbar ist. Danach erhält es der Sohn Joseph Anton Walter und nach ihm mehrere Erben innerhalb der Familie Walter. 1897 verkauft Franz Walter das Haus an den Weinhändler Adolf Beck aus Ettenheim.

Im 19. Jahrhundert wurden „Veränderungen des Dachvorsprungs, moderne Fensterverkleidungen, ganze Verschindelung und ein westlicher Anbau" vorgenommen, wie auch das „geschlossene Gartenhaus mit inneren Malereien an Wänden und Decken" sowie der „offene runde Gartenpavillon mit Wetterfahne" (Vollmer, 1995, S. 120), der auf Alexandras Zeichnung bereits sichtbar ist.

Lit.: Vollmer, 1995, S. 118–121.

Abb. 332 – Burgweg Ortenberg, Fotografie, 2016.

361

KAT.-NR. 82

Alexandra von Berckholtz
GABRIEL LEONHARD VON BERCKHOLTZ AN EINE MAUER GELEHNT
Aquarell über Bleistift
21 × 13,3 cm
Rechts unten datiert *cf. 2 Aug 1859*
Skizzenbuch von 1859/60

Stadtarchiv Offenburg Inv.-Nr. 26/21/017

Lit.: unveröffentlicht

Wir sehen hier den Vater der Künstlerin im Rock und mit Gehstock an eine Mauer auf Schloss Ortenberg gelehnt. Auf dem Aquarell dominieren im Kolorit drei klar voneinander getrennte Hauptfarben. Das Grün charakterisiert zwei Büsche, die den Herrn von Berckholtz einrahmen, das Rosé das Mauerwerk und das Grau das Portal linker Hand sowie die Schattenpartien des Bildes. In leuchtendem Gelb sticht der Panamahut heraus, die flache – auch „Kreissäge" genannte – Kopfbedeckung, die in der Regel als Sonnenschutz getragen wird. Daneben setzt sich in der Herrenmode allgemein auch der Filzhut – ursprünglich eines der Symbole der Revolutionäre – durch, der Franz Liszt noch 1853 in Karlsruhe nahezu eine Verhaftung durch die Polizei einbringt.

In modischer eleganter Kleidung, aber in lockerer Haltung malt die Künstlerin den Freiherrn am 2. August 1859 in ihr Skizzenbuch. Vergleichsweise informelle Bildnisse finden sich im Laufe der Kunstgeschichte immer wieder, sei es in der Entwurfsphase oder im finalen Ölporträt. Rembrandt beispielsweise malt vor dem offiziellen Gelehrtenporträt des Amsterdamer Patriziers Jan Six (1618–1700) mehrere Szenen, von denen ihn eine salopp an einer Fensterbank gelehnt präsentiert, während sein Hund an ihm hochspringt (Feder in Braun, Weiß laviert, 16,22 × 17,7 cm, Collectie Six Amsterdam). Seine ungezwungene Positur – wie auch die des Freiherrn von Berckholtz – verkörpert das Natürlichkeitsdeal der Zeit der Offenheit, Nahbarkeit und Sportlichkeit des Weltbürgertums. „Das Informelle konnte im Sinne des höfischen Verhaltensideals, einer eleganten Leichtigkeit, der ‚sprezzatura' verstanden werden." (Busch, 2009, S. 154)

363

KAT.-NR. 83

Alexandra von Berckholtz
RÜCKENFIGUR EINER FRAU IN DER NATUR
Aquarell über Bleistift
21 × 13,3 cm
Rechts unten datiert *Juli 1859*
Skizzenbuch von 1859/60

Stadtarchiv Offenburg Inv.-Nr. 26/21/017

Lit.: unveröffentlicht

Als Mikrokosmos betrachtet man das eigene Heim, dessen Verlängerung nach außen der Park bedeutet, als Konzept des Hortus Conclusus, den man nach außen abschließt. Man lebt eine „Trennung der Rationalität des Arbeitslebens von der Sentimentalität des Familienlebens" (Kluxen, 1989, S. 162). Im Sinne dieses auch von Adeligen gelebten Empfindsamkeitsideals fungiert häufig der Garten, der als Environment in Standesporträts integriert wird, wie z. B. auf Angelika Kauffmanns Porträt des Königs Ferdinand IV. von Neapel und Sizilien mit seiner Familie (Öl auf Leinwand, 310 × 426 cm, 1783, Museo di Capodimonte Inv.-Nr. OA 6557). Auf diesem lehnt sich der Herrscher an einer altarähnlichen Architektur vor der Kulisse hoher Bäume an und steht in lockerer Pose da. Eins mit der Natur scheint auch die Dame auf Alexandra von Berckholtz' Aquarell zu sein, die wir, während sie lesend auf einem Stuhl sitzt, als Rückenfigur beobachten.

Lit.: Busch, Werner: Das unklassische Bild von Tizian bis Constable und Turner. München 2009, S. 153–154; Thiel, 2000, S. 338.

Abb. 333 – Alexandra von Berckholtz, Bank unter einem Baum, Aquarell über Bleistift, 21 × 13,3 cm, links unten datiert *Juli 1859*, Skizzenbuch von 1859/60, StAO Inv.-Nr. 26/21/017.

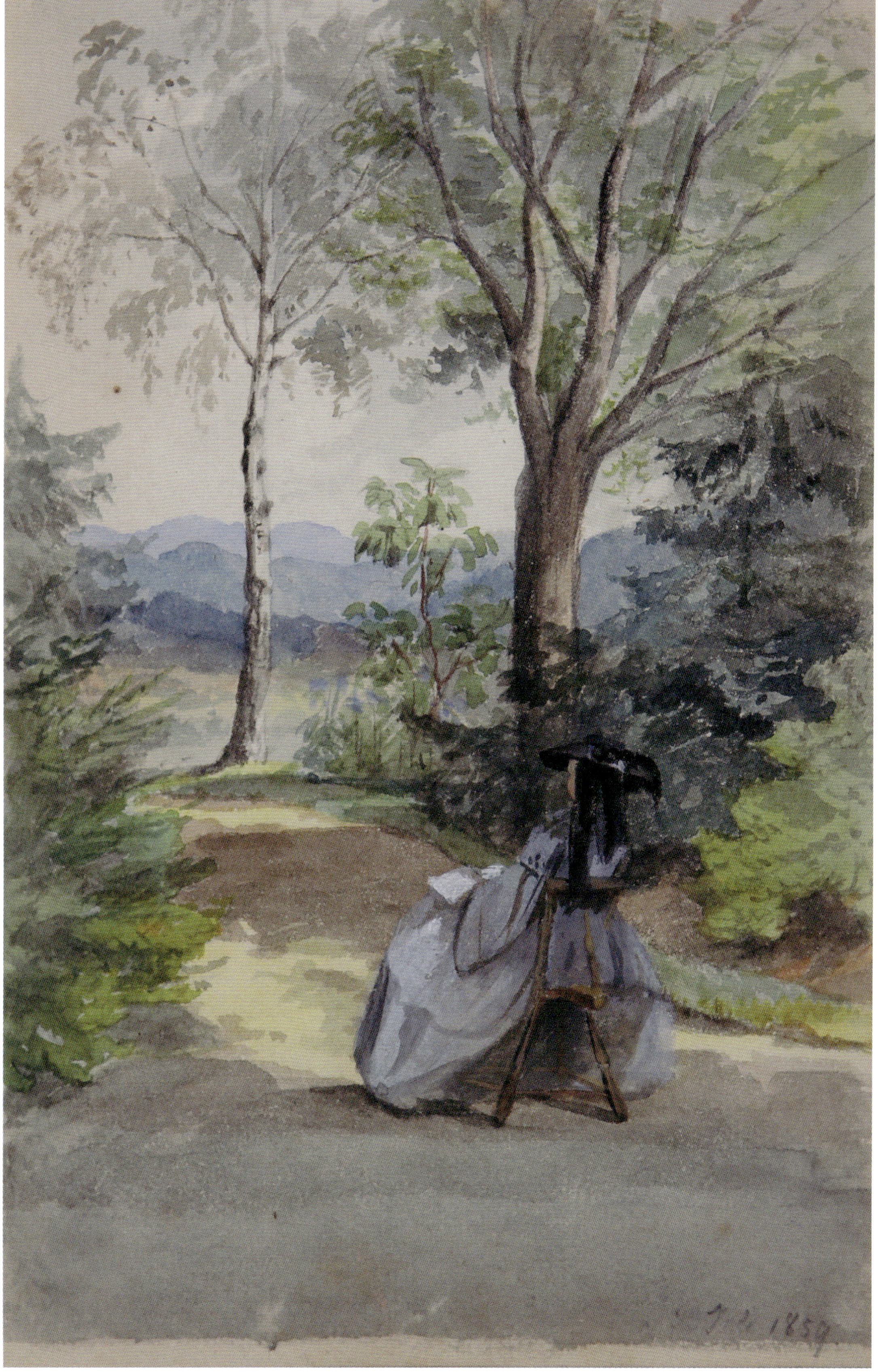

KAT.-NR. 84

Alexandra von Berckholtz
Franz Liszt am Flügel
Bleistift auf Papier
18,3 × 25 cm
Links unten beschriftet *Carlsruhe*
1843
Skizzenbuch von 1841–1846

Stadtarchiv Offenburg Inv.-Nr. 26/21/015

Lit.: unveröffentlicht

Franz Liszt gibt 1843 vier Konzerte in Karlsruhe, drei öffentliche und ein privates im Residenzschloss am 29. November, wofür er 40 Louis d'Or erhält. Am 27. November tritt er im großen Saal des Museums – sein Honorar beträgt 600 Gulden – mit unter anderem dem folgenden Programm auf: eine Transkription der Ouverture des *Wilhelm Tell* (Gioachino Rossini), das *Andante finale* aus *Lucia di Lammermoor* (Gaetano Donizetti), eine Mazurka von Frédéric Chopin und Transkriptionen einiger Schubertlieder. Am 1. und 4. Dezember spielt er in Begleitung des Orchesters im Hoftheater. Während einem dieser Konzerte zeichnet die im Publikum sitzende Alexandra von Berckholtz den Klaviervirtuosen. Der Flügel erscheint als non finito mit einem Pedal – aber drei Zügen – ohne einen dritten Fuß und dessen Korpus mit dem Lineal gezeichnet, was die Zuordnung zu einem bestimmten Fabrikat erschwert, zumal im Falle der Karlsruher Konzerte nicht bekannt ist, auf welchen Instrumenten Liszt spielte. In anderen Städten künden davon gelegentlich die lokale Presse oder künstlerische Bildwerke, wie das Gemälde von Franz Schams (1824–1883), das Liszt an einem Bösendorfer konzertierend vor dem österreichischen Kaiser Franz Joseph und dem Kronprinzen Rudolf am 18. März 1872 im Redoutensaal in Budapest aufführt (Abb. 334). Die Klaviermanufaktur Bösendorfer wird 1828 in Wien gegründet und 1839 Ignaz Bösendorfer (1794–1859) zum Hoflieferanten des Kaisers ernannt.

Franz Liszt fördert an seinen Auftrittsorten bewusst auch lokale Klavierbauer, so spielt er z. B. in Leipzig am 17. März 1840 unter anderem auf einem Flügel der Firma von Gottfried Härtel (1763–1827), *Breitkopf & Härtel*, für die Liszts lobende Besprechungen eine gute Werbung sind. Daneben kommt in seinen Konzerten meist mindestens ein Erard zum Einsatz, im Januar 1842 in Berlin sogar drei. Das von Sébastien Érard (1752–1831) in Paris gegründete Unternehmen entwickelt sich zu einem der weltweit führenden.

Auf seiner letzten Konzerttournee 1847 an das Schwarze Meer – ab 1848 ist er Hofkapellmeister in Weimar – begleitet Liszt ein Hammerflügel von *Boisselot & Fils*, der dem auf Alexandras Zeichnung mit seinem verlängerten Korpus äußerst ähnelt, jedoch lediglich zwei Pedale aufweist. Er wird erst im Jahr nach den Karlsruher Auftritten eigens für Liszt entworfen, per Schiff von Marseille nach Odessa geliefert und auf dem Landweg zurück nach Weimar transportiert, wo ihn Franz Liszt später in seinem Arbeitszimmer in der Altenburg ausschließlich zum Komponieren verwendet.

Lit.: Saffle, 1994, S. 163–165, 269–270; Karlsruher Zeitung, 23.–26., 29. November, 3. Dezember 1843, No. 320–321, 323, 325, 329; Keeling; Geraldine: Die Konzertklaviere in Deutschland. In: Scholz, Gottfried (Hg.): Der junge Liszt. Referate des 4. Europäischen Liszt-Symposions Wien 1991. München, Salzburg 1993, S. 68–76.

Abb. 334 – Franz Schams, Franz Liszt konzertiert im Redoutensaal in Budapest vor Kaiser Franz Joseph und Kaiserin Elisabeth, Öl auf Leinwand, 40,5 × 59 cm, 1872, Sammlung Bösendorfer Wien.

367

KAT.-NR. 85

Alexandra von Berckholtz
Fichte im Berckholtz-Garten
Bleistift auf Papier
26,9 × 21,2 cm
Links unten beschriftet *Carlsruhe Juni 1860*
Skizzenbuch von 1860/61

Stadtarchiv Offenburg Inv.-Nr. 26/21/018

Lit.: unveröffentlicht

Fünfundzwanzig Jahre nach ihrer architektonischen Darstellung des Pförtnerhauses (KAT.-NR. 54) widmet sich Alexandra von Berckholtz der hohen, den Garten überragenden Fichte, von der sogar eine um 1863 entstandene Fotografie (Abb. 335) erhalten ist. Nach englischem Vorbild lassen Fürsten auch in Deutschland Landschaftsgärten anlegen, wie z.B. in München durch Friedrich Ludwig von Sckell (1770–1823). Diese nicht mehr wie im Barock symmetrisch angelegten und in Formen gezwungenen Gelände räumen der Natur ihren freien Wuchs ein. An Stelle der Hierarchie der Beete dominiert der Baum und der Aussichtspunkt. An überwucherte und verwunschen wirkende Stellen platziert man neben Statuen und Hermen Pavillons und Sitzbänke, auf denen man sich zurückziehen und zur Ruhe kommen kann.

Ein Vordenker dieser Art des Wellness-Gedankens ist der Philosoph Christian Cay Lorenz Hirschfeld (1742–1792), der sich in den fünf Bänden seiner *Theorie der Gartenkunst* (1779–1785) zur Wirkung einer landschaftlichen Umgebung auf das menschliche Gemüt, dessen Erholung und Regeneration äußert. Für diese Naturerfahrung wichtig ist die Art der Bepflanzung, in der weniger Nadelbäume als Laubgewächse zum Einsatz kommen, nicht etwa aus emotionalen, sondern vielmehr aus praktischen Gründen, da sie den Boden versäuern und somit Moosbildung hervorrufen.

Ihre Zeichnung konzentriert Alexandra von Berckholtz auf den einzigen im Garten ihrer Familie befindlichen Nadelbaum, eine Picea Abies. Der Fichte selbst kommt in der Ikonografie keine besondere Bedeutung zu, im Unterschied zur Esche, die als Yggdrasil in der nordischen Mythologie als Weltenbaum und Ursprung fungiert. Generell steht der Laubbaum aufgrund seines Abwerfens und Erneuerns der Blätter für Tod und Auferstehung, ein Nadelbaum vielmehr für die Unsterblichkeit.

Alexandra von Berckholtz zeichnet nicht die prunkvollen Ecken, wie z.B. die Blumenbeete oder den Pavillon, sondern eine dokumentarische Bestandsaufnahme eines einfachen Baumes, der bereits vor der Anlage des Parks an dieser Stelle stand, dort einfach belassen wurde, und der nicht zu den ersten Zierden des Gartens zählen würde, durch seine mächtige Größe diesen aber übertrifft.

Abb. 335 – Berckholtz-Garten in Karlsruhe, Fotografie, 8,7 × 6,3 cm, um 1863, Landeskirchliches Archiv Karlsruhe, Bestand Berckholtz-Stiftung Inv.-Nr. Abt. 163.02 Nr. 2/1-7.

Carlsruhe Januar 1860.

KAT.-NR. 86

Alexandra von Berckholtz
TÄNZERIN
Bleistift auf Papier
21,7 × 13,5 cm
Skizzenbuch

Stadtarchiv Offenburg Inv.-Nr. 26/21/025

Lit.: unveröffentlicht

Dieser Herr vor einem Spiegel und die Tänzerin in Bewegung befinden sich ebenfalls in dem undatierten Skizzenbuch. Eine derartige Haltung mit verschränkten Armen und ausgestreckten Beinen nimmt man beim russischen Kasatschok ein, bei dem wechselweise auch aus einer Position der Hocke gesprungen wird. Wo Alexandra von Berckholtz die beiden Zeichnungen aufnahm, ist unbekannt. Könnte die Zeichnung eventuell während der frühen Europareise Ende der 1820er Jahre in Paris entstanden sein? Die Wiedergabe der linken Hand des Mannes, bei der man nicht genau erkennt, was sie hält, lässt auf ein frühes Stadium der Zeichnerin schließen. Für die französische Hauptstadt spricht auch eine weitere Tänzerin in diesem Skizzenbuch, die frivol ihr langes Tanzbein unter dem kurzen Röckchen schwingt (Abb. 336), und die im Hintergrund von einigen Herren in Zylinder und Frack mit offenem Munde bestaunt wird.

Am Montmartre existieren in Paris verschiedene Tanzlokale und Gaststuben, die beliebte Treffpunkte der Künstler und Ausflügler sind, wie z. B. *La Mère Catherine* seit 1793.

Tänzerinnen in Ballett und Varieté zeigen in ihrem künstlerischen Werk unter anderem auch Edgar Degas (1834–1917) und Henri Toulouse-Lautrec (1864–1901).

371

KAT.-NR. 87

Alexandra von Berckholtz
Pferderennen
Bleistift auf Papier
21,7 × 13,5 cm
Skizzenbuch

Stadtarchiv Offenburg Inv.-Nr. 26/21/025

Lit.: unveröffentlicht

Toulouse-Lautrec widmet sich auch dem Motiv des Pferderennens, wie z. B. auf dem Aquarell *Le Galop d'essai* (51,5 × 36,3 cm, 1899, Privatbesitz), auf dem sich zwei Jockeys als Rückenfiguren auf ihren springenden Pferden halten. Auch Alexandra von Berckholtz nimmt auf einem Blatt einen Mann zu Pferd und zwei an einem Hindernisrennen beteiligte Reiter auf, die gerade von ihren Rössern stürzen. 1858 wird die Galopprennbahn in Iffezheim bei Baden-Baden auf Initiative des Pächters der Spielbank Édouard Bénazet angelegt und entwickelt sich bald zu einem Zentrum des Rennsports.

Alexandra könnte ihre Zeichnung aber auch in Paris im Bois-de-Bologne aufgenommen haben, wo ebenfalls der Künstler Jean-Louis Forain (1852–1931) regelmäßig verkehrt und malt, wie z. B. ein Pferderennen in Öl auf Leinwand (54 × 65,5 cm, 1888, Staatliches Museum für Bildende Künste AS Puschkin Moskau). Der Impressionist Forain, der zu seiner Zeit seine Werke häufig im Pariser Salon präsentiert, ist mit Claude Monet, Édouard Manet (1832–1883) und Edgar Degas eng befreundet. Nahezu in der Mittelachse und inmitten einer Menschenmenge sitzt ein Jockey im orangefarbenen Dress auf seinem Pferd, links rahmt eine sitzende elegante Dame das Bildfeld und rechts ein vornehmer Herr in Anzug, Zylinder und Gehstock, mit dem Wettschein in der Hand.

Lit.: www.baden-racing.com, 2. August 2016.

Abb. 336 – Alexandra von Berckholtz, Tänzerin, Bleistift auf Papier, 21,7 × 13,5 cm, Skizzenbuch, StAO Inv.-Nr. 26/21/025.

373

KAT.-NR. 88

Alexandra von Berckholtz
WIRTSHAUSSZENE MIT SCHANKMÄDCHEN
Bleistift auf Papier
13,5 × 21,7 cm
Skizzenbuch

Stadtarchiv Offenburg Inv.-Nr. 26/21/025

Lit.: unveröffentlicht

Auf diesem Blatt haben wir es ebenfalls mit einer für Alexandras Werk ungewöhnlichen Motivik zu tun. Die Wirtshausszene ist eines der Themen der Genremalerei, als Treffpunkt der Bauern, Ort des Kartenspiels oder Lokalität des Feierns. Derbheiten, wie z. B. Schlägereien, kommen – im Gegensatz zur niederländischen Genremalerei, die bisweilen auch das biblische Gleichnis vom verlorenen Sohn oder die Tugenden und Laster mit einbezieht – nicht vor und werden lediglich angedeutet, wie z. B. auf dem Gemälde *Konzert in der Brasserie (Die Bierkellnerin)* von Édouard Manet (Öl auf Leinwand, 91,7 × 77,5 cm, um 1878–80, National Gallery London). In einem Pariser Café Concert dominiert eine stämmige Bedienung mit ihren Bierkrügen in der Hand das Bildfeld, während sich im Hintergrund eine Tänzerin auf der Bühne bewegt, die ein am Tresen sitzender Arbeiter beobachtet. Gegenüber dem Impressionisten lehnt sich August Vischers Werk *Störenfriede* (Öl auf Leinwand, 56 × 45 cm, 1855, Privatbesitz) hingegen in Kolorit und Figurenzeichnung an das holländische Interieurbild an und führt den Betrachter auch in ein Wirtshaus. In diesem springt gerade ein Mann mittleren Alters an einem Tisch auf, mit der Gabel in der Linken und einem Weinkrug in der Rechten. Beides erhebt er derart, als ob er dies nach einem außerhalb des Bildfeldes Befindlichen werfen wolle.

Auch Alexandra von Berckholtz deutet eine mögliche Handlung an, deren Ausgang vom Kopf des Betrachters abhängt. In einem Wirtshaus sitzen an einem Tisch zwei Herren, von denen der rechts Befindliche seinen Arm um die Taille eines Schankmädchens gelegt hat, das daraufhin den Kaffee nicht in die Tasse, sondern auf die Oberfläche des Tisches gießt. Die beiden Männer lächeln die junge Frau direkt an, die gerade nicht weiß, wie ihr geschieht. Betrachten wir uns die männliche Kleidermode etwas genauer. Die Männer tragen Weste und Jackett, unter dessen Ärmeln die Manschetten des Hemdes hervortreten, das einen versteiften Stehkragen, den sogenannten „Vatermörder" aufweist. Hemdkragen werden erst in den 1840er Jahren über die Krawatte geschlagen und Halstücher bis dato mit einem Knoten oder in bestimmten Schleifen gebunden. Anleitungen liefern mit Bildtafeln Journale der Zeit, wie z. B. die *Wiener Theaterzeitung*. Die Art der Halsbinde der beiden Männer aus dem Caféhaus befindet sich nicht unter diesen salonfähigen Kombinationen. „Die Art, die Krawatte umzulegen, konnte aber auch sichtbarer Ausdruck der Opposition gegen Spießbürgertum und Philistertum sein." (Thiel, 2000, S. 314) Die Männer auf dem Bild tragen beide einen Schnurrbart, der in den 1820er bzw. 1830er Jahren modern wird, was eine Einordnung der Zeichnung aus Alexandras undatiertem Skizzenbuch erlaubt. Der Oberlippenbart gilt zunächst als Symbol revolutionärer Gesinnung, und noch 1846 werden Beamte in Preußen verhaftet, wenn sie ihn tragen.

Durch ihre Besuche in der Galerie Karlsruhe ist Alexandra von Berckholtz sicherlich das Gemälde *Lockere Gesellschaft* von Jan van Hemessen (Abb. 337) bekannt, in dessen Vordergrund sich eine vergleichbare Szenerie abspielt, in der nicht zwei Männer einer Frau, sondern zwei Frauen einem Mann nachstellen. Die Karlsruher Bordellszene zeigt – nach Bertram Kaschek – einen Jedermann, dem sich eine junge Prostituierte zuwendet, die ihm eine diabolisch und monströs lachende Kupplerin vermittelte. Die Gestik seiner rechten Hand verrät Abwehr, während die andere Hand auf dem Tisch ruht. Ähnlich gespreizte Finger zeigt die Kupplerin rechts daneben, die einen Krug mit sich führt und zum Trunk auffordert.

Abb. 337 – Jan van Hemessen, Lockere Gesellschaft, Öltempera auf Eichenholz, 83 × 111,5 cm, um 1540, Staatliche Kunsthalle Karlsruhe Inv.-Nr. 152.

Stellt man die Bilder von Alexandra von Berckholtz und Jan van Hemessen nebeneinander, so ergibt sich eine analoge und beinahe zusammenhängende Struktur der Auf- und Abwärtsbewegung. Durch ihren Stand im Raum liegt bei Alexandras Schankmädchen die situationale Entscheidungsbefugnis, aber auch bei Hemessen sind die Frauen Herrinnen der Lage. Hat Alexandra von Berckholtz etwa das niederländische Sittenbild aus Karlsruhe in ihre Zeit und in ein Wiener Kaffeehaus transferiert?

Lit.: Schneider, 2004, S. 316–319; Martin, Barbara: Der bärtige Mann. Handbuch zur Geschichte des Bartes. Berlin 2010; Thiel, 2000, S. 311–316; Kaschek, Bertram: Das kunsttheoretische Bordell. Metamalerei bei Jan van Hemessen. In: Münch, Birgit Ulrike und Müller, Jürgen (Hg.): Peiraikos' Erben. Die Genese der Genremalerei bis 1550. Wiesbaden, 2015, S. 359–390.

KAT.-NR. 88

KAT.-NR. 89

Alexandra von Berckholtz
CHILLON
Bleistift auf Papier
14 × 21,6 cm
Links unten beschriftet *Chillon 5 Oct. 1875.*
Skizzenbuch von 1875/76

Stadtarchiv Offenburg Inv.-Nr. 26/21/022
Lit.: unveröffentlicht

Während einer Schweizreise mit ihrer Familie besucht Alexandra von Berckholtz erstmals am 8. August 1842 das Schloss Chillon, das die Künstlerin zu diesem Zeitpunkt in einer Totalen mit dem Genfer See im Vordergrund abbildet (Abb. 168). Den Genfer See – 1444 erstmals auf dem *Wunderbaren Fischzug* von Konrad Witz dargestellt – entdeckt auch Gustave Courbet in seiner realistischen Malerei in freier Natur als persönlichen Bildgegenstand. Der revolutionäre Maler lebt vom 23. Juli 1873 bis zu seinem Tod im Schweizer Exil in La Tour-de-Peilz in der Nähe des Wasserschlosses, von dem mindestens sechs Gemälde in Öl auf Leinwand bekannt sind, die während der 1870er Jahre in unterschiedlichen Perspektiven und Kadrierungen entstehen, und die sich im *Musée des Beaux-Arts* Belfort, *Wallraf-Richartz-Museum & Fondation Corboud* Köln, *Musée Gustave Courbet* Ornans, *Musée d'art et d'histoire* Genf und in Privatbesitz befinden. Seine extremste Totale zeigt Chillon am Ufer des Genfer Sees idyllisch im Mittelgrund des Bildes gelegen und eingebettet zwischen den im Hintergrund befindlichen Bergen (Abb. 338).

11

Chillon 5 Oct 1875.

KAT.-NR. 90

Alexandra von Berckholtz
CHILLON
Aquarell über Bleistift
14 × 21,6 cm
Links unten beschriftet *Chillon 5 Oct. 1875.*
Skizzenbuch von 1875/76

Stadtarchiv Offenburg Inv.-Nr. 26/21/022

Lit.: unveröffentlicht

Zwei weitere Ansichten des Schlosses am Ostufer des Genfer Sees zeichnet Alexandra von Berckholtz dreiunddreißig Jahre später, am 5. Oktober 1875. Die eine nimmt sie aus der Distanz, von einem erhöhten Standpunkt aus und mit Blick über den See auf. Die andere ist der Gegenschuss auf das Schloss in näherer Ansicht und mit einer sitzenden weiblichen Staffagefigur rechts im Vordergrund. An dieser Stelle entstanden 1255 mit drei Türmen die ersten Baukörper der Wasserburg, die bis in das 18. Jahrhundert mehr und mehr ausgebaut und im 19. Jahrhundert beinahe als Steinbruch für den Eisenbahnbau verwendet wurde. Heute verfügt die von 1897 bis 1934 restaurierte Anlage über drei Innenhöfe mit insgesamt 25 Gebäuden.

Lit.: Chapuisat, Jean-Pierre und Walliser, Eileen: Das Schloss Chillon VD. Schweizerische Kunstführer, Nr. 113. Hg. Gesellschaft für Schweizerische Kunstgeschichte. Bern 1989.

Abb. 338 – Gustave Courbet, Chillon, von Weitem gesehen, Öl auf Leinwand, 65,5 × 98,5 cm, links unten datiert und signiert *76/G. Courbet*, 1876, Musée d'art et d'histoire Genève Inv.-Nr. 1990-0038.

Chillon 5 Oct. 1875.

KAT.-NR. 91

Alexandra von Berckholtz
THUNERSEE
Aquarell über Bleistift
12 × 18,9 cm
Skizzenbuch von 1875

Stadtarchiv Offenburg Inv.-Nr. 26/21/021

Lit.: unveröffentlicht

Auf ihrer Schweizreise besucht Alexandra von Berckholtz auch den Thunersee im Berner Oberland, was der Vergleich dieser beiden zart aquarellierten Bergketten mit den geografischen Gegebenheiten bestätigt. Die rosé-rötliche Färbung der Felshänge evoziert eine Abendrotstimmung, dem jedoch das Tageslicht des Himmels mit seinen Wolkenbergen widerspricht. Die Künstlerin blendet die Orte und Architekturen im Vordergrund aus und konzentriert sich rein auf das Bergmassiv des Niesen (2.362 m), Stockhorn (2.190 m) und Niederhorn (1.950 m), das mit seinem Panoramaweg bis heute ein beliebtes Ziel für Wanderer ist.

22

KAT.-NR. 92

Alexandra von Berckholtz
BERGPANORAMA AM VIERWALDSTÄTTERSEE
Aquarell über Bleistift
12 × 18,9 cm
Skizzenbuch von 1875

Stadtarchiv Offenburg Inv.-Nr. 26/21/021

Lit.: unveröffentlicht

Der Tourismus in der Schweiz beginnt bereits im 18. Jahrhundert im Zusammenhang mit der Grand Tour, der ausgedehnten Bildungsreise junger Adeliger durch Europa, sowie der Mythisierung der kulturellen Werte des Landes und seiner Gründungslegende vom Rütlischwur. Eine erste romantische Rezeption der Gebirgswelt bedeutet das Gedicht *Die Alpen* (1729) Albrecht von Hallers (1708–1777), der 1728 erstmals die Schweiz besucht und sie in ihrer Verkörperung der Wildnis und Freiheit als idealen und unverbrauchten Lebensraum des Menschen betrachtet. Zur Popularisierung des Bergtourismus tragen auch zahlreiche Künstler durch ihre Bildwerke bei. Carl Kuntz (1770–1830) – der Vater des mit Alexandra von Berckholtz bekannten Rudolph Kuntz – bereist 1791 die Schweiz im Auftrag des Stechers Johannes Pfenniger aus Zürich, um für ein Mappenwerk Kupferstichvorlagen mit Schweizer Ansichten zu malen. Caspar Wolf (1735–1783) wandert für den Berner Verleger Abraham Wagner durch die Alpen und erstellt im Gebirge zahlreiche Ölskizzen, aus denen später bis 1779 über 150 Gemälde entstehen, die er nach deren Fertigstellung ins Gebirge trägt, um ihre Authentizität zu überprüfen und Fehlstellen zu korrigieren, wie z. B. bei *Blick von der Bränisegg über den Unteren Grindelwaldgletscher und das Fischerhornmassiv* (Öl auf Leinwand, 54 × 76 cm, 1776/1777, Museum Oskar Reinhart Winterthur).

Die in Text und Bild aufgeführte Ästhetik und Wildheit der Natur löst das Bedürfnis in den Reisenden aus, die Bergwelt auch durch die eigene sportliche Leistung selbst zu bezwingen. 1811 wird mit der Jungfrau der erste Berg in der Schweiz erklommen. Ab den 1830er Jahren öffnen für die Unterbringung der Alpinisten zahlreiche Hotels in den Städten, wie z. B. 1834 in Genf das *Hôtel de Bergues*, und Verleger bieten zur besseren Vorplanung der Routen Reiseführer an, wie z. B. Karl Baedeker (1801–1859). Eine erste Pauschalreise in die Schweiz führt 1863 Thomas Cook durch.

Lit.: Schärli, Arthur: Höhepunkt des schweizerischen Tourismus in der Zeit der Belle Epoque unter besonderer Berücksichtigung des Berner Oberlandes. Bern 1984; Candaux, Jean-Daniel, Cernuschi, Alain, Lütteken, Anett et al. (Hg.): Themenheft / Cahier thématique / Quaderno tematico Nr. 1. Albrecht von Haller zum 300. Geburtstag. Ebmatingen 2008; Maringer, 2008, S. 341–342.

Abb. 339 – Alexandra von Berckholtz, Thun, Bleistift auf Papier, 14 × 21,6 cm, links unten beschriftet *Thun. 23 Aug. 1875. Von Jakobs (...)*, oberhalb beschriftet *Niesen*, Skizzenbuch von 1875, StAO Inv.-Nr. 26/21/021.

24

KAT.-NR. 93

Alexandra von Berckholtz
FELSENINSEL
Aquarell über Bleistift
12 × 18,9 cm
Skizzenbuch von 1875

Stadtarchiv Offenburg Inv.-Nr. 26/21/021

Lit.: unveröffentlicht

Die Umgebung des Vierwaldstättersees kennzeichnet sein markantes Bergpanorama mit dem Pilatus (2.128 m), dem Bürgenstock (1.127 m) und dem Rigi. Auf dem Gipfel des Rigikulm zeichnet Alexandra von Berckholtz die dortige Aussicht (Abb. 178). Sie besucht auch den Kurort Weggis (Abb. 175) und unternimmt sicherlich eine Schifffahrt auf dem See – seit 1837 verkehren hier Dampfschiffe – während der sie mit flinkem Bleistiftstrich diese Felseninsel skizziert (Abb. 340) haben könnte, als sie diese gerade passierte. Den bewaldeten Felsen, dessen hellgrünes Laub sich in der türkisblauen Oberfläche des Sees spiegelt, malt Alexandra von Berckholtz erneut in einem Aquarell, das sie noch durch die Staffage eines Bootes in der rechten Bildhälfte ergänzt, in dem zwei Figuren andeutungsweise erkennbar sind.

Der Vierwaldstättersee wird auch auf den Werken des in Vevey geborenen Malers Alexandre Calame (1810–1864) zum Bildgegenstand, der seit 1835 seine Landschaftsbilder aus der Schweiz in Paris und Berlin auf Ausstellungen präsentiert. Eines dieser Bilder ist eine Ansicht eines Teils des Urnersees, eines zehn Kilometer langen Armes des Vierwaldstättersees (Am Urnersee, Öl auf Leinwand, 194 × 260,5 cm, 1849, rechts unten bezeichnet *A. Calame fc. Genève*, Kunstmuseum Basel Inv.-Nr. 2243). Diesen stellt auch Jakob Joseph Zelger (1812–1885) dar, der denselben Lehrer wie Calame in Genf hatte – François Diday (1802–1877) – und Landschaftsveduten für englische Touristen malte, von denen sogar Königin Victoria acht erstand – sechs Ölgemälde und zwei Aquarelle – die sie an ihren dortigen Aufenthalt in der Pension Wallis auf dem Gütsch 1868 erinnern sollten (z. B. Aussicht vom Pilatus auf die Gletscher des Berner Oberlandes, Öl auf Leinwand, 42,2 × 66,2 cm, im Besitz Ihrer Majestät Königin Elizabeth II., Royal Collection Trust Inv.-Nr. RCIN 406309). Zelgers Gemälde *Der Urnersee* (Öl auf Leinwand, auf Karton aufgeklebt, 33 × 42 cm, Aargauer Kunsthaus Aarau Inv.-Nr. 37672) zeigt einen mit Büschen bewachsenen Felsen links im Vordergrund und im Anschnitt, der der Insel auf Alexandra von Berckholtz' Aquarell äußerst ähnelt.

Lit.: www.vierwaldstaettersee-info.de/, 3. August 2016; Bilder vom Vierwaldstättersee. Hg. v. Peter Fischer und Christoph Lichtin. Ausst.-Kat. Luzern 2006, S. 13, Nr. 21, Abb.; Rambert, Eugène: Alexandre Calame. Sa vie et son œuvre d'apres les sources originales. Paris 1884, S. 404–408, 548, Nr. 219.

Abb. 340 – Alexandra von Berckholtz, Skizze Felseninsel, Bleistift auf Papier, 12 × 18,9 cm, Skizzenbuch von 1875, StAO Inv.-Nr. 26/21/021.

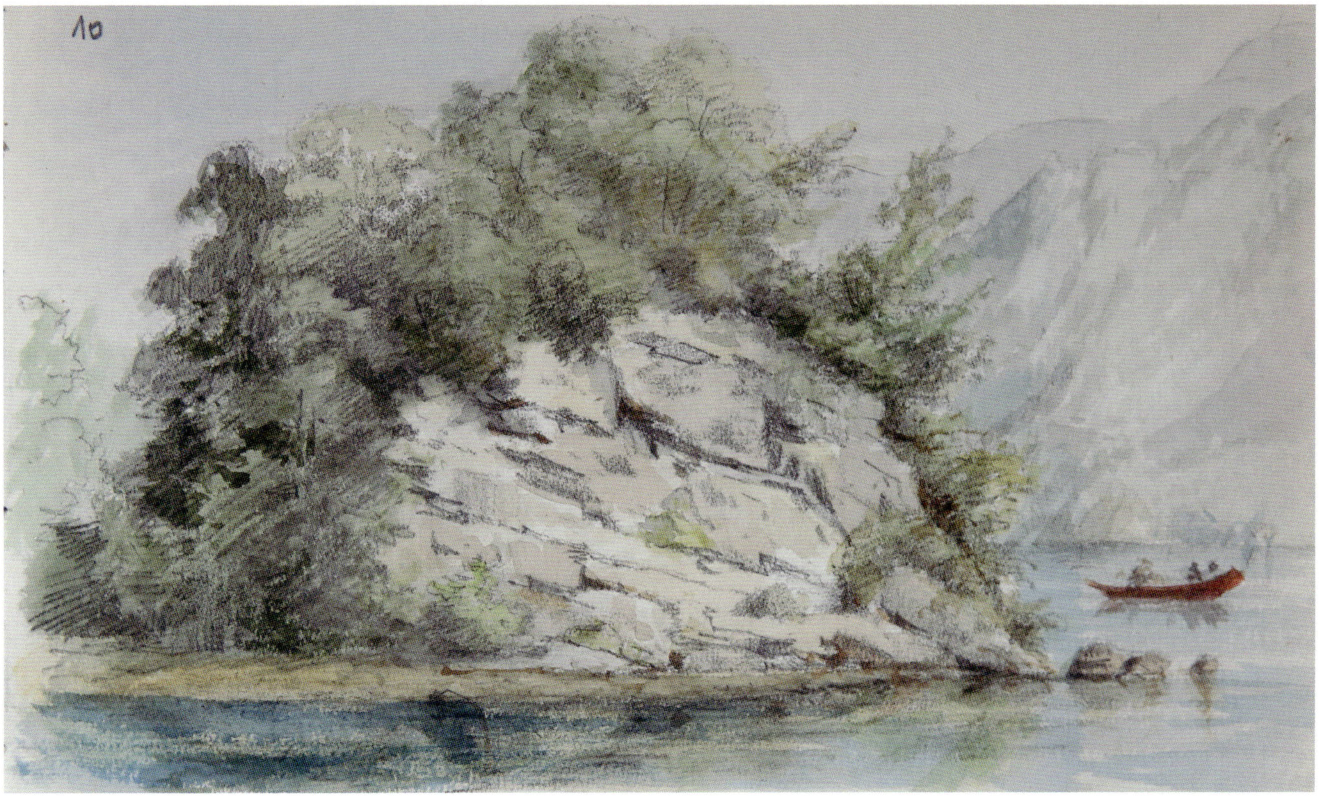
10

KAT.-NR. 94

Alexandra von Berckholtz
GEBIRGE
Bleistift auf Papier
13,5 × 10,9 cm
Skizzenbuch von 1866

Stadtarchiv Offenburg Inv.-Nr. 26/21/020

Lit.: unveröffentlicht

Alexandra von Berckholtz' Skizzenbuch von 1866 demonstriert eine stilistisch und motivisch völlig neue Umsetzung. Die Zeichnungen sind mit einem dominanten schwarzen Strich realisiert und erscheinen durch die Dichte der breiten Striche recht dunkel und schwer. Es findet sich zudem kein einziges Porträt in diesem Skizzenbuch, in dem der inhaltliche Focus ausschließlich auf der Landschaft liegt. Alexandra von Berckholtz lebt ab 1863 in München, wo sie dem Kreis um den Malerfürsten Franz von Lenbach angehört, der ebenfalls die Malerei in freier Natur favorisiert. Eventuell ist die Zeichnung dieser Gebirgsformation in der Umgegend von München entstanden.

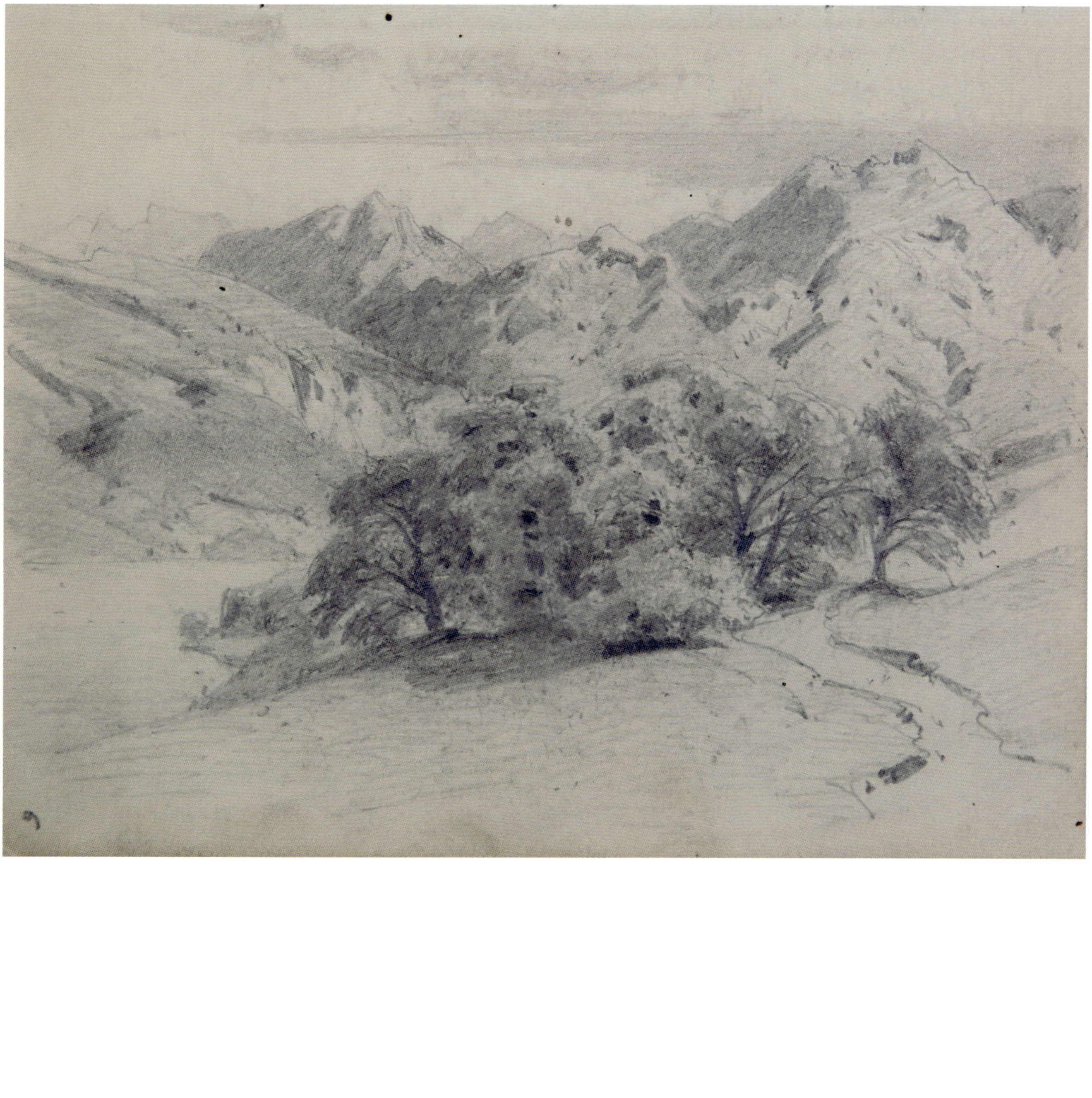

KAT.-NR. 95

Alexandra von Berckholtz
WALD
Bleistift auf Papier
13,5 × 10,9 cm
Skizzenbuch von 1866

Stadtarchiv Offenburg Inv.-Nr. 26/21/020

Lit.: unveröffentlicht

Auch Waldpartien gehören in den Motivkanon der Freilichtmalerei, die die Künstler der Münchner Schule praktizieren. Ihr Vorbild ist die Schule von Barbizon und einer ihrer Maler, der den akademischen Zwängen und Bauprinzipien des Atelierbildes entflieht, Camille Corot (1796–1875). Seine Waldszene *Parc de Liones in Pont-Marly* (Öl auf Leinwand, 81 × 65 cm, 1872, Museo Thyssen-Bornemisza Madrid) zeichnet sich wie die hier vorliegende ebenfalls durch hohen und dichten Baumbestand aus, die Corot noch durch drei winzige Staffagefiguren ergänzt.

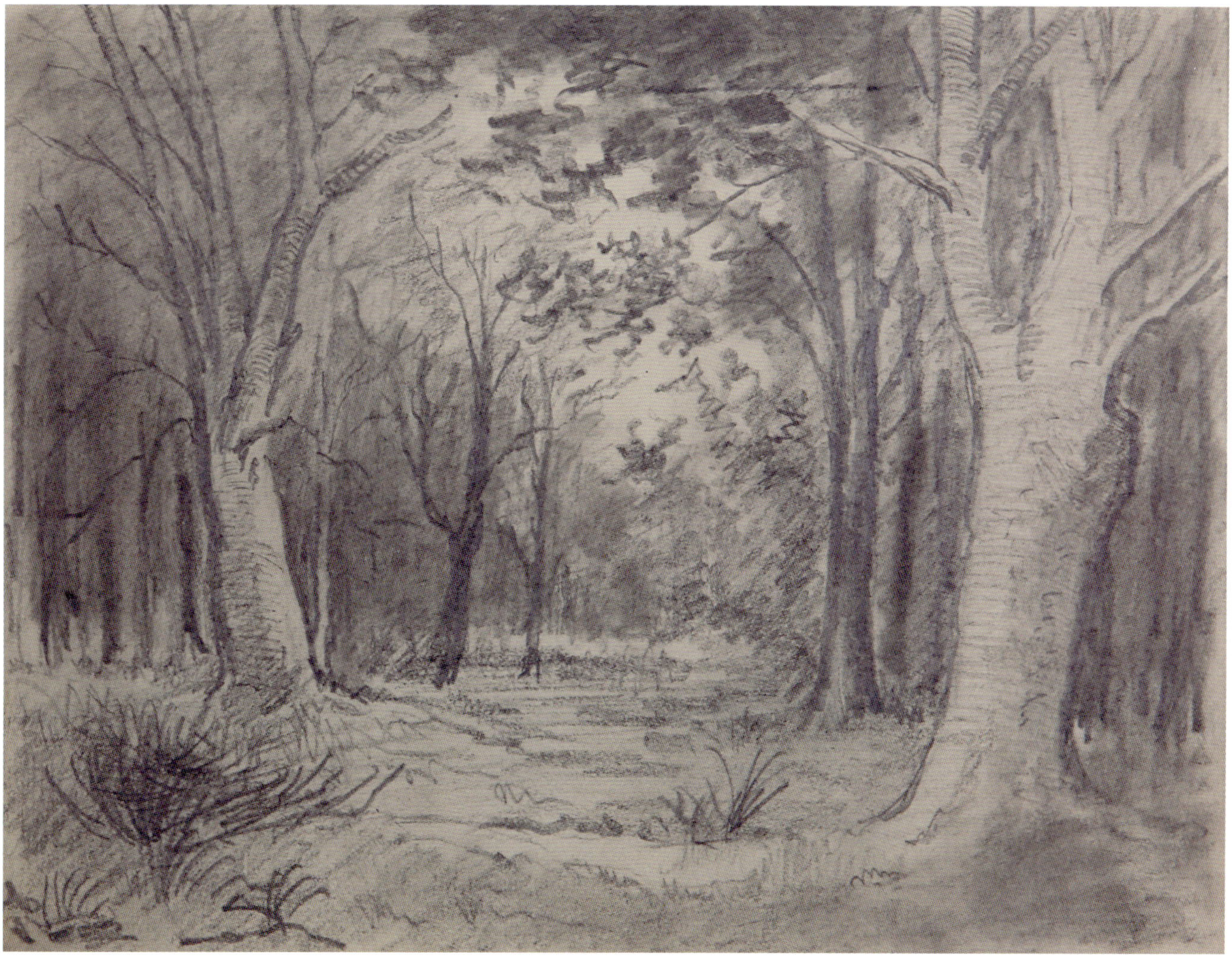

KAT.-NR. 96

Alexandra von Berckholtz
Felsküste
Bleistift auf Papier
13,5 × 10,9 cm
Skizzenbuch von 1866

Stadtarchiv Offenburg Inv.-Nr. 26/21/020

Lit.: unveröffentlicht

Diese gewaltige Felswand gleicht derer von Étretat in der Normandie, ein im 19. Jahrhundert beliebter Ort bei Landschaftsmalern, wie z. B. bei Gustave Courbet, der hier *Die Steilküste von Étretat nach dem Gewitter* (Öl auf Leinwand, 133 × 162 cm, 1870, links unten signiert und datiert *70. Gustave Courbet*, Musée d'Orsay Paris Inv.-Nr. MNR 561) in einem Ölgemälde porträtiert. Ein Aufenthalt Alexandra von Berckholtz' in der Normandie ist möglich, aber bislang unbekannt.

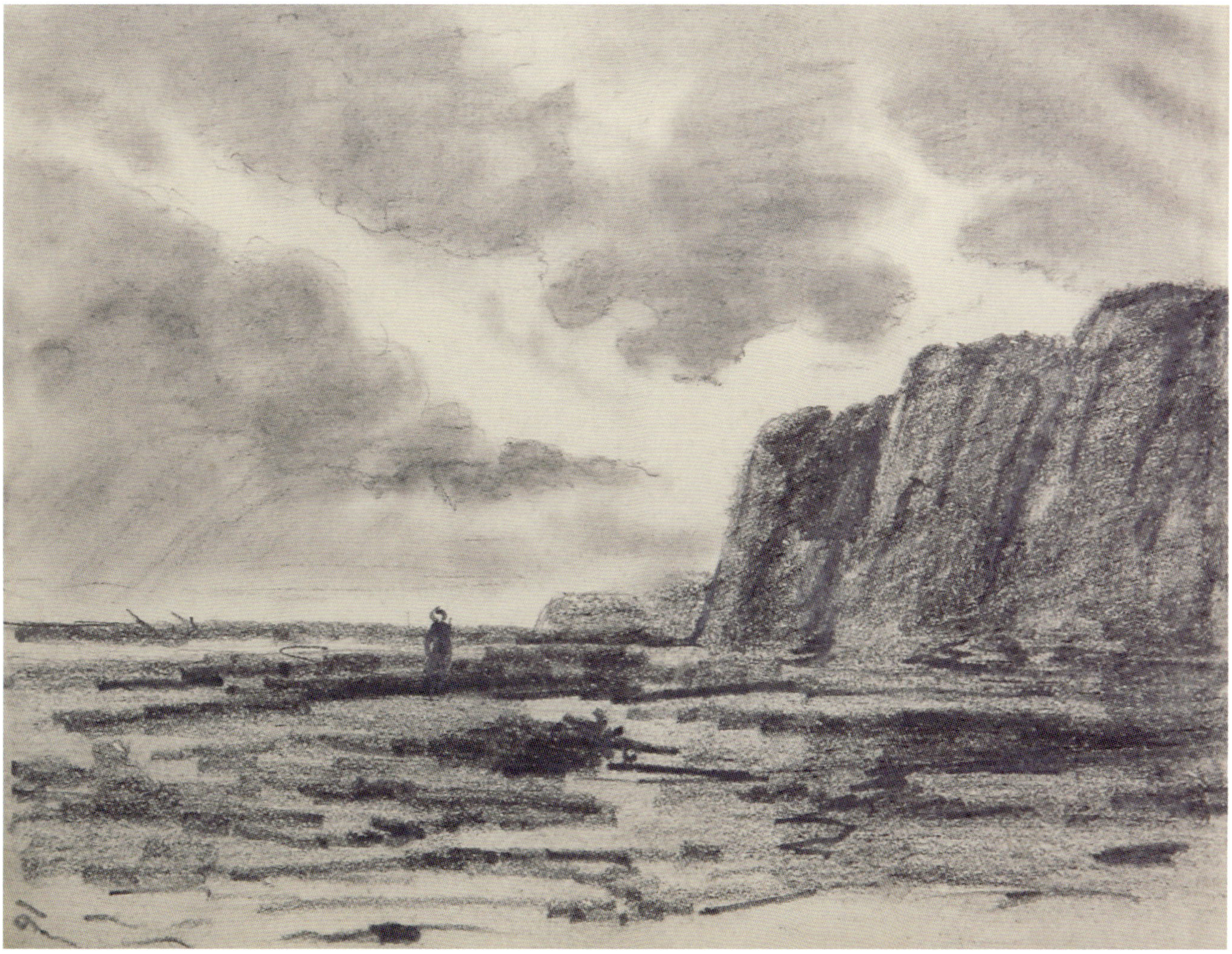

KAT.-NR. 97

Alexandra von Berckholtz
CAMPAGNALANDSCHAFT
Bleistift auf Papier
13,5 × 10,9 cm
Skizzenbuch von 1866

Stadtarchiv Offenburg Inv.-Nr. 26/21/020

Lit.: unveröffentlicht

Ebenso unbekannt ist die Tatsache einer Italienreise der Künstlerin. Ihre Studienjahre verbrachte sie – im Gegensatz zu anderen zeitgenössischen Malern, die üblicherweise nach Italien gingen – in Paris. Diese Campagnalandschaft könnte nach der Vorlage eines Deutschrömers entstanden sein, z.B. nach Ernst Willers (1802–1880), der sich ab 1864 in München aufhält, nachdem er 26 Jahre lang in Rom lebte und arbeitete, wo viele Landschaftsszenen aus der Campagna entstanden, wie z.B. *Aquädukt in der Campagna di Roma* (Öl auf Holz, 37,5 × 62,5 cm, signiert und datiert unten links *E. Willers Roma 1839*, Privatbesitz).

Lit.: Gutgesell, Bd. 1, 2014, S. 157–169.

Abb. 341 – Alexandra von Berckholtz, Felsen im Wasser, Bleistift auf Papier, 13,5 × 10,9 cm, Skizzenbuch von 1866, StAO Inv.-Nr. 26/21/020.

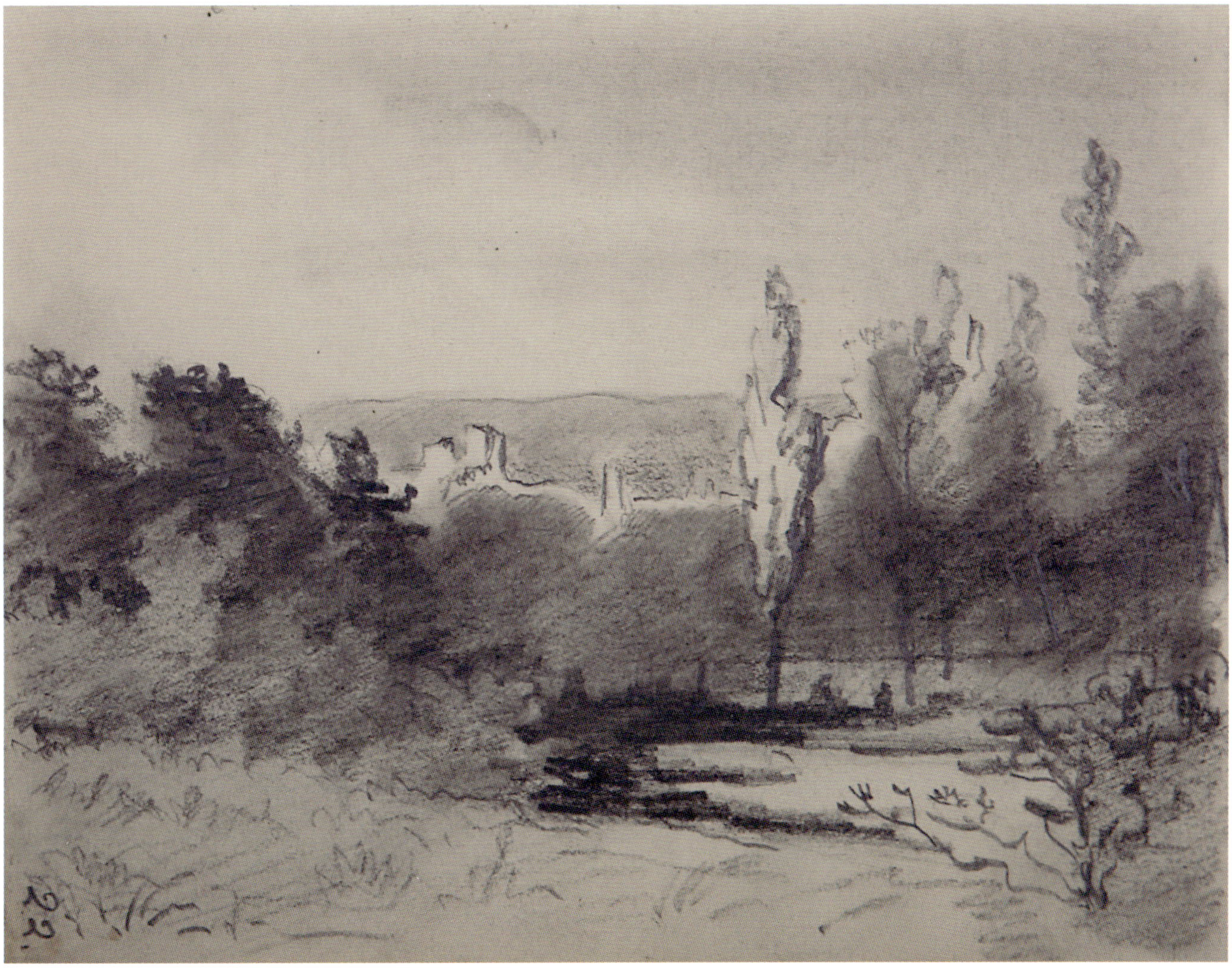

KAT.-NR. 98

Alexandra von Berckholtz
ABTEI
Bleistift auf Papier
13,5 × 10,9 cm
Skizzenbuch von 1866

Stadtarchiv Offenburg Inv.-Nr. 26/21/020

Lit.: unveröffentlicht

Wo könnte sich diese Abtei mit ihrer doppeltürmigen Klosterkirche befinden, die Alexandra von Berckholtz in gleich drei Zeichnungen aus unterschiedlichen Perspektiven vorstellt? Die landschaftliche Umgebung lässt auf den Chiemsee schließen, wo ab 1829 eine Künstlerkolonie besteht, in deren Mitgliederlisten Alexandras Name jedoch nicht auftaucht. Das dortige Kloster Frauenwörth charakterisiert eine differente Architektur mit einem einzelnen, frei stehenden polygonalen Turm mit Zwiebeldach.

„Der Reiz des kleinen Eilands lag damals wie heute im Einklang von Naturschönheit mit den frühen Zeugnissen der Kulturgeschichte. Die bewegte Linie der Kampenwand mit der harmonischen Abfolge der blauen Berge am Horizont, die spiegelnde Weite des Sees, die Klarheit der Luft und die Helligkeit des Lichts bilden das Bühnenbild für das alte Kloster mit dem markanten Turm." (Negendanck, 2008, S. 13) 1803 kommt es durch die Säkularisation zur Schließung des Klosters, dessen wirtschaftlicher Niedergang die ansässigen Fischer und Handwerker in eine hohe Armut stürzt. Daher sieht man die auf der Insel lebenden Künstler – im Oktober 1836 waren es bereits 26 – als Bereicherung und auch als willkommene Einnahmequelle. 1837 wenden sich die noch im Kloster lebenden zwei Nonnen und drei Frauen an den bayerischen König Ludwig I. mit der Bitte um Wiederaufbau der Abtei, in der daraufhin ein Mädchengymnasium eingerichtet wird.

Nachdem sie sich tagsüber ihren Gemälden widmen, finden sich die Künstler zu den Mahlzeiten und am Abend zu geselliger Runde nach dem Vorbild und den Riten der Ponte-Molle-Gesellschaft zusammen, die Max Haushofer, der Gründungsvater der Kolonie im Chiemsee, aus Rom importierte. Die Entstehung der Künstlerkolonien im 19. Jahrhundert definiert Ruth Negendanck vor dem Hintergrund der internationalen Vernetzung daher zu Recht als „europäische Idee". Ihre Motive hingegen nehmen die Maler aus den Gegebenheiten vor Ort. Am Chiemsee sind dies die Landschaft, die Tracht, das Landhaus, der Kuhstall oder das Boot auf dem See.

Äußerst ähnlich ist eine weitere Zeichnung aus Alexandras Skizzenbuch von 1866 einer angestrengt und konzentriert Rudernden (Abb. 342) mit der Szene des Chiemsee-Malers Josef Wopfner (1843–1927) *Heuboot im Sturm auf dem Chiemsee* (Tusche über Bleistift auf grau-gelbem Papier, 25,1 × 18 cm, rechts unten signiert und datiert *J. Wopfner / 1887*, Museum Georg Schäfer Schweinfurt Inv.-Nr. MGS 699A). Beide Künstler setzen Tusche und Bleistift ein, was die düstere Atmosphäre unterstreicht.

1841 erleichtert die Erfindung der Tube die Plein-air-Malerei, die einen praktischeren Gebrauch der Ölfarben in der Malerei in freier Natur erlaubt, deren Vorbereitung zuvor nur im Atelier möglich war, und die in Wachstuchbeuteln transportiert leicht austrockneten.

Lit.: Negendanck, 2008; Bertuleit, Sigrid Sylfide: Ein Halleluja auf die Landschaft. Denk ich an Bayern... In: Schweinfurt, 2013 (2), S. 17–27; Schweinfurt, 2013 (2), S. 198–199, Kat.-Nr. 86; Häussermann, Ulrich: Die Fraueninsel im Chiemsee. Frauenwörth 1970.

Abb. 342 – Alexandra von Berckholtz, Rudernde Frau, Bleistift auf Papier, 13,5 × 10,9 cm, Skizzenbuch von 1866, StAO Inv.-Nr. 26/21/020.

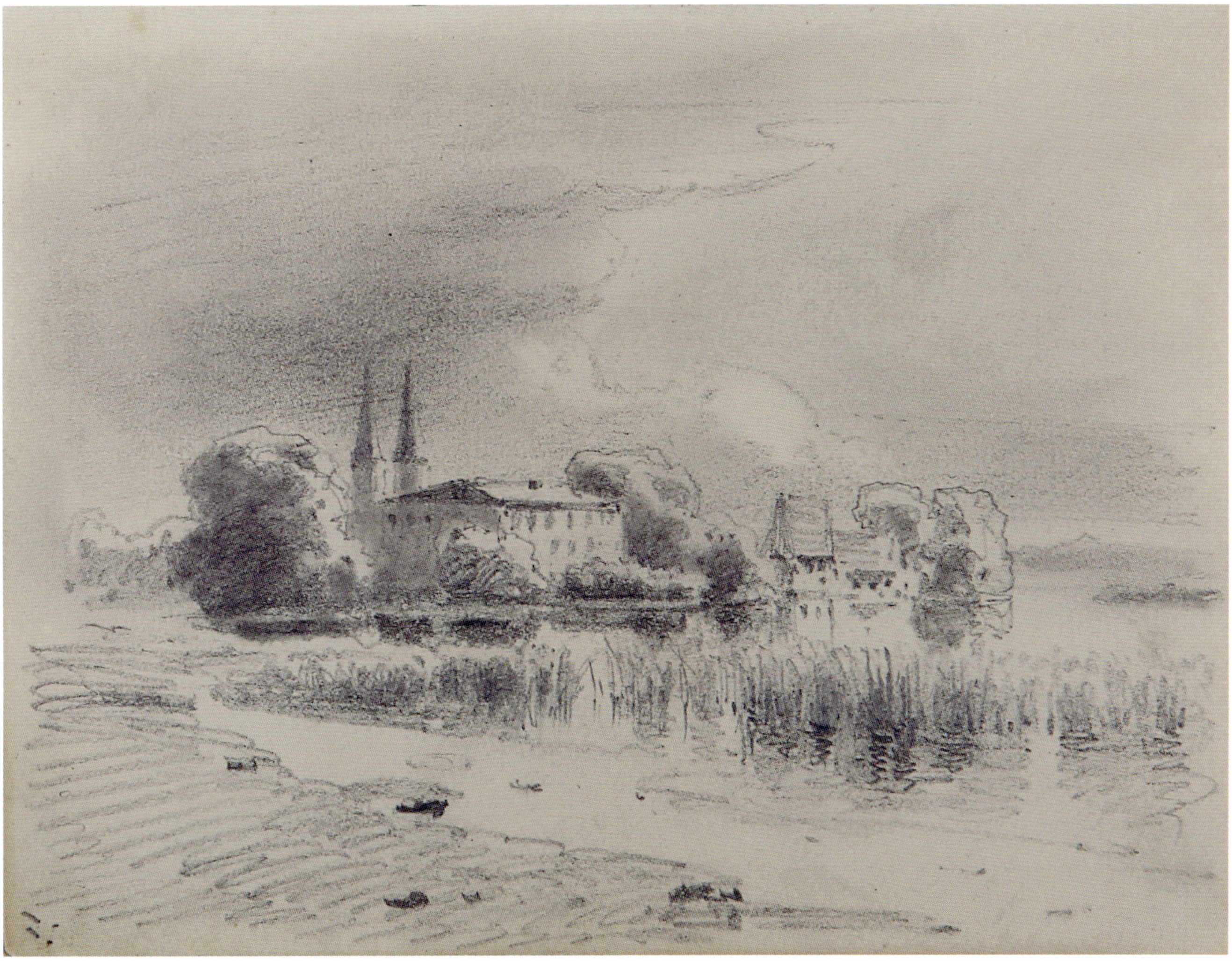

KAT.-NR. 99

Alexandra von Berckholtz
KAKTUSFEIGE
Aquarell auf Papier
15 × 22,7 cm
Unterhalb beschriftet *Nizza. 15 Dec. 1876. Figues d'Amerique.*
Skizzenbuch von 1876/77

Stadtarchiv Offenburg Inv.-Nr. 26/21/023
Lit.: unveröffentlicht

Ab Oktober 1876 verbringt Alexandra von Berckholtz den Winter in Nizza. Ab dieser Zeit beschäftigt sie sich in ihrem künstlerischen Werk vermehrt auch mit dem Stillleben und malt Skizzen verschiedener Früchte, wie z. B. eine Paprika (Abb. 44), Feigen und Mandarinen (Abb. 343), eine Kaktusfeige und eine Zitrone aus dem Garten der Villa Bermond, wie die Beschriftung des Blattes angibt. Die Villa ist seit den 1860er Jahren Aufenthaltsort der russischen Zarenfamilie. 1865 trifft Alexander II. dort Napoleon III. zu Verhandlungen. Wenig später, am 24. April, stirbt der Zarewitsch Nikolaus im Alter von 21 Jahren an einer Hirnhautentzündung. An der Stelle, an der sein Sohn verschied, lässt der Zar im Park der Villa Bermond von 1867 bis 1868 eine Kapelle errichten.

Nizza 15 Dec. 1876. Figues d'Amerique.

KAT.-NR. 100

Alexandra von Berckholtz
ZITRONE
Aquarell auf Papier
15 × 22,7 cm
Unterhalb beschriftet *Citron auf Villa Bermond.*
Skizzenbuch von 1876/77

Stadtarchiv Offenburg Inv.-Nr. 26/21/023
Lit.: unveröffentlicht

Wie den Blumen kommt auch den Früchten im Stillleben ab dem 16. Jahrhundert eine bestimmte ikonografische Bedeutung zu. Der Kern in der Walnusshälfte symbolisiert die göttliche Natur Christi, deren harte Schale das Holz des Kreuzes, der Apfel die Sünde, die Weintraube das Blut Christi, der Granatapfel die Wiederauferstehung oder die Kirsche das ewige Leben im Paradies. Früchte werden in der Regel nicht isoliert, sondern in Kombination miteinander präsentiert, wie z. B. auf dem Obststillleben von Jan Davidsz. de Heem (Öl auf Leinwand, 62,5 × 74 cm, um 1650, Privatbesitz) in einer Dreieckskomposition, die das Aufwärtsstreben des Menschen zum Himmel verkörpert. In pyramidaler Form sind auf einem steinernen Sims vor einer Wandnische rote und weiße Trauben an der Spitze angeordnet, in der Mitte der Granatapfel – der auch für die göttliche Liebe der Caritas steht – und an der Basis die Austern – Früchte des Meeres – und eine Zitrone, deren Schale herunterhängt, was dem abgerollten Lebensfaden gleichkommt. Die Zitrone hat bis in das 20. Jahrhundert auch ihren festen Platz im Brauchtum inne, ausgehend von einer ihr attribuierten medizinischen Wirkung der Linderung von Schmerzen oder „gegen alle Traurigkeit und Schwermütigkeit des Herzens und die Melancholey" (zit. Schwammberger, 1965, S. 75), wie es in dem Kräuterbuch (1588) des Tabernaemontanus (1522–1590) zu lesen ist. Ab der Pestzeit dient die Zitrone als Grabbeigabe, später findet sich zusätzlich ihre Verwendung im Kontext von Taufen und Hochzeiten. Die Kirchenbücher Egloffsteins im Landkreis Forchheim erwähnen beispielsweise 1735 die Tradition, dass der Pfarrer durch die Braut vor der Trauung ein Schnupftuch aus Seide und eine Zitrone geschenkt bekam.

Lit.: Svetchine, Luc, Gatier, Pierre-Antoine, Obolensky, Alexis und Hôte, Hervé: Les Églises russes de Nice. Arles 2010, S. 160–161; Schneider, Norbert: Wirtschafts- und sozialgeschichtliche Aspekte des Früchtestillebens. In: Baden-Baden, 1980, S. 266–292; Wieczorek, Uwe: Früchte- und Prunkstillleben. In: Wien, 2002, S. 246–252; Schwammberger, 1965.

Abb. 343 – Alexandra von Berckholtz, Feigen und Mandarine, Aquarell auf Papier, 15 × 22,7 cm, unterhalb beschriftet *Pension Rivoir. Nizza. Oct. 1876.*, Skizzenbuch von 1876/77, StAO Inv.-Nr. 26/21/023.

Citron Villa Bermond.

KAT.-NR. 101

Alexandra von Berckholtz
Fruchtstillleben mit gefülltem Weinglas nach Jan Davidsz. de Heem
Bleistift auf Papier
16,9 × 23,5 cm
Unterhalb beschriftet *Nr. 362 Dav. de Heem. Granatapfel. Crabben (...)*
Skizzenbuch von 1891

Stadtarchiv Offenburg Inv.-Nr. 26/21/024
Lit.: unveröffentlicht

Die detaillierte Beschriftung einer Bleistiftskizze und eines Aquarells im Skizzenbuch Alexandra von Berckholtz' von 1891, die zwei Inventarnummern beinhaltet, erlaubte eine Zuordnung zu den jeweiligen Originalen von Jan Davidsz. de Heem in der heutigen Staatlichen Kunsthalle Karlsruhe, wo die Malerin die beiden auch kopierte. Der im April 1606 in Utrecht geborene und 1683/84 in Antwerpen gestorbene de Heem ist einer der wesentlichen Maler des niederländischen Blumen- und Früchtestücks, dessen Tradition seine Söhne Cornelis und Jan Jansz. de Heem (1650–nach 1695) fortsetzen.

Seine Gemälde präsentieren botanisch exakt gezeichnete Blumen in kostbaren Vasen als Bouquets arrangiert oder zusammen mit wertvollen Gläsern im venezianischen Stil, die ab dem 16. Jahrhundert auch Manufakturen in den Niederlanden – à la façon de Venise – herstellen. Ein derartiges farbloses und geschliffenes Weinglas ist auch auf de Heems Karlsruher Gemälde Nr. 362 zu sehen, das die Markgräfin Prinzessin Karoline Luise von Baden-Durlach wohl im November 1762 für ihre Sammlung erwarb.

Alexandra von Berckholtz' Bleistiftzeichnung gibt genau die Kompositionsskizze des Werkes wieder. Auf einem Holztisch vor einer Mauer befinden sich von links nach rechts auf einem olivgrünen Tuch angeordnet Kirschen, ein aufgebrochener Gra-

natapfel, ein Pfirsich, Trauben, Garnelen, ein mit Weißwein gefülltes Glas und ein Zweig mit Feigen. „Die Komposition wird von Diagonallinien bestimmt. Ein imaginärer, großer Bogen umschließt die Früchte und das Glas (...) An einigen Stellen sind die braunen Linien einer Vorzeichnung zu sehen, z. B. beim Umriß der Kirschen, des linken Granatapfels, bei einigen Trauben und der Schale des Glases." (Utrecht/Braunschweig, 1991, S. 145)

Lit.: Utrecht/Braunschweig, 1991, S. 78 Abb., S. 144–145, Kat.-Nr. 13.

Abb. 344 – Jan Davidsz. de Heem, Fruchtstillleben mit gefülltem Weinglas, Öl auf Eichenholz, 35,4 × 53,3 cm, rechts oben bezeichnet *J. De heem f.*, Staatliche Kunsthalle Karlsruhe Inv.-Nr. 362.

35/51.

N° 362.
Dav. de Heem.

KAT.-NR. 102

Alexandra von Berckholtz
GIRLANDE VON BLUMEN UND FRÜCHTEN NACH JAN DAVIDSZ. DE HEEM
Aquarell über Bleistift
16,9 × 23,5 cm
Unterhalb beschriftet *23 Mai J Heem. N. 361*
Skizzenbuch von 1891

Stadtarchiv Offenburg Inv.-Nr. 26/21/024

Lit.: unveröffentlicht

In einem Aquarell über Bleistift rezipiert Alexandra von Berckholtz eine Girlande, „geflochtene Blumen und Früchte, die an zwei oder mehr Punkten befestigt sind, oft mit einem Band oder einer Schleife" (Utrecht/Braunschweig, 1991, S. 17). Von dieser Komposition in Festonform existieren im Vergleich zum Karlsruher Ölgemälde aus de Heems Hand unterschiedliche Fassungen mit minimalen floralen Veränderungen. Eine dieser wurde am 5. Dezember 2007 bei Sotheby's London versteigert (Girlande aus Früchten und Blumen in einer Marmornische, Öl auf Leinwand, 67 × 82,5 cm, unten mittig signiert und datiert *J d. de. Heem / 1675*, Privatbesitz). Zum ersten Mal in einer Auktion tauchte das Werk am 17. April 1715 auf, aus der Sammlung des Bürgermeisters von Hoorn, Nicolaes van Suchtelen, in der sich einige Stillleben befanden.

Für die Gattung des Stilllebens ist im germanischen Sprachgebrauch der Terminus *Stilleven*, im romanischen der der *Nature Morte* üblich. Die Begrifflichkeit bezeichnet die Aktion eines Künstlers, verschiedene unbewegte Gegenstände aus dem menschlichen Leben komponiert in einer bestimmten Konstellation zusammenstellen und abzubilden, wie sie ihm erscheinen. Dabei ist es sein Bestreben, diese möglichst genau nach der Natur abzuschildern.

Im 19. Jahrhundert erfährt das Wort neben seiner künstlerischen Signifikanz auch eine Verwendung in der Alltagssprache und bezeichnet ein anzustrebendes Lebens- und Familienideal. Dessen zu seiner Zeit auch abschreckende Konnotation führt uns in die Biografie der 1780 in Karlsruhe geborenen Dichterin Karoline von Günderrode, die im Konflikt mit der Frauenrolle der Zeit steht und die Vorlesungen des Philologen Friedrich Creuzer (1771–1858) in Männerkleidung besucht. Sie verliebt sich und beginnt 1804 mit dem verheirateten Creuzer eine Affaire und befürwortet sogar eine Ménage à trois. Creuzer wird krank; seine Frau pflegt ihn gesund, unter der Bedingung, seine Lebensgefährtin zu verlassen. Mit folgenden Worten trennt er sich von Karoline, sie möge „den Willen und die Fähigkeit beweisen, ein eheliches Stillleben zu führen" (König/Schön, 1996, S. 35). Daraufhin nimmt sie sich 1806 das Leben.

Lit.: Utrecht/Braunschweig, 1991, S. 168, Tafel 23b; König/Schön, 1996, S. 23–36; Holland, Hyacinth: Günderrode, Caroline von. In: ADB, Bd. 10, 1879, S. 126.

Abb. 345 – Jan Davidsz. de Heem, Girlande von Blumen und Früchten, Öl auf Leinwand, 58,8 × 80 cm, Staatliche Kunsthalle Karlsruhe Inv.-Nr. 361.

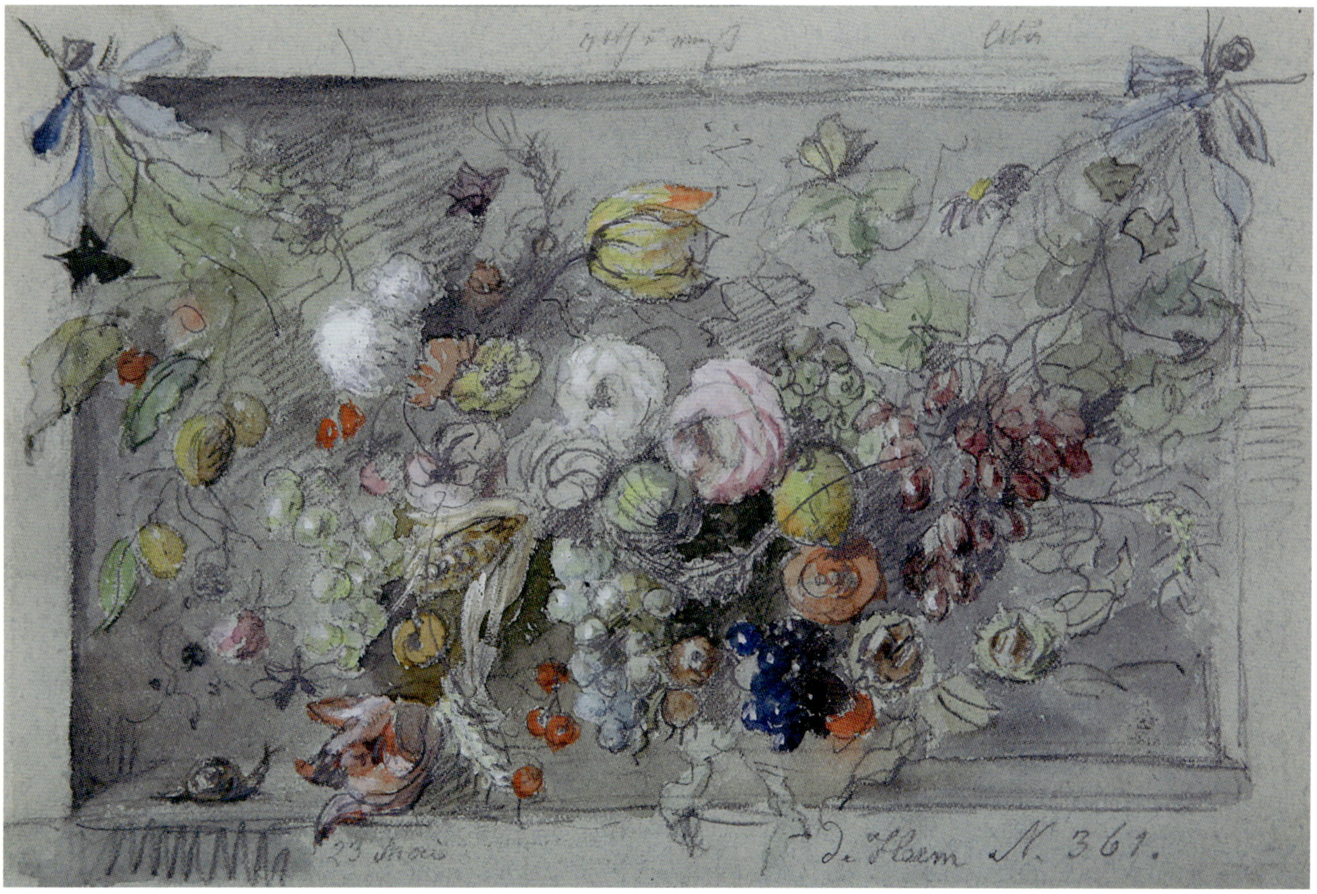
de Heem N. 361.

KAT.-NR. 103

Alexandra von Berckholtz
BLÜTEN UND KANDELABER
Bleistift auf Papier und Pinsel in Braun
12,1 × 33,2 cm
Skizzenbuch von 1886–1889

Stadtarchiv Offenburg Inv.-Nr. 26/21/027

Lit.: unveröffentlicht

In ihren letzten drei erhaltenen Skizzenbüchern von 1886 bis 1892 zeigt Alexandra von Berckholtz eine ausschließliche Beschäftigung mit unterschiedlichster Ornamentik. Details von am Außenbau und im Innenraum von Kirchen befindlichen Zierformen aus der Renaissance, dem Barock und Rokoko zeichnet sie ab und versieht sie gelegentlich mit einer Beschriftung, die auf die jeweilige Stadt verweist, in der die Künstlerin das betreffende Ornament aufnahm. Neben dieser dokumentarischen Bestandsaufnahme entwickelt sie aus floralen Elementen, wie Blüten und Stängeln, ornamentale Blattformen und Objekte, wie diesen filigran geschwungenen Kerzenhalter, den sie mit dem Pinsel in Braun in feinem Strich akzentuiert, und der mit seinen Gabelblattranken und Verzierungen wie eine Arabeske anmutet. Ein weiteres aus dem orientalischen Kulturraum stammendes und von Alexandra umgesetztes Ornament ist die Maureske, in die sie auch menschliche Gesichter und Tiere einflicht, wie z. B. einen Hund in einer Gartenplastik (Abb. 346). Maturesken finden sich auch an der Fassade der Watthalden-Villa, die im Besitz von Alexandras Schwager Carl Ferdinand Offensandt war. Eine ähnlich umgesetzte *Gartenszene mit Windhund* findet sich auch unter Bertha Frorieps in Rom entstandenen Aquarellen wieder (42 × 28 cm, Stadtmuseum Weimar). Sind einige der von Alexandra von Berckholtz unbeschrifteten Ornamente eventuell in Rom entstanden?

KAT.-NR. 104

Alexandra von Berckholtz
BLATTWERK
Bleistift auf Papier
12,1 × 33,2 cm
Skizzenbuch von 1886–1889

Stadtarchiv Offenburg Inv.-Nr. 26/21/027

Lit.: unveröffentlicht

Die mit feinem Bleistift gezeichnete Skizze linker Hand neben dem Kandelaber demonstriert, dass Alexandra von Berckholtz diesen aus einem barocken Blattwerk heraus entworfen hat. Aus dem Akanthusblatt, das in der Antike beispielsweise an korinthischen Kapitellen auftaucht, entwickeln sich im Barock Zierformen stilisierter langgezogener leicht gebuckelter Blätter, die wie eine Welle gestaltet, am Stilende abgeschnitten und häufig an der Spitze eingerollt sind. Diese Ausprägungen der Ornamentik aus der Renaissance und dem Barock erleben in der Romantik eine neue Blüte, auch als Rahmenverzierungen, wie z. B. bei Moritz von Schwinds *Märchen vom Aschenbrödel* (Öl auf Leinwand, Holz, 152 × 480 cm, rechts unten bezeichnet *SCHWIND 1854*, Neue Pinakothek München Inv.-Nr. L 841). Weiterentwickelt werden sie im Jugendstil, der gegen Ende des 19. Jahrhunderts das barocke Bandelwerk in der Fläche mit Andeutung stilisierter Blätter, wie Efeu- oder Weinlaub, und mit geschwungenen muschelartigen Formen auf kunstgewerbliche Gegenstände überträgt, die im menschlichen Alltag ihre Verwendung finden. Dieser Ansatz findet sich auch auf Alexandra von Berckholtz' Skizzen, die ebenfalls unterschiedlichste Ornamentik in Gebrauchsgegenständen zeigen, z. B. in Treppengeländern, was die Künstlerin in die Nähe des Jugendstils rückt.

Lit.: Irmscher, Günter: Ornament in Europa 1450–2000. Köln 2005; Lueger, Otto: Lexikon der gesamten Technik und ihrer Hilfswissenschaften. Bd. 2. Stuttgart, Leipzig 1905, S. 41–43; Kiesow, Gottfried: Die Ornamentik im Rokoko und Klassizismus. Von Zöpfen, Muscheln und Rocaillen. In: Monumente. Magazin für Denkmalkultur in Deutschland, Ausgabe April 2009; Weimar, 2016, S. 104.

Abb. 346 – Alexandra von Berckholtz, Mareske mit Hund, Bleistift auf Papier, 12,5 × 19,4 cm, Skizzenbuch von 1886, StAO Inv.-Nr. 26/21/028.

9

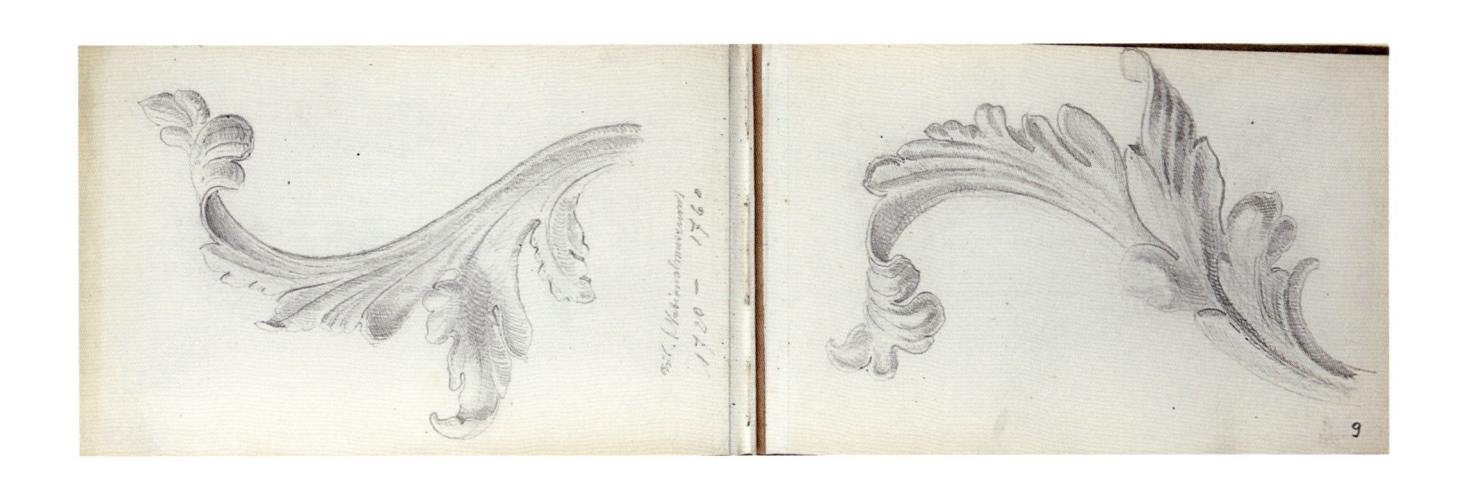

KAT.-NR. 105

Alexandra von Berckholtz
GITTER
Bleistift auf Papier
12,5 × 19,4 cm
Unterhalb beschriftet *Lamour Recueil Paris (...) C. Berlin W / Königgräzerstr. 123 b*
Skizzenbuch von 1886

Stadtarchiv Offenburg Inv.-Nr. 26/21/028

Lit.: unveröffentlicht

Die Bezeichnung dieses ornamentierten Gitterwerkes führt uns zu einem der großen Namen der Schmiedekunst des Rokoko: Jean Lamour (26. März 1698–20. Juni 1771), Hofschlosser des polnischen Königs Stanislaus Leszcynski (1677–1766) in Nancy. Alexandras Zeichnung ähnelt das durch diese Werkstatt angefertigte Treppengeländer im Rathaus von Nancy, „das mit einer überströmenden Fülle von Muschelwerk ausgestattet ist. Die stark bewegten Linien des Stabwerks scheinen in ihrem vorwärts drängenden Streben den, der die Treppe hinaufsteigt, mit sich fortzuziehen" (Brüning, 1903, S. 99). Der aus mehreren Stücken zusammengesetzte und 25 Meter in seiner Länge messende Handlauf erscheint wie aus einem Guss. Lamour schuf zahlreiche weitere Gitterwerke, z. B. die auf der Place Royale und der Place de la Carrière, in der Kathedrale oder in seinem eigenen Wohnhaus 32 rue Notre Dame in Nancy. Am Tag der Enthüllung des Denkmals Ludwigs XV. auf der Place Royale, am 26. November 1755, fließt aus den Fontänen Wein. König Ludwig XV. ist es auch, der das Schmiedehandwerk in den Rang der Künste erhebt und den Druck von Vorlagenblättern fördert. 1767 veröffentlicht Jean Lamour bedeutende seiner Werke in dem Band *Recueil des ouvrages en serrurerie* in Kupferstichen. Die *Recueil* in Alexandras Beschriftung führte zu der Erkenntnis, dass sie einige der Arbeiten Lamours aus diesem Band kopierte. Auch viele ihrer Muschelwerke sowie an Trägern und Armen hängende Laternen (Abb. 138) zeichnete sie daraus ab, worauf vorhandene Analogien verweisen.

Lamour Permit
Paris (25/16, Ch. Elisen C. Berlin W)
Königgrätzerstr. 123 b.

KAT.-NR. 106

Alexandra von Berckholtz
SKIZZE EINER SCHMIEDE
Bleistift auf Pauspapier
4,5 × 4,4 cm
Unterhalb beschriftet *Rococo-Werkstätte*
Skizzenbuch von 1886

Stadtarchiv Offenburg Inv.-Nr. 26/21/028

Lit.: unveröffentlicht

Alexandra von Berckholtz zeichnet auch zwei Interieurs von Lamours Schmiede. Auf diesem ist König Stanislaus zu Besuch in der Werkstatt, die Lamour in einer ehemaligen Kirche einrichtete. Er ist Zeuge der Herstellung eines der beiden Triumphbögen für die Place Royale. Lamour präsentiert ihm – in der rechten Bildhälfte stehend – zusätzlich auch den Plan des Bauwerks. Im Hintergrund deutet Alexandra von Berckholtz zahlreiche beschäftigte Arbeiter und den Kaminzug einer Esse an. Diese Szene sehen wir ebenfalls auf dem ersten Blatt des dem König durch Lamour gewidmeten Kupferstichbandes oberhalb der Titelvignette in einer Kartusche. Auf ihrer zweiten Zeichnung (Abb. 347) zeigt Alexandra in ebenso abstraktem Bleistiftstich eine Nahaufnahme zweier an der Esse arbeitender Schmiede.

Lit.: Brüning, Adolf: Die Schmiedekunst seit dem Ende der Renaissance. Leipzig 1903, S. 90–105.

Abb. 347 – Alexandra von Berckholtz, Skizze einer Schmiede, Bleistift auf Papier, 19,4 × 12,5 cm, unterhalb beschriftet *Rococo-Schmiedefour / a Lamour Recueil*, Skizzenbuch von 1886, StAO Inv.-Nr. 26/21/028.

411

KAT.-NR. 107

Alexandra von Berckholtz
Tor
Aquarell über Bleistift
13,8 × 21,5 cm
Skizzenbuch von 1891/92

Stadtarchiv Offenburg Inv.-Nr. 26/21/029

Lit.: unveröffentlicht

In ihrem Spätwerk entwickelt sich Alexandra von Berckholtz' Aquarellmalerei hin zur Fläche, zur Andeutung der Auflösung der Form, auch über die Kontur hinaus, die durch mehr Beimischung von Wasser zur Farbe erzeugt wird. 1891/92 ist auch die Zeit des Impressionismus, des Einfangens des flüchtigen Momenteindrucks im Bild und des Experimentierens mit neuen malerischen Formen. Dies bedingt auch der rapide technische Wandel, wie z. B. die Eisenbahn, bei der einem angesichts der vorbeihuschenden Landschaft, die man nahezu nur noch in Streifen und Punkten wahrnimmt, das Hören und Sehen vergeht. Alexandra von Berckholtz steht den technischen Neuerungen nicht feindselig gegenüber, sie nutzt auf ihren Reisen vielfach die Bahn und das Dampfschiff, was sie auf einer Zeichnung sogar verso vermerkt (KAT.-NR. 49). Die hier bestehende leichte Tendenz zur Abstraktion zeigt, wie eine Baumstudie aus demselben Skizzenbuch (Abb. 348), ein schmiedeeisernes Tor zwischen Sandsteinpfeilern, hinter dem – durch changierende Grüntöne angelegt – Büsche und Bäume zu erahnen sind.

Es könnte sich dahinter ein blühender, üppig angelegter Garten befinden, wie ihn z. B. der Neoimpressionist Charles Angrand (1854–1926) in minimale Punkte zerlegt und so eine flirrende sommerliche Atmosphäre erzeugt (Im Garten, Öl auf Leinwand, 73 × 92 cm, 1885, Privatbesitz) oder wie ihn Berthe Morisot (1841–1895) auf ihrem Gemälde *Stockrosen* (Öl auf Leinwand, 65 × 54 cm, Musée Marmottan Monet Paris) mitten im urbanen Raum von Paris porträtiert. Die mit Édouard Manet eng befreundete Schülerin von Camille Corot war die erste Frau unter den Impressionisten, an deren Ausstellungen sie von 1874 bis 1886 nahezu regelmäßig teilnahm. 1864 hatte sie erstmals zwei Landschaftsgemälde auf dem Pariser Salon präsentiert, zusammen mit ihrer Schwester Edma (geboren 1839), die ebenfalls Malerin war, aber ihre Kunst nach der Heirat mit dem Marineoffizier Adolphe Pontillon 1869 aufgeben musste.

Lit.: Mancoff, Debra N.: Frauen, die die Kunst veränderten. München 2012, S. 19, 30–31.

Abb. 348 – Alexandra von Berckholtz, Baum, Pinsel in Grün, 21,5 × 13,8 cm, Skizzenbuch von 1891/92, StAO Inv.-Nr. 26/21/029.

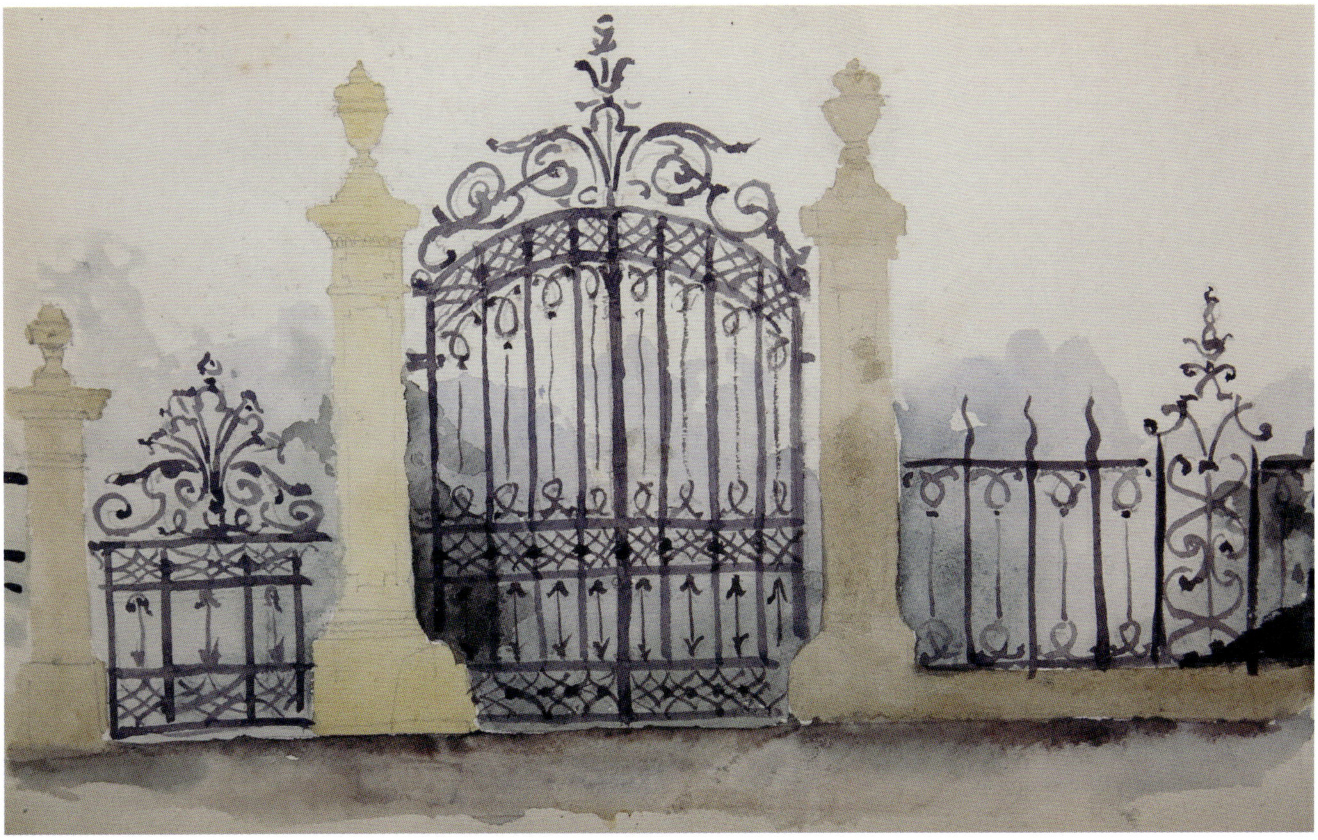

KAT.-NR. 108

Julie Magdalene Caroline und Magdalene Julie von Manteuffel
Lithografie nach Alexandra von Berckholtz
46,4 × 33,2 cm
Um 1850

Stadtarchiv Offenburg Inv.-Nr. 26/02/204

Lit.: unveröffentlicht

Der einzige Ausgangspunkt zu dieser Lithografie nach einem Werk Alexandra von Berckholtz' war der rückwärtige Hinweis auf zwei Gräfinnen von Manteuffel. Die folgende namentliche Identifizierung der Dargestellten fiel zunächst nicht leicht, zumal es sich bei der ab der ersten Hälfte des 14. Jahrhunderts nachweisbaren Familie Zoege von Manteuffel um ein europaweit verzweigtes Adelsgeschlecht handelt, bei dem zunächst mehrere unterschiedliche Linien hinsichtlich der namentlichen Bestimmung in Frage kamen. Auch kamen die Tatsachen hinzu, dass unverheiratete Töchter bisweilen nicht in den Genealogien auftauchen, und dass die Lithografie bzw. ein korrespondierendes Original von Alexandra von Berckholtz der Familie bislang nicht bekannt war.

Die genaue genealogische Untersuchung konzentrierte sich letztendlich auf die Estländische Linie des Hauses III. Der Vater der in Frage kommenden Familie ist Eduard von Manteuffel, der am 25. Januar 1795 in Reval geboren wird und am 10. Juni 1850 in Frankfurt am Main verstirbt. Diese beiden Daten finden sich auch in Alexandra von Berckholtz' Kalender wieder. Die Familie von Manteuffel lebt in Estland, wo sie seit 1766 im Besitz mehrer Güter ist, wie z. B. Jöhntack, Poll, Maiküll, Alt- und Neu-Harm, Löra, Kurküll, Kupnal, Merreküll, Meiris und Wechmuth. Im Dom zu Reval verfügt sie am östlichen Ende der Südwand auch über eine eigene Loge. Eduard heiratet am 28. August 1818 Anna Karoline Natalie Freiin von Stackelberg (14. Dezember 1795 Riesenberg–25. Januar 1842 Baden-Baden) in Reval. Die Stammfolge im genealogischen Handbuch der baltischen Ritterschaften führt fünf Kinder auf und erwähnt zwei jung verstorbene Söhne. Karl Otto Ferdinand wird am 8. November 1820 in Reval geboren. Er stirbt am 5. Oktober 1832 in Mannheim und wird im Dom von Reval begraben. Die am 27. Mai 1823 in Reval geborene Magdalene Julie Natalie stirbt wohl in jungen Jahren, da ihre Schwester Magdalene Julie, die am 10. Juli 1827 in Reval zur Welt kommt, denselben Vornamen erhält. Gotthard Peter Nicolai erblickt am 26. Februar 1829 in Reval das Licht der Welt und stirbt am 11. März 1911 in Zürich. Am 1. April 1831 wird in Mannheim Rosine Julie Magdalene geboren.

Nicht aufgeführt in dieser Stammfolge und aus dem Archiv der Familie Zoege von Manteuffel ergänzt werden konnte der erstgeborene Sohn Peter Gotthard Eduard (28. Oktober 1819 Reval–7. August 1826 ebenda) und eine weitere Tochter, Julie Magdalene Caroline (geboren 2. August 1825 in Reval). Außerdem konnten Name und Geburtsdatum eines der im Kindesalter verschiedenen Söhne erfahren werden: Eduard, geboren am 30. April 1833 in Mannheim.

In Alexandras Kalender eingetragen ist – neben dem des Bruders Nicolai – das jeweilige Geburtsdatum Julie Magdalene Carolines und Magdalene Julies, das somit dazu beitrug, die beiden Schwestern auf der Lithografie namentlich zu benennen.

Abb. 349 – Louis Wagner, Marie Luise Auguste von Radowitz, Lithografie, 28,3 × 19,4 cm, rechts unten signiert und datiert *L. Wagner / 1846*, darunter beschriftet *Frl.v. Radowitz*, Album der Familie von Berckholtz, StAO Inv.-Nr. 26/21/44-151.

Wann könnte die Vorlage für das Doppelporträt entstanden sein? Bekannt ist ein Aufenthalt der Familie im Januar 1842 in Baden-Baden. Zu dem Zeitpunkt sind Caroline und Julie 16 und 14 Jahre alt. Die beiden Gräfinnen erscheinen auf dem Porträt jedoch älter und auch nicht in Trauer um ihre verstorbene Mutter. 1850 verstirbt ihr Vater in Mannheim, den die beiden eventuell dorthin begleitet haben könnten. Zu dem Zeitpunkt sind sie 24 und 21 Jahre alt, was dem Alter der beiden dargestellten Gräfinnen eher entspricht.

Hergestellt und vertrieben wurde die Lithografie im Verlag Christian Friedrich Müller in Karlsruhe, der späteren *Chr. F. Müller'schen Hofbuchhandlung*, für die Alexandras Lehrer Louis Wagner arbeitete, von dem sich stilistisch analoge Blätter im Album der Familie von Berckholtz erhalten haben, wie z. B. das Bildnis eines „Fräuleins von Radowitz" (Abb. 349), der 17-jährigen Tochter des ab 1842 in Karlsruhe lebenden preußischen Gesandten Joseph von Radowitz (1797–1853), Marie Luise Auguste. Eventuell ist das Porträt der beiden Schwestern von Manteuffel auch durch Wagner lithografiert worden?

Lit.: Zoege von Manteuffel, Hermann und Nottbeck, Eugen von: Geschichte der Zoege von Manteuffel ehstländischer Linie. Reval 1894; Feldmann, Hans, Westermann, Gertrud (Bearb.), Mühlen, Heinz von zur (Hg.): Baltisches Historisches Ortslexikon (einschliesslich Nordlivland). Quellen und Studien zur baltischen Geschichte 8/I. Köln, Wien 1985, S. 104–105; Stackelberg, Otto Magnus von: Genealogisches Handbuch der baltischen Ritterschaften. Estland. Bd. 1. Görlitz 1930, S. 611–641.

KAT.-NR. 108

KAT.-NR. 109

Adele von Campenhausen
Fotografie einer Zeichnung von Alexandra von Berckholtz
10 × 6 cm
Rechts neben der Darstellung monogrammiert und datiert *A. v. B. 1846*

Familienarchiv Prof. Dr. Bernhard von Barsewisch Groß Pankow Inv.-Nr. CW 162

Lit.: Gutgesell 2016, S. 9

Zwei Jahre nach dem Entstehen des Porträts ihrer Freundin Melanie von Campenhausen (KAT.-NR. 28), verheiratete von Barsewisch, zeichnet Alexandra von Berckholtz deren Schwester Adele Aimee Constance von Campenhausen (16. Mai 1819, Laitzen–1871) im Dreiviertelprofil nach links und in Halbfigur. Eine weitere durch Alexandra porträtierte Schwester ist Ernestine von Schoultz-Ascheraden (WV Nr. 87). Außerdem konnte ein Kontakt der Malerin zu noch einer Schwester, Leocadie Leonille Clementine von Campenhausen (10. April 1807, Neu-Laitzen (Uue-Laitsna), Valgamaa/Estland – 7. September 1852, Deutschland) nachgewiesen werden. Sie heiratet 1825 in Karlsruhe den Sohn des russischen Kriegsministers, Ernest Michaelovich Barclay de Tolly (10. Juli 1798–17. Oktober 1871, Lettland), kaiserlich russischer Oberst der Chevaliergarde und Flügeladjutant des Zaren Alexander II.

Alexandra von Berckholtz' Zeichnung von Adele von Campenhausen gilt heute als verschollen, es liegt jedoch eine um 1860 durch J. Weber in Winnenden aufgenommene Fotografie aus dem Nachlass der Melanie von Barsewisch vor. Zu dieser Zeit lebt Adele dort schwer krank in einem Sanatorium. Eventuell wurde für dieses Memorialbildnis bewusst nicht ein aktuelles Porträt aufgenommen, sondern die Reproduktion einer Darstellung gewählt, die sie als 27-Jährige zeigt und sie dadurch im Gedächtnis ihrer Familienmitglieder jung erhält.

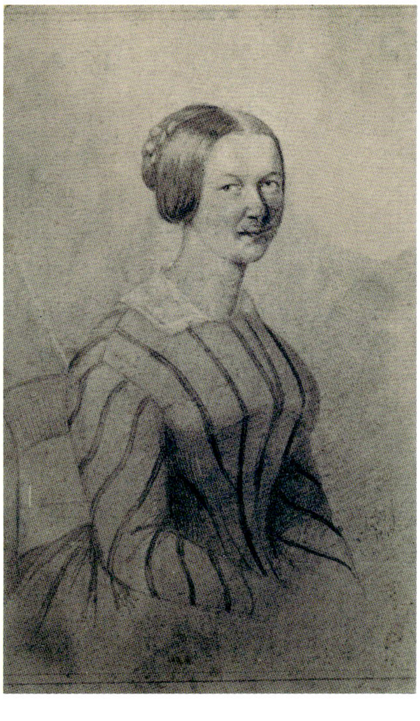

KAT.-NR. 110

CAROLINE NOLLEN
Fotografie einer Alexandra von Berckholtz zugeschriebenen Zeichnung
6,5 × 4,7 cm
1840er Jahre

Familienarchiv Prof. Dr. Bernhard von Barsewisch Groß Pankow Inv.-Nr. CW 244

Lit.: unveröffentlicht

Caroline Nollen, auch „Carlomchen" oder „Lomchen" genannt, ist Kindermädchen im Hause Wesselshof bei den Kindern von Christoph von Campenhausen, später bei denen seines Sohnes Theophil (1808–1863). Wesselshof (Veselava), das zwölf Gebäude in einem Park vereint, ist von 1797 bis 1921 im Besitz der Familie von Campenhausen. Das Herrenhaus (Abb. 350) wird 1841 an der Stelle eines vorher abgebrannten Hauses errichtet. Dass man Caroline Nollen wie ein Familienmitglied schätzte, zeigt die Tatsache, dass die Bonne auf dem Friedhof derer von Campenhausen in Orellen bestattet wurde. Auf der Platte des Grabes Nr. 25 neben der Kapelle ist zu lesen: „Hier ruhet Caroline Nollen, geb. d. 5. Okt 1791, heimgegangen in Orellen 27. Jan 1873, die 60 Jahre lang der Familie Campenhausen in hingebender Liebe verbunden war." (Lancmānis/Dirveiks. In: Rundāle/Marburg, 1998, S. 232)

In deutsch-baltischen Familien ist die Bonne die erste Bezugsperson, die den Kindern auch ihre Muttersprache beibringt. Meist ist dies Lettisch, Estnisch oder Französisch, in den seltensten Fällen Deutsch. Ab dem sechsten Lebensjahr kommt eine Gouvernante hinzu, die den Unterricht übernimmt. Ab dem zehnten Lebensjahr werden die Kinder dann nach Geschlechtern getrennt erzogen. Die Buben dürfen eine Schule besuchen, für die Mädchen endet der Hausunterricht mit der Konfirmation. Nach ihrer Heirat verlangt man von ihnen hauswirtschaftlerische und unterhaltende Fähigkeiten, z. B. wenn der Ehemann eine Gesellschaft gibt. Anlässlich dieser präsentiert man den Gästen kurz auch seinen Nachwuchs, bevor man diesen nach der Demonstration wieder bei dem Kindermädchen abgibt, wie Ernestine Schoultz-Ascheraden in ihren Memoiren beschreibt: „Dann mussten wir artig guten Tag sagen, den Damen die Hand küssen, ich schön knicksen." (zit. Wilhelmi, 2008, S. 129)

Lit.: Zarāns, Alberts: Latvijas pilis un muižas. Castles and manors of Latvia. Riga 2006; Wilhelmi, 2008, S. 85–87, 128–129, 147, 288; Palatschek, Sylvia: Adelige und bürgerliche Frauen (1770–1848). In: Adel und Bürgertum in Deutschland 1770–1848. Hg. von Elisabeth Fehrenbach. München 1994 (Schriften des Historischen Kollegs. Kolloquien. 31), S. 159–185; Barsewisch. In: Rundāle/Marburg, 1998, S. 75–76.

Abb. 350 – Panorama des Landgutes Veselava (Wesselshof) in Lettland, Fotografie, 2016.

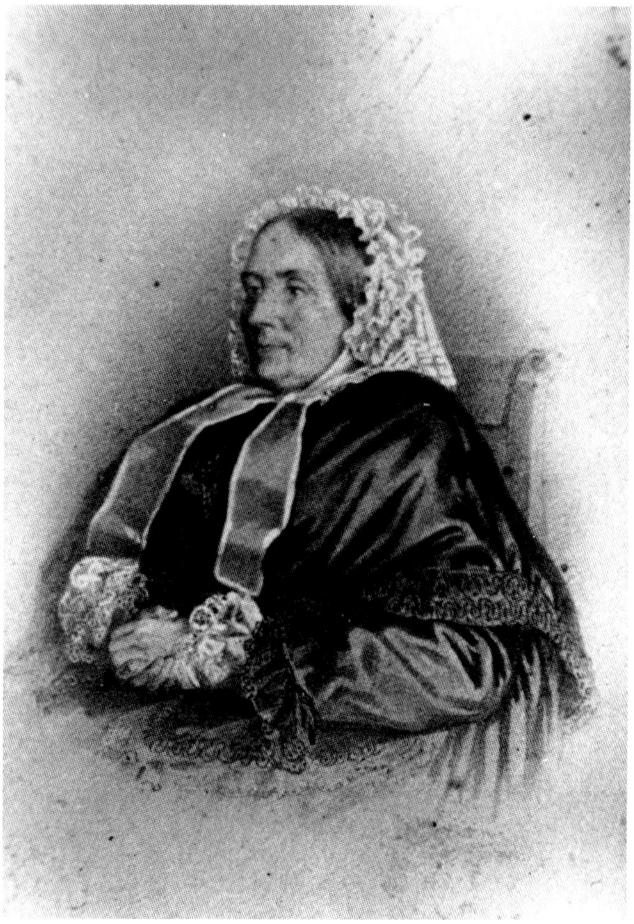

KAT.-NR. 111

Marie Scheffel
Lithografie nach Alexandra von Berckholtz
18 × 15 cm

Stadtmuseum Bad Staffelstein

Lit.: Proelß, Johannes: Scheffel's Leben und Dichten. Berlin 1887, Abb.; Zentner, 1926, Abb.; ders. (Hg.): Scheffel in Säckingen. Briefe in sein Elternhaus 1850–1851. Konstanz 1967, Abb.; Gutgesell, Bd. 1, 2014, S. 39, Abb.; dies., 2015, S. 11, Abb.

Eines der am häufigsten in den biografischen Artikeln erwähnten Bildnisse ist das ihrer Künstlerfreundin Marie Scheffel, das Alexandra von Berckholtz nach deren Tod als Memorialbildnis für ihre Familie nach vorhandenen Zeichnungen malt. Marie verstirbt am 19. Februar 1857 in München im Alter von 26 Jahren an Typhus, am 23. Februar 1857 wird sie in der Familiengruft in Karlsruhe beerdigt, „eine allseits bewunderte Schönheit, gilt als hochbegabte Zeichnerin" (Schmidt-Liebich, 2005, S. 40). Den Todestag finden wir auch in Alexandras Kalender verzeichnet. Der Verbleib des Ölporträts ist heute unbekannt, es existieren jedoch mehrere Abzüge einer Lithografie der am 27. Juni 1829 als drittes Kind der Karlsruher Salongründerin Josephine Krederer (1805–1865) und des Majors und Oberbaurats Philipp Jacob Scheffel (1789–1869) geborenen Marie im Büstenporträt und Halbprofil nach rechts. Stilistische Gründe sprechen dafür, dass es aus Alexandra von Berckholtz' Hand stammt. Die Tatsache, dass die Lithografie nach dem 1857 entstandenen Porträt angefertigt wurde, konnte bislang nicht bestätigt werden.

Die beiden Familien von Berckholtz und Scheffel stehen sich auch persönlich sehr nahe. So hält sich Philipp Jakob Scheffel beispielsweise zwischen dem 23. bis 26. September 1857 auf Schloss Ortenberg auf. Maries Bruder, der Malerdichter Joseph Victor von Scheffel, erwähnt Alexandra mehrmals in seinen Briefen, z.B. schickt er ihr am 17. Juni 1857 aus Paris eine Bronzestatuette der Polyhymnia, „die ein Schmuck ihres Ateliers sein wird (...) Die Figur ist schön, groß und werthvoll" (zit. Zentner, 1939, S. 42). Am 12. November 1858 übersendet er ihr zwei seiner heute verschollenen Zeichnungen aus Arles mit den Motiven *Le rocher de l'oillette* und *Montmajour*.

Marie Scheffel ist in Karlsruhe als freischaffende Malerin tätig. Ausgebildet hatte sie der Galeriedirektor Carl Ludwig Frommel, einer der wesentlichen badischen Vertreter der romantischen Ideallandschaft, der auch der in Karlsruhe geborenen Herzogin Alexandrine von Sachsen-Coburg und Gotha Zeichenunterricht erteilt. 1852 erreicht Marie Scheffel ein Heiratsantrag des „Malers der eleganten Welt seiner Tage" (Zentner, 1959, S. 75), Franz Xaver Winterhalter, den – da dieser gerade nach Madrid aufbricht – sein Freund Karl Joseph Berckmüller (1800–1879) (Abb. 351) überbringt, und den Marie ablehnt, da sie ihre Familie nicht verlassen will. Marie Scheffel ist die einzige bekannte Frau, der Winterhalter einen Antrag unterbreitet; eine Verlobungszeit der beiden ist nicht bekannt. Kurz darauf verlobt sich Marie überstürzt mit dem Major und Flügeladjutanten Friedrich Keller (1814–1867) aus Karlsruhe, 1853 löst sie die Verlobung wieder auf.

Lit.: Abendblatt Nr. 76 der Allgemeinen Zeitung vom 17. März 1899; Schmidt-Liebich, 2005, S. 44; AKL, Bd. 9, 1994, S. 252; Boetticher, 1891, S. 84; Holland. In: ADB, 1902, S. 368; Rigasche Stadtblätter Nr. 51, 20. Dezember 1901; Falck, 1899; Meyer/Lücke/Tschudi, 1885, S. 586–587; Almanach der Maler und Bildhauer Deutschlands und Oesterreich-Ungarns. Erster Jg. Stuttgart 1890, S. 20; Proelß, 1887, S. 404; Zentner, 1959; ders., 1939, S. 42–43, 61; ders., S. 46, 55, 58–59, 92; Eismann, 2007, S. 10–12.

Abb. 351 – Karl Joseph Berckmüller, Lithografie, 8,2 × 5,7 cm, Album der Familie von Berckholtz, StAO Inv.-Nr. 26/21/44-40.

421

KAT.-NR. 112

S. Maijer
WILHELM VELTEN
Lithografie nach Alexandra von Berckholtz
20,1 × 16,8 cm
Links unterhalb der Darstellung *Alexandra von Berckholtz pinx.*
Rechts unterhalb bezeichnet *S. Maijer delt.*
Unterhalb beschriftet *Was ich nicht in Worten geben, was ich nicht aussprechen kann, will ich Kindern anvertraun! / Wilh. Velten*
Darunter *geb. 23. Nov. 1823 † 30. Oct. 1845*
Nach 1845

Generallandesarchiv Karlsruhe, Badische Bilder- und Plansammlung Inv.-Nr. J-Ac V 30

Lit.: unveröffentlicht

Diese Lithografie eines bärtigen jungen Mannes im Profil nach rechts erinnert auf den ersten Blick an Marie Ellenrieder und ihre Christusbilder mit in der Mitte gescheiteltem schulterlangem Haar. Der schwarze Umhang bedeckt den gesamten Oberkörper und ruft Assoziationen zu Königsbüsten mit um den Sockel in Falten gelegten Stoffen hervor. Es ist das einzige Porträt Alexandra von Berckholtz', das mit ikonografischen Zeichen operiert. Wir sehen rechts im Bildfeld eine Klaviatur und auf dem Notenpult darüber ein aufgeschlagenes Heft mit der Überschrift *Lieder W. Velten*, was zunächst auf einen Pianisten oder Organisten schließen lässt. Ein Vorhang öffnet den Blick über ein Geländer hinweg auf eine ondulierende Landschaft mit der Silhouette einer Burgruine. Die Sonne tritt hinter den Wolken hervor und setzt das Gesicht des Mannes dramaturgisch durch subtile Beleuchtung in Szene. Unterhalb der Wolkenbahn tanzen diagonal versetzt zwei Engel mit Musikinstrumenten, von denen der rechts Befindliche eine Harfe hält. Das Hochoval ist von einem rechteckigen Rahmen umfangen, dessen vier Zwickelfelder jeweils durch Rankenornamente und eine Lyra – Attribut des Musikers und des Gottes Apollo – ausgefüllt sind. Über den unterhalb aufgedruckten Lebensdaten, die angeben, dass der Betreffende lediglich 21 Jahre alt wurde, finden sich das Zitat: „Was ich nicht in Worten geben, was ich nicht aussprechen kann, will ich Kindern anvertraun!", und der Name des Dargestellten: *Wilhelm Velten*.

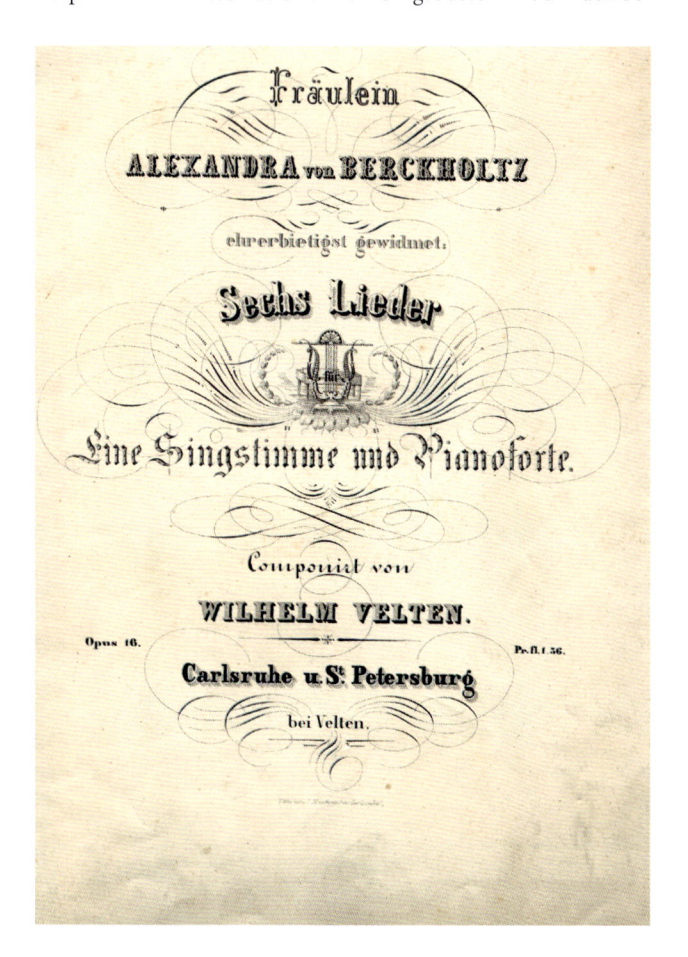

Ab 1820 besteht in Karlsruhe und St. Petersburg der Kunst- und Musikalienverlag Johann Velten (1784–1864), dessen Geburtstag am 22. Juli und Todestag am 22. März in Alexandras Kalender steht, und der 1855 für den Bau der Evangelischen Stadtkirche Offenburg zwei Gulden und ein Gemälde sowie 1857 zwei weitere Gulden stiftet. Dass es sich bei dem hier Porträtierten tatsächlich um einen Komponisten handelt, bestätigte eine Zufallsspur im Stadtarchiv Offenburg zu Opus 16 (Abb. 352), einem bei Johann Velten aufgelegten Druckwerk mit sechs Liedern für Gesang und Pianoforte aus der Feder Wilhelm Veltens, eventuell ein Sohn des Verlegers. Nach der Opusnummer – mit

Abb. 352 – Wilhelm Velten, Fräulein Alexandra von Berckholtz ehrerbietigst gewidmet sechs Lieder. Eine Singstimme und Pianoforte, Titelblatt, Componiert von Wilhelm Velten Op. 16, StAO, Berckholtz-Nachlass.

denen Komponisten auch in der Romantik ihre Werke chronologisch durchnummerieren – zu urteilen, war dies nicht sein einziges Werk. Die darin enthaltenen Lieder tragen folgende Titel: *Flug der Liebe* (nach Goethe), *Der Fischerknabe* (nach Platen), *Die Nachtigallen* (nach Bechstein), *Ein Kuss* (nach Körner), *Volkslied aus dem Fränkischen* und *Die Nachtblume* (nach Eichendorff). Die Themen der Texte künden von Liebe, Zweisamkeit, Verlust, Wehmut und Sehnsucht nach einer fernen Geliebten. „Ehrerbietigst gewidmet" ist das Werk Alexandra von Berckholtz. In welchem Verhältnis die Künstlerin zu dem Komponisten stand, ist unbekannt. An seinen Geburts- und Todestag erinnert ein Eintrag in ihrem Kalender, wobei ersterer bereits am 20. November verzeichnet ist. Von der Lithografie existieren noch zwei weitere Abzüge: im Berckholtz-Nachlass im Stadtarchiv Offenburg und im Schloss Velké Březno. Letzteres ist das einzige in Tschechien vorhandene Werk Alexandra von Berckholtz'. Warum gelangte ausgerechnet das wohl nach 1845 entstandene Memorialbildnis Veltens in das Schloss ihrer Nichte? Könnte sein frühes Dahinscheiden etwa als Grund dafür gesehen werden, dass Alexandra von Berckholtz ein Leben lang unverheiratet blieb?

Lit.: Chronik der Karlsruher Verlage 1719–1918, zusammengestellt durch Ernst Otto Bräunche auf der Grundlage der Texte von Rainer Fürst und Christina Wagner. In: Zwischen Autor und Leser. Karlsruher Verlage von der Stadtgründung bis heute. Hg. Stadtmuseum Karlsruhe, Karlsruhe 1999.

KAT.-NR. 112

KAT.-NR. 113 A, B, C

CHRISTUS AM KREUZ
Fotografien des durch Alexandra von Berckholtz gestifteten Glasgemäldes
Je 6,7 × 4,5 cm
1932

Dokumentationszentrum der Inspektion für Denkmalschutz Riga Inv.-Nr. 773-15 KM

Lit.: unveröffentlicht

„(Ein neues Kunstwerk in Riga.) Der altehrwürdige Bau unserer St. Petrikirche hat, schreibt das Rig. Kirchenbl., soeben in einem Glasgemälde einen inneren Schmuck erhalten, der es wohl verdient, zu den Sehenswürdigkeiten unserer Stadt gerechnet zu werden. Wir haben dieser werthvollen Gabe des Frl. Alexandra von Berckholtz bereits Erwähnung gethan, und bemerken nur noch, daß das Kunstwerk aus dem Atelier des Herrn Zettler in München stammt und der St. Petri-Gemeinde am Himmelfahrtstage übergeben worden ist. Dem Danke der Gemeinde hat die Administration und die Geistlichkeit in einem Schreiben an die Darbringerin Ausdruck gegeben." (Rigasche Zeitung, Nr. 131, 7. Juni 1880)

Am 6. Mai 1880 stiftet Alexandra von Berckholtz für das fünfte Fenster des südlichen Seitenschiffes der dreischiffigen gotischen St.-Petri-Kirche ihrer Heimatstadt Riga ein Glasgemälde. Es zeigt Christus am Kreuz, zu dessen Füßen Johannes der Täufer kniet. Gegenüber stehen die drei Marien zusammen mit dem römischen Centurio Longinus, der, nachdem er ihm mit seinem Speer – der „Heiligen Lanze" – die Seite geöffnet hatte, Christus als Gottes Sohn erkannte. Unterhalb der Kreuzigungsszene befinden sich zwei weitere hochrechteckige Felder. Das erste bildet das Wappen der Familie von Berckholtz ab, unterhalb dessen in einem Inschriftenband „Constantia et Zelo" – Standhaftigkeit und Fleiß – zu lesen ist, Leitspruch des Handelshauses und der Familie von Berckholtz, deren Vorfahren in der St.-Petri-Kirche begraben liegen. Unterhalb verweist der Name der königlich-bayerischen Glasmanufaktur Franz Xaver Zettler auf den Hersteller des Glasgemäldes. Im Bildfeld daneben hält ein sitzender Engel ein weiteres Spruchband, das die Stifterin benennt: „Gestiftet von Alexandra von Berckholtz München 1880."

Alexandra von Berckholtz' Glasfenster fällt dem Zweiten Weltkrieg zum Opfer und zerplatzt am 29. Juni 1941 in der Hitze des um sich greifenden Feuers. Durch Granaten getroffen, stürzt an diesem Tag um 15 Uhr als erster Bauteil der St.-Petri-Kirche der Turm brennend in sich zusammen. Mit ihm verbrennen alle Gebäudeteile aus Holz und die gesamte hölzerne Einrichtung des Gotteshauses. Die Glocken schmelzen und viele Steine, wie die Marmorreliefs an der Kanzel, zersplittern.

Mit den ersten Bestandsaufnahmen der Trümmer und der Sicherung der Fragmente beginnen zehn Architekturstudenten zusammen mit acht Arbeitern bereits am 3. Juli 1941. Die einzigen Glasfenster, die den Krieg überstehen, sind vier aus der *Mayerschen Hofkunstanstalt* München aus den Jahren zwischen 1896 und 1905 und aus der Ostkapelle des Südschiffs mit Darstellungen aus der Geschichte Rigas sowie zwei Sakristeifenster. 1967 beginnt man mit dem Wiederaufbau der Kirche beim Turm, in dem 1976 erstmals wieder ein Glockenspiel zu hören ist. 1984 ist die Restaurierung abgeschlossen, und 1997 wird die St.-Petri-Kirche in das UNESCO-Weltkulturerbe der Menschheit aufgenommen, die auf der Haager Konvention vom 14. Mai 1954 für den „Schutz von Kulturgut bei bewaffneten Konflikten" beruht und selbstverständlich auch in Friedenszeiten gilt.

Abb. 353 – Die St.-Petri-Kirche Riga, Fotografie, 1943.

Gerade in der heutigen Zeit ist die Bewahrung der Kultur des eigenen Landes und der Respekt der Kultur anderer Länder wieder zu einem brisanten Sachverhalt geworden. Es ist für die jüngere Generation wieder wichtiger denn je geworden, die Kunstschätze der eigenen Kultur zu bewahren und deren Errungenschaften und Leistungen zu würdigen, so wie Alexandra von Berckholtz stets in ihrem Lebenswerk ihrer baltischen Herkunft verpflichtet blieb, die die Basis ihrer interkulturellen Vernetzung und Handlung bedeutete.

Lit.: Anders, 1988, S. 71; Ārends, 1944, S. 42; Poelchau, 1901, S. 51–71; Schmidt-Liebich, 2005, S. 44; Ramm-Weber, 2010; AKL, Bd. 9, 1994, S. 252; Falck, 1899; Baltisches Biographisches Lexikon Digital, Alexandra von Berckholtz. www.bbl-digital.de; Welding, Amburger, Krusenstjern, 1970, S. 58; zu den Fotografien von 1880: Rigasche Zeitung, Nr. 91, 19. April 1880; Nr. 131, 7. Juni 1880; Gutgesell, 2016, S. 9.

KAT.-NR. 113 A

KAT.-NR. 113 B

KAT.-NR. 113C

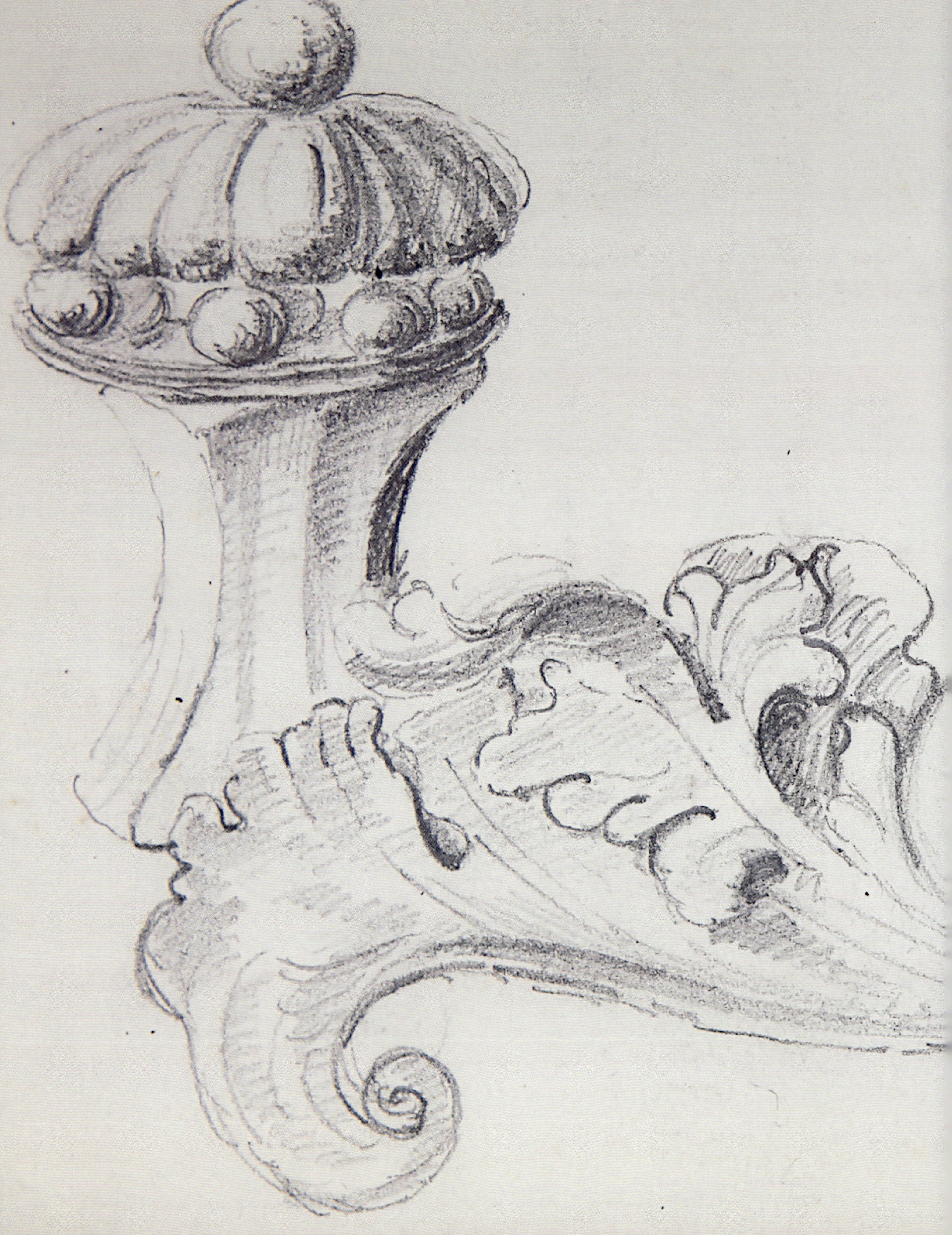

Anhang

ALEXANDRA VON BERCKHOLTZ – KURZBIOGRAFIE

28. August 1821
Alexandra von Berckholtz wird in Riga als jüngstes von acht Kindern von Gabriel Leonhard von Berckholtz und Barbara Schröder geboren.

1825
24. Juni: Auswanderung der Familie von Berckholtz aus Riga.

1825–1830
Reise durch Europa, vor allem durch Deutschland, Italien, Frankreich und die Schweiz.

1833
Kauf eines Hauses in der Karlstraße 26 in Karlsruhe durch Gabriel Leonhard von Berckholtz.

1833–1843
Wiederaufbau des Schlosses Ortenberg durch Gabriel Leonhard von Berckholtz. Die Arbeiten leitet der Architekt Friedrich Eisenlohr. Im „Malerturm" des Schlosses hat Alexandra von Berckholtz bis 1863 ihr Atelier.

1836
Reise in die Schweiz.

Ab 1841
Künstlerischer Unterricht bei dem Porträtmaler, Lithografen und Fotografen Louis Wagner in Karlsruhe.

1842
11. bis 15. Juli: Erster Kontakt mit dem Porträt- und Historienmaler Anselm Feuerbach, der die Familie von Berckholtz im Alter von 13 Jahren in Ortenberg besucht.
3. bis 16. August: Reise in die Schweiz, nach Lausanne, Vevey, Chillon, Bulle und Grindelwald.

1845
10. bis 12. August: Reise nach Bonn zum Beethoven-Fest.

1847
Stiftung eines Ölgemäldes für St. Bartholomäus in Ortenberg.
1847 bis 20. März 1848: Aufenthalt in Paris.

1848
Ab 21. Oktober 1848 erneuter Parisaufenthalt (bis 1854).
Künstlerischer Unterricht im Atelier des Porträt- und Historienmalers Joseph-Nicolas Robert-Fleury in Paris.

1850
11. Mai: Kopiertätigkeit im *Musée du Louvre*.

1854–1857
Künstlerischer Unterricht bei dem Porträtmaler Richard Lauchert in Karlsruhe. Ab 1855 zusätzlicher Privatunterricht bei dem Porträtmaler Ludwig Des Coudres in Karlsruhe.

1859
23. Februar: Tod der Mutter auf Schloss Ortenberg.
Im September Reise an den Tegernsee.

1863
Wohl künstlerischer Unterricht bei dem Porträtmaler Hans Canon.
1. Oktober: Tod des Vaters auf Schloss Ortenberg.
29. Oktober: Umzug nach München in die Gabelsbergerstraße 85/II. Ab dem 28. Dezember 1869 bewohnt ihre Schwester Sophie von Moltke die Wohnung im ersten Stock des Hauses, dessen Besitzerin sie auch ist.
Beginn des künstlerischen Unterrichts bei dem Historienmaler Alexander von Liezen-Mayer und Kontakt zu dem Kreis um den Malerfürsten Franz von Lenbach.

1864
Im Herbst Reise mit ihren Schwestern Sophie von Moltke und Elisabeth Offensandt sowie deren Tochter Alexandra nach Nizza.

1865
Beitritt im Münchner Kunstverein.
Im April Reise nach Linz.

1866
Beitritt im *Verein zur Unterstützung unverschuldet in Noth gekommener Künstler und deren Relikten*, dem Künstlerunterstützungsverein München.

1867
Im September Reise auf das Schloss Velké Březno in Böhmen und Besuch ihrer Nichte Olga von Moltke.

1868
Im Juni Reise auf das Schloss Velké Březno in Böhmen.

1869
Beteiligung an der I. Internationalen Kunstausstellung München im Glaspalast mit dem Porträt der Florence Osborn.

1875
24. Juli bis 5. Oktober: Reise in die Schweiz, nach Neu-Habsburg, Weggis, Thun, Spiez, Clarens, Aigle und Chillon.

1876
18. Juni bis 7. Juli: Reise nach Bad Aibling, Aufenthalt in der Villa Bellevue.
Im September Reise in die Schweiz, nach Clarens und Vevey.
Von Oktober 1876 bis September 1877 Reise nach Nizza und Clarens. Bekannt-

schaft mit der Blumenmalerin Theresia Maria Hegg-de Landerset und gemeinsames Arbeiten.

Ab 1878
Zusammenarbeit mit dem Stilllebenmaler Ludwig Adam Kunz in München.

1880
6. Mai: Stiftung eines Glasgemäldes für das fünfte Fenster des südlichen Seitenschiffes in St. Petri Riga mit Christus am Kreuz.

1881
Einzelausstellung im Münchner Kunstverein mit 14 Aquarellen und Pastellen mit Blumenmotiven.

1888
Beteiligung an der III. Internationalen Kunstausstellung München mit einem Stillleben.

1889
Beteiligung an der Münchener Jahresausstellung mit dem Stillleben *Rote Anemonen*.

1890
Beitritt in der *Allgemeinen Deutschen Kunstgenossenschaft*.
Beteiligung an der Münchener Jahresausstellung mit dem Stillleben *Gelbe Rosen*.

1891
Reisen nach Prag, Regensburg, Schopfheim und Frankfurt am Main und Beteiligung an der Münchener Jahresausstellung mit den zwei Stillleben *Blumenstück* und *Bohnen*.

1892
Reisen nach Bad Säckingen, Straßburg, Zabern und St. Odilienberg im Elsass.

1893
Beteiligung an der Münchener Jahresausstellung mit einem Früchtestillleben.

1894
Beteiligung an der Münchener Jahresausstellung mit dem Stillleben *Granatäpfel*.

1897
Beteiligung an der Großen Kunstausstellung im Glaspalast Berlin mit den Stillleben *Päonien*, *Pfirsiche und Trauben* sowie *Pflaumen*. Letzteres erwirbt Maximilian von Baden, der Sohn des Markgrafen Wilhelm von Baden.

16. März 1899
Die Künstlerin stirbt um 13 Uhr in ihrer Münchner Wohnung. In ihrem Testament hinterlässt sie zahlreichen sozialen Einrichtungen sowie ihren Dienern großzügige Legate in hohen Summen.

1995
Drei ihrer Porträts werden in der Gemälde-Ausstellung *Frauen im Aufbruch? Künstlerinnen im deutschen Südwesten 1800–1945* in der Städtischen Galerie Villingen-Schwenningen und im Prinz-Max-Palais Karlsruhe gezeigt.

2001

Im September Präsentation einiger ihrer Zeichnungen und Gemälde auf Schloss Ortenberg.

2014/15

Ausstellung von Werken aus der Städtischen Galerie Karlsruhe im ZKM Karlsruhe, in der auch ein Porträt der Alexandra von Berckholtz enthalten ist.

WERKVERZEICHNIS

1. Blumenstillleben
Alexandra von Berckholtz zugeschrieben
Bleistift auf rosafarbenem Papier
17,9 × 14,2 cm
Widmung unterhalb der Darstellung mit
Tusche in Schwarz *Ihrem lieben Oheim / Sophie Berckholtz.*
Stadtarchiv Offenburg Inv.-Nr. 26/07/026
KAT.-NR. 53

2. Stillleben mit Pfirsichen und Trauben
Alexandra von Berckholtz zugeschrieben
Bleistift auf rosafarbenem Papier
15,6 × 24 cm
Widmung unterhalb der Darstellung mit
Tusche in Schwarz *Ihrem lieben Oheim / Natalie Berckholtz.*
Vor 1830
Stadtarchiv Offenburg Inv.-Nr. 26/07/025
Abb. 314

3. Der Berckholtz-Garten mit Pförtnerhaus in Karlsruhe
Bleistift auf Papier
15,4 × 19,4 cm
1835
Stadtarchiv Offenburg Inv.-Nr. 26/20/020
KAT.-NR. 54

4. Bildnis eines jungen Mädchens
Aquarell
21,5 × 16,5 cm
Rechts unten bezeichnet und datiert *Genf 1836*
Halbfigur in einer Landschaft
Versteigert am 23. Februar 1928 in den Kunst-Kammer-Auktionen Dr. Theodor Bauer Berlin, Los 243
Aus dem Nachlass eines Diplomaten
Verbleib unbekannt
Lit.: Kunst-Kammer-Auktionen des Dr. Theodor Bauer Berlin (Hg.): Gemälde und Antiquitäten aus dem Besitz eines Diplomaten und aus anderem Privatbesitz. Auflösung eines Antiquitätengeschäfts. Versteigerung am Donnerstag, 23. Februar 1928. Katalog Nr. 2. Berlin 1928, S. 23.

5. Das Berckholtz-Palais in Karlsruhe
Bleistift auf Papier
8 × 11 cm
1839
Stadtarchiv Offenburg Inv.-Nr. 26/20/26
KAT.-NR. 55
Lit.: Dystelzweig, 1961, Abb.; Vollmer, 1988, S. 28, Abb. 18.

6. Schloss Ortenberg
Bleistift auf Papier
21 × 32 cm
Um 1840
Stadtarchiv Offenburg Inv.-Nr. 26/01/366
KAT.-NR. 56
Lit.: Vollmer, 1988, S. 78, Abb. 79.

7. Jacob von Berckholtz rauchend
Bleistift auf Papier
23 × 18,1 cm
1841
Stadtarchiv Offenburg Inv.-Nr. 26/07/034
KAT.-NR. 37

8. Schloss
Bleistift auf Papier
20 × 29,4 cm
Links unten monogrammiert und datiert *AB cf. 28. Juni 1841.*
Stadtarchiv Offenburg Inv.-Nr. 26/20/019
Abb. auf S. 198–199

9. An einem Tisch sitzende Frau in einem Garten
Bleistift auf Papier
15,4 × 18,7 cm
Verso beschriftet *Carlsruhe 1841.*
Stadtarchiv Offenburg Inv.-Nr. 26/21/26-10

10. Frauenporträt an einer Steinbalustrade
Pinsel in Blau, Braun und Rot über Bleistift auf braunem Papier, weiß gehöht
33,9 × 25,4 cm
Um 1842
Stadtarchiv Offenburg Inv.-Nr. 26/02/360
KAT.-NR. 44

11. Alexandra Offensandt
Bleistift auf Papier
18 × 11 cm
Rechts innerhalb der Darstellung signiert und datiert *A. v. Berckholtz. / 1842.*
Stadtarchiv Offenburg Inv.-Nr. 26/02/240
KAT.-NR. 40

12. Stéphanie von Geusau
Bleistift auf Papier
27,4 × 21,5 cm
1842
Stadtarchiv Offenburg Inv.-Nr. 26/02/359
KAT.-NR. 43

13. Mädchenbildnis
Bleistift auf Papier, weiß gehöht
58 × 46 cm
Links unterhalb neben der Darstellung monogrammiert und datiert *fec. AB 1842*
Privatsammlung
KAT.-NR. 48

14. Interieur in Watthalden
Bleistift auf Papier
16,1 × 22,5 cm
Unterhalb beschriftet *6 Uhr morgens 26. Juni 1842 / Watthalden*
Stadtarchiv Offenburg Inv.-Nr. 26/21/26-11
KAT.-NR. 58

15. Rückenfigur einer sitzenden Frau
Bleistift auf Papier
21 × 16,3 cm
Verso beschriftet *Watthalden cf. 25. Mai 1842*
Stadtarchiv Offenburg Inv.-Nr. 26/21/26-12

16. Bildnis einer jungen Dame
Hüftbild, nahezu frontal
Bleistift auf Papier
22,2 × 27,6 cm
Signiert und datiert *A. v. Berckholtz 1842*
Hüftbild, nahezu frontal, der Kopf sehr fein ausgeführt
Versteigert durch das Antiquariat Emil Hirsch in München am 5. März 1921
Aus der grafischen Sammlung des Königlichen Hofglasmalereibesitzers und Glasmalers Franz Xaver Zettler
Verbleib unbekannt
Lit.: Hirsch, 1921, S. 5, Nr. 37.

17. Frauenporträt
Pinsel in Braun über Bleistift, weiß gehöht, auf braunem Papier aufgezogen
21,7 × 15,8 / 25,7 × 19,8 cm
Rechts innerhalb der Darstellung signiert und datiert *A. v. Berckholtz / 1843*
Stadtarchiv Offenburg Inv.-Nr. 26/07/033
KAT.-NR. 45

18. Schlafender Fuhrmann
Bleistift auf Papier
28 × 20,1 cm
Rechts unten beschriftet *Carlsruhe cf. 20. Juni 1843*
Stadtarchiv Offenburg Inv.-Nr. 26/07/029
KAT.-NR. 52

19. Melanie von Campenhausen
Aquarell über Bleistift, weiß gehöht
24,5 × 20 cm
Rechts unten innerhalb der Darstellung monogrammiert und datiert *A v B fec. 1844*
Verso beschriftet *Melanie Freiin von Campenhausen (1844) / Gemalt von Alexandra (Sascha) von Berckholtz / „Das war meine liebe Mama zehn Jahre vor meiner Geburt." Theophil von Barsewisch.*
Familienarchiv Prof. Dr. Bernhard von Barsewisch Groß Pankow Inv.-Nr. CW 153
KAT.-NR. 28
Lit.: Gutgesell, 2016 (2), S. 8.

20. Olga von Berckholtz
Öl auf Leinwand
58 × 49 cm
1845
Museum im Ritterhaus, Offenburg Inv.-Nr. 87/38
KAT.-NR. 7

21. Männliches Porträt im Profil nach links
Bleistift auf Papier
11,7 × 10,1 cm
1845
Stadtarchiv Offenburg Inv.-Nr. 26/21/26-9
KAT.-NR. 49

22. Wilhelm Velten
Lithografie nach Alexandra von Berckholtz
20,1 × 16,8 cm
Links unterhalb der Darstellung *Alexandra von Berckholtz pinx.*
Rechts unterhalb bezeichnet *S. Maijer delt.*
Unterhalb beschriftet *Was ich nicht in Worten geben, was ich nicht aussprechen kann, will ich Kindern anvertraun! / Wilh. Velten*
Darunter *geb. 23. Nov. 1823 † 30. Oct. 1845*
Nach 1845
Generallandesarchiv Karlsruhe Badische Bilder- und Plansammlung Inv.-Nr. J-Ac V 30
KAT.-NR. 112

23. Wilhelm Offensandt
Bleistift auf braunem Papier, weiß gehöht
18,7 × 15,9 cm
Unten rechts signiert und datiert *A v Berckholtz / 1846*
Stadtarchiv Offenburg Inv.-Nr. 26/02/241
KAT.-NR. 41

24. Nelken in einer Vase
Öl auf Holz
48,26 × 38,10 cm
Links unten signiert und datiert *A v Berckholtz 1846*
Privatbesitz in Litauen
KAT.-NR. 23

25. Adele von Campenhausen
Fotografie einer Zeichnung von Alexandra von Berckholtz
10 × 6 cm
Rechts neben der Darstellung monogrammiert und datiert *A. v. B. 1846*
Familienarchiv Prof. Dr. Bernhard von Barsewisch Groß Pankow Inv.-Nr. CW 162
KAT.-NR. 109
Lit.: Gutgesell, 2016 (2), S. 9.

26. Arthur von Campenhausen
Lithografie nach Alexandra von Berckholtz
17 × 12 cm
Nach 1846
Familienarchiv Prof. Dr. Bernhard von Barsewisch Groß Pankow Inv.-Nr. CW 161
Abb. 305

27. Arthur von Campenhausen
Bleistift auf Papier
13 × 10 cm
Rechts neben der Darstellung monogrammiert und datiert *A v B fec. 1847*
Verso auf dem Rahmen beschriftet *Arthur Campenhausen, meiner Mama Lieblingsbruder, gezeichnet von A. v.Berckholtz 1847, unserer Freundin, Saschas Pathe, der ausgezeichneten Künstlerin. Karlsruhe 1920. Th. Barsewisch*
Privatbesitz Prof. Dr. Dr. h. c. mult. Axel Freiherr von Campenhausen Hannover Inv.-Nr. CW 160
KAT.-NR. 42
Lit.: Gutgesell, 2016 (2), S. 9.

28. Die Pforte von St. Denis
Aquarell auf Papier
15 × 21 cm
Rechts unten signiert und datiert *A. v. Berckholtz 1847*
Im Vordergrund reiche Staffage
Unter Glas gerahmt
Versteigert am 11. Dezember 1989 im Kunsthaus Lempertz Köln, Nr. 22
Privatbesitz

29. Olga von Berckholtz
Öl auf Leinwand
Maße unbekannt
Nach 1847
Verbleib unbekannt

30. Mädchen mit Gänseblümchen
Aquarell über Bleistift
22,5 × 15,6 cm
Links unterhalb der Darstellung monogrammiert und datiert *A v B. 1848.*
Privatbesitz
KAT.-NR. 30
Lit.: Gutgesell, 2016 (2), S. 8, Abb. S. 9.

31. Blick von Schloss Ortenberg mit Olga von Moltke
Öl auf Holz
18,5 × 12 cm
Rechts unten innerhalb der Darstellung monogrammiert und datiert *B. 1849*
Verso bezeichnet *Ortenberg 1848 Olga von Moltke A. Berckholtz fecit*
Versteigert am 20. Oktober 2016 im Dorotheum Wien, Nr. 1385
Privatsammlung
KAT.-NR. 21

32. Innenansicht des Berckholtz-Hauses in Karlsruhe
Alexandra von Berckholtz zugeschrieben
Grafische Reproduktion eines Aquarells
9 × 13 cm
1840er Jahre
Verbleib des Originals unbekannt
Stadtarchiv Karlsruhe Inv.-Nr. 8/BPS o XIV e 1012
Abb. 5

33. Interieurszene
Aquarell
26,8 × 28,8 cm
1840er Jahre
Stadtarchiv Offenburg Inv.-Nr. 26/02/018
KAT.-NR. 33
Lit.: Vollmer, 1988, S. 29, Abb. 19.

34. Selbstporträt beim Zeichnen
Bleistift auf Papier
25 × 18,1 cm
1840er Jahre
Stadtarchiv Offenburg Inv.-Nr. 26/07/031
KAT.-NR. 36

35. Caroline Nollen
Fotografie einer Alexandra von Berckholtz zugeschriebenen Zeichnung
6,5 × 4,7 cm
1840er Jahre
Familienarchiv Prof. Dr. Bernhard von Barsewisch Groß Pankow Inv.-Nr. CW 244
KAT.-NR. 110

36. Schwarzwaldbauer
Öl auf Leinwand
58 × 47 cm
1840er/50er Jahre
Privatbesitz Hamburg
KAT.-NR. 20

37. Jacob Johann von Berckholtz
Öl auf Leinwand
84 × 75 cm
Um 1850
Gemeinde Ortenberg
KAT.-NR. 8

38. Julie Magdalene Caroline und Magdalene Julie von Manteuffel
Lithografie nach Alexandra von Berckholtz
46,4 × 33,2 cm
Um 1850
Stadtarchiv Offenburg Inv.-Nr. 26/02/204
KAT.-NR. 108

39. Charlotte von Schubert
Öl auf Leinwand
Maße unbekannt
Um 1850
Privatbesitz Ursula Kroenberg Hannover
Lit.: Fuss, 1994, S. 163; Lemberg, Margret: Gräfin Louise Bose und das Schicksal ihrer Stiftungen und Vermächtnisse. Marburg 1998, S. 66, 67, Abb.

40. Barbara von Berckholtz
Öl auf Leinwand
65 × 54 cm
Verso auf dem Rahmen auf zwei separaten Klebeetiketten betitelt
1850
Privatbesitz in Estland
KAT.-NR. 2

41. Emma von Berckholtz
Öl auf Leinwand
72 × 80 cm
Links unten monogrammiert und datiert *A. B. f. 1850*
Gemeinde Ortenberg
KAT.-NR. 9

42. Runder Turm mit Bank
Bleistift auf Papier
20 × 15 cm
Links unten beschriftet *Ortenberg. 16 Juli 1850.*
Stadtarchiv Offenburg Inv.-Nr. 26/01/363

43. Mathilde von Rottenhof
Bleistift auf Papier, in Weiß und Rosa gehöht
19,5 × 24 cm
Signiert und datiert *A. v. Berckholtz 1852*
Halbfigur in nahezu frontaler Stellung, miniaturmäßig fein ausgeführte Bleistiftzeichnung auf ovalem, lithografiertem Tonunterdruck
Versteigert durch das Antiquariat Emil Hirsch in München am 5. März 1921
Aus der grafischen Sammlung des Königlichen Hofglasmalereibesitzers Glasmalers Franz Xaver Zettler
Verbleib unbekannt
Lit.: Hirsch, 1921, S. 5, Nr. 38.

44. Grabmonument in Ortenberg
Bleistift auf Papier, auf Karton aufgezogen
31,6 × 23,7 / 28,3 × 20,5 cm
Unterhalb der Darstellung beschriftet: *Caveau /*

435

de ma famille au cimetière / du village Ortenberg / près de la ville d'Offenbourg / Grand duché de Bade
Um 1852
Landeskirchliches Archiv Karlsruhe, Bestand Berckholtz-Stiftung Inv.-Nr. Abt. 163.02, Nr. 8/3
KAT.-NR. 57

45. Gottfried von Berckholtz
Bleistift und Buntstift in Rot
15,0 × 11,8 / 29 × 23,3 cm
Im Oval
Rechts neben der Darstellung signiert und datiert *AvBerckholtz / 1853*
Links unterhalb der Darstellung beschriftet *Portrait des 4jährigen / Gottfried von Berckholtz / geb. 1849 in Karlsruhe*
Generallandesarchiv Karlsruhe, Badische Bilder- und Plansammlung Inv.-Nr. J-Ac B 173
KAT.-NR. 39

46. Damenbildnis
Bleistift auf Papier, in Weiß und Rosa gehöht
18,7 × 23,5 cm
Monogrammiert und datiert *A. v. B. 1853*
Halbfigur in Dreiviertelprofil, Miniaturmäßig fein ausgeführte Bleistiftzeichnung auf lithografiertem Tonunterdruck
Versteigert durch das Antiquariat Emil Hirsch in München am 5. März 1921
Aus der grafischen Sammlung des Königlichen Hofglasmalereibesitzers Glasmalers Franz Xaver Zettler
Verbleib unbekannt
Lit.: Hirsch, 1921, S. 5, Nr. 39.

47. Fürstin Katharina von Hohenzollern-Sigmaringen
Öl auf Leinwand
64 × 49 / 68,7 × 57,5 cm
Verso beschriftet *Catherine / Fürstin zu Hohenzollern-Sigmaringen / geb. Princessin Hohenlohe Waldenburg / geboren 19 Januar 1817 / Copie nach Lauchert / Alexandra von Berckholtz / pinxit 1854*
Erzabtei Beuron
KAT.-NR. 14
Lit.: Bad Schussenried/Ostfildern 2003, S. 441–442, Abb., Kat.-Nr. XIV.10; Schmidt-Liebich, 2005, S. 44; Gutgesell, 2016 (2), S. 8.

48. Johanna von Enzenberg, geborene von Maydell
Öl auf Leinwand
Maße unbekannt
1854
Verbleib unbekannt
Lit.: Boetticher, 1891, S. 84; Falck, 1899.

49. Johann Heinrich Neese
Öl auf Leinwand
60,5 × 48,5 cm
Recht unten monogrammiert und datiert *A. v. B. 1856*
Museum im Ritterhaus Offenburg Inv.-Nr. 362
KAT.-NR. 10
Lit.: Kähni, 1957, S. 48; Offenburg, 1984, Kat.-Nr. 49, S. 37; Karlsruhe/Villingen-Schwenningen, 1995, S. 411, Abb. S. 240; Schmidt-Liebich, 2005, S. 44.

50. Portrait einer jungen Frau
Pinsel in Beige und Buntstift in Rot über Bleistift
15 × 12,3 cm
Im Oval
Rechts innerhalb der Darstellung monogrammiert und datiert *Av B. 1856*
Stadtarchiv Offenburg Inv.-Nr. 26/07/037
KAT.-NR. 46

51. Portrait einer jungen Frau
Bleistift auf bräunlichem Papier, weiß gehöht
20,3 × 16,3 cm
Rechts innerhalb der Darstellung monogrammiert und datiert *A v B 1856*
Rechts unterhalb beschriftet *Alexandra von Berckholtz*
Stadtarchiv Offenburg Inv.-Nr. 26/07/036
KAT.-NR. 47

52. Marie Scheffel
Öl auf Leinwand
Maße unbekannt
1857
Verbleib unbekannt
Lit.: Meyer/Lücke/Tschudi, 1885, S. 586–587; Proelß, 1887, S. 404; Boetticher, 1891, S. 84; Abendblatt Nr. 76 der Allgemeinen Zeitung vom 17. März 1899; Falck, 1899; Rigasche Stadtblätter, Nr. 51, 20. Dezember 1901; Holland, 1902, S. 368; AKL, Bd. 9, 1994, S. 252; Schmidt-Liebich, 2005, S. 44.

53. Marie Scheffel
Alexandra von Berckholtz zugeschrieben
Lithografie auf Pappe
18 × 15 cm
Um 1857
Stadtmuseum Bad Staffelstein
KAT.-NR. 111
Lit.: Proelß, 1887, Abb.; Zentner, Wilhelm (Hg.): Scheffel in Säckingen. Briefe in sein Elternhaus 1850–1851. Konstanz 1967, Abb.; ders., 1926, Abb.; Gutgesell, Bd. 1, 2014, S. 39 Abb.; dies., 2015, Abb. S. 11.

54. Bertha Lessing
Öl auf Leinwand
Maße unbekannt
1858
Verbleib unbekannt
Lit.: Brandenburger-Eisele, 1992, S. 257–267; Schmidt-Liebich, 2005, S. 44.

55. Barbara von Berckholtz
Öl auf Leinwand
64,5 × 53 cm
Verso bezeichnet *Barbara von Berckholtz / geb. Schroeder. / geboren 1. April 1785 / – 23. Februar*
Verso Mitte *Alexandra von Berckholtz / pinxit 1859*
Museum im Ritterhaus Offenburg Inv.-Nr. 3228
KAT.-NR. 1
Lit.: Kähni, 1957, S. 48; Genealogisches Handbuch des Adels. Adelige Häuser B. Band VI. Band 32. Bearb. v. Hans Friedrich von Ehrenkrook. Limburg an der Lahn 1964, Abb.; Offenburg, 1984, Kat.-Nr. 48, S. 37; Vollmer, 1988, S. 92, Abb. S. 88; Karlsruhe/Villingen-Schwenningen, 1995, S. 411, Abb. S. 238; Schmidt-Liebich, 2005, S. 44.

56. Gabriel Leonhard von Berckholtz
Öl auf Leinwand
64 × 53 cm
Verso bezeichnet *Leonhard von Berckholtz / geboren 1718*
Rechts unten auf der Rückseite *Alexandra von Berckholtz / pinxit 1859*
Museum im Ritterhaus Offenburg Inv.-Nr. 3237
KAT.-NR. 3
Lit.: Genealogisches Handbuch des Adels. Adelige Häuser B. Band VI. Band 32. Bearb. v. Hans Friedrich von Ehrenkrook. Limburg an der Lahn 1964; Kähni, 1957, S. 48, Abb.; ders., 1970, S. 165; ders./Huber, 1951; Offenburg, 1984, Kat.-Nr. 47, Abb. 10, S. 13, 36; Vollmer, 1988, S. 88, Abb. 83; Drewes, 1994, S. 67, 203, Nr. 72; Karlsruhe/Villingen-Schwenningen, 1995, S. 411, Abb. S. 239; Schmidt-Liebich, 2005, S. 44; Gegg, 2013.

57. Gabriel Leonhard von Berckholtz
Bleistift auf Papier
19 × 16,1 cm
Rechts innerhalb der Darstellung datiert *26 Sept. 1859.*
Stadtarchiv Offenburg Inv.-Nr. 26/02/014
KAT.-NR. 34

58. Männliches Bildnis mit Schnurr- und Knebelbart
Bleistift und Kreide auf Papier, in Weiß gehöht
17 × 22 cm
Monogrammiert und datiert *A. v. B. 8. Oct. 1859*
Brustbild in Profilstellung
Versteigert durch das Antiquariat Emil Hirsch in München am 5. März 1921
Aus der grafischen Sammlung des Königlichen Hofglasmalereibesitzers Glasmalers Franz Xaver Zettler
Verbleib unbekannt
Lit.: Hirsch, 1921, S. 5, Nr. 40.

59. Maria von Moy, geborene von Aretin
Öl auf Leinwand
Maße unbekannt
Nach 1859
Verbleib unbekannt
Lit.: Abendblatt Nr. 76 der Allgemeinen Zeitung vom 17. März 1899; Rigasche Stadtblätter, Nr. 51, 20. Dezember 1901; Holland, 1902, S. 368; Meyer/Lücke/Tschudi, 1885, S. 586–587.

60. Bekränzter Frauenkopf
Bleistift auf Papier
31 × 23,1 cm
1850er Jahre
Stadtarchiv Offenburg Inv.-Nr. 26/07/040
KAT.-NR. 60

61. Baumstudie
Buntstift in Braun auf grauem Papier
18,5 × 14,1 cm
Rechts unten beschriftet *29/1*
1850er Jahre
Stadtarchiv Offenburg Inv.-Nr. 26/07/051
KAT.-NR. 61

62. Elisabeth Offensandt
Öl auf Leinwand
107 × 80 cm

Links unten signiert und datiert *A. v. Berckholtz. 1860*
Augustinermuseum Freiburg Inv.-Nr. 05807 B
KAT.-NR. 4
Lit.: Meyer/Lücke/Tschudi, 1885, S. 586–587; Boetticher, 1891, S. 84; Falck, 1899; Zimmermann, 2004, S. 101, Abb. 24; Schmidt-Liebich, 2005, S. 44.

63. Alexandra Offensandt
Öl auf Leinwand
107 × 80 cm
Rechts unten bezeichnet *A. Berckholtz. 1860*
Augustinermuseum Freiburg Inv.-Nr. 05808 B
KAT.-NR. 6
Lit.: Meyer/Lücke/Tschudi, 1885, S. 586–587; Abendblatt Nr. 76 der Allgemeinen Zeitung vom 17. März 1899; Rigasche Stadtblätter, Nr. 51, 20. Dezember 1901; Holland, 1902, S. 368; Zimmermann, 2004, S. 101, Abb. 25; Schmidt-Liebich, 2005, S. 43.

64. Elisabeth Offensandt und Sophie von Moltke
Bleistift auf Papier
20,5 × 26,3 cm
Links innerhalb der Darstellung beschriftet *Maulbronn. 26 Mai 1860*
Stadtarchiv Offenburg Inv.-Nr. 26/21/26-6
KAT.-NR. 35

65. Armgart von Flemming, geborene von Arnim
Öl auf Leinwand
Maße unbekannt
Nach 1860
Verbleib unbekannt
Lit.: Meyer/Lücke/Tschudi, 1885, S. 586–587; Falck, 1899.

66. Elisabeth Offensandt
Öl auf Pappe, auf Karton aufgezogen
20,6 × 15,8 cm / 24,3 × 19,3 cm
Rechts neben der Darstellung signiert und datiert *A v Berckholtz 1861*
Städtische Galerie Karlsruhe Inv.-Nr. 68/032
KAT.-NR. 5

67. Brautbild Karoline Friedrich
Öl auf Leinwand
66 × 52 cm
Im Oval
Links unten signiert und datiert *A. v.Berckholtz 1861.*
Städtische Galerie Karlsruhe Inv.-Nr. 2002/016
KAT.-NR. 13
Lit.: Karlsruhe, 2014, S. 72.

68. Jacob von Berckholtz im Profil nach rechts
Bleistift und Pinsel in Schwarz, weiß gehöht, auf weißes Papier aufgezogen
17,5 × 12,7 / 27,3 × 19,5 cm
Rechts unten monogrammiert und datiert *Av B. 1862*
Stadtarchiv Offenburg Inv.-Nr. 26/07/035
KAT.-NR. 38

69. Selbstporträt im Atelier
Öl auf Karton
30,4 × 27,7 cm
Unterhalb mit Bleistift bezeichnet *Atelier in Ortenberg*
Vor 1863
Stadtarchiv Offenburg Inv.-Nr. 26/02/015
KAT.-NR. 22
Lit.: Vollmer, 1988, S. 90–91, Abb. 87.

70. Bertha Lessing
Öl auf Leinwand
73 × 62 cm
Rechts unten signiert und datiert *A. v. Berckholtz 1863.*
Privatbesitz
KAT.-NR. 11
Lit.: Auktionshaus Heinrich Hahn (Hg.): Gemälde alter Meister, Gemälde neuerer Meister, Barock-Plastik, Fayence-Porzellan darunter Spezialsammlung Dammer Figuren, Wiener Speiseservice aus der Mitte des 18. Jahrhunderts aus standesherrlichem Besitz. Frankfurt am Main 1938, Nr. 7, Abb. Tafel 7; Auktionshaus Arnold (Hg.): Auktion vom 6. März 1999. Frankfurt am Main 1999, S. 92 Abb.

71. Feodor Dietz
Öl auf Leinwand
24 × 20 cm
Verso bezeichnet *A. v. Berckholtz (5) / Portrait d. + badi. Hof / maler F. Dietz + 1870 / FeodorDietz / A. v. Berckholtz fec. 1863*
Privatbesitz
KAT.-NR. 12
Lit.: Meyer/Lücke/Tschudi, 1885, S. 586–587; Falck, 1899; Boetticher, 1891, S. 84; Rigasche Stadtblätter, Nr. 51, 20. Dezember 1901; Holland, 1902, S. 368; AKL, Bd. 9, 1994, S. 252; Schmidt-Liebich, 2005, S. 44.

72. Johann Wilhelm Schirmer
Aquarell
21,4 × 16,2 cm
Links unten beschriftet *J. W. Schirmer*
Rechts unten beschriftet *A. v. B. / 1863 / Copie nach Canon.*
Erwoben 1991 durch die Gemeinde Ortenberg
Schloss Ortenberg
KAT.-NR. 29

73. Luise von Schkopp
Öl auf Leinwand
25 × 22 cm
1864
Familie von Barsewisch
KAT.-NR. 17
Lit.: Gutgesell, 2016 (2), S. 8.

74. Luise von Schkopp
Öl auf Leinwand
29,5 × 23,5 cm
Verso monogrammiert und datiert *A v B 1864*
Familie von Barsewisch
KAT.-NR. 18
Lit.: Gutgesell, 2016 (2), S. 8, Abb.

75. Alexander von Kotzebue
Öl auf Leinwand
Um 1865
In diesem Zusammenhang wird ebenfalls ein Porträt seiner Gattin Charlotte von Kotzebue genannt. Ob es sich um ein Doppelporträt oder zwei Pendants handelte, konnte nicht ermittelt werden.
Verbleib unbekannt
Lit.: Meyer/Lücke/Tschudi, 1885, S. 586–587; Falk, 1899; Boetticher, 1891, S. 84; Rigasche Stadtblätter, Nr. 51, 20. Dezember 1901; Holland, 1902, S. 368.

76. Thekla von Freiberg
Öl auf Leinwand
Maße unbekannt
Nach 1865
Verbleib unbekannt
Lit.: Meyer/Lücke/Tschudi, 1885, S. 586–587.

77. Sophie von Moltke, geborene von Berckholtz
Öl auf Leinwand
Maße unbekannt
1866
Verbleib unbekannt
Lit.: Meyer/Lücke/Tschudi, 1885, S. 586–587; Boetticher, 1891, S. 84; Abendblatt Nr. 76 der Allgemeinen Zeitung vom 17. März 1899; Falck, 1899; Rigasche Stadtblätter, Nr. 51, 20. Dezember 1901; Holland, 1902, S. 368; AKL, Bd. 9, 1994, S. 252; Schmidt-Liebich, 2005, S. 44.

78. August Vischer
Öl auf Leinwand
Maße unbekannt
1866
In dem Zusammenhang mit diesem Porträt wird auch Vischers Gattin Mathilde, geborene Stolz, erwähnt. Es handelte sich wohl um ein Doppelporträt anlässlich ihres Hochzeitstages am 9. Januar 1866.
Verbleib unbekannt
Lit.: Meyer/Lücke/Tschudi, 1885, S. 586–587; Falck, 1899; Almanach der Maler und Bildhauer Deutschlands und Oesterreich-Ungarns. Erster Jg. Stuttgart 1890, S. 20.

79. Josefine von Brück
Bleistift auf Papier
27 × 20,6 cm
Rechts unten monogrammiert und datiert *A v B 1868.*
Unterhalb der Darstellung bezeichnet *Josefine von Brück*
Stadtarchiv Offenburg Inv.-Nr. 26/02/33
Abb. 192

80. Josephine von Brück
Öl auf Leinwand
Maße unbekannt
1868
Verbleib unbekannt
Lit.: Meyer/Lücke/Tschudi, 1885, S. 586–587.

81. Öffnung in einer Mauer
Bleistift auf Papier
21,2 × 12,7 cm
Links unten beschriftet *Rolandseck, 7. Sept 68*
Stadtarchiv Offenburg Inv.-Nr. 26/21/26-3

82. Charlotte von Bassus
Öl auf Leinwand
85 × 98 cm
Verso bezeichnet *A. von Berckholtz / 1821–1899 /*

Charlotte Freifrau v. Bassus / geb. Gräfin von Berchem geb. 22. X. 1843
Nach 1868
Museo Poschiavino Palazzo Mengotti Poschiavo
KAT.-NR. 15
Lit.: Meyer/Lücke/Tschudi, 1885, S. 586–587; Gutgesell, 2016 (2), S. 9.

83. Miss Florence Osborn
Öl auf Leinwand
Maße unbekannt
Vor 1869
Ausgestellt auf der Großen Kunstausstellung München 1869
Gemälde war verkäuflich, befand sich 1869 in Privatbesitz
Verbleib unbekannt
Lit.: Katalog zur I. internationalen Kunstausstellung im Königlichen Glaspalaste zu München 20. Juli bis 31. Oktober 1869. München 1869, S. 41, Nr. 981; Düna-Zeitung, Nr. 62, 17. März 1899; Holland, 1902, S. 368.

84. Josephine von Lindwurm
Öl auf Leinwand
Maße unbekannt
Vor 1869
Verbleib unbekannt
Lit.: Meyer/Lücke/Tschudi, 1885, S. 586–587.

85. Mathilde von Schanzenbach
Öl auf Leinwand
Maße unbekannt
1870
Verbleib unbekannt
Lit.: Meyer/Lücke/Tschudi, 1885, S. 586–587.

86. Mary von Tiesenhausen, geborene Jenken
Öl auf Leinwand
Maße unbekannt
Vor 1870
Verbleib unbekannt
Lit.: Meyer/Lücke/Tschudi, 1885, S. 586–587; Falck, 1899; Abendblatt Nr. 76 der Allgemeinen Zeitung vom 17. März 1899; Rigasche Stadtblätter, Nr. 51, 20. Dezember 1901; Holland, 1902, S. 368.

87. Ernestine von Schoultz-Ascheraden
Öl auf Leinwand
Maße unbekannt
Nach 1870
Privatbesitz

88. Clementine von Pausinger
Öl auf Leinwand
Maße unbekannt
1872
Verbleib unbekannt
Lit.: Meyer/Lücke/Tschudi, 1885, S. 586–587.

89. Anna Leontine Weltzien
Öl auf Leinwand
Maße unbekannt
Vor 1874
Verbleib unbekannt
Lit.: Meyer/Lücke/Tschudi, 1885, S. 586–587.

90. Ortsansicht von Thun
Bleistift auf Papier
11,1 × 18,4 cm
Links unten beschriftet *Thun vom Reichshof aus. 23 Aug 1875*
Stadtarchiv Offenburg Inv.-Nr. 26/21/26-5

91. Lili von Ramberg
Öl auf Leinwand
43 × 33 cm
Links unten signiert und datiert *A v Berckholtz 1876*
Verso bezeichnet *Lili Ramberg gemalt v Alexandrine v Berckholtz 1876*
Privatbesitz
KAT.-NR. 16
Lit.: Gutgesell, 2016 (2), S. 9.

92. Alice Mac Bride
Bleistift auf Papier
20,9 × 13,1 cm
1876
Stadtarchiv Offenburg Inv.-Nr. 26/21/26-4
Abb. 326

93. Rosen
Aquarell auf gräulichem Papier
35,9 × 25 cm
Links unterhalb datiert *21. Mai 1877*
Stadtarchiv Offenburg Inv.-Nr. 26/07/045
KAT.-NR. 31
Lit.: Gutgesell, 2016 (2), S. 9.

94. Heckenrosen
Aquarell
27 × 19 cm
Signiert und datiert *Alexandra von Berckholtz, Nizza 1877.*
Gerahmt unter Glas in grün lackiertem Holzrahmen
Ehemals in der Sammlung des Fürsten von Hohenzollern-Sigmaringen
Verbleib unbekannt

95. Blumenstillleben
Serie mit 14 Motiven
Aquarelle auf Papier
Maße unbekannt
Vor 1881
Gezeigt in einer Einzelausstellung im Kunstverein München 1881
Reproduziert als Radierungen
Kriegsverlust
Lit.: Meyer/Lücke/Tschudi, 1885, S. 586–587; Boetticher, 1891, S. 84; Falck, 1899; Kähni, 1957, S. 43; Schmidt-Liebich, 2005, S. 44.

96. Blumenstück mit Schnecken
Aquarell auf gräulichem Papier
36 × 26,1 cm
Links unten beschriftet *Badenweiler 1883*
Stadtarchiv Offenburg Inv.-Nr. 26/07/044
KAT.-NR. 32

97. Früchtestilleben, Weintrauben, Pfirsiche und Kürbis
Öl auf Holz
67 × 52 cm
Signiert und datiert *A. v. Berckholtz 1887.*
Versteigert durch Heinrich Hahn in Frankfurt am Main am 5. und 6. April 1938
Verbleib unbekannt
Lit.: Hahn, 1938, Nr. 9.

98. Stillleben
Wohl Öl auf Holz
Maße unbekannt
Vor 1888
Ausgestellt auf der Internationalen Kunstausstellung München 1888
Gemälde war unverkäuflich
Verbleib unbekannt
Lit.: Illustrierter Katalog der III. Internationalen Kunstausstellung (Münchener Jubiläumsausstellung) im Königl. Glaspalaste zu München 1888. München 1888, S. 9, Nr. 609.

99. Blumenstillleben mit Weinglas und Trauben
73,5 × 55,5 cm
Öl auf Holz
Rechts unten signiert und datiert *A. v. Berckholtz 1888.*
Versteigert vom 5. bis 21. Oktober durch Sotheby's Deutschland im Neuen Schloss Baden-Baden
Privatbesitz in Ortenberg
KAT.-NR. 24
Lit.: Sotheby's Deutschland (Hg.): Die Sammlung der Markgrafen und Großherzöge von Baden. Baden-Baden 1995, S. 72, Nr. 3301; Gutgesell, 2016 (2), S. 9.

100. Sonnenblumen und Weintrauben auf einem Tisch, vor rotem Hintergrund
Öl auf Holz
77 × 61 cm
Signiert und datiert *A. v. Berckholtz 1888.*
Versteigert durch Heinrich Hahn in Frankfurt am Main am 5. und 6. April 1938
Verbleib unbekannt
Lit.: Hahn, 1938, Nr. 10.

101. Rote Anemonen
Wohl Öl auf Holz
Maße unbekannt
Vor 1889
Ausgestellt auf der Internationalen Kunstausstellung München 1889
Das Gemälde war unverkäuflich
Verbleib unbekannt
Lit.: Illustrierter Katalog der Münchener Jahresausstellung von Kunstwerken aller Nationen im Königl. Glaspalaste. München 1889, S. 10, Nr. 77.

102. Feldblumenstrauß in dunkler Glasvase
Öl auf Holz
48 × 43 cm
Signiert und datiert *A. v. Berckholtz 1889.*
Versteigert durch Heinrich Hahn in Frankfurt am Main am 5. und 6. April 1938
Verbleib unbekannt
Lit.: Hahn, 1938, Nr. 8, Abb. Tafel 6.

103. Gelbe Rosen
Wohl Öl auf Holz
Maße unbekannt
Vor 1890
Ausgestellt auf der Internationalen Kunstausstellung München 1890
Das Gemälde war unverkäuflich
Verbleib unbekannt
Lit.: Illustrierter Katalog der Münchener Jahresausstellung von Kunstwerken aller

Nationen im Königl. Glaspalaste. München 1890, S. 4, Nr. 97b.

104. Blumenstück
Wohl Öl auf Holz
Maße unbekannt
Vor 1891
Ausgestellt auf der Internationalen Kunstausstellung München 1891
Das Gemälde war verkäuflich
Verbleib unbekannt
Lit.: Illustrierter Katalog der Münchener Jahresausstellung von Kunstwerken aller Nationen im Königl. Glaspalaste. München 1891, S. 8, Nr. 106a.

105. Bohnenstillleben
Wohl Öl auf Holz
Maße unbekannt
Vor 1891
Ausgestellt auf der Internationalen Kunstausstellung München 1891
Das Gemälde war unverkäuflich
Verbleib unbekannt
Lit.: Illustrierter Katalog der Münchener Jahresausstellung von Kunstwerken aller Nationen im Königl. Glaspalaste. München 1891, S. 8, Nr. 106b.

106. Rosen mit Schmetterling
Öl auf Pappe
25 × 31,4 cm
Um 1891
Stadtarchiv Offenburg Inv.-Nr. 26/07/046
KAT.-NR. 27

107. Sophie von Rottenhof
Öl auf Leinwand
Maße unbekannt
Vor 1892
Verbleib unbekannt
Lit.: Meyer/Lücke/Tschudi, 1885, S. 586–587.

108. Chrysanthemen in einer Keramikvase
Öl auf Holz
50 × 41 cm
Rechts unten signiert und datiert *A. v. Berckholtz 1892*
Privatbesitz in Estland
KAT.-NR. 25

109. Vase mit Blumen
Öl auf Holz
59 × 41 cm
1892
Versteigert in den 1990er Jahren bei Classic Art Gallery Antonija Riga, in der Auktion Nr. 27, Item No. 5
Privatbesitz

110. Früchte
Wohl Öl auf Holz
Maße unbekannt
Vor 1893
Ausgestellt auf der Internationalen Kunstausstellung München 1893
Das Gemälde war verkäuflich
Verbleib unbekannt
Lit.: Illustrierter Katalog der Münchener Jahresausstellung von Kunstwerken aller Nationen im Königl. Glaspalaste. München 1893, S. 6, Nr. 100.

111. Rosenstillleben
Öl auf Holz
43,5 × 30,5 cm
Links unten signiert und datiert *A. v. Berckholtz 1893*.
Versteigert vom 5. bis 21. Oktober durch Sotheby's Deutschland im Neuen Schloss Baden-Baden
Privatbesitz in Ortenberg
KAT.-NR. 26
Lit.: Sotheby's Deutschland (Hg.): Die Sammlung der Markgrafen und Großherzöge von Baden. Baden-Baden 1995, S. 72, Nr. 3301; Gutgesell, 2016 (2), S. 9.

112. Granatäpfel
Wohl Öl auf Holz
Maße unbekannt
Vor 1894
Ausgestellt auf der Internationalen Kunstausstellung München 1894
Das Gemälde war verkäuflich
Verbleib unbekannt
Lit.: Illustrierter Katalog der Münchener Jahresausstellung von Kunstwerken aller Nationen im Königl. Glaspalaste. München 1894, S. 3, Nr. 64.

113. Pfirsiche
Öl auf Leinwand
37,5 × 49,8 cm
Links unten signiert und datiert *A. v.Berckholtz 1895*
Gelangte am 12. Dezember 1902 in das Museum Folkwang Essen als Vermächtnis von Gustav Cappel, geführt als *Helene-Cappel-Stiftung.*
Der Verbleib ist seit etwa 1930 unbekannt

114. Stillleben mit Pflaumen
Öl auf Papier
33,5 × 23,5 cm
Links unten signiert und datiert *A. v.Berckholtz 1895*
Versteigert vom 5. bis 21. Oktober durch Sotheby's Deutschland im Neuen Schloss Baden-Baden
Ausgestellt auf der Großen Kunstausstellung Berlin 1897
Privatbesitz
Lit.: Große Berliner Kunstausstellung. Katalog. Berlin 1897, S. 8, Nr. 139; Sotheby's Deutschland (Hg.): Die Sammlung der Markgrafen und Großherzöge von Baden im Schloss Baden-Baden 5. bis 21. Oktober 1995. Baden-Baden 1995, S. 104, Nr. 4305.

Undatiert

115. Mädchenbildnis
Öl auf Malpappe
57,5 × 45 cm
Privatbesitz
KAT.-NR. 19

116. Porträt eines Mannes
Tinte in Blau auf Papier
19 × 14,1 cm
Stadtarchiv Offenburg Inv.-Nr. 26/21/26-7
KAT.-NR. 50

117. Aufgestützt liegender Mann
Bleistift auf Papier
13,8 × 10,1 cm
Stadtarchiv Offenburg Inv.-Nr. 26/07/030
KAT.-NR. 51

118. Burg auf einem Felsen
Bleistift auf Papier
18,1 × 13,9 cm
Stadtarchiv Offenburg Inv.-Nr. 26/07/039
KAT.-NR. 59

119. Mann mit Zylinder
Bleistift auf braunem Papier
21 × 12,6 cm
Stadtarchiv Offenburg Inv.-Nr. 26/21/26-1

120. Porträt eines Paares
Bleistift auf braunem Papier
21,2 × 12,7 cm
Stadtarchiv Offenburg Inv.-Nr. 26/21/26-2

121. Skizze eines Frauenkopfes
Rötel auf Papier
15,7 × 20,4 cm
Stadtarchiv Offenburg Inv.-Nr. 26/21/26-8

122. Bertha von Schilcher
Öl auf Leinwand
Maße und bekannt
Verbleib unbekannt
Lit.: Meyer/Lücke/Tschudi, 1885, S. 586–587; Abendblatt Nr. 76 der Allgemeinen Zeitung vom 17. März 1899; Rigasche Stadtblätter, Nr. 51, 20. Dezember 1901; Holland, 1902, S. 368; Schmidt-Liebich, 2005, S. 44.

123. Philipp Reiff
Öl auf Leinwand
Maße unbekannt
Verbleib unbekannt
Lit.: Meyer/Lücke/Tschudi, 1885, S. 586–587; Boetticher, 1891, S. 84; Falck, 1899; Rigasche Stadtblätter, Nr. 51, 20. Dezember 1901; Holland, 1902, S. 368.

124. Baronin von Treuberg
Eventuell Maria Amélia Fischler von Treuberg
Öl auf Leinwand
Maße unbekannt
Verbleib unbekannt
Lit.: Abendblatt Nr. 76 der Allgemeinen Zeitung vom 17. März 1899; Rigasche Stadtblätter, Nr. 51, 20. Dezember 1901; Holland, 1902, S. 368.

125. Gräfin von Rechberg
Öl auf Leinwand
Maße unbekannt
Verbleib unbekannt
Lit.: Meyer/Lücke/Tschudi, 1885, S. 586–587.

126. Henrika von Pittel
Öl auf Leinwand
Maße unbekannt
Verbleib unbekannt
Lit.: Meyer/Lücke/Tschudi, 1885, S. 586–587.

127. Emmy von Kress
Öl auf Leinwand
Maße unbekannt
Verbleib unbekannt
Lit.: Meyer/Lücke/Tschudi, 1885, S. 586–587.

128. Frauenporträt
Bleistift auf Papier
18 × 15,1 cm
Stadtarchiv Offenburg Inv.-Nr. 27/07/032
Abb. 309

129. Studie eines Männerkopfes mit Hut
Bleistift auf Papier
14 × 10,8 cm
Stadtarchiv Offenburg Inv.-Nr. 26/07/027
Abb. 312

130. Stillleben mit totem Vogel und Nelken
Öl auf Pappe
31,5 × 24,5 cm
Signiert
Versteigert im Auktionshaus H. Ruef
München am 4. November 2004, Los 1059,
in der 502. Kunstauktion
Privatbesitz
Lit.: Schmidt-Liebich, 2005, S. 44.

Skizzenbücher

131. Skizzenbuch von 1841 bis 1846
Bleistift auf Papier
18,3 × 25 cm
49 Blätter
Stadtarchiv Offenburg Inv.-Nr. 26/21/015

132. Skizzenbuch von 1847 bis 1853
Bleistift auf Papier
18,9 × 24,7 cm
36 Blätter
Stadtarchiv Offenburg Inv.-Nr. 26/21/016

133. Skizzenbuch von 1859/60
Bleistift und Aquarell auf Papier
13,3 × 21 cm
33 Blätter
Stadtarchiv Offenburg Inv.-Nr. 26/21/017

134. Skizzenbuch von 1860/61
Bleistift auf Papier
21,2 × 26,9 cm
12 Blätter
Stadtarchiv Offenburg Inv.-Nr. 26/21/018

135. Skizzenbuch von 1865 bis 1868
Bleistift auf Papier
15,9 × 21,5 cm
39 Blätter
Stadtarchiv Offenburg Inv.-Nr. 26/21/019

136. Skizzenbuch von 1866
Bleistift auf Papier
13,3 × 10,9 cm
36 Blätter
Stadtarchiv Offenburg Inv.-Nr. 26/21/020

137. Skizzenbuch von 1875
Bleistift und Aquarell auf Papier
12 × 18,9 cm
30 Blätter
Stadtarchiv Offenburg Inv.-Nr. 26/21/021

138. Skizzenbuch von 1875/76
Bleistift und Aquarell auf Papier
14 × 21,6 cm
32 Blätter
Stadtarchiv Offenburg Inv.-Nr. 26/21/022

139. Skizzenbuch von 1876/77
Bleistift und Aquarell auf Papier
15 × 22,7 cm
23 Blätter
Stadtarchiv Offenburg Inv.-Nr. 26/21/023

140. Skizzenbuch von 1891
Bleistift und Aquarell auf Papier
23,5 × 16,9 cm
7 Blätter
Stadtarchiv Offenburg Inv.-Nr. 26/21/024

141. Skizzenbuch
Bleistift auf Papier
13,5 × 21,7 cm
33 Blätter
Stadtarchiv Offenburg Inv.-Nr. 26/21/025

142. Skizzenbuch von 1886 bis 1889
Bleistift auf Papier
12,1 × 16,6
39 Blätter
Stadtarchiv Offenburg Inv.-Nr. 26/21/027

143. Skizzenbuch von 1886
Bleistift auf Papier
12,5 × 19,5
36 Blätter
Stadtarchiv Offenburg Inv.-Nr. 26/21/028

144. Skizzenbuch von 1891/92
Bleistift auf Papier
13,3 × 21,5 cm
33 Blätter
Stadtarchiv Offenburg Inv.-Nr. 26/21/029

Quellen- und Literaturverzeichnis

Ausstellungskataloge (nach Orten)

Baden-Baden 1980
Stilleben in Europa. Hg. v. Uta Bernsmeier. Ausst.-Kat. Münster, Baden-Baden 1980.

Bad Schussenried, Ostfildern 2003
Alte Klöster. Neue Herren. Die Säkularisation im deutschen Südwesten 1803. Hg. v. Volker Himmelein. Ausst.-Kat. Bad Schussenried, Ostfildern 2003.

Berlin 1993
Anton von Werner. Geschichte in Bildern. Hg. v. Dominik Bartmann. Ausst.-Kat. Berlin 1993.

Berlin 1992
Profession ohne Tradition. 125 Jahre Verein der Berliner Künstlerinnen. Hg. v. Dieter Fuhrmann. Ausst.-Kat. Berlin 1992.

Berlin, Köln 2004
Meisterwerke der französischen Genremalerei im Zeitalter von Watteau, Chardin und Fragonard. Hg. v. Colin B. Bailey, Philipp Conisbee, Thomas W. Gaehtgens. Ausst.-Kat. Berlin, Köln 2004.

Berlin 2015
Quo vadis mater? Künstlerinnen des Berliner Lyceum-Clubs 1905–1933. Hg. v. Dorothea Schuppert. Ausst.-Kat. Berlin 2015.

Bielefeld 2013
Schönheit und Geheimnis. Der deutsche Symbolismus. Die andere Moderne. Hg. v. Jutta Hülsewig-Johnen und Henrike Mund. Ausst.-Kat. Bielefeld 2013.

Bremen 1997
Der Silberschatz der Compagnie der Schwarzen Häupter aus Riga. Hg. v. Maria Anczykowski. Ausst.-Kat. Bremen 1997.

Coburg 1986
Max Brückner 1836–1919 Coburg, Landschaftsmaler und „Altmeister deutscher Theaterausstattungskunst". Gemälde, Aquarelle, Zeichnungen und Modelle aus dem Besitz der Kunstsammlungen der Veste Coburg, der Stadt Coburg und aus Coburger Privatbesitz. Hg. v. Mimmi Maedebach. Ausst.-Kat. Coburg 1986.

Coburg 1998
Views of Germany from the Royal Collection at Windsor Castle. Ansichten von Deutschland aus der Royal Collection in Windsor Castle. Königin Victoria und Prinz Albert auf ihren Reisen nach Coburg und Gotha. Hg. v. Delia Millar. Ausst.-Kat. Coburg 1998.

Eichenzell 2014
Meisterhafte Porträts der Fürstenmaler im 19. Jahrhundert. Ausst.-Kat. Schloss Fasanerie, Eichenzell 2014.

Erfurt 2014
Beobachtung und Ideal. Ferdinand Bellermann – ein Maler aus dem Kreis um Humboldt. Hg. v. Kai Uwe Schierz und Thomas von Taschitzki. Ausst.-Kat. Erfurt 2014.

Erlangen 2008
Die Kunst des Portraits. Aus Erlanger Sammlungen. Hg. v. Thomas Engelhardt. Ausst.-Kat. Erlangen 2008.

Frankfurt 2015
Sturm-Frauen. Künstlerinnen der Avantgarde in Berlin 1910–1932. Hg. v. Ingrid Pfeiffer und Max Hollein. Ausst.-Kat. Frankfurt 2015.

Freiburg 1994
Badische Burgen aus romantischer Sicht. Hg. v. Sybille Bock. Ausst.-Kat. Freiburg 1994.

Gotha, Konstanz 1999
Zwischen Ideal und Wirklichkeit. Künstlerinnen der Goethe-Zeit zwischen 1750 und 1850. Hg. v. Bärbel Kovalevski. Ausst.-Kat. Gotha, Konstanz 1999.

Halberstadt 2000
Von Mensch zu Mensch. Portraitkunst und Portraitkultur der Aufklärung. Hg. v. Reinmar F. Lacher. Ausst.-Kat. Halberstadt 2000.

Hohenkarpfen, Beuron 2008
Borchardt, Stefan (Hg.): Vor den Alpen. Malerei der Münchner Schule. Ausst.-Kat. Hohenkarpfen, Beuron 2008.

Houston, Freiburg, Compiègne 2015
Franz Xaver Winterhalter. Maler im Auftrag Ihrer Majestät. Hg. v. Helga Kessler Aurisch, Laure Chabanne, Tilmann von Stockhausen et al. Ausst.-Kat. Houston, Freiburg, Compiègne 2015.

Karlsruhe 2015
Ich bin hier! Von Rembrandt bis zum Selfie. Hg. v. Pia Müller-Tamm und Dorit Schäfer. Ausst.-Kat. Karlsruhe 2015.

Karlsruhe 2014
Von Ackermann bis Zabotin. Die Städtische Galerie Karlsruhe zu Gast im ZKM / Museum für Neue Kunst. Ausst.-Kat. Karlsruhe 2014.

Karlsruhe 2010
Adolph Schroedter: Humor und Poesie im Biedermeier. Ausst.-Kat. Karlsruhe 2010.

Karlsruhe, Villingen-Schwenningen 1995
Frauen im Aufbruch? Künstlerinnen im deutschen Südwesten 1800–1945. Ausst.-Kat. Karlsruhe, Villingen-Schwenningen 1995.

Karlsruhe, Aachen 2002
Johann Wilhelm Schirmer in seiner Zeit. Landschaft im 19. Jahrhundert zwischen Wirklichkeit und Ideal. Ausst.-Kat. Karlsruhe, Aachen 2002.

Karlsruhe 1976
Anselm Feuerbach. Gemälde und Zeichnungen. Ausst.-Kat. Karlsruhe 1976.

Karlsruhe 1976
Die Grötzinger Malerkolonie: die erste Generation 1890–1920. Ausst.-Kat. Karlsruhe 1976.

Karlsruhe-Grötzingen 1991
Die Grötzinger Malerkolonie und ihre Nachfolger: Kurzbiographien. 1.000 Jahre Grötzingen, 100 Jahre Badisches Malerdorf. Hg. v. Hans Knab. Ausst.-Kat. Karlsruhe-Grötzingen 1991.

Konstanz 2013
Einfach himmlisch! Die Malerin Marie Ellenrieder 1791–1863. Hg. v. Tobias Egelsing und Barbara Stark. Ausst.-Kat. Konstanz 2013.

Konstanz 2010
Ignaz Heinrich von Wessenberg 1774–1860. Kirchenfürst und Kunstfreund. Hg. v. Barbara Stark. Ausst.-Kat. Konstanz 2010.

Konstanz 1992
„… und hat als Weib unglaubliches Talent". Angelika Kauffmann (1741–1807), Marie Ellenrieder (1791–1863). Malerei und Graphik. Ausst.-Kat. Konstanz 1992.

London, Paris 1987
Franz Xaver Winterhalter and the Courts of Europe. Hg. v. Richard Ormond und Carol Blackett-Ord. Ausst.-Kat. London, Paris 1987.

München 2013
Richard Wagner – Die Münchner Zeit (1864–1865). Hg. v. Sabine Kurth, Ingrid Rückert und Reiner Nägele. Ausst.-Kat. München 2013.

München 2003
Großer Auftritt. Piloty und die Historienmalerei. Hg. v. Reinhold Baumstark und Frank Büttner. Ausst.-Kat. München 2003.

Münster, Baden-Baden 1980
Stilleben in Europa. Hg. v. Uta Bernsmeier. Ausst.-Kat. Münster, Baden-Baden 1980.

Offenburg 1984
Bildnisse aus Offenburg. Porträts aus 4 Jahrhunderten im Ritterhausmuseum. Hg. v. Klaus Weschenfelder. Ausst.-Kat. Offenburg 1984.

Rundāle, Marburg 1998
Muiža zem Ozoliem. Ungurmuiža un fon Kampenhauzenu dzimta Vidzemē. Gutshof unter den Eichen, Orellen und die Familie von Campenhausen in Livland. Hg. v. Imants Lancmanis und Bernhard von Barsewisch. Ausst.-Kat. Rundāle, Marburg 1998.

Schweinfurt 2015
Ferdinand Hodler. Die Heilige Stunde. Hg. v. Karin Rhein. Ausst.-Kat. Schweinfurt 2015.

Schweinfurt 2015
Johann Wihelm Schirmer. Biblische Landschaften. Das Paradies als ein Frühlingsmorgen. Hg. v. Siegfried Bergler und Karin Rhein. Ausst.-Kat. Schweinfurt 2015.

Schweinfurt 2013
Eine Loge im Welttheater. Interieurbilder des 19. Jahrhunderts aus der Graphischen Sammlung des Museums Georg Schäfer. Hg. v. Karin Rhein. Ausst.-Kat. Schweinfurt 2013.

Schweinfurt 2013
Künstler sehen Bayern. Bayern lässt staunen. Hg. v. Sigrid Sylfide Bertuleit. Ausst.-Kat. Schweinfurt 2013.

Speyer 2002
Anselm Feuerbach. Ausst.-Kat. Speyer 2002.

Utrecht, Braunschweig 1991
Jan Davidsz. de Heem und sein Kreis. Hg. v. Sam Segal. Ausst.-Kat. Utrecht, Braunschweig 1991.

Weimar 2016
Bertha Froriep (1833–1920). Künstlerin aus Weimars „Silbernem Zeitalter" und Hüterin des Bertuchhauses. Hg. v. Gabriele Oswald. Ausst.-Kat. Weimar 2016.

Weimar 2011
Weimar/Wartburg – Wartburg/Weimar. Carl Alexanders Kulturkonzepte für „die ganze gebildete Welt". Hg. v. Alf Rößner. Ausst.-Kat. Weimar 2011.

Weimar 2010
Hinaus in die Natur! Barbizon, die Weimarer Malerschule und der Aufbruch zum Impressionismus. Hg. v. Gerda Wendermann. Ausst.-Kat. Weimar 2010.

Wertheim 2012
Käthe Kollwitz und ihre Kolleginnen in der Berliner Secession (1898–1913). Hg. v. Ulrike Wolff-Thomsen und Jörg Paczkowski. Ausst.-Kat. Wertheim 2012.

Wien 2002
Das Flämische Stillleben 1550–1680. Hg. v. Wilfried Seipel. Ausst.-Kat. Wien 2002.

Wien 1966
Hans Canon. Skizzen – Entwürfe – Dokumente. Ausst.-Kat. Wien 1966.

Wiesbaden 2015
Aus dem Neunzehnten. Von Schadow bis Schuch. Hg. v. Peter Forster. Ausst.-Kat. Wiesbaden 2015.

Wiesbaden 2014
Ludwig Knaus. Ein Lehrstück. Hg. v. Peter Forster. Ausst.-Kat. Wiesbaden 2014.

Wiesbaden 2013
Rheinromantik. Kunst und Natur. Hg. v. Peter Forster, Irene Haberland, Gerhard Kölsch. Ausst.-Kat. Wiesbaden 2013.

Wiesbaden, Hamburg 2013
Nanna. Entrückt, Überhöht, Unerreichbar. Anselm Feuerbachs Elixier einer Leidenschaft. Hg. v. Peter Forster. Ausst.-Kat. Wiesbaden, Hamburg 2013.

Winterthur, Berlin 2013
Anton Graff – Gesichter einer Epoche. Hg. v. Marc Fehlmann und Birgit Verwiebe. Ausst.-Kat. Winterthur, Berlin 2013.

Winterthur 1947
Große Maler des 19. Jahrhunderts aus den Münchner Museen. Ausst.-Kat. Winterthur 1947.

Winterthur, Zürich 1974
Charles Gleyre ou les illusions perdues. Ausst.-Kat. Winterthur, Zürich 1974.

Verwendete Literatur

Ārends, Pēteris. Die St.-Petri-Kirche in Riga. Riga 1944.

Ders.: Das Schwarzhäupterhaus in Riga. Riga 1943.

Allgeyer, Julius: Anselm Feuerbach. Berlin, Stuttgart 1904.

Almanach der Maler und Bildhauer Deutschlands und Oesterreich-Ungarns. Erster Jg. Stuttgart 1890.

Anders, Margarete: Balten in Bayern und Bayern im Baltikum. Pfaffenhofen 1988.

Augustyn, Wolfgang und Söding, Ulrich: Original – Kopie – Zitat. Versuch einer begrifflichen Annäherung. In: dies. (Hg.): Original – Kopie – Zitat. Kunstwerke des Mittelalters und der frühen Neuzeit. Wege der Aneignung – Formen der Überlieferung. Passau 2010, S. 1–14.

Bachmann, Gertrude: Aus dem Leben der Herzogin Alexandrine von Sachsen-Coburg und Gotha, geb. Prinzessin Luise Amalie von Baden. In: Jahrbuch 39 der Coburger Landesstiftung, 1994, S. 1–44.

Bailey, Colin B., Conisebee, Philip, Gaehtgens, Thomas W.: Meisterwerke der französischen Genremalerei im Zeitalter von Watteau, Chardin und Fragonard. Berlin, Köln 2004.

Bantle, Gerd: Vor 130 Jahren starb Hofmaler Richard Lauchert. In: Hohenzollerische Heimat, Heft 49, 1999, S. 20–21.

Baranow, Sonja von: Franz von Lenbach. Leben und Werk. 1986.

Dies.: Das Lenbachmuseum Schrobenhausen. Schrobenhausen 1986.

Dies.: Franz von Lenbach in der Städtischen Galerie im Lenbachhaus München. München 1980.

Dies. und Ludwig, Horst: Münchner Maler im 19. Jahrhundert. Bd. 3. München 1982.

Bartmann, Dominik (Hg.): Anton von Werner Jugenderinnerungen (1843–1870). Berlin 1994.

Baumann, Carl-Friedrich: 100 Jahre Bayreuth. Bühnentechnik im Festspielhaus. Bayreuth, München 1980.

Baumstark, Brigitte: Margarethe Hormuth-Kallmorgen, Jenny Fikentscher. In: Noelle-Neumann, Elisabeth (Hg.): Baden-Württembergische Portraits: Frauengestalten aus fünf Jahrhunderten. Stuttgart 1999.

Baumstark, Reinhold: Lenbach – Sonnenbilder und Portraits. München, Köln 2004.

Ders.: Neue Pinakothek. Katalog der Gemälde und Skulpturen. München 2003.

Becker, Wolfgang: Paris und die deutsche Malerei 1750–1840. München 1971.

Behling, Katja und Manigold, Anke: Die Malweiber. Unerschrockene Künstlerinnen um 1900. München 2014.

Beise, Theodor (Bearb.): Allgemeines Schriftsteller- und Gelehrten-Lexikon der Provinzen Livland, Ehstland und Kurland. Nachträge und Fortsetzungen. Bd. 1: Nachträge A–K. Mitau 1859.

Berckholtz-Stiftung 100 Jahre. Festschrift zum hundertjährigen Bestehen. Karlsruhe 2012.

Berger, Renate: Malerinnen auf dem Weg ins 20. Jahrhundert. Kunstgeschichte als Sozialgeschichte. Köln 1989.

Bergrün, Oskar: Die Galerie Schack in München. Wien 1883.

Bergström, Ingvar: Dutch Still-life Painting in the Seventeenth Century. New York 1983.

Beringer, Josef August: Badische Malerei 1770–1920. Karlsruhe 1922.

Berkholz, Arend: Gedenkblätter für die Familie Berckholtz, auch Berkholz, gesammelt und im April und Mai 1883 aufgezeichnet. Riga 1883.

Berkholz, Hans-Joachim von: Stammtafel zur Familie von Berckholtz. In: Baltische Ahnen- und Stammtafeln, 45. Jg., 2003, S. 47–69.

Beyer, Andreas: Das Portrait in der Malerei. München 2002.

Bloch, Peter: Original. Kopie. Fälschung. In: Jahrbuch Preußischer Kulturbesitz, 16, 1979, S. 41–74.

Boetticher, Friedrich von: Malerwerke des 19. Jahrhunderts. Bd. 1. Dresden 1891.

Bonnet, Alain und Nerlich, France (Hg.): Apprendre à peindre. Les ateliers privés à Paris, 1780–1863. Tours 2013.

Bormann, Norbert: Kunst und Physiognomik. Menschendeutung und Menschendarstellung im Abendland. Köln 1994.

Bott, Katharina: Das Schadow-Album der Düsseldorfer Akademieschüler von 1851. Hanau 2009.

Brandenburger, Gerlinde: Brunnen, Denkmäler und Freiplastiken in Karlsruhe 1715–1945. Veröffentlichungen des Karlsruher Stadtarchivs Band 7. Karlsruhe 1987.

Brandenburger-Eisele, Gerlinde: Malerinnen in Karlsruhe 1715–1918. In: Asche, Susanne, Guttmann, Barbara, Schambach, Sigrid et al. (Hg.): Karlsruher Frauen 1715–1945. Eine Stadtgeschichte. Karlsruhe 1992.

Brassat, Wolfgang: Das Historienbild im Zeitalter der Eloquenz. Von Raffael bis Le Brun. Studien aus dem Warburg-Haus. Bd. 6. Berlin 2003.

Braudo, Eugen: Richard Wagner unter russischer polizeilicher Aufsicht. Aus den Akten der russischen Geheimpolizei. In: Die Musik, 10, 1923, 24, S. 748–751.

Buchholz, Elke Linda: Künstlerinnen von der Renaissance bis heute. München, Berlin, London 2003.

Calov, Gudrun: München und die russischen Künstler. In: Beyer-Thoma, Hermann (Hg.): Bayern und Osteuropa. Aus der Geschichte der Beziehungen Bayerns, Frankens und Schwabens mit Rußland, der Ukraine und Weißrußland. Wiesbaden 2000, S. 375–394.

Clewing, Hans Joachim: Friedrich Eisenlohr. Der Zeichner und Baumeister. In: Badische Heimat, 36/1956, S. 23 ff.

Daenell, Ernst Robert: Die Blütezeit der deutschen Hanse. Bd. 1. Berlin 1905, Nachdruck 1973.

Descoudres, Hans Peter: Ludwig Des Coudres (1820–1878). Maler. In: Schnack, Ingeborg (Hg.): Lebensbilder aus Kurhessen und Waldeck 1830–1930. Bd. 3. Marburg 1942, S. 50–58.

Descoudres, Louis: Aus meinem Leben. In: Kunst in Hessen und am Mittelrhein. Schriften der Hessischen Museen, Bd. 18/19, 1979 (Nachdruck von 1867), S. 69–85.

Deseyve, Yvette: Der Künstlerinnen-Verein München e. V. und seine Damen-Akademie. Eine Studie zur Ausbildungssituation von Künstlerinnen im späten 19. und frühen 20. Jahrhundert. München 2005.

Dischner, Gisela: Bettina von Arnim. Eine weibliche Sozialbiografie des 19. Jahrhunderts. Wagenbach, Berlin 1981.

Distl, Dieter und Englert, Klaus: Franz von Lenbach. Pfaffenhofen 1986.

Dresch, Jutta: „Am trefflichen Umgang der verschiedensten Art ist hier kein Mangel ..." Künstlerleben in Karlsruhe 1850–1870. In: Kunst in der Residenz. Karlsruhe zwischen Rokoko und Moderne. Hg. v. Siegmar Holsten. Ausst.-Kat. Karlsruhe 1990, S. 54–65.

Drewes, Franz Josef: Hans Canon (1829–1885): Werkverzeichnis und Monographie. 2 Bände. Diss. Freiburg, Hildesheim, Zürich, New York 1994.

Dystelzweig, Hieronymus: Oberrheinische Frauenbildnisse. Alexandra von Berckholtz (1821–1899). Zum Sonntag. Unsere Unterhaltungs-Beilage zum Wochenende, 13. Jg., Nr. 48, 2. Dez. 1961.

Ebertshäuser, Heidi C.: Malerei im 19. Jahrhundert. Münchner Schule. Gesamtdarstellung und Künstlerlexikon. München 1979.

Ehrlich, Lothar und Ulbricht, Justus H. (Hg.): Carl Alexander von Sachsen-Weimar-Eisenach. Erbe, Mäzen, Kulturpolitiker. Köln, Weimar, Wien 2004.

Eisenberg, Ludwig: Großes biographisches Lexikon der Deutschen Bühne im 19. Jahrhundert. Leipzig 1903.

Eismann, Ingeborg: Franz Xaver Winterhalter (1805–1873). Der Fürstenmaler Europas. Petersberg 2007.

Elias, Otto-Heinrich (Hg.): Zwischen Aufklärung und baltischem Biedermeier. Elf Beiträge zum 14. Baltischen Seminar 2002. Lüneburg 2007.

Engelhardt, Thomas, Heunoske, Werner, Lehmann, Gertraud: Die Kunstsammlung des Stadtmuseums Erlangen. Bestandskatalog Band 1. Erlangen 2015.

Erb, Georg: Das Motiv der Ruine. Voraussetzungen und Veränderungen. In: Badische Burgen aus romantischer Sicht. Hg. v. Sibylle Bock. Ausst.-Kat. Freiburg 1993, S. 24–27.

Erdmann, Jürgen: Ein Stück deutscher Theaterhistorie. Zur Geschichte des ehemaligen Herzoglich-Sächsischen Hoftheaters Coburg-Gotha und seiner Notensammlung. München 1995.

Ewenz, Gabriele (Hg. und Bearb.): Johann Wilhelm Schirmer. Vom Rheinland in die Welt. Bd. 2. Autobiographische Schriften. Petersberg 2010.

Falck, Paul Th.: Die Portaitmalerin Alexandra von Berckholtz. In: Düna Zeitung, Nr. 123, 5. Juni 1899.

Falke, Jakob von: Das rumänische Königsschloß Pélesch. Wien 1983.

Fecker, Edwin: Die Altargemälde von Marie Ellenrieder in der Pfarrkirche von Ortenberg. In: Die Ortenau, Bd. 93, 2013, S. 391–402.

Ders.: Die Druckgraphik der badischen Hofmalerin Marie Ellenrieder (1791–1863). Heidelberg 2002.

Fischer, Friedhelm Wilhelm und Blanckenhagen, Sigrid von: Marie Ellenrieder. Leben und Werk der Konstanzer Malerin. Ein Beitrag zur Kunstgeschichte des neunzehnten Jahrhunderts. Konstanz, Stuttgart 1963.

Foelsch, Torsten: Die Archive der Gans Edlen Herren zu Putlitz. Eine Spurensuche. In: Czubatynski, Uwe: Berichte und Forschungen aus dem Domstift Brandenburg. Bd. 3. Nordhausen 2010, S. 125–173.

Foerster, Roland G. (Hg.): Generalfeldmarschall von Moltke. Bedeutung und Wirkung. Beiträge zur Militärgeschichte. Bd. 33. München 1991.

Förster, Katja: Heimerziehung in Karlsruhe. Von der Waisenanstalt zum Kinder- und Jugendhilfezentrum. Karlsruhe 2004.

Frank, Alfons: Hundertfünfzig Jahre Zwanglose Gesellschaft München 1837–1987. München 1987.

Fuss, Margot: Baden-Baden. Kaiser und Könige. Rund um den Gausplatz. Rund um den Bertholdplatz. Baden-Baden 1994.

Gaze, Delia (Hg.): Concise Dictionary of Women Artists. New York, London 2001.

Gegg, Volker: Als der Baron ein Schloss baute. Mittelbadische Presse, 31. Juli 2013.

Gemäldegalerie Alte Meister Dresden. Band 1. Die ausgestellten Werke. Köln 2006.

Genealogisches Handbuch des Adels. Adelige Häuser B. Band VI. Band 32. Bearb. v. Hans Friedrich von Ehrenkrook. Limburg an der Lahn 1964.

Geoffroy-Schneiter, Bérénice, Jover, Manuel, Sefrioui, Anne: Der Louvre Museumsführer. Paris 2005.

Goetz, Leopold Karl: Deutsch-Russische Handelsgeschichte des Mittelalters. Lübeck 1922.

Gollek, Rosel und Ranke, Winfried: Franz von Lenbach 1836–1904. München 1987.

Graf, Alfred: Schloss Aubach und seine Bewohner. Lauf 2016.

Gregor-Dellin, Martin (Hg.): Richard Wagner. Mein Leben. München 1976.

Ders. und Mack, Dietrich (Hg.): Cosima Wagner. Die Tagebücher. Band II. 1878–1883. München, Zürich 1977.

Dies. (Hg.): Cosima Wagner. Die Tagebücher. Band I. 1869–1877. München, Zürich 1976.

Großmann-Vendrey, Susanna: Bayreuth in der deutschen Presse. Beiträge zur Rezeptionsgeschichte Richard Wagners und seiner Festspiele. Dokumentenband 2: Die Uraufführung des Parsifal (1882). Regensburg 1977.

Grösslein, Andrea: Die Internationalen Kunstausstellungen der Münchner Künstlergenossenschaft im Glaspalast in München von 1869 bis 1888. Diss. München 1987.

Günther, Erika: Die Faszination des Fremden: der malerische Orientalismus in Deutschland. Münster 1990.

Gut, Serge: Franz Liszt. Musik und Musikanschauung im 19. Jahrhundert. Studien und Quellen. Hg. v. Detlef Altenburg. Sinzig 2009.

Gutgesell, Natalie: Alexandra von Berckholtz. Stilllebenmalerin aus Riga. In: Baltische Briefe, Nr. 5 (811), Mai 2016, 69. Jg., S. 7–9.

Dies.: „Ich fahr in die Welt." – Vorträge zu Joseph Victor von Scheffel. Halle (Saale) 2016.

Dies.: „Das Malen als eigenes volles in Farben sich bewegendes Denken" – Zu Joseph Victor von Scheffel als bildender Künstler. Halle (Saale) 2015.

Dies.: „Da hat Herr Scheffel etwas dazu gedichtet" – Joseph Victor von Scheffel als bildender Künstler. 2 Bände. Diss. Erlangen-Nürnberg, Halle (Saale) 2014.

Hamacher, Bärbel: Die Bühnenwerkstatt der Gebrüder Brückner. München 1989.

Hansky, Sabine: Die Internationale Kunstausstellung von 1869 in München. München 1994.

Härtl-Kasulke, Claudia: Karl Theodor Piloty (1826–1886). Karl Theodor Pilotys Weg zur Historienmalerei 1826–1855. Diss. München 1991.

Hartmann, Günter: Die Ruine im Landschaftsgarten. Ihre Bedeutung für den frühen Historismus und die Landschaftsmalerei der Romantik. Worms 1981.

Hamacher, Bärbel: Die Bühnenwerkstatt der Gebrüder Brückner. München 1989.

Hausenstein, Albert: Wir Karlsträßler. Erinnerungen eines alten Karlsruhers. In: Die Pyramide. Wochenschrift zum Karlsruher Tagblatt, 22. Jg., No. 21, 21. Mai 1933, S. 83–84.

Hecht, Christian: Zur Ikonographie von Raffaels Disputa. In: ders. (Hg.): Beständig im Wandel. Innovationen – Verwandlungen – Konkretisierungen. Festschrift für Karl Möseneder zum 60. Geburtstag. Berlin 2009, S. 135–144.

Henssler, Theodor Anton: Das musikalische Bonn im 19. Jahrhundert. In: Bonner Geschichtsblätter, 13, 1959, S. 169–172.

Hesse, Anja und Weber, Bernhard: Louis Spohr. Symposium Braunschweig 2014. „Musik und Politik". Politische Einflüsse auf Musikerbiografien und kompositorisches Schaffen von 1784 bis heute. Braunschweiger kulturwissenschaftliche Studien. Bd. 5. Kassel 2015.

Hirsch, Emil (Hg.): Handzeichnungen alter und neuer Meister aus dem Nachlasse des Kommerzienrats F. X. Zettler in München, ehem. Hofglasmalereibesitzers, nebst anderen Beiträgen. München 1921.

Ho, Gitta: Berckholtz (Berkholz), Alexandra von. In: Nerlich, France und Savoy, Bénédicte (Hg.): Pariser Lehrjahre. Ein Lexikon zur Ausbildung deutscher Maler in der französischen Hauptstadt. Band II: 1844–1870. Berlin, Boston 2015, S. 9–11.

Holländer, Bernhard: Riga im 19. Jahrhundert. Ein Rückblick. Riga 1926.

Holland, Hyacinth: Alexandra von Berckholtz. In: Allgemeine Deutsche Biographie (ADB), Leipzig 1902, S. 368.

Ders.: Nekrolog Alexandra von Berckholtz. In: Biographisches Jahrbuch IV, 1900, S. 117–118.

Hollweck, Ludwig: Deutsch-Balten in München. Ein Stück Münchner Kulturgeschichte des 19. und 20. Jahrhunderts. München 1974.

Hütsch, Volker: Der Münchner Glaspalast 1854–1931. Geschichte und Bedeutung. Berlin 1985.

Hyamson, Albert M.: A Dictionary of Universal Biography of All Ages of All Peoples. London 1916.

Ibscher, Edith: Theaterateliers des deutschen Bühnenraums des 19. Jahrhunderts. Diss. Köln 1972.

Immel, Ute: Die deutsche Genremalerei im neunzehnten Jahrhundert. Heidelberg 1976.

Ost, Hans: Einsiedler und Mönche in der deutschen Malerei des neunzehnten Jahrhunderts. Bonner Beiträge zur Kunstwissenschaft BD 11. Düsseldorf 1971.

Jacobs, Grit: Carl Alexander, Hugo von Ritgen, Bernhard von Arnswald – das Verhältnis von Bauherr, Architekt und Kommandant im ersten Jahrzehnt der Wiederherstellung der Wartburg. In: Forschungen zu Burgen und Schlössern, 2007, Bd. 10, 25–37.

Jäger, Karl: Briefe und Bilder aus dem Großherzogtum Baden und dem Elsaß. Bd. 1. Leipzig 1841, S. 203–204.

Jessen, Olaf: Die Moltkes. Biographie einer Familie. München 2011.

Jürgs, Britta (Hg.): „Da ist nichts mehr, wie es die Natur gewollt." Portraits von Künstlerinnen und Schriftstellerinnen um 1900. Berlin 2001.

Kähni, Otto: Das Ritterhausmuseum der Stadt Offenburg. In: Die Ortenau, Bd. 50, 1970, S. 151–179.

Ders.: Marie Ellenrieder in der Ortenau. In: Ekkhart, 1959, S. 86–93.

Ders.: Der Ortenberger Schloßherr Gabriel Leonhard von Berckholtz und die Malerin Alexandra von Berckholtz. In: Die Ortenau, Bd. 37, 1957, S. 43–49.

Ders. und Huber, Franz: Offenburg, aus der Geschichte einer Reichsstadt. Offenburger Köpfe. Offenburg 1951.

Kallestrup, Shona: Art and Design in Romania 1866–1927. Local and International Aspects of the Search for National Expression. Boulder, New York 2006.

Kaufhold, Walter: Hofmaler Richard Lauchert. Leben und Werk. Gammertingen 1969.

Ders.: Hofmaler Richard Lauchert. Leben und Werk. In: Hohenzollerische Heimat, 1969, 19. Jg., Nr. 2.

Kennedy, Julie: Der Pleinairist und das „Malweib". Karikaturen zur Münchner Freilichtmalerei 1860–1910. In: Borchardt, Stefan (Hg.): Vor den Alpen. Malerei der Münchner Schule. Ausst.-Kat. Hohenkarpfen, Beuron 2008, S. 24–37.

Kern, Fabian: Soeben gesehen. Bravo, Bravissimo. Die Coburger Theaterfamilie Brückner und ihre Beziehungen zu den Bayreuther Festspielen. Schriften der Gesellschaft für Theatergeschichte. Bd. 79. Diss. Berlin 2010.

Ders.: „Bald sei alles zu Ihrem Ruhme vollendet". Die Coburger Theatermalerfamilie Bruckner in Diensten Bayreuths. In: Erdmann, Jürgen: Ein Theater feiert. 175 Jahres Landestheater Coburg. Festschrift. Coburg 2002, S. 139–153.

Kern, Franz: Das Dreisamtal mit seinen Kapellen und Wallfahrten. Freiburg 1986, 2. Auflage.

Kharibian, Leah: Passionate Patrons. Victoria and Albert and The Arts. London 2010.

Kleinlauth, Brigitte: Dora Hitz (1856–1924). Malerin und Autorin. In: Schneider, Erich (Hg.): Fränkische Lebensbilder Bd. 22. Würzburg 2009, S. 299–316.

Kluxen, Andrea M.: Das Ende des Standesportraits. Die Bedeutung der englischen Malerei für das deutsche Portrait 1760–1848. München 1989.

Knopp, Gisbert: Das erste Bonner Beethovenfest 1845 nach dem illustrierten Bericht von Anton Schindler und die Errichtung der ersten Bonner Beethovenhalle unter der Leitung des Kölner Dombaumeisters Ernst Friedrich Zwirner. In: Bonner Geschichtsblätter, 62/63, 2013, S. 343–370.

König, Eberhard und Schön, Christiane (Hg.): Stilleben. Bonn 1996.

Kotzebue, Paul von: History and genealogy of the Kotzebue family: completed from General Paul von Kotzebue's memories followed by historical data and note-worthy persons. Paris 1984.

Kovalevski, Bärbel: Marie Ellenrieder 1791–1863. Berlin 2008.

Krichbaum, Jörg und Zondergeld, Rein A.: Künstlerinnen. Von der Antike bis zur Gegenwart. Köln 1979.

Krins, Hubert: Die Kunst der Beuroner Schule. Wie ein Lichtblick vom Himmel. Beuron 1998.

Kruse, Werner: Adolph Schrödter als Illustrator. Berlin 1935.

Lang, Claudia: Die Goldschmiedekunst der Beuroner Schule. Das Kunstschaffen des Benediktinerordens unter Rückgriff auf archaische Stilelemente und gleichzeitigem Aufbruch in die Moderne. Regensburg 2007.

Lange, Frank: Anselm Feuerbach in Offenburg und Straßburg 1842. Aus ungedruckten Tagebuchblättern. In: Die Ortenau, Bd. 23, 1936, S. 149–160.

Langenstein, York: Der Münchner Kunstverein im 19. Jahrhundert. Ein Beitrag zur Entwicklung des Kunstmarkts und des Ausstellungswesens. München 1983.

Langer, Brigitte: Das Münchner Künstleratelier des Historismus. Dachau 1992.

Lehmann, Evelyn: Louis des Coudres. 10. Mai 1820–23. Dezember 1878. In: Kunst in Hessen und am Mittelrhein 18/19. Schriften der Hessischen Museen. Darmstadt 1979, S. 7–68.

Lenz, Wilhelm: Deutschbaltisches biographisches Lexikon 1710–1960. Köln 1970.

Lindenberg, Paul: Schloss Pelesch und seine Bewohner. Berlin 1913.

Lorenz, Angelika: Das deutsche Familienbild in der Malerei des 19. Jahrhunderts. Darmstadt 1985.

Ludwig, Horst (Hg.): Münchner Maler im 19. Jahrhundert. 4 Bde. München 1981–1883.

Lutzer, Kerstin: Der Badische Frauenverein 1859–1918. Rotes Kreuz, Fürsorge, Frauenfrage. Diss. Heidelberg, Stuttgart 2002.

Mai, Ekkehard: Die deutschen Kunstakademien im 19. Jahrhundert. Künstlerausbildung zwischen Tradition und Avantgarde. Köln, Weimar, Wien 2010.

Maier, Thomas: Die Schwäbische Malerei um 1900. Stuttgart 2000.

Maillinger, Joseph: Bilder-Chronik der königlichen Haupt- und Residenzstadt München. 3. Band. München 1876.

Matthiesen, Heinz: Der Anteil der Deutschbalten am Münchner Kulturleben im 19. und am Anfang des 20. Jahrhunderts. In: Baltische Briefe, Jg. 8, H. 3, 1962.

Mayer, Hubert: Die Künstlerfamilie Winterhalter. Ein Briefwechsel. Karlsruhe 1998.

Mehl, Sonja: Franz von Lenbach in der Städtischen Galerie im Lenbachhaus München. München 1980.

Dies.: Franz von Lenbach (1836–1904). Leben und Werk. Diss. München 1972.

Meißner, Günter, Beyer, Andreas, Savoy, Bénédicte, Tegethoff, Wolf (Hg.): Allgemeines Künstlerlexikon. Die Bildenden Künstler aller Zeiten und Völker (AKL). 94 Bde., München, Leipzig 1991–2015.

Mettig, Constantin: Geschichte der Stadt Riga. Riga 1897.

Meyer, Julius, Lücke, Hermann, Tschudi, Hugo von: Allgemeines Künstlerlexikon. Bd. 3, Leipzig 1885.

Möbius, Helga: Studien zum holländischen Porträt im 17. Jahrhundert. Diss. Berlin 1988.

Mohr, Wilhelm: Richard Wagner und das Kunstwerk der Zukunft im Lichte der Baireuther Aufführungen. Köln 1876.

Mosebach, Charlotte: Geschichte Münchener Künstlergenossenschaft Königlich Privilegiert 1868. München 2014.

Mülfarth, Leo: Kleines Lexikon Karlsruher Künstler. Karlsruhe 1987.

Müller, Ulrich und Wapnewski, Peter (Hg.): Richard-Wagner-Handbuch. Stuttgart 1986.

Muhr, Stefanie: Der Effekt des Realen. Die historische Genremalerei des 19. Jahrhunderts. Diss. Köln, Weimar, Wien 2006.

Nagler, Georg Kaspar: Neues allgemeines Künstler-Lexicon oder Nachrichten aus dem Leben und den Werken der Maler, Bildhauer, Baumeister, Kupferstecher, Formschneider, Lithographen, Zeichner, Medailleure, Elfenbeinarbeiter, etc., 22 Bde., München 1835–1852.

Negendanck, Ruth: Künstlerlandschaft Chiemsee. Fischerhude 2008.

Dies.: Hiddensee. Die besondere Insel für Künstler. Fischerhude 2005.

Nerlich, France: La peinture française en Allemagne: 1815–1870. Paris 2010.

Dies. und Savoy, Bénédicte (Hg.): Pariser Lehrjahre. Ein Lexikon zur Ausbildung Deutscher Maler in der französischen Hauptstadt. Band 1: 1793–1843. Berlin, Boston 2013.

Neumann, Wilhelm (Bearb.): Lexikon baltischer Künstler. Riga. 1908. Nachdruck Hannover-Döhren 1972.

Ders.: Baltische Maler und Bildhauer des XIX. Jahrhunderts. Riga 1902.

Nicoïdski, Clarisse: Die großen Malerinnen. Weibliche Kunst von den Anfängen bis zur Gegenwart. Paris 1996.

Nusser, Luitpold: Schinkel und Brückner in ihrer Bedeutung für die Bühnenmalerei im 19. Jahrhundert. Diss. Würzburg 1923.

Oechelhäuser, Adolf von: Großherzoglich Badische Akademie der bildenden Künste, Festchronik 1854–1904. Karlsruhe 1904.

Palatschek, Sylvia: Adelige und bürgerliche Frauen (1770–1848). In: Fehrenbach, Elisabeth (Hg.): Adel und Bürgertum in Deutschland 1770–1848. München 1994, S. 159–185.

Paolucci, Antonio: Raphael's Rooms. Città del Vaticano 2011.

Pecht, Friedrich: Aus meiner Zeit. Lebenserinnerungen von Friedrich Pecht. Bd. 1. München 1894.

Perse, Marcell: Natur im Blick. Die Landschaften des Johann Wilhelm Schirmer (Jülich 1807 – Karlsruhe 1863). Bestandskatalog Jülich. Jülich 2001.

Pese, Claus, Negendanck, Ruth, Hamann, Matthias: Künstlerkolonien in Europa. Im Zeichen der Ebene und des Himmels. Ein Beitrag zur Erweiterung eines Kulturbegriffs. Passau 2004.

Peters, Helmut: Der Komponist, Geiger, Dirigent und Pädagoge Louis Spohr (1784–1859). Braunschweig 1987.

Peters-Marquardt, Franz: Zum 100jährigen Geburtstage Max Brückners. In: Coburger Heimatblätter, Heft 14, Juni 1836, S. 73 ff.

Petteys, Chris: Dictionary of Women Artists. Boston 1985.

Poelchau, Arthur: Führer durch die St. Petri-Kirche in Riga. Riga 1901.

Ramm-Weber, Susanne: 30 Millionen für eine Ruine. In: Badische Zeitung, 8. Mai 2010.

Pistohlkors, Gert von (Hg.): Deutsche Geschichte im Osten Europas. Baltische Länder. Berlin 2002.

Ranke, Winfried: Franz von Lenbach. Der Münchner Malerfürst. Köln 1986.

Recke, Friedrich von und Napiersky, Karl Eduard (Bearb.): Allgemeines Schriftsteller- und Gelehrten-Lexikon der Provinzen Livland, Esthland und Kurland. Vierter Band: S–Z. Mitau 1832.

Redern, Hermann von, Ragotzky, Bernhard, Hildebrandt, Adolf M.: Stammtafeln der Familie Gans Edlen Herren zu Putlitz, von ihrem ersten urkundlichen Auftreten bis zur Gegenwart. Berlin 1887.

Regnet, Carl Albert: Münchner Künstlerbilder. 2 Bde. München 1871.

Reinle, Adolf: Das stellvertretende Bildnis. Plastiken und Gemälde von der Antike bis ins 19. Jh. Zürich, München 1984.

Ritter, Burkhard: Kostbare Momente ihrer Zeit festgehalten. Alexandra-von-Berckholtz-Werke im Schloss Ortenberg. In: Mittelbadische Presse, 9. September 2001.

Rörig, Fritz: Hansische Beiträge zur deutschen Wirtschaftsgeschichte. Breslau 1928.

Rotarescu, Rodica: Nationalmuseum Peleş – Sinaia, Rumänien. Sinaia 2009.

Rott, Herbert W.: Sammlung Schack. Katalog der ausgestellten Gemälde. München 2009.

Ruch, Martin: Offenburger Stadtführer. Kunst, Kultur und Geschichte. Offenburg 2007.

Säuberlich, Hartmut: Richard Wagner und die Probleme des Bühnenbildes seiner Werke im 19. Jahrhundert. Diss. Kiel 1966.

Saffle, Michael: Liszt in Germany 1840–1845. A Study In Sources, Documents, And The History of Reception. Stuyvesant, New York 1994.

Salmi, Hannu: Wagner and Wagnerism in Nineteenth-Century Sweden, Finland, and the Baltic Provinces. Reception, Enthusiasm, Cult. Rochester 2005.

Scheidig, Walter: Die Weimarer Malerschule. Erfurt 1950.

Schmalhofer, Claudia: Die Kgl. Kunstgewerbeschule München (1868–1918). Ihr Einfluss auf die Ausbildung der Zeichenlehrerinnen. München 2005.

Schmalriede, Manfred und Silke: Das fotografische Portrait. Berlin 1988.

Schmidt, Hildegard Emilie: Die Förderung von Kunst und Bildung in Rumänien durch die Königin Elisabeth, geb. Prinzessin zu Wied (Carmen Sylva 1843–1916). Neuwied 1983.

Schmidt-Liebich, Jochen: Lexikon der Künstlerinnen 1700–1900. Deutschland, Österreich, Schweiz. München 2005.

Schneider, Arthur von: Badische Malerei des 19. Jahrhunderts. Karlsruhe 1968.

Schneider, Norbert: Geschichte der Genremalerei. Die Entdeckung des Alltags in der Kunst der Frühen Neuzeit. Berlin 2004.

Schoch, Rainer: Das Herrscherbild in der Malerei des 19. Jahrhunderts. München 1975.

Schöny, Heinz: Hans Canon als Lithograph. In: Jahrbuch des Vereins für die Geschichte der Stadt Wien, 17/18, 1961/62, S. 286–304.

Scholz, Gottfried: Der junge Liszt. Referate des 4. Europäischen Liszt-Symposions Wien 1991. München, Salzburg 1993.

Schoultz-Ascheraden, Ernestine von: Memoiren der Baronin Ernestine Schoultz-Ascheraden, geb. Baronesse Campenhausen. Geboren in Wesselshof den 26. Juli 1810, heimgegangen in Loddiger den 2. Juli 1902. Riga 1908.

Schwammberger, Adolf: Vom Brauchtum mit der Zitrone. Nürnberg 1965.

Siebenmorgen, Harald: Die Anfänge der Beuroner Kunstschule. Peter Lenz und Jakob Wüger 1850–1875. Sigmaringen 1983.

Siebert, Klara: Marie Ellenrieder als Künstlerin und Frau. Freiburg 1916.

Siliņa, Māra: Blackheads House. Riga 2010.

Sivers, Jegór von: Das Buch der Güter Livlands und Oesels. Riga 1863.

Sommer, Erich Franz: Alexander von Kotzebue – ein Schlachtenmaler ohne Nation – (zu seinem 90. Todestag). In: Jahrbuch des baltischen Deutschtums, Nr. 27, 1980, S. 41–51.

Spliet, Herbert: Geschichte des rigischen Neuen Hauses, des später sogen. König Artus Hofes, des heutigen Schwarzhäupterhauses zu Riga. Riga 1934.

Stackelberg, Magnus von: Genealogisches Handbuch der estländischen Ritterschaft. Bd. 3. Görlitz 1930.

Ders.: Genealogisches Handbuch der estländischen Ritterschaft. Bd. 1. Görlitz 1931.

Stegmann, Knut: Das Bauunternehmen Dyckerhoff & Widmann. Zu den Anfängen des Betonbaus in Deutschland 1865–1918. Tübingen, Berlin 2014.

Strittmatter, Annette: Das „Gemäldekopieren" in der deutschen Malerei zwischen 1780 und 1860. Münster 1998.

Surhone, Lambert M., Tennoe, Mariam T., Henssonow, Susan F.: Alexandra von Berckholtz. VDM Publishing 2010.

Theilmann, Rudolf: Düsseldorf und Karlsruhe: Der Einfluss der Düsseldorfer Akademie auf die Organisation der Karlsruher Kunstschule. In: Düwell, Kurt und Köllmann, Wolfgang (Hg.): Rheinland-Westfalen im Industriezeitalter. Bd. 4. Zur Geschichte von Wissenschaft, Kunst und Bildung an Rhein und Ruhr. Wuppertal 1985, S. 227–236.

Thiel, Erika: Geschichte des Kostüms. Die europäische Mode von den Anfängen bis zur Gegenwart. Berlin 2000.

Thielemann, Gotthard Tobias: Geschichte der Schwarzen-Häupter in Riga nebst Beschreibung des Artushofes und seiner Denkwürdigkeiten. Amsterdam 1970. Neudruck der Ausgabe Riga 1831.

Thiemann-Stoedtner, Ottilie und Hanke, Gerhard: Dachauer Maler. Die Kunstlandschaft von 1801–1946, Dachau 1989.

Thieme, Ulrich und Becker, Felix (Hg.): Allgemeines Lexikon der Bildenden Künstler von der Antike bis zur Gegenwart. 37 Bde., Leipzig 1907–1950.

Thomson, Erik: Die Compagnie der schwarzen Häupter aus Riga und ihr Silberschatz. Lüneburg, Bremen 1974, Nachdruck 2012.

Tieze, Agnes: Flämische Gemälde im Städel Museum 1550–1800. Teil I. Künstler von A–R. Hg. v. Max Hollein und Jochen Sander. Petersberg 2009.

Tobies, Harry Herbert: Das Baltikum. Siebenhundert Jahre Geschichte an der Ostsee. Berg 1994.

Tornow, Ingo: Das Münchner Vereinswesen in der ersten Hälfte des 19. Jahrhunderts, mit einem Ausblick auf die zweite Jahrhunderthälfte. München 1977.

Transehe-Roseneck, Astaf von: Genealogisches Handbuch der livländischen Ritterschaft. Bd. 1. Görlitz 1929, Bd. 2. Görlitz 1935.

Vanaga, Baiba: Dilettantinnen oder Pionierinnen? Deutschbaltische Künstlerinnen. In: Mitteilungen Aus Baltischem Leben, Ausgabe 2, Mai 2016, 62. Jg., S. 3–4.

Veltzke, Veit: Vom Patron zum Paladin: Wagnervereinigungen im Kaiserreich von der Reichsgründung bis zur Jahrhundertwende. Diss. Bochum 1987.

Verwiebe, Birgit: Vom Mondscheintransparent zum Diorama. Stuttgart 1997.

Vierhaus, Rudolf: Vom aufgeklärten Absolutismus zum monarchischen Konstitutionalismus. Der deutsche Adel im Spannungsfeld von Revolution, Reform und Restauration (1789–1848). In: Hohendahl, Peter Uwe und Lützeler, Paul Michael (Hg.): Legitimationskrisen des deutschen Adels 1200–1900. Literaturwissenschaft und Sozialwissenschaften. Bd. 11. Stuttgart 1979, S. 119–135.

Voermann, Ilka: Die Kopie als Element fürstlicher Gemäldesammlungen im 19. Jahrhundert. Diss. Mainz, Berlin 2011.

Voigt, Kirsten Claudia: Staatliche Kunsthalle Karlsruhe. München, Berlin 2005.

Vollmer, Franz X.: Die Häuser von Ortenberg (1500–) 1700–1945. Historische Beschreibung eines Ortenaudorfes. Ortenberg 1995.

Ders.: Das neue Schloß Ortenberg 1828–1988. Ortenberg 1989.

Ders.: Schloß Ortenberg. In: Die Ortenau, Bd. 35, 1955, S. 142–151.

Voß, Georg: Die Frauen in der Kunst. In: Der Existenzkampf der Frau im modernen Leben. Berlin 1895.

Wagner, Monika: Allegorie und Geschichte. Ausstattungsprogramme öffentlicher Gebäude des neunzehnten Jahrhunderts in Deutschland. Von der Cornelius-Schule zur Malerei der Wilhelminischen Ära. Tübinger Studien zur Archäologie und Kunstgeschichte. Bd. 9. Tübingen 1989.

Wangenheim, Max von: Städtische Lenbach-Galerie. München 1954.

Weber, Solveig: Das Bild Richard Wagners. Ikonographische Bestandsaufnahme eines Künstlerkults. Band I: Text, Band II: Bilder. Mainz, London, Madrid 1993.

Weech, Ferdinand von: Karlsruhe. Geschichte der Stadt und ihrer Verwaltung. Viertes Buch. Karlsruhe während der Regierung des Großherzogs Leopold 1830–1852. Karlsruhe 1898.

Ders. und Krieger, Albert (Hg.): Badische Biographien, V. Teil. 1891–1901. Heidelberg 1906, S. 71–72.

Welding, Olaf, Amburger, Erik, Krusenstjern, Georg von: Deutschbaltisches Biographisches Lexikon 1710–1960. Hg. v. Wilhelm Lenz. Köln, Wien 1970.

Werner, Anton von: Erlebnisse und Eindrücke 1870–1890. Berlin 1913.

Ders.: Erinnerungen an Karlsruhe. In: Deutsche Dichtung, Bd. 1, 1886/87, S. 89–92.

Wichmann, Siegfried: Franz von Lenbach und seine Zeit. Köln 1973.

Wiench, Peter: Alexandra von Berckholtz. In: Saur Allgemeines Künstlerlexikon, Bd. 9. München, Leipzig 1994, S. 252.

Wilhelmi, Anja: Lebenswelten von Frauen der deutschen Oberschicht im Baltikum (1800–1939). Eine Untersuchung anhand von Autobiographien. Wiesbaden 2008.

Wilhelmy, Petra: Der Berliner Salon im 19. Jahrhundert (1880–1914). Berlin, New York 1989.

Wisniewski, Claudia: Kleines Wörterbuch des Kostüms und der Mode. Stuttgart 1996.

Wolf, Georg Jacob (Hg.): Münchner Künstlerfeste. München 1925.

Zedlitz-Neukirch, Leopold von (Hg.): Neues Preußisches Adels-Lexicon. Bd. 4. Berlin 1837.

Zentner, Wilhelm: Marie Scheffel. Erinnerungsblatt für eine Vergessene. In: Ekkhart, 1959, S. 71–80.

Ders. (Hg.): Zwischen Pflicht und Neigung. Scheffel in Donaueschingen. Briefe ins Elternhaus 1857/59. Karlsruhe 1946.

Ders. (Hg.): „Mein Glück will mir nicht glücken" – Scheffels Briefe ins Elternhaus 1856/57. Karlsruhe 1939.

Ders. (Hg.): Scheffel in Italien. Briefe ins Elternhaus 1852–1853. Karlsruhe 1929.

Ders. (Hg.): Joseph Victor von Scheffel Briefe ins Elternhaus 1843–1849. Karlsruhe 1926.

Ziegler, Hendrik: Die Kunst der Weimarer Malerschule. Von der Pleinairmalerei zum Impressionismus. Köln, Weimar, Wien 2001.

Zimmermann, Margret (Bearb.): Gemälde des 19. und 20. Jahrhunderts. Augustinermuseum Freiburg Bestandskatalog. Freiburg 2004.

Zingeler, Karl Theodor: Katharina Fürstin von Hohenzollern, geb. Prinzessin zu Hohenlohe. Die Stifterin von Beuron. Kempten, München 1912.

Ders.: Briefe des Fürsten Karl Anton von Hohenzollern an den Großherzog Friedrich I. von Baden. Stuttgart 1912.

Zollner, Hand Leopold: Greif und Zarenadler. Aus zwei Jahrhunderten badisch-russischer Beziehungen. Karlsruhe 1981.

Zündorff, Margarete: Marie Ellenrieder. Ein deutsches Frauen- und Künstlerleben. Konstanz 1940.

Internet

Gedenkblätter für die Familie Berckholtz auch Berkholz (18. Februar 2010), www.rambow.de/die-familie-berckholtz-oder-berkholz.html, 2. März 2017.

Abbildungsnachweis

Bad Staffelstein – Stadtmuseum: KAT.-NR. 111
Bayreuth – © Nationalarchiv der Richard-Wagner-Stiftung: Abb. 234, 238–242; Stadtarchiv: Abb. 235–237
Benešov – Schloss Konopiště: Abb. 323
Berlin – © Gemäldegalerie. Staatliche Museen zu Berlin, Preußischer Kulturbesitz: Abb. 120, Foto: Jörg P. Anders; © Kupferstichkabinett. Staatliche Museen zu Berlin: Abb. 299, Foto: Zentrale Fotowerkstatt; © Auktionshaus Dannenberg: KAT.-NR. 12; © Foto: Auktionshaus Quentin Berlin: KAT.-NR. 19
Beuron – Erzabtei Beuron: KAT.-NR. 14
Bonn – © LVR-Landesmuseum Bonn, Rheinisches Landesmuseum für Archäologie, Kunst und Kulturgeschichte: Abb. 100; © Stadtmuseum Bonn: Abb. 19, © sammlung-rheinromantik.de: Abb. 217
Braunschweig – Herzog Anton Ulrich Museum: Abb. 98
Brodersdorf – Archiv der Familie von Berkholz: Abb. 79, Foto: Hans-Joachim von Berkholz
Bukarest – © Muzeul Național de Artă al României, Nationales Kunstmuseum von Rumänien: Abb. 124, 263, 264, Fotos: Marius Preda, Costin Miroi
Chemnitz – © Foto: Auktionshaus Heickmann: KAT.-NR. 25
Coburg – Stiftung der Herzog von Sachsen-Coburg und Gotha'schen Familie: Abb. 248; Kunstsammlungen der Veste: Abb. 95, 214, 215; Privatsammlung: Abb. 123, Foto: Rolf Peter Reichel
Dallas – © Foto: Heritage Auctions: Abb. 281
Dessau – Anhaltische Gemäldegalerie: Abb. 96, 261
Dortmund – © Museum für Kunst und Kulturgeschichte: Abb. 231, 232, Fotos: Madeleine-Annette Albrecht
Dresden – Galerie Alte Meister: Abb. 119, © bpk| Staatliche Kunstsammlungen Dresden | Elke Estel | Hans-Peter Klut; Sächsische Landesbibliothek: Abb. 244–246, © SLUB / Deutsche Fotothek / Walter Möbius
Erlangen – Stadtmuseum: Abb. 321, Foto: Erich Malter
Ettlingen – Buhlinger Architekten: Abb. 318, © Foto: Buhlinger Architekten Ettlingen
Frankfurt am Main – © Frankfurter Goethe-Museum: Abb. 195, 260, Fotos: Ursula Edelmann – ARTOTHEK
Freiburg – © Augustinermuseum: KAT.-NR. 4, 6, Fotos: Axel Killian
Friedrichshafen – © Archiv der Luftschiffbau Zeppelin GmbH: Abb. 279, 280
Genève – © Musée d'art et d'histoire: Abb. 338, Foto: Bettina Jacot-Descombes
Groß Pankow – Archiv der Familie von Campenhausen: Abb. 32, 94, 282, 284, 305, KAT.-NR. 17, 18, 20, 28, 42, 109, 110, Fotos: Bernhard von Barsewisch
Hamburg – © Hamburger Kunsthalle/bpk: Abb. 203, Foto: Elke Walford
Heidelberg – © Winterberg Kunst: KAT.-NR. 2

Hildesheim – Roemer- und Pelizaeus-Museum: Abb. 170
Jülich – Museum Zitadelle: Abb. 225, Foto: Bernhard Dautzenberg
Karlsruhe – Städtische Galerie: Abb. 30, 227, KAT.-NR. 5, 13, Fotos: Heinz Pelz; Generallandesarchiv: Abb. 51, 61, 292, KAT.-NR. 39, 112; Archiv der Berckholtz-Stiftung: Frontispiz, Abb. 271, Fotos: Tobias Krevet; Abb. 53, 69, 83, 93, 188, 316, Fotos: Natalie Gutgesell; Archiv der Ev. Diakonissenanstalt Rüppurr: Abb. 80, 82, 84, 85, Fotos: Natalie Gutgesell; Landeskirchliches Archiv: Abb. 65, 315, 335, KAT.-NR. 57, Fotos: Andreas Störzinger; Staatliche Kunsthalle: Abb. 29, 205, 229, 293, 344, © bpk/ Staatliche Kunsthalle Karlsruhe, Annette Fischer / Heike Kohler; Abb. 206, 337, 345, © Staatliche Kunsthalle Karlsruhe, bpk / Staatliche Kunsthalle Karlsruhe / Wolfgang Pankoke; Stadtarchiv: Abb. 1, 4–7, 60, 62, 63, 64, 68, 196, 197, 267, 304, Fotos: Katja Schmalholz; Badische Landesbibliothek: Abb. 250, 329; Badisches Landesmuseum: Abb. 276, Foto: Thomas Goldschmidt; Christuskirche: Abb. 76, Foto: Albert de Lange
Kassel – © Museumslandschaft Hessen Kassel: Abb. 27, 117, Fotos: Arno Hensmanns
Köln – VAN HAM Kunstauktionen: Abb. 288, KAT.-NR. 11, © Fotos: Saša Fuis
Konstanz – Rosgartenmuseum: Abb. 252, 254, 274, 277; Städtische Wessenberg-Galerie: Abb. 253, 258
Kopenhagen – © Auktionshaus Lauritz: KAT.-NR. 16
Lausanne – © Musée cantonal des Beaux-Arts, Lausanne: Abb. 116, Foto: Nora Rupp.
Leipzig – Museum der bildenden Künste: Abb. 228, 265, 275, Fotos: Fotothek Sabine Schmidt, Michael Ehritt
Łódź – © Galeria Dom Aukcyjny Łódź: Abb. 47
London – © Royal Collection Trust / © Her Majesty Queen Elizabeth II 2015: Abb. 66, 67, 212, 216, 297, 330
Los Angeles – © J. Paul Getty Museum: Abb. 308
München – Staatliche Graphische Sammlung: Abb. 154, 251; Neue Pinakothek: Abb. 193, Bayerische Staatsgemäldesammlungen Neue Pinakothek München, © bpk | Bayerische Staatsgemäldesammlungen; Bayerische Staatsbibliothek, Hollandiana M. Berckholtz, Alexandra von: Abb. 2; Landeshauptstadt München, Historisches Bildarchiv, Stadtarchiv München: Abb. 33; © Münchner Stadtmuseum: Abb. 34, 42; Klinikum der Universität: Abb. 202, Foto: Carla Lingner
Nürnberg – © Museen der Stadt Nürnberg: Abb. 88
Offenburg: Stadtarchiv: Abb. 8, 9, 13, 31, 50, 59, 77, 87, 210, 268, 272, 309, 312, 314, 352, KAT.-NR. 34, 41, 46, 47, Fotos: Regina Brischle; Abb. 10, 16–18, 20, 21, 24, 25, 37–40, 44, 45, 58, 70–72, 81, 87, 90, 102–114, 118, 126–153, 155–169, 171–185, 189, 191, 192, 198, 200, 209, 218–224, 247, 256, 269, 283, 289–291, 298, 300–303, 306, 307, 313, 320, 326–328, 333, 336, 339–343, 346–349, 351, KAT.-NR. 22, 31–32, 35–38, 40, 43–45, 49–56, 58–108, Titel Katalog, Titel Anhang, Fotos: Eva-Maria Scherr; Museum im Ritterhaus: Abb. 204, KAT.-NR. 1, 3, 7, 10, Fotos: Eva-Maria Scherr; Evangelische Stadtkirche: Abb. 73, Foto: Gustav Herp, HerpMedia Fotostudio Ortenberg; Stadt Offenburg: Abb. 74
Ortenberg: Privatsammlung: KAT.-NR. 24, 26; Gemeinde Ortenberg: KAT.-NR. 8, 9, 29, Fotos: Eva-Maria Scherr
Paris – Musée du Louvre: Abb. 23, © bpk|RMN – Grand Palais | Hervé Lewandowski; Bibliothèque nationale de France: Abb. 22; École nationale supérieure des Beaux-arts: Abb. 97, © bpk|RMN – Grand Palais
Pforzheim – © Buch- und Kunstauktionen Kiefer: Abb. 233
Poschiavo – Museo Poschiavino Palazzo Mengotti Poschiavo: Titel, KAT.-NR. 15, Foto: Helmut Bauer
Riga – Nationalarchiv: Abb. 3, 56, 57 a, b; Dokumentationszentrum der Inspektion für Denkmalschutz: KAT.-NR. 113; Lettische Staatsbibliothek: Abb. 78
Schrobenhausen – © Stadt Schrobenhausen: Abb. 36, 41, 43, 99, Fotos: Max Direktor, Günter Hastreiter
Sigmaringen – © Sammlung des Fürsten von Hohenzollern: Abb. 278, Foto: Ulrichstudios, Riedlingen; Bürgermeisteramt: Abb. 211, Foto: Beate Fritz
Speyer – © Verein Feuerbachhaus Speyer: Abb. 14, 15, 101, Fotos: Kurt Diehl, Klaus Landry
Stockholm – © Stockholms Auktionsverk: KAT.-NR. 23
Velké Březno – Archiv des Schlosses: Abb. 285, 322, 324, Fotos: Milos Musil
Versailles – Châteaux de Versailles et de Trianon: Abb. 207, © bpk|RMN - Grand Palais | Gérard Blot
Veselava – Museum Landgut Veselava: Abb. 350, Foto: Normunds Kažoks
Warmond – Collection Posthumus-Jamin: Abb. 46, 115, 295, Fotos: Henry Mills
Wertheim – © Sammlung Wolfgang Schuller Wertheim: Abb. 125, Foto: Stefan Schiske/Lehr Berlin
Wien – Österreichische Galerie Belvedere: Abb. 28; © KHM-Museumsverband: Abb. 89; © Dorotheum Wien, Auktionskatalog 20.10.2016: KAT.-NR. 21; © Sammlung Bösendorfer: Abb. 334
Wiesbaden – Museum Wiesbaden: Abb. 91, 92, 226, 325, Fotos: Peter Quirin, Ed Restle
Wildon – Dr. Ludwig Karl Ruhmann-Stiftung: Abb. 331, Repro: Elmar Schneider
Abb. 12, 255, 257, 273, 317, 332, S. 456, Fotos: Eva-Maria Scherr
Abb. 11, 86, 122, KAT.-NR. 30, Fotos: Natalie Gutgesell
Abb. 26, 249, 311, © Wikimedia Commons

Abb. 49, Grafik: Jürgen Bergmann
Abb. 52, © Archiv der Familie von Rennenkampff
Abb. 121, Foto: Jürgen Schraudner
Abb. 201, 213, © bpk
Abb. 122, 266, 294, Fotos: Linda Thomas
Abb. 190, 194, 291, 310, KAT.-NR. 48, Fotos: Privat
Reproduktion nach Vorlage aus:
Abb. 35 – Friedrich von Schiller: Das Lied von der Glocke. Mit 19 Illustrationen nach Original-Gemälden von Alexander von Liezen Mayer und mit den Ornamenten von Wanda von Debschitz. Nürnberg 1905
Abb. 48, 353 – Ārends, 1944
Abb. 54 – Thomson, 1974, S. 25
Abb. 55, 243 – Siliņa, 2010
Abb. 75 – 100 Jahre Christuskirche Karlsruhe 1900–2000. Karlsruhe 2000, S. 17
Abb. 186 – Auktionskatalog Heinrich Hahn 1938, Nr. 54, Tafel 6
Abb. 199 – Neumann, 1908, S. 62
Abb. 208 – Houston/Freiburg/Compiègne, 2015, S. 226
Abb. 230 – Kruse, 1935, S. 103
Abb. 259 – Gotha/Konstanz, 1999, S. 241
Abb. 262 – Bröhan, 1992, S. 49
Abb. 286 – Langer, 1992, S. 47
Abb. 287 – Wien, 2002, S. 305
Abb. 296 – Karlsruhe, 2010, Kat.-Nr. 156
Abb. 319 – Freiburg, 1994, S. 75

Personenregister

Abdülmecid I., Sultan 163
Adam, Albrecht 238
Adelsheim, Christian Lorenz von 250
Albert Edward, Kronprinz s. Edward VII., Kg. 150, 153
Albert von Sachsen-Coburg und Gotha 12, 23, 62, 86, 97, 150, 156, 157, 186, 208, 238, 352, 354
Alexander Ghykas II., Fst. der Walachei 163
Alexander I., Zar von Russland 20, 54, 57
Alexander II., Zar von Russland 54, 137, 156, 396, 416
Alexandra von Dänemark, Kgn. von Großbritannien 153
Alexandrine, Hzgn. von Sachsen-Coburg und Gotha 83, 155, 186, 294, 420
Al-Ghazālī 141
Andersen, Hans Christian 188, 196
André, Johanna 172
Angrand, Charles 412
Aristoteles 286
Arnim, Achim von 140, 316
Arnim, Bettina von 140, 187
Arnim, Freimund von 141
Arnim, Friedmund von 141
Arnim, Gisela von 146, 187
Arnim, Maximiliane von 146, 187, 196
Arnim, Siegmund von 141
Arnold, Friedrich 17
Arnold, Ludwig 72
Arnolfini, Giovanni 204

Bach, Johann Sebastian 76
Bach, Josef 56, 61
Baedeker, Karl 382
Ballin, Joel 28, 46
Bambridge, William 218
Banderet, Ursule de 99
Barat, Magdalena Sophie 328, 330
Barbieri, Giovanni Francesco „Guercino" 27
Barclay de Tolly, Max 65, 416
Barclay de Tolly, Michael Andreas 65, 212, 416
Bardua, Caroline 83, 86, 87, 140, 141, 182, 187–189, 196, 242
Bardua, Johann Adam 188
Bardua, Louis 187
Bardua, Sabine Sophie 188
Bardua, Wilhelmine 87, 187, 188, 196
Barsewisch, Alexandra von 238, 255, 282
Barsewisch, Bernhard von 10, 32, 85, 176, 234, 254, 282, 416, 418, 254, 434, 435
Barsewisch, Marie von 255
Barsewisch, Theophil von 234, 238, 254, 255, 282, 434, 435
Barsewisch, Julius von 255
Bassus, Charlotte von 10, 136, 153, 228, 437, 438
Bassus, Konrad Maximilian von 10, 228, 229
Bassus, Ludwig Eugen Maximilian von 228
Bassus, Margarete de 228
Bassus, Maximilian Kaspar Maria von 228
Bassus, Thomas Franz Maria von 228
Beard, Richard 346
Beatrice, brit. Prn. 156
Beck, Adolph 360
Becker, Oscar 140

Beckmann, Max 192
Bedford, Francis 238
Beethoven, Ludwig van 23, 24, 45, 430
Begas, Karl 87
Belce, Luise 172
Bellermann, Ferdinand Konrad 152
Benjamin-Constant, Jean-Joseph 191
Bensinger, Amalie 182, 227
Benz, Carl 302
Berckholtz, Anna Natalie von, verh. von Moltke 50, 54, 55, 57, 67, 95, 136, 200, 268, 290, 304, 322, 434
Berckholtz, Barbara von 17, 22, 44, 50, 54, 58, 70, 72, 73, 200, 202, 304, 312, 430, 435, 436
Berckholtz, Barbara von (Schwester) 69, 70, 200
Berckholtz, Christian Heinrich von 52, 204
Berckholtz, Elisabeth von, verh. Offensandt 28, 31, 50, 55–57, 61, 63, 67, 70, 72, 76, 84, 85, 120, 123, 124, 127, 200, 206, 208, 210, 211, 212, 268, 270, 276, 280, 312, 314, 431, 436, 437
Berckholtz, Gabriel Leonhard von 9, 14, 17, 19, 20, 31, 44, 45, 50, 53, 54, 57–70, 72, 73, 77, 85, 123, 144, 162, 186, 200, 204, 205, 214, 218, 224, 266, 276, 306, 308, 312, 313, 362, 430, 436
Berckholtz, Gabriel Leonhard von (Bruder) 50, 69, 70, 200
Berckholtz, Georg von (Bibliothekar) 68, 151, 157, 174
Berckholtz, Georg von (Jürgen) 67, 73
Berckholtz, Georg Friedrich von 52, 204, 276
Berckholtz, Gertrud von, verh. Blankenhagen 52, 65, 68, 69, 204, 276
Berckholtz, Gottfried von 276, 290, 436
Berckholtz, Jacob Johann von (Bruder) 28, 50, 56–58, 61, 62–64, 67, 82, 83, 123, 200, 206, 214, 216, 272, 274, 276, 284, 308, 312, 434, 435, 437
Berckholtz, Jacob Johann von (Onkel) 52, 56, 60, 65, 72, 204, 276, 312
Berckholtz, Jacob Johann von (Großvater) 11, 17, 51, 52, 58–60, 68, 71, 204, 214
Berckholtz, Jacob Leonhard Carl von 50, 57, 216, 312
Berckholtz, Juliane von, verh. Rücker 52, 204, 276
Berckholtz, Olga von 50, 55, 57, 63, 67, 70, 72, 80, 95, 153, 200, 202, 212, 268, 276, 312, 434, 435
Berckholtz, Sophie von (Großmutter) 51, 52, 59, 68, 204
Berckholtz, Sophie von, verh. von Moltke 31, 32, 37, 47, 50, 55, 57–59, 70, 72, 95, 127, 136, 137, 169, 170, 200, 232, 268, 290, 304, 312, 431, 434, 437
Berckholtz, Sophie Natalie 50, 56, 206, 276
Berckmüller, Karl Joseph 420
Berent, Johann Friedrich 70
Bergmann, Liborius von 44
Berkholz, Arend von 67, 73
Berkholz, Arend von (dessen Sohn) 10, 67, 68
Berkholz, Hans-Joachim von 14, 70, 73, 276
Berkholz, Martin Balthasar 68, 73
Berkholz, Warinka von 67, 68, 73
Bernburg, Alexius von 188
Berner, Gabriel Leonhard 68

Bernhardt, Joseph 153, 158
Berstett, Wilhelm Ludwig von 314
Bertsch, Friedrich 56, 306
Bibescu, Gheorghe 163
Birckholtz, Georg (Sohn) 51
Birckholtz, Georg (Vater) 51
Bismarck, Friedrich Wilhelm von 214
Bismarck, Herbert von 266
Bismarck, Otto von 37, 48, 139, 145, 146, 170, 266
Blankenhagen, Justus 52, 68, 204
Böcklin, Arnold 36, 48
Bodman, Johann Ferdinand von und zu 56, 210
Boisserée, Sulpiz 141
Bösendorfer, Ignaz 366
Bosschaert, Ambrosius d. Ä. 102
Brahms, Johannes 103, 167
Brandenstein, Karl Hermann Bernhard von 162, 176
Brandenstein, Elfriede von 176
Brandenstein, Hans von 176
Brandenstein, Karl August von 161
Brandenstein, Rudolph von 176
Brandenstein, Sophie von 10, 43, 161, 162, 176, 232
Brandenstein-Zeppelin, Constantin von 10, 176
Brandt, Carl 172
Braunmühl, Clementine von 39
Bredt, Max 242
Breidenstein, Heinrich Carl 23
Bretschneider, Christiane Elisabeth von 73
Brevern, Anna von 52
Brocken, Marie von 81, 192
Brück, Amalie von 138
Brück, Josephine von 138, 139, 147, 137
Brück, Ludwig Joseph von 138
Brückner, Gotthold 103, 113, 172,
Brückner, Heinrich 103, 113, 172, 173, 178
Brückner, Ida 103
Brückner, Martha 103
Brückner, Max 62, 103, 172, 173, 178, 352, 354
Brückner, Oswald 103
Brueghel, Jan 100, 102, 107
Brüggmaier, Michael 43
Brutschy, Amalie 56
Bülow, Hans von 167, 177
Buol-Schauenstein, Karl Ferdinand von 17
Buonarroti, Michelangelo 31
Burckhardt, Jacob 81, 96, 286
Burgschmiet, Jacob Daniel 45
Burns, Robert 174, 179
Bussièrre, Gustav von 63, 65

Calame, Alexandre 384
Campenhausen, Adele von 416, 435
Campenhausen, Arthur von 282, 435
Campenhausen, Balthasar von 254
Campenhausen, Christoph von 418
Campenhausen, Johann Christoph II. von 254
Campenhausen, Leocadie von, verh. Barclay de Tolly 65, 416
Campenhausen, Maria Clementine von 254
Campenhausen, Melanie von 10, 65, 234, 238, 254, 255, 282, 416, 434
Campenhausen, Theophil von 418

Canon, Hans 30, 31, 47, 82, 88, 96, 97, 127, 144, 176, 205, 220, 256, 328, 431, 437
Carl Alexander, Großhzg. von Sachsen-Weimar-Eisenach 162, 163
Carl August, Großhzg. von Sachsen-Weimar-Eisenach 27
Carmen Sylva s. Elisabeth, Kgn. von Rumänien 104, 161, 167, 190–192, 194, 197
Carrière, Eugène 191
Ceruti, Giacomo 350
Chamisso, Adelbert von 174, 179, 188
Chardin, Jean-Baptiste-Siméon 270
Chopin, Frédéric 366
Chotek, Anton Maria Johann von 50, 55, 240, 322
Chotek, Bohuslav von 324, 328
Chotek, Carl Maria von 322
Chotek, Johann Nepomuk Rudolph von 324, 340
Chotek, Karl von 324, 340
Chotek, Karolina von 330
Chotek, Maria Antonia von 330
Chotek, Maria Henriette von 330
Chotek, Maria Pia von 55, 127, 330
Chotek, Maria Sidonia von 324, 340
Chotek, Marie von 240, 324
Chotek, Marie Sophie Olga von 55, 127, 322
Chotek, Octavia von 330
Chotek, Olga Sophie Marie von 55, 127, 322
Chotek, Olga von, geb. von Moltke 43, 50, 55, 72, 127, 136, 240, 268, 322, 324, 326, 340, 431, 435
Chotek, Sophie von, Fstn. von Hohenberg 330
Chotek, Vilemína von 55, 127, 326, 328
Chotek, Wolfgang von 55, 127
Chotek, Zdenka von 55, 127, 328
Claesz, Pieter 101, 244
Cockerill, James 296, 298
Cockerill, John 296, 298
Cohn, Moritz 170
Collaert, Adriaen 102
Columbus, Christoph 33, 272
Cook, Thomas 302, 382
Corinth, Lovis 39
Cornberg, Wilhelmine von 182
Cornelius, Peter von 29, 153, 154, 172, 183, 256
Corot, Camille 388, 412
Courbet, Gustave 89, 376, 378, 390
Courtois, Gustave 191
Couture, Thomas 24, 45, 94
Crane, Walter 192
Creuzer, Friedrich 402
Croix, Marie de la 52
Cuza, Elena 196
Cuza, Alexandru Ioan 163

Daimler, Gottlieb 302
Danhauser, Josef 264
Danti, Vincenzo 96, 286
David, Jacques-Louis 24
Debschitz, Wanda von 34
De Heem, Cornelis 246, 400
De Heem, Jan Davidsz. 100, 106, 113, 398, 400, 402
De Heem, Jan Jansz. 400
De l'Obel, Matthias 102
Decker, Georg 324, 326
Degas, Edgar 370, 372
Delaroche, Paul 24, 25, 33, 45, 87, 88
Dengler, Elisabeth 73
Dengler, Emilie 73, 224

Des Coudres, Ludwig 23, 29, 30, 46, 318, 431
D'Este, Borso 350
Devrient, Eduard 167
Diday, François 384
Dietz, Feodor 88, 96, 150, 166, 177, 222, 437
Dillis, Johann Georg von 35
Dom Pedro II., Ks. von Brasilien 162, 163, 177
Donizetti, Gaetano 366
D'Orléans, Gaston 260
Duncan, Isadora 262
Dürer, Albrecht 88
Dyck, Anthonis van 33, 149
Dyck, Hermann 33

Eck, Jakob Johann 52, 60
Eck, Margareta 52
Edward VII., Kg. von England 150, 153
Egloffstein, Caroline von 182
Egloffstein, Julie von 127, 182, 188, 195
Einsle, Joseph Bernhard 183
Eisenlohr, Friedrich 20, 21, 31, 45, 65, 72, 354, 430
Elisabeth, Kgn. von Rumänien (Ps. Carmen Sylva) 104, 161, 167, 190–192, 194, 197
Elisabeth Alexejewna, Großfstn./Ksn. von Russland 20
Elizabeth II., Kgn. von Großbritannien 12, 62, 72, 96, 153, 156–158, 196, 218, 264, 294, 298, 346, 352, 354, 384
Ellenrieder, Anna Maria 183
Ellenrieder, Joseph Konrad 183
Ellenrieder, Marie 24, 33, 81, 118, 120, 133, 154, 158, 181–186, 195, 196, 218, 224, 238, 356, 422
Enescu, George 190
Engelmann, Godefroy 57, 58
Engelmann, Ursmar 226
Engerth, Eduard 166, 177
Enzenberg, Gustav von 145
Enzenberg, Jenny von 145
Enzenberg, Johanna von 136, 436
Enzenberg, Karl Ernst von s. Karl Ernst Gf. von Enzenberg 136
Enzenberg, Marie von 145
Enzenberg, Olga von 145
Eppelsheimer, Wilhelm 43
Epple, Franz 81
Érard, Sébastien 366
Erbach-Schönberg, Gustav zu 177
Erbach-Schönberg, Marie Caroline zu 176, 177
Ernst II., Hzg. von Sachsen-Coburg und Gotha 62, 83, 103, 150, 155, 186, 264, 294
Ernst, Christine 56
Eugénie, Ksn. der Franzosen 82, 150
Eyck, Jan van 204

Falck, Paul Th. 242, 260
Fantin-Latour, Henri 248
Fellini, Federico 266
Ferdinand IV., Kg. von Neapel und Sizilien 364
Feuerbach, Anselm 22–24, 27, 45, 46, 89, 272, 332, 430
Feuerbach, Joseph Anselm 22
Fieger, Johann Michael 360
Fieger, Maria Franziska 360
Fikentscher, Jenny 103, 168, 262
Fikentscher, Otto 168, 262
Fischer, Georg Wilhelm 322
Fischer, Math. Wilhelm 69
Flemming, Armgart von 140, 141, 146, 167, 187, 437
Flemming, Georg Friedrich von 140, 167

Forain, Jean-Louis 372
Forbes Bonetta, Sarah 218
Forbes, Frederick 218
Forbess-Mosse, Irene 140, 146
Förster, Minnie von 52
Förster, Olga von 52, 77, 158, 202, 214, 220, 236
Franz Ferdinand, Erzhzg. von Österreich 330
Franz II., röm.-dt. Ks. 51, 57
Franz Joseph I., Ks. von Österreich 34, 326, 366
Freiberg, Thekla von 144, 437
Fresenius, Carl Remigius 332
Fresenius, Charlotte 332
Freydorf, Alberta von 182, 195, 350
Friedrich I., Großhzg. von Baden 29, 56, 64, 65, 66, 81, 206, 222, 256
Friedrich II., Großhzg. von Baden 75
Friedrich II., Kg. von Preußen 82, 84
Friedrich II., Ks. 62
Friedrich III., dt. Ks. 181
Friedrich VII. Karl Christian, Kg. von Dänemark 28
Friedrich Wilhelm III., Kg. von Preußen 54, 188
Friedrich Wilhelm IV., Kg. von Preußen 23, 188
Friedrich, Caspar David 165, 188, 189
Friedrich, Karoline 44, 224
Fromhold, Dorothea Elisabeth von 51, 68
Fromhold, Hermann von 51
Fromhold, Johann von 51
Fromhold, Wilhelm von 51
Frommel, Carl Ludwig 63, 155, 316, 354, 420
Froriep, Bertha 241, 404
Fuchs, Anton von 172
Fürstenberg, Amalie zu 183, 195
Fürstenberg, Carl Egon II. zu 183, 195
Füssli, Wilhelm 94

Galfy, Hermine 171, 172
Galilei, Galileo 25, 26
Gallait, Louis 168
Gardner, Alexander 274
Gasc, Anna Rosina de 87, 88
Gebhardt, Eduard von 29
Geibel, Emanuel 174, 179
Géricault, Théodore 137
Geusau, Adrienne von 284
Geusau, Anna Carolina 285
Geusau, Caroline Alexandra von 285
Geusau, Auguste Benedikte Charlotte von 284
Geusau, Elise von, verh. von Stresow 285
Geusau, Karl von 284
Geusau, Karl von (dessen Sohn) 284, 285
Geusau, Minna von 285
Geusau, Stéphanie von 284–286, 434
Geyer, Ludwig Heinrich Christian 27
Gheyn, Jacob de 102
Giese, Martha 39
Gilgenheimb, Gisela von 52
Glasenapp, Carl Friedrich 169, 174, 178
Gleim, Johann Wilhelm Ludwig 83, 84, 189
Gleyre, Charles 33, 45
Goeckel, Alexandra 43
Goedhart, Jan Catharinus Adriaan 248
Goeler von Ravensburg, Franz Wilhelm August 64
Goeler von Ravensburg, Jules 163, 164, 177
Goethe, Johann Wolfgang von 34, 63, 115, 140, 141, 146, 162, 163, 167, 182, 188, 195, 196, 304, 423
Goethe, Ottilie von 182
Götz, Alexandra 73
Götzenberger, Jakob 27

451

Goller, Christine 43
Gottwald, Franz Anton 360
Gottwald, Joseph Sebastian 360
Graff, Anton 82, 83, 96, 188, 242, 282
Gräfle, Albert 150
Grateau, Marcel 292
Gratz, Marie 30, 182
Greuze, Jean-Baptiste 258
Gros, Antoine-Jean 24, 25
Gross, Sophie 43
Grützner, Eduard von 88, 97
Günderrode, Karoline von 402
Gutleben, Joseph jr. 170

Haber, Moritz von 163, 164, 177
Haber, Salomon von 163
Haghe, Louis 298
Hahn, Heinrich 135, 220, 437, 438
Hähnel, Ernst 45
Haizinger, Amalie 167, 177
Haizinger, Anton 167
Haller, Albrecht von 382
Händel, Georg Friedrich 75
Hansen, Friedrich Ludolph 82
Harff, Charlotte von 139
Härtel, Gottfried 366
Hasselbrink, Ferdinand 264
Hauptmann, Gerhart 192
Hauptmann, Margarethe 192
Hausenstein, Albert 44, 62, 72, 308
Haushofer, Maximilian 35, 394
Hayter, Georg 157
Hecht, Auguste 64
Heck, Dieter Thomas 64
Hecker, Friedrich 300
Heckscher, Raynhild 64
Hegg-de Landerset, Theresia Maria 40, 41, 49, 99, 100, 103–105, 107, 131, 260, 432
Heggerus, Rudolphus 102
Heilig, Wilhelmine 73, 224
Heine, Heinrich 146, 174, 179
Heinrich IV., Ks. 165, 177
Heintz, Johann Georg 85, 322
Helena Pawlowna Romanowa, Großftn. von Russland 151
Hemessen, Jan van 374, 375
Herder, Johann Gottfried 173, 200
Hermann, Eduard 72
Hermann, Franz Benedikt 183
Hermann, Franz Ludwig 183
Hermann, Franz Xaver 183
Hesse, Hermann 348
Heuser, Heinrich Daniel Theodor 168
Heuser, Ida 167
Heuser, Katharina Luise 168
Heyking, Elisabeth von 140
Heyse, Paul 37, 167
Hielbig, Johann Friedrich 60
Hirsch, Emil 42, 49, 135, 145, 434–436
Hirschfeld, Christian Cay Lorenz 368
Hitz, Anna Elisabeth 190
Hitz, Dora 81, 104, 105, 113, 181, 182, 189–194, 197
Hitz, Lorenz Johannes 190
Ho, Gitta 24
Hochwart, Sofie 76
Hodler, Ferdinand 262
Hofer, Andreas 342
Hoffmann von Fallersleben, August Heinrich 174, 179
Hoffmann, E. T. A. 188

Hoffmann, Heinrich 167
Hoffmann, Johann 173, 178
Hoffmann, Sofie 103
Hofner, Johann Baptist 88
Hohenlohe-Langenburg, Adelhaid von 332
Hohenlohe-Langenburg, Ernst von 158
Hohenlohe-Schillingsfürst, Amalie von 155, 159
Hohenlohe-Schillingsfürst, Chlodwig von 158
Hohenlohe-Schillingsfürst, Gustav Adolf von 226
Hohenlohe-Waldenburg, Egon von 158
Hohenzollern-Sigmaringen, Antoinette von 154
Hohenzollern-Sigmaringen, Anton von 154
Hohenzollern-Sigmaringen, Anton Aloys 158, 195
Hohenzollern-Sigmaringen, Karl Anton von 153–156, 158
Hohenzollern-Sigmaringen, Katharina von 154, 155, 158, 182, 226, 436
Hohenzollern-Sigmaringen, Leopold von 154
Hohenzollern-Sigmaringen, Stephanie von 152, 154, 210
Holland, Hyacinth 38, 230, 260
Holtei, Karl von 173
Hölterhoff, Ferdinand 212
Hormuth-Kallmorgen, Margarethe 168, 262
Hornstein, Charlotte von 39, 49
Hornstein, Robert von 39
Horson, Pauline 172
Houasse, René-Antoine 46
Howitt, Anna Mary 182
Hübbenet, Adolf von 171
Hübner, Julius 230
Hübsch, Heinrich 19, 20
Hug, Johann Leonhard 218
Hügel, Carl Christian 168
Hulsdonck, Jacob van 244
Humboldt, Alexander von 107, 152, 230, 250
Husák, Rudolf 298
Huysum, Jan van 252

Jackson, Peter 316
Jacobs, Paul Emil 27
Jacques-Dalcroze, Emile 262
Jean Paul, eigtl. Johann Paul Friedrich Richter 182
Jenken, Ferdinand 142
Jenne, Ida 76
Johann Wilhelm, Kf. von der Pfalz 100
Johanningk, Eberhard 69
Joukowsky, Paul von 172
Jürgensburg, Peter Clodt von 136

Kallmorgen, Friedrich 168, 262
Karl Ernst, Gf. von Enzenberg 136
Karl I., Kg. von Rumänien 104, 154, 161, 163, 191
Karl I., Kg. von Württemberg 17
Karoline Luise, Mkgfn. von Baden 19, 400
Kaschek, Bertram 374, 375
Katharina II., russ. Zarin 54
Katharina Pawlowna Romanowa, Kgn. von Württemberg 20
Kauffmann, Angelika 84, 96, 364
Kaulbach, Wilhelm von 143, 181
Kayser, Gustav 56
Keil, Mathilde 171
Keller, Ferdinand 30, 168
Keller, Friedrich 420

Kersting, Georg Friedrich 87, 182, 188, 264
Kilburn, William Edward 96
Kindermann, August 172
Kirner, Johann Baptist 288
Kisseljow, Pawel 163
Klein, Bernhard Christian 59
Kleinlauth, Brigitte 194
Klimt, Gustav 191
Klose, August 308
Kluge, Maria 52
Knaus, Else 332
Knaus, Ludwig 28, 83, 84, 88, 165, 170, 332, 333
Knigge, Adolph von 228
Knorre, Auguste 92, 93
Kobell, Louise von 272, 273
Koberstein, Hans 220
Koberstein, Karl 220
Kollmann, Julius 190
Kollwitz, Käthe 181, 192, 193, 197
Konstantin Pawlowitsch Romanow 20
Kopernikus, Nikolaus 25
Kotzebue, Alexander von 88, 95, 135, 142–144, 147, 437
Kotzebue, August von 142
Kotzebue, Charlotte von 142, 147
Kotzebue, Ida von 147
Kotzebue, Wilhelm von 143, 147
Kovalevski, Bärbel 27, 46
Kremser, Simon 302
Kreß von Kressenstein, Gustav 144
Kress, Emmy von 144, 440
Krüger, Franz 87, 118
Kuentzle, Carl 141
Kuentzle, Georg 141
Kügelgen, Franz Gerhard von 188
Kugler, Franz Theodor 82
Kuntz, Carl 382
Kuntz, Rudolph 118, 133, 214, 216, 222, 284, 382
Kunz, Ludwig Adam 41, 246, 432
Kwaysser, Vincenc 298

Laible, Katharina 292
Lairesse, Gérard de 318
Lamour, Jean 408, 410
Lancret, Nicolas 314
Landerset, Jean Baptiste Philippe Nicolas de 99
Landerset, Joseph de 99
Lange, Gustav Georg 63
Langenstein, Catharina von 186, 196
Langenstein, Ludwig Wilhelm August von 75, 308
Langer, Johann Peter von 183
Lauchert, Joseph 153
Lauchert, Maria Waldburga 153
Lauchert, Richard 11, 28, 32, 38, 83, 105, 149, 151, 152–156, 158, 159, 161, 162, 210, 226, 431, 436
Leibl, Wilhelm 35, 144, 145, 300, 332
Leitch, William Leighton 352
Lenbach, Franz von 27, 34–39, 41, 47–49, 88, 138, 139, 143–145, 147, 170, 242, 352, 386, 431
Lenz, Peter Desiderius 182, 227
Leopold I., Kg. von Belgien 150, 296
Leopold II., Kg. von Belgien 82, 326
Leopold, Großhzg. von Baden 81, 155, 157
Lepsius, Sabine 192
Lessing, Bertha 96, 165, 220, 436, 437
Lessing, Carl Friedrich 22, 30, 96, 103, 165–168, 177, 220, 224, 256, 268, 332
Lessing, Gotthold Ephraim 88, 173
Levi, Hermann 171

Liebermann, Max 39, 192
Liebert, Therese 56
Liegenthaler, Josefine 56
Lier, Adolf Heinrich 142
Liezen-Mayer, Alexander von 34, 47, 431
Lincoln, Abraham 274
Lind, Jenny 19, 23, 45, 86, 96
Lindenschmit, Wilhelm von d. J. 190
Lindwurm, Josef von 144, 147
Lindwurm, Josephine von 144, 438
Lisiewski, Georg 88
Liszt, Franz 23, 24, 37, 85, 123, 140, 162, 167, 170, 178, 162, 366
Löffel, Wilhelm 56
Loleit, Lieselotte Lina 360
Loti, Pierre 192
Lotto, Lorenzo 57
Louis Philippe, Kg. von Frankreich 150, 157
Löwenstern, Amalie Christine von 142
Ludwig I., Kg. von Bayern 143, 149, 210, 238, 394
Ludwig II., Großhzg. von Baden 64
Ludwig II., Kg. von Bayern 33, 42, 170, 172, 173, 175
Ludwig XIII., Kg. von Frankreich 260
Ludwig XIV., Kg. von Frankreich 20, 62, 81, 82, 96, 316, 324
Ludwig XV., Kg. von Frankreich 258, 408
Luise Prn. von Baden s. Elisabeth Alexejewna, Großfstn./Ksn. von Russland 20
Luise, Großhzg.in von Baden 60, 76, 103, 167, 168, 181, 346
Luise, Kgn. von Preußen 54
Luitpold, Prinzregent von Bayern 48, 143
Luttichuys, Simon 246

Maas, Jan Jansen 60
Mac Bride, Alice 338, 340, 438
Mädler Johann Heinrich von 230
Mädler, Minna von 230
Maier, Jakob 75
Makart, Hans 31, 176
Mali, Christian 352
Manet, Édouard 372, 374, 412
Manteuffel, Eduard von 414
Manteuffel, Eduard von (dessen Sohn) 414
Manteuffel, Gotthard Peter Nicolai von 414
Manteuffel, Julie Magdalene Caroline von 414, 435
Manteuffel, Magdalene Julie Natalie von 414
Manteuffel, Magdalene Julie von 414, 435
Manteuffel, Peter Gotthard Eduard von 414
Manteuffel, Rosine Julie Magdalene von 414
Mantueffel, Karl Otto Ferdinand von 414
Marc, Franz 39
Maria Alexandrowna, Zarin von Russland 156
Maria Pawlowna Romanowa, Großherogin von Sachsen-Weimar-Eisenach 155, 162
Maria Theresia, Ksn. von Österreich 340
Marie, Fstn. zu Wied 161
Marlier, Philippe de 244
Materna, Amalie 172
Matignon, Charles-Auguste de 20
Maximilian I. Joseph, Kg. von Bayern 38, 183, 346
Maximilian II. Joseph, Kg. von Bayern 38, 144
Maximilian von Baden 43, 432
Maydell, Kitty von 145
Maydell, Minna von 145
Mayer, Joseph Gabriel 42
Mende, Heinrich Samuel 70

Mengden, George von 51
Mengs, Anton Raphael 27
Mentzingen, Ernestine Friederike von 284
Menzel, Adolph 82, 170, 332
Merisi, Michelangelo „Caravaggio" 27
Merson, Luc-Oliver 191
Messerschmidt, Franz Xaver 115
Meta, Johanna 172
Metternich, Klemens von 314
Metzler, Sascha von 151, 157, 189
Metzler, Wilhelm Peter von 151, 157, 189
Meyer, Johann Heinrich 188
Meyerbeer, Giacomo 174
Meyerheim, Friedrich Eduard 356, 357
Meyern-Hohenberg, Louise von 86, 120, 272
Michael Pawlowitsch Romanow, Großfst. von Russland 151
Mikorey, Max 171
Millner, Karl 142
Mock, Cornelia 360
Mock, Darío 13, 360
Modersohn-Becker, Paula 140
Mohr, Luise 57, 216
Molitor, Wilhelm 120, 133
Mollenbeck, Emma von 94, 95
Möller, Abraham 174
Moltke, Adolph von 268
Moltke, Carl von 268
Moltke, Helmuth Karl Bernhard von 37, 55, 63, 136, 156, 162, 268
Moltke, Magdalena von 37
Moltke, Marie von 268
Moltke, Mathilde von 268
Moltke, Paul Friedrich von 50, 54, 55, 72, 136, 268, 304
Moltke, Wilhelm von 63, 268
Moltke, Wilhelmine von 268
Monet, Claude 248, 372
Mons, Louis Bruno von 83
Montessori, Maria 278
Montez, Lola 23
Morisot, Berthe 9, 412
Morisot, Edma 9, 412
Mosbrugger, Friedrich 270
Moy, Karl von 143, 147
Moy, Maria von 143, 146
Moy, Maximilian Maria von 143
Mühe, Hermann 77
Müller, Christian Friedrich 415
Musäus, Karl August 166, 167

Napoleon Bonaparte, Ks. der Franzosen 342
Napoleon III., Ks. der Franzosen 82, 150, 396
Nebelsiek, Oskar 146
Neese, Johann Heinrich 9, 44, 73, 85, 218, 312, 436
Negendanck, Ruth 13, 394
Nehrlich, Gustav 57, 58, 137, 202
Nerenz, Wilhelm 113, 169
Nessler, Karl 292
Neumann, Adolphine 167
Neumann, Karl 167
Neureuther, Eugen Napoleon 238
Niessen, Heinrich Christian August 60
Nietzsche, Friedrich 170
Nikolaus I., Zar von Russland 20, 136, 142
Nokk, Franz Wilhelm 146
Nollen, Caroline 418, 435
Nonnenbruch, Max 144
Nostitz-Rieneck, Heinrich Maria von 322
Nostitz-Rieneck, Leopold Abraham Maria 330

Obach, Caspar 17, 18, 44
Offensandt, Alexandra, verh. von und zu Bodman 31, 32, 50, 75, 210, 232, 278, 431, 434, 437
Offensandt, Carl Ferdinand 50, 55, 56, 70, 206, 312–314, 404
Offensandt, Emma Dorothea Wilhelmine, verh. von Berckholtz 50, 57, 216, 276, 312, 313
Offensandt, Leonhard Carl Ferdinand 50, 120, 206, 208, 276
Offensandt, Sophie Natalie 50, 206, 276
Offensandt, Wilhelm, später Offensandt von Berckholtz 11, 32, 43, 50, 56, 61, 62, 66, 67, 75, 76, 78, 130, 143, 144, 206, 280, 312, 333, 435
Olga Fjodorowna, Großfstn. von Russland 156
Olga Nikolajewna Romanowa, Kgn. von Württemberg 18
Overbeck, Friedrich 185

Paracelsus, eigentl. Theophrastus Bombastus von Hohenheim 248
Paul I., Zar von Russland 20
Pausinger, Clementine von 140, 438
Pausinger, Elisabeth von 140
Pausinger, Fanny von 140
Pausinger, Felix von 140
Pausinger, Franz Xaver von 140
Pausinger, Helene von 140
Pausinger, Marianne von 140
Pausinger, Pauline von 140
Pausinger, Rosalia von 140
Pausinger, Lili von 140
Pecht, Friedrich 25
Peeters, Clara 20, 100
Pestalozzi, Johann Heinrich 278
Peter I., Zar von Russland 54, 142
Peter V., Kg. von Portugal 210
Peter, Pr. von Oldenburg 72, 73
Peter, Wilhelm 62
Pfenniger, Johannes 382
Pierson, Woldemar von 146
Piloty, Carl Theodor von 27, 33–36, 47, 144, 242
Pittel, Adolph von 144
Pittel, Henrika von 144, 145, 439
Plank, Fritz 176
Plinius d. Ä. 250, 260
Pohrt, Albert 43, 58, 70, 73, 200
Pohrt, Carl 70, 200
Pohrt, Caroline 70, 200
Pohrt, Emma 70, 73, 200
Pohrt, Friedrich 58, 60, 65, 70
Pohrt, Georg 58, 70, 200, 304
Poisson, Jeanne-Antoinette 258
Pollert, Karoline 178
Pontillon, Adolphe 412
Poussin, Nicolas 166
Predl, Katharina von 183, 185
Preißler, Johann Daniel 318
Preller, Friedrich d. Ä. 103
Priester, Max 266
Pringle, Carrie 172
Putlitz, Pauline zu 31, 32, 232, 234

Radowitz, Joseph von 415
Radowitz, Marie Luise Auguste von 414, 415
Raffl, Franz 342
Rahl, Carl 30
Ramberg, Arthur von 36, 48, 230
Ramberg, Johann Heinrich 230
Ramberg, Lili von 36, 37, 39, 230, 438

Räntz, Johann David 84
Räntz, Johann Lorenz Wilhelm 84
Ratibor, Viktor von 155, 158
Rauch, Christian Daniel 188
Recke, Elisabeth von der 52
Reichmann, Theodor 172
Reiff, Franz 144
Reiff, Philipp 144
Reiff, Thekla 147
Rembrandt, eigentl. R. Harmenszoon van Rijn 31, 37, 236, 362
Rennenkampff, Paul Reinhold von 68
Rethel, Alfred 168
Richard, Fleury François 242
Riefenstahl, Leni 262
Rigaud, Hyacinthe 20, 81, 82
Ring, Maximilian von 316
Riß, Maria Elisabeth 360
Ritgen, Hugo von 162
Robert, Nicolas 260
Robert-Fleury, Joseph-Nicolas 25, 26, 32, 33, 36, 87, 430
Robert-Fleury, Tony 88
Roeder von Diersburg, Christoph 238
Rodin, Auguste 270
Ropp, Emilie von der 52
Rossini, Gioachino 366
Roth, Eugen 115
Rothbart, Ferdinand 264
Rottendorf, Amalie von 138
Rottenhof, Mathilde von 42, 135, 144, 145, 435
Rottenhof, Sophie von 144, 439
Roux, Carl 350
Rubens, Peter Paul 27, 33, 37, 149
Rücker, Conrad 42, 52, 73
Rücker, Daniel Heinrich 69, 73
Rücker, Emilie 69
Rücker, Johann Anton 52, 69, 204
Rücker, Sophie, verh. de la Croix 69
Rudolf, Kronpr. von Österreich-Ungarn 82, 326
Runge, Philipp Otto 278
Ruysch, Rachel 100, 113, 252

Sand, Karl Ludwig 142
Sandrart, Joachim von 318
Sanzio, Raffaello „Raffael" 25, 27, 185, 186, 189
Savery, Roelant 102, 113
Savigny, Carl von 188
Sayn-Wittgenstein-Sayn, Leonilla zu 288
Scaria, Emil 171
Schack, Adolf Friedrich von 27, 37, 48
Schadow, Wilhelm von 22, 30, 46, 165, 166, 177, 182, 230, 256, 332
Schaefer, Reinhard 169
Schams, Franz 366
Schanzenbach, Alexandra von 43, 140
Schanzenbach, Charlotte von 146
Schanzenbach, Clemens von 146
Schanzenbach, Emma von 36, 230
Schanzenbach, Ernst von 139, 140, 144, 146
Schanzenbach, Mathilde von 138, 140, 438
Schanzenbach, Oscar von 139, 144–146
Schanzenbach, Philipp von 146
Scheffel, Joseph Victor von 96, 167, 273, 420
Scheffel, Josephine 176, 420
Scheffel, Marie 96, 136, 420, 436
Scheffel, Philipp Jacob 420
Scheffler, Karl 192
Schilcher, Anton von 143
Schilcher, Bertha von 143
Schilcher, Therese von 147

Schilcher, Willy von 147
Schiller, Friedrich von 34
Schirmer, Johann Wilhelm 22, 29, 30, 161, 165, 166, 256, 437
Schkopp, Bernhard von 232
Schkopp, Luise von 10, 31, 32, 84, 85, 161, 232, 234, 255, 282, 286, 437
Schleich, Eduard d. Ä. 37
Schlemmer, Oscar 227
Schliemann, Heinrich 162
Schloemp, Edwin 173
Schlosser, Cornelia 304
Schmeidler, Karl Gottlob 286
Schmidt-Liebich, Jochen 141, 203, 242, 420
Schneele, Anna 135
Schnorr von Carolsfeld, Julius 29, 174, 185
Schnorr von Carolsfeld, Ludwig 174, 175, 179
Schnorr von Carolsfeld, Malwine 11, 169, 174–176, 258
Schnürer, Luise 76
Schönburg-Glauchau, Joachim von 330
Schopenhauer, Adele 182
Schopenhauer, Arthur 188
Schopenhauer, Johanna 188
Schoultz-Ascheraden, Ernestine von 136, 282, 416, 418, 438
Schräg, Karl 56, 306
Schröder, Elisabeth, verh. Pohrt 200, 304
Schröder, Johann 54, 200
Schroedter, Adolph 30, 89, 103, 113 115, 124, 165–168, 177, 268, 332
Schroedter, Alwine 103, 167–169, 176, 177, 181, 182, 258, 262
Schroedter, Karl Friedrich Heinrich 166
Schroedter, Malvine 167
Schroedter, Selma 176, 179
Schubert, Charlotte von 44, 151, 157, 435
Schuler, Karl Ludwig 149
Schultze-Naumburg, Ernestine 192
Schumann, Clara 140
Schumann, Robert 141, 167, 241
Schwarzenberg, Friedrich Johann von 326
Schwind, Moritz von 143, 272, 273, 406
Sckell, Friedrich Ludwig von 368
Scott, James 86
Seghers, Daniel 100
Seidler, Louise 27, 33, 183, 185, 188
Semper, Gottfried 170, 230
Senft, Mathilde 43, 44
Shakespeare, William 124, 142, 167
Shee, Martin Archer 157
Shelley, Mary 181
Siewert, Margarete 53
Siewert, Werner 53
Simon, Carl Alexander 300
Six, Jan 362
Sohn, Carl Ferdinand 22, 30, 165, 182
Sommermann, Babette 43, 44
Sommermann, Johann 43, 44
Sophie, Großhzg.in von Baden 149, 155, 157, 161, 186,
Sophie, Großhzg.in von Sachsen-Weimar-Eisenach 162, 163
Spitzweg, Carl 35, 88
Spohr, Dorette 286
Spohr, Louis 23, 45, 286
Stackelberg, Anna Karoline Natalie von, verh. von Manteuffel 414
Stanislaus Leszcynski, Kg. von Polen 408, 410
Steinbach, Louis 358
Steinegg, Natalie von 43

Steiner, Fridolin 227
Steinhausen, Wilhelm 167, 168, 177
Stelzner, Heinrich 190
Stephanie, Kronprn. von Österreich-Ungarn 82, 96
Stieler, Joseph Karl 143, 149
Stilke, Hermine 169
Stolipine, M. de 164, 165
Stolz, Mathilde 73, 137, 145, 437
Stolz, Natalie 73
Strauch, Samuel 69
Stromberg, Emilie von 43, 69
Stromberg, Olga von 43
Stromberg, Otto August Woldemar von 69
Stulz, Emilie 76
Stumpf, Eugen 172
Suttner, Bertha von 190
Sweerts, Emanuel 102

Tabernaemontanus, eigentl. Jakob Dietrich 398
Taxis, Johann von 302
Teufel, Carl 242
Thoma, Hans 30, 39
Thun-Hohenstein, Jaroslav František von 330
Tieck, Ludwig 182
Tiesenhausen, Carl Gustav Andreas von 142
Tiesenhausen, Mary von 142, 438
Tiesenhausen, Paul von 142, 146, 147
Tilgner, Viktor Oscar 41
Tolkien, John Ronald Reuel 316
Torre, Manuel de la 60
Toulouse-Lautrec, Henri 9, 370, 372
Transehe, Alexander von 51
Treuberg, Ernst Ludwig Fischler von 144
Treuberg, Hetta von 144
Treuberg, Maria Amélia Fischler von 144, 439
Treuberg, Rosine von 144, 145
Trost, Carl 62
Trübner, Wilhelm 39
Tschaikowsky, Peter 170

Uhland, Ludwig 115
Ullrich, Johann 314
Ulrich, Karl 56, 306

Valadon, Suzanne 9
Vallayer-Coster, Anne 101, 102
Varnhagen, Rahel Levin 284, 285,
Vecellio, Tiziano „Tizian" 37, 46, 149, 270
Veerendael, Nicolaes van 106
Veit, Philipp 185
Velde, Henry van de 192
Velten, Johann 17, 65, 118, 422
Velten, Wilhelm 422, 423, 435
Vernet, Horace 25, 30, 143, 222
Veronese, Paolo 33
Victoire von Sachsen-Coburg-Saalfeld, Hzgn. von Kent 346
Victoria, dt. Ksn. 158, 181
Victoria, Kgn. von Großbritannien 23, 62, 82, 86, 150, 152, 153, 156, 157, 159, 186, 218, 232, 238, 264, 294, 346, 384
Vietinghoff, Otto Hermann von 173
Vischer Iselyn, Georgina 137, 138
Vischer, August 88, 95, 135, 137, 138, 374, 437
Vischer, Mathilde 137, 437
Vollmer, Franz Xaver 274, 310, 360
Volta, Giovanni della 57

Wagner, Abraham 382
Wagner, Cosima 167, 169, 170, 175, 178, 179

Wagner, Louis 9, 22, 56, 85, 120, 142, 163–165, 202, 203, 284, 285, 318, 414, 415, 430
Wagner, Minna 174, 178
Wagner, Richard 11, 12, 13, 27, 37, 103, 139, 143, 146, 147, 162, 163, 167, 169–176, 178, 230, 258
Wahl, Alexander von 136, 137, 269
Wahl, Helene von 137
Waldmüller, Ferdinand Georg 30
Walter, Joseph Anton 360
Walter, Wenseslaus 360
Watteau, Antoine 137
Weber, Carl Maria von 188
Weinbrenner, Friedrich 17, 19, 20, 141
Wels, Anna Catharina von 54, 200
Weltzien, Anna Leontine Luise 141, 438
Weltzien, Anna Sophie Caroline „Lili" 146
Weltzien, Anna Sophie Leontine 146
Weltzien, Anna Sophie Mathilde 146
Weltzien, Anna Sophie Olga 146
Weltzien, Anna Sophie Wilhelmine 146
Weltzien, Karl 141
Weltzien, Karl (dessen Sohn) 141, 146
Weltzien, Karl (Sohn) 146
Weltzien, Victoria Alberta 146
Weltzien, Wilhelm Carl Alexander 146
Wensch, Catharina 51
Werefkine, Michael de 164

Werner, Anton von 30, 140, 166, 167, 170, 181, 222, 268, 332
Wessenberg, Ignaz Heinrich von 183, 185
Wessenberg-Ampringen, Johann Philipp von 183
Wetz, Johann Fidelis 153
Wetzel, Luise von 232
Widnmann, Max von 136
Wiecken, Catharina Elisabeth 68
Wigman, Mary 262
Wilcke, Willy 266
Wilhelm I., Kg. der Niederlande 296
Wilhelm I., Kg. von Preußen/dt. Ks. 140, 170, 222
Wilhelm I., Kg. von Württemberg 20, 63, 214
Wilhelm II., Pz. von Oranien 113
Wilhelm IV., Hzg. von Sachsen-Weimar 101
Wilhelmine, Mkgfn. von Brandenburg-Bayreuth 84
Wilkie, David 157
Willers, Ernst 392
Williams, Mary 91, 92
Winkelmann, Hermann 22, 154
Winter, Ludwig 151, 152
Winterhalter, Fidel 149
Winterhalter, Franz Xaver 28, 82, 149–153, 155–158, 204, 208, 210, 238, 288, 294, 332, 348, 420
Winterhalter, Hermann 150
Witte, Christian von 230
Witte, Wilhelmine von 230
Witz, Konrad 185, 376
Wöhrmann, Emilie, verh. Rücker 69
Wolf, Adam 340
Wolf, Caspar 382
Wolfthorn, Julie 192
Wollstonecraft, Mary 181
Wolter, Maurus 226
Wolter, Placidus 226
Wopfner, Josef 394
Wranitzky, Paul 167
Wüger, Jacob 182, 227
Wuthenau-Hohenthurm, Karl Adam Ludwig von 330

Zăgănescu, Maria 190
Zelger, Jakob Joseph 384
Zelter, Carl-Friedrich 187
Zenker, Friedrich Albert 144
Zettler, Franz Xaver 42, 49, 54, 135, 145, 190, 424, 434–436
Zimmermann, Johann Christian 212
Zwirner, Ernst Friedrich 23

ZUR AUTORIN

Dr. Natalie Gutgesell, 1972 in Coburg geboren, 1991 bis 1997 Studium der Anglistik und Romanistik an der Otto-Friedrich-Universität Bamberg (Erstes Staatsexamen, 2000 Zweites Staatsexamen), 2005 bis 2010 Studium der Kunstgeschichte, Theater- und Medienwissenschaft an der Friedrich-Alexander-Universität Erlangen-Nürnberg (M. A.). 2006 erhielt sie den Valentine-Rothe-Preis des Frauenmuseums Bonn und 2007 den Förderpreis der Stadt Coburg für bildende Künstlerinnen und Künstler. 2014 wurde sie in Kunstgeschichte promoviert mit einer Dissertation über das bildkünstlerische Werk des Dichters Joseph Victor von Scheffel und 2014/15 kuratierte sie die dreiteilige Ausstellung „Da hat Herr Scheffel etwas dazu gedichtet" in Weimar, Karlsruhe und Kloster Banz. Sie ist Verfasserin mehrerer Monografien und Aufsätze zur Kunst- und Kulturgeschichte des 19. und 20. Jahrhunderts.

Sollten weitere Werke der Künstlerin Alexandra von Berckholtz auftauchen, würde sie sich über eine Nachricht sehr freuen. Kontakt über: www.NatalieGutgesell.de.